"大学堂" 开放给所有向往知识、崇尚科学，对宇宙和人生有所追问的人。

"大学堂" 中展开一本本书，阐明各种传统和新兴的学科，导向真理和智慧。既有接引之台阶，又具深化之门径。无论何时，无论何地，请你把它翻开……

后浪出版公司

大学堂034

主编：李峰

副主编：张跃明 郭力　执行主编：吴兴元

商务沟通

Business Communication

（美）斯科特·奥伯（Scot Ober）著　钱峰 译

第7版

世界图书出版公司

北京·广州·上海·西安

欢迎学习

商务沟通
第七版

亲爱的老师和同学们：

　　在我教授商务沟通的二十多年来，我发现学生喜欢那些实用的教科书，能让他们在进入真实的商务世界之前做好充分准备。这就是我编写这本教科书的原因：给学生提供可靠、实用的商业沟通指导，并展示一个易于理解、生动有趣的真实商务世界。我常说："学生通过沟通来学习商务沟通，而不仅仅是阅读关于商务沟通的书籍。"《商务沟通》（第七版）继续以各种方式遵循这个原则。本书概念丰富，基于真实的范例；它给学生提供充分机会应用所学知识，加强基本技能。城市系统公司的模拟和在线指南通过提供附加练习，以及真实工作的虚拟体验，进一步帮助学生掌握相关技能。

　　在接下来的几页中，您会看到关于学生用书、教师用书的介绍，还有本书的参考书籍的描述，这些书都是为您和您的学生准备的。

诚挚地，

斯科特·奥伯
鲍尔州立大学
askober@comcast.net

帮助学生进行沟通……

如果概念是在现实语境中提出的话，学生能够更好地了解其重要性，而且实践效果也会最好。

章首故事和持续案例 提供了一种真实世界的视角，让读者更好地认识商业中实现有效沟通的迫切需要。

3P 模型（问题、过程、成果） 帮助学生分析某种商务情形（即问题），确定要采取的具体沟通策略和步骤（即过程），并运用最有效的沟通方式（即成果）处理这种情况。

用有效的学习辅助工具强化内容……

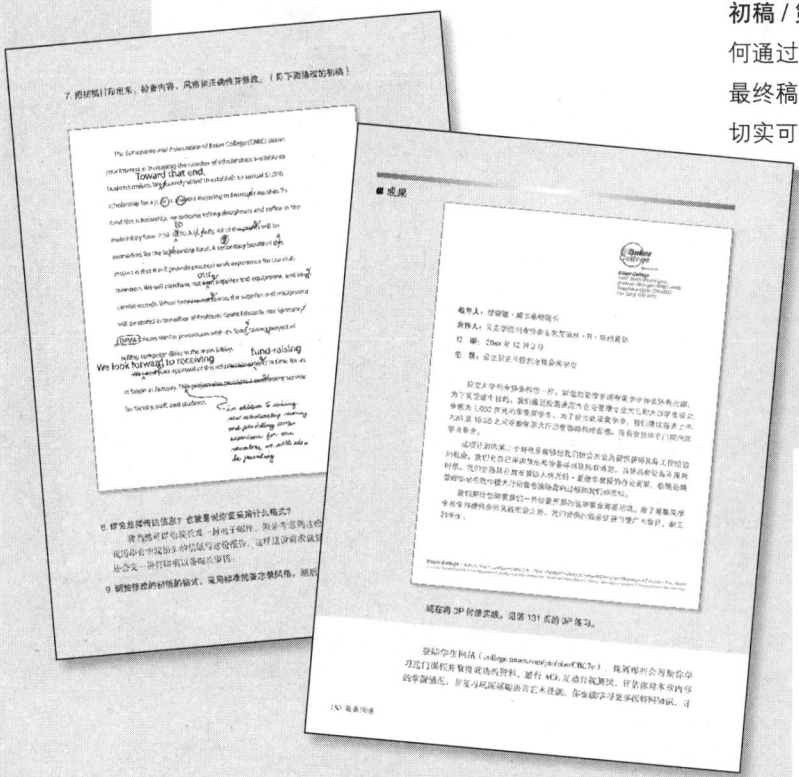

初稿／第二稿举例展示一份文稿如何通过重写来逐步完善。带注释的最终稿提供了培养基本写作技能的切实可行的指导。

范例文稿以完整的内容、最终的格式为每项主要写作任务而准备，让学生了解主要写作任务类型的恰当格式——无论是打印版还是电子版。每个范例的旁边都附有写作说明以及语法和结构规则。

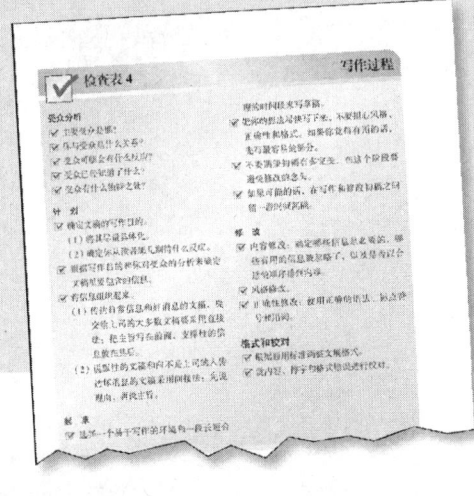

检查表对主要知识点进行扼要重述，方便学生复习。

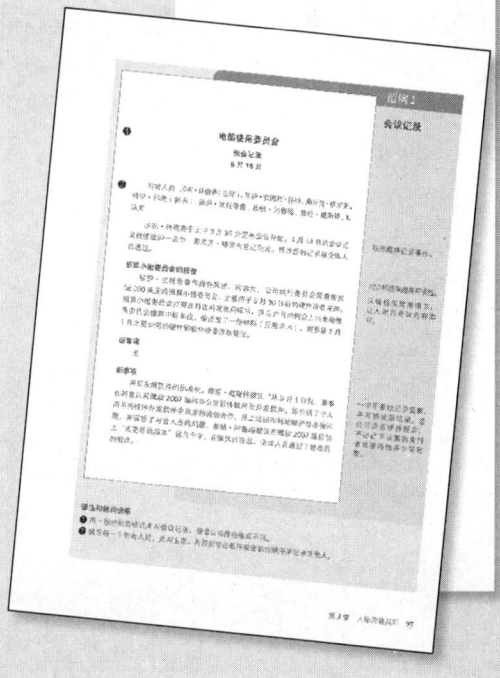

激发兴趣并突出关联性……

只有内容吸引人、有意义时,学习效果才会好。写作风格、版面设计和图画展示有助于学生产生学习热情并促进理解。

漫画以幽默轻松的方式呈现商务沟通问题的例子。

问题聚焦关注技术、伦理和跨文化等方面,与正在探讨的概念紧密相关,让学生了解当今世界上正在发生的事情。

沟通快照展现沟通在商务中发挥的重要角色的最新数据。

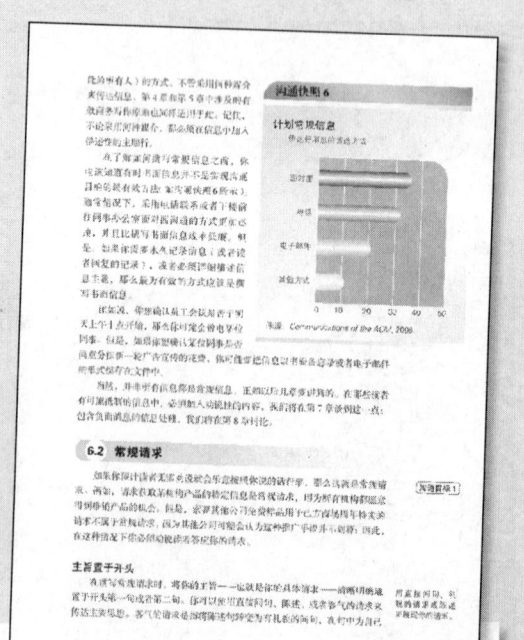

通过练习强化学习效果……

学生们有许多机会磨炼他们的写作和沟通技能。

章末练习 巩固多种沟通技能：批判性思维、受众分析、起草和修改文稿。除此之外，练习题还和沟通目标之间存在对应关系。

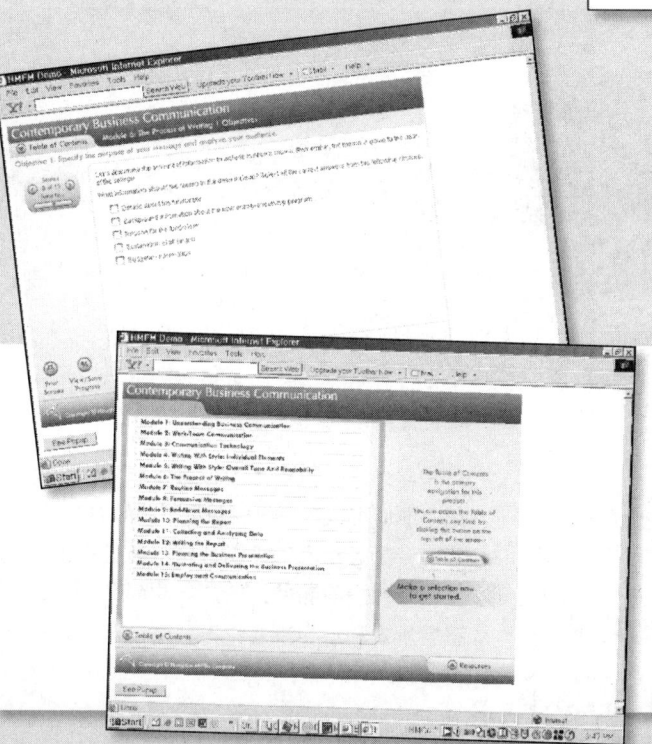

商务在线写作指导 帮助学生掌握15种基本商务文档。以书中的3P模型为基础，每个模块（1）提出一种独特的商务情形；（2）引领学生分析该商务情形、制定沟通目标和起草文件；（3）指点学生校对和修订完成的文稿以符合相应的写作规则。

更多练习……

城市系统公司情景模拟已经全面在线,让学生们有机会在网上体验工作世界并主动解决问题。

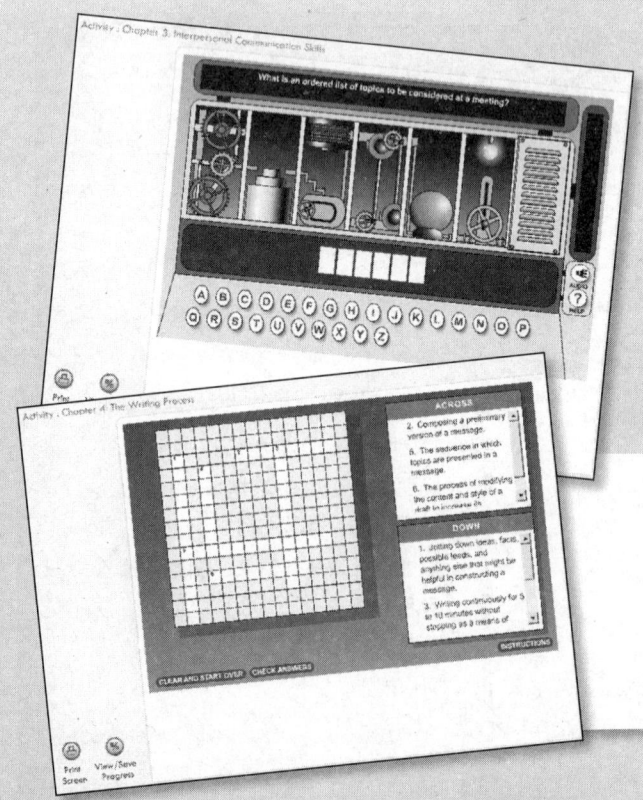

如果学生想要更多练习,可以登陆**学生网站**。他们可以在那里找到**可下载的 MP3 格式的音频总结和音频测试题、抽认卡词汇表、互动空间测试**,以及有趣的游戏,如**猜字游戏**和**填字游戏**,用来测试他们掌握的知识。

丰富的参考资料……

对于那些教授大班课程、排课很多，或者愿意尝试创新教学方法的老师而言，有大量的资料可供他们选择。

教师注释版教材帮助老师一目了然地清楚可供用于课堂的辅助性资料。

在线教师资源手册　《教师资源手册》提供更多教学资料，包括每章专门的学生资料、章节概述、讲义和讨论笔记、附加课堂笔记、所有书面练习和案例问题的参考答案及/或教学指引、附带解决方法的更多3P模型（问题、过程、成果）练习、练习的答案、所有信函写作作业的解决方法，以及长篇报告和备忘录报告的样本。其他的教学辅助工具包括评分准则参考、写作任务组合和SCANS对比表。完整的《教师资源手册》在教师网站上有：international.cengage.com。

试题库　试题库包含大约1,200道测试题，包括多项选择、简答题和是非判断题，此外还有修订题和写作题。

HM 测试文档　电子版的试题库让教师能够轻易地选择和更改测试题。这个程序具有在线测试功能，教师可以通过局域网或网络对这些试题进行管理。它还有成绩簿功能，用户可以在网上设置班级，记录和跟踪测试或作业的得分情况，分析得分，进而生成班级与个人统计数据。

教师网站　教师网站登陆设有密码保护，网站上的工具可以帮助教师设计和准备课程：基本的和高级的幻灯片、在线视频教程、《教师资源手册》完整 PDF 文档和 Word 文档，以及专门的论坛供教师与本书作者交流思想。"奥伯问答"鼓励教师和学生与本书作者进行直接对话。

在线 / 远程学习支持　教师可以创建和定制在线课程资料以供远程学习、分散学习之用，抑或作为传统课程的补充材料。与本书配套的黑板学习系统支持的教育空间、黑板学习系统和 WebCT 课程资料上有各种各样的学生学习辅助，不同层次的作业和为教师提供的课程管理工具。

DVD　通过直接与真实世界中的公司的案例相联系，这些视频案例研究巩固了本书中的概念。此外，在线视频指引中还有讨论题目和供参考的写作练习任务。

简　目

译者序　8
前　言　10

第一部分　商务沟通基础
第1章　理解商务沟通　2
第2章　商务沟通的当代议题　36
第3章　人际沟通技巧　74

第二部分　培养商务写作技能
第4章　写作过程　106
第5章　修改作品　138

第三部分　通　信
第6章　常规信息　180
第7章　说服性信息　218
第8章　坏消息信息　258

第四部分　报告写作
第9章　规划报告和管理数据　294
第10章　撰写报告　338

第五部分　口头沟通和就业沟通
第11章　如何作口头报告　382
第12章　就业沟通　426

重要词汇　474
出版后记　478

目 录

译者序 8
前　言 10

第一部分　商务沟通基础

第1章　理解商务沟通 2
1.1　在组织中沟通 4
1.2　沟通的组成部分 5
　　刺　激 7
　　过　滤 8
　　信　息 9
　　媒　介 9
　　目的地 9
　　沟通的动态性质 10
　　城市系统公司：持续的案例分析 10
1.3　语言沟通 11
　　口头沟通 11
　　书面沟通 12
1.4　沟通的方向 13
　　正式沟通网络 13
　　非正式沟通网络 15
1.5　沟通的障碍 16
　　语言障碍 16
　　非语言障碍 21
1.6　3P模型简介 23
　　3P行动：恰当地使用委婉语 24
　　总　结 25
　　关键术语 26
　　付诸实践 26
　　练　习 27
　　持续案例1：大堡礁 31
　　附录：城市系统公司 32

第2章　商务沟通的当代议题 36
2.1　当代商务沟通议题 38
2.2　在工作小组中沟通 38
　　团队沟通的变量 38
　　团队最初目标 40
　　给出建设性反馈 40
　　冲突解决 41
　　团队写作 42
　　工作团队沟通的道德方面 45
2.3　在多样性环境中沟通 45
　　文化差异 46
　　团队取向的行为 48

跨文化沟通策略 49
美国国内的多样性 50

2.4 **道德与沟通** 54
什么会影响道德行为 55
道德回报 56
构建合德决策制定框架 56
合乎道德地沟通 57

2.5 **通过电子邮件沟通** 58
格 式 59
标 题 60
内 容 61
办公室地址代码 62
即时信息和短消息 63
3P 行动：写一份合乎道德的陈述 65
总 结 66
关键术语 67
付诸实践 67
练 习 68
持续案例 2：你肯定在吸毒！ 72

第 3 章 人际沟通技巧 74

3.1 **非语言沟通** 76
身体动作 76
外在形象 77
声音品质 78
时间观念 79
身体接触 79
人际空间与领域 79

3.2 **倾听他人** 80
缺乏倾听技能的问题 81
有效倾听的关键 82

3.3 **通过电话沟通** 84
你在电话里的声音 85
打电话的技巧 85
语音留言 87

电话迷藏 87
手机和传呼设备 88

3.4 **商务会议** 88
计划会议 88
召开会议 92
会后工作 93
3P 行动：商务会议计划 99
总 结 100
关键术语 101
付诸实践 101
练 习 102
持续案例 3：去里约热内卢的路上 105

第二部分 培养商务写作技能

第 4 章 写作过程 106

4.1 **写作过程概述** 108
受众分析 108
劝说在沟通中的角色 113

4.2 **计 划** 115
目 的 115
内 容 117
组 织 117

4.3 **起 草** 118

4.4 **修 改** 121
内容修改 121

3

风格修改 122
正确性修改 122
4.5 格式和校对 122
3P 行动：采用 3P 模型的简单备忘录 127
总结 131
关键术语 131
付诸实践 131
练习 132
持续案例 4：我听到婴儿的啼哭声了吗？ 137

第 5 章 修改作品 138
5.1 风格是什么？ 140
5.2 选择正确的词语 140
清晰地写作 141
简洁地写作 147
5.3 写出有效的句子 150
使用多种句型 150
合理运用主被动语态 152
采用平行结构 153
5.4 写出有逻辑的段落 154
保持段落一致性和连贯性 154
5.5 采取恰当的语气 157
自信地写作 158
语气真诚有礼 159

恰当地运用强调和从属 160
使用正面的语言 162
凸显对方立场 163
使用非歧视性语言 164
5.6 有效商务写作 168
3P 行动：无歧视性写作 170
总结 171
关键术语 172
付诸实践 172
练习 173
持续案例 5：停止向里约进发？ 179

第三部分 通 信

第 6 章 常规信息 180
6.1 计划常规信息 182
6.2 常规请求 183
主旨置于开头 183
解释和细节 184
友好地结尾 185
6.3 常规回复 187
6.4 常规索赔信 191
6.5 常规理赔信 195
整体语气 195
先说好消息 196
给出解释 196
正面、前瞻性的结尾 197
6.6 友好信 200
一般原则 201
祝贺信 201
感谢信 201
慰问信 202
3P 行动：常规理赔信 204
总结 206
关键术语 207

付诸实践 207

练习 209

持续案例6：真相，但并非全部真相 216

第7章 说服性信息 218

7.1 计划说服性信息 220
目的 220
受众分析 221

7.2 组织说服性请求 223
如何开篇 223
创造兴趣并为请求提供论据 225
应对障碍 227
鼓励行动 228

7.3 说服性请求的常见类型 229
推销一个想法 229
请求一次帮助 229
撰写有说服力的索赔 233

7.4 写一封销售信 234
选择中心销售主题 234
抓住读者的注意力 235
创造兴趣并激发欲望 235
激励采取行动 240
3P行动：一封销售信 244
总结 247
关键术语 247
付诸实践 247
练习 249
持续案例7：谁知道人们心中藏着什么鬼？ 257

第8章 坏消息信息 258

8.1 为坏消息信息做计划 260
根据读者组织信息 260
为你的决定寻找正当理由 265
说出坏消息 266

以愉快的话语结尾 267

8.2 坏消息答复 268
否定一个想法 269
拒绝一次帮助 270
拒绝一项索赔 271

8.3 通知坏消息 274
关于正常运作的坏消息 274
关于公司的坏消息 278
3P行动：一则坏消息信息 283
总结 285
关键术语 285
付诸实践 285
练习 287
持续案例8：不要说我们没有警告过你 293

第四部分 报告写作

第9章 规划报告和管理数据 294

9.1 谁读报告和写报告？ 296

9.2 可以使用哪些信息？ 298
常用的数据类型 298
评价二手数据 299

9.3 收集和评价互联网数据 300
在互联网上搜索 301
评估网络资源 302

9.4 通过问卷调查收集资料 303
　　设计问卷调查 305
　　写附函 308

9.5 设计表格 308
　　交叉分类表分析 313
　　安排表格中的数据 314

9.6 制作图表 315
　　线形图 316
　　柱形图 316
　　饼形图 317
　　保持谨慎 317

9.7 解读数据 319
　　理解数据 322
　　道德维度 324
　　3P 行动：调查问卷 325
　　总　结 328
　　关键术语 328
　　付诸实践 329
　　练　习 330
　　持续案例 9：你把谁称为老人？ 336

第 10 章 撰写报告 338

10.1 计　划 340
　　决定报告结构 340
　　组织报告 340
　　列出报告提纲 347

10.2 起　草 349
　　起草正文 349
　　起草补充部分 351

10.3 培养有效的写作风格 358
　　代　词 358
　　动词时态 358
　　强调和从属 359
　　连　贯 359

10.4 标明出处 360
　　什么需要标明出处 361
　　什么不需要标明出处 362
　　标明出处的方式 362
　　省略引起的曲解 363

10.5 精炼你的草稿 363
　　修　改 364
　　编　排 365
　　校　对 365
　　3P 行动：报告中的一部分 367
　　总　结 370
　　关键术语 370
　　付诸实践 371
　　练　习 372
　　持续案例 10：为旧问题撰写报告 381

第五部分　口头沟通和就业沟通

第 11 章 如何作口头报告 382

11.1 商业报告的用处 384

11.2 策划一次报告 384
　　报告的目的 384
　　受众分析 385
　　报告方式 386

11.3 组织报告结构 388
　　开　头 388
　　主　体 391

　　　　结　尾　392
　　　　在商务报告中使用幽默　393
　11.4　策划团队和视频报告　393
　　　　团队报告　394
　　　　视频报告　396
　11.5　商务报告的视觉辅助工具　397
　　　　视觉辅助工具的准备　398
　　　　使用视觉辅助工具　399
　　　　给观众分发的材料　401
　11.6　练习并作一次报告　402
　　　　练习作报告　402
　　　　作报告　404
　11.7　报告后的活动　409
　　　　3P 行动：商务报告　410
　　　　总　结　417
　　　　付诸实践　417
　　　　练　习　418
　　　　持续案例 11：报告以往的信息　425

第 12 章　就业沟通　426

　12.1　准备简历　428
　　　　简历长度　428
　　　　简历格式　429
　　　　简历内容　429
　　　　电子简历　438
　12.2　求职信写作　442
　　　　地址和称谓　442
　　　　开　头　447
　　　　主　体　447
　　　　结　尾　448

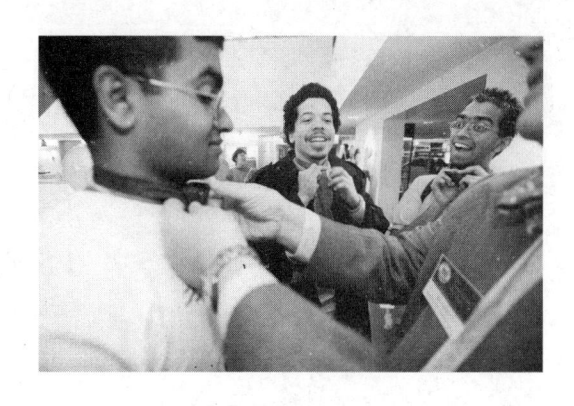

　12.3　准备面试　449
　　　　研究用人单位　449
　　　　练习面试问题　450
　　　　准备自己的问题　451
　　　　成功着装　451
　12.4　面试时举止得体　452
　12.5　面试后的沟通　455
　12.6　商务礼仪　456
　　　　会面与问候　456
　　　　用　餐　458
　　　　送　礼　460
　　　　办公室　460
　　　　3P 行动：求职信　462
　　　　总　结　465
　　　　关键术语　465
　　　　付诸实践　466
　　　　练　习　468
　　　　持续案例 12：再见大本　471

重要词汇　474
出版后记　478

译者序

商务沟通能力在每个人的职业生涯中都扮演着重要的角色。特别是在当今信息爆炸、瞬息万变的环境下，人们更需要依赖商务沟通以在多变的商界取得成功。在这种背景下，《商务沟通》（第7版）与读者见面了。该书的主要目标，就是运用生动的形式向读者传达现实世界中有关商务沟通的复杂概念，深入分析影响商务沟通实现的种种原因，启发读者有意识地改变传统的思维方式，从而顺应形势、增强自身的竞争优势。

本书的作者是美国鲍尔州立大学教授斯科特·奥伯(Scot Ober)，他曾担任《商务沟通学报》主编。作为奥伯博士的代表作，多年来本书都以实用性和目标导向而著称，是美国市场上最受欢迎的商务沟通教材之一。与其他同类书籍相比，本书十分实用、易读和简练，其中文版不仅可以作为我国大专院校本科生、研究生商务沟通课程的教材，也可以作为商务工作人员的参考书。

新版在原第6版的基础上进行了大量修订，致力于向包括商务人士及学生在内的各类读者提供在不断变化的复杂商务环境中进行有效沟通所需要掌握的技能。与之前各版类似，第7版具有生动、翔实和新颖的特点，主要强调商务沟通策略与技巧，书中涵盖了商务沟通所涉及的重要内容，共分为12章，包括商务沟通基础、商务写作技能、各种商务通信形式、商务报告方法以及各类沟通形式等部分，作者以深入浅出的手法展示了高效商务沟通的各个环节，将复杂的沟通理念讲解得深入透彻。另外，书中还针对时下商界较为流行的多种沟通形式和手段，从对象选择、材料组织方式、注意事项等多方面作出了详细说明。全书案例丰富、逻辑严谨，具有很强的实用性与前瞻性。此外，本书力求帮助读者快速方便地作出选择，书中的各个章节构成一定的逻辑顺序，其中每一章都是一个完整的部分，读者可以根据自己的兴趣和需要进行阅读。

本书的特点是理论与实践的紧密结合，对商务沟通领域的多方面技能给予同等重视，并在此基础上探讨和讲述商务沟通的新方法。在理论方面，读者并不会觉得本书很深奥、甚至遥不可及，即使是非商务人士，在读完此书后也会受益匪浅。在阐述理论方法的同时，不忘与现实生活中的案例相结合，从而确保读者能够及时消化并吸收重要的理论知识。本书的视角既结合了读者的需要，又与众不同，与读者对商务沟通类著作的内心期盼能够产生强烈的共鸣。毫无疑问，这的确是一本值得一读的好书，相信每一位读者都能从书中受益。

为了向读者奉献一本质量上乘的译作，在之前几版的翻译工作中，译者们一直尽可能地努力使译文准确、贴切，同时更加符合中文读者的语言习惯。该书自中文版第一次与读者们见面以来，被许多商学院选为商务沟通课程的教材。如今，后浪出版公司引进《商务沟通》第7版，作为译者，我非常高兴能将本书的最新版本奉献给广大读者。我也非常希望，本书的出版能为在校学生，或是每天辗转于各种商务场合的工作人员们提供一些建议。

作为译者，我在翻译本书的过程中不敢有半点马虎，始终以"忠于原著"的要求鞭策自己，唯恐因自己的一时疏忽而曲解作者的本意，从而误导读者。对于书中出现的专业术语，我尽量遵循标准译法，并在有可能引起歧义之处标注了英文原文，方便读者们对照理解。

《商务沟通》中大量的实际案例，能使读者深刻理解当今商务发展的潮流，接触许多商务沟通的国际通用规则，具有很强的现实指导意义。由于自身水平有限，在理解与翻译本书的过程中，一些知识的传递未必到位，书中出现错误与不妥之处在所难免，恳请读者批评指正。

钱　峰

2012年4月1日

前 言

学生在参加商务沟通课程的时候，他们已经对商务环境有了充分的了解，并认识到沟通在当代组织中扮演的重要角色。因此，没有必要再说服学生掌握沟通技能的重要性。他们也知道，在他们实习、找工作、在事业上取得成功等方面，沟通将起重要作用。

为了保持学习的兴趣，学生需要一本教科书，这本书应当像商务本身一样，是最新的、紧跟时代的、有趣的。因此，《商务沟通》第七版的重要目标就是以吸引人、生动活泼的方式，综合地呈现真实商务世界的概念。

《商务沟通》第七版作了大量修订，为学生提供有效沟通的技能，这些技能在复杂而又日新月异的当代工作环境中十分有用。根据我收到的全国各地（并且，来自各个英语国家）当前读者有用的反馈，以及商务原则、工作地点上发生的变化，我对本书进行了修订。

以下讨论突出了完整的教学和学习体系的特征：

- 精简结构
- 基于目标的内容
- 商务沟通——在情境中
- 工作小组沟通
- 关注当前问题
- 3P 行动——先思考，后写作

精简结构

《商务沟通》的忠实读者会记得第 1 版一共有 18 章，第 6 版有 15 章，现在的版本只有 12 章。虽然本书越来越注重伦理、电子邮件和受众分析，大多数变化都是由于重新组织话题，变化如下：

- 人际沟通话题本来包含在其他章节内，现分出一章（第 3 章）。
- 关于写作风格的两章现合为一章，标题为"修改作品"，这一章在介绍写作过程的章节之后。
- 三章关于商务报告的写作现重新组织成两章。（商务在线写作指导的教师知道学生是通过写作实践学习如何写作，而不是通过阅读关于写作的书籍来学习写作。）

- 关于口头沟通的两章现合为一章。关于如何在视频报告之前准备给受众分发的资料，只有《商务沟通》这本教材提供了这方面的实用建议。
- 关于商务礼仪的部分已合并至就业沟通一章，学生会在求职面试时，将这些知识应用到实际中去。就业沟通一章的新变化还包括，如何制作互动的超文本标记语言（HTML）简历，通过因特网来传达自己可以受雇的信息。

基于目标的内容

在很大程度上，大多数其他商务课程的基础商务沟通科目的内容和结构有很大差异，这些差异因教学机构不同而存在。比如说，一些学校注重商务报告写作，另一些学校在讲授这个课题时则涉及面不足。这个问题还存在于另外一些教学话题中，比如口头沟通、基本英语技能以及就业沟通。更重要的是，对于一个章节中的话题，有些教师因为时间限制或者其他课程已经覆盖此话题，就选择不去涉及这些话题。因此，每章的沟通目标可能无法和每个商务沟通班级都挂钩。

《商务沟通》第七版可以让教师简单地设计课程，以满足他们特殊的需要。本书在每章开头确定了沟通目标，让读者大致了解该章的主要内容。每章都围绕这个目标组织结构，相关具体目标在页边空白处指明。所有与某一目标相关的内容在继续下一个目标之前都会全面涉及。此外，章总结围绕每个目标来组织，章末练习和试题库问题也是如此。

这意味着教师可以很简单地根据沟通目标来分配整章或者某章的一些部分，然后很容易地找到相关章末练习和试题库问题。

商务沟通——在情境中

真实世界的商务沟通问题不是在真空中发生的。事件在问题之前发生过，在问题出现之后还会发生，影响到它的解决方法。因此，除了典型的章末练习，本书还设计了三种学习工具，介绍更完整的长期商务形势，提供了学生在工作中会遇到的现实情况。

圈内人视角 每章都以在职面试开始，面试官是一位来自跨国公司、小型企业、或者非营利机构的经理。每章开头的简介被缩减至一页，在每章最后也会以3P行动（问题、过程和成果）的方式进行简要总结。

本版新增章首面试（还有新的章末练习），面试人员有以下企业经理：

- 英图伊特公司人事部副总裁吉姆·格雷尼尔
- 卢森提卡集团皮尔视力通讯公司高级经理艾米·珀塞尔
- 《政治家报》社论版编辑迪克·休斯
- 荣耀食品公司总裁巴里·哈夫
- 美国运通公司主席和总裁肯·切诺特
- 楝树公司销售部助理主管珍妮特·凯利
- 宝洁公司高级化学工程师琳达·吉拉德

- 斯蒂芬-布拉德福德猎头公司总裁和联合创始人埃丽卡·温斯坦

持续文本范例和章末练习 在整章（有时候延续到下一章继续使用）的文本和章末练习中继续频繁使用范例。比如说，第6章中，学生首先扮演买家角色写一封索赔信，然后扮演卖家角色写一封理赔信回复自己写的索赔信。在第7章，学生扮演下属的角色写一份有说服力的请求；在第8章（关于如何宣布坏消息），学生将扮演上司的角色拒绝那份写得很好的有说服力的请求。

这种场景很现实，因为它们使问题解决完整化。这很有趣，因为这些场景把各章串联起来。这些场景还强调受众分析，因为在同一沟通任务中，学生必须首先扮演信息传递者，然后扮演信息接收者。

真实的公司信笺抬头 本书还包含每个主要写作任务的全页范例，信笺抬头为真实公司抬头，整封信完整，可立即发送，这样学生就能熟悉每种写作任务的正确格式。在本书关于商务英语的章节中，每个范例在页边提供一步步的写作提示，还有语法和写作格式提示，指出语法和写作格式的规范。

城市系统公司：持续的案例分析 每章结尾都有一个关于城市系统公司的案例分析，城市系统公司是一家刚起步的小型公司，主要产品是超光灯，超光灯是一种新型光源，公司希望这个产品能变革照明产业。第七版的所有12个案例分析都是新的。第1章附录中有公司简介。每一章都会提出一个雇员面临的典型沟通问题。随着学生系统地解决这些案例分析，他们在工作时也会面临这些典型的沟通问题。持续的案例分析提供以下积极的学习经验：

- 与更短的章末练习相比，学生可以使用更丰富的上下文线索来解决沟通问题。
- 学生越来越熟悉那些经理和公司，必须从大堆数据资料中选择相关信息，学习如何处理信息超负荷。为了使其更真实，每个案例分析都含有一张行动照片，呈现实际的沟通场景。
- 因为同样的场景常常延续到下一章，所以学生必须面对他们之前决定的后果。
- 很多案例要求学生从两个不同的角度来解决沟通问题，强化受众分析的概念。
- 这些案例提供真实的机会来练习工作小组沟通和批判性思考技能。

工作小组沟通

面临全球竞争和全球机遇，当代企业正大范围使用项目管理、不断的程序改进和工作小组来鼓励员工齐心协力工作、沟通来解决工作中的复杂问题。因此，有能力的沟通者需要培养高水平的社交技能，在以小组为单位的工作中、在合作写作和作报告的过程中得以胜任。

因为很多教师在学期一开始就布置小组项目，学生必须"预先"掌握工作小组沟通能力，这些能力需要完全在讨论其他商务沟通话题中获得。然而，不幸的是，教师常常错误地断定学生已经知道如何有效地合作共事。

第2章"商务沟通的当代议题"介绍以下话题：

- 工作小组中冲突、从众和共识的作用。
- 给出建设性反馈的被证实的方法，包括评价同事的写作。
- 工作小组的跨文化差异，强调美国国内的差异，比如种族、性别、年龄和身体状况的差异。
- 伦理和沟通

许多章末练习给学生提供机会，让他们以小组为单位共同工作，以解决典型的商务沟通问题。

关注当代议题

本书在文本框的"问题聚焦"部分列出了商务沟通如何受到以下三种当代议题的影响：当今商务世界越来越深的国际化和跨文化性质（注重美国工作环境里的人口多样化）、工作场所的技术、以及沟通中越来越重要的伦理层面。

"问题聚焦"是为了加强国际商学院协会(AACSB)在教授商务知识中国际化、技术性、伦理和人口多样性方面的标准而特别设计的。因为这些都是当代议题，此版本中所有24个问题聚焦（每章两个）都是新的。此版本中问题聚焦后面的"批判性思考"问题也是新的，让学生进一步参与学习。

"沟通快照"是多彩的图表文字，呈现最新的关于当代商务沟通的仿真陈述，这些内容在此版本中也是新的。

如今，"技术"是商务世界的流行词，而且理由充分。当代商务沟通的每个方面——从决定传达哪些信息到对这些信息进行加工、与他人分享——都依靠技术。在《商务沟通》中，学生会学到：

- 编辑、排版和管理电子邮件。
- 访问因特网和万维网，并对接收的信息的质量作出评估。
- 设计电子简历和互动超文本标记语言简历的格式，并通过网上搜索来找工作。
- 作电子演示报告。
- 引用电子资源的出处，比如网页、在线期刊和号码簿、电子邮件以及其他网络资源。

3P行动——先思考，后写作

3P（问题、过程和成果）模型和行动，以及基于3P模型对典型沟通任务的一步步分析，是之前几个版本最受欢迎的特征之一。这些模型包括问题（需要有一个沟通任务）、过程（完成这项任务的一步步指导）、以及成果（完成的格式完整的文件）。

3P行动需要学生把精力放在以下这些方面：在写消息之前，为任何消息（包括电子邮件消息）制定一项策略，学生写自己的消息时把这些策略当做一步步的模型。

每章的 3P 模型都包含过程问题的解决方案。章末的 3P 实践（在《教师资源手册》、教师网站、以及商务在线写作指导上还有附加练习）提出过程问题，并要求学生给出解决方案，让学生更积极地参与解决问题的过程。

史无前例的教师支持

《商务沟通》第七版提供史无前例的教师支持。

奥伯问答　《商务沟通》将沟通这一概念发展到一个新的水平。"奥伯问答"栏目（电子邮箱：askober@comcast.net）允许并鼓励您和您的学生与本书作者直接交流。每当您或您的学生对本书或者商务沟通课程有疑问或者建议，就去问奥伯。将这个邮件地址添加到您的联系列表内，将它放在课程提纲内。（请让您的学生将您的邮箱地址复制到他们的任何邮箱，这样的话您和您的学生都能收到来自作者的亲自回复。）您和您的学生之间的联系从未如此紧密。

第七版也在每章设置了"奥伯问答"专栏，包括来自成百上千的老师和学生的真实提问，以及本书作者的回复，老师和学生们充分利用了这个栏目。本版所有问题都是新的。

教师网站　教师网站 international.cenagage.com 包含详细的每章讲座和补充讨论笔记、附加应用练习和案例、PPT、以及供预习和下载的讲义，还有与作者、出版人和教授此课程的其他教师交流想法的论坛。

PPT　PPT 项目包含 200 个作者准备的幻灯片，其中包括关键概念的概括、优秀/差劲的成对例子和附加的信息，比如所选练习的答案。为了提高您的兴趣，幻灯片内的例子和书本中的例子都不相同。

加强版 PPT　我们现在提供两个版本的 PPT：基本版和加强版。基本版提供综合的基于教科书内容的讲义提纲，包括教科书中的重要图形和表格。对于那些想要脱离教科书内容并在讲课时进行互动的教师，我们提供基础版 PPT 的一个加强版本，其中包含附加图形、课堂练习、小测验和辩论话题。

黑板学习系统（Blackboard）支持的的教育空间（Eduspace）　霍顿·米夫林的在线学习工具是一个可自定义、功能强大的互动平台，向教师提供纯文本在线课程和各种学科的内容。教育空间使教师能够使用被广泛认可的黑板学习系统的工具和优质纯文本内容，让他们能在网上设计全部或部分课程。教师能够快速简单地布置作业练习、小测验、考试、教程和附加学习资料，而且可以对这些内容进行改进，甚至加上他们自己的内容。

商务在线写作指导（BusCom Writer Tutorials）是教育空间项目的一个特殊组成部分，伴随着《商务沟通》学习。每条指南由学生自定学习进程，基于教科书的 3P 模型，向学生展示一个独特的商务场景；在分析此场景的整个过程中引导学生，发展沟通目标，准备目标文件；并且促使学生校对并改正完成的成果，以达到合适的写作标准。

我们也通过教育空间第一次提供我们的城市系统在线模拟。这个新颖的案例分析模拟向学生提供一个完全沉浸于其中的经历。基于城市系统章末持续案例，这个案例分析模拟通过让学生亲身经历这个场景并积极参与解决问题，让学生接受真实的商务沟通挑战。

黑板学习系统和 WebCT 学习支持　有些教师想要设计并定制在线课程资料，并将这些资料用于远程学习或作为传统教学的附加材料，圣智学习系统向这些教师提供具体的帮助。这项服务帮助教师创建并管理他们自己的网站，将学习资料、课堂讨论和测试放到网上。圣智学习为使用《商务沟通》教材的商务沟通导论课程提供所有必要的内容。

教师资源手册　《教师资源手册》包括教学纲要样本、达成必须技能和文本材料的联系、评分标准（帮助教师测评学生作业的目标表格）、指导学生写文档的建议。此外，此手册提供每章概要、讲义和讨论笔记、附加课堂笔记、写作练习和案例问题的参考答案和/或教学指引、附带解决方法的 3P 模型（问题、过程和成果）练习、语法和写作格式练习的答案、所有信函写作作业格式规范的解答、一份长报告和备忘录报告样本。

试题库和计算机试题库　打印版试题库和 HM 测试大约包含 1,200 条测试题目，其中包括多项选择题、判断题和简答题。很多题目是新增的，还有很多题目也在很大程度上做了修改。HM 测试是一个软件，教师可以使用这个软件来准备测试，测试中可以包含任何数量和组合的问题。教师可以从试题库中选择问题，创建一个测试大师，方便复制——如果理想的话，可以有不同的版本。

幻灯片　在教师网站上也有 PDF 格式的一百张彩色幻灯片，内容包括关键概念的总结、写作范例、文本数据和精选的练习答案。

DVD 视频　知名公司的视频案例分析通过将文本与视频片段直接联系，来加强文本概念。此外，每个视频中还提供讨论问题和建议的写作作业。

商务沟通

1 理解商务沟通

沟通目标

学完本章后，你应该能够：

1. 描述沟通的组成部分；
2. 识别书面和口头沟通的常见形式；
3. 解释组成正式沟通网络的方向；
4. 描述信息交流的特征；
5. 确定沟通中的主要语言和非语言障碍。

以沟通目标为指导，帮助你掌握相关知识。你将看到在章节中多次提到沟通目标。

这些在职面试给你留下真实的印象，在工作中你会遇到此类情况。

圈内人视角：
英图伊特公司（Intuit）

　　与任何高端技术企业一样，软件巨头英图伊特公司因其创造与革新而发展兴盛。公司开发财务和税收管理软件，如 QuickBooks、Quicken 和 TurboTax，这些软件都深受欢迎。公司领导意识到各层员工都有潜力改善开发过程和产品性能，所以他们决定营造不断学习式的企业文化，这是保持公司发展最好的方法。因此"学习——传授——学习"的措施产生了。

　　英图伊特公司的经理以学习——传授——学习的方式从员工那里得知一些想法和潜在的改进之处，鼓励员工自由地与他人分享自己的想法；经理们制定一个行动计划，并把这个计划传授给员工；然后从员工的反馈中学习到更多。

"员工知道我们要求他们
反馈信息是认真的。"

吉姆·格雷尼尔

英图伊特公司人事部副总裁
（加利福尼亚州山景城）

人事部副总裁吉姆·格雷尼尔说，这种互相沟通会产生好点子。

"这不是意见一致文化，"他说，"你从员工那里寻找更多学习的东西，并且从公司内外的最佳'推动者'那里学习……这样你就能作出更好的决策。员工知道我们要求他们反馈信息是认真的，我们也听取他们的建议并采取行动。"

英图伊特公司还采用另一种方式来激励经理从员工身上学习——通过开展年度调查来检验员工对公司各类实务的态度。在调查的过程中，经理们与下属召开"越级"会议，下属直接向经理报告，经理听取他们的额外反馈。自2000年这些调查贯彻以来，格雷尼尔发现，英图伊特公司的年员工流动率减半。

1.1 在组织中沟通

沟通目标 1

以上页边提示显示本文要讲述的沟通目标。

如果组织要达到目标，沟通是必要的。

走过当代组织的大厅——无论是刚起步的小公司、《财富》500强全球巨头、政府机关，还是非营利性组织——你会看到什么？你看到经理还有其他员工在读报告、写电子邮件、参加会议、举行面试、打电话、与下属交换意见、进行商务午餐、看邮件、发出指令、作演示报告。总而言之，你看到人们在沟通。

组织是一群人一同工作以达到共同目标，而沟通是这个过程中至关重要的一部分。事实上，在共同目标确立之前，沟通就开始了。一同工作的人必须互相联系；也就是说，他们必须沟通他们的需要、想法、计划、专长等。沟通是分享信息、协调活动以及改善决策的方式。

理解沟通在商务中如何起作用，以及如何在组织中进行有效的沟通，这将会帮助你有效地参与商务的各个方面。

但是很多员工缺乏这些技能。2006年，世界大企业联合会、21世纪技能合作组织、劳工家庭之声组织和人力资源管理协会调查了431位雇员，代表了美国两百多万雇员的劳动力。结论是新员工"为当今——以及未来——的工作环境准备不足，十分可悲"。雇主发现员工在书面和口头沟通中的主要障碍如表1-1所示。

考虑以下其他最近研究结果：

- 全美大学与雇主协会做了一项研究，找出了雇主希望求职者具备的十项最重要品质。第一个最重要的品质是沟通技能，然后是激励技能/积极主动程度和合作精神。
- 一项对224名刚毕业的商务专业的学生的调查显示，沟通在保证毕业后找工作，以及工作后的发展与升迁中都是最重要的知识。
- 《年轻执行官》杂志（*Young Executive*）对6,000人展开调查，发现美国的老板最让人烦恼的习惯就是缺乏沟通技能。
- 一项对200位公司副总裁的调查显示，他们每年要花相当于三个月的时间来写信件和报告。
- 一项对1,000名白领和蓝领工人的调查显示，导致工作不满和误解的最常见原因是缺乏沟通。
- 一项对《财富》500强公司的人力资源总监的调查显示，当代工作中最重要的技能是：（1）能看懂并遵循指导做事；（2）能听懂并遵循指导做事；

表 1-1
雇主对技能缺陷的评定

技能缺陷	高中毕业生	两年制大学毕业生	四年制大学毕业生
书面交流	81%	47%	28%
口头交流	53%	21%	10%

这些来自多伦多布鲁斯茂设计工作室的设计师正在进行非语言沟通（比如肢体动作、声调和空间使用），以及语言交流（说、听、读、写）。

这些照片大多数源自报纸杂志，突出显示真实的组织中真实存在的人。

（3）沟通技能。
- 一项全国范围的调查显示，被调查的402家公司中，80%的经理认为他们的大多数员工需要提高写作技能，而前一年的调查显示只有65%的经理这么认为。但是这些公司中只有21%的公司提供写作技能培训。
- 雇主对员工不满的首要原因就是他们缺乏书面沟通技能。

良好的沟通技能对于你在企业中获得成功至关重要。较强的书面与口头表达技能会帮助你找到工作，在工作中良好地表现，并获得升迁。如果你决定为自己的前途进入商业圈，书面和口头表达技能会帮助你得到风险资本、推广你公司的产品，以及管理好你的员工。这些技能还会帮助你达到个人目标和社会目标。

难怪国际管理集团总裁、畅销书《哈佛商学院不教你的东西》作者马克·H·麦科马克说："在工作中，人们的书面沟通技能可能比其他任何技能都更有用。"

1.2 沟通的组成部分

因为沟通在组织结构中是至关重要的一部分，因此我们对沟通的研究以分析沟通的组成部分开始。**沟通**是发送和接收信息的过程——有时以口头或书面文字的形式，有时以非语言沟通的形式，比如面部表情、动作和声调。因此，如果有人将信息传达给你，而且你接收了这些信息，那沟通就发生了。然而，

沟通是发送和接收语言和非语言信息的过程。

第1章 理解商务沟通　5

只有当你懂信息时，沟通才会成功。

如图 1-1 所示，沟通模型包括五个部分：刺激、过滤、信息、媒介和目的地。虽然沟通过程中反馈不是必要的，但是在理想情况下，这个过程以给信息发送者的反馈为结束。正如问题聚焦"卡特里娜飓风引起事实的歪曲"所列出的，在沟通过程的任何阶段，误解都会产生。

为了解释这个模型，我们来看一下戴维·卡普兰的案例。戴维是工业化学品公司的化学工程师。（在接下来的几章中，我们将会对戴维和他的公司非常熟悉。）2003 年，在进行另外一项工程的过程中，戴维开发了超光灯。超光灯是电致发光材料做成的扁平薄板光源，是一种薄如纸张的固定发光装置，可弯曲，而且可制作成任何形状和大小。戴维看到了其中的巨大商机。

照明市场是广阔的，戴维当时还是一名工程师，而不是商人。创造一种具有巨大潜力的装置，其决定权在别人（工业化学品公司）手中，因此戴维很苦恼。在工业化学品公司最后决定不生产销售这种产品时，戴维感到很失望。在得知工业化学品公司的这一决定时，戴维·卡普兰是如何行动的？我们可以从戴维的行动中学习沟通的各个组成部分。

事件	沟通组成部分
戴维从研发部主任那儿收到一条备忘录。	戴维收到一个刺激。
他对备忘录的理解是工业化学品公司对他的发明没有兴趣。	他过滤了这个刺激。
他决定将这个信息传递给他的兄弟。	他形成一条信息。
他给兄弟马克打电话。	他选择了媒介。
马克接到电话。	信息到达了目的地。
马克听到戴维的信息并作出反应。	马克给出反馈。

图 1-1
沟通的组成部分

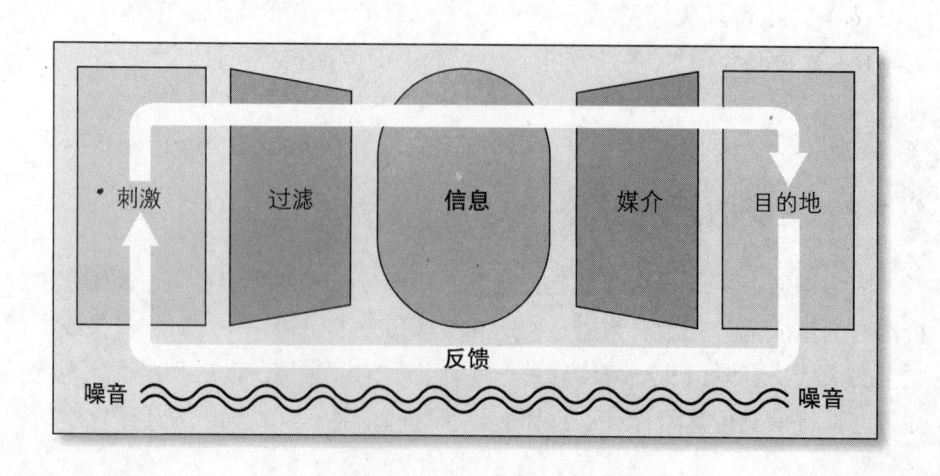

问题聚焦 1　　　　　　　　　　　　　　　　　　　　　　　伦理

卡特里娜飓风引起事实的歪曲

狙击手射击警方直升机。鲨鱼和鳄鱼在新奥尔良的大街上游泳。防洪堤蓄意破坏城中某些地区。

在《奥普拉脱口秀》节目中，新奥尔良警长埃德温·坎帕斯讲述了暴徒在会议中心枪击警察，市长C·雷·纳金讲述了"在'见鬼的'超级圆顶体育馆，人们看到尸体、看着歹徒杀人、强奸他人。情况持续了五天。"

问题是这些事情从未发生——或者说，至少被严重夸大了。一些罪恶行为在人们道听途说的过程中，在很大程度上被修饰夸大了，这促进了谣言的传播。

事实上，在超级圆顶体育馆只发现了六具尸体，在会议中心发现了四具尸体。关于一些报道，比如一个七岁儿童在超级圆顶体育馆被杀害，几十具尸体被塞入会议中心的冰库，后续调查澄清了这些谣言。

谣言和八卦虽然有紧密联系，但却有着不同意义。两者都是口头交流形式，谣言公开地传播，而八卦在私下传播。但是，两者都是能自我实现的预言。

比如，在卡特里娜飓风发生两天前，谣言开始传播，东海岸的加油站都会断油，政府正筹划开始定量供给汽油。结果，人们都冲向加油站开始囤油，这意味着本来不会断油的加油站真的断油了。

至于八卦，人们谈论你越多，你就变得越重要；你越重要，人们越会谈论你。

八卦完全不是一件糟糕的事，八卦研究员苏珊·哈芬认为，"娴熟的八卦对于生存来说是至关重要的，在办公室政治中甚至能助你晋升——知道要问谁什么问题，以及如何传达信息会帮助你自己和他人。"

正如奥斯卡·王尔德曾经所说："世界上只有一件事比被人谈论更糟，那就是没有人谈论你。"

批判性思考

▶ 在工作中，你愿意被人谈论，还是不被人谈论？为什么？

刺　激

为了使沟通发生，首先必须有一个**刺激**。刺激就是促使个人与他人交流的事件。这个刺激可以是内部或者外部产生的。内部刺激只是你头脑中形成的一个想法。外部刺激通过感官——你的眼睛、耳朵、鼻子、嘴巴和皮肤——在你身上产生。商务沟通的刺激可能是你刚刚读过的一封电子邮件，你在吃午餐时听到的一些八卦，或者是过度工作的供热系统产生的热气（或者是同事的话！）。

你形成一条信息，对这些刺激作出反应：一条**语言信息**（书面语或口头语），一条**非语言信息**（非书面或口头信号），或者是两者的结合。对于戴维·卡普兰来说，沟通的刺激是他从研发部门主管那里收到的一条备忘录，备忘录通知他工业化学品公司对于开发超光灯没有兴趣，但是会将专利卖给对此有兴趣的公司。

步骤1：刺激产生沟通需求。

过 滤

步骤2：我们的知识、经历和观点都是帮助我们解释（破解）刺激的过滤。

如果每个人对事情的看法相同，那你的沟通工作就简单多了；你可以假定你对现实情况的看法是准确的，而且其他人会理解你的动机和意图。但是，每个人对现实情况都有自己独特的看法，这个看法取决于他或她的个人经历、文化、当时的情绪、性格、知识、社会经济地位和一些其他的变量。对于形成一个人对现实情况的独特印象来说，每个变量都是一个**过滤**。

一旦你头脑接收一条消息，它就开始解释这个刺激，知道它的意思后你就知道如何作出反应，或者是否需要作出任何反应。

戴维从研发部门收到的备忘录只是更确定了他之前预料的结果，公司没有兴趣开发像超光灯这样出人意料的发现。戴维经过长期研究才开发出这个产品，因此他要保护这个产品的未来，甚至像家长保护子女一样保护它。此外，经过多年的实验室生活，戴维准备迎接一个新的挑战。以上这些因素都是过滤，戴维通过这些过滤解释了备忘录并形成了他要作出的反应——打电话给他在芝加哥的兄弟。

大脑试图解释刺激。

马克·卡普兰在芝加哥的一家广告公司工作。当戴维打电话来的时候，他正独自坐在他的办公室，对不同品牌的奶酪比萨进行抽样。作为负责新比萨客户的市场经理，他正专心为自己客户的产品寻找竞争优势。根据当时的情况，他对戴维的信息进行了过滤。

他的科学家兄弟毕业于麻省理工学院，毕生都追求学术研究，却突然打电话告诉他创业的想法，这与马克对戴维一直以来的看法相矛盾。而且这是一个强有力的过滤，这个过滤让马克无法接受戴维的紧急信息。除此之外，因为他正在处理一些奶酪比萨，马克的情感和物理参照系下降了，因此没有心情接受这个宏大的计划，这个计划会花费几万美元，需要几年的努力。但是马克的背景——他的经济地位、他的教育程度和他现在的工作——让他考虑到了另一点，这次的过滤对接受戴维的信息十分有利。

如果戴维十分善于传达信息，那他可能能够说服马克同他一起从工业化学

沟通正在进行的例子

品公司购买超光灯的专利，然后自己创业。

信　息

戴维向马克传达的信息是："我们建立家公司吧。"对任何沟通做出的努力会在何种程度上达到其预期的目标，这取决于你如何构建**信息**（要进行沟通的信息）。成功的沟通不仅取决于信息的目的和内容，而且取决于你的沟通技能、你对你的**受众**（与你沟通的人）的了解程度、你与你的受众有多少共同的背景知识。作为一名科学家，戴维并不具备大量的商业词汇量，而且也没有进行过很多口头商业演示练习，在演示节奏和选择性强调方面也不纯熟。事实上，戴维正试图提出一个口头商业提议，但不幸的是，他缺乏技巧和能力。

"你疯了，戴维。你根本不知道你在说什么。"这是马克对戴维的第一反应。戴维知道他的信息并没有被准确传达。但是戴维极其了解他的受众（他的弟弟），这弥补了他在沟通上的缺陷。

"你是个胆小鬼，马克。"这句话在过去总会引起马克的注意和兴趣，现在这句话又起作用了。戴维不断挑战马克，他知道马克无法抗拒这些，而且他一直提醒马克，他们有着这样一个共同点：童年和成年时他们都一起分享快乐的冒险。

步骤3：我们对刺激形成（编码）一个语言或非语言反应。

媒　介

一旦信息传递者编码好信息，下一步就是要将信息传递给接收者。这时，信息传递者必须选择**媒介**，也就是传递信息的方式。口头信息可以通过员工会议、个人会议、电话交谈、语音邮件进行传递，甚至可以通过一些非正式的方式，比如公司内的小道消息。书面信息可以通过备忘录、报告、小册子、公告栏通知、电子邮件、公司简讯或者公司政策和程序指南的附加栏进行传递。非语言信息可以通过面部表情、手势或者肢体动作进行传递。

因为戴维是通过电话与马克交流的，因此他的媒介是电话交谈。你应该清楚，沟通的最常用形式不一定是最有效的方式。国际商务沟通协会 (IABC) 最近对将近 1,000 家企业的沟通实践进行调查。如图 1-2 所示，虽然电子邮件是使用频率最高的沟通媒介，但是人们认为这并不是最有效的沟通媒介。

步骤4：我们选择信息传递的形式（媒介）。

目的地

信息被传输出去，并进入接收者的感知环境，此时，信息从发送者传递到接收者。信息达到目的地，并不能保证沟通的成功。我们常常收到很多刺激，而我们的感知器官只选择接收其中的一部分。即使你断定接收者接收了你的信息，你也无法保证他正确理解了你想要传达的意思。你传达的信息成为沟通下

步骤5：信息到达目的地，如果成功的话，会被接收者正确解读。

图 1-2
沟通媒介的有效性与流行度比较

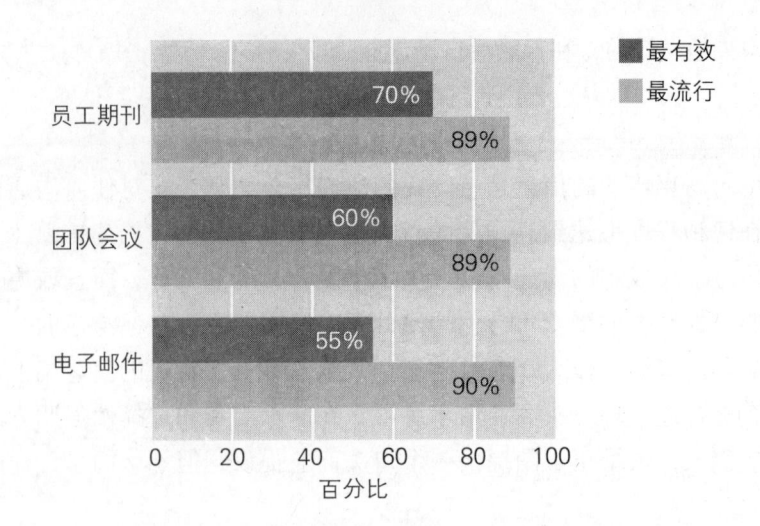

媒介	最有效	最流行
员工期刊	70%	89%
团队会议	60%	89%
电子邮件	55%	90%

一阶段的信息源,或者说是刺激,这个沟通过程又重新开始了。

戴维满腔热情地与马克通了一个小时的电话,马克答应他认真考虑这个冒险。马克的回应给戴维提供了反馈(对信息的反应),让戴维知道他自己的信息是否被正确地接收。在这对兄弟创立城市系统公司之前,这个反馈马上又引起了很多其他书面和口头的沟通过程。城市系统公司是一家刚起步的小型公司,主要产品是超光灯。公司总部位于密歇根州安阿伯市,其全自动制造工厂位于北卡罗莱纳州夏洛特市,总共雇用了178名员工。

沟通的动态性质

沟通不是一个线性的静态过程。

从我们分析的沟通组成部分和图1-1的模型中,你可能会得出错误的结论,认为沟通是一个线性的静态过程,按照顺序从一个阶段向另一个阶段发展,而且你可以很简单地将沟通参与者分为信息传递者和信息接收者。事实根本不是这样。

通常,会有两个或两个以上的人同时发送或者接收信息。在你接收一条信息的同时,也可能正在发送另一条信息。比如,你在接收信息时的面部表情可能正在向信息发送者传递一条新的信息,告诉他你是否理解、同意他发送的信息,还是对此信息感到困惑。你给出的信息可能会让信息发送者修改他们想要发送的信息。

因此,如果我们机械地将沟通的过程拆分开来并让它"停止",一次分析一个过程,那我们就会忽视语言或非语言沟通过程中的动态丰富性。

城市系统公司:持续的案例分析

当我们加入城市系统公司时,戴维和马克的公司年销售额约3,000万美元,去年净利润达到140万美元。投资界认为这是一家进步的公司,有着熟练的管理技能和健康的盈利潜力。地方社区认为城市系统公司是一位优秀的企业公民，它无污染，而且公司领导积极参与社区事务。

在接下来的每一章，你还会继续接触卡普兰兄弟和城市系统公司。组织内部的沟通作为商务沟通每个主要领域的持续案例分析——从这个商务沟通的基本模型直到最后一章。你将有机会了解公司内的员工，并具体观察他们是如何处理好每种商务沟通的。现在，你可以阅读本章的附录（第32页），了解城市系统公司的更多背景资料。附录中包括公司历史、产品、财务数据和十分人性化的人事结构。

城市系统公司的持续案例在每章末尾。

1.3 语言沟通

人类和其他动物王国的区别在于人类能通过文字进行交流。我们的语言交流能力也让我们从过去的经验中学习——从他人的经验中获益。

沟通目标2

口头沟通

口头沟通是商业沟通中最常见的。我们可以想象一下，如果一个经理无法参加会议、问同事问题、做演示、评价员工的表现、处理客户投诉或者给出指示，那公司会受到怎样的限制。

口头沟通与书面沟通的不同之处在于，前者能通过更多的方法将信息传达给别人。你可以立刻说清楚你的问题；使用非语言线索；提供附加信息；通过暂停、强调、使用不同的语气来强调某个观点。

语言信息由文字组成——书面或者口头文字。

46岁的杰米·戴蒙是第一银行的总裁。他每月都要与第一银行的员工见面，直接倾听他们提出的问题。他喜欢即时反馈，也喜欢直接口头沟通的自发性。

第 *1* 章 理解商务沟通 11

研究表明，以下是最恼人的语音，按照恼人程度降序排列：

牢骚、抱怨、唠叨	44%
尖声叫嚷	16%
咕哝	11%
说话太快	5%
虚弱轻微的声音	4%
单调无聊的声调	4%

为了使沟通有效，我们也需要第二项沟通技能——听。一个口头演示做得再好，内容考虑得再周到，如果目标观众没有有效的听力技能，那这个演示也无法达到它的目的。一些研究发现，60% 的商务沟通问题是因为目标观众的听力技能太差。

书面沟通

写比说更难，因为你第一次就必须给出正确的信息；你无法得到即时反馈，也无法根据面部表情等非语言线索进行判断来达到你的沟通目标，在这些方面你没有优势。行业中典型的书面沟通形式包括以下几点：

- **电子邮件**：**电子邮件**（见图 1-3）是通过电脑网络传递的信息。在当今的办公室，电子邮件已经取代了传统的备忘录，很多情况下，取代了信件。
- **网站**：**网站**包括一页或多页相关信息，这些信息被公布在万维网上，可以通过因特网获得这些信息，一个网站的主要网页叫做它的主页。
- **备忘录**：**备忘录**是在同一组织内发送给同事的书面信息。
- **信件**：**信件**是发送给组织外部人员的书面信息。

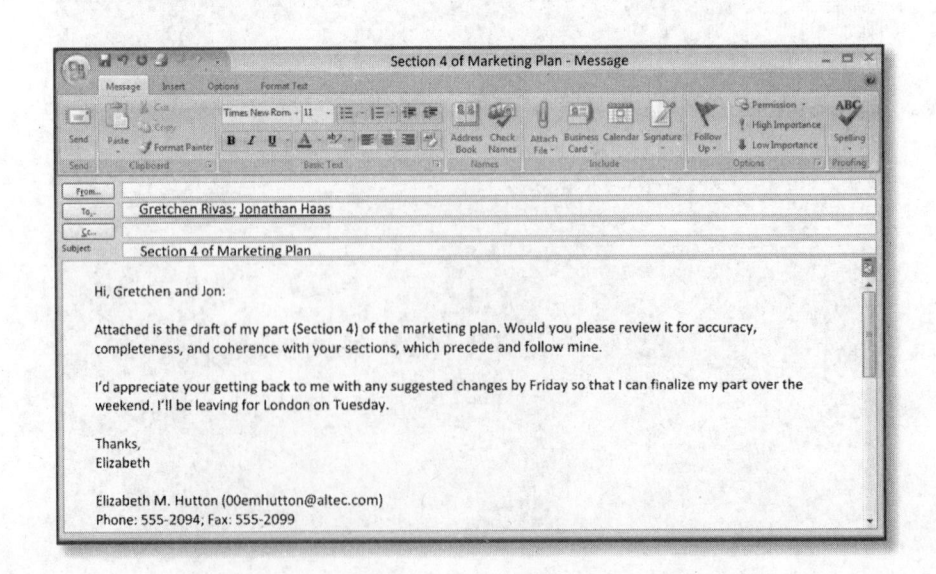

图 1-3
电子邮件示例

- **报告**：**报告**是有条理、有目的的信息呈现，在作决策、解决问题时起辅助作用。常见的商业报告包括政策与程序报告、现状报告、财务报告、人事评估报告以及提议。
- **其他**：书面沟通的其他例子还包括合同、销售资料、简讯和公告栏通知。

对当代组织来说，写作至关重要，因为写作是文件编制的主要途径。演讲可能会给人留下深刻印象，但是文件记录会被永久存档，将来若有人忘记相关信息或者有争议发生，那他们就可以查阅文件记录。

为了使书面信息达到沟通目标，我们当然必须阅读这些信息。有效阅读的技能在当今技术社会变得越来越重要。计算能力和文字处理能力十分普遍，方便又经济的复印和传真被广泛使用，使人们有了更多的文书工作要做。据估计，一位典型的经理每周要阅读100万字。因此，不幸的是，信息过量成为我们时代的副产品。商务技术中的这些问题以及其他问题将在本书中讨论。

> 大多数口头沟通是暂时的，书面沟通是永久的。

1.4 沟通的方向

组织要获得成功，沟通必须通过正式和非正式渠道顺利发展。

> 沟通目标 3

正式沟通网络

在公司内部，信息可能由上司传递给下属（下向沟通），由下属传递给上司（上行沟通），在组织同级员工之间传递（平行沟通），在组织不同部门之间传递（跨通道沟通）。这四种沟通构成了组织的**正式沟通网络**。我们会使用部分城市系统公司的组织图表来列出沟通的方向，如图1-4所示。（更完整的图表见第33页。）

下向沟通　在大多数组织中，最多的垂直沟通是下向沟通——从较高职权的人向较低职权的人传递。比如，在城市系统公司（图1-4），戴维·卡普兰

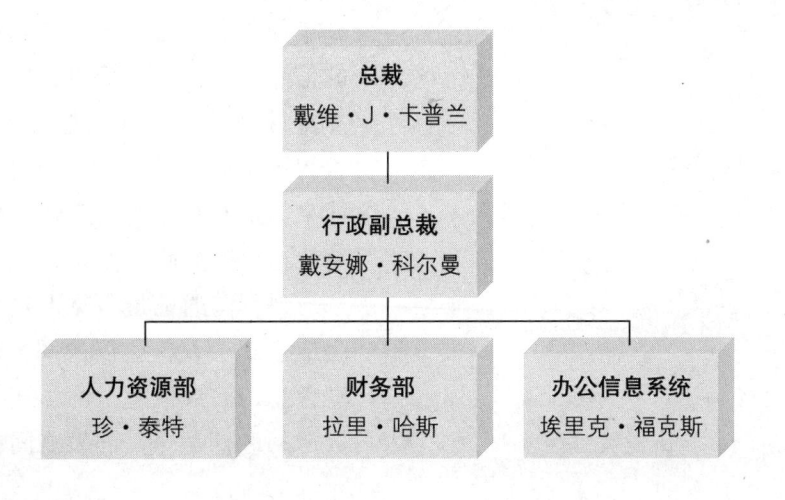

图1-4
城市系统公司部分正式沟通网络

第 *1* 章　理解商务沟通　13

向戴安娜·科尔曼发送一封关于一项电脑报告的电子邮件；戴安娜转而与埃里克·福克斯商讨这个问题。通过书面和口头的通道，关于工作表现、政策与程序、每日运营和其他的组织内信息被传递。

高层管理人员与低层员工通过电子邮件、备忘录、会议、电话会谈、公司简讯、政策手册和录像等途径进行交流。书面下向沟通的一个问题就是，管理人员会假定向下传递的信息一定会被接收者接收并理解。不幸的是，事实并非总是如此。

如果你是老板，你也应该认识到，相比来自同事或者下属的信息，你向下传递的信息会引起更多关注，得到更快回复、更多肯定。事实上，下属出于善意给出回复，并不一定意味着你的点子更好，或者这些点子传递得更有效。

> 上行沟通的顺利进行能防止管理层孤立。
>
> 沟通快照——每章有一处——提供认识人们沟通习惯的数据。

上行沟通 上行沟通是信息由低层员工向高层员工传递。比如，在图1-4中，珍·泰特向总裁发了一份关于本月人力资源行动的月度现状报告，戴安娜回复了戴维关于电脑报告的备忘录。上行沟通可通过电子邮件、备忘录、会议、报告、建议系统或者工会出版物进行信息传递。

上行沟通很重要，因为它向高层管理人员提供决策所需的信息。上行沟通通过提供员工表达想法、诉苦衷、提意见的机会，也培养了员工忠诚度。最后，上行沟通也提供了反馈，让上司知道他们的下属是否接收并理解了传递的信息。

平行沟通 平行沟通是同一工作单元中同事之间的信息传递。比如，行政部门每周召开员工会议，会议中三位经理（珍、拉里和埃里克）就运营现状交换信息。

平行沟通很重要，它能帮助协调工作任务，分享关于计划和活动的信息，协商不同意见，发展人际支持，因而使工作单元更具凝聚力。组织中个人或部门越是需要互相沟通来完成目标，平行沟通发生的频率就越大越密集。

平行沟通的最常见形式是委员会或小组会议，会议协调工作、分享信息、解决问题。为了获得稀有资源的激烈竞争，同事之间信任的

沟通快照 1

非正式沟通网络

员工从同事那里得到的公司事件信息最后是错误的，同意这个观点的人员百分比

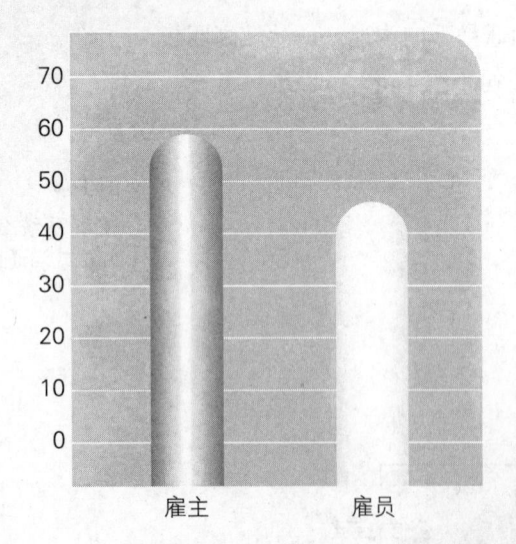

来源：RoperASW, 2003.

缺乏，对工作安全或者升职的担心，都会对平行信息的顺利传递造成障碍。

跨通道沟通 跨通道沟通是不同工作单元的员工互相交换信息，这些员工之间不是上下级关系。比如，珍·泰特部门的薪金发放人员每年都会向公司所有员工发送一份请求，要求他们更新纳税申报表格上可免除的数额信息。

员工专家常常进行跨通道沟通，因为他们的责任会涉及组织内多个部门。因为他们缺少直线职权来命令他们的沟通对象，所以他们必须经常依靠他们的说服力，比如，当人力资源部鼓励员工完成一项关于工作满意度的调查时，他们必须说服他们去完成。

非正式沟通网络

非正式沟通网络（或者称为小道消息）是指在组织内部通过非官方渠道进行信息传递。拼车上班、等着使用复印机、中午慢跑、在咖啡馆吃饭或者在地方家长会聊天——无论员工在哪里聚到一起，他们总会听到并传递企业中可能发生的信息。

沟通目标 4

员工常说，小道消息是他们得知公司计划和绩效最频繁的信息来源。在一项对451位执行官的调查中，91%的人表示，员工通过小道消息得知公司的"坏消息"，比如裁员或者接管移交。73%的人认为办公室政治是一个小道消息的话题，而只有41%的人认为员工会通过小道消息来获取"好消息"。另一项调查显示，39%的经理认为，在公司的饮水冷却器旁，人们谈论最多的话题是商务上的事——17%的人承认他们对这个问题没有任何头绪。

非正式沟通网络（小道消息）在组织内部通过非官方渠道进行信息传递。

非正式沟通网络十分重要，它能帮助组织达到目标。Obongo是加利福尼亚州的一家刚起步的技术公司。这个公司每个月都为它的多文化管理团队主办一场家常的午餐会。

第 *1* 章 理解商务沟通 15

下面是公司小道消息的共同特征：

- 通过小道消息传递的大部分信息（大约80%）与商务有关，而且大多数信息（75%~95%）是准确的（但是请看沟通快照1中人们对于小道消息准确性的看法）。
- 小道消息具有说服力。在组织各层都有小道消息——从公司董事会到流水线。
- 小道消息传递信息很快。
- 当公司发生变化时，或者当人们急需知晓一些信息，或者人们十分担忧时——在裁员、工厂关闭、收购等情况下，小道消息传播最活跃。
- 小道消息是每个组织最正常，通常也是最重要的一部分。

有能力的经理不会去遏制小道消息的传播（这是徒劳），而是接受并注意它。他们会对有消极作用的错误谣言及时作出反应。最重要的是，他们会使用正式沟通网络（包括会议、备忘录、简讯和公告栏）来确保所有信息——积极的和消极的——都尽可能快速并完整地传递给员工。组织内部信息的顺利传递不但可以阻止谣言的传播，而且这也是一件好事。

1.5 沟通的障碍

沟通目标 5

考虑到沟通过程的复杂性，你的信息未必会按照你想要传达的意思被接收。事实上，有时候你的信息完全不会被接收；有时候，你的信息会被不完整地或者错误地接收。有些有效交流的障碍是语言的；有些是非语言的。如图1-5所示，这些障碍会产生难以逾越的墙壁，使有效沟通不可能发生。

语言障碍

语言障碍与你的写或说有关，包括知识不充足、词汇量不够、理解不同、语言差异、措辞不当、表达过度抽象和模棱两可以及极端的表达。

你必须对你的话题了然于心，必须非常了解你的受众，精确并恰当地表达你的观点。

知识不充足或者词汇量不够 在你开始考虑如何沟通你的观点时，你必须首先有一个观点；也就是说，关于这个话题你必须具备足够的知识，知道你想要说什么。不管你的技术专业水平如何，这都没有听起来这么简单。比如，假设你是城市系统公司的财务部经理拉里·哈斯，公司总裁戴维·卡普兰让你评估投资机会。你已完成所有必要的调查工作，现在准备写报告了。你准备好了吗？

你分析你的受众了吗？你是否知道总裁对于这项投资了解多少，以此判断你应该提到多少背景信息？你是否知道戴维对投资术语的熟悉程度？你是否能使用NPV（净现值）或者RRR（必要收益率）这样的缩写而保证受众能理解，还是需要说出全称，可能还需要定义净现值和必要收益率？你是否知道总裁喜

16　商务沟通

欢把结论放在报告开头然后进行分析，还是把结论放在报告结尾处？作报告时应该使用什么样的语气？如果你想要在写报告时达到沟通目标，那这些问题的答案十分重要。

理解不同 有时候，信息发送者和接收者对同一个词有不同的理解，或者对不同的词有相同的理解。当这种情况发生时，错误沟通就会发生。

每个词都有外延和内涵。**外延**指一个词字面、字典上的意思。**内涵**指你对一个词主观、情感上的意义。比如塑料这个词的外延意思是"一种可以被塑造成各种不同形状的合成材料"。对某些人来说，这个词也有着消极的内涵意义——"廉价或者人工代替品"。对另外一些人来说，塑料这个词意味着信用卡，比如"他用塑料来支付。"

> 一个词的外延定义该词的意思；它的内涵是我们对这个词产生的联想。

大多数理解产生歧义是因为人们对一个词所理解的内涵意义不同。对于广泛、坏的、侵略性、有闯劲或工作狂、企业狙击手（corporate raider）、猎头、黄金降落伞（golden parachute）、废弃物这些词，你有积极的、中立的还是消极的理解？一些术语的问题不仅是不同的人对这个术语有不同的理解，而且术语本身也能让信息接收者产生情感上的反应，比如他会停止与信息发送者进行进一步沟通。

语言差异 在理想商务世界中，所有经理都应该掌握他们会接触到的每个文化的语言。国际商务人士常说，只懂母语，你可以在全世界买到东西，但是你必须学会当地购买者的语言才能把东西卖出去。美国或加拿大的公司与外国

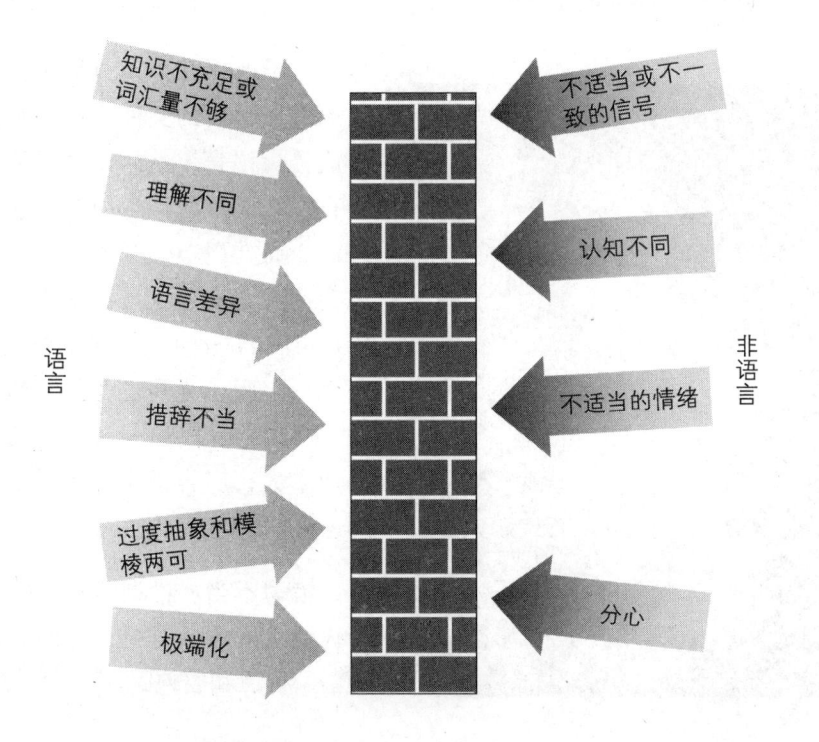

图 1-5

沟通的语言和非语言障碍

语言：知识不充足或词汇量不够、理解不同、语言差异、措辞不当、过度抽象和模棱两可、极端化

非语言：不适当或不一致的信号、认知不同、不适当的情绪、分心

"我不是在拖延。我正在积极地将这个项目推迟到能量密集阶段，直到热情因素能产生最大效率的时候去执行。"

公司之间的通信大多数都用英语；在其他情况下，需要一名合格的口译员进行口头交流，或者一名笔译员进行书面交流。但是，即使有口译和笔译，问题还是会发生（比如说，问题聚焦 2 的"飞机交流"）。例如，考虑以下错误：

- 在巴西，人们说葡萄牙语，一家美国航空公司做广告说，波音 747 飞机上有"约会舱"（rendezvous lounges），他们没有意识到 rendezvous 这个词在葡萄牙语中暗含卖淫的意思。
- 在中国，肯德基的广告语"吮指美味"被翻译成了"如此美味以至于你想吮吸你的手指"。

IBM 公司的数据管理者纳尔逊·马托斯是一名计算机科学家，负责 IBM 的信息汇集。他的工作是帮助公司理解他们每天产出的数千兆信息。马托斯说，"每个人都在信息沟通方面投资，并努力从中获取价值。"

为了保证在翻译过程中没有丢失原意，重要的文件应该首先被翻译成目标语言，然后回译成原来的语言。然而，我们也应该意识到，交流障碍在以英语为母语的人之间也会产生。比如说，伊莱克斯吸尘器在英国的一个广告，其标题为"伊莱克斯，吸尘无可匹敌"（Nothing Sucks Like An Electrolux）。在美国和加拿大，广告撰稿员绝对不会使用这种标题。

措词不当 措词是指实际意思与表面意思不一样的一组词，比如俚语、行话和委婉语。

问题聚焦 2　　　　　　　　　　　　　　　　　　　跨文化

飞机交流

几年前，一架中国飞机坠毁。这架飞机试图在雾中降落，但是没有及时拉高。飞机配有撞地警告系统，但是系统报的是英语，警告"pull up, pull up"（拉高）。在驾驶座录音里，中国飞行员的最后一句话是："pull up是什么意思？"

在空中，一架飞机就是一个世界——有着飞机上的规则和交流需要。国际航班的乘务员与乘客在服务和安全方面必须互相理解对方。机长必须能够与每个人交流，包括世界各地的控制塔。

飞机维修人员的一个特别问题就是，大多数运输公司不再将他们的技术规范翻译成当地语言，因为这耗资巨大，过程缓慢，容易出错，而且翻译错误的话需要运输公司承担法律责任。航空技术规范现在都用英语。

人们开发了一种特殊的英语——简化英语，来满足航空的需要。简化英语包含简单的词汇，以及使用这些词汇的一系列简单的写作规则。现在，世界上所有民用飞机的文件都要求使用简化英语。

简化英语词汇是根据维修文件样本中的字频计算而来的。它包括被认可的词汇（约有1,000）和一系列写作规则。一句话不能超过20个词，每段都必须以一句主题句开始，每段不得超过6句话。不能使用分号，在步骤描述中，只能使用主动语态。

人们开发了简化英语，为所有航空公司的人员增加了英语培训，其目的是为乘客提高服务质量，增加飞行的安全性。

批判性思考

▶ 你认为简化英语会在典型的书面商务沟通中起到怎样的作用？为什么？

- **俚语**是特定人群使用的短语，常常使用时间很短。商务领域当然也有自己的俚语，比如24/7、带宽（bandwidth）、强硬态度（hardball）、战略契合（strategic fit）以及机会之窗（window of opportunity）。青少年、建筑工人、移民、知识专家以及其他人群都有他们自己的俚语。在每天的谈话中使用合适的俚语没有问题；俚语可以传递确切的信息，而且标志着你属于哪类人群。但是，如果信息接收者无法理解传递者使用的俚语，那问题就会出现。如果和母语为非英语的人交流时使用俚语，会引起误解。有的俚语会传递发送者的负面非语言信息，也会引起交流问题。

- **行话**是特定人群使用的技术术语；它有时候被称为"职业圈的散文"（the pros' prose）。比如，随着技术的发展，产生了大量新词汇。你知道以下常见的计算机术语的意思吗？

applet	JPEG
Blog	killer app
BRB	locked up

俚语、行话和委婉语的使用有时候合适，有时候并不合适。

BTW	patch
CU	PDA
FAQ	plug'n'play
flame	ROFL
hacker	spam
HTML	worm
IMO	WYSIWYG

和俚语一样，问题不在于行话的使用——行话为那些熟悉行话的人提供准确有效的交流方式。如果交流的人之间有人不懂行话，或者有些人故意使用行话来让人铭记，那就会产生问题。

- **委婉语**用委婉的方式来表达可能会冒犯他人或听起来让他人不愉快的意思。敏感的作家和说话者常常用到委婉语，特别是在描述身体机能的时候。比如，你能想到几种表达方式来说一个人的死亡？

俚语、行话和委婉语在商务交流中都扮演着重要角色——只要合适的人得当地使用这些短语。然而，如果有人故意使用这些短语来让人铭记、或者它们被过多使用、或者在不适当的时候使用，那么沟通障碍就会产生。

> 交通一词是抽象的，汽车一词是具体的。

过度抽象和模棱两可　**抽象词**用来描述一个想法或一种感受，而不是一个具体的物体。比如，交流是一个抽象词，而备忘录是一个**具体词**。具体词用来描述可以看到或者摸到的东西。在交流中，使用抽象词表达看不到摸不着的东西是必要的。但是，如果你使用过多的抽象词，或者使用得太抽象，那就会产生交流问题。使用的词越抽象，信息接收者就越难想象出信息传输者想的是什么。比如，以下哪个句子传递更多信息："我从店里获得了一台设备"或者"我在百思买买了一台激光打印机"？

使用过多模棱两可的词汇也会使交流产生问题，比如一些、几个、很远，这些词汇在很多商务交流中含义太广。

极端化　有时候，人们处理问题时，认为每种情况都可以分为两个对立的完全不同的极端，不考虑任何中间情况。当然，有些问题可

奥伯问答

亲爱的奥伯博士：

您在谈论语言差异时，说到雪佛兰新星（Chevrolet Nova）在波多黎各销售不好，因为它的名字在西班牙语中的意思是"它不跑"。这只是一个都市传说。

Nova 这个词和 no va 这个词组结构不同，而且发音也不一样。如果说这就是车销量不好的原因，就无异于一个说英语的人不愿买一间"出色"（notable）的起居室，因为这个起居室没有桌子（no table）。

——道恩·玛丽

亲爱的道恩·玛丽：

非常感谢您充满启发的电子邮件。十分感谢！我在下一版书中会纠正。同时，真诚地祝您学业有成。

——斯科特

给作者写信，邮箱为 askober@comcast.net。

以套用二分法。比如，你要么是人类，要么是非人类；你的公司今年可能会盈利，也可能不会盈利。但是，生活中很多情况包含的选择不只两种。

比如，你可以假设一个人要么在说真话，要么在说谎。事实上，这个人说的可能是真实的，但是他或她可能选择性地舍去了一些重要信息，他或她可能会给你留下对这件事不准确的印象。这样的话，这个人在说真话吗？答案很可能在两者之间。同样，你不一定很高或很矮，很富或很穷，很聪明或很笨。有效的交流会避免使用"要么……要么……"这样的不恰当逻辑，交流者会努力使用不极端的中间词汇，如果这些词汇能描述具体情况的话。

顺便提一句，要记住，你不说的内容也会造成沟通障碍。比如，假设有三个人作了公司演示，而你只祝贺了其中一人。那其他两人会有何感受——即使你对他们的表现没有做出任何负面评价？或者，假设你告诉其中一人："你这次的确做得十分出色。"那他的反应可能会是："那我上次表现得不好吗？"（本书作者七岁的儿子一天放学回家说："爸爸，你猜怎么着？今天我的名字没有出现在黑板上。"隐含的意思是什么？）

> 思考时考虑所有方面或什么都不考虑都会限制我们的选择。

> 你不说的内容也会造成沟通障碍。

非语言障碍

不是所有沟通产生的问题都与你写出来或者说出来的内容有关。有些问题与你的行为有关。非语言沟通障碍包括不适当或不一致的信号、认知不同、不适当的情绪以及分心。

不适当或不一致的信号　设想一名合格的申请人在申请行政助理一职时，递交的简历上有一处印刷错误；或者一名会计的个人办公室如此凌乱以至于她无法找到与客户开会要用到的文件。当语言信号和非语言信号发生冲突时，信息接收者更倾向于相信非语言信号，因为一个人更难控制自己的非语言信息。

很多非语言信息因文化而异。同时，你也要记住，美国本身是一个多文化国家：来自波士顿的银行家、来自旧金山的艺术用品商店店主，和来自北达科他州的农民会以不同的方式运用和理解非语言信息。在一种情境下合适的信息在另外一个情境中就不合适了。

有效沟通需要让你传达的非语言信息与语言信息保持一致，而且必须在所在情景中恰当地使用这些信息。

认知不同　如果人们的年龄、社会经济背景、文化等因素各不相同，那他们在听到同样的演讲或者阅读同样的文件时会有不同的观点。之前我们讨论过心理过滤（mental filter），每个沟通源都是通过心理过滤被理解的。因为每个人都是独一无二的，有着独特的经历、知识和观点，因此每个人对于看到或听到的东西会形成各不相同的观点。

> 如果我们谈论一件事——比如我们见到某人很高兴——但是我们的行为、姿势或者表情与说出的内容相矛盾，那别人通常会相信我们的行为而不是我们的话语。

第 1 章　理解商务沟通　21

很多工作者的一个沟通障碍是小隔间办公室。噪音、打断和缺乏隐私这些因素使人无法集中注意力进行交流。易趣网总裁梅格·惠特曼（图中所示）在小隔间办公室里管理这个在线拍卖购物网站——就和其他易趣网的员工一样。

一些人会无意识地倾向于相信某些人而不信任另外一些人。比如，当一个员工看到公司总裁发来的电子邮件时，他或她可能会被总裁吓到，然后接受总裁所说的所有信息，而另一个员工可能对总裁有负面感受，因此不相信总裁说的任何信息。

沟通时依靠逻辑比依靠情绪更有效。

不适当的情绪 在多数情况下，沟通中适当的情绪可以促进沟通的进行，使其更亲切。然而，过多情绪会产生沟通障碍。比如，过度愤怒会使气氛紧张，使沟通无法进行。同样，偏见（无意识地不接受某人或某些想法）、刻板印象（将个人特征概括化）以及乏味，都会阻碍有效沟通的进行。这些情绪会阻碍新思想，会使人们拒绝接受或忽视与普遍接受的想法不同的信息。

分心 任何限制人们沟通注意力的环境因素或竞争因素都会阻止有效沟通的进行。这些使人分心的因素就是**噪音**。伦敦大学精神病学研究所做了一项研究，发现"在受到电话铃音和电子邮件的干扰时，平均每个员工的运作智商都下降了10个点。"

环境噪音的例子有：糟糕的音效设备、不适宜的温度、不舒适的座位、体臭、电话连接不好以及模糊的复印材料。竞争噪音的例子有：有其他重要事务要做、太多会议要参加、太多报告要看。

能胜任的交流者会努力将要表达的意思说清楚、写清楚，意思连贯，并努力避免或减少会产生误解的语言或非语言沟通障碍。

1.6 3P 模型简介

本书每章结尾处都会以 3P 模型进行总结，列出本章中提到的重要沟通概念（见以下部分）。这些关于典型沟通任务的案例分析包括问题（problem）、过程（process）和成果（product）。问题定义情形，并讨论特定沟通任务的需要。过程是一系列的问题，这些问题提供一步步指导，以完成沟通任务。最后，成果是结果——完成的文件。

3P 模型提供一种沟通的实际演示，给出详细的过程，使你看到写作的过程，而不仅仅是结果。这种过程帮助你每次只关注写作的一个方面。如果你在写作时常常使用 3P 步骤，那你的书面沟通技能就会更完善，交流就会更有效。

要特别注意过程部分的一些问题，当你组织自己的信息时可以问自己同样的问题。最后，通读一遍完成的文件，并注意在过程部分修改的句子。

> 在典型的写作任务中，3P 模型通过提出并解答信息各方面的相关问题来一步步指导你。

3P 行动：
恰当地使用委婉语

■ 问题
■ 过程
■ 成果

■ **问题**　简正在编辑公司通讯，她在文章中碰到了这样一段：

　　赖莎是一名行政助理。当她看到公司将执行非自愿分离时，她大汗淋漓。赖莎知道她马上将步入她的流金岁月，而且她很担心，如果她的身体受到挑战，或者她在死前得了大 C 症，那最近州政府的收入增加会影响到她的经济状况。

简立刻意识到，这段文章包含了太多的委婉语，这和她在通讯中要求的有力、清晰、简明的语气很不一致。

■ **过程**

1. 划下这段中所有可能的委婉语

　　赖莎是一名<u>行政助理</u>。当她看到公司将执行<u>非自愿分离</u>时，她<u>大汗淋漓</u>。赖莎知道她马上将步入她的<u>流金岁月</u>，而且她很担心，如果她的<u>身体受到挑战</u>，或者她在死前得了<u>大 C 症</u>，那最近州政府的<u>收入增加</u>会影响到她的经济状况。

2. 因为不是所有的委婉语都很糟糕，所以要考虑每个委婉语是否合适。

   （1）行政助理：有些人可能会认为这是"秘书"的委婉语，但是我认为这个术语暗示了行政助理有更大的责任。事实上，我觉得我会把它换成一个更当代的词"行政专业人员"（administrative professional）。

   （2）大汗淋漓（perspiring）：我肯定会把它替换成更直接的"流汗"（sweating）。（毕竟，有人说"流出子弹一样大的汗"［perspiring bullets］吗？）

   （3）非自愿分离：我称它为"裁员"。

   （4）流金岁月：我可以使用更直接的词"老年"，但是这个词听起来有点刺耳，而且太主观。我会使用"退休"来代替。

   （5）收入增加：意思是增加税收，我会这样称呼它。

（6）身体上的挑战：我称它为"残疾"。

（7）大C症：我称它为"癌症"。

3. 这段话里还有没有其他地方需要修改？

虽然使用"她在死前"这个表达没错，但是我认为用更委婉的"她在去世之前"更好。

■ 成果

> 赖莎是一名行政专业人员。当她看到公司将裁员时，她流汗了。赖莎知道她马上要退休，而且她很担心，如果她残疾了，或者她在去世之前得了癌症，那最近州政府增加税收会影响到她的经济状况。

现在将 3P 付诸实践。见第 26 页的 3P 练习。

登陆学生网站（college.hmco.com/pic/oberCBC7e），找到那些会帮助你学习这门课程并取得成功的资料。进行 ACE 互动自我测试，评估你对本章内容的掌握情况，并复习巩固基础语言艺术技能。你也能学习更多因特网知识，寻找商务信息，在写作问题方面得到帮助，并学习更多关于就业沟通、职位空缺和雇主的信息。

总　结

沟通过程以一个刺激开始。在你独特的知识、经验和观点的基础上，你过滤或解读这个刺激，然后形成你希望沟通的信息。最后，信息传递到目的地。如果沟通成功，信息接收者将此信息作为沟通源，并向你提供适当的反馈。 [沟通目标 1]

语言沟通包括口头沟通（说和听）和书面沟通（写和读）。常见的书面沟通形式包括电子邮件、网站、备忘录、信件和报告。 [沟通目标 2]

组织的正式沟通网络包括从上司到下属的下向沟通、从下属到上司的上行沟通、同级员工之间的平行沟通，还有组织内不同部门员工之间的跨通道沟通。 [沟通目标 3]

非正式沟通网络（也称为小道消息）指通过非正式渠道传播的信息。经理们不应该试着消除这些信息，而应该接受它们的存在并注意这些消息。 [沟通目标 4]

沟通障碍有时候会出现，影响有效沟通的进行。语言障碍的例子包括知识或者词汇量不足、理解不同、语言差异、措词不当、过度抽象和模棱两可以及极端化。非语言障碍的例子包括不恰当或不一致的信息、认知不同、不适当的情绪以及分心。 [沟通目标 5]

关键术语

现在你应该能够用自己的语言给出以下术语的定义,并分别举例。

抽象词(abstract word)
受众(audience)
沟通(communication)
具体词(concrete word)
内涵(connotation)
外延(denotation)
电子邮件(e-mail)
委婉语(euphemism)
过滤(filter)
正式沟通网络(formal communication network)
非正式沟通网络(informal communication network)

行话(jargon)
信件(letter)
媒介(medium)
备忘录(memorandum)
信息(message)
噪音(noise)
非语言信息(nonverbal message)
报告(report)
俚语(slang)
刺激(stimulus)
语言信息(verbal message)
网站(website)

3P 实践

想要了解更多信息,见第 24 页的 3P 模型。

付诸实践

回到英图伊特公司 通过员工态度调查,以及实行如学习——传授——学习的措施,英图伊特公司的吉姆·格雷尼尔和其他经理能够从公司各级员工那里听到意见和建议。允许员工自由地表达他们的想法,这能够稳定地向公司提供有创意的好点子,而且能够在组织中营造良好的沟通环境。格雷尼尔知道,有效的沟通首先要明确目的并对受众有充分的理解。

问 题

你是英图伊特公司的销售副总裁。在工作日最后一天,你接到一个电话,来电者是纽约的一家大软件经销商,抱怨说英图伊特公司的客服中心设在印度班加罗尔,她在给客服中心打电话的时候总是断开连接。这位经销商不断地大声抱怨说,她在试着与客服代表沟通时受到了无礼的待遇。你怀疑任何员工都可能对客户无礼,但是保持与经销商的良好关系是你的职责。

过 程

(1)在这种情况下,你面临的问题是什么?
(2)这里出现了什么语言和非语言沟通障碍?
(3)你找到了哪些解决这个问题的备选方案?
(4)你在决定解决这个问题的最好方案时,会用什么标准来选择?
(5)使用这些标准,评估你的选择并确定最佳方案。

每章的第一个练习与圈内人视角有关。练习也包括全书的持续案例。

成 果

当你在执行你选出的最佳方案时，你首先会对这位经销商说什么？

练 习

1. **沟通组成部分**　与搭档一起找出下面的情景中沟通的五个组成部分：

   艾丽丝·利斯顿梦想上州立大学。她努力学习，平均绩点（GPA）保持在3.95，美国大学测验（ACT）分数很高。因为她的家庭无法为她支付学费，艾丽丝申请了州立大学的学术奖学金。两周后，艾丽丝收到了奖学金委员会的一封信。她紧张地看了这封信，然后跑到她的卧室，给她的好朋友发送电子邮件，告诉好朋友她获得了州立大学的全额奖学金。她的朋友在两小时后读了她发的电子邮件。

   找出这个情景中的五个组成部分后，两人一组，准备你们自己的沟通情景，并找出五个沟通组成部分。

2. **综合信息**　本章大约用了1,500个词来讨论沟通的组成部分。以小组为单位，写一份200到250个词的关于这个讨论的摘要（总结）。因为这是一个提供信息的摘要，你应当在合适的时候使用和原来讨论时一样的措词。保证涉及所有要点，保证你的描述从一个话题自然地过渡到另一个话题，并保证你的书写没有错误。

3. **交流过程**　使用最近电视节目中的一个事件，列出沟通过程的每个组成部分。找出你观察到的每个沟通障碍。（保证找到这个电视节目并描述你分析的事件。）　　　沟通目标1

4. **过滤**　你是独一无二的——教室中每个人都是。根据以下因素列出你过滤接收到的信息的十种方法，比如你的个人经历、文化、当时的情绪、性格、知识、社会经济地位和人口统计变量。

5. **工作场所沟通**　在这个练习中，你的老师会把你们分为两个人为单位的小组。　　　沟通目标2

   （1）和你的搭档交换电子邮件地址。
   （2）给你的搭档发送一封电子邮件，邮件中（以完整的句子）写出你对以下两个问题的回答：
   　　a. 一位雇主有权力查看任何发送到公司电脑上的电子邮件，你认为这是对是错？
   　　b. 每天使用公司电脑给朋友发送简短电子邮件一两次，你认为这种情况能让人接受吗？

第 *1* 章　理解商务沟通　27

（3）向自己发送你的电子邮件的复件。

（4）当你收到你搭档的电子邮件时，给出反馈，告诉他或她你是否同意他或她的观点，并给出你的原因。你还是需要发送一份复件到你自己的邮箱。

（5）将下列材料打印出来并交给老师：a. 你最初的信息；b. 你对你搭档的电子邮件的回复；c. 你搭档对你的电子邮件的回复。

6. **电子邮件**　采访至少三位全职员工，了解他们使用电子邮件的经验。问他们以下问题：

（1）你每周发送、接收多少封电子邮件？

（2）你是否会阅读每一封收到的电子邮件？如果不是的话，为什么？你如何决定读哪封，跳过哪封？

（3）你认为电子邮件中的主题行有多重要？

（4）在你看来，什么因素使一封电子邮件有效？无效？

写一份200到250词的报告，向你的老师讲述你的发现。

7. **在城市系统公司沟通**　根据第一章附录的组织人事表（第33页），说出以下沟通情况的方向（下行、上行、平行或者跨通道）和形式（正式或非正式）：

（1）戴维·J.卡普兰给保罗·俞发送了一封电子邮件，内容关于最近销售额的下降。

（2）玛丽·里昂给拉里·哈斯打电话，谈论给新生产设备提供资金。

（3）O.J. 德鲁在午餐时访问 C.B. 奥多姆，谈论生产线的改变。

（4）艾米·斯特茨基与马克·卡普兰见面，审查他们即将给公司员工做的演示。

（5）温迪·亚尼什给 O.J. 德鲁发电子邮件，询问关于最近超光灯产品的问题，帮助她准备最新的广告活动策略。

（6）路易斯·迪亚兹和托马斯·默卡多在打高尔夫球的时候谈论增加一个新的库存场所相关事宜。

（7）马克·卡普兰收到来自托马斯·默卡多的一条语音信息，询问他关于给戴维·J.卡普兰做的演示。

（8）戴安娜·科尔曼收到来自珍·泰特的一份报告，报告列出了新的雇佣政策。

（9）埃里克·福克斯在家给玛丽·里昂打电话，问她关于裁员的谣言。

沟通目标3

8. **交流方向**　想象一个你所属的组织或者一个你熟悉的公司。举出正式沟通网络的四个方向中每一个方向的具体例子。然后绘制一张与第13页图1-4相似的组织人事表。

9. **数字小道消息**　瑞士国际航空公司有着杰出的安全记录，但是公司管理层知道，事故在任何时候都会发生。结果，瑞士国际航空公司制定了一个计划，引导公司对紧急事件的沟通作出的反应。目的在于让员工、媒体代表和其他受众能快速、方便地了解准确的信息。作为计划的一部分，公司时刻准备发布含有在危机中遇难的联系人和其他详细信息的网页。不久前，瑞士国际航空公司的一架飞机在加拿大新斯科舍省附近坠毁，公司开始实行这个计划。在事故发生后，管理层立刻在网页上发布了关于事故的事实，还创建了一个突出显示的链接，链接到航空公司的主页 www.swiss.com，这样公众和瑞士国际航空公司的员工就能得到最新新闻。

　　现在瑞士国际航空公司雇用你来评估他们对数字小道消息的管理，并给出关于如何促进在遇到紧急事件时的内部沟通建议。瑞士国际航空公司应该关注哪些紧急事件？员工在遇到这些危机时需要哪种信息？在遇到这种紧急事件时，瑞士国际航空公司会使用因特网给员工提供准确的更新信息，在这方面你有何建议？准备一份管理方面的简要备忘录，简要概括你的建议。

10. **小道消息**　阅读一篇关于公司小道消息的期刊文章。然后写一篇一页的概要。检查内容上和语言上的错误，并在需要时进行改正。将这篇文章的复印件和你的概要钉在一起，交给你的老师。　　　　　　　　　沟通目标 4

11. **多样性**　"我永远也不能理解我的巴基斯坦同胞，"艾琳说。"我给我们在当地的代理人写信，他应该是财务行家，信上说：'如果贵公司想与我公司合作（play ball with us），请直说（straight scoop）。关于有着花哨修饰的（with all the bells and whistles）的 STX 模型，你们的最低价是多少？此外，如果你们全力以赴（pull out all the stops），我们能否在圣诞节前收到货？'你知道他是怎么做的吗？他给我回了一封长长的信，询问我的健康情况和我的家庭，但他没有回答我的问题！如果他们不和我们公司合作，我会建议我们停止和他们做生意。"从沟通角度来看，这里发生了什么问题？你能给艾琳什么建议？改写这封给巴基斯坦代理人的信，使其更有效。

12. **行话**　想象一个你熟悉的话题（一项运动、计算机、一个学术话题等）。
　　（1）写一封电子邮件给你的同事，这位同事应该是这个话题的专家。信中要包含六条行话术语，连接需流畅自然。
　　（2）现在假设你要将这封电子邮件发送给对这个领域一点也不熟悉的人。改写你的电子邮件，使它能让这个人读懂。
　　（3）哪封邮件更长？哪封邮件更有效？为什么？

13. **沟通障碍**　第 1 章列出了六条语言沟通障碍和四条非语言沟通障碍。你认为哪种沟通障碍——语言的或非语言的——更容易克服？为什么？和班级里其他人交流你的想法。

沟通目标5

14. **俚语** 登录谷歌或者其他搜索引擎，输入搜索条目"俚语"。你会找到来自不同网友的成百上千条俚语来源，包括高校俚语、与毒品有关的俚语、摩托车党俚语以及操场俚语，还有各个国家的俚语。

　　从五种不同交流者群体中找出五种的俚语短语。你能否找出不同群体使用不同俚语表达来交流相同概念的例子？写一份两倍行距的一页报告，陈述你的发现和结论。

15. **非语言障碍** 玲从电脑上看过来。"幸运的是，我都在电脑上写东西——使用文字处理软件或者电子邮件。因此，我不必担心会有任何非语言障碍。"玲这样说对吗？讨论并给出关于非语言沟通障碍可能减少玲的书面沟通有效性的例子。

16. **委婉语** 以两人为一组，你们能找出哪些合适的委婉语来替代以下概念：
（1）死
（2）老年
（3）被炒鱿鱼
（4）腿部无法活动
（5）去厕所
（6）家庭主妇
（7）监狱

持续案例 1

大堡礁

每章都以一个城市系统公司的案例分析结束。解决这些案例分析,它们是学生们会在工作场所遇到的典型沟通问题。

行政副总裁戴安娜给营销副总裁马克打电话。"你好,马克,有时间吗?"

"我总有时间留给你,亲爱的。怎么了?"

"我没有收到你的 ESOP 协议,而且它昨天到期了。"

"好吧,我放弃了。ESOP 协议是什么?"

"你知道,是董事会上个季度通过的雇员股票持有计划(Employee Stock Ownership Plan)。"

"哦,等一下。另外一个电话响了。马上回来。"

戴安娜别无选择,只能"等一下",但是她很恼火。为什么马克要中断她的电话接另外一个?她用这些时间浏览了一份今天下午到期的会计报告,并在马克回来接电话时继续浏览。

"让你久等了,戴安娜。刚刚是我妻子,她告诉了我詹森的最新消息;他今天要做扁桃体切除手术。好,为什么我要参加这个 ESOP 计划?"

"嗯,一方面,它可以让你使用你免税工资的一部分来购买城市系统公司的股份。"

"多少?"

"你薪资总额的 25%。"

"没门!只有 75% 的工资我没法生活。"

戴安娜翻了翻白眼。"好吧,你不必用上所有的 25%。这只是最大值。"

"好的,我会把表填好,马上发给你。"

"马上是什么时候?今天必须给我。"

"好吧,好吧。不要唠叨。今天下班时我会发给你的。"

"谢谢,马克。祝你愉快。"

批判性思考

1. 沟通中出现了什么语言障碍和非语言障碍?
2. 在这个电话沟通中,找出至少一个沟通组成部分的例子:刺激、过滤、信息、媒介、目的地、反馈和噪音。
3. 这是一次有效的电话沟通吗?为什么是,或者说为什么不是?

附 录

城市系统公司

公司简介

城市系统公司是一家刚起步的小型公司，主要产品是超光灯，是一种和纸一样薄的新型光源，公司希望这个产品能变革照明产业。公司总部位于密歇根州安阿伯市，其全自动制造工厂位于北卡罗莱纳州夏洛特市，总共雇用178名员工。公司根据密歇根州的法律，由公司创立者以及他们的家庭成员持股。

公司年销售额约3,000万美元，净利润去年达到140万美元。投资界认为这是一家进步的公司，有着熟练的管理和健康的盈利潜力。地方社区认为城市系统公司是一个优秀的企业公民，它无污染，而且公司积极参与社区事务。

城市系统公司总部，位于密歇根州安阿伯市。

产 品

超光灯是电致发光材料做成的扁平的薄板光源。它可以代替日光灯、霓虹灯、白炽灯装置。外形上，超光灯是在透明塑料层之间切成的经化学处理的材料，和纸一样薄。在使用中，它是固定发光装置，和信用卡一样薄，可弯曲，而且可制成任何形状和大小。它由电池或壁电流供电，能发出明亮的白色或彩色光。

超光灯较之其他传统发光装置在成本上具有竞争优势，而且它的寿命以年数衡量。所有这些优势，加上它超薄的外形，由电池供电（"可以在任何地方使用"），发出的光平均分布，可制成各种外形，这些都使超光灯成为一种很有潜力的新产品。

公司历史

城市系统公司于2004年由一对兄弟戴维·卡普兰和马克·卡普兰创立。戴维曾是工业化学品公司的化学工程师。他在进行一项其他工程的过程中形成了对超光灯的基本想法。因为工业化学品公司对制造并销售这个产品没有兴趣，所以戴维从工业化学品公司买下了超光灯的所有权，并在2003年申请专利。然后，他和他的弟弟马克在密歇根州米德兰的一个空仓库创立了城市系统公司。他弟弟之前是芝加哥一家广告公司的市场经理。

公司的启动资金包括戴维·卡普兰的50,000美元和马克的35,000美元个人投资，还有从美国小企业管理局（U.S. Small Business Administration）贷款的68,500美元，为期五年。因为马克的广告业背景，公司的五年商业计划一开始专注于将超光灯应用于广告——发光广告标识、零售点展销等。后来，公司信誉更为大家所接受，商业计划开始扩展到工业、办公和消费者。因此，公司选择了城市系统这个名字，因为它能概括各种产品。

在不平坦的开端后，城市系统公司在运营的第四年开始盈利，一开始的建筑已经无法满足运营需求。最近公司在密歇根州安阿伯市的办公园建造了11,000平方英尺的场地，为行政、营销和研发提供场所。公司还将其制造工厂搬迁至北卡罗莱纳州夏洛特市一处租赁的场地。制造工厂实行全自动化，使用最新技术的机器，及时存货控制和先进的工会管理协议。最近的三年劳动合同明年到期。

人事

图1显示组织的部分人事表。公司的每个职位和现在的担任者描述如下。

董事会

董事会包括主席戴维·J·卡普兰、副主席马克·卡普兰、秘书兼财务主管朱迪斯·克莱尔·卡普兰（戴维·卡普兰的妻子）、总顾问托马斯·V·罗伯逊、艾琳·詹宁斯（密歇根州州立银行副主席）。根据公司条款的要求，董事会每个季度在公司总部会面。

戴维·J·卡普兰，46岁，从专业工程师成为经理。他以优异成绩从麻省理工学院毕业，获得化学工程学位。他毕业后在工业化学品公司的聚合物分部担任化学工程师，直到他成立了城市系统公司。在工业化学品公司工作时，他在中央密歇根大学攻读在职硕士，并于1989年获得工商管理硕士学位。虽然工业化学品公司向他提供很多管理职位，但是他还是选择成为一名化学工程师。他给工业化学品公司创造了很多利润丰厚的专利，他是一名十分受人尊敬的科学型员工。

戴维在各种学术杂志发表过很多文章，在几场国际会议中展示了一些他所在领域的论文，他还担任密歇根州化学工程师协会主席。

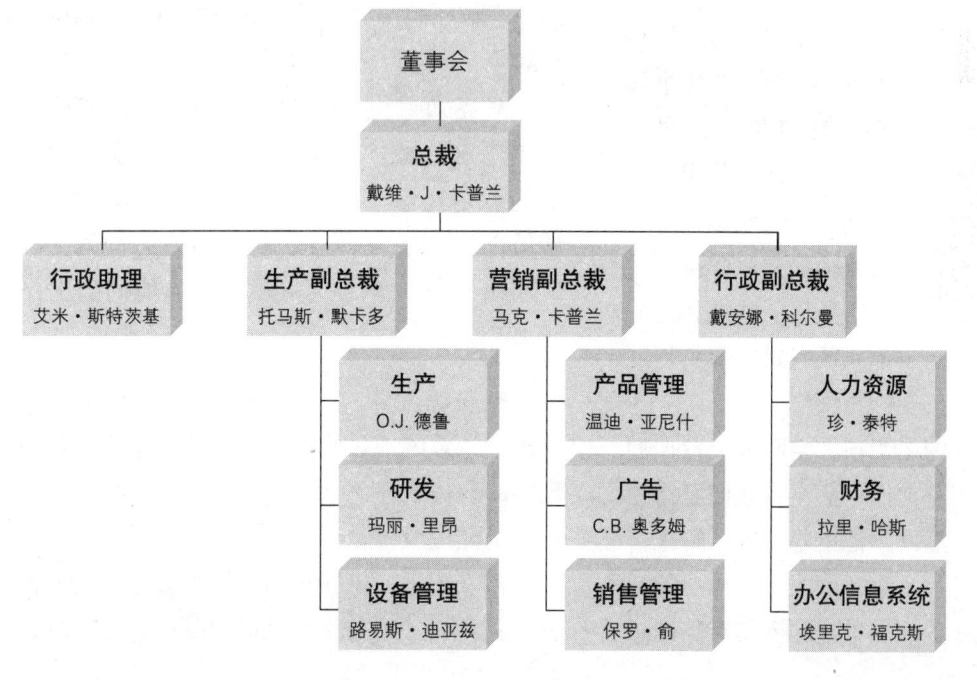

总裁
戴维·J·卡普兰

图1
城市系统公司组织人事表

```
                    董事会
                      │
                     总裁
               戴维·J·卡普兰
     ┌──────────┬─────────┬──────────┐
   行政助理   生产副总裁  营销副总裁  行政副总裁
  艾米·斯特   托马斯·默   马克·卡    戴安娜·科
    茨基        卡多       普兰       尔曼
                 │          │          │
                生产      产品管理    人力资源
              O.J.德鲁   温迪·亚尼什  珍·泰特
                 │          │          │
                研发        广告        财务
              玛丽·里昂  C.B.奥多姆   拉里·哈斯
                 │          │          │
              设备管理    销售管理   办公信息系统
             路易斯·迪   保罗·俞   埃里克·福克斯
               亚兹
```

虽然他能有效地管理他的新公司，但是戴维会告诉你，他最快乐的时光是在工业化学品公司工作的日子——按照自己的节奏独自进行神秘的研究项目。他还会告诉你，在管理城市系统公司时，他最不喜欢的就是参加没完没了的会议，而且必须为他人的工作负责。在城市系统公司，人们认为戴维是一个完美主义者，一个工作狂。虽然他不是一个特别热情的人，但是员工都非常尊敬他。

艾米·斯特茨基是戴维·卡普兰最先雇用的人之一。每个认识她的人几乎都叫会叫她"斯特茨基"。她32岁，拥有办公系统专业大专学历，最近通过了一项高强度的测试，获得了国际行政管理者协会（IAAP）授予的认证管理专业人员（CAP）称号。她十分受人尊敬，组织中每个人都很喜欢她。

行政助理
艾米·斯特茨基

托马斯·默卡多了解生产业务的每个环节。他47岁，公司刚成立时就加入公司，但后来被斯迪凯思公司雇走并担任类似职位。托马斯赢得了戴维和他的下属还有研发部工程师的尊重。

生产副总裁
托马斯·默卡多

托马斯会给他的员工很大空间来经营他们的单元。他一直支持他们，甚至在他们犯错的时候还是很支持。然而，他也坚持要了解工作中的每一步。他是一个直率的人——你总能知道正和他走到哪一步。如果他的下属有坏消息要告诉他，他们都知道托马斯想马上知道，不要拐弯抹角。

虽然他和戴维还有他的下属相处得很好，但是在过去的五年中，他和马克·卡普兰有过口角。他会私下告诉你，他认为马克不能胜任他的工作，他不能有效地营销公司的产品。马克拒绝接受托马斯的研发部门员工提出的一些新产品想法，这令托马斯感到不安。

认识戴维和马克·卡普兰的人无法相信他们是一对兄弟。马克42岁，和戴维性格完全不同。他很热情、外向，在事业内外都有很大的朋友圈。他人际圈广，而且认识很多专业人士，这给公司带来了很多利润丰厚的订单。

营销副总裁
马克·卡普兰

马克十分依靠他的三位经理，尤其是在内部运作上。他在办公室以外花了很多工夫——招待客户和潜在客户、参加城市系统公司产品展销会议、打高尔夫球、办公时间外的鸡尾酒派对。

马克知道托马斯对他的看法，但他认为这是正常的嫉妒，因而不去理会。他认为只要他邀请托马斯参加几次高尔夫球出游，事情就能得到解决。虽然他们的关系很紧张，但还是有所缓解，这并没有影响他们的工作能力。

戴安娜·科尔曼38岁，拥有斯坦福大学管理信息系统理科硕士学位。她去年才升职到现在的职位，在这之前四年，她担任办公室信息系统经理。

戴安娜是一位狂热的女权主义者。她也十分关注政治，在去年密歇根州州长选举中，

行政副总裁
戴安娜·科尔曼

她帮助自由党候选人沃尔特·K·梅森竞选，虽然最后失败了。

戴安娜管理人力资源和办公室部门。办公室部门雇用了大量文书、秘书职员（所有职员都是女性）。当戴维·卡普兰给她提供副总裁职位时，戴安娜告诉他，她的目标之一就是在公司内形成提高女性地位的政策。虽然她与托马斯·默卡多相处融洽，但是她很厌恶马克·卡普兰有时候居高临下的态度，而且她认为他对女性员工很大男子主义。

财务数据

到年底，城市系统公司资产达到2,320万美元，净收入140万美元。今年每股收益1.08美元，130万股流通股支付了每股0.64美元的红利（都由两家卡普兰家庭持有）。

2 商务沟通的当代议题

沟通目标

学完本章后，你应该能够：

1. 在小型团队中有效沟通；
2. 与国内和世界各地不同的人有效沟通；
3. 合乎道德地沟通；
4. 通过电子邮件有效沟通。

圈内人视角：
NUCON 集团

在公司创立后的最初九年，企业家吉尔伯特·C·莫雷尔不需要工作小组沟通，因为公司只有他一个人。现在，他的安置员工与培训公司有500名员工，去年收入2,400万美元。

如果莫雷尔不同意工作小组会议提出的一个想法，他可能会被说服而改变想法，"如果这个想法很好，或者如果它反应了我不知道的信息，我很愿意倾听，因为可能会有我不知道的但能说服我的事情。"

"我尝试给出建设性反馈——无论是正面的还是负面的。"

吉尔伯特·C·莫雷尔
Nucon 集团主席兼首席执行官
（康涅狄格州新伦敦市）

    与 Nucon 集团的核心价值观相违背的想法不会是这样。在这些情况下，总裁会说："我会很尊敬地听取他人想法，然后向他或她解释为什么我们没有接受建议采取行动。"当他拒绝接受一个想法时，他常常委婉地拒绝，并补充说明一些附加信息，让参与者了解他的处境。他说，"而且我总是尝试给出建设性反馈——无论是正面的还是负面的。"

2.1 当代商务沟通议题

Nucon集团的吉尔伯特·莫雷尔很清楚工作小组在当代组织的沟通中所扮演的角色。事实上，因为沟通是组织中十分普遍的关键部分，几乎所有对组织和员工有影响的事务都会影响沟通功能。然而，以下四个问题在当代商务沟通中有特殊的含义：

- 工作小组：小组内的沟通机制
- 多样性：工作中文化差异的影响——国际环境和国内环境的文化差异
- 伦理：当代商务环境中沟通的道德含义
- 电子邮件：通过电子手段进行沟通

2.2 在工作小组中沟通

[沟通目标1]

团队是由个人组成的小组，成员之间互相依靠，完成共同目标。团队通常优于个人，因为团队能完成更多工作，更有创造力，有更多可得到的信息，提供更多人际沟通机制。在工作中有这样一种协同作用——团队的总产出大于个人的贡献之和。那些有能力解决工作冲突的经理被认为是有影响力的领导——这反过来又提高了他们进步的潜力。

最近一项调查比较了虚拟团队（团队成员不见面，而是通过电话进行沟通）和传统近距离沟通团队的表现，该调查在三所大学进行——普度大学、印第安纳大学和俄亥俄州立大学。研究人员发现，虚拟团队在头脑风暴活动中更有成果，而面对面沟通的团队在需要协商来做决定的任务中更有成果。

另一方面，团队也会浪费时间，完成很少的工作，还会营造一种会产生人际冲突的环境。任何在团队中工作过的人都能证明，团队中还会出现社会性懈怠（social loafing），这是一个心理学术语，意思是在团队中推卸个人责任。

如果团队太大，成员可能会形成小圈子或者子小组。

最有效的工作团队人数是两到七人。关于小型团队的研究显示，五人的团队是最理想的。团队人数少一些的话就没有足够的技术和兴趣进行有效的工作；而人数多一些的话，团队成员之间沟通就会变得困难，因为一些人会在讨论中占主导地位。

团队沟通的变量

三个因素——冲突、从众和共识——在很大程度上影响团队运作的效率，以及成员在团队中获得的乐趣。

冲突 冲突是团队沟通中很容易被误解的一个方面。很多团队领导努力避免冲突，因为他们认为它会损害团队的目标。他们的态度是，一个经历冲突的团队进展不顺利，而且注定会失败。

事实上，解决冲突就是团队会议的意义所在。合作完成一个项目的目标之一就是保证让成员听到不同的观点，然后达成一致，选出最佳行动步骤。在想法被执行前，团队可以有效利用冲突，检验想法，产生新思想。冲突的出现并不意味着会议的无序，而意味着团队成员在积极讨论这些问题。如果一个团队在辩论或者互相提问时没有出现冲突，那这个团队就没有存在的意义。团队成员还不如单独工作。

因此，冲突是团队接触的本质。有能力的沟通者把冲突作为一种判断一个想法或解决方案是否可行的方式。然而，要注意的是，我们现在所说的冲突是关于事件本身的辩论，而不是针对个人。事实上，人际冲突对于工作团队来说会导致严重的后果。

<small>就事论事，而不针对个人。</small>

从众 从众是在一些想法、规则或者原则上达成协议。团队可能会鼓励成员在问题的定义或者可能的解决方案上有不同意见，但是在一些基础问题上——比如团队应该如何运作——每个人的意见应该一致。

虽然团队一致和团队凝聚力对于小型团队的成功沟通是必要的，但是太多的凝聚力会导致**群体思维**，这是由于过分强调统一而导致的沟通障碍，会扼杀反对意见，抑制信息的自由流通（见图2-1）。

达成一致的压力如此之大，以至于负面信息和反对意见从来没有被公开讨论。因此，团队就失去了倾听并考虑不同观点的优势。在有效的工作团队沟通中，冲突、不同的观点和问题被认为是合作过程中不可避免的重要部分。

共识 共识的意思是达成一个决定，这个决定反映出所有团队成员的想法。也就是找出一个所有成员都能接受的解决方案（虽然可能会对这个方案有所保

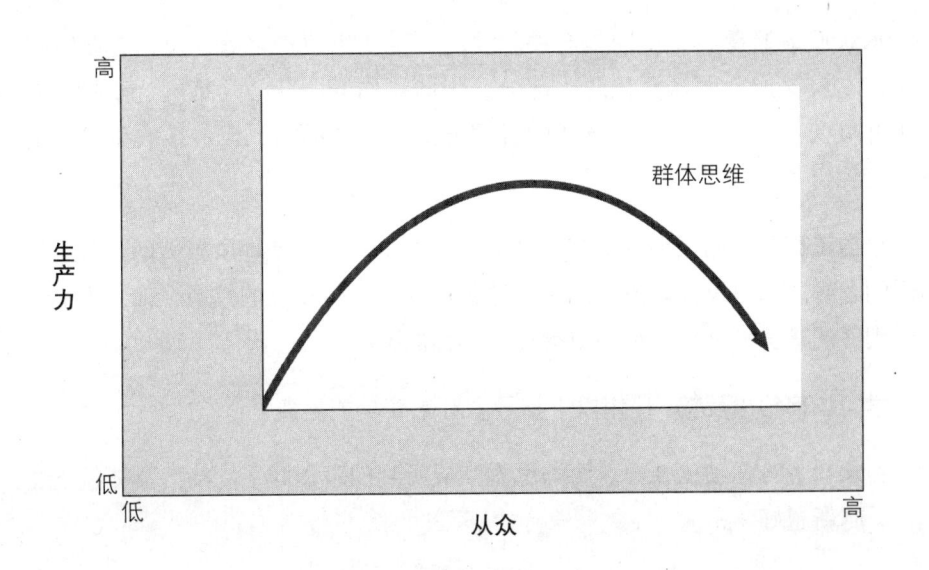

图 2-1
过度从众对团队生产力的影响

留），而且没有成员积极地反对这个方案。达成共识不一定是一次一致通过的投票，更不是一次多数通过的投票。在一次多数人的投票中，只有大多数成员对结果满意，少数人可能不得不接受他们一点都不喜欢的事。

当然，并不是每一个决定都需要得到每个成员的支持；要在每件事情上都达成一致，这需要投入大量的时间和精力。团队需要事先决定什么时候需要达成一致——比如，当这个决定会对项目的进程或者团队运作有很大影响的时候。

> 达成共识并不意味着一次一致通过的投票，更不是一次多数通过的投票。

团队最初目标

如果团队成员互相不熟悉，或者每个团队成员不清楚其他团队成员的长处和短处、工作方式、经验和态度等，那这个团队很难有效地工作。因此，大多数新团队的首要任务就是互相了解。对于小型团队来说，想要有效运作，成员之间不但要考虑工作任务，还要考虑社交。

> 团队的第一个任务就是互相了解。

在会议前后，就家庭、朋友、最近发生的情况"闲谈"，这是很自然的，能营造一个互相帮助的开放环境。这样你们互相赞美时就不会尴尬，意见分歧时也不会害怕。

很多时候，决定仅仅是在团队中"发生"；团队成员可能会按照他们所认为的其他成员的想法来行事。因此，团队就应该讨论如何做出决定，而且应该制定运作规则。他们应该讨论哪些才是不参加会议的合理理由，制定一个事前通知其他人不参与会议的程序，并将会议内容通知不在场的成员，还要决定"准时"意味着什么。简而言之，他们应该为团队定下"标准"。

给出建设性反馈

在解决任何问题时最重要的技能就是给出和接受建设性反馈。给出并接受批评与给出或接受赞扬一样有效，已被证明的有效方法如下。

> 给出并接受反馈应该成为团队文化的一部分。

承认反馈的需要 反馈是至关重要的；要找出改进之处，反馈是唯一的方法，它应该成为团队文化的一部分。因此，你的团队必须赞同这个理念：给出并接受反馈是改善工作方式的合理方法。这样的话，成员接收到反馈时就不会惊讶了。

给出正面和负面反馈 很多人都把优秀的工作当成是理所当然的，只有在出现问题时才给出反馈。不幸的是，这种习惯会产生相反的效果。如果人们同时得到你的赞美和抱怨，他们更会注意到你的抱怨。

学习如何给出反馈 使用以下指导方针来赞美或抱怨：

1. 反馈应当是描述性的。要与你看到或听到的事相联系。给出具体例子，越新越好。

2. 避免使用标签式词汇。像"靠不住的"、"不专业的"、"没有责任心的"和"懒惰的"这些都是描述行为的标签式词汇。反之，应该描述行为，而不是使用这些词贴标签。
3. 不要夸大。要准确。说"你开会总是迟到"很可能是不准确的，因此是不公平的。
4. 按照自己的观点说话。不要引用不在场匿名人士的话（比如"这里很多人都不喜欢你这样，当你……时"）。
5. 使用"我"陈述事实。这可能是最重要的准则。比如，你不应该说"你参加会议常常迟到"，而应该说"当你会议迟到时，我很恼火。"使用"我"的陈述营造一种成年人/同龄人关系（见图2-2）。

> 使用"我"的陈述可以说出某人的行为如何影响到你。

冲突解决

如一个小组队花很多时间将自己发展成一个团队，互相了解，制定基本规则，讨论团队行为标准等，那这个团队中大多数冲突可以被预见并防止。然而，无论团队做了多少计划，团队成员工作多么认真，冲突还是会时不时出现。

图 2-2 给出反馈时使用"我"陈述

习惯用语	解 释
1. "当你……"	陈述以"当你……"开始，陈述行为，不要断定、夸张、贴标签、归因或者带有任何动机。仅仅陈述事实，越准确越好。
2. "我认为……"	说出这个行为如何影响到你。如果你需要不止一两个词来描述你的感受，这可能只是快乐、痛苦、生气或害怕的同义词。
3. "因为我……"	说出你为什么会受到这样的影响。描述你观察到的事实与你的感受之间的联系。
4. （停顿后再讨论）	让对方回应。
5. "我想……"	描述你想要让对方作出的改变……
6. "因为……"	……还有为什么你认为这个改变会使问题得到缓解。
7. "你认为呢？"	倾听对方的回应。准备好讨论选择方案，并协调出一个解决方案。
如何反馈	
当你（做这件事）时，我认为（这样），因为（这样这样）。我想让你作出的改变是（做某事），因为我认为这种改变会达成（某事）。你认为呢？	
例子	
"当你会议迟到时，我很生气，因为我认为这对团队其他成员来说是浪费时间，而且我们从来没有完成我们的议事日程事项。我想要你考虑制定日程表，使你按时参加会议。这样的话，我们开会就能更高效，我们就都能严格按照日程表工作。"	

来源：Peter R. Scholtes, *The Team Handbook*, 2d ed., Madison, WI: Joiner Associates, 1996, pp.6–27. Copyright ⓒ 1996 Joiner Associates Inc. Reprinted with permission.

朗讯科技让公司的经理们进行纸飞机管理练习，以此加强团队建设，增强办公室内部沟通，改善客户关系。这种练习曾被摩托罗拉公司和美国国家航空航天局使用。

恰当地对问题做出反应，把它们归为"团队"问题，对团队运作过程的期盼要现实。

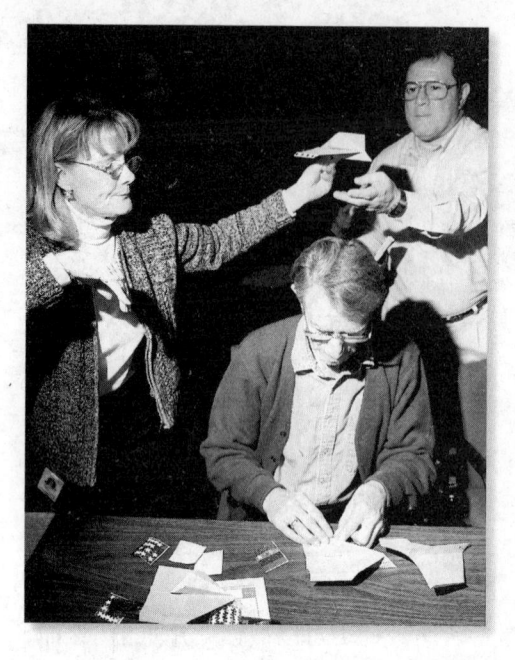

最坏的策略就是盲目地接受问题。问题几乎不会自己消失。但是，你既不能对团队问题做出过度反应，又不能低估问题。一些行为只是短暂的不和，这些问题可以忽略。而有些问题是慢性的和有破坏性的，必须得到解决。

把每个问题看作是一个团队问题。团队不应该通过找出一个替罪羊的方式来解决冲突——比如，"如果山姆能完成他应该完成的部分，那我们现在已经完成这个报告了；他永远也靠不住。"团队的成功或失败很少是因为一个人的责任。

应该这样来看待每个问题：考虑团队会如何做来鼓励或允许这个行为，团队可以怎么做才能鼓励更多有建设性的行为。因为每个成员的角色既是他或她自己个性的作用，又是团队个性的作用。团队应该考虑如何让每个人都对团队作出更多贡献。

最后，要现实。不要为别人的幸福而承担责任。你有责任遵守道德行事，而且有责任尊敬其他成员，但是团队的目的不是发展终生友谊，也不是解决其他成员的时间安排问题或者个人问题。

有能力的沟通者欢迎团队成员的所有贡献，不管成员是否同意他们自己的观点。他们客观地评估每个贡献，而且以一种不施加任何压力的方式给出反应，做出实时、有建设性、以目标为导向的评论。如果气氛变得紧张，他们会给出轻松的评论，开怀大笑，赞扬，回想以前的事件，或者采取其他有帮助的行动来恢复和谐气氛，推动团队前进。

如果人际冲突看起来已经发展成为团队互动不可避免的一部分，那团队就应该将冲突话题纳入议事日程，开会讨论并解决冲突。

团队写作

团队的一部分——写作——在当代组织中是很常见的任务。

工作场所越来越复杂，这使任何人都很难有时间或者技能来找出并解决很多出现的问题，并对问题做出书面形式的反应，很长的复杂文件尤为如此。分析一个给定的情况，然后给出提议和建议需要几个人不同的才能、技能和观点合作完成。因此，团队写作在组织中变得十分普遍。

写作团队需要按照以下策略进行。

分配任务并制定日程表 以定下项目的目标和确定读者来开始。确定项目的组成部分、需要的调查和完成每个部分需要的时间。然后根据每个成员的需要、兴趣、技能和承诺，公平分配任务。

制定一个工作日程表——并严格执行。

定期见面 在项目进行时安排例会来集思广益，注意最新发展动向，评估进展，避免任务重复和遗漏，如果需要的话，重新协商工作量并重新定义任务。完成数据收集工作后，团队应该开会为完成的项目制定纲要。这个纲要应该在文件中显示出主要话题和次级话题的顺序。要小心"数据转储"，也就是将每一点收集到的信息都放入最终文件中。不是你收集的所有信息都要放入报告中。

起草文件 这个阶段的目标并不是要准备完整的文件，而是起草所有的内容。你有两种选择：

- 将各个部分分配给团队成员。让每个成员写文件的一部分，这样可以让工作分配更平均，起草更快。但是，你要保证每个成员写的都是他或她擅长的部分，而且应该统一写作风格，如正式程度，直接编制还是非直接编制文件，并包含简介和概要。
- 分配一个人起草整个文件。将整个文件分配给一个成员（应该是团队中最有天赋的作者）可以保证写作风格的一致性，减少严重遗漏或重复的风险。然而，你必须向作者提供足够的指导，给他或她足够的时间去完成整个任务。

哈佛大学法律学院为首席执行官们开展两天的研讨会，研讨会名为"处理困难的商务沟通"。最好的公司不是去尝试避免冲突，而是学着利用冲突来激发创造力。

第 2 章 商务沟通的当代议题

确保最终的团队文件"只有一个人的声音"——也就是说，这个报告应该连贯、统一。

团队写作的一个常见缺陷就是在项目中很难达成统一的"声音"。不管谁准备报告的哪个部分，最终的报告必须看起来并且听起来像是一个作者写的。把这个报告想象成一个单一的文件，而不是很多部分的集合。组织并展示数据，让这个报告连贯、统一。

提供有用的团队写作反馈 评论同事的写作对于你、还有被评论的那个同事都有帮助。当你对他人的写作做出反应时，你会练习写作技巧，这些技巧可以让你对自己的写作反应更快。作为作者，你从不同读者的观点中受益，通过知道你的写作中哪些有用哪些无用，你也可以提高自己的写作技巧。在团队环境中，同事的评论会使更多人积极参与，在团队中营造团体意识。

当你检查同事的写作时，按照检查表1"评论同事的写作"的指示进行。

不要忽略最后一步——校对。

修改草稿 要保证留出足够的时间来修改草稿。这个任务最好这样来完成：事先给每个成员提供一份整个草稿的复印件（给他们足够的时间阅读并做笔记），然后开小组会议，检查每个部分的错误，检查其内容、缺陷或重复和有效的写作风格。决定由谁负责每个部分的修改，文件如何排版，由谁负责校对最终的文件。通常一个人（最好不是打字的人）会被安排校对终稿，检查它的一致性、内容的准确性、语言风格和版式。

☑ 检查表1　　　　　　　　　　　评论同事的写作

- ☑ 首先看意思；也就是说，首先评论大问题——比如文章的中心思想、组织、对目标读者是否合适，还有总体上是否清晰。
- ☑ 假设读者的角色——不是老师。你的工作是帮助作者，而不是给作业评分。
- ☑ 指出你喜欢的部分，还有你不喜欢的部分，并详细解释你为什么认为这些部分是有效的或者无效的（不要说"我喜欢这部分"，而要说"你在解释这个难懂的概念上做得很好"）。
- ☑ 最好使用"我"的语言（不要说"此处你需要说得更清楚"，而要说"我对这里很困惑"）。
- ☑ 给出有用的评论——但不要多余。没有必要指出同一个排印错误十几遍。
- ☑ 给出肯定反馈时要强调作者，给出否定反馈时要强调文本（而不是作者）："你能从公司的主页上得到最新数据我很高兴。""如果这个论点包含最新数据，那它会更有说服力。"
- ☑ 避免借用别人的文本。要承认这个事实，这是别人的写作，而不是你的。给出建设性意见，不要乱做决定或提出要求。

工作团队沟通的道德方面

接受团队的成员身份意味着接受某种道德行为标准。这些标准中最基础的就是将团队利益放在个人利益之前。团队成员应该在团队行动中把私人日程放一边,应当避免提倡能让个人获益而有损团队的主张。

> 关注团队目标而不是个人目标。

团队成员也有道德责任去尊重其他成员的人格和情感需求。每个人的想法都应该受到尊重,不应该采取有损团队成员自尊的行动。

最后,每个成员都有道德责任来促进团队的福利——通过为团队的任务贡献力量,或者通过制止有破坏性的八卦消息的传播、对会议的支配和其他有反作用的行为。

2.3 在多样性环境中沟通

关注他人的需求意味着我们认识到并且接受多样性。当我们谈论多样性的时候,我们不仅指美国或者加拿大的文化多样性,还指整个世界范围的文化差异。美国在全球经济中的支配地位并不意味着国际商务事务按照"美国人的方式"进行。

> 沟通目标 2

几年前,一本他人名为《丑陋的美国人》(*The Ugly American*)的书谴责了在国外的美国人也要他人按自己的方式处理事情的态度。正如特劳特 & 里斯广告公司的主席阿尔·里斯所说:"一个注意汤姆、迪克和哈里的公司会忽视皮埃尔、汉斯和欢子。"

> 如果没有国际沟通,国际商务就不可能进行。

当我们谈论文化时,我们是指一群人的习惯特征、态度和行为。民族优越

> 在安大略省金斯顿市的皇后大学(《商业周刊》排名第一的非美国工商管理硕士课程),大约有三分之二的学生来自国外。他们入学时被分为不同小组,每组有不同性格、不同国籍的成员,这样冲突几乎不可避免。在整个课程中,学生都属于同一团队。

感是指认为自己的文化比别族文化优越的想法。这种态度会阻碍沟通，限制人们的互相理解以及贸易伙伴之间的友善。一种傲慢的态度不仅会产生反作用，而且是不现实的，因为美国人口占全球人口的比例不到5%。此外，在世界上各个国家中，美国人口排第四，而且到2050年会掉到第八。

在国际商务中另外一个无法改变的事实是，相对来说，几乎没有美国人会说外语。虽然英语是商务世界的主要语言，但是认为学英语是别人的义务，这个想法是很天真的。

多样性对我们的生活有着深刻的影响，而且会给经理们带来越来越大的挑战。以下讨论指导你如何与不同文化的人进行沟通——国内和国外。虽然注意到文化差异很有帮助，但是有能力的沟通者认识到，一种文化中的每个成员都是一个个体，有着个体的需要、观点和经验，因此也应该作为一个个体被对待。

文化差异

不同文化所重视的文化特征在很大程度上各不相同。比如，如表2-1所示，世界各地的文化在个人主义、长期取向、时间取向、权力距离、避免不确定性、正式性、物质主义和语境敏感性的强调上有很大差异。（当然，你也应该注意到，当你在学习国际沟通方法时，其他文化的人正在学习美国的沟通方式。在某种情况下，可能某种全世界的沟通方式会出现——但是不要害怕！）

> 文化差异不仅表现在语言上，还表现在非语言信息上。很少非语言信息含有世界通用的意思。

每个人通过他或她的心理过滤来解释事件，这种过滤基于接收者独特的知识、经验和观点。比如，时间的语言在不同文化中和文字的语言一样具有多样性。美国人、加拿大人、德国人和日本人很有时间观念，约会很准时；拉丁美洲人和中东人的文化对待时间更随意一些。比如，如果你的墨西哥东道主告诉你他或她会在三点和你见面，那这很可能是 más o menos（西班牙语，"大约"的意思）。

亚洲和拉丁美洲国家的商人往往喜欢长期协商，慢慢商量。他们在谈论正事前会互相寒暄一番。同样，很多非西方文化利用会议中沉默的间隔进行思考，而美国和加拿大的商人往往不能容忍商谈中的沉默。因此，美国人和加拿大人可能会匆忙地提供折中的办法和反建议，如果他们更耐心点的话，这些建议可能是多余的。

肢体语言，特别是姿势和眼神沟通，在不同文化间也各不相同。比如，我们的"OK"手势——用食指和大拇指形成一个圈——在法国意思是"零"，在日本意思是"钱"，在巴西是一句粗话（见第48页图2-3）。美国人和加拿大人认为眼神沟通很重要。但是在亚洲和很多拉丁美洲国家，盯着一个人看是没有教养的表现。

触碰行为在不同文化中各不相同。很多亚洲人不喜欢被触碰，除了问候时的匆匆握手。然而，在欧洲大部分地区，人们握手时间往往比在美国和加拿大

表 2-1 文化价值观

价值观	高	低
个人主义：把个人放首位、认为自己的利益占优先的文化	美国 加拿大 英国 澳大利亚 荷兰	日本 台湾 墨西哥 希腊 中国香港
长期取向：立足长远观点的文化	美国 加拿大	太平洋沿岸国家
时间取向：把时间看作稀有资源，比较没有耐心的文化	美国	太平洋沿岸国家和中东国家
权力距离：只因为他或她是老板而由他或她做出管理决定的文化	法国 西班牙 日本 墨西哥 巴西	美国 以色列 德国 爱尔兰
避免不确定性：人们想要预测、确定未来的文化	以色列 日本 意大利 阿根廷	美国 加拿大 澳大利亚 新加坡
正式性：十分重视传统、仪式、社会规范和等级的文化	拉丁美洲国家	美国 加拿大 斯堪的纳维亚国家
物质主义：强调坚定果断、获取金钱和物质的文化	日本 奥地利 意大利	斯堪的纳维亚国家
语境敏感性：强调周围环境（或者语境），大量使用肢体语言，花时间与他人建立关系和信任的文化	亚洲国家、西班牙语国家和非洲国家	北欧国家

来源：A. J. DuBrin, *Human Relations*. ⓒ 1997.Adapted by permission of Prentice-Hall,Inc.Upper Saddle River,NJ.

长得多，欧洲人通常每次见面都会握手，可能一天要握几次。德国人通常会有力地握一次手；亚洲人通常会轻轻地抓住别人的手匆匆地握一下。在欧洲大部分地区，人们常常会在问候的时候亲吻对方；美国和加拿大商人如果不知道这个习俗，那他们可能会做出不适当的反应。

我们关于空间的感觉部分受到了文化的影响，部分是因为地理和经济原因。比如，美国人和加拿大人习惯宽阔敞开的空间，喜欢做大幅度的动作，使用手和手臂动作来强调。但是在日本，生活和工作空间小得多，这种大幅度的肢体动作不常见。同样，美国人和加拿大人常常面对面就坐，方便眼神交流，而中国和日本人（他们认为眼神交流并不重要）在交谈时喜欢肩并肩就坐。

当你不知道如何行动时，跟随东道主的引导。

图 2-3
同样的手势，不同的意思

OK 手势
法国：你什么都不是；**日本**：给我点硬币；**巴西**：粗俗的手势；**地中海国家**：粗俗的手势

竖大拇指
澳大利亚：起来；**德国**：数字一；**日本**：数字五；**沙特阿拉伯**：我赢了；**加纳**：一种侮辱；**马来西亚**：用大拇指指方向，而不是用食指指。

大拇指朝下
大多数国家：某件事出问题了或者很糟糕

大拇指和食指
大多数国家：钱；**法国**：某样东西很完美；**地中海国家**：一个粗俗的手势

张开的手掌
希腊：古时候就有的一种侮辱动作；**西非**：你有五个爸爸，也就是骂别人是个杂种

来源：Atlanta Committee for Olympic Games, by Sam Ward, *USA Today*. Taken from Ben Brown, "Atlanta Out to Mind Its Manners", *USA Today*, March 14, 1996, p.7c. Copyright © 1996 *USA Today*. Reprinted with permission.

此外，个人空间在不同文化中也各不相同。在美国和加拿大，大多数商务沟通在 5 英尺的距离间、即之前讨论过的社交区域（social zone）内发生。然而，在中东和拉丁美洲国家，这个距离太远了。那里的商人通常站得更近，在你说话时能感觉到你的呼吸。大多数美国人和加拿大人在这种近距离接触中会不自觉地后退。

最后，社会行为依赖于文化。比如，在日本文化中，谁在会议中先鞠躬、鞠躬多深、鞠躬时间多久都由一个人的身份决定。

有能力的沟通者很熟悉这些与身份有关的行为，也会学习赠送（或者接收）礼物的习俗、如何交换名片、正式的程度和能接受的娱乐方式。

团队导向的行为

当一致通过而不是大多数赞成通过成为标准时，协商会持续更长时间。

如第 47 页表 2-1 所示，资本主义社会的商务环境十分重视个人对组织的成功所做的贡献，比如在美国和加拿大。他们通常更强调个人努力，而不是团队的努力，团队弥漫着竞争的氛围。然而，在其他文化中，人们更重视团队合作，而不是原创和独立判断。日本人说："突出来的钉子会被敲回去。"因此，日本人会竭尽全力在一个决定上达成一致，让每个参与的成员，而不是大多数，都能够赞同。

与面向团队行为这一概念有关的一个概念是"顾面子"。要照顾到面子，意味着在双方交涉时，每一方都不应该遭遇尴尬。在日本文化中，人际关系是非常受重视的，在"和"这一概念中可以体现，"和"就是他们对和谐的追求。因为这个理念，日本人很难对一个要求说"不"，因为这是不礼貌的表现。他们很不想冒犯别人——即使这会让他们无意间误导了他人。因此，"是的"对于日本人来说意味着"是的，我理解你"，而不是"是的，我同意。"

拉丁美洲人往往也避免在做生意时直接说"不"，他们宁愿给出更温和、不那么直接的反应。在国际沟通中，人们必须体会出言外之意，因为没说出或者没写的信息可能和说出或写出的信息同样重要。

跨文化沟通策略

当你和不同文化的人沟通时，无论是外国人还是本国人，可以使用以下策略。

保持正式性 与传统的美国和加拿大文化相比，大多数其他文化很重视并且尊重商业交易中更正式的方式。务必称呼他人的头衔和姓氏，除非你被要求不这么做。通过语言和非语言线索来表现你的礼貌和端庄。在大多数其他文化中，正式不等于冷淡。

尊重他人 不要武断地评判，要接受这样一个前提——一个文化共有的态度很可能是建立在有逻辑的推理这一基础上的。仔细地倾听沟通的内容，试着去理解他人的感受。学习你的东道主国家——它的地理、政府形式、大城市、文化和时事等。

> 尊重他人可能是最简单的策略——也是最重要的策略之一。

清晰地沟通 要保证你的口头和书面信息被理解，要遵照以下准则：

- 避免使用俚语、行话和其他修辞。"他们会把它吃完的"（They'll eat that up）或者"不合理"（out in left field）这样的表达方式甚至会让一个英语为第二母语却能流利使用英语表达的人感到困惑。
- 要具体，并且用明确例子来证明你的观点。
- 提供并请求他人给出反馈，常常进行总结，提供书面形式的会议总结，让与你职位相同的对方解释所说的内容，鼓励大家提问。
- 使用各种媒介：散发的文字材料（在会议之前发放，给参会者足够时间去阅读），视听设备，模型等等。
- 不要试着表现幽默，可能与你职位相同的对方无法理解你的幽默。
- 简单明了、慢慢地表达（不要太慢，这样看起来故意屈尊），谨慎选择你的措辞。

价值观差异 那些将员工的观点多样性视为组织的财富和力量的人可以给组织带来各种利益。无论你在工作的地方属于多数文化还是少数文化的一员，你都会与你不同的人分享你的工作和娱乐时间——那些有着与你不同价值观、

第2章 商务沟通的当代议题 49

"我们的目标是建立这样一种语言，不带任何性别、种族和年龄歧视，并且颂扬我们的多样性精神。"

习性、说话习惯的人。这个说法现在十分正确，而且将来会更正确。无论文化差异在国内还是国外，同样的策略都适用。

一个了解并适应不同文化的人更能胜任经理一职，因为他或她可以避免误解，深入了解不同文化提供的各种不同观点。此外，这种对文化的理解能让他人满意。

文化差异为解决问题和扩大视野提供丰富的环境。

美国国内的多样性

到现在，可能你已经推断出这样的想法，你必须离开美国和加拿大，去接触与你的文化不同的文化。事实恰恰相反。实际上，"少数"这个词已经差不多成为一个误称。比如，美国白人人口将会从20世纪80年代占总人口的80%减少至2050年占人口总数刚过半数（少于53%）。

这当然是真的，我们是很多文化的一员，而不是一个种族文化的一员，比如性别和年龄群体。虽然美国的男女比例在过去的150年保持在50:50，但是年龄中位数却在稳定上升中：

- 1850年：19岁
- 1900年：23岁
- 1950年：30岁
- 2000年：36岁

你可能会注意到，在你学校年龄大的学生比以前更多了，这也是平均年龄增加的一个反映。（可能你也是其中之一。）

沟通中的种族问题　如图 2-4 所示，美国白人人口占总人口的比例正在下降，而亚裔和西班牙裔人口在增加。例如，美国国家统计局数据显示，从 1990 年到 2000 年，主要种族人口增长如下：

- 亚裔：74.3%
- 西班牙裔：57.9%
- 非洲裔美国人：21.1%
- 白人：5.3%

2000 年的数据显示，在美国，西班牙裔人口和非西班牙裔黑人人口数量相等。即使不考虑国际因素，这些发现会对美国人做生意的方式产生重要影响——还有他们的沟通方式。

考虑美国国家统计局调查出的以下附加因素：

- 两个随机选取的北美人会有 40% 的概率属于不同的种族。
- 有 14% 的美国家庭说非英语的其他语言。
- 所有新劳动力中，43% 为有色人种和移民。

下面的讨论将使用美国国家统计局的术语：白人、黑人、西班牙裔（黑人或白人）和亚裔。但是，你应该认识到，一些美国白人更喜欢用欧洲裔美国人这个说法，一些美国黑人更喜欢用非洲裔美国人这个说法，一些西班牙裔美国人更喜欢用拉美裔这个说法，一些亚洲美国人更希望别人根据他们的母国来称

> 族群希望被怎样称呼，就应该怎样称呼他们。

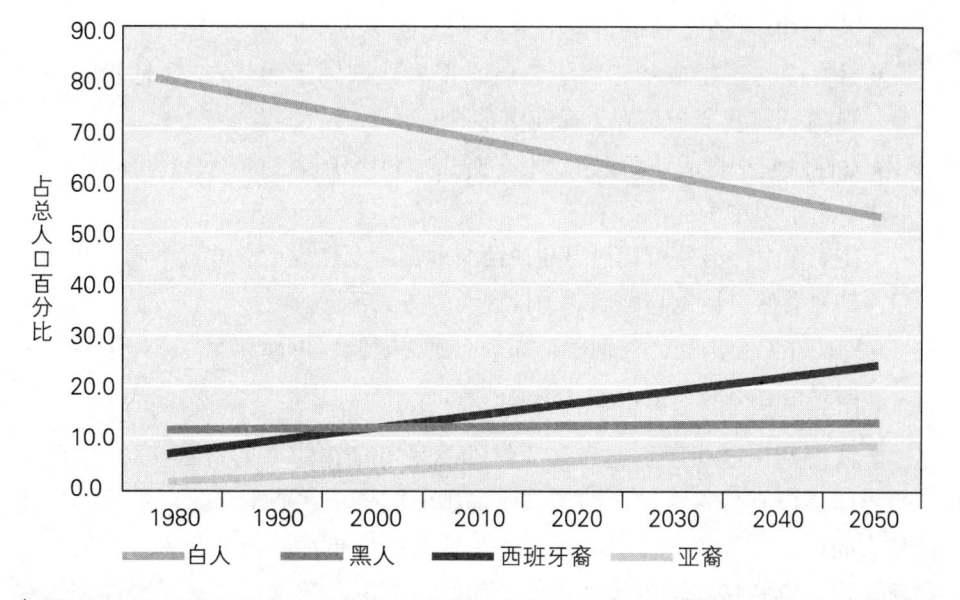

图 2-4
美国人口比例分布，1980—2050

来源：*2000 Statistical Abstract of the United States*, U.S. Government Printing Office, Washington, DC, 2000, Table 16.

呼他们——比如，华裔美国人或者印尼裔美国人。还有其他人更喜欢一些其他称呼。

当我们谈论少数人种时，我们首先应该意识到，我们称呼自己什么并不是一件琐事。名字很重要——非常重要。指代其他族群的术语并不是由我们决定的。我们应该按照被称呼族群称呼自己的方式来称呼他们，或者按照与之沟通的人的方式来称呼他们。

也许我们应该意识到的第二点就是，种族并不是仅限于有色人种的特征；美国白人也是一个种族。世界上每个民族和种族——70亿人——都有自己的生理和文化特征。当然，一个种族中每个人都有着自己的个人特征。

这样的话，就民族和种族事件进行沟通是如此危险，但这又有什么好奇怪的呢？我们别无选择。我们必须学会舒适和诚实地互相沟通。如果我们用错术语，做了无根据的假设，或者只呈现问题的一面，我们的读者或者听众就会马上告诉我们。

> 通常男性和女性的沟通方式不同。

沟通中的性别问题 性别角色包括后天习得的与男性或女性相关联的行为。一些差异通常在男性／女性沟通模式中存在：

- 女性沟通大多数是为了建立融洽关系；男性沟通主要是为了显示自己的知识和技能来保持独立和维持身份。
- 男性喜欢靠自己解决问题，而女性喜欢与他人谈论解决方法。
- 女性更有可能赞扬同事的工作；男性更有批判性。
- 男性倾向于在谈话中更直率，而女性更强调礼貌。
- 男性比女性更有兴趣让别人注意自己的成绩。
- 男性倾向于在会议的讨论中占主导地位。
- 男性倾向于把成功归因于自己，把失败归因于团体："这是我的一个强项。""我们应该在上面花更多时间。"
- 女性倾向于把成功归因于团体，把失败归因于自己："我很幸运。""我不善于做这个。"
- 在工作中，男性对其他男性说话与他们对女性说话的方式不同，女性对其他女性说话也与她们对男性说话的方式不同。
- 即使在网上沟通，性别不是那么明显的时候，男性和女性在网上发布东西时也有不同风格，这点也能被辨别。

要认识到，这些区别通常是（但不总是）存在的（见图2-5）。因此，如果男同事没有称赞女同事的工作，那她不应该记在心上；这可能只是他性别特有的行为。如果一位男经理认为一位女同事更关心把其他人拉进团队、寻求达成一致意见，而不是更关心如何解决问题，那这可能只是她性别特有的行为。

有能力的沟通者会试着理解并适应这些差异。《中性经理》(The Androgynous Manager) 的作者艾丽丝·萨金特说：

> 男性和女性之间应该互相学习，而且不应该抛弃他们已经拥有的成功特点。男性可以通过学习变得更有合作精神，更有直觉，而保持喜欢面向结果的特征。女性不必为了适应权力与斗争而放弃照顾他人。

与残障人士沟通　自从美国残疾人法案（ADA）通过以来，更多身体残疾的人参加了工作，无论他们有没有残疾辅助器械。这个法案大约保护4,300万美国残疾人，这些残疾人因为身体或智力残疾，工作受到极大的限制。法案保证了在大多数国有或私有组织中，能胜任某个工作的残疾人在受雇用或升职时不遭受歧视。

但是有能力的沟通者不仅仅做到法律所要求的。在不同情况下，如果你在沟通时合理地改变沟通方式，效果会更好。比如，当你被介绍给一位使用轮椅的人时，应该稍微弯腰至眼光与他平行。如果这个人能伸出手和你握手，那你也伸出手。如果对话较长，那你应该坐下来，让你们的目光在同一水平线上。用轮椅的人可能会将它们的轮椅空间作为个人空间的大小，因此不要触碰或者靠在他们的轮椅上。

大多数听觉有缺陷的人会结合听和读唇来接收信息。面对正在和你说话的人，要把语速放慢（但是不要大声说）。当你和盲人说话时，用话语表达，而不要用动作或眼光。当你靠近他或她时，要让他或她知道；如果进行团队讨论，对谁说话要先称呼他或她的名字，这样那位盲人就知道你在和谁说话。你应该

图 2–5
不同性别间的沟通目标

叙述与辩论
建立融洽关系与单纯作报告
合作与竞争

你认识蔑视性别刻板印象的女性或男性吗？

用正常的语音和速度说话，让他知道你是谁。

每个人时不时会需要帮助。如果一位残疾人看起来需要帮助，那你应该问他是否需要你的帮助，然后按照他或她的需要做。但是不要过分照顾残疾人。不要恼人，不要以高人一等的态度对待他或她。

无论在哪，都不要使用"你聋了吗？"，"他脑子有点慢"，或者"你是瞎子吗？"这样的话语。这些话是对身体残疾或有认知障碍者的不尊重，事实上，这种语言对每个人都是不尊重的。

当你在作演示时，考虑一下残疾人的需求——比如座位、发放的材料、视像辅助，等等。当你沟通的时候，最好的建议就是了解你的受众，而且要看到"看不到"的。要认识到，有些残疾是看不到的。对那些有过敏或其他敏感性格的同事、看不到的身体残疾、癖好或者其他威胁到生命的（甚至是致命的）身体状况，你要敏感或警觉。

> 给残疾人提供辅助器械是现代工作场所正常的一部分。

要把辅助器械当作正常工作中的一部分。我们都需要一些辅助器械，不一定是轮椅，可能是一把标准的可根据不同使用者身高进行调节的办公椅。给残疾的同事、客户和来宾提供辅助器械是工作场所的正常功能，要接受这个观点。简而言之，表现出你是团队的一名成员，你重视社交融入。

最重要的是，要放轻松。如果可能的话，忘记他或她是一个残疾人，像对待正常人一样对待这个人。这个人被雇用是因为他或她能为组织做贡献——而不是因为他或她残疾。（见问题聚集3，"耐克把它的脚放在嘴里"，讨论了耐克对这些事情不够敏感而产生负面后果。）

2.4 道德与沟通

> 沟通目标3

我们每个人都有自己的道德标准，或者道德原则系统，当法律不能约束我们的行为时，道德会告诉我们应该怎么做。我们的道德标准体现我们辨别是非的个人信仰。通过观察父母的行为，其他成年人的行为和同龄人的行为，我们在童年时就开始形成自己的道德标准。

有三种类型的道德：

> 有职场道德、社会道德和个人道德这三种道德。

- 职场道德由组织（比如德州仪器公司或者美国律师协会）定义。员工和组织成员应该遵循这些标准。这些道德标准定义了工作场所中的是非问题。
- 社会道德由社会定义。比如，北美社会不习惯接受供应商的礼物，而在其他社会，这种行为可能很正常并被接受。
- 个人道德由个人定义，基于家庭价值观、传统、个人经历等等。

问题聚焦 3　　　　　　　　　　　　　　　　　　　跨文化

耐克把它的脚放在嘴里

"代表我自己和这家广告公司，我深表歉意。"

哪种事情会让威登与肯尼迪广告公司的创始人之一丹·威登做出这种反应？

威登广告公司创作了一个广告，登在几份全国性户外杂志中，包括《背包客》（*Backpacker*）。耐克在广告中承诺，如果穿上这双跑鞋，跑步者就不会撞到树上，"不会让我成为一个流口水、畸形、没有四肢的躯壳，不得不坐着电动轮椅在地球上游荡，名字被刻在你在嘉年华或者国家展览会上得到的可爱的小车牌上，系在车后。"

这则广告本想表现出幽默的效果，但是它严重冒犯了残疾人。一个残疾人网站 eBility.com 的访问者说："这个广告表达了一种对残疾人过时的偏见，我们正努力根除这种偏见。耐克和它的广告公司居然能容忍这种污蔑的文字刊登出来，这是非常让人气愤的。"

残疾人权利组织声称这个广告冒犯了残疾人以后，公司收回了广告；耐克后来对此事公开道歉："我们犯错了，这是毋庸置疑的。我们不应该通过那则广告，更不用说把它刊登出来，我们正在对内部审核系统进行调查，确保这种错误不再发生。"

耐克公司注意到，在尊重并敬佩残疾人的运动目标方面，公司有着悠久历史，并回顾了耐克创始人比尔·鲍尔曼的信条，"只要你拥有身体，你就是一名运动员。"

广告公司声明说"我们伤害了一群我们一直钦佩的人。"但是匹兹堡大学康复科学系主任罗里·库珀还是不能接受这样的做法，他20年来一直使用轮椅。

"我不想被认为是一个度过一天就很勇敢的人，"他说，"我和你们一样拥有工作和家庭。从来没有人因为早晨能起床就被认为是英雄。"他补充说，耐克"从一个极端走向另一个极端。他们无法理解。他们现在还是无法理解。"

批判性思考

▶ 你是否赞同罗里·库珀对广告公司道歉的反应？为什么？

什么会影响道德行为

根据伦理学家所说，人们做出缺乏道德的决定是因为以下三个原因之一：

1. 我们采取最方便的行动——也就是说，我们走最简单的路线。
2. 我们采取必要手段获得胜利。一些人认为考虑道德会限制他们获得成功的能力。他们相信"好人总是最后一个到达终点"。
3. 我们进行合理选择。我们认为我们所做的决定是基于各种不同的情况（这被称为"情境道德"）。

企业文化会影响道德。如果每个人都在工作时打私人长途电话或者发私人电子邮件，那你可能也会这么做（"每个人都这么做"的辩护）。如果经理察觉到缺乏职业道德的行为而不加以阻止，那他们就在纵容这些行为。

道德受到企业文化的影响。

第 2 章　商务沟通的当代议题　55

德州仪器公司在员工中发行一本道德小册子，已经持续了45年。公司总裁汤姆·安吉伯说："根本就没有空间给缺乏职业道德的捷径或妥协。我们的价值标准绝不会妥协。"

公司做好事而很好地发展。

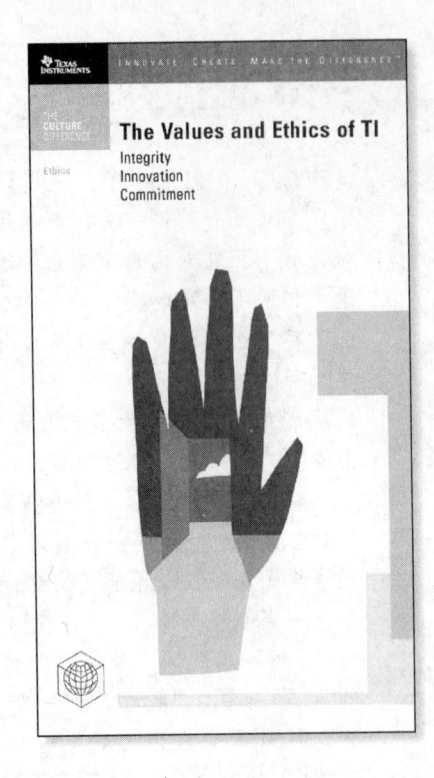

在一个组织中，员工有多少自由做缺乏职业道德的事情会影响员工行为。比如在快餐店，一位员工为你点餐并收钱，另外一位员工上菜。这就意味着，上菜的员工不处理收账，处理收账的员工不上菜。因此，偷窃的机会就少了。

如果实施一项严格的道德标准，并坚持严格执行，员工就更没有机会做缺乏道德的事了。员工知道组织对他们的期望是什么（见沟通快照2），而且知道他们辜负了期望会发生什么。

道德回报

伦理资源中心的调查显示，重视道德和社会责任的公司比不重视这些的公司盈利更多。如果你30年前在道琼斯平均指数投资了3万美元，今天它值13.4万美元。如果在有社会责任和道德责任的公司投资相同的资金，那今天它会值100多万美元。这就是"做好事而很好地发展"的原则。

英格索兰公司前副总裁詹姆斯·E·佩雷拉曾说："良好的道德就是好生意。良好的道德会吸引投资者。良好的道德会吸引优秀员工。"

构建合德决策制定框架

当你遇到涉及道德的决定时，按以下步骤行动：

1. 了解事实。确定你做的决定会影响到谁的利益。利益相关者可能包括员工、客户、供货商和广大社区。每个群体的利益何在？
2. 评估各个选择。哪个选择利最多弊最少？

- 这个选择合法吗？这是首要问题。它是否遵守法律——关于工作场所安全、机会平等、绩效评估、个人隐私、性骚扰等的法律？如果它违法，就不要做。如果它合法，根据你公司的契约责任来执行。

- 这是否符合公司的价值标准？如果公司有一套正式的行为准则或者只有一种按某种举止行动的文化，那这个选择是否符合这样的准则或文化？

- 我是否想要这个决定的结果发生在我身上（黄金法则）？这种情况下，你想要被怎样对待？虽然道德可能和宗教有关，也可能无关，但是在大多数主要宗教中，黄金法则有各种版本：

基 督 教：想要受到怎样的对待，就怎样对待别人。

伊斯兰教：除非像爱自己一样爱邻居，否则他不是信徒。

犹 太 教：不要对你的同胞做你憎恶的事。这是万有定律；所有其他只是对它的注解而已。

佛　　教：不要伤害他人，你自己也会因此而痛苦。

印 度 教：这是对责任的总结：己所不欲，勿施于人。

- 这个决定公开后我会有什么感受？当人们（你的公司、当地社区和其他人）知道这个决定时，他们会怎么看待你的行动？你能正确看待自己吗？即使这是个艰难的决定，根据每个人的最佳利益行动你是否满意？（我们常常因为后来的一些信息而后悔做这个决定，但是我们还是应该根据当时能掌握的信息来做决定。）

沟通快照 2

道德与沟通

在过去 12 个月中接受道德培训的员工比例

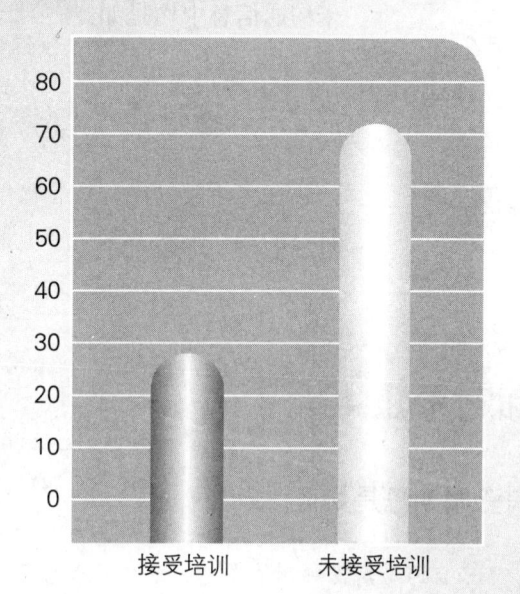

来源：*USA Today*, 2004.

3. 做决定。
4. 根据决定采取行动并解释你的依据。

合乎道德地沟通

贝奇·史蒂文斯说：

现在工作中有争议的问题都是关于职业道德的，还有人们如何表达自己的观点……道德和沟通紧密联系。说服或者只是传递信息的言辞行为深受个人道德观的影响。

当我们进行沟通时，我们不断做出有意的决定，判断应该包含哪些信息，剔除哪些信息。在包含的信息中，我们有意识地决定如何表达这个信息，如何强调每个要点，如何组织这个信息。一项商务调查显示，63% 被调查的经理说，产生误解的沟通削弱了他们对公司的信任。

当我们沟通时，我们不断根据道德暗示做决定。

这些决定涉及法律和道德层面——对你和组织来说都是如此。比如，一名美国的消费者要求德国汽车制造公司宝马赔偿200万美元，因为公司没有告知他，他的车曾经受损并重新喷漆。

有能力的沟通者确保他们的口头和书面信息符合道德标准，在沟通信息和未沟通信息中均是如此。

2.5 通过电子邮件沟通

沟通目标 4

在电子邮件中，信息被编辑、传递并在电脑上阅读。今天，电子邮件是最常见的沟通形式，超过了电话和通过邮政送递的信件。一项关于美国的管理层

问题聚焦 4　　　　　　　　　　　　　　　　　　　　　技术

陶瓷周期总是如此

来自路易斯安那州的罗恩·塞尔森以垃圾邮件发送者著称。他夸口每天可以给客户发送3,000万封推销邮件。现在垃圾邮件占到每天发送电子邮件总数的48%，而2001年只有7%。其中最常见的话题按照顺序排列是色情、性、毒品和抵押贷款。

最流行的垃圾邮件过滤器使用一种叫做贝叶斯过滤的技术，这种技术将垃圾邮件中的词汇分成不同种类，并给它们打分。

伟哥（Viagra）和性（sex）这类词被认为是负面的，打分最高；这（the）与和（and）这类词是良性的，分数中等；非营利（nonprofit）和羊绒（cashmere）是正面的，分数很低。如果一封邮件的总分超过某个值，那它就被认为是一封垃圾邮件。

除了这些公司的努力外，个人用户也能修改他们的电子邮件软件，给不想收到的邮件标签为垃圾邮件。使用者标签的垃圾邮件越多，他或她的过滤软件就越符合个人需要，越能辨别出他或她的垃圾邮件。

罗恩·塞尔森这样的垃圾邮件发送者面临的挑战就是找出最优的单词组合，来积累最多的积极词汇分数。这也就是为什么你常在垃圾邮件的主题和内容中看到一些没有意义的短语（就像这个问题聚焦的标题一样）。

这些胡言乱语与营销者想要推销的东西毫无关联，它们被称为是"词语沙拉"。它们的目的就是逃避垃圾邮件过滤软件。这也是为什么垃圾邮件发送者故意拼错一些负面词汇，用V!agra代替Viagra，或者用X@N@X代替XANAX（阿普唑仑，一种强效安眠药）。

最后，垃圾邮件之所以兴盛，是因为它有市场。600多万人——或者说电子邮件使用者的5%——买过不请自来的邮件推销的产品或服务。

而另一面，伟哥制造商——美国制药巨头辉瑞，没有发送不请自来的电子邮件为它的产品做广告。事实上，公司一直收到很多抱怨收到垃圾邮件的投诉，因此公司开始投放广告告知消费者，这些垃圾邮件不是他们发送的。

批判性思考

▶ 你能想出一种你可能会购买垃圾邮件推销的东西的情况吗？为什么或为什么不？

的调查显示，36% 的执行官表示在大多数管理层沟通中，他们更愿意使用电子邮件，相比之下，26% 的执行官偏向使用电话。（令人惊奇的是，面对面的沟通是不怎么受欢迎的沟通方式之一，只有 15% 的执行官倾向于这种方式。）

事实上，电子邮件如此受欢迎，以至于阅读和回复邮件要花很多时间。（见问题聚焦 4，"陶瓷周期总是如此"，了解垃圾邮件发送者是如何绕过垃圾邮件检测软件来发送垃圾邮件的。）管理顾问克里斯蒂娜·卡瓦纳对电子邮件使用情况进行了广泛调查，她发现，在 2002 年，使用电子邮件的商务人士平均每天接收 48 封电子邮件。她的调查显示，平均每天只有 25% 的邮件是真实的、可以进行管理的；这些邮件需要 2 个小时来处理。她发现 64% 的邮件需要回复，回复每个邮件平均需要 5 分钟。

> 平均回复一封电子邮件需要花费 5 分钟。

你永远也无法确定除了你的收信人还有谁会阅读你的电子邮件。人力资源管理协会的调查显示，超过 36% 的雇主会阅读员工的电子邮件，而 70% 的雇主认为，阅读通过公司的电子沟通系统发送的任何信息是雇主的权利。

此外，电子邮件在从发送者到接收者的过程中，会经过各种渠道，这封邮件可能会被未授权者通过各种方式拦截或转发。你应该把你发送的邮件当做是明信片——每个人都能阅读。并假设它是永久信息，在你和你的接收者从档案中删除它们后还存在着。

因为电子邮件方便，长期可用，因此很可能被滥用。表 2-2 的准则显示了四种常见沟通形式什么时候使用最有效。

格　式

为了确保你电子邮件消息的最大可读性，要使用简短的语句和段落（尤其

表 2-2　沟通媒介的恰当使用

媒　介	在信息如下时使用
电子邮件	• 包含简短的内容。 • 大多数都是基于事实，不需要视觉和非语言信号。 • 需要立刻传播，或者需要反馈。
面对面沟通	• 通过视觉、语言和非语言信号传播更有益。 • 需要探讨复杂话题。 • 包含敏感、个人的信息或者坏消息。 • 需要互动或者即时反馈。
电　话	• 通过较不正式的场合更有益。 • 只需要一名听众（通常情况下）。 • 需要讨论和即时反馈的一般想法。
书　面	• 需要存档或者日后参考。 • 包含复杂、详细或者冗长的内容。 • 需要时间去研究和消化。 • 通过图表或者其他视觉辅助更有益。

第 2 章　商务沟通的当代议题

在电子邮件中使用简短的语句和段落。

是第一段和最后一段）。它们更容易阅读。如果你的电子邮件程序有这个功能的话，将左右边距设为 1 到 1.5 英寸。不要将大量信息放在一个段落。

信息内容都使用大写字母，这是书面形式的对读者喊叫，被认为是粗鲁的（更不用说大写字母更难读）。如果一些单词或词组需要强调，使用粗体、斜体或者引号会更有效——而且不是那么显眼。

在你点击发送按钮之前校对你的邮件消息。

在你发送之前要校对你的消息。不要因为电子邮件快速和方便就变得粗心。你的读者可能会忽视一个偶尔的打字错误或者其他表面错误。然而，过多的错误或者草率的语言会给人留下不专业的印象。

电子邮件是典型的"即时"写作——在键盘输入时编辑并发送。因此，有时候编辑信息者往往会忽视基本的写作原则。一位观察者说，电子邮件会让我们不注意过分的语法错误。你发给你老板的打印备忘录中会有排印错误码？可能的目的是什么？电子邮件的接收者怎么知道你是一个聪明人？

范例 1 所示为一封格式恰当的电子邮件消息。

标　题

仔细地选择你邮件的接收者。如果要发送的邮件只适合一两个人，那不要把消息发送给整个邮件发送名单（比如整个部门）。如果需要的话，你可以通过在抄送栏（carbon copy，发送副本的旧方法）或者密件抄送栏（blind carbon copy）输入地址来发送你信息的复本。

当你使用抄送时，初始接收者会看到还有谁收到了信息（为了避免伤感情，可以考虑按照字母顺序对名字排序）。当你使用密件抄送时，初始接收者不会意识到这个消息还发给了别人。

只有在有多个接收者时才用到抄送和密件抄送。迪士尼公司前主席迈克尔·艾斯纳曾说："我开始相信，如果有什么事情会搞垮一个公司，甚至是一个国家，那这肯定是一开始就不应该发送的电子邮件的密件抄送。"

使用简短、描述性的主题。

一定要使用描述性的主题。在一天的商务活动中，你邮件的接收者可能会收到几十封——可能是几百封——电子邮件。写一个有效的主题可以引起读者的注意——和兴趣。主题的措辞不但决定了这封信什么时候被阅读，还决定它是否会被读到。应该使用简短的描述性主题。

大多数电子邮件程序能让你在回复中插入原来收到的信息。要明智地使用这个功能。它有时能让读者看到他或她回复的所有信息。但是，很多时候，你可以在回复中简要描述一下之前信息的内容，这样可以节约邮件读者的时间——比如，"您在 5 月 28 日的邮件中问我对于阿尔法贝特系统的观点，以下是我的想法。"如果之前邮件中只有一部分与回复邮件有关，那把其他部分删除。而且一定要在原来信息的上面插入你的回复。

内　容

电子邮件看起来缺乏人与人的接触，但是要降低这种疏离感，你可以以一个友好的问候作为开始，比如"你好，阿莫斯，"或者更正式的"亲爱的费舍尔先生"。

以友好的问候开始，友好的结尾结束。

电子邮件没有信件正式，也没有电话那么非正式。当然，信息的语气应该根据具体情况而定——给上司发的信息应该比给朋友发的信息更正式。

要用直率的风格写，在第一句或前两句就应该写出你的主题。如果信息太敏感或者情感丰富，那你应该再次考虑，电子邮件是不是发送这个信息的最有效媒介。如果一句话的电子邮件信息就能达到沟通目的，那就没有必要扩充信息让它变长。

写作风格要直率。

木匠的建议"测量两次，切割一次"也可以换一个版本，变成"思考两次，写一次"来应用到电子邮件中。因为立刻回复信息十分简单，所以你可能会受感情控制。这种行为叫做"冲动"，应该避免。你不会当面对别人说的话，在电子邮件中也不要说。一定要假设你发送的信息永远都存在。

如果你在信息开头问候你的读信人，那在信末你也应该跟他或她道别。要使用友好的结尾，比如"最好的问候"，"祝您愉快"，"万事如意"，或者更正式的"真诚地"。

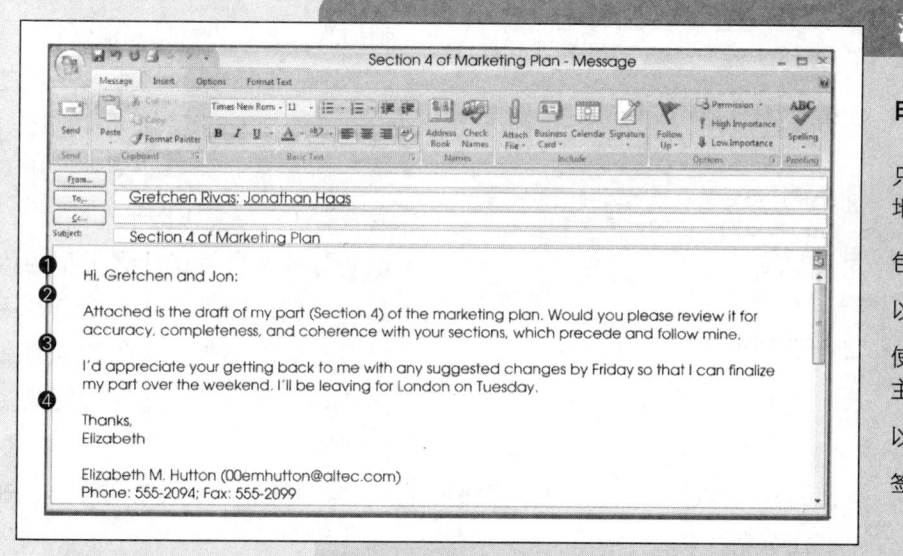

范例 1

电子邮件信息

只写上相关接收者的地址。

包含描述性的主题。

以友好的问候开始。

使用直率的写作风格——主要信息写在前面。

以恰当的结尾结束。

签名档包含身份信息。

语法和结构说明

❶ 在"Hi"（称呼人之前）后面使用逗号。
❷ 为了增加可读性，使用简短的语句和段落。
❸ 在动名词 getting 前面使用代词的所有格 your。
❹ 段落之间空一行（而不要首行缩进）。

有些电子邮件程序只在信息开头显示邮件地址，比如"kbio2@aol.com"。不要理所当然地认为你邮件的读者一定认识你。在信息的末尾写上你的名字、邮件地址和其他任何合适的能显示你身份的信息。大多数电子邮件都能创建一个包含这些信息的签名档；这些信息会自动插入每封邮件的末尾。比如，你可以创建一个这样的签名档：

克里斯滕·艾哈迈德
国际纸业公司客户经理
kahmed@ipc.com
317-555-7056

办公室地址代码

不同的组织对电子邮件的使用有不同的文化——就像他们对穿着、名字的使用有不同的文化一样。如果你是办公室新来的成员，观察一下组织使用电子邮件的文化会是明智的选择，回答以下问题：

- 组织使用电子邮件的通常语气是什么——正式还是非正式？
- 电子邮件是通常遵循上传下达的正式链条，还是任何人都能自由地向高层领导提意见和建议？
- 员工通常如何与同事接触——通过电子邮件、电话还是面对面沟通？
- 员工通常是立刻、每天或是几天后查看（并回复）电子邮件？
- 电子邮件通常发送什么类型的信息——例行信息？劝告信息？坏消息？员工公告？这些信息通常多长？回复一条信息通常要花多少时间？
- 使用密件抄送、转发和电子邮件附件——公司内部和公司之间——有哪些注意点？
- 公司在工作中使用电子邮件的书面政策是什么？公司是否容许发送一些私人邮件？
- 公司是否保有监视通过公司电子邮件服务器发送的所有电子邮件的权利？

检查表2总结了编辑排版有效电子邮件信息的准则。

奥伯问答

亲爱的奥伯博士：
　　我是使用您教材的老师，我的班级里有20名学生。在您教材的前言中，您提到了教师网站。我如何访问这个网站，如何获取免费密码？
　　　　　　　　　　　　　　　　——戈登

亲爱的戈登：
　　访问教师网站的最快方法是打电话给霍顿米夫林的教师服务中心，号码是800-733-1717。他们会证实您是一名教师，然后会给你访问该网站的所有信息。
　　　　　　　　　　　　　　　　——斯科特

给作者写信，邮箱为 askober@comcast.net。

即时信息和短消息

在这个快节奏的世界中，有时甚至传统的电子邮件都不够快。一个邮件使用者说："在这个即时满足的世界中，电子邮件变成了新的蜗牛邮件。"你永远也无法知道接收者会什么时候查看它并且回复。

然而，即时信息（IM）基于因特网技术，可以让人们实时发送并接收信息。今天，任何拥有电脑的人可以上网和世界各地的家人、朋友或者同事聊天。即时信息通过电脑发送，而短消息通过手机发送，你只需输入信息。大多数信息是不完整的句子，还有很多缩写。

即时信息始于1996年，一家叫做米拉比利斯的以色列公司推出了ICQ软件（I seek you），让人们能在任何地方实时输入信息进行沟通。今天，迄今最大的即时信息提供商是美国在线（AOL），公司于1998年购买了ICQ。MSN和雅虎也提供此类服务，微软推出了免费的Windows Messenger即时信息服务。

AOL即时信使（AIM）每天有20亿条信息发送，这个数据以每月15%的速度增加。AIM非常方便，因为即使你没有AOL账户也能使用。

如何使用 首先，你必须下载即时信息软件，然后安装在你的电脑上。然后注册你的网名，创建一个名单，在名单里添加你想要联系的人；这个名单叫做好友列表。当你登陆时，大多数即时信息程序会自动发现你上线了，然后通知你好友列表内的其他人。同样，你可以看到好友列表中谁在线。然后，你可以双击列表中某个在线好友的名字，然后输入信息（见第64页图2-6，"使用AIM发送即时信息"）。你的信息即刻出现在好友的屏幕上，然后他或她可能会输入回复。

> 即时信息是电子邮件的即时版本。

✓ 检查表2　　　　　　　　　　有效的电子邮件

格　式
- ☑ 使用简短的句子和段落。
- ☑ 避免都用大写字母写信。
- ☑ 在发送之前校对。

标　题
- ☑ 仔细选择收信人。
- ☑ 使用描述性主题。
- ☑ 如有需要，在回复时加上之前的信息。

内　容
- ☑ 以友好的问候开始。
- ☑ 使用直率的风格写作。
- ☑ 不要过分热情。
- ☑ 结尾要恰当合理。

要下载 AIM 到你的电脑，访问 http://www.aim.com。

其他电子沟通形式 即时信息与电子邮件不同，前者对话即时发生。双方在信息输入后可以立刻看到，因此，这更像是一个通过电话的对话，而不是通过信件或电子邮件的沟通。聊天室让一群人输入信息进行沟通，"房间"中的每个人都能看到别人输入的信息。另一方面，即时信息通常只涉及两个人之间的对话。它基本上是两个人的私人聊天室，每个人都传达想要与对方沟通的想法。

即时信息的商务用途 当然，即时信息不只适用于儿童和家庭。几百万的企业电脑用户在工作中也使用即时信息软件，这能让他们和同事联系，问团队成员问题，当然，还能与朋友和家人聊天。比如，假设你在和一个客户打电话，客户问你一个问题，你无法回答。你可以使用即时信息软件问大厅中的同事（或者在国家另一头的同事），立刻得到答案。即时信息软件让企业的项目合作更简单，还能召开视频会议。

比如，西方出版公司拥有计算机法律研究服务——西法（Westlaw）。几年前，公司提供 100% 的电话技术支持。今天，公司只提供 20% 的电话技术支持，其他 80% 通过即时信息提供。

出于安全考虑，大多数公司对个人在公司电脑上安装即时信息软件有严格规定。公司安装的即时信息系统更安全，更能抵御未授权的窥探。此外，很多公司提供他们自己的内部服务器，让私人沟通保持隐私。很多公司制定了政策，防止即时信息软件的过度使用、非商务使用等等。

有能力的沟通者会合理使用电子邮件和即时信息，排版他们的信息使其更易读。

图 2-6
使用 AIM 发送即时信息

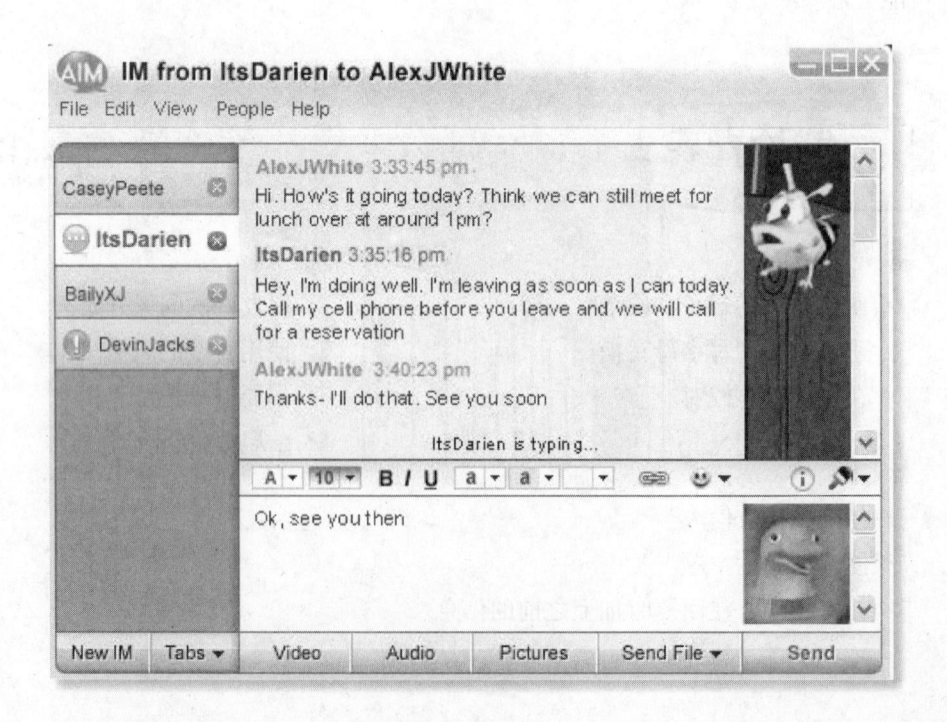

用户在下面的窗口输入信息；输入回车键后信息被传输，进入窗口上方。窗口左边显示联系人列表中谁在线。

64　商务沟通

3P 行动：
写一份合乎道德的陈述

■ 问题
■ 过程
■ 成果

■ 问题

假设你是杰森，一名汽车生产商的质量管理工程师。你负责测试一个新型安全气囊设计。你的公司急于在明年的车型上安装这个新型安全气囊，因为市场上两家竞争公司也有相似的安全气囊。然而，这个新设计的测试结果并不完全成功。所有安全气囊在遇到冲击时都会膨胀，但是每 100 个测试的安全气囊中有 10 个只膨胀 60%。这些膨胀一部分的安全气囊在大多数碰撞中还是能保护乘客的，但是与 100% 膨胀的安全气囊相比，乘客可能会受到更多伤害。

在报告测试结果之前，你告诉你的上司，希望能做更多测试来保证安全气囊可靠和安全。但是你的上司解释说，公司执行官急于将这些安全气囊打入市场，几天后就想要结果。你现在很有压力，要证实这些安全气囊是安全的（确实，他们都膨胀了——至少是部分膨胀）。

■ 过程

1. 你面临的问题是什么？
    我必须决定在报告的证明陈述中如何措辞。

2. 这个问题的理想解决方案是什么？
    给我更多时间，进行足够的测试来证明这些安全气囊是可靠和安全的。

3. 为什么公司不接受理想的解决方案？
    公司正在给我施加压力，让我现在就证实这些安全气囊的安全性，因为两家竞争者已经推出了相似的安全气囊。

4. 进行头脑风暴，想出你可能会使用的证明陈述。
    - 所有安全气囊都膨胀了。
    - 没有安全气囊未膨胀。
    - 90% 的安全气囊全部膨胀，其他的只膨胀了 60%。

5. 你如何决定哪一个是最佳陈述？也就是说，你将用什么标准来衡量这些陈述？
    - 陈述最符合公司的利益吗？

- 陈述最符合公众的利益吗？
- 陈述最符合我自己的利益吗？

6. 现在，根据这些标准衡量每个陈述。

   所有安全气囊都膨胀了。

   这个陈述是真的，是一个肯定陈述，很可能会让管理人员满意。但是，这个陈述过分强调测试的成功，而且在某种程度上，它忽略了信息，这会误导别人——10%的安全气囊只有部分膨胀。我给潜在用户错误的安全感，这可能会伤害到他们；此外，如果安全气囊没有完全膨胀，我可能会使公司遭到法律起诉。

   没有安全气囊未膨胀。

   同样，这个陈述是真的，但是它缺乏消费者需要的重要信息。此外，这是一个否定陈述，可能不会让管理层满意。

   90%的安全气囊全部膨胀，其他的只膨胀了60%。

   这个陈述是对测试结果最准确的评估。它强调了正面结果，也陈述了一些存在的问题。这个陈述最严重的风险就是它使这个新设计在市场上延迟推出。如果事情这样发生，我的职位可能会面临危险。而且这个陈述并没有解释安全气囊部分膨胀意味着什么。

7. 根据你发现的每个陈述会产生的结果，写一份证明陈述，将其附在你的报告中，交给管理层。

■ **成果**

> 我的新型安全气囊测试结果显示，90%的安全气囊在受到冲击时会完全膨胀；其余的10%膨胀60%，能足够保护乘客免于大部分碰撞冲击。

现在将3P付诸实践。见第67页的3P练习。

登陆学生网站（college.hmco.com/pic/oberCBC7e），找到那些会帮助你学习这门课程并取得成功的资料。进行ACE互动自我测试，评估你对本章内容的掌握情况，并复习巩固基础语言艺术技能。你也能学习更多因特网的知识，寻找商务信息，在写作问题方面得到帮助，并学习更多关于就业沟通、职位空缺和雇主的信息。

总　结

沟通目标1

如果团队运作合理，那相比个人，团队能在更少的时间内完成更多质量更好的工作。否则，团队就是在浪费时间，引起人际冲突。想法冲突是团队合作过程中有帮助的一部分，然而人际冲突是有害的。适当地强调共识和从众会更有效，但过多强调这方面会导致群体思维，群体思维一旦产生，成员之间连合理的意见分歧都不会讨论。

一开始，团队成员应该互相了解，制定运作规则。他们也应该认识到正面和负面的反馈都是需要的，应该知道如何给出有效的反馈，包括在团队写作时提供有益的反馈。当问题出现时，团队成员应该做出合理的反应，把它看成团队问题，对团队的期望要现实。

对于团队写作项目，团队成员应该制定一份工作计划，定期会面，确保合适地协调。可以指定一个人起草，也可把工作分为几个部分分配给团队成员。但是，在修改草稿时，每个人都要参与。

沟通目标2

有能力的沟通者会维持正式性，尊重他人，保持灵活，而且与不同文化的人进行沟通时，写作和说话都很清晰。即使你在美国的一个小社区生活和工作，你也会和不同种族背景、性别、有不同残疾的人沟通，你应该学习适应这些。

沟通目标3

不管组织大小或者类型，每个商务写作者在口头交流或者写作时，都会遇到道德问题。在选择传达什么信息、使用哪些词语和句子时，我们需要作出符合道德的选择——关于是非的有道德的决定——即使没有涉及法律。当我们面临道德决定时，要了解事实，评估各种选择，做出决定，根据决定行动，然后解释你的行动依据。

沟通目标4

今天，电子邮件是商务沟通中人们比较喜欢的媒介。当信息内容简短、信息大部分都是事实、时间很紧迫时，应该使用电子邮件。有能力的沟通者会确保他们使用恰当的格式（尤其是描述性的主题）和内容的邮件信息。他们还恰当地使用其他技术，比如即时信息。

关键术语

现在你应该能够用自己的语言给出以下术语的定义，并分别举例。

伦理（ethics）　　　　　　群体思维（groupthink）
民族优越感（ethnocentrism）　　团队（team）

付诸实践

回到 Nucon 集团　正如你在章首所看到的，吉尔伯特·C·莫雷尔不会容忍违反 Nucon 集团核心价值观的想法存在。

3P 实践

要了解更多信息，见第 65 页的 3P 模型。

第 2 章　商务沟通的当代议题　67

问 题

设想你是 Nucon 集团的见习经理。你的一名同事告诉你,她在很多月度报告中伪造了数据,"因为不管怎样,没有人会去阅读这份愚蠢的报告,也没有人会去行动。我已经这样做至少六个月了,没有人发现。"

过 程

（1）你的同事这样做是否有正当理由?
（2）如果有的话,你应该采取怎样的行动?
（3）你是否应该把你同事的行为告诉任何人?

成 果

使用"我"陈述,写一份向你的同事提供建设性反馈的陈述。

练 习

1. **工作团队沟通**　想象你参加的上一个小组或团队。向班级同学简要描述（两到三分钟内）团队的目的、团队如何形成、团队是否运作良好以及基本规则是否是在项目开始之前制定的。描述团队沟通的变量——冲突、从众和共识——是如何被考虑的,或者为什么没有考虑进来。群体思维是不是一个问题?团队是否因性别、文化或种族问题而陷入斗争?团队的决定是什么,这个决定是否有效?

2. **提供反馈**　之前每个人都赞成在今天团队会面之前起草完成五年市场营销计划各自应完成的部分。在今天的会议中,以下各项事件恰当的反应是什么?恰当地运用第 41 页图 2-2,"给出反馈时使用'我'陈述"的步骤,写出你的反馈。
   （1）弗莱德没有完成他应该完成的部分（虽然这是他第一次没完成任务）。
   （2）泰勒斯没有完成他应该完成的部分（这是他今年第三次没有按时完成任务）。
   （3）安妮塔不但完成了她应完成的部分,还为最终文件设计了一份吸引人的格式。
   （4）桑龚会议迟到 45 分钟,因为昨天晚上下暴风雪,他的车滑进了沟里。
   （5）埃尔维拉留了个口信,说因为她在赶另外一份明天要交的报告,今天的会议来不了。

[沟通目标 1]

3. **实际工作中的规则**　采访一名企业的执行官,让他或她解释在他或她的组织中,工作团队是如何使用的。例如是否使用团队,多久组织一次团队,团队通常怎样形成,团队设置方面会遇到怎样的问题,还有你能想到的在商务中使用团队更有益的任何事。就你的发现写一份报告。

4. **国际跨文化问题**　乔与一位小型工厂的销售部经理中村的会面迟到了15分钟,乔的公司希望卖零件给该工厂。"对不起,我来晚了,"他道歉说,"但你了解本地的司机。总之,既然我来晚了,让我们开门见山吧。"乔开始在这个小办公室里来回踱步。"我是这么看的,如果我们能在某些问题上达成协议,那剩下的我们都能达成一致。毕竟,谁还会比我们更了解这笔交易呢?"乔坐在这位同事对面,目光直视他。"那你觉得怎样?我们能在基本问题上达成协议,然后让我们的助手解决细节问题吗?"他的同事沉默了一会,然后说:"好的。"

　　讨论乔的跨文化技能。特别是他哪些地方做错了。中村的反应大概是什么意思?

5. **跨国沟通**　选择一个国家,和小组成员共同完成这个练习。选择三个或以上的网站,列出所选国家的可能会影响跨国交易的不同文化差异。找出关于风俗习惯、空间使用、手势、时间取向、社交行为、做生意的方式和其他与商务有关的问题的差异。就你的发现写一份提纲,把这份提纲和网上的来源交给你的老师。

6. **国内跨文化问题**　作为一名经理,对于以下问题,你如何作出回应?你对每一方有什么有帮助的建议?

   (1) 一些和奥尔顿一起工作的人用他们自己的本土语言说话时,奥尔顿很生气。他怀疑他们在谈论和嘲笑他。因此,他开始避开他们,并向别人抱怨他们。

   (2) 杰森是一名比较瘦弱的办公室职员,他的上司体态魁梧,种族和他不同,杰森和他说话时感到害怕。因此,他常常无法和他进行有效的沟通。

   (3) 赖莎不得不和他的下属罗杰说话的时候,她感到尴尬,因为罗杰在伊拉克的一次手榴弹爆炸中脸部遭到大面积毁容。她不知道如何面对他。因此,她会避开与他面对面的见面。

   (4) 希拉是员工中唯一的女性经理,每当她的同事亚历克斯在会议上使用不敬的语言并向她道歉时,她总会被激怒。她告诉他,首先,他不应该用不敬的语言;而且,如果他说了不敬语,他不应该仅向她一个人道歉。

   (5) 吉姆是一个小型办公室中唯一的男性房地产代理人。当他来到这个办公室时,他被明确告知,他必须自己去倒咖啡,自己整理东西——和别人一样。但是每当联邦快递送来一个很重的箱子,女同事总是叫他来搬。

沟通目标 2

7. **多样性**　假设你是一家公司的管理者，公司中三分之一的人是西班牙裔，其中大约一半是墨西哥裔美国人，一半是古巴裔美国人。所有人都是美国公民或者合法居民。因为他们的母语都是西班牙语，你能说他们属于相同的文化吗？请研究（包括网上调查）这两组人，包括他们典型的教育背景、政治信仰、工作经历等。将你的发现写成一份两页双倍行距的打印报告。

8. **道德困境**　以小组为单位，使用第 55—57 页讨论的道德决策制定标准，就以下道德困境做出决定：

    （1）保密：你的老板告诉你说，因为预算削减，一名员工将被裁员，但是现在那位员工还不知道。但你知道那位员工准备买一栋很贵的大房子。

    （2）版权问题：为了在家完成你在工作中没有完成的任务，你拷贝了工作中使用的一个程序（一个合法购买的程序）。

    （3）工作：你接受了一份工作，后来又有公司提供给你更好的工作。

    （4）雇用少数族裔：一位日本应聘者最合适一份工作，但是这份工作需要一些与客户面对面交流或者电话交流，你担心客户会听不懂他的口音。

    （5）以业绩为基础的工资：一个员工整年都表现优秀，应该加薪。但是，她已经在评级标准排第一了，不会再升职了。

9. **时间标志**　你在圣安东尼奥的一家生意很好的当铺做兼职工作。附近的一些店铺最近几年遭到盗窃，当铺店主希望罪犯在闯进这家店铺前三思而后行。在考虑这个情况后，店主晚上在窗上贴出这样一个告示："如果有法律官员能开枪杀死任何企图抢劫本店的人，本店奖励一万美元。"

    当你第二天早上上班看到这个告示时，你的第一想法是，它可能会起到威慑作用。然而，随着时间的过去，你开始怀疑这个告示的道德问题。虽然你不知道任何能适用于这种情况的法律，但是无法确定你老板的做法是对的。你决定在晚上老板锁门的时候和他谈论此事。在准备这个谈话时，列出你能说服老板把告示拿下来的理由。然后列出留着告示会有好处。如果店铺由你负责，你会怎么做？以报告形式向同学解释你的答案。

沟通目标 3

10. **工作中的道德**　你是人人互助协会自然灾害重建小组的办公室经理。在测试一些新型文字处理程序后，你给上司写了一份备忘录，请求购买 15 份 WordXpert，这样办公室每位员工都有一份。你收到了上司的回复，还附有这个手写的便条：

    > 我已经厌烦了购买软件，因为我们从来用不到这些软件声称它具备的功能。我们先订一份这个程序，然后让所有员工拷贝。如果两个月内每个人都对这个程序很满意，那我们就再买 14 份，以遵守法律规定。毕竟，我们必须谨慎对待我们投资于组织的资金。

你会如何回复？

11. **即时通信**　在你的即时通信系统中创建一个班级同学的好友列表。选择一个上线时间，使用即时通讯软件评估历史学家丹尼尔·布尔斯廷的一句话："沟通历史中的每一个进步都让我们与距离我们很远的人有更近的接触，但也让我们与离我们最近的人隔离开来。"

　　这句话是什么意思？你同意还是不同意？为什么？在即时通信的同时，写一份简短的报告，总结讨论的结果和你自己的反应。

12. **电子邮件格式**　根据第63页检查表2的准则评估下面的电子邮件信息。特别是，如何修改使其更有效？这条信息是否一开始就应该通过电子邮件发送？就这些问题展开讨论。 〔沟通目标4〕

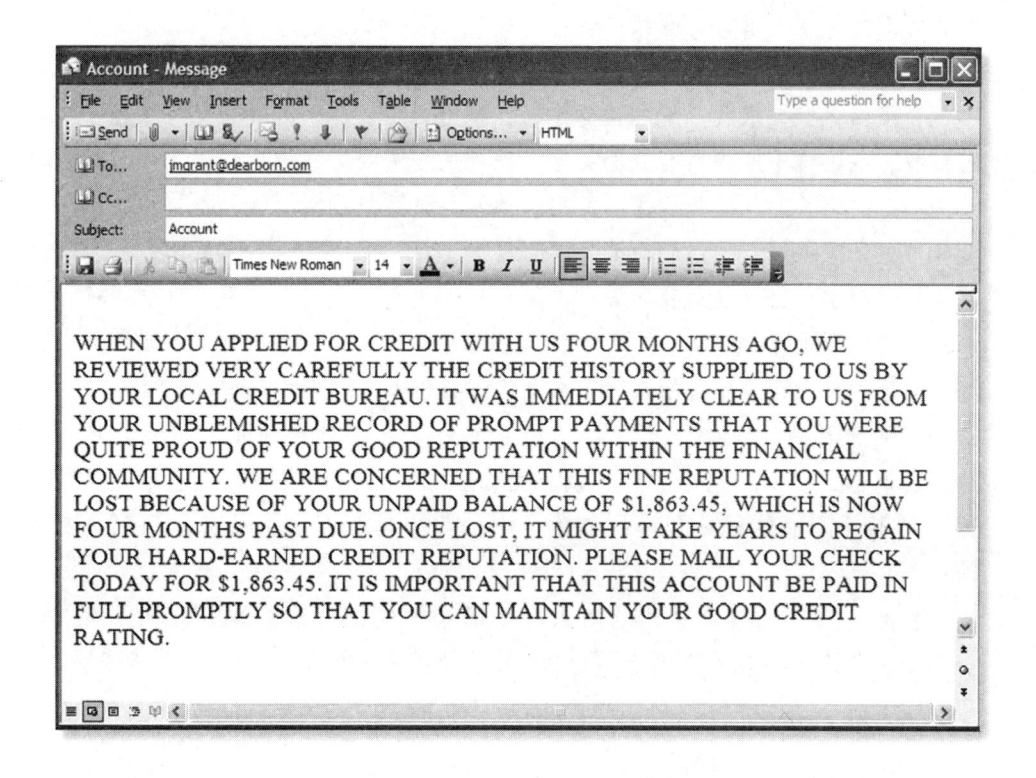

```
To...: jmgrant@dearborn.com
Cc...:
Subject: Account

WHEN YOU APPLIED FOR CREDIT WITH US FOUR MONTHS AGO, WE
REVIEWED VERY CAREFULLY THE CREDIT HISTORY SUPPLIED TO US BY
YOUR LOCAL CREDIT BUREAU. IT WAS IMMEDIATELY CLEAR TO US FROM
YOUR UNBLEMISHED RECORD OF PROMPT PAYMENTS THAT YOU WERE
QUITE PROUD OF YOUR GOOD REPUTATION WITHIN THE FINANCIAL
COMMUNITY. WE ARE CONCERNED THAT THIS FINE REPUTATION WILL BE
LOST BECAUSE OF YOUR UNPAID BALANCE OF $1,863.45, WHICH IS NOW
FOUR MONTHS PAST DUE. ONCE LOST, IT MIGHT TAKE YEARS TO REGAIN
YOUR HARD-EARNED CREDIT REPUTATION. PLEASE MAIL YOUR CHECK
TODAY FOR $1,863.45. IT IS IMPORTANT THAT THIS ACCOUNT BE PAID IN
FULL PROMPTLY SO THAT YOU CAN MAINTAIN YOUR GOOD CREDIT
RATING.
```

13. **修改电子邮件信息**　根据第63页检查表2的电子邮件准则修改练习12中的电子邮件信息。在你的信息底部列出能融入沟通的有效电子邮件部件。

持续案例 2

你肯定在吸毒！

虽然城市系统公司总裁戴维·卡普兰不参与大多数职位的雇佣决定，但是当他收到一位应聘者下面的来信时很担心：

亲爱的卡普兰先生：

我很恼火。事实上，当我昨天来参加第二次工作面试时，我对受到的对待非常愤怒。我申请了财务部经理助理一职，在财务部经理拉里·哈斯先生和人力资源部主管珍·泰特的面试中表现很成功。

在我所有面试结束后，我被告知要通过一个体检，包括一个强制性的毒品测试。虽然他们要求我签署书面同意书，但是很明显，不签署将会结束整个应聘过程。我不得不脱掉所有衣服并穿上医院的白大褂。我被允许进入贵公司诊所的一个卫生间的私人隔间采集尿样。为了保证尿样的有效性，员工在抽水马桶里放置了蓝色颜料，还暂时关掉了水阀。

我认为整个过程是对我隐私的有辱人格的侵犯，尤其是结果还可能是不可靠的。公司要确保员工在工作中的健康和安全，我对比表示认同，但是财务部经理助理的工作几乎不包括危险器械的操作或者危险材料的处理。

我认为毒品测试十分不合理，而且它让人们给自己加罪。因为你将被认为是有罪的，除非这个测试证明你是清白的。如果确实有员工滥用毒品的话，更不具侵犯性和更有效的方法是在工作中近距离监督员工，采用员工辅助程序。

最后，没有证据表明适量的大麻（迄今阳性检测结果的最常见原因）会削弱工作表现或减少工作产量。如《科学美国人》杂志1990年3月所报告：

> 令人惊奇的是，一份去年的美国国家药物滥用研究所发表的报告显示，犹他电力公司实际上"在员工医疗保险福利中，滥用药物的员工比受控制小组平均少花215美元。"那些在佐治亚电力公司测试结果为阳性的员工比公司其他人有更高的升职率。此外，只有在大麻（占所有阳性结果的35%）上测试结果为阳性的佐治亚员工在缺席率上比平均值低30%。

卡普兰先生，我通过了毒品测试，而且被录用了。事实上，泰特女士告诉我，在细看我的简历，谈论我的推荐信，对我进行面试后，她得出结论说我是这份工作的"理想"人选。但是，这种对我隐私的侵犯使我拒绝了这份工作。

我希望在更尊重员工的公司工作。

　　真诚地，
　　托德·埃文斯

批判性思考
　　1. 该情形中的道德问题是什么？
　　2. 城市系统公司要求所有新员工接受毒品测试是否有正当理由？
　　3. 托德拒绝这份工作是否有正当理由？
　　4. 如果有任何要做的，戴维现在应该怎么做？

3 人际沟通技巧

沟通目标

学完本章后，你应该能够：

1. 解释非语言信息的含义和重要性；
2. 在商业活动中有效倾听他人；
3. 有效使用电话；
4. 计划、组织和参加商业会议。

圈内人视角：
卢森提卡集团皮尔视力通讯

你想在工作上更有成效吗？那就开会吧。这是来自卢森提卡集团（该集团是世界顶级奢侈品公司，专门从事世界著名品牌眼镜及太阳镜的设计、生产及销售）皮尔视力通讯公司高级经理艾米·珀塞尔的建议。

在卢森提卡集团开会有多重目的——介绍一个新项目或者一次新活动、提供反馈、解决工作上的问题或争端或者让员工了解日常工作日程。皮尔视力通讯大多数时间都在开会，有时甚至一天开六到八次。"在卢森提卡这种大公司里，"她解释道，"利用开会这种方式来和同事保持联系非常重要，只用电子

> "会议让我们每个人都明确自己的职责，同时也让我有效地利用时间。"

艾米·珀塞尔

卢森提卡集团皮尔视力通讯公司高级经理

（俄亥俄州梅森市）

邮件或者语音信箱是远远不够的，因为人们往往会忽略，甚至忘记。会议让我们每个人都明确自己的职责，同时也让我有效地利用时间，尤其是当一个项目涉及许多其他合作伙伴的时候。"

皮尔视力通讯明白，无论是领导者还是与会者，会议前的准备工作都是必不可少的。一次紧凑并事先计划好的会议最有效。"议程表很有用。要尽量把会议控制到一个小时以内。事实上，我还站着开过好几次会，或者直接就在走廊上跟员工开会，我们一般只花10到15分钟的时间来讨论一个项目。这种方式会避免偏题或者只讨论次要问题等情况出现。"

3.1 非语言沟通

沟通目标 1

不是所有工作或团队中的交流都是通过听、说、读、写的方式进行的——这是语言沟通。管理专家彼得·德鲁克如是说，"沟通当中最重要的是听到别人没说出来的信息。"非语言信息就是没写下来也没说出来的信息。它们往往是伴随着语言交流产生的（比如和你的同事笑着打招呼），有时候它们也单独出现（如开会时选择坐在后排）。非语言信息显然比语言信息更加随性，但是这并不意味着这类信息不重要。一项研究显示：日常沟通中只有7%的信息来自语言部分，剩下的93%通过非语言信息来揭示。

下面将探讨商业上的六种最常见的非语言沟通形式。

身体动作

就目前所知，你身上最富有表达力的部分就是你的脸——尤其是眼睛。研究发现信息接收者倾向于持续解读对方的表情所传递的信息。事实上，许多表情在不同的文化中表达着相同的含义。眼神交流和眼睛的转动会向你透露关于这个人的许多信息，不过——我们等会儿会看到——在有些文化里，一直向你的听众保持眼神交流不是那么重要（甚至会显得不礼貌）。图3-1可以测试你对面部表情了解多少。

手势和身体上半部分的动作可以在面对面的交流中提供重要信息。正如看动作猜词游戏所显示的那样，即使不用说也不用写，你也可以给别人传递大量的信息。更重要的是，手势是用来帮助你解释或者强调语言信息的。

图3-1
哪个笑容是发自内心的？

保罗·埃克曼是一名测谎专家，他对面部表情有一套科学的研究。他发现人类脸上的43块肌肉可以拼凑出3,000种有意义的表情——有些是自然的，另一些则是伪装的。此图中，左边是真笑，右边则是假笑。

76 商务沟通

身体姿势（站姿或坐姿，手和脚的放置，重心的位置等等）是另一种非语言沟通。举例来说，身体稍微偏向和你说话的人意味着你对此次交流感兴趣并乐于融入其中。反过来，如果你两手交叉放在胸前，身体靠后的话，那就意味着你感到无聊甚至有抵触情绪。

一名研究身体动作的芝加哥心理学家举了个有趣的例子：因与莱温斯基发生性丑闻，前总统克林顿先生必须面对大陪审团作证。当他给出自己的证言时，几乎每四分钟就摸一次鼻尖，这些证言最后被证明是假的。有趣的是，他在说真话时完全没有碰自己的鼻子。

不同文化中眼神交流的重要性有差异。

外在形象

美国文化很重视一个人的外在形象。电视上、报纸上以及杂志里都充斥着个人护肤品的广告，这些广告商通常都是找那些长得好看的人来推荐他们的产

问题聚焦 5　　　　　　　　　　　　　　伦理

美女与野兽效应

众多研究都显示人们有"外貌偏见"，也就是说，人们通常认为长得好看的人比一般人更会社交，更快乐，也更成功。

这种偏见到处可见，如从老师对学生的评估，选民对某个候选人的偏爱，或者从模拟法庭中法官的判断中，我们都能够感受到外貌偏见的存在。

现在，有证据显示：在传统以男性为主的工作岗位（如卡车司机或狱警）或者对外貌没有特殊要求的岗位上（如接线员或者照相店助理），外表可能是劣势。此类偏见被称为"野兽效应"。

肯尼斯·伯德兹是莱斯大学心理学专业的毕业生，他的硕士论文研究调查了66名本科生如何看待"什么样的人适合做什么样的工作"这个话题。受试者只能根据204个人的照片把这些人分派到适合他们的工作岗位上（一共有33个工作）。

与其他研究一样，伯德兹发现：不管是竞争什么样的工作岗位，外表好看的男性都占优势。在这一点上，男性受试者和女性受试者都持相同观点。然而，他也发现在男性主导或者对外貌没有特殊要求的工作岗位上，男性受试者和女性受试者都一致认为好看的女性求职者不具备足够的工作资格。

伯德兹同时还发现：在对外貌有特殊要求或者强调人际交流的岗位上（比如接待员或公关），男性受试者更青睐长得好看的女性，认为她们更有能力。

伯德兹认为：人们喜欢美女与他们如何看待美女身上的女性气质紧密相关。如果一个很漂亮的女性想要去做非常男性化的工作时（如卡车司机或保安），她很有可能会被认为达不到该工作对员工体力的要求。

批判性思考

▶ 就要求面对面交流或销售的工作来说，员工的外表可以影响公司的盈亏。排除法律的约束，如果你是一名此类公司的经理，你会把外貌列入雇佣条件吗？为什么？

第3章　人际沟通技巧　77

艾尔西十字协会举行为期三天的静养研讨会，以此提高员工相互之间的认同感，观察他们是否有种族及性别歧视，并帮助他们改变以前的偏见。在研讨会上，据十字协会一员工说："会有人生气，大喊大叫，有时还有人大哭一场"。但讨论的目标总是让员工们能提出建设性反馈并真正做到改变自己的偏见。（注意每个参加者的身体姿势。）

品。人们通常认为：和长得不怎么样的人相比，长得好看的人更加聪明，更加友好，也更有说服力；不仅如此，天生丽质的人也能赚更多的钱。（另一种有关外在形象的看法，参见问题聚焦5，"美女与野兽效应"。）

你的外在形象决定了别人对你的第一印象。虽然你无法改变你的外貌，但是如果了解打扮和外貌的重要性，对你来说也是一件不错的事，因为一旦了解到了这两点，你就能在自己的外貌上扬长避短。同时，你的衣着、首饰、办公室及家里的装修风格，还有你用的手机品牌都能向别人提供关于你的个人信息，诸如价值观、品味、性格、从众性、地位、年龄、性取向以及集体认同感。

声音品质

没有人用一成不变的音调说话。举例来说，请你朗读下面的句子，并重读每一句中的斜体字。注意每一个重音带来的句意变化。

- 你迟到了。（*You* were late.）（回答"谁迟到了"这个问题。）
- 你迟到了。（You *were* late.）（回应对方对迟到的否认。）
- 你迟到了。（You were *late*.）（强调对方迟到了很久。）

你的语调可以加强或削弱语言信息——甚至与它唱反调。

声音品质包括音量大小、语速、音度高低、语调以及口音，这些特征都能向别人传递各种信息，不管这个信息是有意还是无意发出的。譬如，当你紧张时，你会比平时语速更快，音调也会升高。那些平时讲话过于温柔的人说话时容易被别人打断，有时别人根本就不听。而说话总是太大声的人又会显得不择手段或者缺乏安全感。

有相当一部分声音品质在人类各种文化中带有同样的特征。比如，全世界的大人在对小孩子讲话时都会提高音调，相同的情形还会发生在打招呼和求爱中。除此之外，几乎所有的语言中问句都是以升调结束的。

时间观念

要是你约会迟到的话，你会有什么样的感觉呢？那要是别人迟到呢？时间观念在不同的文化中有着不一样的含义，例如，和南美洲与中欧国家的人们相比，美国人和加拿大人更有时间观念。

时间观念不仅与文化相关，也与一个人在公司里的地位有关。要是上司约你见面，你会比与下属见面更少可能迟到。时间观念也会根据具体情况不同而有所变化。虽然你不用为参加员工会议迟到五分钟而不安，但如果你是第一个主讲人，那你肯定要别人早到一点。

> 我们赋予时间的含义依赖于我们的文化、我们的社会地位以及具体情况。

身体接触

身体接触是我们学会的第一个感官，甚至在我们出生之前就获得了。有一些身体接触是没有情感交流的，如医生给病人把脉；另外一些身体接触则给对方传递你想与之交流的友好信息，例如握手；还有一些身体接触则表示和对方很亲密。

身体接触行为的重要性也因为文化不同而各有侧重。一项国际性的调查研究发现：在典型的社交场合中，来自波多黎各的圣胡安人平均每小时触摸对方身体180次，巴黎人则是110次，来自佛罗里达州盖恩斯维尔市的人则低至两次，而伦敦人在交谈时完全没有身体接触。

虽然身体接触是一种很重要的商务沟通形式，大多数人却不知道如何恰当而有效地运用它。一个人要是在商业交流中和别人没有一点身体上的接触，他（她）就会显得冷漠无礼，而一个人要是对别人接触过于频繁，则会让对方感到不安或者难受。

人际空间与领域

在拥挤的电梯里，你可能会盯着楼层按钮看，要么就盯着广告看，要么就看自己的脚，或者干脆直视前方。大多数美国人都会因为在如此狭小的空间内和陌生人挨得太近而感到浑身不舒服。心理学家划分了文化互动中的四种人际交往空间。

> 不同种类的沟通在不同的空间距离里产生。

1. 亲密地带：你的身体活动一般都在离你自身0.46米的范围之内活动；这是你一整天活动的范围。人们一般只有和你亲密交流时才能进入这个空

第 3 章 人际沟通技巧 79

布什总统在向宾夕法尼亚州获救的矿工道贺时，进入了一名矿工的"亲密"地带，拍了拍他的肩膀。

间。商业活动中，很少有人进入你的亲密地带，即使有，也只会持续很短暂的时间——如握手或者拍拍背。

2. **私人地带**：这个地带从 0.46 米延伸到 1.2 米，范围一般限于和密友以及同事之间的交谈。与亲密地带发生的交流不同，正常的谈话都是在私人地带进行的。有一些（但不是很多）商业活动在该地带产生；举例来说，商务会餐一般都在私人地带进行。

3. **社交地带**：1.2 米到 3.2 米之间是你的社交地带，大多数商务沟通都在此地带进行。

4. **公共地带**：公共地带从 3.2 米延伸到你能看到和听到的距离。这是最正式的空间，但人们在这个范围里只能进行最少的沟通。由于双方相隔太远，公共地带里的沟通通常都是单向的，例如演讲者和一大群听众之间的交流。

一个能和别人有效沟通的人会认识到自己和别人的空间需要。当和别人沟通时，善于沟通的人会根据别人和自己的空间需求来调整距离，以达到自己的沟通目的。

3.2 倾听他人

沟通目标 2

不管是跨越大洲还是隔着办公桌，有效的沟通不仅需要有人发送信息，也需要有人收到信息——即传递和接收。不管你是在对 500 人作一次正式的报告，还是和一个人吃饭聊天，如果你的听众不能仔细倾听你说的话，那你就等于白

80　商务沟通

说了。

倾听远远不只是听到别人讲话。你可以听见声音，但这并不等于你在倾听（正如你可以倾听，但不代表你听懂了）。听见声音只是人耳接收到了声波，神经再把声波传送给大脑。听到声音是一个被动的过程，而倾听则是主动的。当你意识到声波时，你仅仅是听见了；但你不一定理解声波代表的内容。当你倾听时，你就会解读声波并赋予它一定的意义。

想想你开车的情形。当一辆车正常运转时，即使你听见发动机工作的声音，你也意识不到它在工作；你的大脑把这个声音屏蔽掉了。但是，一旦发动机发出了奇怪的声音——这个声音不一定很大，但和正常时不一样——你可能会立刻注意到有状况发生，这时你便会下意识地仔细听，试图弄清楚发动机究竟出了什么问题。你的耳朵听见发动机正常工作的声音，而你的大脑则倾听奇怪的声响。

听见和倾听是两码事。

缺乏倾听技能的问题

倾听是我们用得最多的沟通技巧。一般来说，白领一天会花至少40%的工作时间倾听别人说话。然而，在听过一次10分钟的报告后，人们一般只会记住一半的内容。两天后，只有四分之一的东西还能被回想起来。因此，在四种语言沟通技能中（听、说、读、写），听恐怕是发展得最不完善的一个了。

人们之所以不能有效倾听，其中一个很大的原因可能是没有人教他们怎么去好好倾听别人。回想一下你上小学的时候吧，有多少课堂时间是拿来学习读和写？又有多少时间是用在朗读上，演话剧上，或者当众演讲上呢？在上学时，大家很有可能都用了大量时间来练习读、写、说。但是你们中有多少人接受过倾听训练呢？如果你是按照正常程序上学的话，这个问题的答案很有可能是"不是很多。"

另一个原因可能是大脑接受数据的速度与我们讲话的速度之间存在差异。思考的速度远远快于说话的速度——事实上几乎快四倍。因此，当听别人讲话时，我们的大脑开始游离，开始走神。

下面是效率低的倾听所带来的后果：

- 不能遵守指令
- 因误用而弄坏设备
- 销售业绩下滑
- 感情受挫
- 斗志低迷
- 生产力下降
- 谣言四起

虽然倾听是我们最常用的沟通技能，但大多数人没有学习如何有效地倾听。

- 健康风险增加

除此之外，效率低下的倾听技能并不如说得不好或者写得不好那么明显。不善于倾听是很难发现的，因为人们可以假装自己听得很认真。事实上，可能连听者自己都意识不到这一点。他（她）也许会把听见声音误认为是倾听。

> 效率低下的听众也许意识不到自己的缺陷。

有效倾听的关键

好消息是你能够提高倾听技能。明尼苏达大学一项测试显示接受倾听训练的人能够把他们的倾听技能提高25%至42%。不管你是在一对一和别人对话，还是和一群人谈话，如果你想更有效地倾听他人，你需要全神贯注地倾听，保持开放的心态，避免外界干扰，同时要让自己充分融入和别人的交流之中。

全神贯注 在商务报告会上，有个别观众听到熟悉的内容时就会想，"不要吧，又是这个。"接着就开小差了。也有可能出现这种情况：在和下属开会时主管也许会打电话，在纸上心不在焉地乱涂乱画，玩笔，或者做其他分散他人注意力的事情，这会让发言者觉得自己讲的都是些无关紧要或者无聊的废话。

来自外界的干扰是最容易消除的。只要关上门，或者让你的助手帮你接电话就能消除私人会晤中的许多干扰。如果你身处一个喧嚣的环境，周围很冷或是很热，又或者椅子坐着很不舒服，你应该试图排除干扰，而不是对主讲人听而不闻。你应该学会忽略那些你无法控制的干扰因素，把注意力放到发言者以及他（她）讲话的内容上。

> 外界干扰比心理干扰容易消除。

内心的干扰是很难克服的。但是只要努力坚持练习，你就能约束自己。举例来说，你可以通过暂时忘掉疲惫或者把和别人竞争的想法抛到脑后这些方法来让自己集中注意力。

正如发言者和观众保持眼神交流很重要一样，同样重要的是倾听者要与发言者保持眼神交流。这样做会让发言者觉得你对他（她）讲的东西很感兴趣，他（她）便有可能对你畅所欲言，提供你需要的信息。

我们谈到要把注意力放到发言者身上。其实更确切地说，是要把注意力放在他（她）讲的内容上面。你应该关注发言者讲的是什么，而不是他（她）怎么讲。当然，非语言线索可以提供重要的信息。然而，不要因为发言者穿着不得体、说话语速太快、有地方口音或者看起来很紧张就对他（她）产生反感情绪。因为发言者说什么总是比如何说更为重要。

> 你应该关注发言者讲的是什么，而不是他（她）是如何讲的。

同样，不要仅仅因为一个话题没意思或者发言者的讲话方式很无趣而对该话题置之不理。"无聊"并不表示不重要。一些无聊或者很复杂的信息也许恰好对你很有用，因此，你更应该全神贯注地倾听他人。

保持开放心态　不管发言者是谁，也不管他（她）讲的是什么话题，你都应该随时约束自己的情绪。倾听别人时应该保持客观的心态，但同时也要将心比心。要学会接受新鲜事物和新观点，不去管这些观点是否和你一贯相信的有所冲突。你应该把注意力集中在信息的内容，而不是它的来源上。

不要把开会假想成一次对决；就是说，不要觉得你认同发言者的立场就代表你输了，他（她）赢了。相反，你应该把这看成双赢的局面：发言者赢是因为他（她）说服了你，你赢了是因为你获取了新的信息和启发，而这些都可以帮助你更有效地履行自己的职责。

保持开放心态带来双赢局面。

除此之外，你应该尽可能长时间地保持中立，且不要很快对一件事下定论。相反，你应努力想想为何发言者要论证这样一个观点，他（她）提出了哪些事实或者经历来说服听众。当你这样从别人的角度出发来看待一个问题时，你有可能会发现自己不是完全肯定，也不是完全否定别人的观点。这种客观评价讲话内容的能力会让你在商务沟通中受益匪浅。

不要打断别人　也许由于时间压力，我们有时会变得很不耐烦。一旦发现对方接下来要说什么，我们就会忍不住插嘴，帮他（她）讲完他（她）要说的话；这一行为在我们与语速慢的人讲话时尤其不好。另一种情况是，我们一想到什么可以驳回别人的言论，就会立马提出来——而不管对方有没有讲完，甚至不管别人有没有喘息的机会。

打断别人讲话给有效沟通带来障碍。

这样打断别人会导致不好的结果。首先，这样做很不礼貌。其次，打断别人不仅不会加速你与对方的沟通，相反，你会让沟通变慢，因为你打断了对方的思路，使得他（她）不得不回过头想想自己讲到哪里了。不过，最严重的后果是这个行为会传递给对方非语言信息："我有打断你的权利，因为我讲的比你讲的重要得多！"这样做不是肯定会阻挠商务沟通的有效进行吗？

倾听他人和等着发言是两码事。即使你非常礼貌，不愿意打断别人，你也不要傻乎乎地等着轮到自己讲话的时候才说话。如果你一直在脑子里想接下来要说些什么，你很难关注别人说的内容。美国人一般都很难忍受沉默。然而，别人说完之后，你等一小会儿再发言是有好处的——特别是在情感交流中。这样做会让对方扩充自己的讲话内容，因此会给听众更多启发。同时，这会给双方制造一种安静祥和、互相尊重的氛围，更有助于解决手边的问题。

让自己融入其中　正如我们刚才谈到的，听是被动的，但是倾听则是主动的。别人在讲话时你应该做些事情（这里可不是说你应该乱涂乱画，望着窗外发呆，或者计划下午做什么）。

你要做的事大部分是在大脑里进行的。在心里总结发言者说了什么内容；用自己的话解释发言者的观点，即专家所说的内心阐释。我们处理信在内心融入发言者讲的内容。

息的速度远远快于说话人呈现信息的速度,因此你可以利用多余的时间来倾听——以确认你不仅听到对方在讲什么,也听到了他(她)的动机和隐含的想法。

一些倾听者发现速记很有用,这样可以帮助他们把脑中所想的转换为纸上所记的。如果你这样做,应该让笔记尽量简洁;不要忙着记笔记而错过后面的内容。应该关注主要的观点;如果你记住主干部分,你就更有可能记起支撑主干的枝节内容。你应该认识到:即使发言者讲的一两个细节是不准确或者是无关紧要的,主要的观点可能仍然是说得通的。你应该验证主要观点是否站得住脚,而不是就细枝末节纠缠不休。

倾听的时候应该自私一点。要不停地问自己:这个观点对我有什么用?我怎么利用这个信息来达到我的目的,或者帮助我更有成效地工作?使别人的信息为自己所用会让你更容易集中注意力,也能更客观地衡量论据——即使报告主题很难或很无趣,发言者的讲话方式令人难以接受,或者他(她)人品不好,这些情况都不会影响到你。

让发言者了解到你非常积极地融入这次交流之中,这样会鼓励他(她)。保持眼神交流,同意地点头,身体前倾,说一些首肯的话,诸如"嗯"或者"我明白了"这样的句子。在谈话中,你可以通过大声说出自己听见的内容来确保你的内心阐释是有的放矢的。如给出这样的反馈:"所以您觉得……,是这样的?"或者"您的意思是……?"这样一来,发言者会阐释自己讲的内容,添加新信息,或者给听众讲清楚他们的误解。除此之外,这样做会让发言者觉得你在这次沟通中给予了他(她)应有的关注。

3.3 通过电话沟通

沟通目标 3

看看以下和电话沟通有关的数据:

- 在美国平均每个人至少有一部电话。
- 美国电话电报公司(AT&T)每天处理 7,500 万次通话。
- 本地通话平均时长为 6 分钟,而长途则会长至 10 分钟。
- 美国人每年平均打 63 亿次国际长途(平均每分钟花费 34 美分)。
- 一半以上的美国人(即 1.43 亿人)拥有手机。

难怪有人说能够在电话里有效地沟通是重要的管理技能,当人们对瞬时资讯的需求增加时,这项技能也正变得越来越重要。在接电话的对方看来,你在通话时的所作所为很可能就代表了你公司的形象。公司的未来是和电话线系在一起的。当经理们被问到最重要的通讯工具是什么的时候,55% 的人说是电话,只有 13% 的人回答是电子邮件。

你在电话里的声音

听你讲电话的人因为看不到你,所以只能就你的声音对你的个人形象作出评判。沙哑低沉的声音会让别人觉得你在生气;声音太过高亢又会被认为过于兴奋;声音太小,人们又会觉得你表现得很无聊——即使这些情况都不是真的。因此,你应该试图控制自己的声音,在电话中给对方勾勒出一个友好、有能力以及充满热情的形象。

为了让你的声音在电话里更加清晰,你应该保持正确的站姿或者坐姿,不要边讲电话边嚼口香糖,也不要边说边吃东西。如果你歪着脑袋打电话,喉咙就会处于紧张状态,声音就会在电话里变得模糊。

> 保持正确的站姿或坐姿,并给打电话者一个微笑。

给打电话者一个微笑——就像你和他(她)面对面打招呼那样(参见问题聚焦6,"我能看见你说什么",一种打电话的人能够看见对方微笑的情形)。当你微笑时,你的声音会更加悦耳。一项实验证实了这种情况。这项实验要求电话销售员在第一天笑着打电话,第二天打电话时则表情凝重。实验结果表明:当销售人员微笑时,他们卖出的产品比不笑时高达两倍之多。

当电话响起,你应该稍微停顿一下,迅速调整状态,微笑,然后才拿起电话。一些公司甚至在电话旁边贴上字条来提醒员工随时保持微笑。字条上面的内容是:"微笑吧,可能是老板打来的哦。"

打电话的技巧

虽然公司的每个员工都会接电话,那些主要的电话接听者尤为关键,因为他们更能代表公司的形象。这些人必须经过必要的培训,而且要达到优秀水平——不要像通常所做的那样找那些新的或者信息最不灵通的员工。这些人在电话中与客户交流时所传递的公司形象会比最好的广告和推销更有说服力。

一定要在电话响两三声时接听。不管当时有多忙,你都要耐心,因为你不想让客户觉得公司对他们毫不在乎。要清楚并且慢速地回答,并报上公司的名称。记住,即使你每天说50遍以上,你公司的名称一些客户很可能只听过一次。务必确定你的客户明白你在讲什么。

做一个好的倾听者。别人在与你面对面讲话时,你肯定会放下手边的工作听他(她)说。同样,在接电话时你也不应该做其他会分散你注意力的事情。尤其要注意正确地记住对方提到的名字,在电话里重复这些名字会拉近你与谈话人之间的距离。

> 接听电话时不要分散注意力。

与其他沟通方式一样,在电话里你也应该使用积极的语言。如不要说"我不知道",你应该说"让我查一查,等会儿给您回电话。"不要说"你必须……",而要说"如果您……,我们会很乐意为您处理这件事。"

据估计,有70%的电话需要对方等待。在美国,平均每个公司执行官每年等电话的时间就高达60个小时。如果你不得不让打电话的人等待,你

问题聚焦 6　　　　　　　　　　　　　　　技术

我能看见你在说什么

1964 年在布鲁克林举办的世界博览会上，美国电话电报公司展示了可视电话，并且宣称几年之内，数百万人会使用这个先进的设备，社会也会因之永远改变。

四十多年后的今天，这个预言仍然没有实现。一部分原因是价格太高，另一部分原因则是电话的视频效果不够理想，声音也和视频对不上号。还有的原因则是心理上的：人们都试图保护自己的隐私。

正如市场研究员科特·舍夫所说的，"人们并不喜欢接个电话还要匆匆忙忙地去整理头发、换睡衣。"事实上，一项美国电话电报公司的研究发现：人们通常要等铃声响了 11 次才会去接可视电话——也许是因为他们在接电话之前都会整理一下桌面或者衣着。

同时，在打可视电话时你很难兼顾其他事情——比如删除垃圾邮件、叠衣服或者看报纸——因为和你打电话的人在关注你的一举一动。

然而，对那些在家工作的人，那些儿孙在外地的祖父母们，或者任何想要维持一段异地感情的人来说，新式的可视电话也许能够作为替代面对面交流的理想工具。

右图显示的 Packet8 可视电话价格为 99 美元，能够为普通消费者所接受。安上这个电话，每月只要花 19.95 美元就能无限次地通话。该产品有刷屏功能，频率和普通电视机一样。同时，它也可以像普通电话一样，只有声音，没有影像。

有一些可视电话通过互联网连接，另一些则只走电话线路。所有可视电话都是即插即用的，而且在摄像头处有一个小挡板，因为有时候打电话的一方不希望自己被监视。

网络摄像头已经流行很多年了，但是它们的外形太过小巧，有些则看起来怪异。而且，双方用户必须都把摄像头连在电脑上才行。可视电话则不同，因为它们都有自己的终端机，所以任何地方都能使用。相比之下，可视电话的视频效果明显好于网络摄像头，譬如点头、微笑、眼神交流、眨眼、脸红之类的动作在可视电话中显得更加真实自然。

乔治·杰特森和迪克·崔西用可视电话已经几十年了，说不定有一天你也会加入他们的队伍。毕竟，眼见才能为实。

批判性思考

▶ 思考一种你认为可视电话的使用会帮助你达成目标的商务情形，再思考一种你觉得它会阻碍你实现目标的情形。

应该这样询问对方："您能稍微等一下吗？"然后让对方有时间作出回答。打长途电话的客户会更喜欢对方回电而不是等待。当你终于有时间接电话时，不要显得匆忙或者恼怒。你应该给予耐心等待你的打电话者百分之百的注意力。

语音留言

不管你对它爱或恨，语音留言（比如"留言请按1，接通人工服务请按2"）已成为现实。虽然有些人觉得语音留言显得冷漠且讨厌，大部分人却庆幸语音信箱能在他们找不到人的时候帮他们留言。

甚至在你打电话之前，你就要意识到你可能会找不到对方，所以你应该事先把留言想好。在留言时应该有礼貌且做到开门见山。首先说明你打电话的目的和要求，即使你要找的人已经有你的号码了，也要记得留下自己的联系方式。回电来得最快的也是最好打通的。

> 打电话之前应该想好留言。

如果你自己设置了语音留言，以下建议也许会有用：

- 当你有空接电话时，千万不要把语音留言当做电话的替代品。你不应该拒绝接听来自顾客、供应商和同事的电话。
- 亲自设置留言提示且要让提示内容尽量简短。如可以说："您好，这是约翰·史密斯。请留言，我有时间会尽快给您回电，谢谢。"如果你要出远门，务必记得更换新的留言提示。

> 语音留言要简短。

- 每天都要检查电话是否有留言，一有时间就应该回电。如果你很久不回电，给你来电的人会觉得你非常没有礼貌。

电话迷藏

如果每次都能在打电话时直接找到想找的人，电话这个沟通工具会变得更有效率。可现实情况却恰恰相反，我们总是被迫玩一个叫"电话迷藏"的游戏，这个低效率的游戏是这样的：A打电话找B没找到，就给B留一条信息。B回电话给A，没找到他（她），于是又给A留一条信息。如此反复下去，直到他们通上电话为止，或者其中一方因为抓狂而放弃。

在打商务电话时，只有17%的人能在第一次就直接联系上目标对象，26%的人要打两次，47%的人则要打三次。因此，绝大多数商务电话至少要拨三次才能联系上目标对象。

为了避免"电话迷藏"这种情况出现，你应该在打电话之前就算好时间。把打电话安排在最有可能找到目标对象的时间段。同时，如果你是回电一方，记得告知对方你打电话是为了回电。如果是对方的助手接的，你一开始就要说明你是为了回他（她）老板的电话。这样助手就能明白他（她）的老板想要和你通话了。

如果有必要的话，你应该弄清楚回电的最佳时间或者公司里是否有同事可以帮得上忙。最后，你应该明白放弃的道理。如果你打了无数次电话都没有找到对方的话，就不大可能找到他（她）了。如果打电话找不到目标对象，就试着写信或电子邮件吧。

手机和传呼设备

在你主持商务报告时，没有什么比手机的铃声更干扰人的了。在需要通话的公共场所（如航站大厅），用手机是没有问题的。但是在正式会晤，或者在酒店、电影院这种社交场合，要么你就把手机关掉，要么就调至静音状态（特别是当你的手机有震动功能时）。

> 在社交场合关闭手机。

用手机给别人打电话时，你应该开门见山；因为不管是打电话还是接电话都需要支付按分钟结算的话费。开车时不要打手机，安全法规应该是第一位的。不要在交通混乱时使用手机，同时应该严格遵守交通法规关于在开车时使用手机的各种规定。

3.4 商务会议

> **沟通目标 4**
>
> 有效率的经理们知道如何组织和参加商务会议。

工作中的倾听大部分是在商务会议上进行的。开会对于一个公司来说有着各种各样的作用。员工在会议上能够明白自己在项目中应该负责哪一块；会议给员工提供了信息交流的平台，他们可以借开会的时机解决工作上的矛盾，做出决定；同时，开会可以让员工之间培养团结和谐的合作氛围。

考虑到这些重要性，你一点都不会因为美国人平均每天开多达 2,000 万次商务会议而感到吃惊。公司执行官平均每天花 25% 到 70% 的时间开会（据 MCI 公司调查，具体时间为平均每天 3 小时）——想想吧，其中有三分之一的会议是效率很低的。难怪许多公司经理抱怨"会议泛滥症"已经席卷全美，几乎成瘟疫之势。（有些人甚至称开会就是一群人在利用分钟，浪费小时。）典型的美国式会议就是员工们围着会议桌讨论，时间一般在两小时以内，开会之前没有分发书面议程。

组织和参与商务会议的能力是一项必不可少的管理技能。一项采访过 2,000 多名商业领袖的调查表明：那些能成功组织会议的执行官通常也是上司和同事认可的好员工、好领导。一般来说，男性花在开会上的时间是女性的两倍——男性是 4.34 个小时，女性则是 2.28 个小时。

为了能够把会议变为有效的管理工具，你必须知道如何组织会议，何时组织会议，以及会后应该做些什么样的后续工作。正如你要在商务沟通中做出的各种决定一样，影响你抉择的因素无外乎就是你希望达成的目标。

计划会议

计划和参加会议需要支付的员工时薪和奖金是一笔不小的开支。经理们必须确定一次会议带来的价值能对得起开会的成本，这便需要一个周详的计划：确定会议的目标以及必要性，准备议程表，确定与会人员，计划好后勤工作。

确定会议目的 做任何事情的第一步总是确定你的目的。目的越具体，事情的结果也会越好。一个类似"为了讨论一下如何让我们的销售代表更加有效率"的会议目的是不够清楚的，因此不够有效。相反，下面这个目的则好得多："为了商讨要不要给我们的销售代表购买黑莓手机"。你的目的越有针对性，你就能越容易找到达成目的的方法。

决定是否需要开会 有时候开会并不是最有效的沟通方式（参见沟通快照3，"工作中的沟通方式偏好"）。在交流日常工作信息时，简短的备忘录或者电子邮件比面对面交流更有效。类似地，如果讨论只涉及一两个员工，而经理却偏要在十人参加的周会上讨论这个话题，这样就会显得小题大做。其实经理只要打个电话，或者开一个少数人参加的小会就解决问题了，这样效率更高，成本更低。

沟通快照 3

工作中的沟通方式偏好

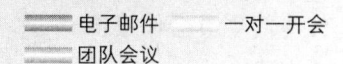

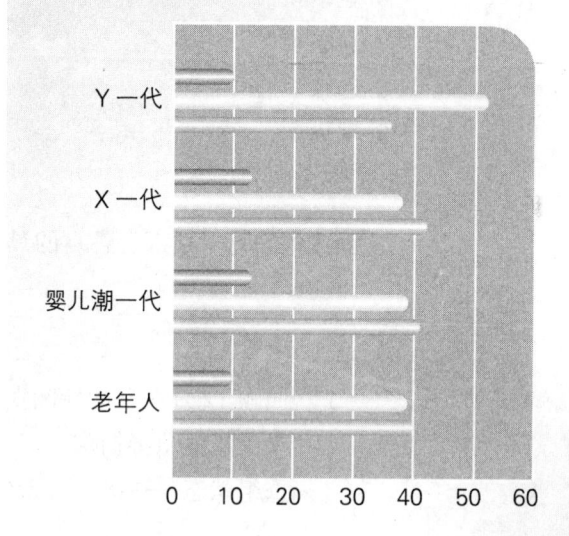

▬ 电子邮件　▬ 一对一开会
▬ 团队会议

（Y一代、X一代、婴儿潮一代、老年人 对比条形图，横轴 0–60）

来源：*Randstad*, 2003.

然而，不同的沟通方式有各自的不足。一些人不会仔细阅读书面信息，或者是不能正确解读信息内容。传递和回应信息也需要时间。同时，信息在传递过程中很有可能被曲解。

决定会议是否是达成目标的最佳方式。

准备议程表 一旦你确定了具体的目标，下一步考虑的就是开会要讨论的具体话题和顺序了。这份话题列表，或者议程表，有两个作用：（1）提供你需要的背景信息，从而帮助你做好会议的准备工作；（2）通过使你把注意力集中于计划来帮助你组织好会议。

提前了解要讨论的话题也可以让与会者有效地做好开会前的准备工作——检查需要的文件，带上相关资料，想好开会时要提的问题等其他事项。前文提到的对2,000个商业领袖的调查显示：四分之三的公司经理认为议程表对一次有效的会议至关重要；然而现实是，他们参加的会议中有一半是没有议程表的。

正式、经常性的商务会议可能会根据以下议程表来进行（当然，不是每个会议都包含下面的所有事项）：

第 *3* 章　人际沟通技巧　89

1. 宣布会议程序
2. 点名（如有必要）
3. 宣读和核准之前会议的记录（如有必要）
4. 执行官和常务委员会作报告
5. 专门委员会作报告
6. 老事项
7. 新事项
8. 通知
9. 项目
10. 休会

上面提到的每一项都有各自的具体内容,包括发言者(如果不是主席的话)；例如：

7. 新事项
   （1）回顾 12 月 3 日的新闻发布会
   （2）提议年度慈善捐赠
   （3）重组状态——扬·费希尔

每个与会者都应该对会议有所贡献。

决定与会人员　每个工作日发生的大多数临时会议都是为了解决一个特定的问题。如果你必须决定参加会议的人员，第一件需要考虑的事情就是什么人和你的会议目的有关。哪些人是做决定的？哪些人是执行决定的？哪些人能够提供需要的背景信息？一方面，你想邀请哪些人参加会议，而这些人必须能够对解决问题有所帮助；另一方面，你又得把与会人数控制在一定范围之内。

"对不起，我不得不把今天下午的会议移回昨天早上。您觉得这样行吗？"

同时，你也要考虑与会人员各自的能力和地位，如他们对问题的了解，沟通技巧的掌握，以及他们各自的人际关系。他们的不同之处越多，让他们充分融入一次以解决问题为目标的会议之中就越困难。

不要低估与会人员各自的个人要求带来的影响。如果任何一个与会人员的个人目标和会议目标不符，冲突便会产生，从而严重影响会议成果的质量。你应该提前和重要与会人员单独碰面，这样你就能够掌握潜在的分歧，并能对症下药，提前想好解决分歧的办法。

经常性的会议（如常委会），会议人选是相对固定的。即使是这些会议，主会人也要决定是否应该邀请非常委会人员来考察会议、参加会议或者只是让他们来提供建议。

会议后勤工作　如果一次会议需要与会者进行大量的讨论和提供有创意的想法的话，你最好不要把这次会议安排在快下班的时候进行。事实上，这样做是很不明智的，因为这个时候大多数员工已经身心疲惫，会议便会效率低下。同样，把一次耗时三小时的会议安排在只有折叠椅、光线昏暗、温度不适的会议室开也将使得会议毫无成果。

仔细安排会议室的硬件设施。

相反，如果你在开会时间和地点以及会议室和视听设备等硬件设施上做好选择，就会大大提高会议的效率，从而达到你期望的目标。

至于会议座位如何安排，最重要的一点是要有意识地排放桌椅；也就是说，如果可以选择，一定要让桌椅摆放符合你的目的（见图3-2）：

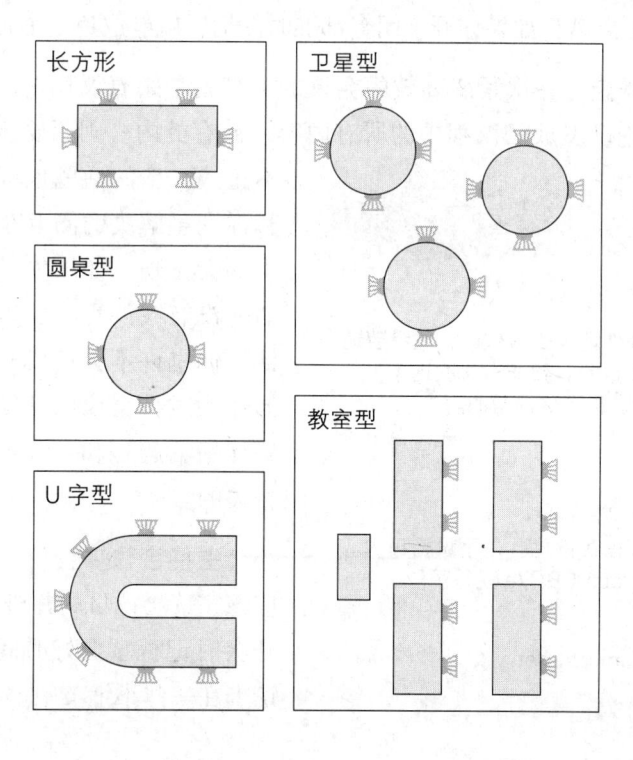

图 3-2
会议室设置

- 长方形桌椅摆放形式在正式会议中最为常见，主持人坐在正上方，离门最远。
- 圆桌型显得不那么正式，意在鼓励与会者分享信息，同时每个人都有发言的自由。
- 对一些规模较大的会议来说，U 字型的摆放方式比较合适，因为每一个与会者从任何角度都能看到其他人。
- 卫星型一般适用于培训课程或与会人员被分成小组的时候。这样的安排可以让支持人员在房间内自由移动，为每个小组提供必要的帮助。
- 在演讲等一对多信息交流模式中，教室型的安排是再合适不过了；但即使在教室里，主会人也应该多和小组成员互动。

召开会议

把会议准备工作做好就是向成功迈出了一大步，但这并不代表会议一开始，经理的工作就结束了。经理在会议中必须充当领导者的角色，让小组集中于会议的重点，并且要鼓励大家充分参与到讨论中来。

高效的领导者能够准时开会闭会。

准时 你必须让准时开会成为一种习惯，当然，领导或者重要人物迟到则是例外情况。准时开会给那些习惯迟到的员工传递了一个信息，即不管你在不在，会议照样开。

如果你等那些迟到的人，就会让准时来的员工觉得你在浪费他们的时间。这样一来，这次准时到的人下次可能就会迟到了。而那些本来就迟到的人下次则会迟到得更离谱！如果你开会闭会都准时的话，就能避免这个恶性循环。

跟着议程走 一次紧凑高效的会议的关键就是跟着议程走。在正式会议中，应该讨论已发放的议程中的所有内容，没有的内容则不要涉及。会议越不正式，新的话题也容易被提及。和你期望解决的问题有关的新信息可能会出现。如果你只是因为一个话题没有在议程上而拒绝讨论它的话，你也许不会达成开会的目标。但作为主持会议的领导，你一定要确保新话题是和会议核心问题直接相关的。

主持会议 会议一开始，你就应该宣读会议目的并概述会议议程。开会时记得掌握好时间。不要让讨论卡在一些小细节中。

奥伯问答

亲爱的奥伯博士：

我写邮件是为了确认你给的邮件地址是有效的，我希望通过这个邮件地址我就可以得到你的帮助。我非常喜欢这本书，同时我希望我的学生也能和你沟通，得到你的帮助。

——芭芭拉

亲爱的芭芭拉：

这个邮箱地址当然有效，所以尽管问吧！

你可能也想给学生介绍专门的学生网站，是不设密码的。让他们访问 college.hmco.com/pic/oberCBC7e 就行了。

——斯科特

给作者写信，邮箱为：askober@comcast.net。

你需要阻止人们讲太多或者离题太远，但这是需要技巧的。你可以说："我明白你的想法了，这和我们刚才的话题很有联系。"这样既可以让你保持讨论不偏题，也可以让你不冒犯说话者。同时，你也要鼓励那些比较内向的与会者参与到讨论中来，例如你可以说："约翰，你怎么从你部门的角度看这个问题？"

会议接近尾声时，你要为全部与会者总结会议成果。你们做了什么决定？下一步应该做什么？总结分配的任务，并且要保证每个人都清楚自己的职责。

会议进行时，得有一个人——助手、主持人，或者主持人指派的一个人——来做会议记录。记录必须公正，不带有自己的偏见。

议事程序　每一个工作团队都需要建立一些规则来让会议顺利有序地进行。团队越大，任务越重，建立一套正式参会规则就越发重要（这些规则就叫议事程序）。想象一下，如果没有类似一次只允许一个人发言这样的基本规则，会议室该是多么混乱的局面！

议事程序最基本的原则是少数派有发言的权利，但决定权掌握在多数派手里。议事程序的参考书——即那本被全球各地政府、组织和企业当做权威来采用的书——就是《罗伯特议事规则》。之所以议事程序很有必要，该书的前言作了下面的解释：

> 议事规则是适用于各种规模的会议的最好规则，因为它尊重每个参会者的意见，使会议在尽可能短的时间内达到目的，不管会议氛围是一片和谐，还是有着巨大的分歧，它都能同时照顾到各个方面、各种程度的问题，使会议有序进行。

《罗伯特议事规则》是一位名叫亨利·马丁·罗伯特的美国将军于1986年写的小册子。这位军官参与了许多民间事务和教育工作；该书经过多次修订。最新的版本有650页之多的规则和程序。最有利于典型商务会议的程序参见图3-3。

知道基本的议事程序是公司经理必备的战略沟通技能。任何想要主持商务会议的人，不管是工作会议，还是给某个公司、民间组织或者社会组织主持会议，他（她）都需要熟悉会议召开的基本程序要求。

会后工作

常规会议可能需要简短的会议备忘录或者电子邮件来记录会议成果。正式会议，或者分歧很大的会议则需要更正式的会议总结。

会议记录是记录会议过程的官方记录；内容则是总结讨论过的事项和会议达成的决定。一般来说，会议记录应该强调会议成果，而不是记下每个人都讲了些什么东西。不过，会议记录也可以精辟地总结一下围绕一个特定话题展开的讨论，不用记下参与讨论的人，在后面记下达成的决定即可。会议记录不可太短，避免太过死板平淡，也不要因为太长而无人问津。

在议事程序里，少数派有发言的权利，但决定权掌握在多数派手里。

这个句子是清晰简洁地传递信息的长句典范。

图 3-3　商务会议的议事流程

会议目标：	你的想法：	打断发言者？	需要支持者？	值得商榷？	可修正？	需要投票？
主要议案						
（主要议案将一个提议呈现在与会者面前。只有无待定议案时，主要议案才能被讨论，且必须由一人提出，至少两人以上支持。）						
提出主要议案	我提议……	同意	同意	同意	同意	多数人
次要议案						
（当主要议案需在次要议案讨论之后才能提出时，次要议案才可以被讨论。）						
修正一个议案	我提议修正……	否决	同意	同意	同意	多数人
休会	我提议我们休会……（时间）	否决	同意	否决	同意	多数人
闭会	我提议闭会	否决	同意	否决	否决	多数人
要求主席主持	我恳求主席的决定	同意	同意	同意	否决	多数人
问问题	我询问一点信息	同意	否决	否决	否决	无人
提出违反规则行为	我要求会议秩序	同意	否决	否决	否决	无人
搁置规则	我提议搁置……规则	否决	同意	否决	否决	2/3 人数
提出议事程序的某一点	我要求询问会议程序	同意	否决	否决	否决	无人
要求紧跟议程	我要求遵守议事顺序	同意	否决	否决	否决	无人
陈述影响他人权利的要求	我要求陈述特权问题	同意	否决	否决	否决	无人
要求不记名投票	我提议不记名投票	否决	同意	否决	同意	多数人
要求公开表决或者举手表决	我要求小组投票	同意	否决	否决	否决	无人
结束辩论	我提议讨论前一个问题	否决	同意	否决	否决	2/3 人数
结束提名	我提议结束提名	否决	同意	否决	同意	2/3 人数
分别考虑提案的几部分	我提议把大问题分成几个小问题讨论	否决	同意	否决	同意	2/3 人数
暂时搁置提案	我提议搁置提案	否决	同意	否决	否决	多数人

94　商务沟通

图 3-3
（续图）

（此举目的在于解决其他更紧急的议题。如果被搁置议题在下次会议召开时没有被讨论，则该议题无效。）					
推迟到某个时间	我提议把问题推迟到……	否决	同意	同意	同意	多数人
（此举目的在于把表决推迟一段时间，如推迟到收集了更多信息的时候。）					
无限期推迟	我提议将问题无限期推迟	否决	同意	同意	否决	多数人
（此举目的在于避免表决某一议题，直到它自动无效。）					
将议案提交委员会	我提议将议题移交给……	否决	同意	同意	同意	多数人
重新考虑议题					
（提议让与会者重新考虑之前表决过的议题。）					
重新考虑之前通过的议题	我提议重新考虑对……的表决	否决	同意	同意	否决	多数人
（重新考虑的议题必须呈现在之前表决的与会者面前，且必须被之前多数派的人提出）					
废除之前通过的议题	我提议废止在……会议通过的关于……的议题	否决	同意	同意	同意	2/3*
* 如果没有事先通知，需要 2/3 的选票，如果有事先通知，则需要大多数人同意。					
重提议案	我提议让搁置问题重回桌上	否决	同意	否决	否决	多数人
（见之前的"暂时搁置提案"）					

说明：
1. 会议制定的特殊规则优先于罗伯特议事规则。
2. 须由与会者中的大多数人组成法定人数（即作出重大决定时需在场的最少人数）。
3. 前次会议的记录无需通过投票。与会者可以认可或阅读记录，或接受修正后的版本。
4. 接受委员会报告无须投票。不过，需要投票通过的委员会推荐事项则要与会者参与投票。委员会提出的议案无须支持者。
5. 一个议案提出并获得支持后，在召集讨论和投票之前，主席需再宣读一遍议案。

  会议记录的第一段应该说清楚会议类型（例会还是特别会议）；接下来是开会时间和地点；出席的领导有哪些；到会和缺席人员名单；还要记录主持人宣读上次会议和与会人认可上次会议成果的情况。

  在记录的主体部分，每一个新话题都应该单列一行。根据议事程序，应该记录提案人的名字，支持者的名字则可以忽略。提案的每一个字以及参会者投票的情况都应该一一记录下来。会议记录的小标题应和备忘录一致，商务会议

记录样本摘录如下:

12月3日新闻发布会回顾

大家观看了由杜尼塔·道尔主持的于12月3日召开的新闻发布会的录像带并参与了讨论。罗杰·艾格兰的提议"大家应该表彰杜尼塔·道尔,因她在发布会中以专业且不失风度的姿态传达了公司观点"得到大家一致通过。

提议年度慈善捐赠

Tinrah Porisupatani 提议"美国化学协会向一个埃塞克斯郡的慈善机构捐款15,000美元。"琳达·彼得斯提议修订该提议,"在15,000美元前加上'不超过'几个字。"

由托德·钱德勒提出的议案,即提议捐赠,需要日后修订,由社会责任委员在下次会议上讨论具体款额和慈善项目。

会议记录的最后一段应写明闭会的具体时间,如有必要,还要记录下次开会的时间。准备会议的人要在记录册上签字。如果是由主席以外的其他人准备,在记录交付之前,应该由主席过目并同意记录的各个事项。

召开商务会议的准则参见检查表3,"商务会议",会议记录样本见第97—98页的范例2,"会议记录"。

✓ 检查表3　　　　　　　　　　　　　　　　商务会议

计划会议

- ☑ 确定会议目的。
- ☑ 准备要分发的记事册。
- ☑ 做好会议后勤工作——开会时间、地点、座位安排以及准备各种视听设备。
- ☑ 安排人做好会议笔记。笔记需客观,准确以及完整。

召开会议

- ☑ 准时开闭会,给员工做榜样。
- ☑ 每次会议开始时都宣读会议目的,概述会议流程。
- ☑ 制定能让商务会议有序进行的基本规则。许多公司都遵从议事流程。
- ☑ 控制讨论内容,切题且不允许只有几个人发言的情形,确保每一个与会者都有发言的机会。
- ☑ 会议结束时,总结会议成果,宣布下一步行动以及让每个与会者都明确各自的职责。

后续工作

- ☑ 不是特别正式的例会只需要备忘录或者电子邮件形式的总结。正式一些的会议则需要准备和分发会议记录。

范例 2

会议记录

❶
电脑使用委员会
例会记录
5 月 18 日

❷   到会人员：沙农·林德赛（主席），里萨·安德烈·怀特，弗兰克·格里夫，特里·科恩（秘书），祖伊·比托普鲁，基纳·阿鲁姆，詹尼·威斯特，K. 沃夫

    沙农·林德赛于上午 8 点 35 分宣布会议开始。4 月 14 日的会议记录被修改的一处为：弗兰克·格里夫登记到会。修改后的记录被全体人员通过。

预算小组委员会的报告
    祖伊·比托普鲁作报告陈述，内容为：公司执行委员会同意拨款 58,000 美元给预算小组委员会，主要用于 9 月 30 日前的硬件设备采购。预算小组委员会打算在月底前发放招标书，并在 6 月的例会上向电脑使用委员会推荐中标单位。他还发了一份材料（见附录 A），里面是 5 月 1 日之前公司的硬件和软件设备拨款情况。

旧事项
    无

新事项
    网页发展软件的标准化。詹尼·威斯特提议"从 9 月 1 日起，董事会同意只买微软 2007 版的办公室软件做网页开发软件。她总结了个人用不同程序开发软件会带来的诸如合作、员工培训和网站维护等各种问题，并回答了与会人员的问题。基纳·阿鲁姆提议在微软 2007 版后加上"或更新的版本"这几个字。在集体讨论后，全体人员通过了修改后的提议。

按照顺序记录事件。

加上标题来提高可读性。

只需提供简略细节，让人明白会议内容即可。

一字不差地记录提案，并写明投票结果。若公司没有硬性规定，不必记下议案的支持者或者得到多少肯定票。

语法和结构说明
❶ 用一般的报告格式来写会议记录，除非公司传统格式不同。
❷ 确定每一个到会人员，先写主席，再按照字母顺序或者职位顺序来记录其他人。

语音识别软件。沙农·林德赛发言，称她已经接到多个购买语音识别软件的请求，因此她特此申请委员会拨款购买语音识别软件。随后引发了与会者大量讨论，内容围绕投资成本、使用软件需要的技术培训、准确率、给办公室带来的噪音问题以及使用该软件必备的盲打技术要求。里萨·安德烈·怀特提议"主席安排一个特派小组研究这个问题并在下次会议作调查结果报告"，该提议得到通过。主席安排里萨·安德烈·怀特和弗兰克·格里夫着手该调查。

通知

沙农·林德赛通知了以下事项：

❸
- 她于3月15日向部门领导做的有关维修和维护规定的报告得到了肯定，无人持否定态度。
- 她将作为电脑使用委员会代表参加于6月18日召开的长远规划会议，会上她将回答未来三年软硬件设备采购计划的相关问题。
- 圣歌电脑服务公司要求向电脑委员会作30分钟的产品陈述。根据委员会规定，她拒绝了这一要求。

闭会

会议于上午10点40分结束。下次例会与6月20日上午8点半开始。

❹   恭敬地提交，

Terry King

特里·金，秘书

内附：附录A：软件和硬件拨款情况
抄送：　　部门主管
　　　　　采购主管
　　　　　公司执行委员会

通知下次会议的时间和地点。（地点如有变动，则另行通知。）

语法和结构说明

❸ 有序号或要强调的事项用一致的句式。
❹ 结尾部分的格式与商业信的格式一样。

98　商务沟通

3P 行动：
商务会议计划

- 问题
- 过程
- 成果

■ 问题

你是戴尔特·阿尔斯伯格，威斯康星州欧克莱尔市的雇员关系主管。市长要求你的部门起草一项政策说明书，内容是在工作时间向员工征求用于慰问雇员结婚、退休以及周年纪念等场合的资金。

虽然这个提议的初衷是好的，市长却担心这项政策会给工作人员带来不必要的压力，或者耽误他们的办公时间。在这个问题上，你已经收集了一些二手数据，也和佛罗里达州杰克逊维尔市、威斯康星州密尔沃基市和田纳西州孟菲斯市的同行探讨过此类问题。现在你要开始计划起草政策说明书的初稿。

■ 过程

1. 你的目标是什么？
   准备一项政策说明书，内容是在工作时间向员工征求资金。

2. 需要开会吗？
   由于该政策会影响市政府的每一个工作人员，因此需听取各个部门的意见。一个商讨计划的会议是必要的。

3. 会议内容是什么？
   我开始设想开会主要是起草新政策的。可是后来我意识到这不太合适。因此，主要就是讨论出政策大纲。具体政策需要和各个与会者协商；由我个人起草，再和大家集体讨论并修改；最后由我个人负责修订。

4. 参会者有哪些人？
   因为我想让这个政策得到广泛的认同，所以我会请两个工会的代表来参会。（我会代表管理层。）同时，市政府律师也会被邀请参会，以确保政策符合法律规定。最后，我会邀请交通部门的林恩·佩特森参加；她经验丰富，在业内深受好评，并在过去的几年内作为非官方社会代表参与了许多筹集资金的活动。我会致电以上提到的每个人，询问他们是否愿意自愿加入这个项目当中来。

第 3 章　人际沟通技巧

5. 会议的后勤工作如何做？

　　这个会议是非正式的，因此会议地点选在了楼下的小会议室里，里面配有椭圆形大桌。我只需要用到一件视听设备，即用来记录大家点子的小黑板。我会让助手做好会议记录。上级没有给我下达时限，因此我会把会议安排到三周之后，因为之前要准备两个为退休人员举办的派对，恐怕没有时间。

■ 成果

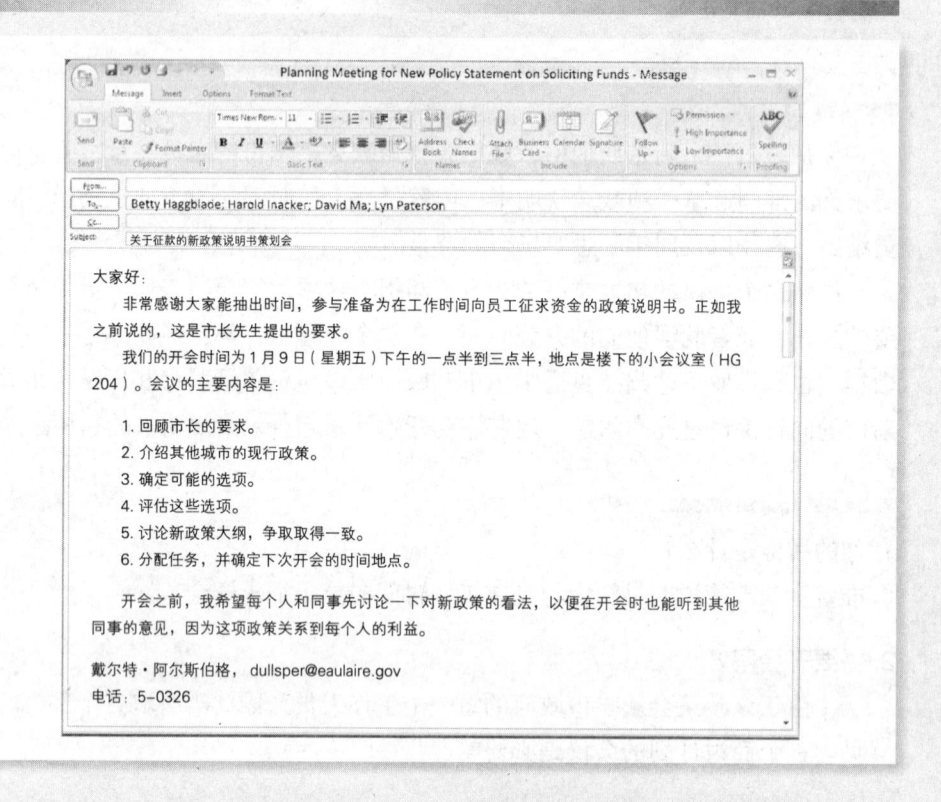

　　　　　　　　　　　　　　　　　　　　　　　　　　　　　　　　　
 [邮件截图：Planning Meeting for New Policy Statement on Soliciting Funds - Message]

收件人：Betty Haggblade; Harold Inacker; David Ma; Lyn Paterson
主题：关于征款的新政策说明书策划会

大家好：

　　非常感谢大家能抽出时间，参与准备为在工作时间向员工征求资金的政策说明书。正如我之前说的，这是市长先生提出的要求。

　　我们的开会时间为1月9日（星期五）下午的一点半到三点半，地点是楼下的小会议室（HG 204）。会议的主要内容是：

1. 回顾市长的要求。
2. 介绍其他城市的现行政策。
3. 确定可能的选项。
4. 评估这些选项。
5. 讨论新政策大纲，争取取得一致。
6. 分配任务，并确定下次开会的时间地点。

　　开会之前，我希望每个人和同事先讨论一下对新政策的看法，以便在开会时也能听到其他同事的意见，因为这项政策关系到每个人的利益。

戴尔特·阿尔斯伯格，dullsper@eaulaire.gov
电话：5-0326

现在你可以进行 3P 实践。见第 101 页的 3P 练习。

　　登陆学生网站（college.hmco.com/pic/oberCBC7e），找到那些会帮助你学习这门课程并取得成功的资料。进行 ACE 互动自我测试，评估你对本章内容的掌握情况，并复习巩固基础语言艺术技能。

总　结

沟通目标 1 　　非语言沟通形式包括身体动作、外在形象、声音品质、时间观念、身体接触、人际空间与领域。对不同的非语言沟通方式，不同的文化有着非常不一样的解读；对群体行为和个人行为的解读也有着天壤之别。

倾听是最常用但也是最不发达的语言沟通技能。不管你是在听讲座，还是和几个好友聊天，只要你做到以下几点，就可以高效地倾听他人：聚精会神；对说话者和他（她）说的话题保持开放的心态；不要打扰别人；充分融入和对方的交流之中。

> 沟通目标2

用电话沟通也要做到聚精会神、说话清晰准确、仔细地倾听对方，并做到有礼貌。采取积极步骤避免在电话里找不到人（电话迷藏）；正确使用语音留言。并记住：手机只能在公共场合使用。

> 沟通目标3

计划一次商务会议需要弄清楚会议目的是什么，同时要确定开会是不是达成目的的最佳方式。之后，要确定会议内容，参会人员，以及准备诸如时间、地点和会议室安排等后勤工作。

> 沟通目标4

开会时需首先宣布会议目标和会议内容。之后则按照具体流程让会议有序进行。让喜欢高谈阔论的人尽量克制，同时鼓励那些沉默寡言的参会者多讲。利用一切有效的方法来解决问题、调解争论。会议接近尾声时，若有必要，分发后续备忘录或者会议记录。

关键术语

现在你应该可以用自己的语言来定义下面的术语，并给出例子：

议程（agenda）
议事程序（parliamentary procedure）
会议记录（minutes）

付诸实践

回到卢森提卡集团皮尔视力通讯公司　正如开篇说到的卢森提卡集团皮尔视力通讯公司的高级经理艾米·珀塞尔说的那样，开会让她办事更有效率，特别是在一个大公司里。然而，在这样一个可以接触各类人的大公司里，计划和主持会议并不是一件容易的事。

问　题

设想你是艾米·珀塞尔的助手。她要在10月19日召开一个管理层的会议，内容是讨论一个新墨镜系列的广告宣传。你要做的工作是准备一个简短的电子邮件；询问与会者对会议的具体话题还有什么建议和看法。

过　程

（1）会议目的是什么？开会是否有必要？
（2）珀塞尔在开会之前征求大家意见的目的是什么？

3P 实践

要了解更多信息，见第99页的3P模型。

（3）你应该在电子邮件中提到哪些内容？

成　果

完成电子邮件的题目并列出两点在正文部分要包含的内容。

练　习

1. **声音品质**　在商务场合朗读一篇期刊文章（纸质或电子的均可）。然后用一页纸的篇幅总结文章内容（须打印稿）。校对文章语法和内容。把你自己写的总结（附上原始的期刊文章）交给老师看。

2. **面试**　假设你第二天要参加一个面试。列出三种你认为积极有效的非语言沟通方式；三种不怎么好的非语言沟通方式。

3. **不用讲话就沟通**　用非语言形式来沟通以下信息：
   （1）惊讶
   （2）生气
   （3）悲伤
   （4）疑惑
   （5）无聊
   （6）无趣

4. **企业家能力**　马蒂·切尔诺夫是一家小型废品收购站（员工18人）的所有者，他已和约翰·加里森·博伊德（城市银行的副行长）约好见面，讨论款额为35,000美元的贷款申请。你能就马蒂在开会时的非语言动作提供什么有用的建议？

   〔沟通目标1〕

5. **面对面交流**　面部能泄露我们的情绪、观点和心情，比身体的任何一个部位都要明显。在下面列出的每一个面部小部位中，尽可能多地找出其能表现的情绪或心情，不管是无意识的，还是有意识的。（例如，伸舌头表示不喜欢或者不同意）：（1）鼻子；（2）嘴唇；（3）眉毛；（4）舌头；（5）眼睑；（6）眼睛；（7）额头。

6. **倾听**　老师会给你布置一项作业，内容是观看电视节目——新闻、脱口秀或者纪实类节目。利用你学到的倾听技巧，记下节目讲到的重要内容。要听主要内容，而非细枝末节。在一页纸上总结所有你认为重要的内容并交给老师过目。你觉得每一个同学的作业都是一样的内容吗？给出你的理由。

   〔沟通目标2〕

7. **系列沟通**　把同学分为四人一组：甲、乙、丙、丁。先让甲和乙离开教室。让丙以正常语速大声朗读练习6里他（她）做的作业，只读一遍，丁则边听边做笔记。之后让甲重回教室，让丁读他（她）刚才记录的内容，并让甲边听边做笔记。然后让乙回来，让甲读，乙边听边记。最后查看原来的内容遗失了多少？想一想有什么方法可以提高准确率，让每次沟通的信息都能最大程度地保存。将结果写下来，把打印稿发给老师。

8. **评价电话沟通**　打电话给你所在地区的两个公司。目的是跟公司的人力资源主管通话，询问他们每周花多少时间开会。同时你要评估这些会议的效率。如果你第一次没有打通，至少还要再打三次。若有必要，留下语音信息。给每个与你通话的人做电话记录，以此评估他（她）的电话沟通技巧运用是否得当。最后，就你听到的关于会议的信息做一个小结。把电话记录和小结交给老师。

9. **留下有效的语音信息**　假设你在打第三次电话时（见练习8）还是没有找到人力资源主管。取而代之的是让你留一个不超过30秒的语音留言。构思一下你的留言。

10. **用电话沟通**　表演下面的场景，并把对话录下来以便之后自我评价。两个学生在上面表演时，剩下的学生要在下面做笔记，记下演得好和不好的地方。为了让场景更加逼真，让表演的两个同学背靠背表演，这样他们就看不到对方，也看不到其他同学了。

   沟通目标3

   演练情景：你是克里斯·仁肖，卡福特公司市场营销经理罗纳德·库格尔的行政秘书。特里·普拉契塔是一个你从未谋面的重要客户。他打电话给你上司，投诉说他两周前买的商品有毛病。可是你上司要明天下午才能回办公室。

11. **计划一次商务会议**　假设你是某个系的系主任，你所在的学院在马丁·路德·金生日这一天是没有带薪休假的。由于你想让一月份的第三个周一放假，你需要寻求其他四个系主任的支持。你觉得开会是达成目的的最好方式吗？为什么？除了开会，还有其他哪些方式可以达到你的目的？假如你决定开会，你要准备一个会议备忘录，其中包括要分发给其他系主任的会议流程表。把你的备忘录和问题的答案交给老师。

12. **召开会议**　分成几个小组，每组五人，每个人扮演一个系的系主任（见练习11）。抓阄决定谁是负责召开会议的人，议程表就用这个人的。召开一个15到20分钟的短会。会议结束后，自我评估会议的效率高低。你达到目标了吗？给出理由。

13. **在会议中有效沟通**　参加一次系里开的会、一次系领导小组召开的会议、一次市政委员会召开的会议、一次商学院召开的会议、学生会召开的会议

    沟通目标4

第3章　人际沟通技巧　103

和一次商务会议，或者其他一些会议。在这些会议中找到下面的内容：

- 会议目的
- 议程表的作用
- 参会人员以及他们是否遵守时间
- 会议室座位安排
- 会议主持人
- 议事程序的使用情况
- 会议成果

开会时做好会议记录，回答练习中列出的所有问题并把答案交给老师过目。

持续案例 3

去里约热内卢的路上

城市系统公司正努力跻身国际市场，公司上层决定派人去巴西试水。这项任务需要一位中层经理，他（她）要在里约热内卢待两年。具体的工作任务是在当地设立一个分销中心，建立潜在的客户关系网，以及开发巴西这个新兴市场。生产部的O.J.德鲁和产品管理部的温迪·亚尼什都有意竞争这个岗位。

戴维当然知道这两个经理的工作表现，觉得他们两个都具有该岗位要求的能力和工作经验。除了提到自己的技术能力以外，O.J.还毛遂自荐，列出了自己的以下优点：

- 他在墨西哥生活过两年。
- 他是天主教徒（在巴西，天主教徒占人口的大多数）。
- 让一个女性来执掌里约热内卢分公司——特别是在需要建立人际关系这样一个创始之初的阶段——不是一个明智之选。
- 由于在葡萄牙待了一个夏天，他学了一些简单的葡萄牙语，不过如果他得到了这个职位，他很愿意开始系统地学习葡萄牙语。

温迪也列出了自己的优点：

- 她母亲在里斯本出生，因此她会说流利的葡萄牙语。
- 在建立和培养人际关系这一方面，女性比男性更有经验。
- 在一个制造公司升为中层经理后，她已经证明自己能够胜任一个以男性为主导的职位。
- 她的职业背景是市场和销售，而O.J.则是生产。

批判性思考

1. 研究一下在巴西的商业活动中，非语言沟通起什么作用。以报告形式写出你的发现，一页纸，双倍行距。
2. 一般来说，在接收和传达非语言信息这方面的技能上，男性比女性更强吗？
3. 在上面的情况中，性别是个决定因素吗？戴维应该选谁去巴西呢？为什么？
4. 为了让他（她）在里约热内卢成功，你能给选中的人什么工作建议？

4 写作过程

沟通目标

学完本章后，你应该能够：

1. 分析沟通的受众；
2. 计划信息的目的、内容和组织方式；
3. 完成初稿；
4. 修改内容、风格和正确性；
5. 调整文稿格式并校对。

圈内人视角：
《政治家报》(Statesman Journal)

迪克·休斯知道受众分析对于撰写一篇《政治家报》社论的重要性。为了使该报纸对读者有长久的吸引力，报纸上必须刊登当地居民认为既有趣又重要的事情。据休斯讲，评论文章必须"及时、本地性、信息量足、有趣、有立场，尤其要信息准确"。读者热切关注地方问题。不管他们是否同意编辑的观点，都会留意这些文章，而且会从文章中看出作者在写作时有没有下足工夫。

迪克·休斯不仅在起草时考虑到读者，而且在整个写作的过程中都没忘记他们。不管什么事情，他知道读者能够带来更多洞察力、信息和观点。那么他是怎么做的呢？休斯说："几乎每个工作日，我们都会在社论博客里发个帖子，

> 评论文章必须"及时、本地性、信息量足、有趣、有立场,尤其要信息准确"。

迪克·休斯
《政治家报》社论版编辑
(俄勒冈州塞勒姆市)

告诉读者我们正进行的社论话题。完成草稿后,我们就把稿子发到博客上,欢迎大家发表评论"。如果稿子里有表达不清楚或者信息不准确的地方,读者就会指出来。把稿子贴到网上的好处之一是可以追踪访问人数。休斯知道很多人读了这个博客,虽然其中只有很少的人发表了评论。

休斯表示"写作就是不断重写的过程"。一篇社论文章绝不可能一稿就完工。即便是在作者吸收了读者的反馈意见之后,也还是要通过一些步骤来确保文章事实精确、风格得当以及拼写和语法正确。休斯建议大声把草稿读出来:"大声朗读放慢了我们的阅读速度,可以帮助我们发现文章的缺陷和错误"。

4.1 写作过程概述

写作的过程包括受众分析、计划、起草、修改、调整格式和校对。

在面临一项写作任务时,一些人提笔就写。他们试图一次性完成所有事情,搞清楚表达的内容和方式、设想出受众和要达到的目的、注意单词拼写和语法错误,并且斟字酌句。在截然不同的写作任务之间不停转换却还要继续往下写,这可不是一件容易的事。实际上,除非你在写作上是行家里手,否则还不如把任务一步步分解开和依次完成来得容易和高效。

分步写作可能乍一听好像会耽误写作,但其实不会。例如,计划步骤让你明白写作要实现什么目标,这样一来目标的实现也会变得更快更容易。你对目标了解得愈清楚,你的文章实现这些目标的可能性就愈大。如果你省略掉单独的校对步骤,那么写作任务将会进行得更顺利,效率会更高。毕竟当你在为文章的结尾努力构思时是很难发现排字错误的。

没有唯一和"最好"的写作过程。事实上,所有优秀作者都有自己解决问题的方式和相对应的写作过程。但在面对需要书面回应处理商务事务时,有能力的沟通者往往会进行以下五个步骤(见图4-1):

1. 受众分析:研究信息接收者的需要、经历、性格和其他方面。
2. 计划:确定通过信息要实现的目的、实现这一目的所需告知读者的信息和传达这些信息的顺序。
3. 起草:写出初稿。
4. 修改:修改内容、风格和准确性。
5. 调整格式和校对:以适当的格式安排文章内容,并检查文章内容、排字和格式错误。

你在每个步骤上花的时间取决于文件的复杂性、长度和重要性。不是所有的写作任务都需要这些步骤。例如,如果你在写一份为一家小企业筹集资金的商业计划,你可能需要走完所有步骤;但在回复邀请你参加会议的电子邮件时则不必。不管如何,在学校或者工作中,这些步骤是完成写作任务的一个很好起点。

受众分析

沟通目标 1

一则信息的受众,不管是一个还是多个读者,在性质上往往都是一样的。当然大多数时候受众是一个人,但即使受众有很多时,受众也通常是具有相似知识、背景水平的人。因此,你可以,并且应该在文章写作中考虑读者的需要。

为了使信息的有效性最大化,你应该进行受众分析;也就是说,你应该了解信息接收者的兴趣、需要和性格。想想我们在第1章里关于心理过滤的讨论吧。每个人因为自己独特的心理过滤,所以对信息的感知方法是不一样的。因此,我们需要通过回答以下要讨论的相关问题来确定细节程度、使用语言和通篇语气。

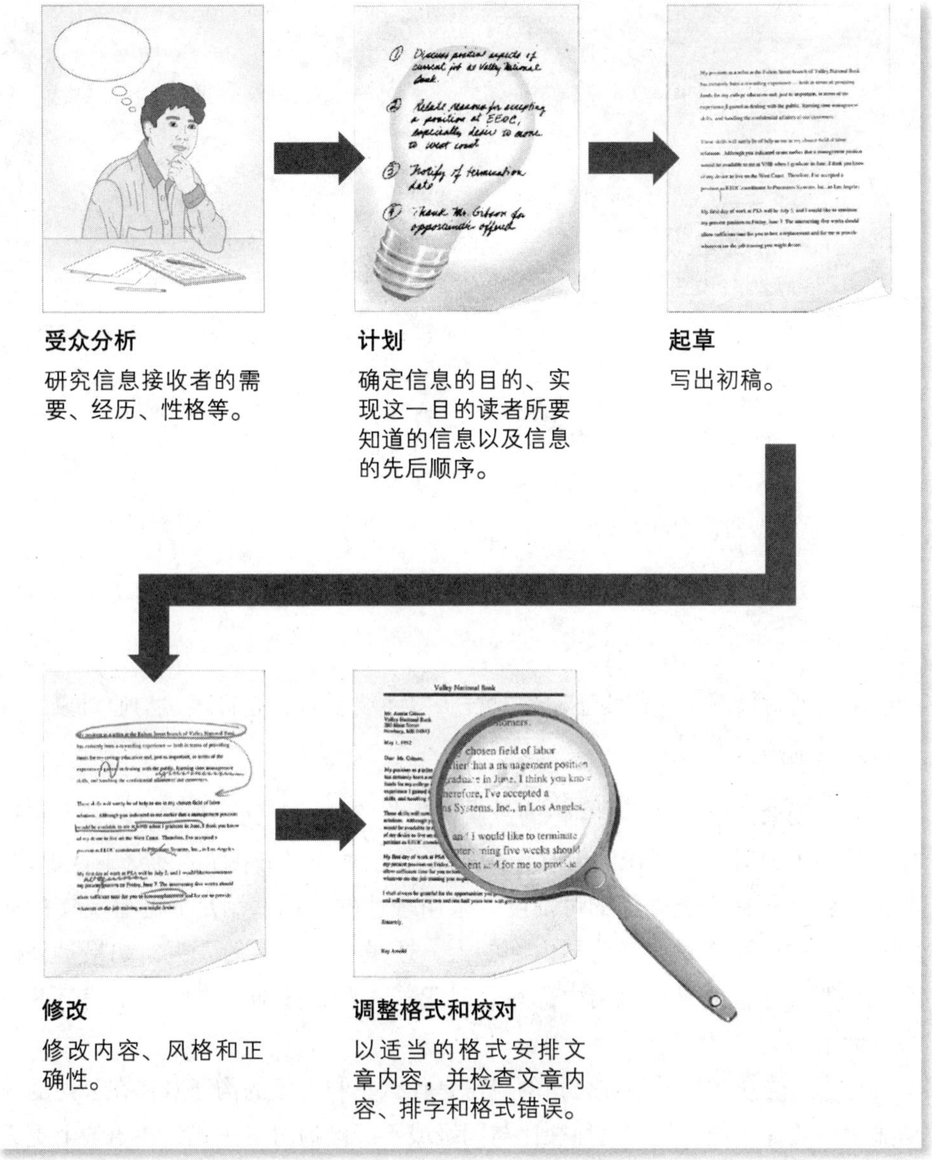

图 4-1
写作过程的五个步骤

受众分析
研究信息接收者的需要、经历、性格等。

计划
确定信息的目的、实现这一目的读者所要知道的信息以及信息的先后顺序。

起草
写出初稿。

修改
修改内容、风格和正确性。

调整格式和校对
以适当的格式安排文章内容,并检查文章内容、排字和格式错误。

主要受众是谁? 对大多数沟通来说,受众只有一个人,这也大大简化了写作任务。写给一个人的信息个性化起来要比写给多人的信息容易得多。然而有时候你有多个受众。在这种情况下,你就需要确定你的主要受众(他/她的配合对你实现信息表达目的至关重要),然后确定次要受众(其他会读到你的信息并受其影响的人)。如果你满足不了其他人的话,那就努力满足主要决策人的需要吧。如果可能,也要满足次级受众的需要。

比方说,你正提出一项提案,你必须得到总经理对这个提案的批准,但你也需要其他部门同事的配合才行。那么总经理就是主要受众,而你的这些同事就是次要受众。那你在准备信息时,内容、组织和语气上就得主要满足总经理

让受众成为你写作的"焦点"。

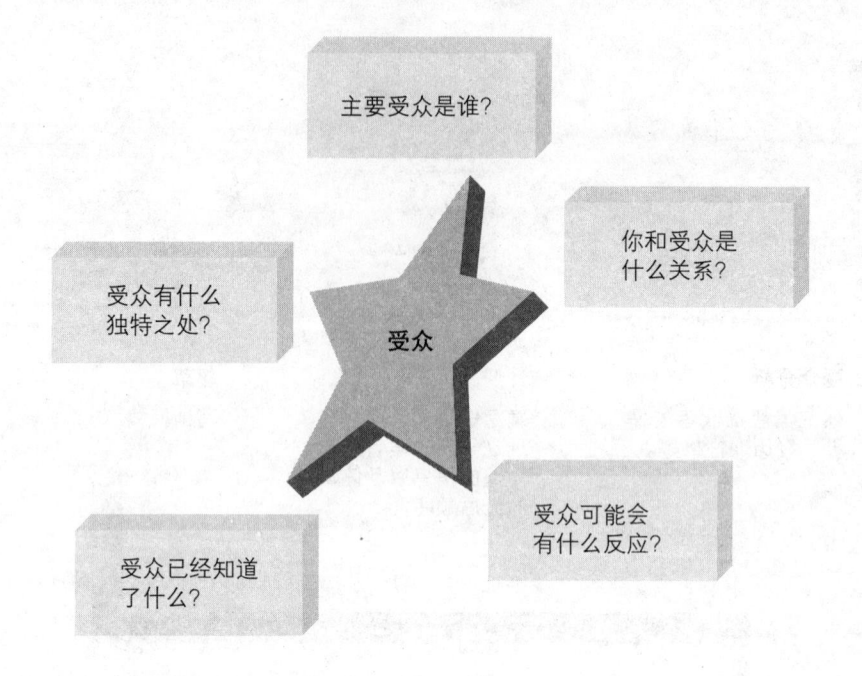

图 4-2
受众分析的问题

- 主要受众是谁？
- 你和受众是什么关系？
- 受众有什么独特之处？
- 受众
- 受众已经知道了什么？
- 受众可能会有什么反应？

的要求。通常情况下（但也不总是这样），主要受众会是你表达沟通对象中具有最高级别的那个人。

你与受众的关系决定了你写作的语气和内容。

你和受众是什么关系？ 你的受众认识你吗？（见问题聚焦7，"人和称呼"中关于面对你不认识的人时正式礼节的运用）。如果你的受众不认识你，那么你就必须首先建立你的可信度，采用理性的语调并用足够的事实支持你的观点。你的写作对象是公司内部的人，还是公司外面的人呢？如果是外面的人，那么你就通常要比给内部写信时正式一些，多加入一些背景信息并少些行话术语。

与上司沟通常要风格直率。

与你的受众相比，你在公司的身份是什么？与上级的沟通对你在公司的成功显然很关键。这样的沟通往往比与同级或下级沟通时更正式，在语气上更柔和，而且内容的信息性更强。另外，这样的信息往往是"大头放在前面"，也就是说，通常采用直接的信息组织方式，把表达的主要思想在第一段就提出来。研究一下你的上司写的报告，从而了解他/她喜欢的行文风格和措辞，然后对你自己的报告作出相应的调整。

在和下属沟通时，要有礼貌而不傲慢。尽量在你的报告里加进一些协作和企业主人翁意识。无论是表扬还是批评，都要说得具体点。要对行为作出批评，而不是针对某个人。通常情况下，公开表扬，私下批评。

传达正面消息采用直接的写作方式，而负面消息则采用间接的方式。

受众可能会有什么反应？ 如果读者对你本人和你的主题的最初反应很可能是积极的，那么你的工作就相对容易些。你可以采用直接的方式，在开头就给出最重要的信息（比如，你的结论或者建议），然后再提供需要的细节。如

110 商务沟通

问题聚焦 7　　　　　　　　　　　　　　　　　　跨文化

人和称呼

在朋友举行的一次聚会上，一位客人向另一位客人伸出手说："您好，我是丽萨。"这位客人握了握她的手说："您好，我是伯克太太。"

威廉·拉斯伯雷是《华盛顿邮报》的一位专栏作家，他讲述了他最近在飞机头等舱里的一次经历，空乘服务员手里拿着乘客名单，在机舱里四处走动，向乘客们询问该怎么称呼他们。别的乘客都回答了鲍勃、吉姆或玛丽这样的名字。而空乘服务员在听到他的回答时吓了一跳，他的回答是："拉斯伯雷先生。"

在如今的工作环境中，为什么这么多人觉得他们有权对所有人——包括他们的上司、老员工或者完全陌生的人——都直呼其名呢？拉斯伯雷在遇到"陌生人径自称呼我的名字"时感到很不快。

朱迪思·马丁（一位礼仪小姐）把那些失礼的行为归因于"人们奇怪地试图把工作场所当做不是工作场所，而是一个可以参加和举行生日聚会、开派对和对所有人直呼其名的社交场所"。据她讲，"礼仪的一个重要基本原则就是，一个人对别人以礼相待的责任感会相应地提高其在别人面前的威严。"

那么"女士"这个奇怪用词又如何呢？你或许在安吉星宣传广告里听到过这样的话：

安吉星：安吉星紧急服务系统，我是德怀特。

司机：喂，听得到吗？

安吉星：有人受伤吗，女士？

司机：我的腿受伤了，胳膊也伤了。

安吉星：好的，女士，我会联系紧急服务台的。

《魅力》(Glamour)是一本针对年轻成年女性开办的杂志，最近向读者询问她们是否曾被称呼过"女士"，潜台词是说这是一件值得庆祝的事。一个客户服务代表在对一位顾客讲话时，每句话都以"女士"两个字开头，一名顾客对此作出了反应："不要再叫我'女士'了，叫得我烦死了！"

克雷尔·赖斯是一位国际商务顾问，他说："年长的工作人员发现身边的同事越来越多的是那些乳臭未干的年轻人，而不是着三件套正装的人。现在的人进入职场的年纪比以前更小，而且年长些的那一辈人的工作年限也比从前的更长。"

一个人听来最悦耳的声音也许莫过于他/她自己的名字而已——如果别人称呼得当的话。

批判性思考

▶ 现在很多公司流行的做法是，上司直呼下属的名字却要求下属用先生或夫人称呼他们，对这种现象你怎么看？

果读者的最初反应可能是中立的话，那么你可能会想在开头几行就吸引读者的注意力，然后说服他们相信你的内容很重要而且论证是合理的。你必须保证篇幅短小、内容通俗易懂，而且需要的行动易于执行。

然而假如你预料读者对你的主题或者你个人的反应会是消极的，那你可就真有事做了。如果读者表现出对你个人的不喜欢，那你最好的策略就是引用来自外部的例证和专家的观点来支持你的论点。要让他们知道，他们可能认识和

> 如果预料读者的反应是消极的，那就提出大量的例证和专家意见。

尊重的人物也和你的观点一致。使用谦逊保守的语言，向读者提建议的方式要让他们觉得既能接受又不至于显得屈服；也许可以提醒读者，新形势和新信息要求采用新的策略。

如果你预先知道读者会反对你的提议的话，你最好的策略就是提出额外的例证。不要用一个例子，用两个或者三个。不要只引用一个资料来源，要引用几个。在开头双方能达成共识的部分强调读者的利益，而且尽量预测和回答读者可能会有的异议。用逻辑分析、例证和语气来构建你见解的合理性。

确定读者需要的信息量。

受众已经知道了什么？ 了解受众对你的主题掌握的现有知识，这对于你决定内容和写作风格非常关键。你必须确定需要多少背景信息、行话术语的使用是否合适和什么样的可读性程度是相宜的。如果你写作的对象有多个的话，要根据主要决策者（主要受众）的理解水平来调整细节数量。一般来说，信息多要好过信息少。

使内容个性化，让读者觉得自己很重要。

受众有什么独特之处？ 信息的成功和失败常常取决于细节，要特别对你的读者传达这样一个信息："你很重要，所以我花了时间去了解你"。

受众的个人爱好和背景特征里哪些有用的信息可以被运用到写作中呢？你的读者是那种"负责型"的、喜欢把重要信息——不管是好是坏——在前面罗列出来的人吗？人们期望你写作的正式程度如何？称呼读者名字是否会让他们高兴？读者最近的工作或家庭生活中有没有发生什么好的或是不好的事情可能会影响其对你信息的接受性？

有能力的沟通者会先分析他们的受众，然后运用得到的信息来组织文章的内容、结构和确定行文语气。

受众分析实例 为了阐明受众分析在沟通中的重要性，让我们假设一下，你是海滨度假村的市场营销经理，一家在加利福尼亚州、俄勒冈州和华盛顿州沿海开的小型连锁度假酒店。你注意到很多大型连锁酒店制定了"常住"计划，给老顾客奖励免费住宿、旅行或商品。你想写报告建议在你所在的小型酒店尝试类似的计划。

首先，假设营销副总裁兼你的顶头上司辛西亚·哈尼是你备忘录的唯一读者，也就是说，她有权利批准或者否决你的报告。哈尼对酒

奥伯问答

亲爱的奥伯博士：

我非常喜欢你其中一个"问题聚焦"标题中的用词（"用你语法去检查——它价值的四个为什么"）。我费了很大工夫去弄明白。我一直认为这是一个排字错误，但随后我意识到你真是很聪明。哈哈。

——卡斯

亲爱的卡斯：

很高兴你喜欢这种文字游戏。微软拼写检查工具没有检查出标题里的错误，这也是我要说的一点。真诚地祝你学习愉快，取得好成绩！

——斯科特

给作者写信，邮箱为askober@comcast.net。

店行业相当有经验，有二十年的管理经验，而且她尊重你的判断力。她明确表示喜欢直接式的写作风格，而且要把重要信息写在报告开头部分，这样她就可以看到主旨，然后根据需要略读报告其他部分。你交给她的报告第一段采用开门见山的方式，如下：

> 本报告的目的是建议在我们三家俄勒冈州的度假村试行为期12个月的常住计划。本建议提出的基础是对竞争对手经营政策的观察以及对该计划实行成本和利润的分析。以下所列为相关数据。

一些读者不管沟通目的如何，都喜欢采用直接法。说明你建议提出的依据，建立你的可信性。

在下一个场景中，让我们假设哈尼六个月前才在海滨度假村就职，她现在还处于对酒店业的熟悉过程。到目前为止，你和她之间的关系一直都很愉快，尽管她对你所做的工作还不是很了解。在这种情况下，你报告的第一段或许就得采用间接式，在提出建议之前讨论一下你的建议并且摆出例证：

> 在此附上的《华尔街日报》文章讨论了四家已经开始实行常住计划的小型酒店度假村。本报告的目的是描述这些度假村的计划，并且分析这些计划的成本和利润。然后我会推荐一些我们海滨度假村在这方面可能采取的行动。

在第三个场景中，让我们假设，哈尼非但对你的能力没有信心，她还表示对你的判断力并不完全信任。也许你最好再加上一段文字来建立你的可信性：

展示你的建议的基础来建立可信性。

> 为了搜集需要的数据，我研究了酒店和饭店协会发布和出版的报告。然后我又采访了三家酒店常住计划的负责人。最后南加州酒店服务教授肯尼思·罗伊博士检查并评论了我的初稿。因此，这份报告建立在两个月来搜集的大量数据之上。

由此可见，你报告里的信息类型、容量和组织方式反映了你对受众的了解（或认识）。

劝说在沟通中的角色

任何商务沟通，无论多么常规，需要的都不止是简单的信息堆积。你必须心里有特定的受众和目的才能选择和组织信息。从真正意义上来说，劝说是所有沟通的一个主要目的。不管你的目标是推销、激励、传达坏消息，还是简单的通知，你的劝说能力最终决定了你将达到的成功或者失败的程度。

不管是人格诉求、情感诉求或者逻辑诉求，其在文稿中的目的都是试图说服别人。

你的动机可能在贪婪到大公无私之间变化，你的方式可能是公开或是私下进行，但是你最后的目的无非是引导别人同意你的预期行为或者观点。

当然，劝说不是强迫，远远不是。有时候人们可能会被迫去做一些事情，但他们绝不会被迫去相信什么。必须要用他们喜欢的方式去劝说。事实上，"劝说"一词拉丁语词根的意思就是"同意"。

亚里士多德在他的《修辞学》一书中列出了三种劝说别人的方式：

- 人格诉求（ethos）：基于可信性的诉求
- 情感诉求（pathos）：基于情感的诉求
- 逻辑诉求（logos）：基于逻辑的诉求

和两千年前亚里士多德写作时一样，这些方法在今天仍然具有重大意义。

人格诉求　人格诉求是一种伦理和道义上的诉求，建立在你个人身份和受众对你的看法的基础之上。广告商在名人代言中经常使用这种诉求。你的受众必须得相信你所说的东西。有时你的可信度源于受众在此前与你的交往中得到的了解和经验。而有的时候，你必须在受众接受你的信息之前建立你的可信度（见"沟通快照4"中不同行业的认知可信度）。

为了理解可信度的重要性，让我们假设一下，你刚刚听到一颗大流星将在二十四小时内撞击地球的消息。这则消息来自心理热线栏目或者出自物理学家斯蒂芬·霍金之口，你的反应会如何不同呢？

有能力的沟通者了解受众，而且也保证让受众了解自己。

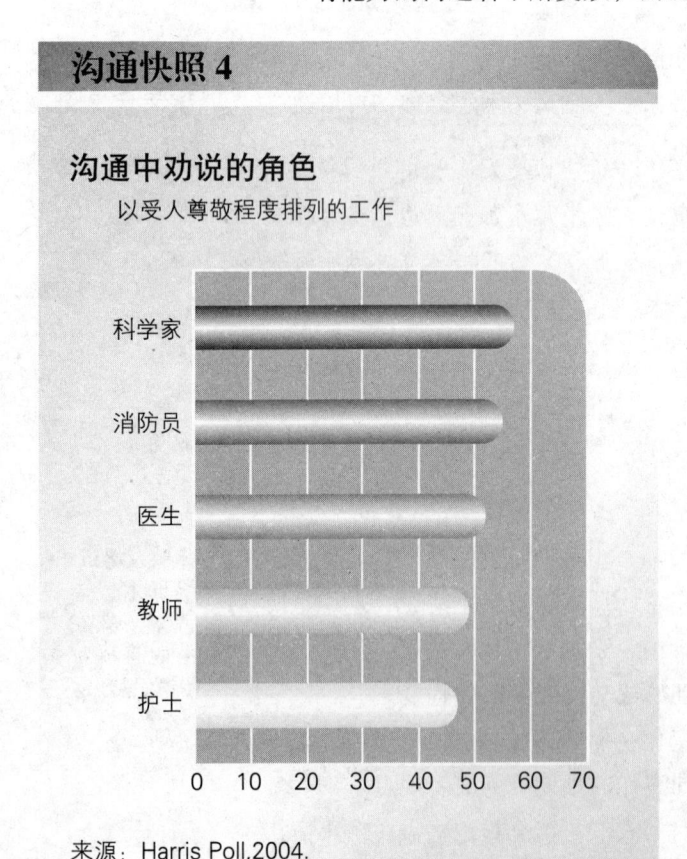

沟通快照 4

沟通中劝说的角色

以受人尊敬程度排列的工作

工作	百分比
科学家	~56
消防员	~53
医生	~52
教师	~48
护士	~44

来源：Harris Poll, 2004.

情感诉求　情感诉求诉诸于受众的情感。比如说，你会利用事例或假设情景来让受众感觉高兴、伤心或是害怕。例如你可能熟悉美国运通的广告，广告突出了顾客在外国度假时丢失信用卡所面临的问题。广告说道："为了避免这样的压力和欺诈，一定要带上美国运通信用卡！"

有能力的沟通者在运用情感诉求时很小心，要知道这样的诉求可能会使用过度，受众可能会认为你使用情感诉求是由于你缺少客观和有逻辑的理由。

逻辑诉求　在大多数沟通情形下，逻辑诉求是一种最有效的劝说形式——事实、推论和观点。亚里士多德对逻辑诉求的三个方面是这样定义的：

- 事实：毋庸置疑是真实的
- 推论：很有可能是真实的

右边的安吉拉·塔拉维拉是墨西哥瓦雷斯市的一名特别检察官。图中，她运用人格诉求（可信度）和情感诉求（情感）的劝说方法得到一名失踪女孩的母亲的信任。

- 观点：可能是真实的

你在证明自己观点时使用的事实数据越多，你劝服的可能性就越大。然而，从现有数据和观点（特别是专家观点）得到的推论也是有劝说性的。

有能力的沟通者倾向于相信逻辑诉求并且确保自己使用的事实、推论和专家意见与他们的观点和受众紧密相关。

哪一个最有说服力——事实、推论还是意见？

4.2 计 划

计划是写作过程的第一步，涉及对信息的目的、内容和组织方式作出明智的决定。

沟通目标 2

目 的

如果你不知道写作的原因（也就是说，如果你不知道写作要实现什么目的），那么你也将无法知道你是否实现了写作目的。归根到底，重要的不是你写得多么精彩或者版面看起来多么好看，而是你是否达到了沟通目标。如果实现了沟通目标，那么你就成功了；如果没有实现，那你就失败了。

多数写作者发现，如果写作开始就有一个大体的目的，然后再把这个大体目的具体化会使写作过程容易些。这个具体目的应该表明你想从读者那里得到什么反应。我们前面的例子讲过如何向你的上司推荐在你所在的小型连锁酒店实行常住计划。你的大体目的可能会是这样：

写作的目的应该具体到可以作为评判写作成功与否的标准使用。

第 4 章 写作过程 115

大体目的： 描述在海滨度假村实行常住计划的好处。

确定这样的目的是写作的良好开端，但这个目的还不够具体。首先，这个目的没有指出写作的对象是谁。你是在写报告向营销副总裁建议在你们的小型连锁酒店实行常住计划，还是写信向经常出差旅行的人建议他们加入该计划呢？

让我们假定，你现在的写作对象是营销副总裁。她读完你的报告应该怎么做呢？你想让她仅仅了解你的写作内容？同意你的看法？调动资源做进一步的研究？还是同意马上实行这一计划？你怎么知道你的报告是不是达到了目的？也许你可以这样确定你的具体目的：

具体目的： 劝说辛西亚同意在三家俄勒冈州的海滨度假村试行为期 12 个月的常住计划。

现在你的目的够具体了，可以在你写报告时对写作方向起指导作用，还可以让你及时判断自己的写作是否达到了目的。

在另一种情况下，你的大体目的可能是处理一船被毁损的商品，而你的具体目的是说服生产商在十天之内无偿再换一船新货。或者你的大体目的可能是拒绝客户的要求，而你的具体目的是说服客户相信你的拒绝是合理的，并且还不破坏彼此之间的友好关系。

《乔恩·斯图尔特每日秀》（*The Daily Show with Jon Stewart*）的撰稿人必须一周四天在喜剧中心网络上完成写作任务。斯图尔特和该脱口秀的撰稿人一起出现在艾美奖的颁奖典礼上，撰稿人说："写作是我做过的最难的一件事。"

明确说明写作的目的可以让你把精力集中在写作内容和组织方式上，摈弃不必要信息和吸收相关信息。

一个清晰的写作目的可以帮你在写作中避免与主题无关或者误导性的信息。

内 容

一旦确定了写作目的以及受众的需要和兴趣，接下来的一步就是确定写作要涵盖的信息。对诸如日常电子邮件之类的简单信息来说，这一步不会有什么问题。但是很多沟通任务需要做很多关于涵盖什么信息的决定。需要多少背景信息？哪些统计数据能最有力地支持你的结论？你是否需要专家意见？事例、轶事或图表是否会有助于读者理解？是否需要做研究，或者你手头是否具备所需一切资料？

写作的窍门就是包含足够的信息，这样你就不会失去读者或是让读者产生迷惑，但不要包含不相关的资料，这样会浪费读者的时间或者遮蔽重要的数据。不同的写作者会运用不同的方式来确定所需信息。一些人草草记下计划要写到的重点。除非是那种特别简单的沟通，你不能一上去就立刻起草，在写作过程中决定要写到的信息。恰恰相反，你首先至少要列个基本大纲，无论是在脑子里，是精心打印的提纲，还是在一张便签纸上以笔记的形式列出来。

一个有用的方法是**头脑风暴**，匆匆记下想法、事实、可能有用的线索和其他你认为可能对组织信息有用的东西。要以信息的数量为目的，而不是质量。把脑子里的所有想法都记下来之前，先不要对这些想法作出判断。然后再对你的想法进行提炼、删除、综合和修正，为写作打下基础。

在计划好写什么之前不要开始动笔。

另一个可行的方法是**思维导图**（也叫分类法），这是一种可以避免按部就班的局限性的过程。你在一张纸的中间位置写下你的写作目的并用圆将其圈起来。然后你尽可能多地写下能想到的要点并在这些要点和主要目的之间或者要点之间建立联系。再加上你认为可能适合的其他细节。这种直观性的大纲具有良好的灵活性并且鼓励自由思考。第118页的图4-3是常住计划报告的思维导图。

组 织

计划的最后一个步骤是组织信息，也就是确定主题的讨论顺序。围绕一个主旨进行头脑风暴或思维导图之后，你要把这些要点列成提纲，并且运用提纲将你要表达的信息以最有效的形式呈现出来。

分类（把相关想法按组划分）是组织信息的第一步。把相关信息按组分类之后，你需要鉴别哪些是要点，哪些是次要点，这样你就可以把次要的观点和事例组合起来为主要观点服务。

为了维护良好的人际关系，要根据读者预期反应组织写作。

主要观点最有效的排列顺序常常取决于你期望从受众那里得到的反应。如果你预料会得到积极的响应，你就使用直接法，这种方法把结论或主要论点放在前面然后再列出论证的理由。如果你预料会得到消极的反应，你也许会决定

图 4-3
思维导图示例

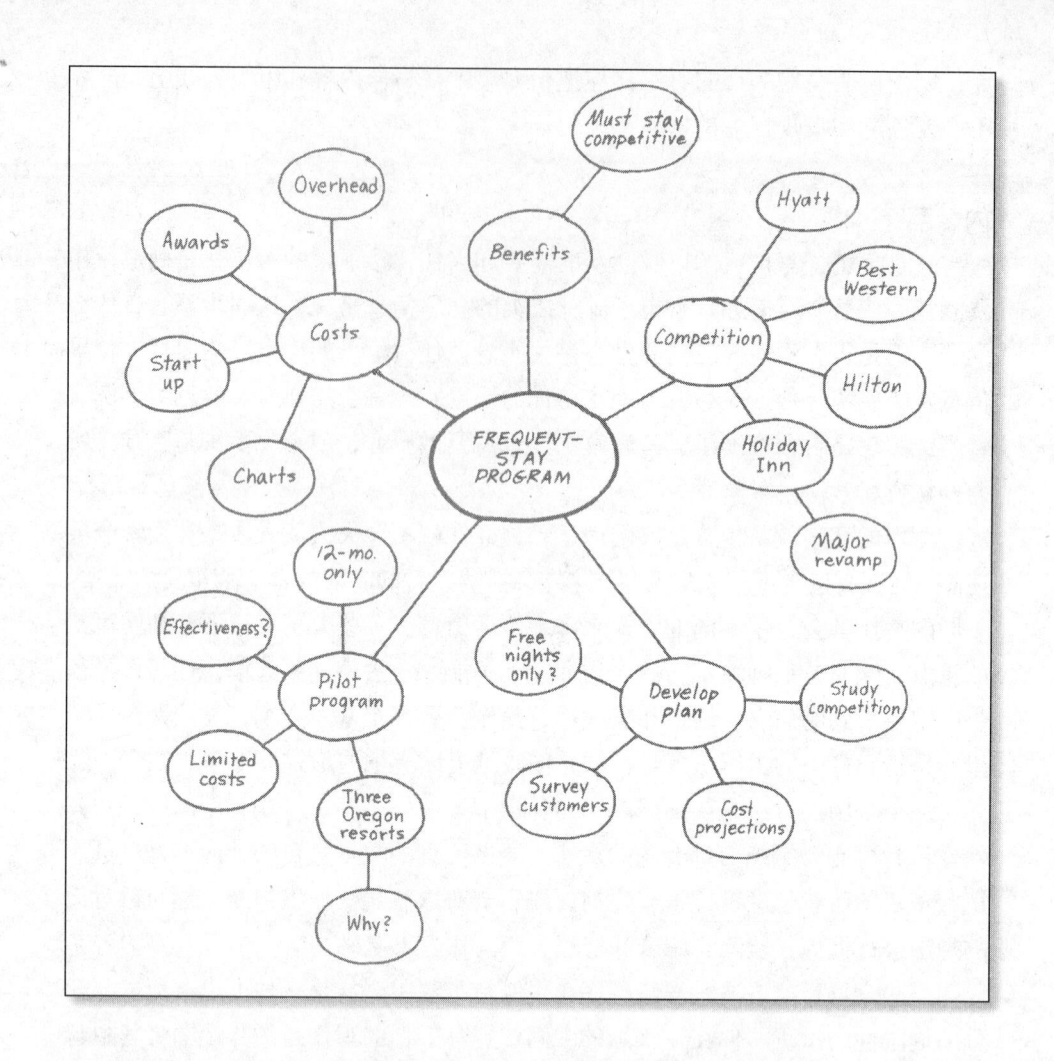

使用间接法，这种方法把论证的理由放在前面然后再列出结论。

各个主题的讨论顺序很重要，所以每种具体沟通类型的推荐组织方式将在下章进行详细的讨论。（见第 5 章中对段落统一性、连贯性和长度的讨论，这些都是组织过程中的重要因素。）

4.3 起 草

沟通目标 3

现在已经完成了计划部分，终于可以开始写草稿了，也就是说，要写出文稿的最初版本。这一阶段的成功取决于你在之前两个阶段所下的工夫。前面的提醒在此值得重复一次：不要太快就开始写。有些人认为自己的写作技能不好，所以他们面临一项写作任务的第一反应就是迅速开始行动然后以最快的速度完成写作。千万不要这么匆忙。遵循写作过程的五个步骤可以扫清写作过程中的障碍，从而写出优秀的作品。

起草时要记住的最重要一点也许就是顺其自然，以最快的速度把你的想

不要让起草和修改同时进行，这两个阶段所需的技巧和心态完全不同。

法写到纸上或者电脑屏幕上，不去担心什么风格、正确性和格式的问题。把起草步骤和修改步骤分开进行。尽管有的人在写作的时候进行修改，但大多数人还是发现把想法先以草稿形式写出来再进行修改比较容易。在一张写得满满的纸上进行修改总比对着一张空白的纸强。一位写作权威曾指出：

> 写作是门艺术。重写是门工艺。把两者在你的笔下结合起来。如果你让你内在的编辑（根据流行的理论，位于你大脑的左半边）过早插手，它就会压倒你的艺术性，堵塞你灵感的来源。

因此不要太快从作者的角色转向编辑的角色。你的初稿只是草稿而已。不要期望完美无瑕，也不要试图实现完美的境界。相反，你要把注意力集中，以叙述的形式记录你在计划阶段所确定的要点。当你完成草稿再进行修改时，你很可能会发现初稿有绝大部分的内容是无用的，在终稿里根本用不到。

发挥积极思考的力量：你的写作成果可以很优秀！

如果一篇报告的完成期限是五周时间，一些经理（和学生）花四周的时间来为该写作任务担心，实际上只用一周（或者只是一个长周末）的时间完成这篇报告。无独有偶，当有45分钟来写一封信或一篇备忘录的时候，一些人35分钟的时间都在焦虑地盯着一张空白的纸或者空白的电脑屏幕，只用10分钟来写作。这些人遇到了写作瓶颈，一种不能专注于写作过程和不能专心写作的状态。写作障碍产生的原因通常是以下所列的一种或多种：

- 拖延：把不喜欢做的事情往后推
- 没耐心：对通常进展缓慢的写作过程心生厌烦
- 完美主义：认为自己的初稿要做到完美

这些因素自然是和创造性与注意力背道而驰的。不仅如此，这些因素还不利于写作者的自我评价，让他/她在下一次的写作中变得更不情愿。克服写作瓶颈的方法在于以下几段所谈到的策略：

1. **选择适宜的环境。** 专注于现有的写作任务是开展有效写作的一个重要组成部分。最好的写作环境或许不是你通常处理其他工作的办公桌。即便你可以关掉手机，关上房门不让人进来，但是无声的东西也能让你分心，日历上你画的符号会提醒你有即将到来的重要事情要办，还有关于当前项目做的笔记，甚至只是一张你挚爱的人的照片。

    很多人在图书馆之类的环境中写作效果最好，这种场所噪音较少，相对隐蔽，还有大桌子让你摊放笔记本和其他资料。还有人认为电脑室有助于思考和写作，这里持续性的背景噪音较少，而且进行类似写作工作的人出现的几率也较小。

2. **合理安排一整段时间。** 如果写作任务不大，你就可以划出足够的时间在一个地方进行计划、起草和整篇修改的工作。如果写作任务量大而且

对于俄勒冈州波特兰市的威登与肯尼迪广告公司来说,为广告文案创作营造创新性的环境是一种工作必需。公司甚至还用屋顶吊床来帮助广告撰稿人寻找灵感和起草。

复杂,那一次划出的时间不要超过两个小时。毕竟写作是项艰苦的工作。当你工作到规定的时间或完成工作时,给自己一点奖励,休息一下或者吃点零食。

3. **以书面形式写下你的目标**。在你确定了计划阶段的具体目标之后,将其写在空白纸张的顶端或者贴在你面前的公告牌上。要保持目标一直在视野之内,如此以来这个目标在你写作时就会在你潜意识里凸显出来。

4. **进行自由写作**。审视一下你的写作目的和受众。然后采取一种释放被压抑的想法和克服写作障碍的方法,开始自由写作,也就是说,不间断地写上5至10分钟,中间不要停顿。尽管自由写作通常被视为一种起草之前的准备技巧,但它在帮助写作者"疏通"想法方面是很有作用的。

在进行自由写作的时候,不要看已写下的内容,也不要停下来。如果你实在想不出说什么的话,那就不停地重复前面说过的最后一个字或者一直写这样的句子:"我一会儿就会想到些东西的。"要抵制住评价已写内容的冲动。5至10分钟之后,深呼一口气,伸展身体放松一下,念念已经写好的段落,如果必要的话,重新开始。

5. **避免完美主义综合征**。你要记住自己现在写的只是草稿而已,不是最终稿。不要担心风格、连贯性、拼写或标点符号错误,诸如此类。在做修改前你必须要创作些什么吧。

6. **边想边说出来**。有些人用语言表达想法要比将这些想法付诸笔端在行得多。

想象你自己是在向一位同事讲述写作内容，然后把你试图传达的想法大声地解释出来。听到自己的想法会帮助你将这些想法明朗化和集中起来。

7. **先写最容易的部分**。一封信或一份报告的第一段常常是最难写的。如果是这样的话，那就先跳过首段，从中间部分开始写。在写一篇报告时，行动的部分可能比提出建议的部分容易写。在纸上写下点东西会给你一些成就感，而且这些写好的部分可能还会给其他部分提供灵感。

> 你写作时不必按照最终成稿的顺序进行。从最容易写的部分写起。

为了避免出现写作瓶颈，你要就上面的每项策略尝试至少一次，然后选择其中对你写作最有用的策略并将其运用到你的日常写作之中。不同的运动员和艺术家在实现目标时会使用不同的策略，不同的写作者也是如此。没有什么所谓最好的方法，所以要选择对你最有效的方法。

4.4 修 改

修改是一种对文本进行修改以改善其效果的过程。把原材料——即你的初稿——摆在面前，你就可以对其进行修改了，在考虑到其重要性以及时间限制的情况下，尽可能使其达到最佳效果。

> 沟通目标 4

如果可能的话，把草稿收起来一段时间，时间越长越好。在创作和修改之间留出时间可以帮你和写作成果拉开距离。如果写完后立即进行修改的话，你的记忆里全是你"本来要说的东西"，而不是你真实写下的东西，这种记忆可能会非常顽固，让你无法发现逻辑和措辞上的不足之处。

如果你是位熟练作者的话，你在写作的同时已经进行过无数次的小修改了。可是就像前面说过的那样，你应该把大的改动留待稍后进行。对于重要的写作计划而言，你可能会希望得到同事对草稿的评论意见，并将其作为修改过程的一部分。

尽管我们已经把修改作为写作过程的第四步进行了探讨，实际上修改还包含了几个步骤。大多数写作者会首先修改内容，然后是风格，最后才是文字错误。无论是修改哪一方面，草稿打印稿的修改效率总是要比手写稿高。

内容修改

经过一段长短适宜的间隔之后，你首先要重读你阐明目的的句子，然后阅读整个草稿以对文本有个概观。就以下问题问问自己：

> 确保内容包含所有必需信息，而且只有必需信息。

- 内容对我所确定的目的来说是否合适？
- 读者对信息的目的是否清楚？
- 我对读者的需要是否感觉敏锐？
- 还缺少什么需要的信息？
- 内容的顺序是否是按要点的有用性排列的？

第 *4* 章 写作过程 121

对自己的草稿怀有一定的创作自豪感是很正常的，但千万不要害怕进行必要的修改以增强文稿的说服力，即便这意味着删掉整部分的内容并重新写。修改的目的只是让你拿出能让你有更多自豪感的文稿。

风格修改

接下来，再一段段地读一遍（如果可能就大声读出来）。大声阅读能给你一种文稿的节奏感和流动感。你写作时觉得言之有理的长句可能会让你在大声阅读时喘不过气来。

倘若时间允许而且文章又很重要的话，可以将其大声读给朋友或同事听，或是让他们读读你草稿的修订版。向他们询问哪里表达清楚或者不清楚。他们是否能读出你的写作目的？来自同事的阅读反馈意见将有利于你发现需要修改的地方。

正确性修改

修改的最后一步是校订，确保文稿符合标准语言的过程。校订包括正确性的检查，也就是发现语法、拼写、标点和用词方面的错误。你或许会使用电脑文字处理软件的文法检查器作为校订的起点。校订应该在修改完成后进行，因为没有必要去改正那些稍后可以更正或删除的段落小错误。不对语法、准确性和用法错误进行修改的写作者要冒着在读者面前失去可信度的危险。这样的错误会分散读者的注意力、影响理解、引起误解，以及对作者能力的负面反应。

这三种类别——对内容、风格和正确性——的修改都是在电脑上进行效率最高。

4.5 格式和校对

[沟通目标 5]

信函是发送给公司外部人员的文件，而备忘录则是提交给和作者在同一公司的人的内部文件。如今大多数传统的备忘录已经被电子邮件取代，实际上，现在很多信是以电子邮件附件的形式发送的，而不再是通过邮局邮寄。电子邮件和报告可以是对内文件，也可以是对外文件。没有哪一种商业文件的格式是作为公认标准使用的。每个行业有相当数量的变化形式是常见的。

从某种程度上来说，技术正改变着格式的标准。例如，尽管格式通常是写作过程的倒数第二个步骤，可是实际上你在计划或起草阶段就决定了使用某些格式。比如，可能你电脑文字处理程序的默认页边距就是 1 到 1.25 英寸，这对大多数文件来说都是合适的。

此外，电子邮件信息不管是发给公司内部或外部，看起来都和备忘录相似。电子邮件和备忘录一样，里面通常包含"发件人"、"收件人"和"主题"这样几行字；而且也和信件常见的那样，不把地址写在正文里。重要的一点就是要使用与具体文件类型相适宜的格式。

不管实际上谁会录入你的文件，你却是在文件上签字并交上文件的那个人，所以你必须不仅为文件内容，还要为准确性、格式和文件外观负责。而且，如今很多的文件都是公司主管人员自己录入的，没有助理人员帮忙。

标准格式的另一个好处是简单而且效率高。每次都用同样的方式格式化文件就意味着你不必决定每一份文件的格式。因此标准的格式不仅节省时间，还能让公司的文件给人一种始终如一的印象。

最后，读者希望在一份文件的特定位置看到特定的信息。如果在那儿找不到信息，读者的注意力就会不必要地被分散。正因为这些原因，你应该熟悉文件格式的标准规则。

校对是文件质量把关的最后一步。要记住，读者可能并不会知道错别字是由于简单的打字错误还是作者对其正确用法的忽视。即便是一个这样的错误也会导致不利的结果（见图4-4）。

> 排字错误可能使人对作者的印象打折扣。

近乎完美还不够。例如，如果电话簿内容的正确率是99%，那么每一页上都有可能包括4个错误的号码！想象一下，报税员给其客户的所得税申报单附表里写着这样的说明文字："请参考C表第12躺"（本应为"行"，英语中line错打成了lie）。（电脑上的拼写检查工具会查出这个错误吗？）

还记得美国大陆航空公司在《波士顿先驱报》所做的广告吗？广告说从波

如果你可以接受99.9%的正确率，那么

每小时：
- 18,300封信件会被错误处理。
- 22,000张支票会被存进错误的银行账户。
- 72,000通电话会因电信服务失误打给错误的对象。

每天：
- 12个新生婴儿会被交给错误的父母。
- 107个错误的医疗程序会出现。

每年：
- 250万本书的封面会被印错。
- 20,000个药物处方会被开错。

没有提到：
- 《韦氏第三版新国际英语大词典》中315个词条会被拼错。

图4-4
良好校对能力的必要性

士顿到洛杉矶的单程票价为 48 美元。真正的单程票价应该是 148 美元。这一印刷错误使大陆航空公司损失了 400 万美元，因为公司卖出了 20,000 张往返票，每张损失 200 美元。

不要指望你的助理发现并纠正每个错误，还是把自己变成一个"超级大侦探"吧。毕竟，这事关你的名誉。你要承担起责任，保证你所写文件的准确性，就像你对其他管理事务负责一样。要对内容、排字和格式的错误进行校对。

- **内容错误**：首先，快速把文件通读一遍，寻找内容上的错误。有没有资料被无意漏掉了？不幸的是，使用文字处理程序进行移动、删除和插入操作的写作者有时候会在无意中将段落删除或者在文件的两个地方把同一段复制一遍。简而言之，检查全文从而保证内容合乎情理。

- **排字错误**：接下来慢速通读文稿全文，寻找排字错误。特别要当心那些能组成别的单词的错误，例如："我采用了上月的数据"（form 和 from 之间误写）。这样的错误是很难发现的。还要寻找那些重复或漏掉的字。要对所有专有名词和数字进行仔细的检查，如果可能，要援引原始来源。专业的校对人员发现写作者经常忽略出现在报告的题目和标题、信件和备忘录的开头和结尾，还有所有类型文件最后一段里的错误。

  见问题聚焦 8，"你不应该忽略排字错误"，体会《圣经》刊印时校对的重要性。

- **格式错误**：检查文件是否格式适当。文件是否涵盖每一部分并且各个部分所处位置正确？文件的版面是否吸引人？在你通读全文发现不需要再做任何修改之后，校对阶段才算是完成了。在改正一个错误时会在无意中发现另一个错误，这种情况总是可能的。

第 126 页的检查表 4，"写作过程"，总结了写作过程的各个阶段。

"所有的新员工都被要求与公司的拼写检查系统之间建立兼容性。我们要在法律上把你的名字艾琳·戴利（Eileen Daley）改为艾·林·得里（I Lean Daily）。"

问题聚焦 8　　　　　　　　　　　　　　　　　　　　　伦理

你不应该忽略排字错误

认真细致的校对对任何文件而言都是非常重要的，对《圣经》的新版本来说更是如此。"《圣经》的读者更不会原谅错误，因为他们期望看到完美无瑕的《圣经》文本。"琼·甘顿如是说，她是桃树市编辑校对服务公司的创办人之一。该公司是国内唯一一家专门从事《圣经》校对工作的公司。

在对《圣经》新版本做校对的过程中，甘顿将"易怒的先辈"（sour ancestors）改为"我们的先辈"（our ancestors）并把"结束分裂"（an end to fractions）改为"结束纷争"（an end to factions）。詹姆士国王 1631 年钦定的《圣经》里有这样的戒律"你可奸淫。"（应该为"你不可奸淫。"）

以下是历史上各个版本的《圣经》中出现的一些排字错误：

- 《马修福音》第 5 章第 9 节：上帝保佑疆域开拓者。（应为"和平缔造者"，placemaker 和 peacemaker 词形近似）
- 《马可福音》第 7 章第 27 节：让儿童先受屠戮。（应为"喂食"，killed 和 filled 词形近似）
- 《民数记》第 25 章第 18 节：一定要将凶手集中起来。（应为"处死"，together 和 to death 词形近似）
- 《提摩太后书一卷》第 2 章第 9 节：妇女装束时髦。（应为"端庄"，modern 和 modest 词形近似）

除了《圣经》本身出现的错误之外，人们在引用《圣经》时也常常犯错，首先就是在提及《圣经·启示录》时将 Revelation（启示）多加了复数 s。一句很流行但又以讹传讹的谚语是"金钱是万恶之源。" 这句引言的原文应该是"对金钱的痴迷是万恶之源。"

在对《圣经》早期版本校对的过程中也有问题，因为很多现在通用的单词当初是专门为《圣经》创造的，包括以下词：

- 如今（nowadays）
- 美丽的（beautiful）
- 替罪羊（scapegoat）
- 坚韧的（long-suffering）
- 和平缔造者（peacemaker）

"以眼还眼，以牙还牙"（an eye for an eye and a tooth for a tooth）的说法最初出版的时候之间并没有冠词（eye for eye, tooth for tooth）。现在的电子邮件用语中这句话进一步减缩了，成了"NI4NI"。

批判性思考

▶ 你认为《圣经》或其他书里，诸如烹饪书或者医疗参考书，哪个里面的排字错误比较重要？原因是什么？

佐治亚州桃树市编辑校对服务公司的特丽·哈特曼在对一本《圣经》进行校对。

检查表 4　　　　　　　　　　　　　　　　　　　　写作过程

受众分析
- ☑ 主要受众是谁？
- ☑ 你与受众是什么关系？
- ☑ 受众可能会有什么反应？
- ☑ 受众已经知道了什么？
- ☑ 受众有什么独特之处？

计　划
- ☑ 确定文稿的写作目的。
  - （1）将其尽量具体化。
  - （2）确定你从读者那儿期待什么反应。
- ☑ 根据写作目的和你对受众的分析来确定文稿里要包含的信息。
- ☑ 将信息组织起来。
  - （1）传达日常信息和好消息的文稿，提交给上司的大多数文稿要采用直接法：把主旨写在前面，支撑性的信息放在其后。
  - （2）说服性的文稿和向不是上司的人传达坏消息的文稿采用间接法：先说理由，再说主旨。

起　草
- ☑ 选择一个易于写作的环境和一段长短合理的时间段来写草稿。
- ☑ 把你的想法尽快写下来，不要担心风格、正确性和格式。如果你觉得有用的话，先写最容易的部分。
- ☑ 不要期望初稿有多完美，在这个阶段要避免修改的念头。
- ☑ 如果可能的话，在写作和修改初稿之间留一段时间间隔。

修　改
- ☑ 内容修改：确定哪些信息是必要的，哪些有用的信息被忽略了，以及是否以合适的顺序排列内容。
- ☑ 风格修改。
- ☑ 正确性修改：使用正确的语法、标点符号和用词。

格式和校对
- ☑ 根据通用标准调整文稿格式。
- ☑ 就内容、排字和格式错误进行校对。

3P 行动：
采用 3P 模型的简单备忘录

■ 问题
■ 过程
■ 成果

■ 问题

今天是 12 月 3 日，你是贝克学院创业协会的主席艾丽丝·R·斯坦葛林。贝克学院创业协会是商学院六个学生组织中最新创立的，成员有 38 人。它是在两年前管理系开设企业管理专业时设立的。

该协会最近投票设立了一项金额为 1,000 美元的贝克学院创业协会奖学金。该奖学金根据学习成绩颁给贝克学院企业管理专业大三或大四学生。奖学金的基金来源将是上午 7:30 到 10:30 之间在教学楼大厅出售咖啡和炸面圈的收入。给院长理查德·威尔希特写份报告，请求他同意一月份开展这项募集资金的项目。

■ 过程

1. 你撰写该备忘录的目的是什么？

    劝说院长让贝克学院创业协会在一月份的每天上午 7:30 到 10:30 之间在大厅出售咖啡和炸面圈。

2. 描述你的主要受众。

    院长理查德·威尔希特：

    - 威尔希特能源系统公司的前主席（他创办了该公司，本人也是一位企业家）
    - 46 岁；在贝克学院商学院担任院长 6 年（对商学院和学校很了解）
    - 全国闻名的劳工问题专家
    - 主要负责管理系（正是该系开设了企业管理专业）
    - 一直说起有必要增加奖学金种类
    - 花大量的时间来游说立法机关和筹集资金（认同筹集资金的必要性）
    - 并不认识我个人，但熟悉贝克学院创业协会。

3. 你的报告还有次要受众吗？如果有，请描述一下。

    没有次要受众。

4. 根据你要实现的目的，你需要在报告里写进什么信息？（可以用头脑风暴法随便记下你可能会写到的主题，或者画一张思维导图。）

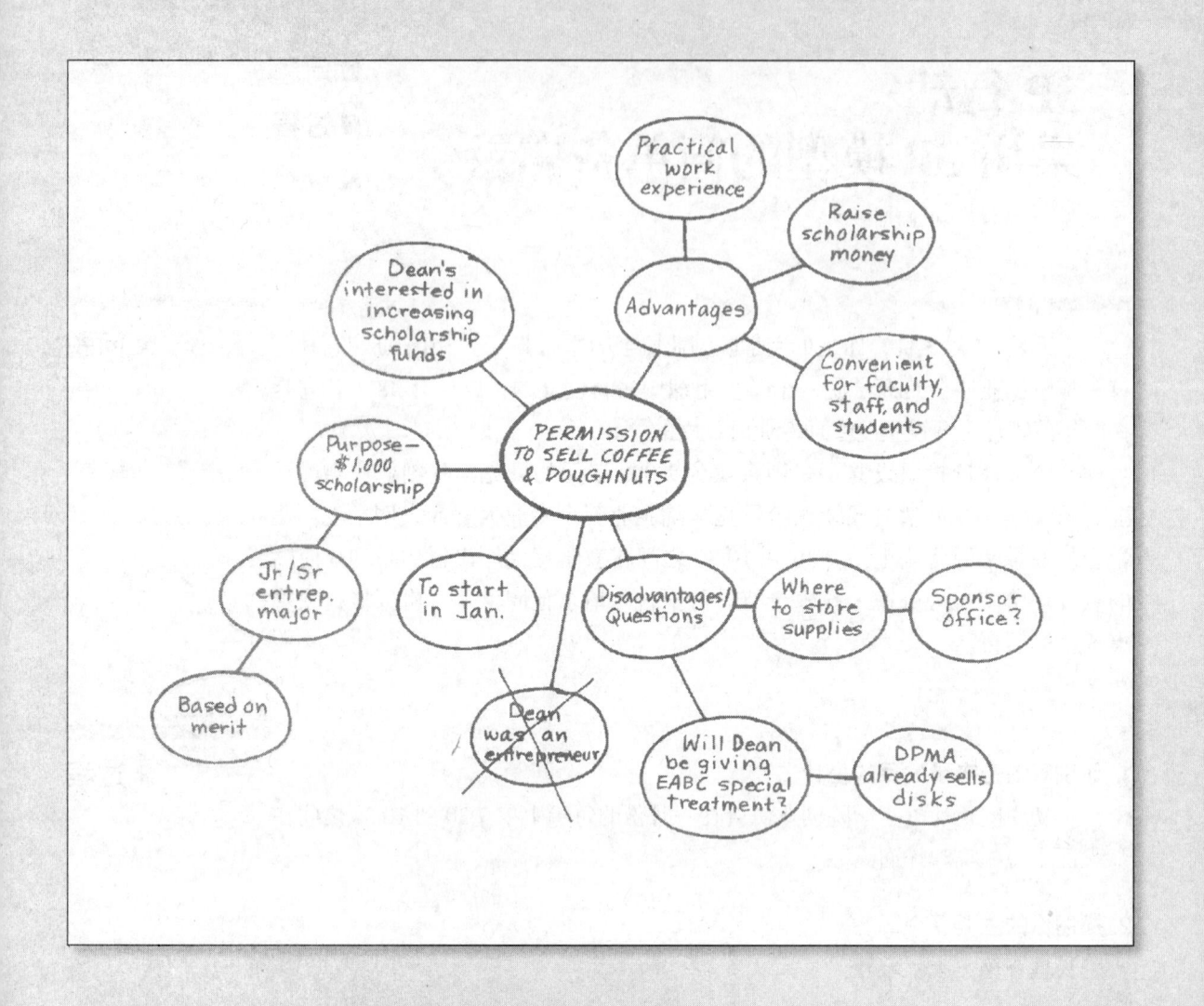

```
                    Practical
                      work
                    experience
                         |                Raise
                                       scholarship
    Dean's                                money
  interested in                  |
   increasing              Advantages
  scholarship                     |
     funds                                Convenient
        \                                 for faculty,
         \                                staff, and
          \                                students
           \                      /
    Purpose—        PERMISSION
    $1,000    ——   TO SELL COFFEE
  scholarship      & DOUGHNUTS
          /        /    |    \
         /        /     |     \
    Jr/Sr     To start  Disadvantages/  Where       Sponsor
    entrep.   in Jan.    Questions     to store     office?
    major                              supplies
       |                   /    \
    Based on            Dean      Will Dean        DPMA
     merit             was an     be giving     already sells
                    entrepreneur  EABC special      disks
                     (crossed out) treatment?
```

5. 根据你将讨论的顺序记下主要主题。

　　（1）院长对增加奖学金种类的兴趣

　　（2）介绍奖学金和我们筹集资金的建议

　　（3）成员们会得实际工作经验

　　（4）可能会遇到的不利条件（在哪里存放货物；对创业协会的特殊对待）

　　（5）其他需要的细节

　　（6）末尾——方便教员、职工和学生

6. 用第五步形成的提纲完成初稿的写作。集中精力把需要的信息写下来。本阶段不要担心语法、拼写、标点符号、过渡、一致性之类的问题。

7. 把初稿打印出来，检查内容、风格和正确性并修改。（见下面修改的初稿）

> The Entrepreneurial Association of Baker College (EABC) shares your interest in increasing the number of scholarships available to business majors. ~~We~~ Toward that end, we recently voted to establish an annual $1,000 scholarship for a jr. or sr. student majoring in Entrepreneurship. To fund this scholarship, we propose selling doughnuts and coffee in the main lobby from 7:30 to 10:30 A.M. daily. All of the ~~profits~~ ¶ will be earmarked for the Scholarship fund. A secondary benefit of this project is that it will provide practical work experience for our club members. We will purchase out our own supplies and equipment, and keep careful records. When they ~~are not~~ in use, the supplies and equipment will be stored in the office of Professor Grant Edwards, our Sponsor. DPMA follows similar procedures with it's fund-raising project of selling computer disks in the main lobby.
>
> We look forward to receiving ~~We need~~ your approval of this scholarship project in time for us to begin in January. ~~This project also provides a convenient~~ fund-raising service for faculty, staff, and students.
>
> *In addition to raising new scholarship money and providing work experience for our members, we will also be providing*

8. 你会怎样传达信息？也就是说你要采用什么格式？

　　我当然可以给院长发一封电子邮件。但是考虑到这份报告很重要，所以我用印有学院抬头的信纸写这份报告。这样这份请求就显得更加专业，而且还会交一份打印稿以备院长审核。

9. 调整修改的初稿的格式，采用标准的备忘录风格。然后进行校对。

第 4 章　写作过程　129

■ 成果

> **Baker College**
> 1020 South Washington
> Owosso, Michigan 48867-4400
> Telephone (989) 729-3300
> Fax (989) 729-3411
>
> **收件人：** 理查德·威尔希特院长
> **发件人：** 贝克学院创业协会主席艾丽丝·R·斯坦葛林
> **日　　期：** 20xx 年 12 月 3 日
> **主　　题：** 设立贝克学院创业协会奖学金
>
> 　　贝克大学创业协会和您一样，对增加管理系现有奖学金种类怀有兴趣。为了实现这个目的，我们最近投票决定为企业管理专业大三和大四学生设立金额为 1,000 美元的年度奖学金。为了设立此项奖学金，我们建议每天上午 7:30 至 10:30 之间在教学课大厅出售咖啡和炸面圈。所有收益将专门用作奖学金基金。
>
> 　　这项计划的第二个好处是能够给我们协会的会员提供获得实际工作经验的机会。我们会自己采购货品和设备并保证账目清楚。当货品和设备不用的时候，我们会将其存放在赞助人格兰特·爱德华教授的办公室里。数据处理管理协会在教学楼大厅出售电脑磁盘的过程和我们的类似。
>
> 　　我们期待您同意我们一月份要开展的这项基金筹募活动。除了筹集奖学金基金和提供会员实践机会之外，我们提供的服务还将方便广大教员、职工和学生。
>
> *Baker College / Auburn Hills • Cadillac • Cass City • Flint • Fremont • Jackson • Mount Clemens • Muskegon • Owosso • Port Huron*
> *Regionally Accredited by North Central Association of Colleges and Schools Commission on Institutions of Higher Education / Member, Association of Independent Colleges and Universities of Michigan*

现在将 3P 付诸实践。见第 131 页的 3P 练习。

　　登陆学生网站（college.hmco.com/pic/oberCBC7e），找到那些会帮助你学习这门课程并取得成功的资料。进行 ACE 互动自我测试，评估你对本章内容的掌握情况，并复习巩固基础语言艺术技能。你也能学习更多因特网知识，寻找商务信息，在写作问题方面得到帮助，并学习更多关于就业沟通、职位空缺和雇主的信息。

总 结

在开始写作之前，认真地分析你的受众。确定谁是受众（主要受众和次要受众）、受众已经了解的信息、你和受众的关系、受众可能会作出的反应，以及受众任何其他独特之处。 〔沟通目标 1〕

确定文稿的大体目的，然后确定具体目的。在受众分析的基础上决定要包含哪些信息和信息之间的顺序。决定直接还是间接的组织方式更有助于你实现目标。 〔沟通目标 2〕

选一个适宜的环境完成初稿，计划的时间要充足够用。写初稿时注意力集中，把所有信息都写下来，不要去担心风格、正确性和格式的问题。在初稿写作和修改阶段之间留一段时间间隔。 〔沟通目标 3〕

先修改文稿内容，看看是不是所有必需的信息（绝不要无用的信息）都写了下来。然后修改风格，确保你组织思想的方式最有效。最后就正确性进行修改，确保避免语法、标点符号和措词方面的错误。 〔沟通目标 4〕

在进行信件、备忘录、电子邮件和报告的写作时使用通用的格式，这样作者写作的效率会更高，文稿的读者会觉得可读性更强，而且也会让人对公司的文件有个始终如一的印象。通读全文以确保内容言之有物。认真检查排字错误。最后，看看文稿采用的格式是不是恰当。 〔沟通目标 5〕

关键术语

现在你应该可以用自己的话定义下面的术语，并且分别举例：

受众分析（audience analysis）　　思维导图（mind mapping）
头脑风暴（brainstorming）　　　　结构（organization）
起草（drafting）　　　　　　　　　修订（revising）
编辑（editing）　　　　　　　　　　写作瓶颈（writer's block）
自由写作（free writing）

付诸实践

回到《政治家报》　迪克·休斯在准备和编辑杂志社论版的文章时遵循了写作的五个步骤。他不仅分析了读者，还直接从他们那里获取反馈意见并将其当做写作过程的一部分。文章的内容确定下来之后，他将彻底检查一遍，再把文章交给文字编辑和校对人员检查。休斯特别强调大声把文章读出来，并将其

3P 实践

更多信息见第 127 页的 3P 模型。

当做最终审稿过程的一部分。

问　题

选择一个对你学校全体学生来说重要的问题。可能是那些在学生中引发争议的学校问题或者地方社区问题。就这个问题写一篇评论文章并向学校或地方报纸投稿。

过　程

（1）你文章的具体目的是什么？
（2）描述你的受众。
（3）在文章的初稿中包含对该问题的陈述、与问题有关的事实、问题的各个方面以及你对如何最好解决该问题的看法。
（4）把你的初稿拿给其他同学看，并征询他们的意见。如果可能的话，把初稿贴到博客上，请别的同学发表他们的意见。
（5）修改文章，将读者提出的其他事实或看法包含进来。
（6）调整文稿的格式并校对文稿。把做过修改的文稿拿给别人看，让他们帮你发现语法和拼写错误。

成　果

把最终稿交给你的指导老师，并附上你对上面（1）项和（2）项的答案、你的初稿以及别人给你的反馈意见。

练　习

1. **受众反应**　阅读下面的情景，预测受众的反应并确定写作时直接组织方式和间接组织方式哪个更有效。
   （1）作为一家服装零售店的经理，你正准备写一份备忘录，告诉员工他们的时薪要上涨50美分。
   （2）作为一家旅馆的副经理，你要写信给一位顾客，告诉她离开旅店时落在房间的首饰没有找到。
   （3）作为一名刚到职不久的销售总监，你要给公司总裁发电子邮件，请求增加10%的广告预算。
   （4）你正给顾客写信，通知他们一款新产品将于下月上货。

2. **头脑风暴**　三人或四人为一组，尽量多地想想一块砖的用途。把所有的用途列成一张单子并将你们组的单子和班上其他组一起分享。你们的单子和其他组相比怎么样？其他组有多少新的想法是你们组没有想出的？你们所有的加起来有多少想法？

3. **人格诉求、情感诉求和逻辑诉求** 你和你的搭档在一家广告公司工作。你们最近接了一单生意，为一家全国性的轮胎公司做广告。你知道有三种说服方式：人格诉求、情感诉求和逻辑诉求。你决定为该轮胎公司写三篇电视广告词，每一篇用一种诉求方式。

   解释你会如何在轮胎广告中运用每种诉求方式。把写作结果交给你的导师，由其作出评价。

4. **受众分析** 假设你必须给教授你商务沟通课程的老师发一封电子邮件，请他/她允许你提前一周参加期末考试，这样你就可以去参加你表姐的婚礼。 〔沟通目标1〕

   （1）对你的老师进行受众分析。把所有你了解的、能对你写作有用的关于这位老师的情况列出来。

   （2）给这封邮件写两个较好的起始句，写第一句时假设你是本学期仅缺席一次的A等生，而写第二句时假设你是本学期缺席六次的C等生。

5. **回到受众分析** 现在你扮演老师的角色（见练习4），必须对那名本学期缺席六次的C等生的请求作出回应。你会告诉他，你不愿安排提前考试。

   （1）对学生（你自己）进行受众分析。你所知道的自己的什么信息能让老师有效完成这份回复邮件？

   （2）老师应该采用直接的还是间接的写作方式？为什么？

   （3）写出老师回复的第一句话。

6. **沟通目的和读者反应** 下面是一些沟通任务，指出这些任务的具体目的和期望反应。 〔沟通目标2〕

   （1）就一项加收大学学费的提议给参议员写封信。

   （2）给公司工资管理部门领导写份备忘录，告知你的薪水发错了。

   （3）给大学报纸写封信，讨论最近几个月学校餐厅的食物质量问题。

   （4）写备忘录给你的助理，询问一份逾期报告的状况。

   （5）写封电子邮件给教授请求他修改成绩。

   （6）就一项不正确的扣费写信给万事达信用卡公司。

   （7）给本地一家银行的行长写封感谢信，谢谢她在学生组织会议上发言。

   （8）给一个下属写备忘录，责备他夜里忘了锁仓库。

7. **思维导图（分类）** 假设你必须就本章的重点内容写一份双倍行距、两页纸的摘要。不要复习本章，把你要说的要点用思维导图的形式写下来。

8. **组织** 就摘要内容简单列个提纲（见练习7），以思维导图作为指导。把你要写到的主要点和次要点，以及这些要点的顺序列出来。（你不必一丝不苟地参考思维导图，后者只起到指导作用。）

9. **组织信息——折扣隐形眼镜销售** 你的老板乔纳森·库恩着眼于以更好的方法把一次性的隐形眼镜片销售出去。库恩是 1-800 Contacts 公司的总裁，公司是一家通过网络和电话销售一次性隐形眼镜的折扣商。尽管公司的年度收入超过 1 亿美元，库恩还是不能直接从镜片制造商那里购买产品，因为后者一般更愿意通过验光师销售镜片。事实上，虽然 1-800 Contacts 公司发展迅速并经营得当，验光行业还是占据了 70% 的隐形眼镜零售业务。

这个问题很有争议性，32 个州都有针对某些生产商、验光师和美国验光协会的反垄断诉讼。美国验光协会主席霍华德·布雷弗曼已声明该协会不会强迫生产商限制对验光师的镜片供应。

你是库恩的行政助理，他让你给美国有线电视新闻网的一名商务记者发一封电子邮件。库恩希望公众关注其公司不能直接购买镜片的困难，提供信息说明如果消费者购买 1-800 Contacts 公司旗下的眼镜品牌的话可以节省不少钱，并且鼓励记者把该消息公布于众。你在写这封邮件时应该使用直接法还是间接法呢？为什么？依照你的写作组织方式写出邮件第一段的初稿。

10. **头脑风暴、组织和起草** 假设你要就大学下一年增加 6% 收费的问题给参议员写封信（你可以自由编造合乎常理的数据）。

（1）确定你这封信的写作目的。

（2）用头脑风暴法想出至少六个事实、想法和你可能会在信中想问的问题。

（3）把你决定要在信中写的要点按照有效性排序。

（4）在一张空白纸上把具体目标打出来。

（5）把最容易写的那部分先写下来。你会从哪部分开始？为什么？

（6）继续完成信剩下的部分。

（7）你是否把列出来的每个事实、问题或想法都包含进信中了？解释你选择它们的原因。

沟通目标 3

11. **自由写作** 你是 WFY1 站的办公室经理，该站是非营利性质的美国全国公共广播电台在印第安纳波利斯的一个分支。你想为办公室的三台电脑购买一台扫描仪。扫描仪可以帮你把图表（表和图片）输进电脑里，输入数据时也不用密钥更新。

你必须写一份备忘录，说服总经理允许你购买这台扫描仪和相关软件，花费需要 225 美元。思考一下扫描仪的用途。然后自由写作 10 到 15 分钟，期间不要停顿，也不要担心写作的质量。（你也许可以先读读第 120 页关于自由写作的讨论。）现在检查写下的东西。如果你真的要写这份备忘录，那么其中有多少是在经过修改后可用的呢？

12. **修改** 带上一页你过去写的作文——一份考试答案纸、一份商业信函，诸如此类。确保纸上没有你的名字。把文稿和几个同事进行交换（这样一来你就不会和另一位同事互相修改彼此的文稿），然后完成以下修改任务：

（1）读一遍文稿，先改正内容。要保证所有有用的信息都写了出来，不要出现无用的信息，还要保证这些信息合乎逻辑。

（2）再读一遍文稿，进行风格修改。保证单词、句子、段落和整体语气都恰如其分。

（3）第三遍读文稿，对正确性进行修改。确保语法、标点符号和措词没有出现错误。

把文稿交还作者本人。然后用别人对你文稿的修改稿作为唯一指导（毕竟你是作者），写一份最终稿。把修改稿和最终稿交给你的导师。

13. **风格修改**　你毕业后想立即担任什么职位？你想在哪类公司工作，你想在国内的什么地方工作？从今往后五年时间内，你的职业期许是什么？ _{沟通目标 4}

就这个话题写一份一页纸的稿子。找一个人做搭档，让他大声读出你的稿子，然后就稿子的质量给出反馈意见。哪些地方比较清楚？哪些地方不很清楚？内容是否顺畅？该做哪些修改？然后在你觉得必要的地方进行修改。接下来以同样的程序阅读你搭档的稿子。在你们的稿子上保留修改痕迹，然后交给你们的导师以获得反馈意见。

14. **校对**　假设你是迈克尔·兰德，你写了下面这封信并将其录入电脑。对这封信进行校对，用行数表示每个错误的位置。校对信的内容、排字错误和格式。对于每个错误，用"有"或"没有"来表示这个错误是否会被电脑的拼写检查器标出。（提示：你能找出 30 处内容、排字或者格式上的错误吗？） _{沟通目标 5}

```
1    April 31, 2008
2    Mr. Thomas Johnson, Manger
3    JoAnn@Friends, Inc.
4    1323 Charleston Avenue
5    Minneapolis,MI 55402
6    Dear Mr. Thomas:
7    As a writing consultant, I have often asked aud–
8    iences to locate all teh errors in this letter.
9    I am allways surprized if the find all the errors.
10   The result being that we all need more practical
11   advise in how to proof read.
12   To aviod these types of error, you must ensure that
13   that you review your documents carefully. I have
14   prepared the enclosed exercises for each of you
```

15 to in your efforts at JoAnne & Friends, Inc.
16 Would you be willing to try this out on you own
18 Sincerly Yours
19 Mr. Michael Land,
20 Writing Consultant

15. **团队沟通**　你要和三个人一组一起完成这项任务。假设你们大学校园旁边是一家大型购物中心，很多走读学生上课时都把车子免费停放在购物中心的前面。购物中心的管理部门不想让学生继续如此，提出要让学生腾出空间给顾客停车。你们组四个人分别是四个学生组织的代表（女学生联谊会、大学生联谊会、商学院学生会和校园服务会）。你们决定联名给购物中心的经理写一封信，劝说他不要改变现状。

　　按照本章所讲的五步法，给经理写一封一页长的信。集体讨论信的内容该写什么，让每一个人说出可能要写的要点，同时让其中一个人将大家所说的要点全部写下来。就这样讨论10到15分钟，在此过程中不要评价这些观点。然后再逐个讨论这些要点，确定哪些要写进信里和要点之间的写作顺序。

　　写信时采用商业文书格式。把信寄给迪卡尔布县美景购物中心的总经理马丁·尤瑟先生，邮箱1083号，邮编是60115。将信封打印出来，在信上签上你们的名字并把信折起来放进信封，然后把这封信交给你们的指导老师。

持续案例 4

Urban Systems

我听到婴儿的啼哭声了吗？

"这次又是这样，"玛丽·里昂放下电话时这么想，她是城市系统公司研发部经理。电话是她三岁女儿的临时保姆打来的，说自己患了感冒，所以玛丽需要自己去接女儿丽安。玛丽是位单身母亲，她别无选择，所以只好请一次假自己去接女儿。她把这件事向上司托马斯·默卡多作了汇报，后者是生产副总裁。

托马斯曾经不止一次这么想：城市系统公司应该开办一个儿童保育中心。他分析了这个想法并对儿童保育中心的经营成本、严格的认证要求以及健康安全和保险问题做了一些了解。分析之后他认为开办儿童保育中心会产生以下这些好处：

- 可以招聘和培养优秀员工
- 生产力提高
- 员工满意度更高
- 员工请假更少
- 员工换班减少，员工队伍更稳定
- 公众形象提高
- 员工经验和资质提升
- 更多因照顾婴儿离职的女性员工回到工作岗位

显然，还需要解决诸如选址、建设、维护、设施和人员的费用支付问题，而且还有一个问题就是，公司开办儿童保育中心只会惠及一部分员工。

托马斯决定向戴维写份备忘录，提出开办儿童保育中心的想法。

批判性思考

1. 假定你是托马斯·默卡多。这份报告的具体目的是什么？
2. 这份备忘录的主要受众和次要受众是什么人？你所知道的主要受众的哪些信息会帮助你更好地写这份报告？
3. 按先后顺序列出你在报告中要涵盖的要点。（显然你不能把上面所列的好处都写进备忘录里，但对于那些将写到的好处，你要提供更多详细信息。）
4. 写出备忘录的初稿。你可以编造任何所需的合理信息。
5. 调整备忘录格式，校对，然后提交。

5 修改作品

沟通目标

学完本章后，你应该能够：

1. 选择正确的词语；
2. 写出有效的句子；
3. 写出有逻辑的段落；
4. 传达恰当的语气。

圈内人视角：
世界摔跤娱乐（WWE）

无论摔跤选手们是成功晋级还是淘汰出局，加里·戴维斯都会用正面的语言来描述现场情况。加里·戴维斯是世界摔跤娱乐的企业沟通副总裁，WWE每年在全世界范围内策划超过300场职业摔跤赛事。

不管是起草例行公告，还是向公众解释公司针对突发事件的应对措施，这位WWE执行官不断强调："写作的关键在于，把它看作是一个半满的杯子。如果你能够做到这点，那么你就会用正面的语言表达信息。"戴维斯还有一个方

> "从商务沟通的角度看，少即是多。"

加里·戴维斯
世界摔跤娱乐企业沟通副总裁
（康涅狄格州斯坦福德）

法可以帮助观众理解他说的意思，那就是在写作过程中做到简明扼要。他认为，"文章写得过多、过长、过于花哨很容易做到，但是这样会掩盖你原本想要表达的意思。因此，从商务沟通的角度看，少即是多。"

戴维斯最近在一封信中提出了名为"选票冲击战！"的倡议。在这封信中，他引用了一些WWE明星选手针对年轻人注册投票的言论，成功地带动数十万年轻选举人参与选举投票，同时也提升了世界摔跤娱乐在主要观众群体中的可信度。这充分证明了使用具体正面的语言对实现写作目标的关键性作用。

5.1 风格是什么？

如果学过语言艺术基础，你就会知道如何在大多数商务写作情境中正确地表达自我；也就是说，你会知道如何避免在语法、拼写、标点以及单词选用方面犯错误。但是，在技术角度上正确的信息仍有可能不能实现目标，因为它缺少风格。

风格是指表达观点的方式（而非思想本身）。风格包括作者使用具体单词和这些单词组成句子、段落和完整篇章的方式。

在撰写文章的初稿时，应该更多地关注写作内容，而非风格。你的主要写作目标应该是将你的观点用某种形式记录下来，而不是担心风格或是技术性部分。（技术性部分指只以书面形式出现在信息沟通过程中的要素，包括拼写、标点符号、缩写、大写、数字表达以及词语拆分。）如果在以后的章节中以及实践中要修改信件、备忘录、电子邮件以及报告，应该运用图 5-1 中所描述的风格原则。

> 即使做到语法上毫无差错，也不能保证拥有风格；但是要拥有风格，又必须做到语法上毫无差错。
>
> 风格是指单词、句子、段落以及信息整体语气的效果。
>
> 技术性部分指在写作中表达观点的方式。

5.2 选择正确的词语

[沟通目标 1]

单个词语是写作的最基本单位，是我们构建有意义信息的基石。所有作者都能接触到相同的词语，区别就在于他们如何选择、组合这些单词，因而有些人可以达成信息表达的沟通目标，有些人则不能。以下讨论的是词语选择的五个原则，旨在帮助你提高写作的有效性。

图 5-1
有效写作风格的步骤

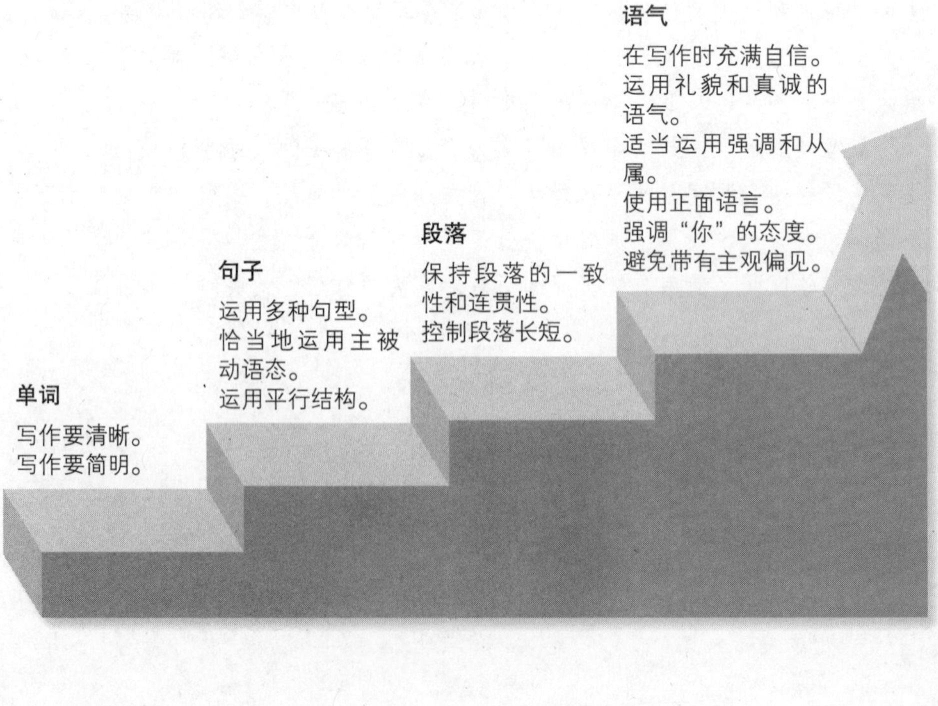

单词
写作要清晰。
写作要简明。

句子
运用多种句型。
恰当地运用主被动语态。
运用平行结构。

段落
保持段落的一致性和连贯性。
控制段落长短。

语气
在写作时充满自信。
运用礼貌和真诚的语气。
适当运用强调和从属。
使用正面语言。
强调"你"的态度。
避免带有主观偏见。

140 商务沟通

清晰地写作

写作的基本准则是清晰，只有达成了这一项要求，其他原则才有存在的意义。写作要清晰，也就是说写作要让读者能够理解、产生信赖感、进而据此采取行动。通过下述几条准则你就能够实现清晰：

- 做到准确和完整。
- 使用读者熟悉的词语。
- 使用确切、具体的语言。
- 避免使用悬垂结构。
- 避免套话、俚语和不必要的行话。

做到准确和完整 对于作者来说，他们最宝贵的资本就是可信度，而可信度在很大程度上取决于写作中使用信息的准确性。如果由于作者的粗心大意、准备不足、或是控制欲过强等因素，导致读者受到误导，那么这种伤害会立即产生永久性的作用。读者一旦有过上当受骗的经历，就不会再相信这个作者所说的话。

准确性有多种形式，其中最基本的形式是对事实和数字的真实表达。但是准确性所包含的内容远不止这些。以下文为例，该句是从公司财政支持者的备忘录中截取的句子：

> 米切尔金融服务公司执行委员会将于5月28日星期四会面，决定如何解决分配危机。

如果读者在检查过程中发现今年的5月28日是星期三，而非星期四，那么这名读者可能会立刻对文中的所有其他信息产生质疑。读者可能会想，"如果作者的这个错误恰好被我发现，那么还有多少我没有发现的错误隐藏其中呢？"

接下来，让我们考虑一下现实背景下更微妙的阴暗面。这句话暗示，公司的执行委员会可能是紧急召集组成的，唯一的目的在于解决分配危机。但是，如果这个问题仅仅是在例行会议上讨论的五项议题之一，那么这句话的表达是否准确呢？如果真正的首要议题是"讨论近期的分配问题"，那么"危机"是否等同于"问题"？

因此，信息的准确性取决于说的是什么，怎么说，以及作者的言下之意。真正优秀的作者会衡量他们写作的伦理维度，运用真诚、公平和绝佳的判断力来确保他们的言论符合伦理道德。

完整性与准确性紧密联系。缺少关键信息的文本会给人留下不准确的印象。当文本包含了读者进行合理反应所需的全部信息——既不多，也不少——那么这个文本就是完整的。

使用读者熟悉的词语 读者必须首先理解信息，然后才能按照作者表达的

> 准确性是商务写作中最重要的属性，它不仅局限于信息表述没有错误。

> 道德传播者要确保文本的整体语气是准确的。

使用你和你的读者都能够理解的语言。

信息来行动。因此，你必须使用既能被你理解（这样你就不会误用单词），也能被你的读者所理解的词语。

玛丽莲·沃斯·莎凡特是吉尼斯世界纪录认证的全世界在世的最聪明的人，有一次她向读者提问下面的段落表达的意思：

> 当你公布晦涩难懂的沉思结果或表达你表面的多愁善感和友善的哲学、心理学观察结果时，你必须清楚地认识到陈词滥调的沉重。你的口语表达要清晰，具备可理解性、真实性、灵敏度。不要大言不惭，不要使用戏剧性夸大的言辞。要孜孜不倦地避免各种深奥的多音词、夸大的倾向和一知半解的思想贫乏。

她把这个段落归纳成一句话：不要用大词！

当然，使用长词有时在商务沟通场合是必要的，但应该恰当地使用。你的词汇量越大，对读者的理解越深，你在正确选择和使用读者熟悉的词汇方面就越出色。

简短的词汇能够更好地被读者理解，不易遭到误解，也不容易使读者分心。文学作家的写作目的通常是为了给读者留下深刻印象；而词汇选择是为了引起读者的特定反应，例如欢乐、兴奋和愤怒情绪。另一方面，商业作者的写作目的是表达；他们要实现的目标是理解。他们要读者专注于信息本身，而非作者传达信息的方式。运用简短的词汇能够帮助作家更好地达成写作目标。

写作是为了表达——不是留下深刻印象。

不要 总的来说，由于使用了掺入杂质的水，我们陷入了无止境的延误当中。

应该 总之，使用不纯净的水导致无尽的延误。

当然，我们要承认简短的词汇无法准确地传达作者的观点。例如，第2章中我们提及的种族优越感（ethnocentrism）一词，这个词语的意思是坚信自己所在的文化群落是最优越的，而我们无法找到任何单音节词来取代这个词。

我们的准则并非提倡只用简短词，而是更倾向于使用简短词。（马克·吐温是按照写作字数换取稿酬的，但是他曾经说："我从不用 metropolis 这个词，因为我用 city 也可以拿到一样多的报酬。我也从来不用 policeman 这个词，因为用 cop 也可以拿到一样多的报酬。"）

以下是列举了一些从各类商务文件中收集来的不必要长词，同时列举了可供替换的成对短词：

ascertain（learn）确定、查明 　　modification（change）改变
endeavor（try）努力、激励 　　　substantial（large）大、大量
enumerate（list）列举 　　　　　termination（end）终止、结束
initiate（start）开始、创始 　　　utilization（use）使用

但是，你仍然可以在表意清晰的句子当中恰当地使用长词，而不必在写作和口语词汇中完全舍弃长词。问题在于，尽管可以使用更为简短的同义词，作者们可能更倾向于通篇使用长词。因此，使用长词要适度。

使用确切、具体的语言　在第 1 章，我们讨论了过度抽象和模棱两可引起的沟通障碍。因此，如有可能，我们要选择确切的词语，也就是有明确的、含义清晰的词语。同样地，我们要选择具体的词语，也就是可以在读者头脑中形成绝对画面感的词语。

| 不 要 | 这辆运载工具最近出故障好几次。|
| 应 该 | 这辆送货车上周出故障三次。|

在第一句话中，读者看到"运载工具"这个词的时候会联想到什么——高尔夫球车？汽车？船？还是太空飞船？同样，多少次才算"好几次"——两次？三次？什么又是"最近"？修改后的版本准确详尽地告诉读者发生了什么事情。

但是，我们有时候不需要如此确切、具体的信息。例如，"总统回答了几名观众的提问"这句话中，回答提问的明确数字并非关键。但是在多数商务场合，你应该关注这样的词语，诸如几个、最近、一些、大量、少量、许多，并在必要时把这些词变得更为明确化。

同样，要恰当运用具体的词语，在读者脑海中营造一幅清晰的景象；也就是说，说话要使人产生身临其境之感：

| 不 要 | 副总裁对此次陈述感到无聊。|
| 应 该 | 副总裁一直打哈欠，还不停地看表。|

无聊是一个抽象概念，而"打哈欠和看表"无疑更为形象生动。

确保你选用的词语能够传达足够的信息，以引起读者的恰当反应。对于情感会议（愤怒或是感恩？）、明亮的颜色（红色或是黄色？）、新设备（邮资计算器或是收银机？）、价格变动（增长或是下降？）这类词要多加关注。

具体的词语可以呈现生动的画面感。

避免使用悬垂结构　**悬垂结构**是指句中无法与其他成分在逻辑上符合的部分。它与句子其他成分之间的关系不明确，在句中成悬浮状态。悬垂结构的两种最常见类型是错位修饰语以及不明确的先行词。为了纠正悬垂结构，我们必须使用一种或是多种技巧：

- 在引导从句中，将句子主语作为动作执行者。
- 使词语靠近其修饰语。
- 确保代词指代的具体词语（其先行词）是明确清晰的。
- 否则，修改句子以保持连贯性。

在个人广告和求职信中，确切、具体词语的使用非常重要。图中人为克雷格·纽马克，他经营一家名为 Craigslist 的网站，许多二三十岁的年轻人为了求职、租房和寻觅伴侣在那里发布广告。这个网站火爆一时，甚至产生了一部名为《在 Craigslist.org 的 24 小时》的关于在该网站发布广告的 23,000 名旧金山住户的电影。

不 要	阅读议案之后，一些问题出现在我的脑海中。（在该句中，易造成"一些问题"是动词"阅读"的动作执行者的错误印象。）
应 该	阅读议案之后，我发现了一些问题。
不 要	洛佩兹先生就药物的使用在礼堂作了发言。（"药物"难道是用在"礼堂"里面的吗？）
应 该	洛佩兹先生在礼堂就药物的使用作了发言。
不 要	明向乔伊解释了这份提案，但是她对此很不高兴。（到底是谁"不高兴"——明还是乔伊？）
应 该	明向乔伊解释了这份提案，但是乔伊对此很不高兴。

避免套话、俚语和不必要的行话 套话是指由于滥用而变得单调乏味的表达，不仅丧失新鲜度和原创性，甚至可能由于作者不想多费工夫推敲更恰当的词句而向读者传达错误信息。

不 要	随函附上一份申请表格，请尽早上交。
应 该	请于 5 月 15 日之前上交随函附上的申请表格。

以下列举的表达都已经被过度使用（甚至在其他国家也是如此），因此听上去非常乏味无趣。写作中必须避免使用类似表达。

| 根据我们的记录 | 如果你还有其他疑问的话 |
| 公司规定要求 | 不用说 |

想象一下，一个人在那天阅读的所有 15 封信中发现了"对您近日来信表示感谢"。它的真诚性和原创性听起来如何？

不要犹豫　　　　　　　记录显示
仅供参考　　　　　　　谨此通知

如上所述，俚语是被某个特定群体使用的表达，并且通常只在一段时间内流行。有时你可以理解某个表达中的所有词语，但仍然无法理解该表达在具体语境中的含意，那么你就有可能是被俚语给难住了。以下句为例：

It turns my stomach the way you can break your neck and beat your brains out around here, and they still stab you in the back.

对于那些不熟悉美国俚语的人（如不以英语为母语的人）来说，这句话似乎与人体有关，因为句中提到胃（stomach）、脖子（neck）、大脑（brains）和背（back）等身体部位。但其实这句话的真正含意如下：

这家公司在人事决策过程中忽视员工的辛勤工作和职业忠诚度的行为引起了我的强烈不满。

在绝大多数商务写作中，必须避免出现类似的俚语，原因如下：

- 俚语是非正式的表达。尽管大多数商务写作并非正式表达，但它们仍要保留"商务味"，并且要求用词的标准化。
- 俚语只流行一时。如果你的信件三年后再被抽取出来以供参考，那么当时你所使用的俚语也许已经不被广泛使用，甚至无人问津。
- 俚语适用于特定人群，其他的普通人群可能完全无法理解俚语所指代的含意。

由于上述原因，商务写作中必须避免下面列举的类似表达：

can of worms（一团糟）　　　　　　chew out（严厉责备）
go for broke（孤注一掷）　　　　　hate one's guts（深恶痛绝）
pay through the nose（被敲竹杠）　play up to（拍马屁、迎合）
security blanket（保护伞、带给人安全感的熟悉物体）　wiped out（精疲力竭）
zonked out（喝醉、睡着或昏迷等失去知觉的情形）

行话是指特定人群使用的技术性词汇。各行各业都有自己的特定词汇，行话给身处同一行业的人提供了准确有效的沟通便利。但是，行话也给身处不同行业的人们沟通造成不少麻烦。例如，CD对银行家来说意味着存款单（certificate of deposit），但是对于音响爱好者或者计算机用户来说，CD的意思是光盘（compact disc）。

> 流行词汇可以盛行一时，但也容易迅速过时而成为陈词滥调。因此流行词无法有效地满足书面商务沟通的需要。

第 5 章　修改作品　145

问题聚焦 9　　　　　　　　　　　　　　　　　　　　　技术

RUOK? WAN2TLK? HAND. BCNU

手机拥有文本模式的特点，用户只需要用手指键入文本信息，就可以将信息发送给任何人。这些信息将手机的即时性和答录机的便捷性合二为一。

许多人原本依靠电脑的即时通信功能与友人保持联络，但是现在他们即使不用电脑也能凭借手机达到同样的目的。

通常来说，手机上每条信息的字数限制是140个字符，因此多数用户，尤其是十几岁和二十多岁的年轻人，不会在多余的元音和非语音性的拼写上耗费时间和空间。他们对英语作出一些改变来适应自己的沟通需求。

因此，信息的接收者在进入收件箱的时候，有可能收到标题所示的信息内容。它的意思是说，"你还好吧？要不要和我聊一聊？祝愉快。待会儿见。"（Are you OK? Want to talk? Have a nice day. Be seeing you.）通过使用网络术语，用户可以将文本信息缩减至原来的一半。多数青少年是出于自己的意愿而使用网络术语的。

教师对学生利用短信作弊深表忧虑。美国手部治疗师协会警告用户，不恰当或者过度使用那些需要大量手指动作来键入信息或者控制导航菜单的手持设备，可能会导致手部损伤。

根据麻省理工学院的教授朱迪斯·多纳特的观点，现在的青少年"社交生活围绕着键入式沟通。"因此，短信大行其道。你也想参与其中吗？（RUUP4IT?）

批判性思考

▶ 假设你要给老板发送一条短信，你认为缩写适合于该短信吗？例如 BRB（be right back，马上回来）、BTW（by the way，顺便提一下）、FYI（for your information，供你参考）。另外，你觉得在其中加入表情符号恰当吗？例如笑脸或者其他表情。

有时候使用行话是恰当的，有时候则不恰当。

当词语被赋予特定含义时，即使最常见的词汇也会变得令人困惑。（例如，问题聚焦 9 中列举的 "RUOK? WAN2TLK? HAND. BCNU."）

商务沟通领域有没有行话？的确有——只要看看每个章节末尾列出的关键术语表就一目了然了。在本书中，首先将这类术语定义，然后加以运用，创造出准确高效的沟通过程。真正高明的作者会使用一些特有词汇，从而与精通该领域的行家对话，并且注意在与普通读者交流时避免使用这些特有词汇。

行话还与流行词汇紧密联系在一起。流行词汇听上去冠冕堂皇，目的是为了给其他人留下深刻印象。由于流行词汇被政府官员和高级商务人士广泛使用——他们的言论极具"报道价值"——而受到媒体的特别关注，也因此变得容易过时，沦为陈词滥调。

在大流行的初期和末期，流行词汇都会产生不少问题。如果作者选用的词汇同时被当下的所有人使用，那么作品就会显得单调乏味，缺乏独创性；如果作者选用的词汇不再被任何人使用，那么读者有可能无法理解作者想要表达的意思。以下列举了一些当下的流行词汇：

bandwidth（带宽）　　　　　　on the same page（进度相同、达成共识）
pushing the envelope（创新）　　bottom line（底线）
out of the loop（对某事不知情）　repurposing（再利用）
mission-critical（关键任务）　　proactive（有前瞻性）
value-added（增值、附加价值）

在名词或其他词性的单词之后加上 -ize 使之变成动词时，要尤其谨慎小心。例如 agendize（把……列入议程）、operationalize（使……开始运转）、prioritize（把……优先安排）、strategize（为……制定战略）和 unionize（使……加入工会）等等，因为这类词汇很快就会变得令人生厌。

简洁地写作

商人通常很忙碌。信息革命创造了更多的文书工作，商人由此获取了更多数据。但为了达到简明的目的，要让每一个单词都具备价值。要避免冗余和啰嗦的表达、隐藏的动词和名词以及其他"占用空间者"。

避免冗余和罗嗦的表达　　冗余是指对已经明确表达过或者暗示过的想法进行不必要的重复。避免这种不必要的重复有助于实现简明的写作目的。

不要	签署两份租约复印件是一项必须的要求。
应该	签署两份租约复印件是必须的。
不要	将原料混合在一起。
应该	将原料混合。

从定义出发，"要求"的意思等同于"必须的"，因此选择其中一个就足够了。同理，"混合"的意思就是把东西放在"一起"，因此两个词一起用其实是冗长多余的。不要将冗余和重复混为一谈。重复——用同一个词语超过一次——有时为了强调是可行的（这一点我们会在本章后面的内容中涉及）；然而，冗余（见图 5-2）在写作中是完全不适用的，因此必须避免写作中出现冗余现象。

new beginner	assemble together	connect up
new discovery	combine together	divide up
new fad	gather together	eat up
new innovation	mix together	lift up
new progress		rest up

图表 5-2

避免不必要的词语

Genworth Financial 是美国一家大型保险及金融服务控股公司。他们深知简明英语的价值，这一点从他们投放在众多商业杂志的全版广告中可见一斑。

WE DON'T JUST SPEAK INSURANCE AND INVESTING.

WE'RE ALSO DEDICATED TO SPEAKING PLAIN ENGLISH.

At Genworth Financial, we're committed to making insurance and investing as easy as possible. We're working hard to present information in a straightforward, understandable way that lets people make smart decisions. And that's what makes us clearly different. To find out more, ask your financial professional, visit genworth.com or call 1-888-GENWORTH.

Employee Benefits, Life and Long Term Care Insurance
that protect your family and your nest egg.

Retirement Income and Investments
that help preserve your lifestyle.

Mortgage Insurance
that makes affordable home ownership a reality.

Genworth Financial
Built on GE Heritage

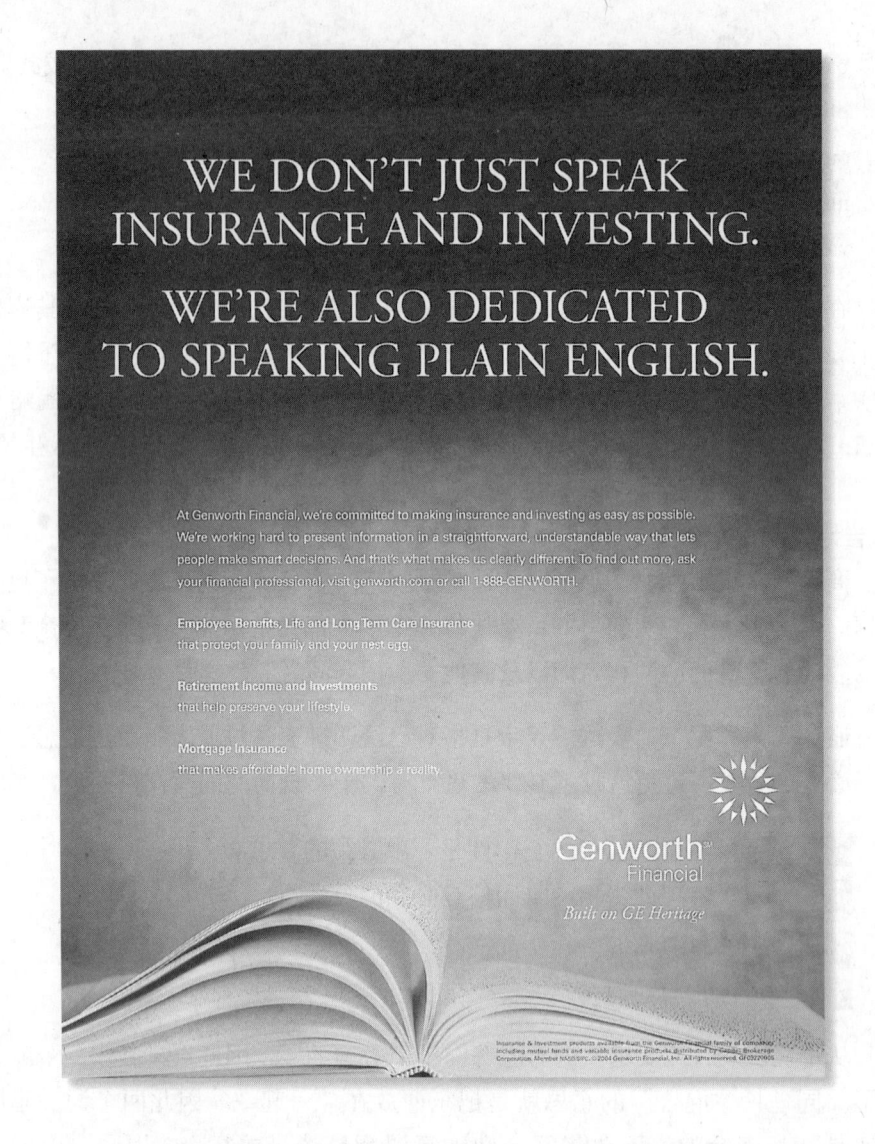

避免使用下面列举的常见冗余表达（用括号中的词语代替）：

advance planning（planning，计划）

but nevertheless（but *or* nevertheless，但是或者然而）

any and all（any *or* all，任何或者所有）

each and every（each *or* every，每个）

basic fundamentals（basic *or* fundamentals，基本或基础）

free gift（gift，礼物）

repeat again（repeat，重复）

repeat that again（repeat，重复）

plan ahead（plan，计划）

另外一种需要避免的冗余表达就是为缩写词添加名词，而这个缩写词本身就代表该名词的含义。例如，不需要在 ATM 之后在加上 machine（机器），因为 ATM 代表 automated teller machine，本身包含了 machine。同样，不应该出现 PIN number（PIN，个人识别号码），SALT talks（SALT，说话风趣）和 HIV virus（HIV，艾滋病病毒）这类表达。

尽管罗嗦的表达不一定有书写错误（而冗余表达就是书写错误），但却使沟通速度变得缓慢，因此必须避免罗嗦的表达。例如，尽可能尝试用一个单词替代一个词组。

> 运用尽可能少的单词来达成写作目标。

不 要 考虑到事实是该模型在我们测试的时间里失误了两次，我们在这个时间点正在寻求其他解决办法。

应 该 因为该模型在测试的时候失误了两次，我们正在寻求其他解决办法。

前一句话由 41 个字组成，而修改后的句子只有 28 个字。这样一来，你就"节省"了 13 个字的空间。理查德·兰哈姆在《修改商业散文》（*Revising Business Prose*）这本令人愉快的书中提到"润色要素"（lard factor），即通过"删除润色部分"所节省的字数百分比。那么在上述例句中：

$$41 - 28 = 13; \quad 13/41 = 32\%$$

由此可知，原句中有 32% 属于"润色"，这种表达无法为句子提供任何"营养"，反而使句子冗长繁复。兰哈姆建议："考虑到正常情况下，句子有 1/3 到 1/2 的部分是润色要素，因此在彻底去除润色部分之前，我们必须不停修改。"

以下列举了一些表达啰嗦的短语，并在括号中注明用以替代单个单词：

are of the opinion that（believe，相信）
in the event of（if，如果）
due to the fact that（because，因为）
pertaining to（about，关于）
for the purpose of（for *or* to，为了）
with regard to（about，关于）
in order to（to，为了）

避免隐藏的动词和主语　隐藏的动词是指那些已经被转化为名词形式、被削弱动作性的动词。动词是动作词汇，应该传达句中的主要动作含义，它们在句中提供令人关注和期待的动作。考虑以下例子：

不 要 卡尔做了一份通知，他将对我们的要求给予考虑。

应 该 卡尔通知他将考虑我们的要求。

> 将动词转化为名词会削弱句子、减少期待。

第 5 章　修改作品　149

句中真正的动作是什么？并不是卡尔"做了"什么事情，或是他将要"给予"什么东西。真正的动作隐藏在名词当中：卡尔"通知"并且会"考虑"。我们注意到，修改后的句子更加直接，并且减少了7个字（润色要素＝35%）。以下举例中，一些动作含义都应该通过动词来传达，而不是隐藏在名词中：

达成结论（总结）	有一个要求（要求）
达成一致（同意）	举行会面（会面）
作一次说明（说明）	进行一次支付（支付）
进行一次分析（分析）	给出一个解释（解释）

> 在虚词结构中的代词不指代任何名词。

与动词类似，主语在句子当中也起到了至关重要的作用。因此，主语应该清晰地显示出来，而不是被虚词构成的开头所掩盖。**虚词**是指作为从句或整个句子开头的表达，例如"那儿"（there is）或者"它是"（it is），并且代词没有先行词。因为虚词开头的句子主题不明确，所以在商务写作中应该尽量少用类似结构。避免使用虚词也有助于实现简明的写作目的。

不要 那儿没有人指出它是必要在会议中包括约翰的。
应该 没有人指出约翰应该参加会议。

暗示还是简洁 有时，你不必直截了当地陈述事实，可以采用暗示的方式。在其他情况之下，你可以运用形容词和副词代替从句，用简洁的方式传达需要的信息。

不要 我们已经收到你的近期来信，并且很乐意提供你需要的数据。
应该 我们很乐意提供你近来需要的数据。
不要 这本宣传册是免费的，它会回答你的问题。
应该 这本免费宣传册会回答你的问题。

5.3 写出有效的句子

> 沟通目标2

一个句子有一个主语、一个谓语，并且至少表达一个完整的意思。然而，除了这些特性以外，句子在风格、长度和效果上都有很大区别。

句子还具有灵活性，写作者可以将句子各个部分调换位置、增加或者删除相关信息、替换词汇以表达不同思想和强调不同的重点。如果要写出有效的句子，就使用多种句型结构，合理运用主被动语态，并且采用平行结构。

使用多种句型

有三种基本句型结构，分别是简单句、复合句和复杂句，这三种句型都适用于商务写作。

简单句 简单句由一个独立从句组成，也就是说，这一个从句可以独立存在，并且表达一个完整的意思。由于简单句只传达了一个单独的意思且句子较短，所以简单句通常用于强调作用。尽管简单句只包含一个从句结构，但是它可能拥有复合主语或者复合动词或者两者兼有。以下列举的句子均为简单句：

> 我退出。
>
> 个人退休账户是一个安全的选择。
>
> 对企业家来说，将个人退休账户和简化员工退休金计划作为退休投资都是安全便捷的选择。

运用简单句来强调。

复合句 复合句包含了两个或更多的独立从句。由于每个从句都表达了一个完整的意思，因此对每一个从句的强调程度都是同等的。（如果要表达的两个意思并不是紧密联系在一起的，那么它们就应该出现在两个分离的句子中。）以下列举了三个复合句：

> 斯泰西在听讲，而我却在打瞌睡。
>
> 莫里斯科技公司去年完成了一项重大的收购计划，但是最终该计划带来了灾难性的后果。
>
> 维斯特摩兰郡矿场在1984年将总部搬至普莱斯考特；然而在五年之后又将其搬回了格洛布。

运用复合句来表示协调的（平等的）关系。

复杂句 复杂句包含了一个独立从句和至少一个从属从句。例如，在列举的第一句中，"扫描仪将省下宝贵的输入时间"是一个独立从句，因为该从句本身有意义。"尽管要花费235美元"是一个从属从句，因为该从句本身没有意义。

> 尽管要花费235美元，扫描仪将省下宝贵的输入时间。
>
> 作为合宝的新任CEO，乔治·波斯利作出了决定。
>
> 当我获得新职位之后，我就会搬去奥斯汀。

运用复杂句表达从属关系。

从属从句提供了与独立从句相关的附加次要（从属）信息。

句式多样性 掌握多种句型结构，运用句子长度，对于保持写作趣味性有极大帮助。要记住，采用过多短句会使句子过于简化，造成断断续续之感；而采用过多长句会使得句子变得晦涩乏味。

过于断断续续：

> 金砖酒店（拉斯维加斯的一家酒店和赌场）不会收购克拉瑞奇酒店。该酒店拥有六十多年历史。收购该酒店的价位是1.1亿美元。这个价位并不算太高。金砖酒店原本打算获得新泽西州监管机构的某些承诺。这些监

管机构不愿意给予这样的承诺。一些观察者认为，监管机构拒绝给予承诺并不是这一决策的原因。他们将收购失败归罪于疲软的大西洋城经济。金砖酒店在2000年收购了拉斯维加斯的史丹克酒店。那次收购亏损了不少钱。金砖酒店不想在大西洋城重蹈覆辙。

过于晦涩难懂：

金砖酒店不会以1.1亿美元的价格——尽管并不高——收购拥有六十多年历史的克拉瑞奇酒店，因为金砖酒店原本打算获得新泽西州监管机构的某些承诺，但是这些监管机构不愿意给予这样的承诺。一些观察者认为收购失败的原因不是监管机构拒绝给予承诺，而是因为疲软的大西洋城经济；由于2000年收购的拉斯维加斯史丹克酒店计划导致亏损，因此金砖酒店不想在大西洋城重蹈覆辙。

这些段落中的句子都需要修改，从而能够以更为清晰的方式展现句子表达的意思，提升读者趣味度，并且增加文本可读性。运用简单句来强调意思；运用复合句来构建协调（平等）的从句关系；运用复杂句来展现从句的从属关系。

更具多样性：

金砖酒店不会收购拥有六十多年历史的克拉瑞奇酒店，尽管1.1亿美元的价格并不算太高。金砖酒店原本打算获得新泽西州监管机构实际上不愿意给予的某些承诺。然而，一些观察者把收购失败归咎于疲软的大西洋城经济。2000年收购的拉斯维加斯史丹克酒店计划导致亏损，因此金砖酒店不想在大西洋城重蹈覆辙。

修改后的版本前两句是复杂句，第三句是简单句，而最后一句是复合句。四个句子的长度变化范围在24到38个字之间。因此，要写出有效的句子必须运用不同的句型结构和句子长度。在优秀的商务写作中，多数句子的长度都在20到30个字之间。

合理运用主被动语态

动词的语态可以表现出句子主语是动作的执行者还是动作的承受者。在主动语态句中，主语执行这

奥伯问答

亲爱的奥伯博士：

在您关于引号的讨论中，您说"出版的整部作品标题用斜体表示。出版作品的部分的标题以及多数的其他标题都用引号表示"。那么，电影标题是否被包含在"多数的其他标题"这一范围内因而需要用引号表示？

——萨达夫

亲爱的萨达夫：

感谢您提出的关于电影标题的问题，因为电影并未被特别提及。但是，电影应该属于出版的整部范围内，因此电影标题应该用斜体表示，就像戏剧、音乐剧、歌剧、电视节目和画作标题也应该用斜体表示一样。

——斯科特

给作者写信，邮箱为askober@comcast.net。

个动词所表达的动作；在被动语态句中，主语承受这个动词所表达的动作。

主动语态	百思买提供所有订单的全额退款。
被动语态	所有订单的全额退款由百思买提供。
主动语态	舒马赫和杜尔公司在 2008 年对这些书进行了审计。
被动语态	这些书在 2008 年由舒马赫和杜尔公司进行了审计。

在主动语态句中，主语执行动作；在被动语态句中，主语承受动作。

被动语态句会在主动词上添加动词 to be 的一些形态变化，因此被动语态的句子通常会长于主动语态的句子。例如，在上面列举的第一组句中，主动句中用动词"提供"；而被动句中用"由……提供"。

在主动句中，句子主语是动作执行者；在被动句中，句子主语是动作承受者。由于动词比句中其他名词受到更多强调，因此主动句旨在强调动作执行者，而被动句旨在强调动作承受者。在上面列举的第二组句中，两个版本都是正确的句子，区别在于作者想要强调的对象是舒马赫和杜尔公司还是这些书。

在商务写作中，应该尽量使用主动句，就像你日常对话中自然而然地更倾向于使用主动句一样。要注意的是，动词语态（主动或被动）和动词时态（动作发生的时间）没有关系。下面列举的句子表明，主动句和被动句均可使用过去时态、现在时态或者将来时态。

不要	一个很合逻辑的论点被哈尔提出来了。（被动语态、过去时态）
应该	哈尔提出了一个很合逻辑的论点。（主动语态、过去时态）
不要	18%的增幅将被东部地区报道出来。（被动语态、将来时态）
应该	东部地区将报告 18%的增幅。（主动语态、将来时态）

如果动作执行者身份不明或不重要，或是你想要巧妙地传达负面信息，那么你应该使用被动句从而对动作承受者加以强调。下面列举的句子中合理地使用了被动语态：

保护性立法由于导致进口大幅缩减而受到指责。（强调动作承受者）
提供前往建筑工地的交通方式。（动作执行者不重要）
收到关于新政策的几项投诉意见。（巧妙地传达负面消息）

在传达负面信息上，使用被动句通常比使用主动句更为有效。

采用平行结构

平行的意思是运用类似的语法结构来表达类似的意思，也就是说把形容词和形容词相配、名词和名词相配、动词不定式和动词不定式相配，以此类推。很多被广泛引用的句子都采用了平行结构，例如凯撒大帝的"我来过，我看见，我征服"还有亚伯拉罕·林肯说过的"建立民有、民治、民享的政府"。

平行结构将作者想表达的观点紧密结合在一起，为句子和段落增添了令人愉悦的韵律感，从而提升了整体的协调性。

平行结构可以提升文章整体的一致性。

不要	新调度员是一个有能力且工作效率极高的员工。
应该	新调度员很有能力且工作效率极高。
不要	这种新型纸张重量轻、不渗透，而且它的价位低。
应该	这种新型纸张重量轻、不渗透、价位低。
不要	培训计划将涉及休假、病假、如何处理不满和管理你的工作站。
应该	培训计划将涉及休假、病假、不满处理以及工作站管理。
不要	一位管理顾问建议，要么卖掉孩子的家具区，要么将它转化为孩子的玩具区。
应该	一位管理顾问建议，要么卖掉孩子的家具区，要么改造为孩子的玩具区。
不要	格拉迪斯不仅精通文字处理，而且精通桌面排版系统。
应该	格拉迪斯精通的不仅有文字处理，而且有桌面排版系统。

在上面的最后两组句子当中要关注的一点是，在相关连接词（例如，both/and，不仅……而且……；either/or 要么……要么……；not only/but also，不仅……而且……）之后出现的词语必须以平行结构出现。尤其要注意的是，拥有同等重要程度、经过编号并使用项目符号列表的报纸标题中，必须使用平行结构。

5.4 写出有逻辑的段落

沟通目标 3

　　一个段落是由关注同一个中心思想的一组相关句子组成。段落第一句通常表明该段落的中心思想，也就是所谓的主题句。其余部分通过提供更多信息、作出更多分析以及列举更多例子来支撑中心思想。虽然一个段落可以包含全部信息，但是通常来说一个段落只包括较长信息的一个部分，尤其是在备忘录和电子邮件一类非正式沟通场合。

通过另起一个段落来表明叙述话题的转变。

　　通过段落，作者将话题组织成信息的可管理单元，为读者的阅读提供便捷。而读者需要根据作者给出的提示来分辨某个话题结束的地方，从而适时暂停上个话题，并将注意力集中到下个话题。为了达到这个目的，段落之间必须连贯一致，长度适当，并使用平行结构。

保持段落一致性和连贯性

　　尽管一致性和连贯性的意思相近，但并非完全一致。一致性是指一个段落所有的部分共同一致地、有逻辑地表达某个思想；连贯性是指段落中每一句都流畅地前后联系。

　　一致性　具备一致性的段落给出与话题直接相关的信息，用逻辑顺序表达信息，并省略与话题无关的细节。下面摘录了某个备忘录的中间段落，该备忘录是关于一个家为柯林斯的婴儿食品制造商是否应该扩展成人食品市场的讨论：

> **不 要**　［1］我们无法兼顾针对两个年龄段的产品。［2］近期的一项调查显示，三十五岁以下人群中有三分之二认为柯林斯是提到"婴儿食品"时他们最先想到的品牌。［3］超过50年来，我们每年花费数百万美元来推广我们是婴儿食品公司，而且市场调查显示这一举措是成功的。［4］去年，我们推出了Peas'n'Pears品牌，这成为了我们有史以来推出的最为成功的婴儿食品品牌。［5］现在来看，把我们公司定位为成人食品生产商是不适宜的。［6］我们公司在市场上的既定定位会增加生产成人食品销售失败的危险系数。

在继续阅读前，应该对这些句子进行重新排序，让表达的观点更有逻辑性。如上文所述，该段缺乏一致性。如果你认定该段的整体话题是关于柯林斯作为婴儿食品生产商的既定定位，那么第6句应该是最佳的主题句。如果你认定第4句带入了多余信息，导致段落一致性被削弱，那么该句就应该删除。这样一来，最具一致性的段落应该按照第6句、第3句、第2句、第5句和第1句的顺序：

> **应 该**　我们公司在市场上的既定定位会增加生产成人食品销售失败的危险系数。超过50年来，我们每年花费数百万美元来推广我们是婴儿食品公司，而且市场调查显示这一举措是成功的。近期的一项调查显示，三十五岁以下人群中有三分之二认为柯林斯是提到"婴儿食品"时他们最先想到的品牌。现在来看，把我们公司定位为成人食品生产商是不适宜的。我们无法兼顾针对两个年龄段的产品。

对于长段落来说，主题句尤为重要。通常主题句出现在段落开头，这样可以帮助作者将注意力集中在一个话题上，从而使整个段落更具一致性；同时，这样做可以帮助读者及时了解该段的话题。

> 主题句通常出现在段落开头。

连贯性　具有连贯性的段落中所有的句子都被整合起来，讨论话题更加集中。因此，读者在阅读时，不需要停下来考虑段落之间的关系，或是重新阅读上文来摸清作者的意图。要达到连贯性的目的，应该运用过渡词和连接词，重复关键词和关键思想，以及使用平行结构。

> 要实现连贯性，应该运用过渡词、连接词、重复以及平行结构。

连接词可以帮助读者找准句子之间的关系。这类词语可能是"首先"这样的简单词，或者是其他表示序列顺序的指示词。

十年前，柯林斯试图挽救市场对其婴儿服饰生产线的抵制。<u>首先</u>，该公司发起高达数百万美元的由梅森五胞胎出演的广告宣传；<u>接着</u>，它赞助了"柯林斯宝宝模仿大赛"；<u>然后</u>，它赞助了两次网络特辑，均由本杰明·斯伯克博士主持；<u>最后</u>，它收购了摩根和莫丁公司下属的麦迪逊大道公司，以拓宽公司形象。

上面段落中使用了"首先"、"接着"、"然后"和"最后"，这些词清晰地表现出逐步的行动。现在请注意下面列举的段落中对连接词的运用：

<u>然而</u>，我意识到柯林斯不能单靠婴儿食品来实现兴盛。<u>首先</u>，我们已经控制了73%的市场份额，因此进一步提升收益会变得比较困难；<u>另外</u>，现在正处于生育高峰减缓的时期。<u>因此</u>，我们必须扩展我们的生产线。

连接词就好比路标，指引信息的去向，让读者了解他们可以期待什么。以下列举了一些常用的连接词，并根据它们所表达的关系进行了分类：

关系	过渡性词语
增加	也、另外、而且、再者、此外
因果关系	因此、因为、结果、所以、为此
比较	相同地、同样地、类似地
对比	尽管、但是、然而、不过、另一方面、尽管如此
说明	例如、比如、换句话说、举例而言
顺序	首先、其次、第三、然后、下一个、最后
总结	最后、总的来说、因此、简而言之
时间	同时、接下来、自从、不久、然后

实现段落连贯性的第二种方法是运用代词。由于代词的功能是指代前文已经提及的词语，因此使用代词可以把句子和表达的观点联系起来。下文中已经在所有代词下面标了下划线：

如果柯林斯要开拓其他食品业务，那么这个业务很有可能是针对年轻人研发的水果零食。去年，哥伦布市已经开展了趣味水果的尝试，结果<u>它们</u>引起了轰动。全国营销经理罗杰·约翰逊说，<u>他</u>希望将新的食品种类经营成为有两亿美元市场价值的大业务。目前，<u>他</u>还在探索收购其他知名品牌的可能性。比起开发<u>我们</u>自己的新产品，收购这些品牌会让<u>我们</u>的业务拓展得更快。

实现段落连贯性的第三种方法是重复关键词。为了使文本看上去更有趣味性，作者有时会使用不同的词语来表达同一个意思。例如，在讨论并购提案时，作者可能在不同的地方使用并购、结合、合作、联合以及企业联合这些词。又

有目的性的重复可以增强连贯性；不必要的重复要尽量避免。

或者，作者会使用管理人、经理、监督人以及主管等词语来指代同一个人。这些"优雅的变化"会导致读者受到误导，因为他们不知道作者指代的是同一概念还是与此概念有些许差别的变体。

避免不必要的重复，但是应该通过有目的的重复将你所要表达的观点联系起来，从而增强段落的连贯性。下文是一个很好的范例：

> 柯林斯最近采取了若干<u>举措</u>，目的在于增加收益并且向公众展现其更为稳固的领导地位。其中的一项<u>举措</u>就是精简运作。柯林斯的儿童服装生产线<u>效益不佳</u>，因此该生产线被停产。它的四家农产品基地也同样<u>效益不佳</u>，因此柯林斯聘用了外来专业<u>团队</u>来进行管理工作。这支<u>团队</u>最终建议柯林斯出售这些基地。

为了确保段落的一致性，每个段落只能涉及一个主题，并且在陈述相关信息时采用逻辑顺序。为了确保段落的连贯性，应该使用过渡词、连接词，并且重复关键词。

控制段落长度 在商务写作中，段落到底要多长才算合适呢？与写作的其他方面一样，我们在回答这个问题的时候应该考虑到读者的需求，而非这样做能否为作者带来方便。段落应该通过标示新想法的出现以及旧想法的终结来帮助读者理解。

> 过分冗长的段落会给人无趣和难懂的印象。

一方面，不加分段的冗长文本会让人感觉无聊，不必要地提升复杂性，还会在不经意间掩盖作者的关键观点（见图5-3）。另一方面，一长串极短的段落也会掩盖段落间的潜在联系，削弱文章的连贯性。

一般说来，对于段落长度没有既定的规则，有时候只有一句话的段落或者有十句话的段落也是有效的。但是在商务写作中，最佳的段落长度通常控制在三到六行，这个长度对于一个主题句和三、四个支撑句来说已经足够。

段落既是逻辑单元，又是视觉单元。段落是逻辑性的，因为一个段落只讨论一个主题；段落也是视觉性的，因为一个段落的末尾示意读者停止阅读并消化信息（又或者，只是让读者休息一下）。尽管一个单独的段落只能讨论一个主要话题，但是复杂话题应该分成多个段落来讨论。总的来说，段落长度最终应该由作者的写作目的和读者的需求决定。

5.5 采取恰当的语气

选择恰当的词语来构建有效的句子，并将这些句子组合成有逻辑性的段落。我们现在来审视完整信息的语气，例如整封信件、备忘录、报告等等。

> 沟通目标4

写作中的**语气**是指作者对待读者和传达信息主题的态度。表述信息时采用的整体语气对读者的影响，如同日常对话中采用的声音语气对听众的影响一样。

图 5-3

段落长度对可读性的影响

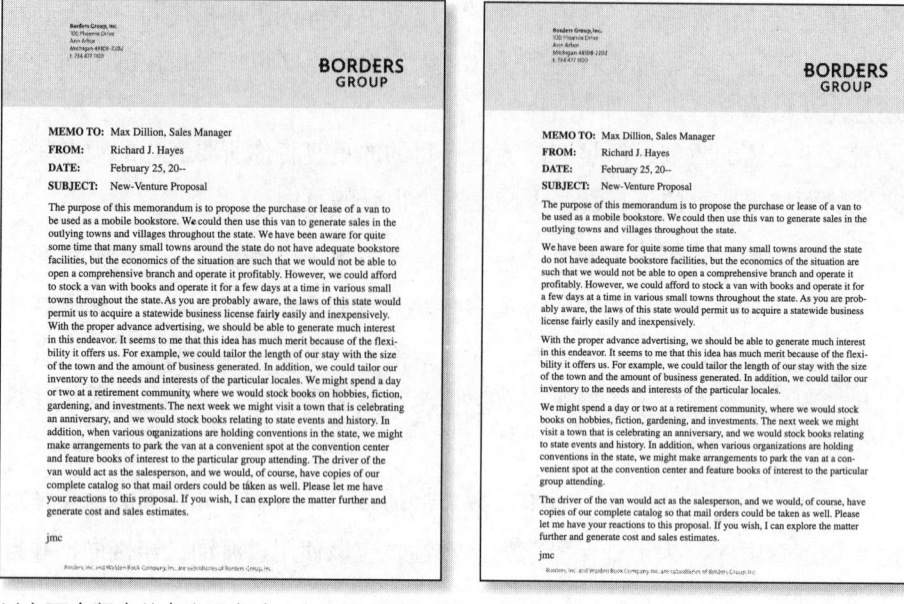

以上两个版本的备忘录包含了相同的信息。你认为哪一个版本更有吸引力？

在商务写作中，作者在运用合适的语气时应该遵循以下几条原则：

- 自信地写作。
- 语气真诚有礼。
- 恰当地运用强调和从属。
- 使用正面的语言。
- 凸显对方立场。
- 使用非歧视性语言。

自信地写作

你的写作应该传达出自信的态度，展现你完成了一项极具挑战性的沟通任务，这样你的读者就会按照你所说的话来行事并接受你作出的决断。如果你坚信你给出的解释是完整的，你提出的要求是合理的，你作出的决断是有完美逻辑性的，那么你就做到了自信地写作。这种信心会对你的读者产生强大的说服力。

避免使用那些让你看上去优柔寡断的语言。尤其注意句首不要使用类似"我希望"、"如果你没有异议的话"等具有自我意识的用语。

不要 如果你想接受我们的报价，请致电我们的免费服务电话。
应该 接受我们的报价，请致电我们的免费服务电话。

不要 我希望您能够赞同，我所具备的能力足够满足工作需要。

158 商务沟通

| 应 该 | 我具备以下几方面的能力，足够满足工作需要。

在一些场合，最好的写作策略就是省略信息。例如，你不应该向读者提供任何可以拒绝你要求的借口，或者暗示有些地方出了差错，又或者害怕读者可能产生的不满意情绪。

| 不 要 | 我知道您公务繁忙，但是我们真的很想听听您的意见。
| 应 该 | 鉴于您目前涉足多个不同领域，您对小型企业的看法对我们的观众来说显得尤为重要。

| 不 要 | 如果您遇到任何问题，请告知我们。
| 应 该 | 您购买的锄草大师牌割草机将享受多年的无故障服务。

在此提醒大家：不要显得过分自信；也就是说，不要让读者感觉作者自视甚高或是傲慢无礼。尤其要注意，避免使用过于强硬的语气，例如"我知道"和"我确定你一定会同意"。

| 不 要 | 我确定你一定会认为我们的报价很合理。
| 应 该 | 这个方法应该可以使你收集到需要的相关数据，同时也保护了我们客户的隐私。

> 适度自信是成功的关键。

成功的沟通应该是自信的沟通。因此，写作既要做到有坚定信念，又不能显得过于固执己见或是狂妄冒失。

语气真诚有礼

真诚有礼的语气能够为你和你的组织营造善意的氛围，提高作者实现写作目的的可能性。举例来说，如果作者一味地向读者说教，或是在文中堆砌**陈词滥调**（陈腐的、显而易见的表达），就会表现出居高临下的态度。同样地，读者看到某些表达可能会感觉受冒犯，诸如"你没能"、"我们觉得难以置信的是"、"你肯定不会指望"以及"你的抱怨"等。

> 陈词滥调是指那些过于显而易见的表述，一旦将其纳入文章当中，有可能会冒犯读者。

| 不 要 | 除非顾客能够按时支付账单，否则像我们这样的公司无法生存。
| 应 该 | 在 5 月 30 日前支付您的账单，这样您就可以维持在我们公司良好的信用记录。

| 不 要 | 您的投诉送到了错误的部门。我们部门不处理船运问题。
| 应 该 | 我们已经将您送来的投诉意见转至船运部门处理。您将在本周内收到回复。

你的读者所具有的经验让他们能够辨别你是否真诚。为了建立真诚的语气，作者必须避免过于夸张（尤其是使用过多修饰语或是语气过强的修饰语）、过

没有人比比佛利山半岛酒店的总经理阿里·卡斯克斯更了解使用真诚有礼的语气的重要性，该酒店是南加州唯一一家同时荣臻美孚旅游指南五星奖和 AAA 五钻奖的酒店。

显而易见的阿谀奉承以及夸张语气听起来不真诚。

于明显的谄媚奉承以及惊讶、怀疑情绪的表达。

不要 对我们来说，您的满意比盈利更为重要，我们将夜以继日地努力工作来赢得它。

应该 我们重视您的善意，并已采取具体措施来确保您的满意。

不要 我很惊讶，鉴于你去年的总体表现，你竟然会质疑你的加薪。

应该 你的加薪依据的是对你去年表现的客观评价。

成功的沟通可以通过语言和非语言信号的使用，向读者传达礼貌和真诚。但是这种态度很难伪装。实现期望语气的最佳方法就是真切地对你的读者怀有真诚有礼的态度。

恰当地运用强调和从属

并非所有表达出来的观点都具备同等重要性，有些观点比其他观点更为重要，且更具说服力。例如，假设你被要求比较和评价"复制猫"和"锐普100"这两款大容量复印机，撰写一份备忘录报告，推荐购买其中一款。假设除了以下列举的几个方面以外，这两个品牌的产品完全一样：

特征	复制猫	锐普 100
速度（每分钟复印份数）	15	10
价格（美元）	2,750	2,100
放大/缩小功能	支持	不支持

让你的读者明确地知道你认为最关键的想法。

如上所示，"复制猫"复印机速度更快、功能更为强大，因此一般分析人员可能会基于其更为明显的产品优势而向客户推荐"复制猫"复印机。但是，如果你复印的资料每次都少于五份，而且都要求全尺寸呢？在这种条件之下，你可能会认为"锐普100"复印机价格低廉，比起速度更快、功能更为强大的"复制猫"更胜一筹；由此你得出结论，应该推荐"锐普100"复印机。

如果想要让你的推荐更具可信度，就必须确保在评价产品功能的相对关键性时，你和你的读者保持同样的视角。为了实现这个目的，必须恰当地使用强调和从属技巧。

强调技巧 要强调某个想法，应该使用以下列举的策略（要使一个想法处

160　商务沟通

于从属地位，只要使用相反的策略）：

1. 用简短的句子表述观点。但如果你需要运用复杂句来传达所需信息，你可以把比较重要的观点放在独立从句中。（复合句中所有的独立从句传达的观点都受到同等程度的强调。）

> 如果要使某观点置于从属地位，将其放置在从属从句中。

简单句　　对我们来说，"锐普100"复印机是更好的选择。

复杂句　　尽管"复制猫"复印机速度更快，但是我们在复印时有98%的复印只要求复印五份以内。（独立从句强调速度并非我们考虑的关键所在。）

2. 把最关键的观点放在最前面或者最后面。表达信息的第一段受到较多重视，最后一段受到较少重视，而中间段落受到的重视是最少的。同样地，在段落中间的句子受到的重视程度也远低于段首句。

　　产品比较的第一条标准是售价。"复制猫"售价为2,750美元，"锐普100"售价为2,100美元，也就是比前者售价低了24%。

3. 用你要强调的名词做句子主语。也就是说，用主动语态来强调动作执行者，用被动语态来强调动作的承受者。

主动语态　　"锐普100"的售价比"复制猫"低了24%。（强调"锐普100"，而非强调"复制猫"）

被动语态　　两个型号的相对价格是最先进行比较的项目。（强调相对价格，而非强调两个型号）

4. 为你要表达的观点预留更多空间。

　　根据三条标准对两个型号的产品进行评价：售价、速度以及放大/缩小功能。由于我们使用的复印机以及需要复印的材料数量巨大，因此产品总价对于我们公司来说至关重要。去年我们公司使用了358台复印机，复印了超过650万页。还要注意的是，除了速度以及功能，如果该型号产品操作消耗过于昂贵，那么它也无法满足我们的要求。

5. 使用的语言必须直截了当地显示这个观点的重要性，例如，使用这些表达："最重要的是"、"主要是"或者"基本的"。

　　对我们来说，最重要的要素是售价。

（与此相反，如果要使某观点处于从属地位，那么就使用"最不重要的是"或者是"次要的一点是"这一类短语。）

6、运用重复（在合理范围内）。

第5章　修改作品　161

然而，"复制猫"售价昂贵——购买很昂贵，操作消耗也很昂贵。

7.运用技术性手段（在合理范围内使用）——列举、斜体、大写、换颜色、左右页边距缩排或是其他的设计构成要素——来强调关键要点。

但是最重要的评价标准是售价，"锐普100"售价比"复制猫"<u>低24%</u>。

伦理维度 作者运用强调和从属的目的是在自己和读者之间构建某种参照标准。作者要让读者明白自己观点的重要性，而非误导读者。举例来说，如果你相信"锐普100"是稍微更好的选择，那么你绝不会有意地误导读者，让他们相信这无疑是更好的选择。这种写作策略不仅违反伦理，而且也不明智。为了实现沟通目标，你应该做出合理的商业决断，进行公平竞争。

> 你所运用的语言应该表达真诚的评价；切勿误导读者。

使用正面的语言

相较负面的语言来说，给人留下正面印象的语言能够更好地达成写作目的。举例来说，如果你选择强调做某件事情的有利方面，而非强调不做某事带来的不利方面，那么你就有更多胜算说服你的读者按照你所说的从事。

和运用负面语言不同，运用正面语言能够为你和你的团队树立善意形象，向读者传递更多信息。注意以下列举的句子中使用的语气和传递的信息量：

不要	这个手提箱不是由廉价的人造皮革制成的。
应该	这个手提箱是由百分之百经久耐用的皮带革制成的。
不要	在收到你方支票之前，我们无法发送货物。
应该	一旦我们收到你方支票，就会立即发送货物。
不要	我目前没有任何工作经验。
应该	在管理研究所两次担任秘书的经验使我学会了准确纪录的重要性，并且给予我团队协作的宝贵经验。

> 避免使用听上去有负面意味的用语。

除了不能和不会这样的表达以外，还有其他表达也向读者传达负面信息，例如错误、损失、失败、拒绝、否认等，这类词语应该尽量避免使用。

不要	如果未能遵照指令，可能导致搅拌机故障。
应该	只要遵照指令，就能够确保该搅拌机在数年内不发生故障。
不要	我们对该项失误表示抱歉。
应该	感谢您就该项事件致电我们。
不要	我们每周五在晚上七点打烊。
应该	我们每周五营业到晚上七点，以便您下班后有足够时间购物。

总而言之，写作中要强调什么是真实的以及什么可以做，而不是强调什么

"不要告诉他们我们失败了,就说我们决定暂时推迟我们的成功。"

不是真实的或者什么不能做。但这并不意味着负面语言在商务写作中一无是处。负面语言可以产生强烈的强调效果,而写作中有时候需要使用这类语言。但是,除了那些非用不可的情况,否则作者还是应该使用正面的语言来实现写作目标,为自己和公司树立良好善意的形象。

凸显对方立场

在学习中,你最感兴趣的是你如何表现还是你的同学如何表现?在观看电视广告时,你最感兴趣的是这个产品如何使你获益还是你购买的产品如何使其投资者获益?在阅读和倾听信息时,你通常会和多数人一样有意识或者无意识地考虑:"这对我有什么好处?"

明确了这一点之后,你就会认识到组织信息过程中使影响最大化的有力策略,即凸显对方立场,而非己方立场。

对方立场强调信息接收者(听众或者读者)想知道什么以及他们如何受到信息的影响。这种观点要求作者在写作中使用共鸣的策略——设身处地将自己置于消费者立场考虑,并且理解对方的处境、感受、动机和需求。为了避免让读者产生作者自私自利和置身事外的感觉,必须关注读者需求,也就是说要采取对方立场的视角。

> 回答读者没有明确表达出来的问题,也就是"这对我有什么好处?"。

不 要	我将在今天下午发送您的订货。
应 该	您的订货将在周五到达。
不 要	自 5 月 15 日起,我们每周日的营业时间是下午一点到五点。
应 该	自 5 月 15 日起,您可以在每周日下午一点到五点来本店购物。

信息接收者获益 对方立场观念中很重要的一点就是信息接受者获益的观点，该观点强调信息接收者（读者或者听众）如何通过遵从作者要求而获益。尤其在请求他人帮助或拒绝要求时，我们有时唯一能做的就是向其展现某些人（不一定指读者）是如何从中获益的。但在任何可能的时候，我们应该展现他人而非我们本身是如何从我们的要求或决策中获益的。

不要	我们无法承担购买贵公司目录广告的费用。
应该	通过电视上做专门广告，我们能够为包括您在内的广大顾客提供最低价格的化妆品。
不要	我们的装饰型壁炉拥有橡木饰架，并且可以移动。
应该	由于我们的装饰型壁炉可以移动，因此不管是在起居室还是书房您都可以感受到炙热燃烧的火焰带来的温暖。您可以轻易将壁炉从一个房间移至另一个。

修改过的句子强调读者可以获取的利益，而由于包含更多信息，句子长度明显长于原句。但是这种强调绝对不是啰嗦，也就是说，这些句子并不包含任何不必要的词语。因此，你可以在添加信息的同时实现简明精炼的写作目的。

> 在某些情景下，你可能不想将注意力集中在读者身上。

例外情况 对方立场强调将注意力集中在读者身上。在多数情况下，这种适度注意是毋庸置疑的，但是在另一些向读者传达负面信息的情景下，你可能不想将注意力集中在读者身上。当你拒绝某人的要求、与某人意见相左、或是表达某人的过失和缺点时，你应该避免使读者与负面信息产生过于紧密的联系。在这些情况下，要避免使用第二人称介词，例如你和你的；使用被动语态或者其他从属技巧来强调动作承受者而非动作执行者的做法也应该避免。

不要	你应该在陈述中加入更多支持性证据。
应该	如果能够加入更多支持性证据，你的陈述将会更有说服力。
不要	你未能在十天期限内将货物送返。
应该	只要在十天期限之内，我们很乐意对送返货物全额退款。

使用非歧视性语言

非歧视性语言是指在写作中对所有人一视同仁，避免对任何群体的人妄加评论。使用非歧视性语言对作者来说是明智的选择，因为这种做法符合道德准则；如果背道而驰，可能会冒犯他人。考虑下面报告中的歧视类型：

> 作者应该对读者感受时刻保持敏感。

今天印染工厂里发生了冲突事件，起因是两名下早班的女士控告工头对她们实施了性骚扰。名为玛尔塔·玛利亚·瓦尔迪兹的西班牙裔检查员和名为玛格丽特·索耶的组装生产线工人控告英格瑞德先生向她们提出暗示性要求。英格瑞德先生是一名现年62岁的癫痫病患者。他否认该项指控，并强调这两个女孩目的在于欺骗工厂，谋取现金奖励。

你能辨认出下面列举的歧视性和偏见性语言吗？

- 两名女性在文中被称为女士或者女孩，而公司里的男性不大会被称为男士或是男孩。
- "工头"（foreman）这个词语（以及其他所有的以 man 结尾的职务）暗含性别歧视的意味。
- 文中呼该两名女性时用了名和姓，而没有用头衔；但是对男性只用头衔和姓来指称。
- 明确指出瓦尔迪兹的种族、英格瑞德的年龄以及英格瑞德的残疾，但是这些信息与事件毫不相关。

使用的语言应该体现人人平等。

高明的沟通者应该确保文中不存在性别歧视的语言，以及任何针对种族、民族、宗教信仰、年龄、性取向以及残疾等因素的偏见性语言。

性别歧视性语言　使用歧视性语言的后果是将一部分人群排除出去，或者对超过半数的人口造成冒犯，这无疑是缺乏商业意识的做法。为了避免在写作中出现歧视性语言，应该采取以下策略：

1. 使用中性的工作头衔，避免暗示该工作执行者是男是女。

避免使用	应该使用
主席（chairman）	主席（chairperson）
工头（foreman）	监管员
男销售员	销售代表
女律师	律师
男工	工人、雇员

2. 避免使用对性别进行不必要暗示的单词和词组。

避免使用	应该使用
工作的最佳人选（best man）	工作的最佳人选（best person）
行政人员及其妻子	行政人员及其配偶
家庭主妇（housewife）	家庭主妇（homemaker）
人工（manmade）	人工（artificial）
人力资源（manpower）	人力资源（human resources）

3. 避免使用贬低性或老套的语言。

避免使用	应该使用
我的女手下会处理的。	我的助手会处理的。

在女士面前要注意言词。	注意言词。
家庭主妇喜欢我们的长营业时间。	顾客喜欢我们的长营业时间。
他是一个真正的运动员。	他喜欢各类运动。
每个护士提供她自己的制服。	所有护士提供他们的制服。

4. 运用平行结构的语言。（参见沟通快照5，看看关于教科书中非平行结构语言的使用。）

避免使用	应该使用
乔是一位经纪人，他的妻子是一位褐色头发的漂亮女人	乔是一位经纪人，他的妻子玛丽是一位律师
怀利小姐和威廉·坡	怀利小姐和坡先生
男人和妻子	丈夫和妻子

5. 使用恰当的个人头衔和称呼。

- 如果某位女性拥有专业头衔，那么一定要使用该头衔。（例如，玛莎·罗尔斯顿博士和戴波拉·康奈尔牧师）。
- 遵从对方的偏好，用不同称谓称呼女性，例如小姐、女士或是太太。
- 如果某位女性的婚姻状况或个人倾向性不明确，应该使用女士这个称谓。
- 如果你不知道读者的性别，那么就使用不含性别歧视的称呼（例如，亲爱的投资人、亲爱的朋友、亲爱的顾客、亲爱的投保人等）。你也可以在称呼某人时使用全名（例如，亲爱的克里斯·安德鲁斯、亲爱的泰瑞·布鲁克斯等）。

6. 在称呼男性或者女性时，能否使用"他"或者"他的"作为泛指代词是人们现在争论的问题。（例如，每个经理必需对他的下属进行年度评估。）支持者认为，这种用法基于传统惯用，事实上并不存在其他不体现性别的替换代词。

反对者认为，这种用法将所有女性排除在外。尽管许多商务人士并不会介意这

沟通快照 5

使语言非歧视性

管理教材测试问题中的性别问题

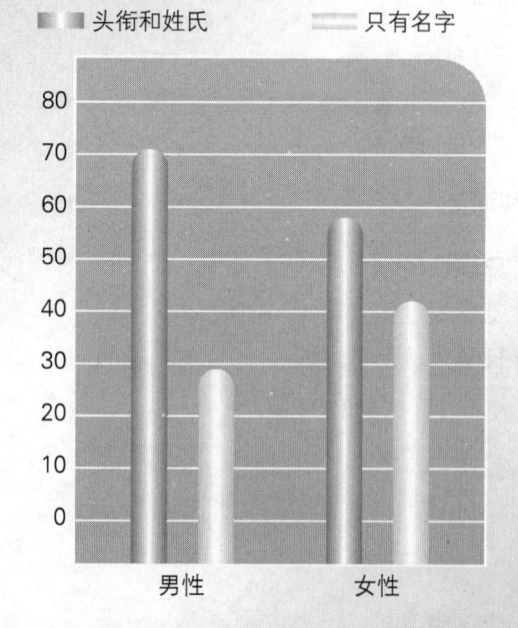

来源：*Journal of Education of Business*, 1997.

种用法，但是仍有一部分人会感觉受到冒犯。保守的做法就是通过以下手段尽可能地避免这类用法：

- 使用复数名词和复数代词。

    所有经理必须对他们的下属年度评估。

    而不是：每个经理必须对他们的下属年度评估。

- 使用第二人称代词（你、你的）。

    你必须对你的下属年度评估。

聪明的沟通者会在写作中避免年龄歧视的语言，因为年龄增长并不意味着能力的退步。埃德娜·舒尔曼是一名93岁的社会工作者，每周工作时间长达50小时。据她的上司——心理咨询师斯蒂芬·费理斯描述，"埃德娜一个人完成了原本需要两到三人做的工作"。

问题聚焦 10　　　　　　　　　　　　　跨文化

请勿讲西班牙语

扎克·卢比奥16岁，是一所小型公立学校的普通高中生，英语发音清晰标准，也能说一口流利的西班牙语——西班牙语是他父亲的母语。但这正是令他感到困扰的地方。

他在回忆往事时说："与在教室的时候完全不同，我们当时好像正在大厅或者卫生间一类的地方。我认识的一个同学用西班牙语问我，'你能借我一美元吗？'当时在我看来，用西班牙语回应他似乎是很自然的事情，因此我也用西班牙语回答他说'没问题。'"

一位老师听到了他们的对话，并且向上级汇报了这件事情。于是校长对扎克作出了停课一天半的处罚，因为该学校有"只说英语"的校规。"我知道在教室里说西班牙语是在制造混乱，我平时从不这么做。但那时我们在教室外，老师也会在教室外用西班牙语交流。"学校董事会随后撤销了对他的停课处罚。

"只说英语"的政策和法规越来越受到公众和法院的关注。出生于奥地利的加利福尼亚州州长阿诺德·施瓦辛格曾经否决过一项准许公立学校使用西班牙语进行学术测试的提案，他说："作为一名移民，我知道尽可能又快又好地掌握英语的重要性。"

RD路边餐厅位于那瓦霍国家公园附近，其店长收到关于一些那瓦霍店员侮辱其他店员和顾客的投诉之后，在店内设立了"只说英语"的政策。针对这个情况，几名那瓦霍店员向平等就业机会委员会（EEOC）投诉，该机构将该餐厅告上法庭。

法院宣判，如果"只说英语"政策适用于店员工作的全部时间，例如休息时间和午餐时间，那么这项政策就是带有歧视性的。但通常情况下，类似政策是被容许的，只要这么做有合法的商业原因——例如为了安全因素，或是为了经理能够更好地监督店员并对其表现进行评价。

批判性思考

▶ 一家纽约酒店被起诉，因为其将"只说英语"政策应用于所有人——甚至包括正在清扫房间的家政人员。你认为这种政策是歧视性的吗？为什么是或为什么不是？

- 修正句子。

  每个经理必须对下属年度评估。

- 使用"他的"或者"她的"这种词语（偶尔）。

  每个经理必须对他的或者她的下属年度评估。

其他歧视性语言 我们属于不同的群体，而每个群体可能有独特的风俗习惯、价值取向和人生态度。（例如问题聚焦10，"请勿讲西班牙语"，讨论这种"只说英语"的政策。）如果你能够将你的读者视为单独个体，而非一些特定群体成员的刻板形象，那么在谈论种族、民族背景、宗教信仰、年龄层次、性取向和残疾状况时就能避免产生歧视效果。只有在具有明显相关性的情况下才提及群体成员身份。

> 只有在明显相关的情况下，才能提及群体成员身份。

不要	知名黑人立法委员理查·麦肯纳支持我们的立场。
应该	知名立法委员理查·麦肯纳支持我们的立场。
不要	就她的年龄来说，安尼塔·伏尔工作很出色。
应该	安尼塔·伏尔工作很出色。
不要	帕特里夏·巴博尔的女同性恋关系并未影响她的工作表现。
应该	帕特里夏·巴博尔工作表现极其出色。
不要	癫痫病患者玛丽成功地通过了医学考试。
应该	虽然是一名癫痫病患者，玛丽仍然成功地通过了医学考试。（如果残疾情况与所述事实具有相关性，应该把残疾情况与当事人分开描述。）

5.6 有效商务写作

写作风格远比所谓的正确性重要。显然，包含众多语法、技术性或者用法错误的文档不具备有效性，但是如果一个文档缺少风格，那么即使它没有任何错误还是会被认为是无效的写作。写作风格包括选择合适的词语、写出有效的句子、组织有逻辑的段落以及设定恰当的整体语气。检查表5针对写作风格归纳出了十三条原则。

这些原则会帮助你在沟通过程中将观点清晰有效地表述出来。这些原则为你在后面的章节学习高阶沟通技巧提供了坚实的基础。

首先，你会发现根据标准对写作进行不断评估的过程困难又费时。然而，这些原则的重要性值得你付出全部努力。很快你就会发现，通过写作和文本修正你已经在不经意间熟练掌握了这些原则。

检查表 5　　修改你的写作

词　汇
- ☑ 写作要清晰。要准确和完整；使用读者熟悉的单词；使用确切、具体的语言；避免使用悬垂结构；避免套话、俚语和不必要的行话。
- ☑ 写作要简明。避免冗余和罗嗦的表达；避免不必要的词语；避免隐藏的动词和主语；在恰当的时候运用暗示或压缩。

句　子
- ☑ 使用多种句型结构。运用简单句来强调；运用复合句来协调关系；运用复杂句来处理从属关系。
- ☑ 合理运用主被动语态。通常情况下，使用主动语态，强调的对象是动作执行者；而被动语态强调的对象是动作的承受者。
- ☑ 采用平行结构。形容词与形容词对应，名词与名词对应，不定式与不定式对应。

段　落
- ☑ 保持段落的一致性和连贯性。传达观点必须具有连贯性和逻辑性；合理运用过渡词、代词和重复。
- ☑ 控制段落长度。采用多种段落长度。

整体语气
- ☑ 自信地写作。避免扭捏不自然的表达，但也不能让人产生自大、放肆冒昧的印象。
- ☑ 语气真诚有礼。避免陈词滥调、过于夸张、明显的阿谀奉承和惊讶、缺乏信任的表达。
- ☑ 恰当地使用强调和从属。通过运用句型结构、位置、动词语态、空间容量、语言、重复和技术性手段来实现强调和从属关系。
- ☑ 运用正面的语言。强调你能够做到或者什么是真实的，而不是强调你不能做到什么或者什么是虚假的。
- ☑ 凸显对方立场。强调信息接受者想知道的信息以及信息接受者将会受到怎样的影响；强调信息接受者获益。
- ☑ 使用非歧视性语言。避免造成针对性别、种族、民族背景、宗教信仰、年龄阶层、性取向以及残疾情况的歧视。

3P 行动：
无歧视性写作

■ 问题
■ 过程
■ 成果

■ 问题　　作为员工投诉委员会主席，你必须在发放会议纪录之前对其审阅。下面列举了委员会秘书递交给你审阅的会议纪录中的一个段落草稿：

> 齐默尔曼先生认为现年62岁的凯西·贝维应该被开除，因为她的着装打扮与其作为合身修改部女裁缝的身份不符。然而人力资源部的女主管对该论断进行了反击，她认为公司给予合身修改部女员工的待遇不足以支付适合的服装费用。齐默尔曼先生明白，就凯西的年龄以及她忍受关节炎的病痛而言，这个女裁缝工作表现相当不错。但是他补充说，希望她的穿着打扮能够更加商务化，而不是穿着那些五颜六色的衣服以及一些显示其移民背景的化妆。

■ 过程　　1. 列出段落中出现的性别歧视的例子。

- "齐默尔曼先生"与"凯西·贝维"
- "女裁缝"
- "女主管"
- "女员工"

2. 以下例子是否体现了年龄歧视？

- "62岁"
- "就其年龄而言"

3. 以下列举的是不是你想要纠正的其他歧视性语言？

- 残疾歧视："忍受关节炎的病痛"
- 民族歧视："五颜六色的衣服以及一些显示其移民背景的化妆"

■ **成果**

> 拉尔夫·齐默尔曼认为凯西·贝维应该被开除，因为她的着装打扮与其作为合身修改部服装裁缝的身份不符。然而人力资源部主管对该论断进行了反击，认为公司给予合身修改部门员工的待遇不足以支付适合的服装费用。齐默尔曼明白，贝维的工作表现相当不错。但是他补充说，希望她的穿着打扮能够更加商务化。

现在将 3P 付诸实践。见第 172 页的 3P 练习。

登陆学生网站（网址：college.hmco.com/pic/oberOBC7e）以获取更多资料，帮助你更好地了解课程内容和未来职业规划。

总　结

　　通过确保信息准确化、运用读者熟悉的词语、避免悬垂结构和不必要的行话等做法，可以实现清晰的写作目的。写作是为了表达观点，而不是为了给人留下深刻印象。只有当作者试图将观点表达得更为清晰时，才能使用长词。应该使用具体特定的语言，而不是陈词滥调、俚语或是行话。 〔沟通目标 1〕

　　为了实现简明的写作目的，作者应该使每个词语具有各自的价值。避免冗余、罗嗦的表达以及隐藏的动词和主语。有时不必明确地表明观点；相反，可以通过暗示来传达信息。在其他情境下，相较于从句，使用形容词和副词能够以更为简明的方式传达所需信息。

　　由于简单句传递单个观点且通常比较短，因此更适用于对内容加以强调；而复合句能够更好地传达两个或更多具有同等重要性的观点；如果要传达两个或更多具有不同程度重要性的观点，那么应该使用复杂句，并且把处于从属地位的观点放在从属从句中。 〔沟通目标 2〕

　　使用主动语态强调动作执行者，使用被动语态强调动作承受者。用类似的语法结构来表达类似的观点。尤其要注意的是，要在编号、使用项目符号列表的报刊标题中使用平行结构。

　　段落应该具备一致性和连贯性。每个段落只能有一个主题，并通过过渡词、代词和重复的使用顺畅地转换话题。尽管段落有不同长短，但是长度应该控制在三到六行之间。 〔沟通目标 3〕

　　你传达的信息必须显示你与读者进行了成功的沟通，让你的读者按照你说的话行事或是接受你的观点。但是，要避免让读者觉得自大或放肆。使用真诚有礼的语气，构建善意友好的形象，以帮助你实现写作目标。 〔沟通目标 4〕

并非所有观点都具备同等重要性，因此作者应该使用强调和从属，在读者和作者之间建立共同的参照系。比起负面的语言，那些建立正面形象的语言能帮你更好地实现沟通目标。作者应该把关注重点放在读者身上——强调读者需要知道什么以及读者会受到这些信息的什么影响。在写作中平等对待每一个人，不做任何针对特定群体的无根据假设，不用带有歧视性的语言。

关键术语

你现在应该能够用自己的话定义下列术语，并分别举例：

主动语态（active voice）　　　　　　被动语态（passive voice）
套话（cliché）　　　　　　　　　　　陈词滥调（platitude）
复杂句（complex sentence）　　　　　接收者获益（receiver benefits）
复合句（compound sentence）　　　　冗余（redundancy）
悬垂结构（dangling expression）　　　简单句（simple sentence）
脏话（expletive）　　　　　　　　　　风格（style）
技术性（mechanics）　　　　　　　　　语气（tone）
非歧视性语言（nondiscriminatory language）　对方立场（"you" attitude）
平行（parallelism）

3P 实践

更多信息参见第170页的3P模型。

付诸实践

回到世界摔跤娱乐　针对多样性的全球观众，加里·戴维斯在撰写信件、新闻稿件以及电子邮件信息提示时努力使他用到的每个词语都有各自的价值。他还会使用口头、录像演示等方式，使外部观众获取关于特定事件的最新消息。戴维斯深知，他发布的一些信息可能会拥有数千受众，因此他坚持使用简单、正面并且简明的词汇来使自己表达的观点清晰明了。

问题

想象这样的场景，你在帮助戴维斯撰写一篇新闻稿，宣布公司针对"选票冲击战！"项目的一系列宣传活动。一些世界摔跤娱乐的明星将在五个大学校园做巡回活动，旨在鼓励18岁以上的学生参与投票登记。这篇新闻稿会在五个高校的校园以及周边城镇的报纸、广播台发表。考虑一下你会使用怎样的词汇、句子和段落来向读者解释这个项目，如何宣传这些巡回活动，以及如何鼓励学生参与其中。

过程

（1）通过这篇新闻稿，你要达成何种目的？
（2）你的首要和次要读者是谁？

(3）在开始撰写新闻稿之前，这些读者的哪些方面是你需要了解的？

（4）你是否会在新闻稿中使用负面语言？为什么会？为什么不会？

（5）你是否会在新闻稿中使用被动语态？为什么会？为什么不会？

成　果

为这篇新闻稿写一条简洁的标题，并指出正文中会出现的三个具体要点。

练　习

1. **隐藏的动词和隐藏的主语**　修改下列句子，去掉隐藏的动词和隐藏的主语。

（1）经过一番深思熟虑后，讨论组最终达成了如何回应该项诉讼的决议。

（2）尽管杰克想为他的行为做出解释，他的上司拒绝听取。

（3）如果你对作业感到困惑，那么你应该复习一下图表。

（4）这是我们的期望，在星期五下午三点钟之前完成该项目。

（5）这里是我们需要考虑的四条营销原则。

2. **简单的语言**　修改下面的段落，使之更容易理解。

咨询师向我们展示如何通过改变我们利用服务赔偿所得额的倾向性使得总体报酬增长。她还尝试确定我们的哪些特征与她所提出的解决方案本质相类似。她建议我们在过程中进行多项修正，以提升资金流动，她认为这是提升公司健康指数不可或缺的要素。

3. **啰嗦的表达**　修改下列句子，通过用单个词语替代原词，去掉句中的啰嗦表达。

（1）如果你看到炊具表面产生烟雾，请按下红色按钮。

（2）超过40%的投票者的观点是，政府开支应该被削减。

（3）请把更多关于你们公司杀虫剂新生产线的信息发送给我。

（4）由于三条高速公路中有两条正处于关闭维修状态这样的事实，导致我约会迟到了二十分钟。

4. **悬垂结构**　修改下列句子，去掉句中的悬垂结构。

（1）美联储的银行们与主要金融机构保持着良好的关系，但是它们的表现并不如期待中那么优秀。

（2）在浓雾中开车穿过芝加哥很难看清楚路牌。

（3）议员必须在会期结束前签署议案，使该项议案变成法律。

（4）在钻孔接入220伏电线的时候，墙上出现了一道裂痕。

（5）在参加完会议之后，会议记录由秘书整理。

5. **套话、俚语和行话**　去掉句中的套话、俚语和行话，使段落表达更有力。

当时，整个公司处于高度压力之下；他们决定咬紧牙关，兵来将挡，水来土掩。于是他们聘请了一名精明能干的领导人物，专门负责和投资公司协商调解。这是一项正确的决策，因为这位新来的领导人物简直所向披靡。他虽然冷酷无情，但是他提出的建议能够让公司在六个月时间内恢复正常。现在轮到团队成员们来开展计划的具体实施。

沟通目标 1

6. 叙述清楚　重写以下段落，确保该段落做到以下几点：使用读者熟悉的词汇、避免悬垂结构，以及避免不必要的术语。如有需要，可以添加细节使整个段落更加完整。

每个家庭都要周密地计划、谨慎地投资和合理地开支；尽管如此，每个家庭还是会有经济紧张的情况，例如家中老人突患重病需要入院治疗。作为峡谷保险公司的顾客，附加医院保险对于您家庭的生活福利是不可或缺的。这项全新的集团医院附加保险计划不仅可以满足顾客的需求，而且明显处于顾客可以承受的范围之内。

作为我们宝贵的客户，我们向您保证您的选择是正确的。您绝对不会失望。只需每天花费几个便士，您的金融保管就能确保万无一失。

7. 确切具体的词语　用更加确切具体的语言改写下面的段落。

为了刺激销售，沃尔玛针对消费品进行了大规模降价促销活动。有时候，它甚至将大部分店面关闭数日，使店内员工有时间修正商品价格。降价产品的范围涵盖了少量洗衣机和大量体育器械等一系列商品。沃尔玛计划依靠广告将此次降价信息告知顾客。尤其重要的是，沃尔玛正考虑聘请某位知名的电视明星来对此次产品价格策略进行宣传。

8. 检查支票账户　迈克尔·谢尔曼是得克萨斯州圣安东尼奥市谢尔曼装配系统公司的创始人，他对手下员工兑现薪水支票后遭到抢劫的事件十分重视。谢尔曼装配系统公司专门从事电子电缆设备制造，其制造工人当中有一部分曾经享受国家福利，因此对金融机构运作毫无经验。从更深意义上考虑，谢尔曼意识到许多员工在发薪水的当天就使用兑现服务的原因在于，他们不清楚银行账户的运作原理。他决定安排当地一家银行的经理来公司为员工授课，解释支票账户的运作流程，并帮助员工填写最低余额账户的申请表格。

作为谢尔曼的助理，你主动请缨写一则关于银行经理即将到访的通知，用简单而直接的语言向公司员工解释使用支票账户的好处。在起草这篇短稿的时候，注意遵守本章所讲的关于风格的原则，根据行文需要编造细节信息，例如银行名称、经理名字，以及其到访的时间和日期。

9. 句子长度　写一个意义明晰的长句子（40 至 80 字之间）。然后修正句子，使其字数控制在 16 字以内。最后重新组织句子，使其字数控制在 20 至 30 字之间。观察哪一句话最为有效？为什么？

10. **句子多样性** 三人一组，采用不同句型和句子长度改写下面的段落，保持句子的趣味性。

> 巧食铺（Smartfood）是安·维斯、安德鲁·马丁和肯·梅尔斯于1984年创立的。该公司所生产的零食率先将白切奶酪和爆米花结合起来。安·维斯在自家厨房里经过大量的试验和错误使巧食铺食谱日臻完美。据报告显示，1985年巧食铺的销售额只有35,000美元。那时该公司的产品只在新英格兰地区销售。到1988年，公司销售额飙升至1,000万美元。这引起了菲多利公司（Frito-Lay）的注意。这家零食业巨头在1989年以1,500万美元的价格将巧食铺收购。自收购以来，菲多利公司并未沿用巧食铺广受欢迎的零食配方。菲多利采用本公司的营销经验使巧食铺的销量保持增长势头，而无视奶酪爆米花市场上日益壮大的竞争对手。

11. **主动语态和被动语态** 对以下各句，首先辨别句子的语态是主动还是被动。然后，如果有必要的话，用更为有效的语态改写句子。
    （1）我们将在2005年开始使用新工厂，旧工厂会改建成仓库。
    （2）那封非常有效的推销信是保罗·门德斯写的。这封信将于下周寄出。
    （3）你没有核实季度报告上的数字。正因如此，5,000美元从公司溜走了。

12. **句型** 将下面的各句分别改写成简单句、并列复合句以及包含两个信息项的复杂句。改写成复杂句时着重强调第一个信息项。
    （1）蒂姆受提拔了 / 蒂姆被分派了别的职责。
    （2）艾琳是我们公司的顾问 / 艾琳会代表我们写这封信。

13. **平行** 判断以下各个句子是否采用了平行结构。根据需要改写句子，使其结构平行。
    （1）商店计划安装新的收银系统，要比现在的系统更易于操作，易于维修，维护起来成本也更低。
    （2）根据调查结果，大多数员工更愿意让员工餐厅要么关门再晚些，要么营业时间保持不变。
    （3）这位四分卫球员不仅擅长发起比赛，还擅长投球。
    （4）我们的就业指导用书涵盖了简历写作、求职信和面试技巧。

14. **句子种类** 辨别以下各个句子的种类——简单句、复合句，还是复杂句。句中标点为了避免暗示意义而被省略。 〔沟通目标2〕
    （1）和妹妹一起在街上走我看见两个穿着黑西装的男人从银行里跑出来。
    （2）希拉里去见新任分公司经理但经理已经去吃午饭了。
    （3）看着教练并拿起你的工具。
    （4）在你完成家庭作业以后请打扫你的房间。

（5）你将有12个小时的时间来完成这项工作。

（6）我会尽量完成这个项目并在明天之前发货。

（7）第五道命令今天到达它应该是最后一道了。

[沟通目标3]

15. **段落一致性和连贯性** 从以下句子中选出最好的主题句；然后以适当的顺序将其他句子排列起来。

（1）企业每年通过电话销售渠道花费在商品和劳务上的资金为1,500亿美元。

（2）电话正在成为这个国家最主要的时间节约利器之一。

（3）电话节约了时间和金钱，还建立了良好的商誉。

（4）电话可以推销想法、服务或者产品。

（5）电话可以用来回答问题、消除疑惑以及即时交流。

（6）越来越多的生意是通过电话做成的。

（7）电话正在变成头号营销工具。

16. **段落长度** 阅读下面的段落，判断怎样将其分为两至三小段，以便帮助读者理解段落所讨论的复杂主题。

　　将一份手稿变成一本出版发行的书需要几个步骤。作者将文稿交上来以后，文字编辑要根据需要做些语法或者拼写上的修改。作者复审这些改动之处，确保修改不会改变句子或章节意思。然后，出版商将文稿送去排版。接下来作者再校勘排版校样并向出版商提供修改清单。这些修改意见会加进版面校样，显示印刷时的终稿是什么样子。作者和出版商再复查这些版面校样找错误。只有在所有修改之处都落实以后，才能付梓出版。自始至终，这一过程需要长达一年的时间。

17. **过渡词** 在空格里填入有逻辑的过渡词，使以下段落连贯通顺：

　　Bits'n'Bytes公司正在与台式电脑公司（Desktop Computing）的计算机杂志竞争中扩大优势。＿＿＿它去年的总收益增长了27个百分点，但台式电脑公司仅增长了16个百分点。＿＿＿它已核实的付费发行量增长到600,000，而台式电脑公司的发行量只有450,000。＿＿＿台式电脑公司去年增加了广告费和广告页数。令人忧虑的一点＿＿＿是台式电脑公司关闭其独立实验室的决定。一些行业领袖相信，台式电脑公司的成功很大程度上取决于其可靠的产品检验程序。＿＿＿Bits'n'Bytes公司刚刚宣布一项协议，斯坦福大学举世闻名的工程学院将为Bits'n'Bytes公司测试产品。

18. **性别歧视的语言** 为下面列举的每个词语找出至少一个不含性别歧视的替代用语。

（1）警察（Policeman）

（2）井盖（Manhole cover）

（3）人类（Mankind）

（4）男护士（Male murse）

（5）修理工（Repairman）

19. **评估求职者** 假设你要评估两名应聘销售助理职位的求职者。以下是你所获取的信息：

（1）卡尔·巴蒂欧里拥有更丰富的销售经验。

（2）伊丽莎白·拉尔森接受了更多正规训练（营销专业本科学历，参加了为期三周的销售讨论会，以及类似经历）。

（3）伊丽莎白·拉尔森的性格特征似乎能更好地与你们公司的普遍观念相融合。

你必须写一张备忘录，向副总裁罗伯特·安德伍德推荐两位求职者中的一名。首先，假设性格特点是该项评估的最关键标准，你应该在备忘录中写明你推荐伊丽莎白·拉尔森；其次，假设工作经验是最关键标准，你应该在备忘录中写明你推荐卡尔·巴蒂欧里。你应该适当地使用强调和从属技巧，可以添加任何所需信息来完成任务。

20. **使用非歧视性语言** 修改以下句子，去掉所有歧视性语言。

（1）市长与代表当地警察的联盟展开了合同谈判。

（2）当销售员参加会议时，他们的妻子将会被邀请去该市的地标建筑参观游览。

（3）我们公司在工头生日当天准假一天。

（4）我们的公共关系部长海瑟·马歇尔将吩咐她年轻的秘书博尼塔·卡维尔在总裁发言时做记录。

（5）巴蒂斯塔和他的秘书桃瑞丝都未曾与新来的一家人见面。

21. **正面语言** 修改以下句子，去掉所有的负面语言。

由于您没有附上收据或者授权估价，我们目前无法提供全额退款。我很抱歉，我们必须推迟您的偿付要求。我们公司不是那种起先承诺一切、随后在您提出要求时音讯全无的那种公司。在收到您的收据或估价之后，我们绝对不会扣留您的支票。我们拒绝在缺少合理支撑证据的情况下提供偿付，这也就意味着我们不必向您征收不合理的汽车保险费用。

22. **强调对方立场** 修改以下句子，使得读者成为关注的焦点。

我们很高兴地在此宣布，我们正在出售一块位于密训大街和高街的空置土地，售价为89,500美元，首付最低为22,500美元。我们已经将这块土地重新划分为M-2学生公寓。由于毗邻大学校区，我们原本买下这块土地计划建造学生公寓，尽管我们的投资计划已经更改，但是我们仍然相信这块土地会是建造三栋12单元楼房的理想盈利地点。

23. **真诚有礼**　修改下面的段落，避免陈词滥调、明显的阿谀奉承以及夸大其词的说法。

　　　作为我们忠诚和专注的员工的你们，一直都是业内最为优秀、最为勤奋的员工。由于你们忠实可靠的服务，我昨天惊喜地得知近期这里曾经召开一次关于工会代表权的组织会议。你们必须了解，我们这样的公司为了生存下来不得不缩减劳动力成本。我不敢相信，你们竟然不珍惜在安奈特工作的诸多福利。如果公司内部成立工会，我们将立即宣布破产。请不要被空洞的说辞蒙骗。

24. **接收者获益**　修改以下句子，强调信息接收者获益。
    （1）我们从事缝纫机维修事业已经超过40年了。
    （2）我们需要一笔捐款，用以扩展社区免费食品项目。
    （3）公司规定，我们必须在顾客未能准时付款的情况下向其收取2%的延期罚款。
    （4）虽然退税部门的开放时间为上午九点到下午五点，但是它在下午一点到两点之间处于关闭状态，因为那是员工午饭休息的时间。

25. **自信地写作**　修改以下句子，传达恰当的自信态度。
    （1）为了出席舞会，你有什么理由不买腕表呢？
    （2）我希望你认同我的报价是相当合理的。
    （3）当然，我坚信我的报价是相当合理的。
    （4）等你下次参观该地区的画廊时，也许可以尝试花几分钟时间看看我们的画廊。

26. **正面印象**　修改以下在商店中常见的标牌：
    （1）"衣冠不整者，不予接待。"
    （2）"无法使用美国运通卡。"
    （3）"没有收据无法退货。"
    （4）"禁止吸烟。"
    （5）"勿将狗带入店内。"

[沟通目标4]

27. **用认真的态度写作**　修改下面的段落，显示更自信的语气。

　　　如果您认为我的提议尚有可取之处，我希望您能够拨款5万美元用以初步研究。这项初步研究可能产生我预料中的效果，这样我们就能继续进行长期研究。尽管您还有其他值得考虑的拨款计划，我已经得知您会在1月1日之前宣布拨款项目名单。如果您同意我提出的计划，请在下周之前告知。

持续案例 5

停止向里约进发？

这是路易斯·迪亚兹写给托马斯·默卡多的备忘录初稿的正文部分：

如你所知，我之前赞同城市系统公司在里约热内卢建立分销中心，以扩展我们在巴西以及周边其他南美国家的业务。毕竟巴西是世界上第五大国家，占据了南美洲超过一半的土地，并且是南美洲最大的经济体。巴西的另外一大优势在于，它加入了可能成为世界最大地区性贸易区块的美洲自由贸易区（FTAA）。

诸如 IBM 和宝洁公司一类的跨国企业已经在巴西扩展业务超过 50 年，这充分证明巴西是一个可以进行长期投资的高盈利性国家。在那里，只靠一年的高额盈利就可以弥补五到十年的亏损总额。然而，像我们这样尚处于起步阶段的新兴公司无法承受长达五至十年的亏损经营，因此我对巴西近年来的经济发展进行了研究，现在向你建议推迟我们的原定计划。我们绝对不能把这个计划搞砸。另外，你也知道我们需要利用巴西的货币市场来支付高额的启动开支。最近，巴西的利率非常高（尽管相比 20 世纪 90 年代高达 45% 的利率已经有所下降）。虽然远小于 1993 年的 2,477%，该国现有通胀率仍然很高——是美国通胀率的三倍多。

基于以上原因，我建议推迟公司所有国际扩张计划至少一年至一年半。我希望你能认同我的观点。如有疑问，请告知。

批判性思考

1. 分析每一个段落，将第 169 页的检查表 5 用作分析的基准。路易斯在文中使用了哪些有效和无效的写作技巧？
2. 修改这份备忘录，进行你认为必要的改动以提升有效性。

6 常规信息

沟通目标

学完本章后，你应该能够：

1. 撰写常规请求；
2. 撰写常规回复；
3. 撰写常规索赔信；
4. 撰写常规理赔信；
5. 撰写友好信。

圈内人视角：
荣耀食品公司

位于哥伦布市的荣耀食品公司是一家生产南方风味调味食品的生产商，每月收到顾客近 300 封电子邮件和 80 封来信。顾客来信内容一般涉及以下几个方面：询问产品的出售场所、对产品的新想法和改进建议、对特定产品的不满意见。据该公司总裁巴里·哈夫说，荣耀食品公司致力于在一周之内回复所有顾客来信——而且回复越快越好。"我们坚信，回复顾客来信是我们的职责所在。这不仅是一件正确的事，而且是使我们公司在同行业竞争队伍中脱颖而出的捷径。"

对顾客提出的问题和产品评价进行常规回复时，首先要表达公司对顾客主动联系的感激之情。对于对特定事项表示忧虑的顾客，必须向其保证他们的意见一定会受到认真对待，并具体说明荣耀食品公司对问题的解决办法。此类回

> "我们坚信，回复顾客来信是我们的职责所在。"

巴里·哈夫
荣耀食品公司总裁
（俄亥俄州哥伦布市）

复信通常还包括对写信人的帮助建议。例如，建议那些找不到荣耀食品公司产品的顾客直接向当地商店提出建议，让他们引进该公司产品。回复信中必须通篇采用帮助性、客气有礼的语调。

　　为了将顾客来信的利益最大化，常规回复信通常包括以下内容：相关产品、优惠券的信息，甚至免费样品。哈夫说："我们把每一封来信都视为一次机遇，一次推广公司产品线、赢取和维护顾客信心、维持顾客忠诚度的机遇。"在回复信末尾，再次对顾客的评价和质询表示感谢。

　　据哈夫估计，发来质询的顾客中有25%的人会收到单独回复，并且通常选用电话联络的方式。哈夫解释道："举例来说，如果一位顾客询问某产品销售场所位置，那么我们会尝试提供更多的精确信息，从与顾客的沟通中获益。"

6.1 计划常规信息

大多数管理人员的常规回复是针对常规问题的沟通。例如，一家小企业主要求潜在供货商提供产品目录和信贷申请表；一家大公司的经理通过备忘录向员工通告政策的变动；一名顾客通知发货公司订购商品在送到时已遭损毁；或者是某个政府机构针对宣传手册发布的回复意见。

尽管如此，常规信息对公司来说至关重要，因为信件中包含的信息对于日常运作非常必要。举例来说，尽管所有的公司都不高兴看到顾客对其产品不满，但是通过了解问题的相关情况，公司可以对产品进行改进，避免此类错误再次发生。

> 采用直接叙述方式，将主旨句放在开头，然后提供其他所需细节。

如果撰写书信的目的在于传达常规信息，或者我们对顾客的分析表明顾客可能会对信息内容感兴趣的时候，我们应该使用**直接组织方式**。首先把主要观点置于开头，然后加入其他所需细节解释，最后选用一个友好善意的结尾，如图 6-1 所示。

> 传达负面信息或者预计读者会产生抵制心理时，你应该使用间接叙述方式。

在常规通信中采用直接组织方式的优势在于，主旨句置于信件的最前面——这样一来，关键信息就得到凸显和更多关注。读者只需浏览开头一两句话就可以掌握整体信息，大大节省了阅读时间。**间接组织方式**就是把原因置于关键信息之前，这种方式通常用于传达说服性或者负面信息，一般放在比较靠后的段落。

> 首先决定是否需要书面信息。

传达信息可以采用办公室之间的备忘录（对象是同组织某人）、信件（对象是组织以外某人）、或者电子邮件（对象是世界上会使用计算机电子邮件功

图 6-1

常规电子邮件信息

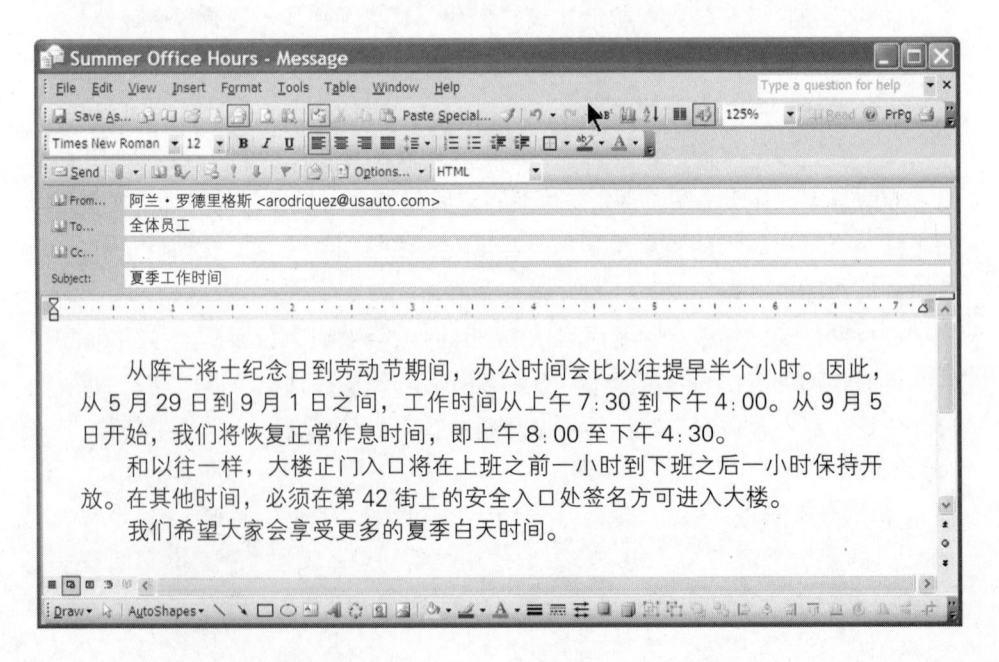

> 从阵亡将士纪念日到劳动节期间，办公时间会比以往提早半个小时。因此，从 5 月 29 日到 9 月 1 日之间，工作时间从上午 7:30 到下午 4:00。从 9 月 5 日开始，我们将恢复正常作息时间，即上午 8:00 至下午 4:30。
>
> 和以往一样，大楼正门入口将在上班之前一小时到下班之后一小时保持开放。在其他时间，必须在第 42 街上的安全入口处签名方可进入大楼。
>
> 我们希望大家会享受更多的夏季白天时间。

能的所有人）的方式。不管采用何种媒介来传达信息，第 4 章和第 5 章中涉及的有效商务写作原则也同样适用于此。记住，不论采用何种媒介，都必须在信息中加入描述性的主题行。

在了解如何撰写常规信息之前，你应该知道有时书面信息并不是实现沟通目的的最有效方法（如沟通快照 6 所示）。通常情况下，采用电话联系或者下楼前往同事办公室面对面沟通的方式更加迅速，并且比撰写书面信息成本低廉。但是，如果你需要永久记录信息（或者读者回复的记录），或者必须详细描述信息主题，那么最为有效的方式应该是撰写书面信息。

比如说，你想确认员工会议是否于明天上午十点开始，那么你可能会致电某位同事。但是，如果你想确认某位同事是否同意分担新一轮广告宣传的花费，你可能要把信息以书面备忘录或者电子邮件的形式保存在文件中。

当然，并非所有信息都是常规信息，正如以后几章要讲到的。在那些读者有可能抵制的信息中，必须加入劝说性的内容，我们将在第 7 章谈到这一点；包含负面消息的信息处理，我们将在第 8 章讨论。

沟通快照 6

计划常规信息

传达好消息的首选方式

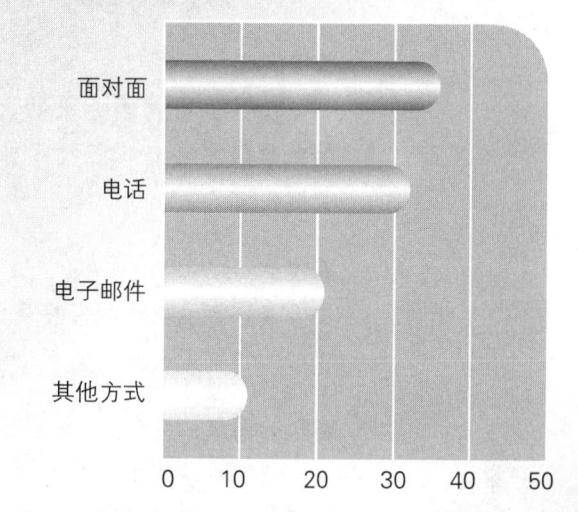

方式	
面对面	~35
电话	~30
电子邮件	~20
其他方式	~10

来源：*Communications of the ACM*, 2005.

6.2 常规请求

如果你预计读者无需劝说就会乐意按照你说的话行事，那么这就是常规请求。例如，请求获取某机构产品的特定信息是常规请求，因为所有机构都愿意得到推销产品的机会。但是，索要其他公司免费样品用于己方商场周年特卖的请求不属于常规请求，因为其他公司可能会认为这种推广手段并不划算；因此，在这种情况下你必须劝说读者答应你的请求。

沟通目标 1

主旨置于开头

在撰写常规请求时，将你的主旨——也就是你的具体请求——清晰明确地置于开头第一句或者第二句。你可以使用直接问句、陈述、或者客气的请求来传达主要思想。客气的请求是指将陈述句转变为有礼貌的问句，在句中为自己

用直接问句、礼貌的请求或陈述来展现你的请求。

第 6 章 常规信息 183

的请求加上一个时间段，用句号而不用问号。例如"我可以在 5 月 3 日前得到你的答复吗。"

如果你期待读者采取实际行动而非使用"是"或"否"来回复，那么你应该客气地请求。以清晰有礼的方式陈述你的请求，并附上所有需要的背景信息，为接下来提出请求做好铺垫。下面列举了一些有效的常规请求范例：

直接问句：
> 百得公司是否为采购大批量设备的公共机构提供教育折扣？布莱尔中学很快将对工程技术专业学生使用的大约 50 台手提式电钻进行更新换代。

陈述：
> 请告知我应该如何投资你们的递延货币市场基金。我是一名在泰国曼谷工作的美国人，因而无法便捷地使用你们提供的每月自动存款计划。

客气的请求：
> 请您对珍妮斯·亨利的工作表现回答几个问题。她已申请内陆钢铁公司工业安全官员职位，并指定您为她的推荐人。

提前决定你寻求多少细节。如果你只需要一句话回复，那么在请求信多加赘述或者要求读者写满三页纸的回复是不公平的做法。明确你要的回复类型，并且通过巧妙的遣词造句提出你的具体请求。

| 不 要 | 请解释一下你们的谷歌文档和电子表格程序的特点。 |
| 应 该 | 你们的谷歌文档和电子表格程序提供自动行列和段落编号功能吗？ |

> *不要问不必要的问题。让所有问题都易于读者回答。*

记住，你这样做是在利用读者的好感。问尽量少的问题，任何情况下都不要自顾自地持续提问。如果必须提出很多问题，要对问题进行编号；多数读者会按照你提问的顺序来回答问题，这样会降低无意中跳过问题的可能性。是非问题或者只需简短回复的问题对读者来说都是比较容易回答的。但是如果你需要对方提供更多信息，就应该使用开放性问题。

以逻辑顺序为问题排序（例如重要性顺序、时间顺序或者简单—复杂顺序），具体明确地提出问题（避免偏见），每个问题只限一个主题。如果恰当的话，向读者保证他们提供的信息将会保密。

解释和细节

> *解释你提出这项请求的原因。*

在多数情况下，你需要对初始请求提供额外的解释或者细节。在提出请求之前或者之后，加入所有需要的背景信息（例如提出请求的原因）。

例如，假设你收到一封客气地询问珍妮斯·亨利工作表现的信件。除非你被告知此请求来自潜在雇主，并且珍妮斯·亨利指定你为她的推荐人，否则你可能会对是否提供这些信息感到犹豫不决。

或者，假设你写信给前雇主或者教授，请求一封推荐信。你可能需要提供一些你自己的背景知识来唤起读者的记忆，或者你可能需要为你的请求提供合理解释和补充说明。你需要将自己置于读者角度来考虑问题：你需要什么信息来准确完整地回复来信人的请求呢？

如果你能在信中表明，读者可以从答应请求中获得益处，那么他们就可能采取合作态度。事实上，在沟通中表明这种获益性可以使信息变得更加常规化，而非劝说意味。

> 如果可能，展示其他人是如何从你的请求信息中获益的。

请您回答几个关于银行业务需求的问题，以便帮助我们更好地为您服务。我们将在您所在的住宅区附近开设一家支行，希望尽可能便利地为您提供服务。

一般来说，如果读者的获益在表述中不甚明显，那么你应该把这一点明确地告知读者；相反地，如果这些获益已经明显地表达出来，那么你就不需要过度说明。例如，如果公司在某个备忘录中号召员工回收纸张和塑料垃圾，那么在这个备忘录中就不需要谈论回收的价值所在，因为大多数读者已经对回收的好处有所了解。

友好地结尾

在最后一段，应该使用友好的语气结尾。在结尾处，应该表明对提供帮助者的感激之情（但是不能产生把接受帮助者的合作视为理所当然的效果），阐明请求的截至日期，并对此作出合理解释，或者提供相关回报。以友好、积极、具有独创性的方式结尾，下面提供了几个范例：

> 以友好的语气结尾。

请告知我如何回馈您的好意。

我们非常感谢您提供的信息，帮助我们对珍妮斯·亨利能否胜任该职位作出了更加公正的评估。

我将在10月1日确认圣诞节的批发订购，因此我能否在那之前获得产品信息？如果顺利的话，我将能够把柯达的产品纳入节日销售计划。

图6-2列举了一封无效的常规请求信。范例3（第186页）对此作了修正，展现了之前讨论的如何撰写有效常规请求的几点原则。

图 6-2

无效的常规请求举例

主题产生太过笼统，无法产生帮助。

开头采用了一种间接累赘的方式，并且引入了不相关信息。

将请求提供信息这一主题置于很长的段落中间。

结尾太老套，不能引起读者回复的兴趣。

信息发送者的身份不完整。

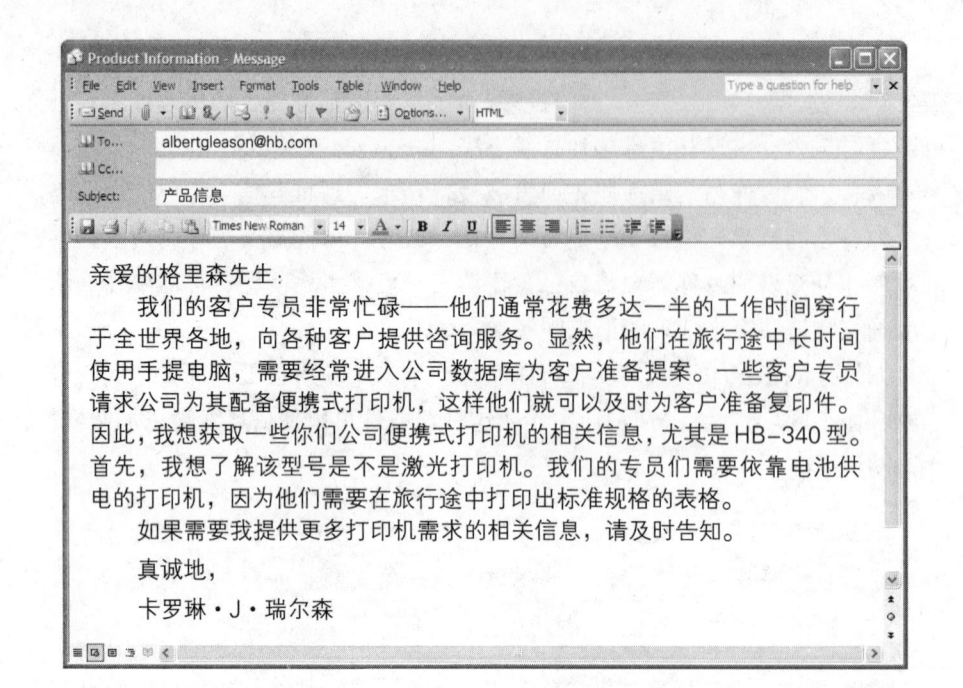

Product Information - Message

收件人: albertgleason@hb.com
抄送:
主题: 产品信息

亲爱的格里森先生：

　　我们的客户专员非常忙碌——他们通常花费多达一半的工作时间穿行于全世界各地，向各种客户提供咨询服务。显然，他们在旅行途中长时间使用手提电脑，需要经常进入公司数据库为客户准备提案。一些客户专员请求公司为其配备便携式打印机，这样他们就可以及时为客户准备复印件。因此，我想获取一些你们公司便携式打印机的相关信息，尤其是 HB-340 型。首先，我想了解该型号是不是激光打印机。我们的专员们需要依靠电池供电的打印机，因为他们需要在旅行途中打印出标准规格的表格。

　　如果需要我提供更多打印机需求的相关信息，请及时告知。

　　真诚地，
　　卡罗琳·J·瑞尔森

范例 3

常规请求

这份信息来自某制造商的潜在客户。

在首句提出具体请求，然后表明理由。

给问题标序号以强调和明确，使问题容易回答。

表示感谢，暗示读者将从中获益。

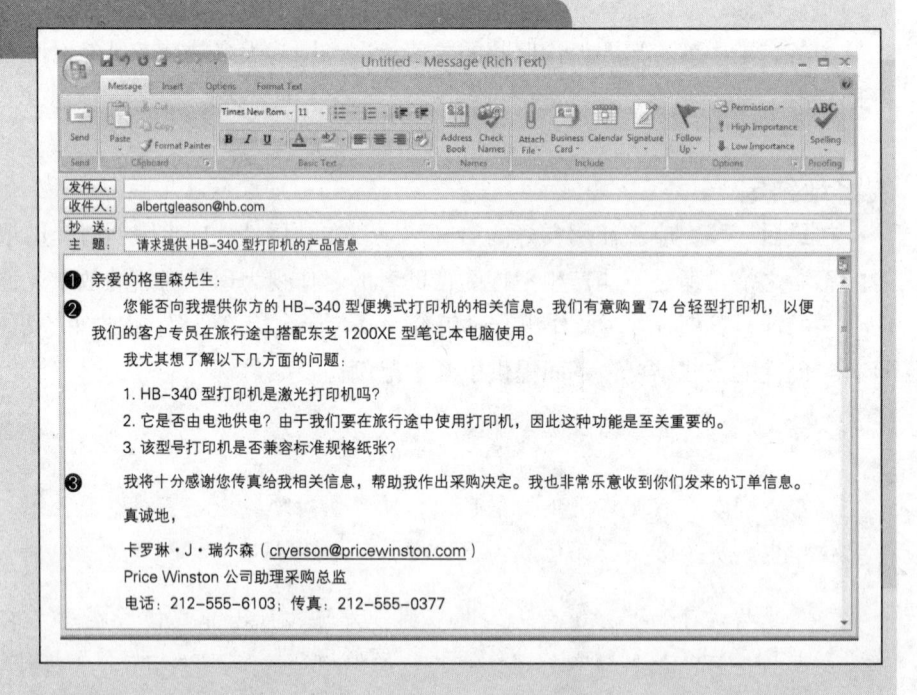

Untitled - Message (Rich Text)

发件人:
收件人: albertgleason@hb.com
抄送:
主题: 请求提供 HB-340 型打印机的产品信息

❶ 亲爱的格里森先生：

❷ 　您能否向我提供你方的 HB-340 型便携式打印机的相关信息。我们有意购置 74 台轻型打印机，以便我们的客户专员在旅行途中搭配东芝 1200XE 型笔记本电脑使用。

　我尤其想了解以下几方面的问题：

1. HB-340 型打印机是激光打印机吗？
2. 它是否由电池供电？由于我们要在旅行途中使用打印机，因此这种功能是至关重要的。
3. 该型号打印机是否兼容标准规格纸张？

❸ 我将十分感谢您传真给我相关信息，帮助我作出采购决定。我也非常乐意收到你们发来的订单信息。

真诚地，

卡罗琳·J·瑞尔森（cryerson@pricewinston.com）
Price Winston 公司助理采购总监
电话: 212-555-6103; 传真: 212-555-0377

语法和结构说明

❶ 采用标准的电子邮件格式，提升可读性——在发送前校对。
❷ 你方的 HB-340 型便携式打印机：在客气的请求之后用句号。
❸ 我将十分感谢您传真（I would appreciate your faxing）：在动名词之前使用所有格形式的代词。

6.3 常规回复

常规回复提供了初始请求函中请求的或者与写信者的请求一致的信息。和初始请求函类似，这些回复采取了直接组织方式，将"好消息"——也就是你很乐意回复的内容——放在开头。

需要遵循的最重要原则之一是及时回复。如果潜在客户请求获取产品信息，那么你应该确保相关信息在该客户作出采购决策之前传达出去。否则，你进行回复所花费的时间就会完全白费。另外，拖延回复会无意中向顾客传达一种非口头信息，即你不想满足来信者的请求。

回复必须采用客气有礼的语气。亲切友善的回复能够为你和你所在的机构赢得对方的好感，但如果你在回复中显示出任何不情愿的态度，那么就很可能失去客户的善意和友好。

> **沟通目标 2**
>
> 及时回复，以便在有效的时间里将信息传达出去。

不 要 尽管我们一般不提供你请求的这类信息，但是我们已经决定破例一次。

应 该 我们很乐意提供您请求的信息。

在回复中，应该尽早回应请求或者提供请求的信息。这样一来，不仅节约了读者的时间，也可以使他们迅速进入状态。尽管读者可能并不介意看到"我们已经收到你 6 月 26 日来信"这类信息，但如果在回复中直接告知读者"我很高兴在 8 月 8 日的工程学会上发言；感谢你们邀请我"，这会更受欢迎。应该将好消息放在开头，这样可以产生最大程度的强调效果。

应该确保回答所有提出的或者暗示的问题，并使用客观明确、易于理解的语言。尽管提供额外信息或者相关建议会更有帮助，但是你至少应该回答读者提出的所有问题——即使你的回答并非读者所期待的那样。回答问题一般按照提问的顺序，但为了更好地说明问题，也可以考虑对问题重新排序。

如果认为读者会因为回复内容而产生积极情绪，你可以考虑适当加入推销手段，或者暗示你所在公司的某些特质例如公益精神、优质产品、社会责任或者员工关怀等，从而与对方建立友好关系。为了实现有效回复，推销以及建立友善关系应该采用微妙的方式；避免夸大其辞，也不要在回复中用过多笔墨强调这一点。

来信者提问一般在之前已经被其他人提问过许多次；在这种情况下，回复的最恰当方式应该是套用信函回复。**套用信函**是指采用标准化用语的可发送给不同对象的信函。经过文字处理之后，读者通常很难区分套用信函与私人信函的区别。参照第 189 页问题聚焦 11，"公民与国会：你有一封信件！"，它提供了另一种看待套用信函的使用（或滥用）的视角。

如果某股东来信询问你的公司为何要在古巴发展业务，那么可能需要以私人信函的方式回复。但如果是一位潜在股东写信请求获取一份最新年度报表复印件，你可能只需发送一份最新年度报表以及一封套用信函，如下所示：

考虑使用套用信函回复频繁请求。

我们很高兴将最新年度报表发送给您。随函附上一份最近丹尼森实业公司上榜六月份《财富》杂志的资料复印件。

阅读我们的年度报告时，请关注我们产品出售的多样性——从男士服装到大型推土机。这种多样性是我们过去57年来赢得巨大利润的原因之一。第8页的报表是我们过去五年、十年、十五年的收入损益表。

丹尼森实业在纽约股票交易市场上市交易，代码为DenIn。您只需通知当地股票交易人，即可加入持有丹尼森实业普通股的275,000名满意的投资人行列。

注明信件中所有的附件，确保读者阅读到这些附件。

在信件正文指明所有的附件，并在信件末尾再次加上"附件"二字。指明附件文件的具体页数或者附件文件的某个具体段落，确保附件能够被读者注意到。

以正面友好的语气结束信件。避免陈词滥调的表达，例如"如果你还有其他疑问，请告知我方。"使用具有独创性的用语，尤其是对读者来说有个人风格的表达。

第190页的范例4是一封针对第186页范例3的常规回复。原来的信件针

一些客户问询最好用实际行动而不是沟通来答复。图中显示的是奇客电脑特工迈克尔·丘姆，他身着正式制服（短袖衬衫和黑色夹式领带），正要前往某位百思买的顾客家中为其解决电脑故障。奇客使用的车型是黑白色大众甲壳虫。

问题聚焦 11　　　　　　　　　　　　　　　　　　　　　技术

公民与国会：你有一封信件！

美国退休人员协会（AARP）使其 3,900 万成员能够轻松地与国会联系。只需在该协会主页上点击数下，就可以从针对不同议题的套用信函中选择一种，将信件发送给代表或者议员——甚至发送至整个州的代表处。

当然，这些信件反映了美国退休人员协会针对各项议题的立场（参照下图中关于医疗改革的套用信函）。

数以千计的组织机构和公共利益集团都做过类似努力，这也是每年发往众议院的信件高达 9,900 万封的原因，这一数字比四年前的数字高出一倍。同期发往参议院的信件几乎是以往年份的三倍之多，高达 8,300 万封。然而，只有 17% 的众议员和 38% 的参议员会回复收到的所有电子邮件。

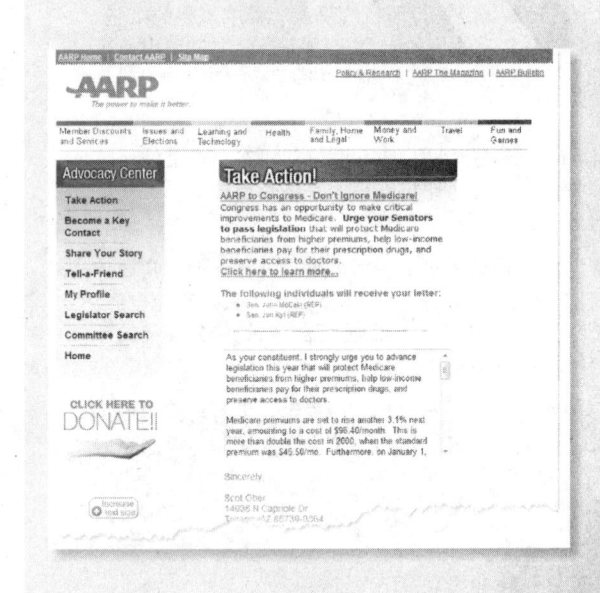

国会工作人员希望找到某种方法，将大众的普通电子邮件和选民亲自撰写的私人信件区别开来。一位员工抱怨说，"我们不断忽略一些重要信件。由于操作时只需点击一下，于是信件如洪水一般涌入，其中可能包括某位老妇长达三页的信件。这太疯狂了。"

为了加强与国会的联系，一个新兴行业由此诞生，产生了许多像 GetActive 软件公司和 e-Advocates 这样的公司，它们的存在使得针对各类议题写作变得轻而易举——通过使用他们的套用信函或者由用户自己组织格式。他们试图让电子邮件看起来更具真实性和独创性。有时候他们还会鼓励投票人在套用格式的信件末尾加上一句话，以使信件更具个人性。

批判性思考

▶ 你如何看待国会代表和参议员应该回复他们收到的数百万电子邮件这一问题？

对打印机提出了三个问题，对应的回答分别是：

1. 不是，HB-340 不是激光打印机。
2. 不是，它不是电池供电的打印机。
3. 是的，它兼容标准规格的纸张。

正如你看到的，这三个问题中只有一个可以无条件使用"是的"作为回答，这也正是应答者想强调的一点。正面的语言能够缓和其他两个回答所造成的负面效果。除此之外，整个信件强调读者的获益。作者没有单纯地描述产品特征，而是表现出这些特征如何使读者获益。

> 使用正面语言以建立积极正面的印象。

范例 4

常规回复

这封信件是第 186 页范例 3 的回复。

信件从回答肯定答案的问题开始。

回答所有提出的问题，使用正面语言，指出产品的各项特征如何使读者获益。

回答问题时使用段落而非按序号回答，因为每个问题都需要详述。

提供关键的采购信息；以前瞻性的语气结尾。

XEROX

阿尔伯特·格里森
销售经理

20xx 年 9 月 12 日

卡罗琳·J·瑞尔森女士
助理采购总监
Price Winston 公司
美洲大道 1855 号
纽约州纽约市，邮编 10019

亲爱的瑞尔森女士：

　　主题：您请求的关于 HB-340 型打印机的信息

　　是的，我们的畅销产品 HB-340 型打印机的确兼容标准规格的纸张。该打印机拥有 15 英寸滑动托架，你们的专员可以在旅途中打印出复杂的电子表格。当然，该打印机也能轻易地调整以适用于 8.5 到 11 英寸的纸张。

❶　　为了保证安静操作和可携带性，HB-340 型打印机在白纸上使用喷墨打印。这种技术可以提供与激光打印机几乎同等的输出质量，但是成本却比后者的一半还低。

❷　　尽管很多旅行者在飞机上或者汽车上使用电脑，但是他们通常要等到达目的地之后才会打印文件。另外，HB-340 型打印机只用交流电源，因此它的重量大约减轻了一磅。不论电源插座距离多远，12 英尺的超长电源线能保证用户轻松地使打印机通电。

❸　　如果您想对 HB-340 型打印机进行试用，请联系当地百思买卖场，电话为 800-555-2189。他们会为您展示如何在仅增加 4 磅行李重量的情况下大幅提高生产力。

您诚挚地，

Albert Gleason

阿尔伯特·格里森，销售经理

❹　　传真函件

语法和结构说明

❶ 喷墨打印（ink-jet printing）：用连字符号连接名词之前的复合形容词。
❷ 它的：不要把它的（its，物主代词）和它是（it's，即 it is 的缩写）混淆。
❸ 试用：在介绍性表达之后加上逗号。
❹ 传真函件：仅做参考之用，如果恰当的话应该包括递送符号。

检查表 6　常规请求和回复

常规请求
- ☑ 在第一句或第二句表明主要请求，随后附上提出请求的原因。
- ☑ 提供所有需要的解释和细节。
- ☑ 陈述问题时保证问题清晰、易于回答且只涉及一个主题。尽量少问问题，但是如果需要提出多个问题，将问题编号并且以逻辑顺序排列。
- ☑ 如果恰当的话，强调读者从中获益，并保证信息机密性。
- ☑ 在结尾友好地表达感谢，注明所有必要的时间限期，提出回馈，或者用个性化的独创方式结尾。

常规回复
- ☑ 立刻回复信件，语气亲切友好。
- ☑ 在开头第一句或第二句表明同意对方请求，或者提供请求的信息。
- ☑ 回答所有提问的或者暗示性的问题；如有需要，则包括其他额外信息或者建议。
- ☑ 如果恰当的话，可以隐晦地推销。
- ☑ 针对频繁请求，考虑使用套用信函。
- ☑ 指出你随函附上的所有附件，在信件结尾处注明附件。
- ☑ 以正面友好的语气结尾，使用独创性的表达。

检查表 6 总结了写作和回复常规请求时需要注意的要点。以该检查表作为组织信息和评估初稿有效性的准则。

6.4 常规索赔信

索赔信是指买家写给卖家以寻求某种行动来修正产品或服务问题的信件。

沟通目标 3

第 6 章　常规信息　191

买家可以是个人，也可以是机构。索赔信与一般投诉信的区别在于，索赔信要求对方采取具体的解决措施（例如维修或者替换产品）。事实上，如果能够像索赔信那样，暗示作者期待对方改进差劲的服务、不公平待遇或者类似不足，那么投诉信将会更具有效性。

你期待的修正也许仅仅是解释或道歉；但事实上，如果你要求对方直接行动，这会提高你获得期待中的改进措施、获取满意答复的几率。

如果你根据合理推断，认为读者会满足你提出的要求，那么这封索赔信就是常规索赔信。例如，如果你为店铺订购了一批鞋子，广告所说的售价为每双 23.50 美元，而批发商向你要价每双 32.50 美元。你为此写了一封索赔信，要求卖家纠正价格上的错误。

再次假设，在你下订单两天后该批发商将鞋子售价下调至每双 19.50 美元。这样，你可能就不会写索赔信，而是写一封劝说信给批发商，试图说服批发商将货物以更低的价格出售给你。（劝说信将在下一章讨论。）

现代企业文化尤其强调产品质量和售后服务，多数公司致力于完美地处理客户索赔。他们想了解客户是否对其产品不满，从而改进不足之处。顾客不满有可能导致顾客拒绝再次购买公司产品，甚至将不愉快的经历告知身边更多人。

一份针对顾客的研究报告表明，典型的不满意顾客会将不愉快的经历告诉身边的九个到十三个人，而这些人又会将该事告知其身边的四至五人。相反，典型的满意顾客会向身边的四到五个人推荐该公司的产品或服务。

写索赔信要及时——一旦发现问题，你就应该立刻着手写信。不必要的拖延不仅会超过保修期，而且会引起对方公司对于索赔要求有效性的质疑；购买时间越靠近，你提出的索赔要求就越具有效性。

一些顾客建议将索赔信直接递送给生产问题产品公司的总裁；但是根据商务礼仪，索赔信应该先送至该公司的订单部门或者客户关系部门，给予这些部门独立解决问题的机会。

设立这些部门的目的在于高效率地处理客户投诉和索赔问题，这些部门的员工熟知公司的具体政策和处理程序、保修信息，以及其他信息。只有在顾客索赔没有在该层面得到满意解决的情况下，才能将索赔要求提交至高一级别的公司管理部门。

使用有礼貌的语气；避免情绪化。

你可能会对公司的处理结果感到挫败甚至恼火，但是要记得你写信的对象并不是以个人身份对你的问题负责。因此要在信中客气礼貌，避免情绪化的用语。只要这个公司秉承公道的处事原则，你提出的要求就会得到合理解决。

避免在信中使用带有气愤、挖苦、威胁或者夸大成分的用语。如果你在索赔信中使用过激语言而引起读者怒火，那么这种结果将降低索赔实现的可能性。相反，你应该使用实事求是、理性的语言，直截了当地提出常规索赔要求，并真实地诉说问题所在。

不 要	你应该为《安全至上》这卷录像带制作的虚假广告感到羞耻。
应 该	我上周花费 125 美元从你公司租用的《安全至上》录像带在各方面都不尽如人意。
不 要	我对联合包裹服务在上周骗取我 19.50 美元的行为感到极度厌恶。这完全就是诈骗！
应 该	我在 12 月 3 日晚上快递一封信件，但是它没有像联合包裹服务承诺的于隔天送达。

在弄清问题所在后，应该开始解释。尽可能多地提供所需背景信息——例如数据、型号、数量、已兑现支票或通讯费的复印件等信息。要使用自信的语气和逻辑思维（而不是感情用事）来传达事实。写作风格保持客观，避免使用代词"你"，以免使读者与负面信息产生过于紧密的联系。

提供需要的细节信息。

| 不 要 | 我在 12 月 3 日下午的早些时候将信件发送至你处，但是你没有如承诺的那样在隔天下午三点送达。 |
| 应 该 | 如随函的收据复印件所示，我在 12 月 3 日下午三点半将此封信件交给联合包裹服务。根据办公室签名显示，所有下午四点前收到的包裹保证会在下一个工作日的下午三点之前送达。 |

直截了当地表明出错的原因，并表示歉意。如果来信人提出的问题真实且相关，应该尽可能多地提及公司和产品的正面信息，使整封信件显得合理有效。

如有可能，提及产品的正面信息。

　　随函附上的签收文件显示，我的信件直到 12 月 5 日的上午八点半才送达目的地。由于该信件包含了 12 月 4 日晚宴所需的材料，因此在它送达之际已经失去效用。在过去 8 年中，我一向接受联合包裹的递送系统提供的及时服务，但这次失误与以往的服务大相径庭。

最后，告知你所期待的修正行为类型。你想要该公司进行产品替换、维修、退款、或者仅仅是致歉？在信件结尾采用自信的语气。

　　我将很乐意接受你们退还我的 19.50 美元，以此重建我对联合包裹的信心。

在一些情况下，你可能不知道哪种修正行为是合理的；那么你应该将这个难题留给读者来解决，你只需对恰当的弥补行为进行暗示。这通常适用于未遭受财产损失因而只期望对方今后避免再现类似失误（例如，由于收到不完整或者误导性信息引发的粗鲁服务、长时间拖延或者订购型号错误）。

　　请告知我今后要如何避免发生此类错误。

第 194 页的范例 5 是一封关于不合格产品的常规索赔信，信中要求对方采取具体的补救措施。

第 6 章　常规信息　193

范例 5

常规索赔信——指定具体补救措施

这是一封关于某个不合格产品的索赔信。

立即指出问题所在，并告知写信人所遇不便之处。

用客观、商务化的方式向读者提供所需细节。

指定具体补救措施，并为此作出解释。

以自信的语气结尾。

OTIS CANDY COMPANY　BOX 302, EDEN, NC 27932, 919-555-4022, FAX: 919-555-4031, WWW.OTISCANDY.COM

20xx 年 4 月 14 日

❶　客户关系代表
　　快印先生公司
　　广场大道 26722 号
　　加利福尼亚州米逊维耶和市，邮编 92690-9077

亲爱的客户关系代表：

　　主题：复印质量差

　　你在 4 月 8 日为我复印的 13 页全彩印刷品质量很差，根本不适合在最近的发言中使用，导致我被迫使用内部的黑白复印件来替代。

❷　　正如你在随函附上的资料上所看到的，纸张颜色混杂并且格式模糊。这些复印件在质量上与《商业管理》（*Business Management*）四月
❸　号第 154 页上快印先生的广告内容严重不符。

　　我已经作过与这些资料内容相关的发言，因此重新复印并不能解决问题。由于我尚未支付你方 438.75 美元的 4073 号发票，请取消该项费用。

❹　　我对此表示理解，因为有时尽管全力以赴，错误仍然难以避免。我相信你一定会及时纠正这个错误。

真诚地，

Claire D. Scriven

克莱尔·D·斯克里芬
营销经理

附件

语法和结构说明

❶ 如果收件人姓名不详，你可以在信内地址和称呼语中使用收件人头衔。
❷ 混杂并且：在分割两个独立从句的"并且"之前不加任何标点符号，因为第二个从句"格式模糊"句长太短。
❸ 《商业管理》四月号：杂志名称用斜体表示（英语）。
❹ 有时（occasionally）：注意，这个单词有两个 c 和一个 s。

处理补救措施的基本原则是迅速应对。当自然灾害来临时,这永远是最重要的一条原则。图中,爱荷华州应急管理部门的外务人员琳达·卢斯正在与一名房主讨论龙卷风造成的财产损失。

6.5 常规理赔信

理赔信的内容是公司针对顾客索赔信所作出的应对措施。除非顾客真的遇到了麻烦,否则很少有人愿意动手写索赔信,因此公司收到的多数索赔信都是根据个人情况撰写的合法合理的书信。如果采取的措施是顾客要求或者期待的,那么撰写常规理赔信时应该采用直接组织方式。

你应该知道,公司里的任何人都可能被召来写索赔信和理赔信——不仅是销售和顾客服务部门工作人员。例如,会计部经理可能会给其他公司员工发送(或者从其他公司员工处收到)一封针对较差客户服务的投诉信。

沟通目标 4

理赔信是对索赔信的回复。

整体语气

顾客提出索赔,可能代表顾客已经对该机构或者产品失去信心和好感。由于顾客对此表示不悦,因此理赔信中使用的整体语气非常关键。由于你方已经决定接受索赔要求,因此最佳策略就是使用亲切友好、值得信赖的语气。给顾客提供一些疑点利益。使用勉强愤恨的语气是不明智的,这样做的结果是失去给予相关赔偿可能带来的善意。

使用友好、自信的语气撰写理赔信。

不 要	尽管我们的工程师不能理解在按照指示操作的前提下这个问题是如何发生的,我们还是愿意为您免费维修发电机。
应 该	我们乐意为您免费维修发电机。在 10 天之内,工厂代表将会打电话给您,确认方便前来维修的日期。

第 6 章 常规信息 195

你使用的整体语气应该表现出对来信顾客的诚实以及自己公司和产品的信心。提及索赔事宜时，尽量使用中立或者正面的语言（例如，使用"此类情况"，而非"您的投诉"）。另外，避免使用对读者投诉表示怀疑的语言。避免使用"您声称"这种语言，而应该选择更加中立的用语，例如"您说"。

最后，尽快回复。你的顾客已经不高兴了；怒气持续的时间越长，消除顾客的不满就越难。

先说好消息

最受读者欢迎的信息莫过于对方接受顾客提出的索赔意见，因此要把好消息放在信件开头——如有可能，放在开头第一句。细节和背景信息紧随其后，如下面例子所示：

> 《美国世界词典》（American World Dictionary）的最新复印件正发往你们办公室，我确定这些复印件中不会出现资料遗漏。我亲自检查了！

描述索赔依据时，避免使用负面信息。

> 随函附上针对你公司遭到延误的隔天送达信件所支付的 19.50 美元赔偿款。感谢您将这个问题告知我们。

> 多亏了您的来信，我们已经展开了新一轮针对客房清洁人员的培训计划。您可以使用随函附上的赠券前往大使馆免费住宿两晚，亲自体验您的信件所带来的改变。

针对严重失误应该恰当地道歉。

通常情况下，应该对读者来信表示感谢，因为这使你清楚认识到问题所在。但如果是道歉呢？一般道歉强调的都是负面情况，因此对那些需要及时解决问题以赢得顾客满意度的短篇常规索赔信不建议向顾客道歉；相反，应该强调公司和产品的积极方面，并表示期待今后继续合作。但如果顾客很明显由于该公司的失误遭遇极度不便或者感到极度尴尬，那么就应该对此表示真诚的歉意。在这种情况下，首先告知积极正面的好消息，然后以商务口吻表示歉意；避免在结尾部分重复道歉。

> 我方司机在 2 月 23 日损毁了您家的砖石走道，我已经联系当地泥瓦匠对其进行修复。我对这一情况给您带来的不便表示真诚的歉意，并感谢您的理解。

给出解释

明确简要地解释出错原因。

传达好消息之后，你必须告知读者发生问题的原因，如果合适的话还要告知你将采取何种措施防止此类情况再次发生。用充分可信的细节信息解释整体情况，但是不要对导致问题的原因过度说明。强调你对产品的支持。避免使用负面语言，不要推卸责任，也不要用"错误总是难免"这种态度来搪塞顾客。

让我对整个事件进行解释。由于暴风雪的原因，12月4日负责运载您信件的飞机无法在奥黑尔机场降落，只得转向底特律。尽管我方的底特律工作人员加班工作，将邮件重新装入前往芝加哥的运输卡车，但是这次货运直到12月5日早上才到达。

由于读者对你方产品的信任度降低，你还有一项销售任务。你必须在信件中加入**重售**内容——也就是说，加入重建顾客对所购产品或者对出售产品的公司信心的信息。为了增加可信度，不要承诺此类问题不会再次发生；那是不现实的想法。应该使用具体的语言；比如说，在可能的情况下列举事实和数据。

通过重售向顾客保证你们产品的价值。

不　要	我们向您保证此类问题不会再次发生。
应　该	幸运的是，此类事件发生概率极低。例如，即使考虑到恶劣天气、航空公司罢工等情况，我们已经在过去10个月持续保持97.6%的及时送达记录。其他递送服务公司无法达到这么高的记录。

有时候即使责任方是顾客，你还是会接受顾客提出的索赔要求——也许是因为来信者是公司长期的优秀顾客或者代表潜在的重要业务合作。在这种情况下，开头段落要直接表明你决定接受顾客索赔的好消息，但要避免显得过于热情。在之后的解释性段落中，你可以围绕这个事件巧妙地与读者沟通——告知顾客对问题发生负有一定责任，产品错误操作、保修期已过等实情。

如果责任方是顾客，使用巧妙客观的语言解释如何避免此类问题再次发生。

一方面，将这一情况告知读者是很有必要的，目的是避免顾客重复类似错误；另一方面，如果你用侮辱性的语言来表达信息，你将失去读者的好感。因此，应该使用巧妙客观的语言，尽量避免对读者说教，或是造成居高临下的感觉。例如，在下面的第二段中，解释设备的错误操作时完全没有使用代词"您"。

我们非常重视与您的商务合作关系，我们很乐意为您免费维修布拉尼夫250复印机。我们的维修技工告知她将在9月15日前往维修。

您的机器记录显示，自7月18日安装以来，该复印机总共复印了9,832份复印件。布拉尼夫250复印机是专为低水平办公室使用设计的——低于每月1,500份复印件。如果您发现这种高度使用率将持续出现，那么我建议您订购布拉尼夫300复印机，它将能轻松满足您的需求。我们将很乐意地为您提供价值1,300美元的抵换折让。

正面、前瞻性的结尾

以积极正面的语气结尾。不要再次提及发生的问题，不要再次致歉，不要暗示未来再次发生类似问题的可能性，也不要暗示读者可能仍然感到不悦。相反，使用一些必要技巧暗示与顾客的持续合作关系，例如提及读者在收到修好的产品或者改进的服务后的满意，或者感谢读者对你方产品的兴趣。

结尾处不要再次提及赔偿事宜，而应该展望未来。

除非你对补救措施已经重建顾客对于你的产品和服务的信心这一点相当自信，否则不要在信件结尾加入任何推销信息；否则可能会事与愿违，弄巧成拙。如果坚持加入推销信息，应该采用微妙的方式表达，而且应该推销新产品或配件，而非顾客已经买过的改良型产品。

不要 我再次对延迟送达信件表示歉意。如果你再次遇到此类问题，请立即来信。

应该 克拉克小姐，我们很高兴能够在过去的 8 年中为您提供递送服务，并且期待今后继续为您提供服务。

或者 克拉克小姐，如果您有经常性的现金期限，那么您可能会对我们的 8 小时递送服务感兴趣。它在随函附上的手册中有具体描述。

范例 6 是一封理赔信，检查表 7 总结了撰写常规索赔信和常规理赔信的原则。

✓ 检查表 7　　　　　　　常规索赔信和常规理赔信

常规索赔信

- ☑ 写索赔信要及时——一旦发现问题立即写信。尝试确定写信的恰当对象；如果这种可能性比较低，那么就把信件发送至客户关系部门。
- ☑ 客气有礼、充满自信的整体语气。如果问题是真实和相关的，注意提及公司或产品的积极方面。
- ☑ 以直截了当的方式开头，立刻说明问题所在。
- ☑ 尽可能多地提供必要信息。使用客观的语言，具体说明问题所在以及你所遭遇的不便之处。
- ☑ 如果合理，告诉对方你希望的补救措施类型——替换、维修、退款或者致歉。
- ☑ 结尾语气充满自信。

常规理赔信

- ☑ 及时回复；你的顾客已经感到不悦。
- ☑ 以直截了当的方式开头，立即告知对方正在采取的补救措施。
- ☑ 采取客气有礼的语气。通篇使用中立或者正面的语言。
- ☑ 如果合理，对读者来信表示感谢；如果顾客由于公司行为遭遇极度不便或者尴尬，应该致歉。
- ☑ 以直接简洁的方式解释问题发生的原因，加入足够多的细节以增加可信度，但是不要过度说明。如果合适，简要告知你为了防止此类问题再次发生而采取的措施。
- ☑ 提供信息以重建顾客对公司和产品的信心，这些信息必须具体可信。
- ☑ 如果顾客是责任方，应该围绕这个问题运用客观巧妙的语言来解释。
- ☑ 以正面语气结尾，暗示希望提升顾客满意度，并期待今后合作。

范例 6

理赔信

这封理赔信是对第 194 页范例 5 索赔信的常规回复。

Sir Speedy, Inc.　20xx 年 4 月 22 日

克莱尔·D·斯克里芬女士
❶ 营销经理
奥的斯糖果公司
302 邮箱
北卡罗来纳州伊登市，邮编 27932

亲爱的斯克里芬女士：

　　主题：取消 4073 号发票

　　快印先生公司很乐意取消 438.75 美元的 4073 号发票。我们非常感谢您的来信并将样本资料发给我们的善意行为。

❷　　收到您的来信之后，我立即把您发来的资料送给我们的质量控制人员进一步检验。他们认为这些资料可能在出货之前进行了再次操作。我们已经修正了生产程序，确保产品在装运之前经过作业人员以外的其他人员检验。

　　为了给公司客户提供更好的媒体服务，我们正在安装施乐 DocuCenter480 复印机，这将是现今最复杂的专业彩印系统。下次订购我们产品时，你将发现这些资料比给您留下深刻印象的《商业管理》中的广告质量更好。

　　您诚挚地，

　　David Foster
　　大卫·福斯特

　　客户关系部

CORPORATE OFFICES
26722 Plaza Drive
P.O. Box 9077
Mission Viejo, CA 92690-9077
Tel: (949) 348-5000
Fax: (949) 348-5010
www.sirspeedy.com

及时告知读者正在采取补救措施；并对读者来信表示感谢。

简短且有针对性地解释发生的问题。

对今后与顾客的持续合作关系表示期待；不要再次提及问题。

语法和结构说明

❶ 将职务头衔放在与人名同一行，或者另起一行。
❷ 人员：不要把人员（personnel）和个人（personal）互相混淆。

第 6 章　常规信息　199

6.6 友好信

沟通目标 5

从严格意义上说，**友好信**是出于友好和善意而发送的信息。例如表达祝贺、感激和同情的信息。由于这些信息没有真正的商务目的，因此他们可以准确地实现传达友好善意的目的。但即使只加入一丝微妙的推销手段，也会使这些信息失去效用。信息接收者很快就会看穿这种小手段。加入了推销手段或者重售成分的信件称为销售信，而且正如你期待的，这方面的内容将在本书其他地方涉及。

也就是说，上述手段无法实现商业利益。人们很自然地倾向于和友好、愿意花费时间在值得注意的场合发表评论的人和公司交往。重点在于，这种商业利益在传达友好时是偶发性事件。

传达友好信息并非只能通过写信，也可以打电话——尤其是次要的事情。但不管是单独采用书面形式，还是书面信息和打电话均有，书面信息会更受读

问题聚焦 12　　　　　　　　　　　　　　　　　　　　　　伦理

写作触觉

在唐纳德·米切尔的《单身汉的退思》（*Reveries of a Bachelor*）一书中，作者将手写书信描述为"安慰者"以及"心灵对谈者"。如果这种情形在多愁善感的 1850 年真实存在，那么在被电子邮件和手机短信淹没的当代这种说法似乎更具真实性。有个推崇手写信件的人说，"等待盖有邮戳的手写信件到来就像等待紧急电报。"

严谨的作者会选择 10.8 厘米乘以 16.2 厘米、印有他们姓名大写字母的书写卡片。但是这种做法比较昂贵，一套 100 张印好的卡片以及印好的信封一般耗资四百美元。

另外，使用这种昂贵的纸张一定要搭配蓝色墨水或者黑色墨水的签字笔，而不能用圆珠笔。这种书写卡片的适用对象男女均可，既可用于商务场合，也可用于私人信件。

最后，撰写私人信件所使用的雅致贺卡上必须有亲手书写的信息，而非仅有签名。这个国家每年发出超过 74 亿张贺卡，其中 83% 的贺卡由女性购买，其他 17% 由男性购买。带有幽默信息的贺卡最受欢迎，但是这种幽默效果创作不易。在贺曼公司，八位全职编写插图说明的人员有 90% 的提议遭到拒绝。

《如何说》一书作者罗莎莉·马吉奥建议，在撰写友好讯息时"围绕主题"，不要加入会议提醒、你原本想提的问题或是关于商业问题的附言等信息，以免削弱原本信息的表达效果。

作者应避免夸张或者过度奉承。她说："如果你的感情表达并不真诚，读者是可以感知到的，因此应该真实地表达内心所想。"

下次听说同事的好消息、坏消息或是善意举动时，你应该让它变得值得注意。

批判性思考

▶ 除了书写卡片和蓝色、黑色签字笔以外，其他的流行组合包括本色纸和森林绿墨水，签名蓝色纸和鲑鱼油墨，还有本色纸和酒红色墨水。你觉得这些手段对于商务场合中的友好信起到了何种作用？

者认可，并且有持续效果。由于撰写书面信息更费时费力，信息接收者收到的信息量更少，因此书面信息比电话信息更有意义。获取更多关于撰写友好信息的细节，参阅问题聚焦12，"写作触觉"。

一般原则

为了使你的友好信实现预期目标，要遵守以下五个原则：

1. 及时。人们经常会考虑写友好信，但随后又会一直推延至太晚。而在读者心中，接收信息时写作目的仍具有时效性才是最有意义的信息。
2. 直接。在开头一两句话就把主题思想阐述出来，即使是撰写慰问信。由于读者已经明确知道坏消息，因此你不必对读者隐瞒。
3. 真诚。避免过于虚饰浮华或者感情过于强烈的语言。使用会话式语气，就像你在和读者本人面对面交流一样，并且将注意力集中在读者身上——而非作者自己身上。尤其注意姓名拼写是否正确，确保你陈述的事实是准确的。
4. 具体。如果你向读者表示感谢或者称赞，应该提及某个具体事件或者轶事。使你的信件更加个性化，避免让它听起来像正式信件。
5. 简短。你不必用两页纸（或者可能是一整页纸）的篇幅来表明观点。私人信纸卡片比全尺寸的商务信笺更为恰当。由于是私人信件，友好信不要求加入主题行（当然，除非是通过电子邮件发送）。

> 撰写友好信的五条原则：及时、直接、真诚、具体以及简短。

祝贺信

发送祝贺信目的在于祝贺对方取得重要的商业成就——获得升职机会、宣布退休、赢得专业奖项、开办分支机构、庆祝周年等。这样的贺信也适用于个人的里程碑式事件——订婚、婚礼、庆生、毕业以及其他值得关注的事件。祝贺信的对象不仅包括公司的内部员工，而且还应包括顾客、供货商以及其他公司外与你有合作关系的人士。

> 汤姆，祝贺你当选阿尔伯塔县联合慈善会主席。我非常高兴地在今早的报纸上看到这则通告以及你今后的宣传活动计划。
> 预祝基金筹备成功启动。相信这么重要的社区活动必定会得到大家的全力支持。

感谢信

通常来说，感谢信或者致谢函比稍纵即逝的物质奖励更受人们珍视。手写感谢信在当今社会尤其受欢迎，因为人们已经习惯于收到各种"个性化"电脑生成信件。手写信件使读者感觉作者是在真心地表示谢意，而不是简单地用套

> 感谢信在一些情况下是可以预料到的；但是在另一些情况下是出乎意料的（也因此更令人心存感激）。

奥伯问答

亲爱的奥伯博士：

　　我写信是为了询问您书中通篇使用的书信格式问题。在所有范例当中，主题行在称呼语之后出现——这是我和我的学生从未见过的情况。您能否向我们解释一下使用这种格式的原因？这是否是一种新的书信格式？

——莱迪西亚

亲爱的莱迪西亚：

　　我查阅过的每个正规文件处理文本和办公使用手册都把主题行放在称呼语之后以及信件正文之前，因为主题行的本质就是作为信件正文的标题。

——斯科特

给作者写信，邮箱为askober@comcast.net.

用信件来敷衍了事。如果你愿意多花费一些时间精力，将感谢信复印件发给信息接收者的上司，那么接收者将会收到双重的感谢。

　　感谢信（打印或手写）应该发送给所有给予你帮助的人——赠与礼物、为你写推荐信、给予你意料之外的支持、发表演说或者出席座谈会等。不要忘记顾客和供货商等。

　　出乎意料的感谢信通常更令人心存感激——比如，发送给销售人员、教员、行政助理、影印中心操作员、餐馆服务员、接待员以及其他在职责以外提供服务的人员。

　　艾丽丝，非常感谢您为我们新员工培训的供应商座谈会提供服务。您对会议安排的评价以及改进意见对我们非常有帮助。只有您这样的资深专业人士才能提供这种有价值的信息。

　　我相信您已经从评论和问题中得知，您的意见已经很好地被我们的新员工采纳。我们真挚地感谢您专业的帮助。

慰问信

开头表示慰问，提及关于逝者的个人回忆，在结尾处给予安慰。

　　慰问信或者吊唁函是发送给遭遇痛苦、悲伤或者不幸的人，这种信件最难写，但同时也是最令人感激的信件。慰问信使得那些身患重病、事业溃败或者痛失挚爱的人知道还有其他人在关心他们，他们在世界上并不孤单。

　　最难写的信件就是对经历丧亲之痛的人表示慰问。这些信件应该尽可能用手写形式。尽管谈及死亡是不可避免的，但是不必过度赘述。多数慰问信都很简短。开头表示慰问，提及逝者的某些具体品质和个人回忆，最后用安慰性的感性语言结尾。真诚地表示自己愿意给予帮助也是合适的做法（参见范例7）。

范例 7

友好信

这封友好信是向某位去世同事的丈夫表达慰问。

❶ Ralston Purina Company

April 3, 20—

❷ Dear Ralph,

I was deeply saddened to learn of Jane's sudden death. It was certainly a great shock to her many friends and colleagues.

Jane had a well-earned reputation here for her top-notch negotiating skills and for her endearing sense of humor. She was an accomplished manager and a good friend, and I shall miss her greatly.

❸ If I can help smooth the way in your dealings with our human resources office, I would be honored to help. Please call me on my private line (555-1036) if there is anything I can do.

Affectionately,
Bob

Checkerboard Square
St. Louis, Missouri 63164-0001

开头表示慰问。

提及逝者的某些具体品质以及个人回忆。

结尾真诚地提供帮助。

语法和结构说明

❶ 在撰写慰问信时,可以使用公司专用信纸或者私人信笺。
❷ 在私人信件的称呼语之后加逗号(而不是冒号)。
❸ 如有可能,尽量手写慰问信。

3P 行动：常规理赔信

- 问题
- 过程
- 成果

■ 问题

你是凯瑟琳·史密斯，迪拉德百货公司客户服务部门的通讯员。今天上午（20××年5月25日），你收到下面的来信，该信来自汉丽埃塔·丹尼尔斯夫人，一位愤怒的顾客。

亲爱的客户服务经理：

我对你们出售的质量极差的窗帘感到非常不悦。两个月前，我为家中两扇卫生间窗户购置了两扇韦奇伍德陶瓷蓝色的褶皱纤维窗帘，每扇售价35.99美元。随信附上价值74.32美元的账单复印件。

这些窗帘已经开始褪色。当我发现它们已经变成扎染的颜色之后，简直不敢相信自己的眼睛！我绝对不想让家中出现这种窘迫的景象。

由于购买的窗帘太不耐用，我在此要求退还74.32美元。

你把丹尼尔斯夫人寄来的编号账单拿到销售部门，并找到她购买的窗帘样式。你得出的唯一结论就是，丹尼尔斯夫人家一定有很大的卫生间窗户，因为她所购买的特定窗帘尺寸为1.6米长乘以0.8米宽。另外，在窗帘上附有警告标签："这种窗帘所选用的进口纤维不适用于高潮湿度的环境。"显然，这些窗帘不适用于卫生间。

你在电脑上查阅了丹尼尔斯夫人的账户信息，发现她多年来一直是公司的忠实客户。因此，你决定同意她提出的74.32美元的全额退款，尽管索赔问题的产生是由于她本人的错误使用。针对这一情况，你需要撰写理赔信（汉丽埃塔·丹尼尔斯夫人地址位于：阿肯色州小岩城松树林大道117号，邮编72203）。

■ 过程

1. 你写信的目的何在？

给汉丽埃塔·丹尼尔斯夫人退款，巧妙地解释这个问题并非由你的公司造成，并维持顾客的善意。

2. 描述你的读者。
   - 一位重要客户。
   - 目前对你们公司感到愤怒。
   - 现在认为你们的产品质量极差。
   - 可能属于不喜欢认真阅读说明书的人群。

3. 用适当的顺序将要讨论的话题排序。
   （1）给予退款。
   （2）解释窗帘不适用于卫生间。
   （3）推荐你们公司的卫生间专用的棉质聚酯窗帘。

4. 在信件开头，亲切有礼地告诉丹尼尔斯夫人你同意 74.32 美元退款。用亲切正面的语气接受她提出的要求。但要记住，她才是造成问题的责任方，因此不要显得过于热情。

   丹尼尔斯夫人，您多年来一直是我们重视的忠实客户，因此我们决定接受您 74.32 美元退款要求。

5. 解释顾客如何错误地使用了窗帘。使用巧妙、中性并且客观的语言，避免使用第二人称代词（你和你的）。

   正如附在窗帘上的标签所示，这种窗帘所选用的进口精细编织材料可以反射阳光而不褪色，但不能用于高潮湿度的卫生间中。

6. 现在写结尾部分，你需要推荐你们公司的卫生间专用棉质聚酯窗帘。

   为了达到您期待的可用于卫生间、外观优雅和经久耐用的效果，请考虑我们随信手册中介绍的卫生间专用棉质聚酯窗帘。它们的颜色是韦奇伍德陶瓷蓝，可以定制成您想要的任何特定尺寸。

■ 成果

Dillard's, Inc.
1600 Cantrell Road – P.O. Box 486 – Little Rock, Arkansas 72203
Telephone: 501-376-5200　Fax: 501-376-5917

20xx 年 5 月 25 日
汉丽埃塔·丹尼尔斯夫人
松树林大道 117 号
阿肯色州小岩城，邮编 72203

亲爱的丹尼尔斯夫人：

　　主题：您的 74.32 美元退款要求

　　您多年来一直是我们公司非常重视的顾客，因此我们同意退还您的 74.32 美元。随函附上全额款项的退款支票。您只需在下次经过迪拉德百货公司时将蓝色窗帘送还至我们公司的客户服务窗口即可。

　　正如附在窗帘上的标签所示，这种窗帘所选用的进口精细编织材料可以反射阳光而不褪色，但不能用于高潮湿度的卫生间中。但如果这种窗帘用于客厅、餐厅和卧室窗户，它们将为您提供多年美观无忧的服务。

　　为了达到您期待的可用于卫生间、外观优雅和经久耐用的效果，请考虑我们随函手册中介绍的卫生间专用棉质聚酯窗帘。它们的颜色是韦奇伍德陶瓷蓝，可以定制成您想要的任何特定尺寸。请亲自过来，让我们为您展示这种窗帘。

　　真诚地，

　　Kathryn Smith

　　凯瑟琳·史密斯
　　客户服务部

　　附件

现在你可以进行 3P 实践。见第 207 页的 3P 练习。

登陆学生网站（网址：college.hmco.com/pic/oberOBC7e）以获取更多资料，帮助你更好地了解课程内容和未来职业规划。

总　结

沟通目标 1

在撰写常规请求时，尽可能早地阐述主要的要求，随后附上提出要求的原因。提出的问题必须清晰、易于回答。最后，以友好善意的语气结尾。

回复常规请求时，要做到及时和客气有礼。在回复中尽早同意对方的请求，并且回答所有提出的问题。以正面友好的语气结尾，使用具有独创性的语言。

沟通目标 2

撰写常规索赔信要及时。开头直截了当，具体告知问题所在以及你寻求的解决办法。尝试通篇使用客气有礼、充满自信的整体语气。结尾要自信。

沟通目标 3

回复索赔信也要及时。使用中性或者正面的语言，语气要客气有礼貌。信件开头直截了当，立即告知正在采取的处理措施。提供能够重建客户对产品和公司信心的信息。结尾要用积极正面的语气。

沟通目标 4

撰写友好信的目的在于表示祝贺、感谢或者慰问。要做到及时、直接、真诚、具体以及简短这几点原则。

沟通目标 5

关键术语

你现在应该能够用自己的话定义下列术语，并分别举例：

理赔信（adjustment letter）　　　套用信函（form letter）
索赔信（claim letter）　　　　　友好信（goodwill message）
直接组织方式（direct organiza-　间接组织方式（indirect organizational plan）
tional plan）　　　　　　　　　重售（resale）

付诸实践

3P 实践

如需获取更多信息，请参见第 204 页的 3P 模型范例。

1. **回到荣耀食品公司**　荣耀食品公司每月回复的近 400 封顾客质询中，既有单纯的表扬信，也有对于新产品配方的点子和建议。由于荣耀食品公司十分重视构建坚实的客户关系网络，因此这家公司对各种顾客质询都及时回复。他们一方面用乐观向上的语气表达对顾客忠诚的感谢，一方面认真细致地解决客户问题。

   问　题

   身为巴里·哈夫的行政助理，你在写一封关于某顾客要求获取荣耀食品公司尝试构建"回馈"社区相关信息的信件。该顾客名为戴文·亚历山大，是你们公司产品的长期追随者，尤其对公司资助少数族裔学生的举措非常感兴趣。除了解决具体问题，你还计划在信中附上一份公司预印的支持社区活动的声明复印件。

   过　程

   （1）你写信的目的何在？
   （2）描述你的读者。
   （3）将讨论的主题排序。

第 6 章　常规信息　207

（4）开头段落中，将你写信的目的告知亚历山大先生，传达公司一直参与社区活动的信息。

（5）专门写一个句子，提及你随函附上的预印声明。

（6）结尾处，感谢亚历山大先生对公司举措感兴趣和对公司的忠诚。

成 果

使用常规信件的相关知识，写一封信回复戴文·亚历山大（地址为：田纳西州巴特勒特市曼德勒路 287 号，邮编 38101）。

2. 一封针对不合格产品的索赔信

问 题

你是 J.R. 麦科德，人民能源公司的采购员。在 2 月 3 日，你为辛普森 25 型打印机订购了一箱四盒激光打印碳粉盒，每个售价为 69.35 美元，外加 6.85 美元的运输搬运费用——总价为 284.25 美元。该碳粉盒的目录上说明"适用于爱普生和施乐打印机以及其他大多数兼容机型"。由于辛普森打印机在广告中宣称其产品与施乐打印机一模一样，于是你设想这种碳粉盒可以适用。订货到达后，你发现碳粉盒无法与辛普森打印机兼容。尽管这种碳粉盒形状一致，但是薄了近四分之一，而且无法准确地固定在主轴上。

你坚信，供应商通过广告误导你订购错误型号的碳粉盒。你希望公司根据 95-076 号发票接受 284.25 美元的退款要求，或者将碳粉盒替换成可与你的打印机兼容的型号。如果公司愿意给予相关指示，你将乐意归还所有的四盒碳粉盒。

针对这一案例，撰写一封常规索赔信。

过 程

（1）你写作的目的何在？

（2）描述你的读者。

（3）在开头第一句话点明问题所在。整体语气客气有礼、充满自信。

（4）使用客观的语言。在信件的中部，具体地告知问题发生过程以及你如何因此遭遇不便。

（5）在结尾说明你期望的解决办法。如有可能，提及一些关于公司和产品的正面信息。

成 果

修改、编排并校对你所写的信件，将其寄往国家办公用品公司的顾客服务部门，地址为爱荷华州迪比克市开普勒大道 2640 号，邮编 52001。将问题处理的回复以及信件终稿上交给你的指导老师。

练 习

1. **常规请求——推荐信**　作为申请美国运通实习一学期的一部分，你被要求上交一封大学商业教授的推荐信。你在管理课程上取得了优异成绩：三个学期前，你在学校管理学院的丹尼斯·萨维奈特博士那里学习了工资与薪酬管理课程。你十分喜爱该门课程，因此只缺席了两次（均有充分的理由）。尽管你不是课上发言最活跃的学生，但是丹尼斯·萨维奈特博士对你在团队合作项目中的表现给予了肯定。美国运通（亚利桑那州凤凰城驼背东路1850号，邮编85017）尤其想要了解你的团队协作能力。

    撰写（但是不要发送）一封发送给萨维奈特教授的电子邮件电子邮箱：djthavinet@marsu.edu，请求他为你写一封推荐信。表明你希望他在一周内答复。

2. **常规请求——产品信息**　选择你感兴趣的刊登于报纸杂志上针对某产品或服务的一则广告。这则广告可能篇幅太小，无法提供足够的信息以说服消费者作出明智的购买决策。写信给该公司（如有必要，借助图书馆或者网络可用资源确定公司地址），至少提出三个与产品相关的问题。确保在信中提及你了解产品的信息来源。尝试获取及时回复。

    在信中附上一份广告复印件，并提交给指导老师。你的指导老师可能会要求你用电子邮件把信件发送给全班同学，以便今后针对不同公司的各种回复进行比较研究。

3. **常规请求——会员信息**　尽管你在校期间的兼职工作只是临时的，但是你的上司仍然想要你获取更多公开演讲的经验，并建议你加入国际演讲会，一个致力于帮助会员练习提升公共演讲技巧的组织。你对此很感兴趣，想要确定当地有没有分支机构，如果有的话，你还想确认会议召开的时间、地点以及缴纳的年费数额等信息。

    在网上搜索国际演讲会的主页，找到电子邮件地址。写一封电子邮件，提出几个具体问题。复制一份电子邮件发送给你的指导老师。是否将邮件发送给国际演讲会，要听从指导老师意见。

4. **常规请求——寻找日托中心用地**　阿勒格尼儿童保育学会在费城、匹兹堡、底特律和其他城市地区开设有33家日托中心，专为从事福利工作的父母提供儿童托管服务。由于阿勒格尼儿童保育学会享受政府补助，因而这里的儿童可以享受专业教学、中晚餐以及体育锻炼，他们的父母只需支付一定数额的费用。由于许多父母通过步行或者公共交通的方式接送孩子，阿勒格尼儿童保育学会总裁大卫·亨利一直在市中心寻找可租用地产。

    亨利现聘用你为阿勒格尼儿童保育学会的物业设施主管。由于公司正计划将业务扩展到俄亥俄州的克利夫兰市和加利福尼亚州的奥克兰市，因此你决定写信给全国性的房地产公司询问潜在可租用地产的相关信息。你的第一封信将发往森林城市公司（位于俄亥俄州克利夫兰市公共广场50号1100套间，邮编44113-2203），这家公司在全国开发和管理商业地产。你想要在信中表达怎样的主要观点？你需要从森林城市公司获取多少细节信息？你是否需要对你的要求作出解释或者加入任何细节？你要如何结尾？运用常规请求的相关知识，为这封请求信写一份草稿（可以虚构必要细节）。

沟通目标1

5. **常规请求——产品信息**　Luis St.Jean是法国一家知名设计公司，在服装、香水、领带和其他设计品领域年销售额12亿美元。该公司每年为它的季节新品推出超过150个原创设计。作为美国明尼阿波利斯市美国购物中心的高档女装店Cindy's的采购主管，你打算推出Luis St.Jean设计的香水产品。你需要知道更多关于香水的售价、型号、最低订购量、Luis St.Jean提供的市场营销协助等类似信息。你还想了解是否可以获得Luis St.Jean香水在明尼阿波利斯地区的市场专营权，以及你是否需要推出Luis St.Jean整条香水生产线上的产品（你认为过于昂贵的香水不具有很好的销路）。

　　写信给许可证主管亨利·维其尔先生，向他提出上述问题，地址为法国蓬图瓦兹市塞吉路Luis St.Jean公司，邮编90513。

6. **常规回复——产品信息**　梅森·理查德餐厅位于西雅图市，可容纳200位客人同时用餐。作为这家餐厅的业务经理，你收到一封来自华盛顿州西雅图市第二大道1926号的克里斯·席琳的质询信。她对餐厅供应的肉鱼提出几点疑问。以下是她提出的问题以及回复：

（1）你们使用的牛肉是否来自野外散养的牛，而非在狭窄的养殖场环境中喂养的牛？

　　不是的，在野外散养牛会导致牛肉中肌肉组织增加，影响肉质的柔嫩口感。

（2）这些牛是否喂食了抗生素和荷尔蒙？

　　是的，这样做是为了确保动物健康，并加快生长速度。

（3）你们供应的鳟鱼是否来自湖泊和小溪？

　　不是，这些鱼是在渔场养殖的。这样经济效益高，并且病死率低。

　　席琳小姐是一位知名的动物权利保护者，因此你应该在陈述观点时尽可能使用正面的语言，以免失去她的好感，造成任何负面的宣传效果。回复她的来信，提供你认为合适的其他信息。

7. **常规回复——套用信函**　《雪莉脱口秀》是在公共电视台播出的一档知名早间脱口秀节目，雪莉·贝克是节目主持人，而你是该节目的执行制作人。

这档脱口秀节目特色在于针对广泛范围内的时事话题展开小组讨论和访问。

由于主持人雪莉从观众那里得到问题和评论，因此必须确保摄影棚每天都满场。两年前节目开播时，你无法保证摄影棚中 159 个座位都被观众坐满。但现在，入场券已经供不应求。所有想要得到入场券的观众都必须在至少三个月前写信，而且索票张数不得超过四张（免费票）。脱口秀录像从上午 9:30 到 11:00，每周从周一持续到周五。订票可以保证预留座位，但是对于那些上午九点后还没人坐的位子采用先到先得的原则。摄影棚大门每天上午 9:15 准时关闭，到 11:00 录像结束后才会再次开放。十二岁以下的儿童不得入内。

写一封套用信函，告知人们如何订购入场券，并传达其他的必要信息。信件将会发送给所有想要获取票务信息的观众。

8. **常规回复信——船上的喜剧演员** 你是海洋公主号游轮的娱乐部总监，一直在寻找新演员来游轮上表演。昨天，你收到一封来自休斯顿娱乐公司经理芭芭拉·格林斯堡的信件，向你推荐赫尔曼·泰勒。

赫尔曼是一位来自休斯顿的年轻喜剧演员，已经在休斯顿和周边地区的喜剧俱乐部出场表演。他的精彩表演获得了观众的一致好评。赫尔曼最近刚刚结束了一场大学校园巡回演出，据芭芭拉描述，这场表演取得了巨大成功。

芭芭拉想要为赫尔曼争取在五月份表演数周的机会。通过电话联络休斯顿的承办人后，你得知赫尔曼表演十分出色。于是，你想要与赫尔曼以及芭芭拉会面，讨论赫尔曼在游船上进行几场表演的可能性。

写信给芭芭拉，邀请她和赫尔曼于 3 月 15 日前往阿拉巴马州莫比尔市。五月份，共有两趟游轮巡游可以让赫尔曼表演。芭芭拉的通信地址为：得克萨斯州休斯顿市 4790 邮箱，邮编 77590。

9. **工作小组沟通——常规回复** 主席委员会由各个学生校园组织的主席组成，你是成员之一。你刚收到一封来自院长罗宾·H·希尔教授的备忘录，她想了解今年在校的学生组织参加了哪些类型的社会活动。院长必须向基金托管人汇报学生组织发挥的重要作用——不仅包括学生在大学和社区的生活情况，还包括学生领导力和社交技能的发展情况。她想了解的其他信息包括学生负责运作的毒品、酒精滥用项目，社区服务以及资金筹措。

四人一组展开合作，确定并总结今年在校学生组织完成的社会活动类型。然后把讨论得出的结论组织合并成一页纸的备忘录，交给希尔教授。在完成初稿后，交给每个成员查看和评价。然后完成必要的修改后递交终稿。只能使用真实数据。

10. **常规回复——时装秀** 你是雷诺市内华达大学的时尚设计专业教授尤兰达·戴维斯，拥有美国西部最优秀的时尚设计课程之一。你收到一封来自

沟通目标 2

内华达州法伦市丘吉尔县高中时尚商品推广教师格雷格·邦克的信件。

格雷格来信询问在五月的全国时装秀之前开办一场地区性时装秀的可能性。由于法伦市的高中没有参加全国性竞赛的资格，因此格雷格想询问你是否愿意让内华达州北部的七所高中在你位于雷诺市的校园内举行地区性比赛。格雷格估计，多数学校将会带领十名到十五名学生参赛。他们想要在20××年3月12日周五举办比赛，上午九点开始，并希望在中午结束比赛。

你对于举办高中生比赛感到非常兴奋，因为这样可以增加内华达大学的知名度。你可以在当天接待这些学校。你已经安排了几个教室从上午九点到中午之间为其开放。这些学校应该安排他们的学生在裴斯大楼145室登记注册。登记时间为上午8:00到8:30。你需要每个学校支付50美元的相关费用。

写信给格雷格，告知这个好消息以及比赛的相关细节。他的地址为：内华达州法伦市南大街665号丘吉尔县高中，邮编89406。

11. **索赔信——差劲的服务**　作为小型水管设施企业Parker Central的所有者，你想要把顾客至上的观点灌输给所有员工。因此，你对于昨天（7月13日）在美国安格投资服务公司（位于印第安纳州印第安纳波利斯市50东街231号，邮编46205）所受的接待感到非常不满。当天下午2:30，你与该公司投资顾问杰克·奈特利有约，你早到了20分钟。这是你与他第一次会面，讨论为你公司二十名员工建立简化雇员退休金计划（SEP）的相关事宜。

首先，接待员在完成文件最后一段的录入工作前，至少有五分钟时间无视你的存在。在明确你想见的人是谁之后，她在下午2:30之前仍然没有打电话到杰克的办公室告知你的到来。你最后得知杰克当天正巧生病，必须去看医生。因此你不仅浪费了半个下午的宝贵时间，还受到了该公司接待员粗鲁无礼的接待。

你决定写信给杰克·奈特利告知该接待员的恶劣行为。你要求该公司今后改进服务态度。你想要告诉他，如果你继续受到如此对待，你将不再考虑与该公司保持业务往来。撰写索赔信。

12. **常规索赔——结束水平计费**　你的雇主清水渔业公司专门进口鱼类产品，经过剔骨处理后再次转售给宾馆和食品市场。你两年前被聘为办公室经理后，建议芝加哥公司采用整年水平计费方式，以免产生偶然的高额月度物业账单。于是物业（芝加哥能源和照明公司）将整年预计能源使用量除以十二，使得每月账单数额几乎一样。该系统在四月之前一直运行良好。但随后，清水渔业开始与当地的安尔跟公司合作，这家公司可以将生物可降解物质——例如鱼骨和鱼脂肪——转换成能源。由于安尔跟目前使用清水渔业的副产品来生产电力和天然气，因此你在四月初打电话给物业，要求转回按月计费。

当你今早收到五月份发票后，你发现物业仍然在使用水平计费。使用情况显示，电力和天然气消耗量如你预计的那样大幅减少，但是账单和四月份数额一样。你决定将该情况告知芝加哥能源和照明公司的客户服务部门（位于伊利诺伊州芝加哥市湖滨大道4500号，邮编60617）。

13. **索赔信——不准确的报告** 作为 ReSolve 的市场销售经理，你很高兴地得知这款适用于 Windows 系统的计算机基础电子表格程序在《计算机潮流》（Computing Trends）杂志上获得评论。评论中称赞该产品拥有"如闪电般的速度以及便捷的操作界面"。但令你感到不悦的是，你的产品由于缺少高端图形处理能力而遭到评论家的贬低。评论家将 ReSolve 与全功能电子表格程序相比较，而后者的售价平均比你的程序高出200美元。难怪你的电子表格程序得分为6.6（满分10分），在五个评论程序中排名第三。如果将你的程序与同类低端程序相比，你敢肯定 ReSolve 会轻易拔得头筹。

一方面，你不想让该杂志对你们公司（软件企业家公司）感到不满，但另一方面你坚信该杂志应该进行同类比较，对你开发的程序重新评论。写信给该杂志评论编辑罗伯塔·J·霍顿，告知这一情况，地址为俄亥俄州克利夫兰市公共广场200号，邮编44114。

14. **常规理赔——鱼肉风波** 假设你是弗雷德里克·萨姆尔森，是萨姆尔森餐饮服务公司的经营者。你最近为阿尔伯克基市一家名为琼斯-威尔逊联合法律事务所举办了假期午餐会。

你和该公司行政助理凯伦·艾哈迈德-阿什顿共同讨论午餐会的具体细节。凯伦最初订购三文鱼作为主菜，但你的供货商无法提供足够多的新鲜三文鱼以供受邀参加午餐会的250多位宾客食用。由于你在最后关头得知缺少食材三文鱼，于是决定用大比目鱼代替三文鱼。但在午餐会开始之前，你已经无法与凯伦取得联系告知这一变动。

午餐会受到出席的265位宾客的一致好评，你得到了众多针对食物品质的赞美之词。你向凯伦收取每人18.95美元的餐费——这个价钱和使用三文鱼的价钱一样。但是三天后，你收到凯伦的来信，要求在每位宾客的餐费中减去2美元费用，理由是你用大比目鱼代替了三文鱼。

你很重视与该公司的业务，而且这次的食材替换并未经过她的允许，于是你决定接受凯伦的要求。写信给凯伦对这次食材替换的原因进行解释。随函附上530美元的支票。在信中加入其他的必要细节信息。寄信地址为：新墨西哥州阿尔伯克基市西木棉大道350号琼斯-威尔逊联合公司，邮编87201。

[沟通目标3]

15. 常规索赔信——空调泵订单错误 假设你是乌利亚·卡斯尔顿，亚利桑那州吉尔伯特市西部电气公司的采购员。你最近从凤凰城的 ACE 供应公司订购了（订单号 No.44–0987）12 台 2500 型空调泵（零件号码 No.2500–89712）。

这批空调泵到达后，你发现数量多于 12 台，而且型号并非 2500 型。ACE 公司错发了 25 台 1200 型空调泵。尽管公司也出售 1200 型空调泵，但是你已经有许多该型号存货，目前急需 2500 型空调泵。

写信给 ACE 供应公司的运输部经理布伦特·史威尔，要求该公司尽快运送 12 台 2500 型空调泵到你们公司，因为目前只剩三台存货。另外，向他询问 25 台 1200 型空调泵的归还问题。随函附上采购订单复印件。ACE 供应公司的通信地址为：亚利桑那州凤凰城 2238 邮箱，邮编 85012。

16. 理赔信——套用信函 假设你是邮寄平装书俱乐部的全权代表，这个读书俱乐部每月自动为会员邮寄精选的平装书，除非会员寄明信片加以拒绝。尽管这个系统在多数时候运行良好，但偶尔还会有会员在拒绝后继续收到书。在这种情况下，你们公司会要求会员将包裹送往邮局，公司会支付邮局运费。你还需要取消发票，并将打折券送给该会员用于以后的购买。

写一封套用信函，寄给收到不需要的书本后抱怨的会员。建议会员尽快行动，在收到书后两周内将书寄回。

17. 理赔信——套用信函 作为《计算机潮流》（见练习 13）的新任评论编辑，你希望杂志中出现批评性产品评论时，产品开发商能够作出负面回应。你很乐意收到这种负面回应的原因在于，它们有时候能够挖掘出对读者有帮助的产品附加信息。除非评论中包含实际错误，否则你会把回复信公布在未来一期的"反馈意见"专栏。（练习 13 的具体案例中，你将 ReSolve 与全功能电子表格程序相比，完全是参照软件企业家公司为这款程序制作的广告）。

每年，你使用读者当中广泛认可的标准，在最先进的计算机实验室里对多数软件进行一次评估测试。写一封套用信函，发给写信抱怨产品评论的开发商，告知这一信息。

18. 理赔信——客户是责任方 假设你是全国办公用品供应公司（见 3P 实践，"付诸实践"练习 2）的客户服务代表。你已经做了一些背景调查，了解到麦科德先生关于辛普森 25 型与施乐打印机一模一样的说法存在一定错误。辛普森广告中说，25 型使用的字符集与施乐打印机相同；这意味着施乐打印机的可用字体可供下载到 25 型打印机使用。但是辛普森公司从未宣称兼容施乐打印机的碳粉盒或其他零件同样适用于辛普森打印机，更没有作出任何相关暗示。

由于客户并非故意出错，尚未使用的碳粉盒也可再次出售，所以你决定接受顾客索赔要求。客户需要归还预付的碳粉盒，在地址标签上注明"退货授权 95-076R"。同时，你将四盒可以兼容 25 型打印机的碳粉盒发送给客户（零件编号：029R32732）；客户将于 10 日内收到货物。另外，随函附上你们公司的夏季产品目录。

19. **理赔信——公司是责任方**　假设你是全国办公用品供应公司（见 3P 实践，"付诸实践"练习 2）的客户服务代表。你已经收到麦科德先生的来信（地址：纽约州韦斯特伯里市惠特利路人民能源公司，邮编 11568）。你已经做了一些背景调查，得知客户投诉是真实情况——辛普森 25 型打印机和施乐打印机一模一样，而且公司目录中的确表明这种碳粉盒可以兼容施乐打印机以及多数其他打印机。问题在于，辛普森在目录公布后不久才引进了这款最新 25 型打印机，而这个型号打印机的主轴比以往型号略短。

    然而，你并未采购适用于辛普森 25 型打印机的碳粉盒。客户应该在货到之后归还碳粉盒，并在地址标签上注明"退货授权 95-076R"。同时，你同意接受 284.25 美元的退款要求；麦科德先生将于 10 日内收到支票。向麦科德先生传达这个信息。

（沟通目标 4）

20. **友好信——表示感谢**　想想你近来听过的演讲——可能是学生组织会议上的演讲、公司赞助的演说、班级活动的特邀发言或者一些类似的发言场合。如有必要，通过调查找出这位演讲者的准确邮箱地址。然后写一封感谢信，告诉他或她你从演讲中获益良多。（如果你近来没有听过任何优秀演说，那么就写信给以前的教授，表达对老师谆谆教诲的感激之情。）完成任务过程中只能使用真实数据。

21. **友好信——优秀的老师，尊敬的来宾**　作为俄勒冈州滨海市的市长，你想要祝贺伊莉莎白·莫特森被选为俄勒冈州本年度的杰出小学教师。伊丽莎白已经在当地小学任教 15 年，多年来一直是四年级的优秀教师之一。

    在教授科学和数学的过程中，她发明了极具创造性的教学方法，还为学校学生引进了一些新的安全计划。她对本地许多年轻人的生活起到了很大影响。于是，你想要邀请她作为嘉宾参加六月举办的滨海市年度表彰晚宴，以表彰她对当地年轻人成长做出的贡献。

    给莫特森女士写一封感谢信，祝贺她获得年度杰出教师奖，并邀请她作为嘉宾参加六月举办的滨海市年度表彰晚宴。

（沟通目标 5）

持续案例 6

真相，但并非全部真相

戴维·卡普兰非常愤怒。生产副总裁托马斯·默卡多日前发给他一些文件，包括路易斯建议城市系统公司不要扩张到巴西的备忘录（见第 179 页持续案例 5），以及托马斯对路易斯的建议的评价。戴维的愤怒并非针对路易斯，因为路易斯在备忘录中列举了许多真实有效的观点，尤其是关于巴西商业发展起伏不定的特点。

不是的，戴维愤怒是因为康妮·马丁，她是一家名为洛根 & 马丁的管理咨询公司的（位于密歇根州底特律市丁威迪大道 10538 号 223 套房，邮编 35552）合伙人。两个月前，城市系统公司支付给洛根 & 马丁公司 7,800 美元，旨在针对进入巴西市场的可能利润率进行相关可行性研究。收到路易斯发来的备忘录后，戴维重新审阅了这份可行性研究，他对报告中的这样一段陈述尤为在意："假设目前巴西的经济政治气候能够维持稳定有效，我们合理推出的结论是，城市系统公司运作前十年中平均每年将获得 18% 的投资回报率。"

从技术层面上来说，这种说法可能是正确的。但是洛根 & 马丁公司没有提到的另一种可能性是，所有的盈利可能都来来自于表现最为出众的第十年——而前九年一直处于持续亏损状态。作为小型新兴企业，城市系统公司没有足够的资金来支持如此长远的计划。从资金流动角度来看，公司是以六个月到一年的周期来计算资金流动情况——而非以十年为周期。

戴维很不情愿地决定取消在巴西的投资计划。他必须将这一决定通知员工，他还决定写信给康妮·马丁，要求对方退还 7,800 美元的研究费用——因为该项研究得出了误导性结论。城市系统公司已经为该投资计划进行了长达六周、严谨细致的规划，而现在这一切的努力都白费了。作为与洛根 & 马丁公司首次合作的动机之一，合同中包含了这样一项条款，"如果城市系统公司在收到研究结果 90 天内对研究结果的合理性和完整性不满意，洛根 & 马丁公司将免除研究费用。"

戴维非常愤怒。

批判性思考

1. 戴维的愤怒有合理的理由吗？洛根 & 马丁公司的研究报告有没有误导性？
2. 撰写戴维提到的两个文件——一封写给员工的备忘录，宣布他的新决定；一封写给洛根 & 马丁公司，要求退还可行性研究的 7,800 美元费用。

7 说服性信息

沟通目标

学完本章后，你应该能够：

1. 撰写说服性信息推广一个想法；
2. 撰写说服性信息请求一次帮助；
3. 撰写有说服力的索赔；
4. 撰写销售信函。

圈内人视角：
美国运通公司

戴维·豪斯曾说，肯·切诺特（美国运通公司总裁）能说服爱斯基摩人买一台冰箱。之前，豪斯曾想彻底拒绝让他担任美国运通销售和区域市场副总裁的请求。切诺特坦诚地列出豪斯拒绝的理由，之后再针对这些理由列出渡过难关的策略。切诺特的直率和坦诚说服豪斯接受了这个充满风险的职位。

为了实现切诺特对运通公司的展望，豪斯不得不劝说更多的商界人士选择美国运通卡，即使这意味着支付相对高额的费用。他同时还得说服银行给自己的公司提供同等的金融服务。除此之外，豪斯还得劝说老客户办理美国运通额外的理财服务。切诺特带领员工，使美国运通在各个方面都取得了成功。作为总裁，他给公司品牌重新注入了活力，扩大了公司的市场份额，激发了员工的

"诚信就是言行一致。"

肯·切诺特
美国运通公司主席和总裁
（纽约州纽约市）

热忱和忠心，还赢回了众多老客户（他们曾因美国运通高额的账单而弃用了该公司的金融服务）。

虽然许多公司不满美国运通高额的费用（一般比同行高0.5个百分点），但他们相信一旦选择和美国运通合作，销售形势就会一片大好。能用得起美国运通卡的客户一般都很富有，这就意味着他们的购买力会比普通人强，而美国运通卡的扣费金额则是同行的四倍。

切诺特之所以成功，是因为他做人非常诚信。他眼中的诚信是什么呢？用他自己的话说就是，"诚信不仅仅是诚实，诚实固然重要，但更重要的是言行一致。"如果你直率坦诚，永远拿事实说话，人们很容易被说服，他们知道你值得信赖。

7.1 计划说服性信息

沟通目标 1

劝说就是让别人做某件事或者支持某个观点的过程。说服就是让他们相信之前不相信的，做之前不愿做的。每天，世界上都有很多人试图说服你相信某些观点，或者做某些事。

和肯·切诺特一样，你也得劝说别人做某事。比如，你可能需要说服上司接受某个提议，说服供应商对某件有缺陷的商品退款，或者劝说某个潜在客户购买你的产品或服务。

从某种意义上来说，所有的商务沟通都包含说服别人这一过程。即使你的首要目的不是其他，而只是简单地提供信息，你仍然希望读者能够接受你的想法，信任你提供的信息。

当别人有抵触时，劝说是很有必要的。

说服别人的关键在于解除人们最初的抵抗心理。读者可能会有许多不相信你的原因。你的提议可能会让他们付出时间或金钱——至少读你这篇文章就需要花费时间。或者有的读者之前曾有过类似不愉快的经历而对你的劝说行为有抵触情绪。

那么，你在撰写说服性信息时的任务就是将你的读者引入某个话题中，让他们相信你的观点才是最适合他们的。如果你针对读者的需求有的放矢，提供合乎逻辑的理由让他们信服，同时考虑到他们会如何反对你的提议，提前想好应对这种局面的策略，那么你就很容易成功说服他们。这种为目标人群量身定做的写作要求你仔细地计划，也就是说你应该清晰地了解自己的目的，同时还要全面分析目标人群的需求。

目 的

决定你想让读者读完信息后有什么反应。

说服性信息的目的是让读者同意你的观点或者做你请求他们做的事。你要是不清楚自己想要达成什么目标，你就不能准备好一套有效的应对策略以达到自己的目的。

举例来说，假如你想说服上司接受一项复杂的提议，那么你的目的可能是劝说他：

- 接受你的提议，
- 同意对这项提议做一个初步调研，或者
- 安排一次会面，让你有机会面对面地讲出自己的想法，然后回答他的疑问。

上述三个不同的目标意味着需要采取不同的策略。同样，如果你要写一封销售信函，你必须想好你的目标是要卖出产品，还是勾起读者的兴趣，让他们想要得到更多相关的信息，抑或你是想安排一次销售拜访。再一次强调：不同的目标意味着不同的策略。

清楚自己的目标可以让你明确需要在说服性信息中添加什么信息。"知识就是力量。"在写说服性信息时，这句话再正确不过了。为了推销一个想法或者某种产品，你必须全面细致地了解这个想法或者产品。如果你在提倡某个观点，你要做的就是把所有与之相关的潜在结果都考虑在内：

- 是否要考虑竞争的提议？
- 如果你的提议得到通过，会给公司和你自己带来什么影响；倘若没有呢？
- 你的提议如何与公司现有的规划和发展方向有机结合？
- 如果你在推销某个产品，那么这个产品是如何制造的？销售渠道是什么？这个产品该如何操作？又该如何保存？你同时也需要了解竞争对手的产品，这样才能找到与对方的主要区别。

受众分析

你将自己的想法或者产品宣传得越符合受众的特定需求，你的信息便越具有说服力。举例来说，假如你在推销一款男鞋，你应该针对不同的目标受众突出这款鞋的不同特点。

年轻管理人员：时髦……有各种漂亮的黑色款或棕色款……搭配正装的完美选择

中年管理人员：完美细节……12小时的舒适……出差数天也能依然有型

退休管理人员：经济划算……无比舒适……一款实用的鞋

需要记住的一点是，充分了解目标受众，为他们量身定做符合他们特定需求的信息。强调对方的需求才能达成目标。在给上千个读者写套用信函时，你

> 为受众量身定做符合他们特定需求的信息。

"如果他们对我们的'最终付款要求'毫不理会的话，就给他们'绝对的最终付款要求'，如果他们还不理会，就给他们'彻底绝对的最终付款要求'。"

当然，也必然不能做到量身定做。然而，你仍然应该努力使自己的口气显得是针对读者本人的。

读者的经验和态度 读者已知的信息有哪些？搞清楚这个就能让你确定应该在文章中加入什么背景信息。读者对相关话题有什么先入为主的想法？如果这个印象是负面的，那么之前一两个理由就能说服他人的地方，你就需要添加更多有逻辑的理由。相比不失偏颇的看法，人们先入为主的偏见也要求你提供更具有客观性、更经得起推敲的理由。你同样也得研究读者为什么会有抵抗心理，这样你才知道该如何调整自己的文章，使之能够说服那些有抵抗心理的读者。

> 让读者知道你的提议会给他们带来何种影响。

对读者的影响 你的提议会如何影响读者？如果你要求读者拿出手中的资源（时间或是金钱），你就需要提到这样做的好处。如果你要求读者支持某项提议，你就得提供足够且具体的信息来满足读者的知情权，让他们自己做出决定。读者想要知道的是，"这个提议对我有什么好处？"你已经确信自己提议的优势，而你现在要做的就是让读者了解倘若他们听从你的提议会得到什么好处。

要让自己具有说服力，你必须拿出具体且令人信服的证据。不过值得注意的是，最糟糕的误区之一便是简单地描述产品的特点，或者机械地列出做某事的好处。相反，你要把自己摆到读者的角度考虑问题，跟他们讨论你提议带来的利益。在劝说别人时，重点应该放在目标受众身上，而非某种产品或者想法上面。

> **不 要** 圣地亚哥会计师协会诚邀您作一次关于"卖掉某项物产和将其转换成资本之区别"的演讲。
>
> **应 该** 给圣地亚哥会计师协会作一次演讲能够给贵公司一个机会展示您是如何看待"卖掉某项物产和将其转换成资本之区别"这个充满争议的话题。

> 讨论你的提议带给他人的潜在利益，这样可以让你显得不那么自私。

有时候你的读者不能直接从你的提议中得到利益。举例来说，假如你想要说服员工捐款给国际联合劝募协会，那么你在谈及直接利益时就不会显得那么有说服力。在此种情况下，你就得跟你的读者讨论潜在的利益。比如，跟他们展示除你这个募捐者之外，其他人可以得到什么好处：

> 许多内陆少年从来没有踏出过哥伦布市一步，而您的一份力量就可以让他们能够在野外观察熊猫生存和繁殖的情形。

作者的可信度 读者对你的信任度高吗？你越诚信，你写的东西也会被更多人所信任。可信度可以从很多方面得到验证。也许人们从你在公司的地位判断你的诚信水平，如果你是某方面的权威专家，那么人们很容易相信你的观点。又或者你可以通过用事实说话来获得他人的信任，例如你可以给人们展示真实发生的事例和可靠的数据。(见第4章第113—115页"劝说在商务沟通中的角色"的讨论。)

举例来说，假如你曾供职于某个广告制作部门，对如何色彩再现有着相当深入的了解。你若对某个同事说一些相片印刷出来画面会显得比较模糊，从而建议他更换这些相片的话，你可能不用解释你的专业背景，你的同事多半会相信你的。

不过如果你是写信给专业摄影师，而他之前又不认识你的话，你很有必要解释你的资历背景和这么做的理由。

7.2 组织说服性请求

一个意在说服他人的请求试图让读者接受你的某个想法（而不是说服他们购买某个产品）。你写此请求的目的和你对读者的了解程度决定了信息的内容和逻辑顺序。

如何开篇

以前的传统做法是将所有劝说性文字以一种循序渐进的方式组织起来——先将所有的理由放在前面，之后才拿出主旨（即要求他人做出某种行为的请求）——这样一种铺陈方式是传统请求信息常用的方法。不过，当今许多写作者不止这一种选择（直接或间接方式）。

直接方式——将主旨摆在前面 大多数领导者更偏爱下属用第6章介绍的那种直接组织方式。因此，当你在给公司上层展示自己的提议时，最好先把主旨摆在前面，再在后面拿出论据。

一个信任你为人的读者多半会信任你写的东西。

这种直接组织方式既可以节约时间，又可以立刻满足读者的好奇心。用这种方式需要记住的一点是你最好在第一段简单地提一下自己的论据和理由。

不要　　我建议我们在马克-国会酒店召开匹兹堡销售会议。
应该　　为了让匹兹堡销售会议圆满举行，我已经考察了三家酒店。正如下面提到的，马克-国会酒店位于市中心，有最好的会议设备，而且价格也相对公道。

一般来说，以下几种情况适用开门见山的方式：

- 写给公司的上层。
- 目标受众对你的提议没有先入为主的偏见。

- 提议本身无需你大费口舌（即没有过多的障碍）。
- 提议冗长复杂（如果你的主旨拖在后面，读者可能会失去耐心）。
- 你知道读者偏爱开门见山。

间接方式——先抓住读者的注意力　不幸的是，在许多情况下读者都会对你的提议产生天然的抗拒。这样一来，你要做的就是展示提议的优势及能给读者带来什么利益。众所周知，一个起初不太积极的读者在明白某个想法的优点后才会更愿意举手赞成，那么你要采取的方式就是在提出要求之前就说服读者。

因此，你应该在下面几种情况下运用间接组织方式：

- 写给下属或者同事。
- 写给公司以外的人。
- 需要大费周折的劝说。
- 读者最开始有抵抗心理。
- 你知道读者偏爱间接的方式。

采取间接组织方式意味着将所有的论据都摆出来之后再要求别人做出某种举动。在写劝说他人的信件时，千万不要用一个不言自明的标题。不要一开始就说明自己的目的，而是循序渐进，慢慢地将文章引到目的上面去。

非营利组织需要花大量时间去说服他人支持他们的项目。图中，哈莱姆区健康之家（此组织主要帮助贫民区的小孩）的梅尔文·华盛顿说："在公司上班的人常有的感觉是搞不清状况——我们不懂他们的文化。这不是底线的问题，而是使命感的问题。""但是，"他又说道："如果非营利组织想要生存下去，他们就必须同时关注这两者。"

不 要	标题：关于卖掉罗帕分公司的提议（太具体）
不 要	标题：提议（太笼统）
应 该	标题：针对罗帕分公司盈利状况的调查分析

开篇写得好不好首先要看它是不是有趣，能够抓住并且保持读者的注意力。不管你运用了多少论据来支撑自己的观点，倘若读者在读完第一句后就不愿再继续读下去，那增添多少有力的论据也是没有用的。

开篇用**反问句**通常是比较有效的。反问句最直接的作用就是让读者开始考虑你文章的主旨，而且反问句是无需答案的。当然了，不言自明的问题并不能有效地激发读者的兴趣，有时甚至还会侮辱他们的智商。同样，回答"是"或"否"的问题也不能作为好的开篇，因为读者不用想太多就能回答这种问题。下面是一例比较好的开篇反问句：

> 什么东西又黑又白又红呢？事实上，很少有东西是这样的！

有时，一个非同寻常的或者出乎意料之外的开篇会抓住读者的注意力。而有的时候你可能需要选择一些读者能感同身受的句子——这样才能在一开始就与读者共鸣。例如：

> 美国国际商用机器公司（IBM）的一项调查显示：比起黑白幻灯片，彩色幻灯片上的信息能被受试者记得更多，几乎是两倍。

> 在上个月的四次测试中，近95%的受试者认为我们"优秀"。

你的开篇句除了要抓住读者注意力外，还必须和你的文章主旨有关。如果偏离主旨太远或者有误导读者的成分，那么你就会有失去读者好感的危险，这样读者就可能不愿再继续读下去了。退一步来说，读者至少会感到困惑或者感到被骗了，这会使得你的劝说过程更加艰难。

开篇句要有趣、简短且与主旨相关。

让开场白短小精悍。通常一段只有一句的开篇会抓住读者的眼球。很少有读者有耐心在一段冗长的开场白中蜿蜒前进去找寻你文章的主旨。总的来说，你应该让间接组织的开场白读来有趣、相关且简短。这样做的目的就是让读者能够顺利读懂你的主旨。

创造兴趣并为请求提供论据

不管你的开篇是用直接组织方式，还是间接组织方式，你都必须让读者确信你的请求是合理的。这个过程可能需要几大段来叙述，长短取决于你用来说服读者的论据多少。由于陈述为什么要做一件事比简单地要求别人做一件事更复杂，因此劝说性的请求通常比其他种类的信息篇幅更长。

为了说服你的读者，你必须客观、具体、有逻辑且合情合理。千万不要显得浮夸、矫情、虚伪或者诌媚。让你的论据来为自己的文章增色。

以理性的口吻提供让人信服的论据。

不要	将工厂开在萨福克而不是诺福克会节省大量资金。
应该	如表 3 所示，将工厂开在萨福克而不是诺福克会每年省下将近 175,000 美元。
不要	非要我打一千个电话你才会把 37.5 美元打到我卡上吗？
应该	即使我在过去三周内打了 5 个电话，还是发现 37.5 美元没有到我的账户上。

你提供的论据种类当然得视情况而定。下面是几种常见的类别：

- 事实和数据：事实就是可以得到验证的客观真相。数据就是以数字形式呈现的事实。这两种形式都必须相关而且精确。比如，五年前精确的数据到今天可能不再有效了。数据虽然有说服力，但是千万不要全篇都是数据。相反，应该突出一些关键的数据——为了强调。（见下面的问题聚焦 13，"又一个金发人玩笑？"这是一个滥用数据的例子。）

问题聚焦 13　　　　　　　　　　　　跨文化

又一个金发人玩笑？

"世界卫生组织一项研究表明：金发人种濒临灭绝了。这个消息千真万确。有着金色头发、金色眉毛和蓝色眼睛的男人和女人们——天然的金发人种——将在 200 年内从地球上消失，因为金发基因不如褐发基因那么活跃。"

查尔斯·吉布森在 2002 年 9 月 27 日的"早安，美国"节目中如是说。

这项研究的结果被美国广播公司（ABC）、哥伦比亚广播公司（CBS）和美国有线新闻网（CNN）以及全世界的新闻媒体轮番报道。伦敦"每日之星"节目称其为"金色炸弹"，《纽约邮报》则称之为"金色导弹"。网络上有上千个博客都在谈论这项研究。

这些报道宣称拥有金发隐性基因的人实在太少，因为纯正的金发基因只能在祖先是北欧人、且父母都有这种基因的人身上得到传承。

这项研究还发现金发人种会在 2202 年灭绝，且地球上最后一个金发人很可能会在芬兰，这个拥有最多纯正金发人的国度。

2002 年 10 月 2 日，在这个报道被媒体曝光五天之后，位于日内瓦的世界卫生组织便出来辟谣，宣称自己从来没有进行过类似的调查研究。

该机构说道："我们不知道这些新闻报道从哪里来的，在这里我们想强调的是在未来金发人种将灭绝这个问题上我们不发表任何看法。"

《亚利桑那共和报》编辑凯斯琳·英格利评论道："由于互联网的普及，这样的恶作剧比以前传播得更快。不仅仅是媒体，我们所有人都应该记住：在看到某个消息时一定要根据可靠的资源检查它的真实性。"

批判性思考

▶ 学生们是否可以不加检验就利用电视和网络上的新闻报道作为研究报告的资料来源？为什么？

只需18美分，莱克斯打印机会在30秒内为您打印一张四色印刷品。

- **专家意见**：权威专家关于某个话题的论述可以为你所用，但前提是他们的言论必须和你的卖点相关，而且你在使用这些言论之前须验证这些专家的资格。当读者不认可你是某方面的权威时，专家意见会特别有效。

在《个人电脑》杂志二月刊，莱克斯打印机被授予"最佳购买"奖。

- **实例**：实例就是用来说明某个观点的具体事例和事件。实例也必须相关，有代表性且要完整。

我们花了147.5美元在图片大师打印机上打印了250份用于销售经理会议的材料。而同样的材料用莱克斯打印机不到80美元，而且是当日打完。

你需要把他人响应你请求所带来的好处（直接或间接）都呈现给读者，同时还要拿出足够多的背景信息和客观的论据来告知读者，让他们作出适合自己的选择。

应对障碍

如果你在给读者展示提议时故意绕过任何显而易见的障碍，那他们就有拒绝你的理由。相反，你的策略应该是告诉读者即使有不尽如人意的地方，你的提议也依然合情合理，例如下面这一段话：

虽然副总裁已经要求六月前不要再购买任何设备，但如果我们在12月31日前花750美元购买莱克斯打印机的话，就可以在四月前从打印费里省下差不多同等数量的钱了——正好在季度预算之前。

假如你邀请某个专家到公司作一次演讲而又无法提供出场费的话，你就应该在这个专家面前强调他（她）来作演讲的好处，比如他（她）可以得到免费的宣传和接触听众的机会等等。假如你想要得到某些机密信息，你应该讨论应该如何利用这些信息。又比如你想让别人捐一大笔钱，你就应该向目标受众提供各种方便的捐款方式，例如分期付款或者从工资里扣除等等，还应该指出捐款可以带来免税之类的好处。

你确实应该提到主要的障碍，但是不能过分强调它们。不要花太多篇幅讨论这些，以免将其摆到突出的位置。在讨论难处时记得也提到给读者带来的好处，或者将其放到某段的中间。

不要过多讨论主要障碍。

不管你采取何种方式，你都应该向读者表明你已经注意到明显的难处了，但是尽管如此，你的提议仍然有自己的优点。

检查表 8　　　　　　　　　　　　　　说服性请求

如何开篇
- ☑ 以下情况适用于直接组织方式：
  - 写给公司的上层；
  - 目标受众对你的提议没有先入为主的偏见；
  - 提议本身无需你大费口舌（即没有过多的障碍）；
  - 提议冗长复杂（如果你的主旨拖在后面，读者可能会失去耐心）；
  - 你知道读者偏爱开门见山。
- ☑ 在第一段陈述提议，同时附上简短的理由。
- ☑ 以下情况适用于间接组织方式：
  - 写给下属或者同事；
  - 写给公司以外的人；
  - 需要大费周折的劝说；
  - 读者最开始有抵抗心理；
  - 你知道读者偏爱间接的方式。
- ☑ 开篇要能抓住读者的注意力。
- ☑ 首句要能勾起读者继续往下读的兴趣。例如反问句、非同寻常的事实、出人意料的句子或者引起读者的共鸣。
- ☑ 开篇要简短（通常只需一句），和主旨相关，还要在适当时说明给读者带来的利益。

创造兴趣，为请求提供论据
- ☑ 将大量篇幅用于证明自己的请求是合理的。提供足够的背景知识和论据来告知读者，让他们作出适合自己的选择。
- ☑ 充分利用事实和数据、专家意见和实例来支持自己的提议。事先确定使用的论据是准确无误的，且与主旨相关，同时还要完整无缺。
- ☑ 使用客观、有逻辑、合情合理和真诚的语气。千万不要显得浮夸、矫情或谄媚。
- ☑ 将读者的利益用直接或间接的方式呈现出来。

将障碍最小化
- ☑ 不要故意绕开请求会面临的障碍或任何不利的方面。相反，你应该向读者展示即使有这些障碍，你的请求仍然合情合理。
- ☑ 不要用过多篇幅讨论这些障碍，应把篇幅留给文章主旨。

自信地请求行动
- ☑ 在文章后半部分陈述（或重申）具体的要求——即在讨论了大部分读者利益之后。
- ☑ 要清楚地说出自己的请求，而且要让其简单易懂。要自信，不要道歉，也不要找借口。
- ☑ 以期待的口吻结束全文，同时继续强调给读者带来的好处。

鼓励行动

　　虽然你在前面已经提到自己的请求了（直接组织方式），或是已经暗示过（间接组织方式），但在信息后半部分还是应该重提一下你的请求——即当你已经讲完大部分背景知识和读者能得到的好处之后。要清楚明白地说出自己的请求，而且要让其简单易懂。

举例来说，假如读者已经同意按照你说的去做，那么他（她）应该怎么通知你呢？一个电话就行了吗？还是你想要一个书面答复？如果打一通电话即可，那你是否给读者提供了自己的电话号码？如果你想要书面答复，那你提供了已经附上地址的信封了吗？

在提到请求时应该自信。如果你的请求或提议是合情合理的，那你无需道歉，因为你肯定不想给读者一个拒绝你的理由。你应该采取各种方式以促使读者尽快回复。下面是一个范例：

> 这样我们就能及时安装复印机，在一月的销售例会上使用。我可以在 12 月 1 日之前以 750 美元的价格购买它吗？如果我们能在会上陈述前一小时更新材料，这就意味着我们的数字总是最新的。

第 228 页的检查表 8 总结了如何写说服性信息的几个方法。虽然你不会每个都用到，但你可以把它当作一个组织信息的大体框架。

7.3 说服性请求的常见类型

从许多方面来讲，写说服性请求比写销售信更难，因为前者提到的读者利益并不如后者明显。这一节会讨论在推销想法、请求帮助和撰写说服性索赔信时应该采取什么策略，并提供一些实例。

推销一个想法

你会有许多机会利用自己的学识和经验去解决公司面临的问题。在工作中你会频繁地撰写说服性信息，比如说服他人相信某个产品好于其他产品，或者推荐某个新的工作流程，抑或要求别人采取某种行动。写这些信息时要有逻辑性：先陈述问题，再讨论你想要如何解决这个问题，然后论证为什么你的解决方法是有效的。写的时候一定要本着客观、真实的态度，还要提供足够的论据来支撑自己的观点。

范例 8 里的短文提供了如何推销想法的范文。在该文中，一个汽车零部件供应公司的市场营销总监写信给公司副总裁，请求后者重新安排停车位以满足开美国产汽车的员工。因为这个备忘录是写给上司的，因此作者用了直接组织风格。

请求一次帮助

人们常说，工业车轮之所以能够有效运转，多亏了"互相帮助"这剂润滑油。互相帮助让成功成为可能，也让生活更加和谐。

请求帮助和常规的请求不同，因为后者几乎都是人们自愿做的，而帮助则需要说服别人的理由。举例来说，假如你让某个同事和你调换一下会上发言的

> 沟通目标 2
>
> 要别人帮助需要说服，因为读者帮助之后无法得到物质利益。

范例 8

劝说性的请求——推销某个观点

该备忘录用了直接方式，因为是给公司上层看的。

开篇提出主旨，同时给出简单的理据。

平稳地过渡，给出必要的背景知识。

给出大量的论据之后，重申提议。

化解明显障碍。

以积极自信的口吻结束，同时动员相应行动。

NEWTON Electrical Systems

1034 York Road
Baltimore, MD 21204
Phone: 301.555.1086
Fax: 301.555.3926
www.nes.com

Serving the automotive industry for more than 50 years

❶ 备忘给：副总裁埃利奥特·兰博恩
发件人：市场营销总监詹森·J·彼得森 *JJP*
日　期：20××年4月3日
主　题：重新安排员工停车位的提议

　　由于福特公司是我们的大客户，创造了我们近一半的销售额，因此为了显示我们对福特公司的支持，我提议将公司核心员工的停车位安排给驾驶福特汽车的人。

❷　　福特公司的人来我公司参观考察路过员工停车场时，看见差不多 70% 的停车位上停着他们竞争对手生产的车。事实上，上周福特公司的某个采购员还问我："如果你们不支持我们，怎么期望我们支持你们呢？"

　　这份备忘录的目的就在于请求您同意将核心员工的停车位安排给驾驶福特汽车的人。保养部门估计制造相关标志的花费为 500 美元左右。

　　公司的劳工合同规定：员工任何工作环境上的变化都需通过工会的同意。不过工会代表萨利·马什表示如果公司高层的停车位有同样的安排，她肯定会支持这项提议。

❸　　鉴于下次经理层会议将于 5 月 8 日召开，我希望能够将这个提议递交给他们。若该提议获得通过，纽顿公司会给来访者传递一个积极的信号：我们充分信任自己卖出的产品。

语法和结构说明

❶ 标准备忘录格式让人一目了然，因此作者们写说服性信息时都比较偏爱这种格式——即使有电子邮件也不例外。通常，备忘录是附在电子邮件的附件里发送的。

❷ 70%：在商务信件中多使用数字和百分比。

❸ 经理层会议（managers' meeting）：英语中记得在经理们后加单引号，形成所有格形式。

顺序，这个可以算作一个常规请求；但如果而你想让同事帮你准备发言，同时还要替你发言的话，那这就需要你去说服他（她）了。

虽然朋友和关系密切的同事之间经常互相帮助，但在商界是不会有太多人愿意自觉帮助别人的，特别是当读者不认识你时。在这种情况下，你就会想通过能吸引人眼球的开篇和给读者的好处来劝说他们。

在提出要求之前，要至少提一项读者好处。你还需要解释为什么提出这个要求，同时继续强调能给读者（或其他与读者相关的人）带来哪些好处。要用自信积极的口吻，同时清楚明白地提出要求，而且要让其简单易懂。

通常来说，读者是某个行业的专家才会有人想要得到他（她）的帮助。如果情况如此，那么你可以很自然地先恭维对方一番。不过一定要确保溢美之词显得亲切自然。

> 在恭维别人时应该真诚，让溢美之词显得是专为读者所写的。

当读者意识到自己被选中参加某项活动时，他们有理由对此产生怀疑。（他们会想：我被选中了，其他被选中的不知道还有多少人呢！）还有一点就是，尽量亲自写信和亲笔签名，这样的话信里的恭维之词就会显得更亲切可信。

最重要的一点是写信时应该把重点放在帮助本身，而不是写信的过程。把要求写得合情合理。那些你能够或者应该自己做的事就不要麻烦别人了。

下面的图7-1给出了说服性请求的一个反例。下页范例9则是该例修改后

图7-1
一封无效的说服性请求

20×× 年 1 月 15 日

塔尼娅·博莱特女士，编辑
自身免疫性疾病月刊
十山路 1800 号 B 幢
马萨诸塞州波士顿市，邮编 02145

亲爱的博莱特女士

    主题：诚邀您在多发性硬化症大会上发言

    我想请您帮个忙——恐怕是个大忙。我自己也是一本学术杂志的编辑，因此我了解编辑是很忙的。但我还是希望您能于 4 月 25 日飞来华盛顿特区，在我们第七届年度大会闭幕式上作一次演讲。

    不过难题在于：作为一个非营利组织，我们无法向您支付酬劳。但是我相信这对您来说并不是个问题。而且我们会为您报销机票和住宿的费用。

    您对多发性硬化症有深入的研究，我相信与会人员肯定能从您的演讲中受益良多，因此我们真诚地希望您能答应我们的请求。请于 3 月 3 日之前告知您的决定，我们好做其他相关安排。

    若有任何疑问，欢迎致电。
    真诚地
    May Lyon
    梅·里昂，宴会主席

主题太具体

一开篇就提要求且语言显得太过自我，还省略了重要信息。

以自私的口吻说明难处。

给了读者一个回复期限——但没有给任何理由。

结尾太过老套。

范例 9

说服性请求——请求帮助

这篇说服性请求使用了间接方式，因为作者不了解读者的性格，也因为需要很强的说服力。

在开头引用读者的话来恭维她。

提出请求；提供必要的背景信息。

将潜在障碍放在一个句子中的从句来弱化它。

以重申读者利益结尾。

NATIONAL MULTIPLE SCLEROSIS SOCIETY

National Multiple Sclerosis Society
733 Third Avenue
New York, NY 10017-3288

Tel 212 986 3240
1 800 FIGHT MS
Fax 212 986 7981
E-Mail: nat@nmss.org
www.nmss.org

20××年1月15日

塔尼娅·博莱特女士，编辑
❶ 自身免疫性疾病月刊
十山路1800号B幢
马萨诸塞州波士顿市，邮编02145

亲爱的博莱特女士

主题：多发性硬化症大会项目计划

"你多发性硬化症的发病率为千分之一。"您最近在《波士顿
❷ 环球报》的采访中说的这句话，使我毫无疑问地陷入了思考。

您解释医学事实的能力，对那些参加我们在华盛顿特区举行的年度大会的人来说，将是巨大的兴趣。作为我们4月25日在亚当斯酒店的宴会上的主题演讲人，您可以向200名出席者展示您的观点。宴会在晚上7点开始，作为宴会的嘉宾，您45分钟的演讲会被安排在大概8点半。

我们会报销您的旅程费用。虽然我们作为非营利性组织无法提供酬劳，但我们将给您提供向全国主要自身免疫性疾病组织的代表介绍您的杂志和观点的机会。

我们想在将于3月3日发布的下期通讯上宣布您出席的消息。
❸ 您愿意致电告诉我您将出席吗。我们将有大量热情的医学研究者等待聆听。

真诚地
May Lyon
梅·里昂，宴会主席

The National MS Society...One thing people with MS can count on.

语法和结构说明

❶ 为了方便读者，在地址中不要将期刊放在书名号中（英语中是斜体）。
❷《波士顿环球报》：其他出版物则需带书名号，例如杂志、报纸和书籍。
❸ 您将出席吗。：礼貌地提出要求后，要打句号。

的版本，展示了之前讨论的写作有效说服性请求的原则。在此例中，读者和作者之间互不认识，这让劝说增加了难度，适合使用间接组织方式。信中还包括了给读者带来的好处（包括能宣传读者的公司和让其成为焦点）。

撰写有说服力的索赔

正如第 6 章提到的，大多数索赔信是常规信件，需要采用直接组织方式——从一开始就陈述问题。由于让顾客满意是公司的利益所在，因此大多数合理的索赔要求要先让顾客满意才行。所以这样的信件并不需要劝说他人。

不过假如你写一封常规索赔信给某个公司，而它又因为某种理由拒绝了你的要求，但是你仍然觉得自己的要求是合理的，那么你可能就要写一封说服性的索赔信了。举例来说，假如你的复印机在过保修期三天后坏了，这样你就不能免费修理这台机器，而你却想试试看能否让维修人员破个例，这种情况下你就需要写一封说服性的索赔信。

在索赔信中显得怒气冲天往往会得到和预期相反的结果，即使是你要求索赔的公司拒绝了你的请求也不能将愤怒表现出来。你写信的目的不是为了发泄愤怒，而是要解决问题。只有在冷静的氛围中，问题才可能得到解决。

和常规索赔信一样，你需要详细说明问题出在哪里，怎么出现的，以及你希望收信人如何解决它。口气要尽量平静客观，还要有礼貌。不要气势汹汹，夸大事实。说服性索赔信和常规性质的有很多相似之处，但是有两方面需要注意：你需要有一个吸引收信人注意力的开头，也需要提供更多的论据。

吸引注意力的开头　　回想一下，在写常规索赔信时，你往往先陈述问题。这种类型的开头用在说服性索赔信中可能不太有效，因为读者在读到你的论据之前会先入为主地认为你的要求是不合理的。

> 不要　　虽然我的美能达 203 型复印机上周过了九十天保修期，但希望你们能帮我免费维修。
>
> 应该　　我们冒了个险，但我们输了！我们打赌三个月零六天前从贵店买的美能达 203 型复印机能像我们公司之前购买的十台美能达产品一样可靠。

第一种开头效果并不好，因为其中提到过了保修期，这便给收信人一个拒绝的理由。修改后的版本将所有的背景信息都写出来之后再提出要求，这种间接的方式利于读者接受。同时应该注意到写信人一开始就想和收信人之间建立一种友好的关系：提到自己的公司曾购买过十台相同品牌的复印机，而且这十台的质量都非常可靠。这种善解人意的口吻会让读者更可能会同意写信人提出的要求。

更多的论据　由于你的索赔信是非常规的，或者已经被拒绝过一次，因此你需要尽可能多地提供可信证据。写信时要详细说明自己的理由，之后再请求具体的补救措施。

要有礼貌，且提供完整的细节。

第236页范例10列出了写说服性索赔信的几点提示。

7.4 写一封销售信

沟通目标 4

大多数商业活动的核心就是销售——不是销售产品，就是销售服务。许多公司的销售业绩是和高效的销售信件分不开的——要么是写给个人的私人信件，要么是写给群体的套用信函。

在大公司里，写销售信函这个高度专业化的工作由广告部门里的专人负责，要么是广告撰稿员，要么是销售顾问。不过，现在有越来越多的大学生毕业后没几年就自己创业。而这些才起步的小公司一般只有几个员工。

在这种情况下，公司必须卯足劲做销售来发展业务，但由于规模过小，这样的公司无法雇用专门的广告撰稿员或者销售顾问，因此多半是由公司创始人自己写这些信，而这些信的好坏则直接关系着公司的长远发展。所以不管你今后想在哪儿工作，你都可能需要写销售信件。

销售信件一般采用间接组织方式。有时称其为 AIDA 方案，因为你首先要抓住读者的注意力（attention），之后要勾起他们的兴趣（interest）和对产品效用的欲望（desire），最后你要鼓励他们采取行动（action）。

选择中心销售主题

你要做的第一步就是彻底熟悉你的产品、它的竞争对手以及你的目标客户。之后，你必须在信里选择一个**中心销售主题**。大多数产品有众多你想要介绍的特征，但你若想让信件产生实效的话，你必须选择一个单一的主题——一个你在开篇就要介绍的，会给读者带来好处的优点，并且之后的文字都要围绕这个优点来阐述。

一个著名的广告撰写顾问将这个原则称为直邮广告的基本法，还给了它一个公式：$E^2 = 0$，意思是说如果你强调一切（everything），最后的结果是别人什么也没记住。

想要读者记住某产品五个不同的特征是不现实的。况且你需要在有限的时间内让读者对你的产品留下持久的印象。那么你就应该聪明地利用这段时间来强调一个最突出的好处。要成功地强调这一点有两种方法：位置和重复。你要在文章开头便介绍中心主题（尽量在首句），且在接下来的内容中一直重复这个卖点。

抓住读者的注意力

回复潜在顾客请求产品信息的信件称为"征求销售信"。相反,"自请销售信"是发送给没有对公司的产品表示兴趣的潜在顾客的信件。(自请销售信也叫"试探信"。当然了,有些人把它们称作垃圾邮件。)

> 回顾前面讲到的在说服性请求中抓住读者注意力的章节。

由于大多数销售信都无人回复,所以你只能在最初的那封信里利用一两行字来试图抓住读者的眼球。除非读者看到一封信是专门写给他(她)的,而且一看上去就不像群发的,他(她)才有可能浏览下去——要么是出于好奇,要么是因为开篇特别吸引人。在你试图抓住读者注意力时,一定要注意道德问题,千万不要做缺乏道德的事,例如像第237页的问题聚焦14"来自山姆大叔的问候?"里那样。

技巧	推广项目	例子
反问句	一种豪车	奢侈和奢华之间有什么区别呢?
引人思考	一档早间电视新闻节目	我们今天早上谈到的多数商业新闻还没有被报道过!
非同寻常的事实	一种洗涤剂	一个普通家庭每年会洗重达一吨的衣物。
社会热点	一家地产公司	新建的箭牌工厂会在三年内给白石镇带来1,700户新家庭。
轶事	一份商业周刊	在六年的大学生涯中,对我帮助最大的知识并不是我在课堂中学到的。
直接挑战	一种无污圆珠笔	把笔尖向下掉到地上,然后用它来签上自己的名字。

和说服性请求一样,销售信的开头也应该简短、有趣,还要有原创性。如果可能的话,应该将中心销售主题融入开篇之中,同时要避免跑题,不要目的性太明显,也不要陈词滥调。(参见沟通快照7,"不同女性对'女士'[Ms.]这个称呼的偏好。")

> 许多引人注目的开篇单独成段,只有一句话。

如果你收到某个顾客的咨询,想要更深入地了解某个产品,那么就说明他(她)至少已有一些兴趣了。这种情况下,你回信的开头便不是特别重要了。你可以在一开始表达自己对顾客咨询的感谢,然后开始介绍中心销售主题。

创造兴趣并激发欲望

如果你的开篇句和产品有关,那么就会很自然地过渡到对产品特征和给读者带来的好处这两个方面的介绍。一定要确保接下来的一段和开篇提到的主旨直接相关。跑题只会让读者思绪停顿,从而感到困惑。

第7章 说服性信息 235

范例 10

劝说性索赔函

这封索赔信用了间接组织方式：作者并不认识读者，因此不能得到读者自愿的帮助。

20×× 年 6 月 18 日

客服部主管
北方航空公司
得克萨斯州达拉斯市 619 号信箱，邮编 75261

尊敬的客服部主管：

❶ 我想您和我一样，认为搭乘贵公司 90 分钟的航班要比自驾 6 个多小时轻松得多。然而 6 月 2 日这天我们确实这样做了——从密歇根的萨基诺开车到印第安纳波利斯，还是在午夜时分，和三个疲惫不堪的孩子一起。

当我们到达机场时，有人告诉我们 126 号航班取消了。于是你们机场的服务人员尼克松女士将我们改签到了次日 9:45 的航班。

❷ 由于我们 6 月 3 日要参加一个婚礼，因此我们不得不取消次日的航班，改成开车去。后来我们就去退票，但尼克松女士却告知我们由于航班是因为恶劣天气取消的，因此无法给我们退款。

作为一个长期搭乘贵公司航班的人，我经常能感受到你们广告中宣传的那种热情友好的氛围，同时也相信你们愿意将这种氛围也建立在你们的订票机构中。所以麻烦您举起你们热情友好的旗帜，退还我 980 美元的机票钱（一共 5 张），挽回我们家的损失。

真诚地，

Oliver J. Corbin

❸ 奥利弗·J·阿尔宾
萨基诺市汤普森街 518 号，邮编 48607

开篇亲切且切题。

过渡自然。

背景信息充分。

给自己的要求提供合理证据；提出要求时显得自信也提到了给读者带来的好处：留住一个客户。

语法和结构说明

❶ 确实这样做了——从密歇根：在英语中打出破折号，需要敲两下连字符，前后都不能有空格。文字处理软件会自动将其转换为破折号。
❷ 重订（rebooked）：英语中大多数"re-"单词的前缀没有连字符。
❸ 在普通信纸上打印私人商务信件，要将地址放在名字下面。

问题聚焦 14　　　　　　　　　　　　　　　　　　　　　伦理

来自山姆大叔的问候？

法律允许直销人员在推销自己的产品时可以有很大程度的修饰成分，这种情况叫"吹捧"。但他们却不能故意歪曲事实或者是故意误导客户。

美国巡回上诉法院曾判决美国老年人协会公司——一个保守派游说集团——在给大众寄募捐材料时用了一种特别的信封，存在故意误导客户之嫌。

法院对该公司处以554,196美元的罚款，即一信封一美元的处罚，判决美国老年人协会公司违反了一项防止向社会保障受助人发送欺骗性邮件的行为的联邦法律。

触犯法律的信封上印有粗体的词语"社会保障"，该词横跨邮寄标签，非常明显。在封口处还有"社会保障警告"几个字。除此之外，信封里还有一个小方框，上面写着"解决指南"，在"紧急警报"几个字旁边有个红色的小勾。

法院认为"社会保障"一词"明显让人们认为该信件是由官方寄发的关于社会保障消息的信件，是经过精心的设计的。"

该公司认为关于欺骗性广告的联邦法律不能单独适用于信封，应该把信封同里面的信一起考虑，而信不存在误导的嫌疑。不过法院否决了被告的辩护，认为"一旦客户受信封蛊惑，便会开始阅读里面的内容，这样欺骗性的广告就达到了目的。"

批判性思考

▶ 另一个公司也使用信封来推销产品，他们的信封看上去是手写的，里面有一个貌似是从报纸上撕下来的广告，广告旁贴有黄色的便条，上面潦草地写着"我觉得你可能会喜欢这个，反正我很喜欢。"后面签着一个普通的名字。讨论一下这种广告手段的有效性和道德层面。

阐释产品特征　销售信的主要部分（一般只有几段）很可能会用于勾起读者的兴趣和激发他们的购买欲。你不应该只是简单地描述产品，重要的是你应该对此有所阐释，具体地解释出每个不同的产品特征会怎样满足读者的需求。让读者——而不是产品——成为销售信的主题。

> 用几段文字阐释产品的特征。

营销者将使用者从某项产品或者服务中得到的好处称之为**派生的好处**。正如查尔斯·雷夫森——雷夫森化妆品公司创始人——曾说过的："在工厂，我们生产唇膏，而在广告中，我们卖的是希望。"

不　要	杰特激光二号打印机的打印速度是每分钟十页。
应　该	按过打印键后，你几乎没有时间从机箱里取回打印纸，因为杰特激光二号打印的速度是普通打印机的两倍。
不　要	马斯克双筒望远镜可将焦距调至三倍到十二倍。
应　该	有了马斯克双筒望远镜，你能在300英尺以外观察一只红喉蜂鸟，还能看见它眨眼睛。

第7章　说服性信息　237

沟通快照 7

销售信

不同女性对"女士"（Ms.）这个称呼的偏好

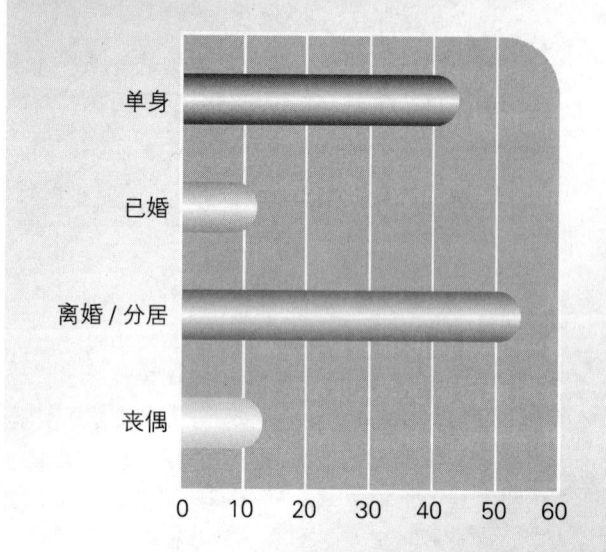

婚姻状况	比例
单身	~45
已婚	~10
离婚/分居	~55
丧偶	~15

0　10　20　30　40　50　60

来源：*USA Today*, 2003.

虽然一般的策略是强调给读者带来的好处而不是产品本身的特征，不过有两种情况需要强调后者：（1）推销产品给专家；（2）推销昂贵的产品。例如，你给跑车爱好者推销的一款车的最大扭矩是 138 磅尺，每分钟转速 3,000，在 5,500 转速时产生 145 马力，那么一定要将这些专业信息传递给读者。不要阐释这些数据，因为在懂行的人面前这样做就是班门弄斧。

使用生动的语言　在谈到产品的特征和好处时，尽量使用行为动词。如果可能的话，尝试使用丰富多彩的形容词和副词，不过使用时一定要小心谨慎，以免显得在硬行推销。最后，要向读者传递一个生动的画面，同时要使用积极活泼的语言，强调你产品的优点而不是不足。

　不　要　这个纸匣设计容量为 200 页纸。
　应　该　这个纸匣容量是 200 页纸——能让忙碌的执行官一整周都不用换匣。

　不　要　终结者牌扫雪机不是轻量型机器。
　应　该　终结者牌扫雪机 4.5 马力的发动机在除雪时比标准的 3 马力机器更有力。

给出具体的事实和数字能维持可信度。

使用客观、道德的语言　为了让别人相信你说的话，你必须给读者提供具体且客观的证据。简单地说某个产品很好是不够的，你必须提供足够的证据来证明它为什么好，以及它好在哪里。这就是你需要使用之前收集到的数据的地方了。不要过于笼统，也不要给出没有依据的优点和声明。数量太多和色彩太过强烈的形容词和副词也不要出现。

独立机构给出的积极评价是产品或服务的有力支撑。

　不　要　只需 795 美元，您就能把性价比最高的舍伍德助力车买回家。
　应　该　《独立消费者》五月号将价格 795 美元的舍伍德助力车评为今年性价比最高的助力车。

　不　要　我们知道您会享受烤面包机带来的方便快捷。
　应　该　我们公司的烤面包机有一个优点您肯定没有用过：三十天无条件包退政策。

在销售沟通中一定要使用有道德的语言。丹尼尔·多兰 13 年前创办了国际午餐公司（该公司主要给人安排相亲，并为他们准备荷兰式午餐）。这家公司曾因欺骗性广告被媒体披露过。一个顾客说道："他们曾经给我找了个说是 45 岁的对象，但是看起来很年轻，后来我才知道那个人已经 57 岁了。"

重点放在中心销售主题　销售信里一遍又一遍重复的主题应该是产品最独特的一面，是与其他竞争对手都不一样的一点。读者是否记得其他特征并不要紧，但是这一点，这一个特征你一定要让他们记住。只要有可能，你就应该把所有的特征都归在一个大主题之下——不管这个主题是方便、舒适、灵活还是其他你可以利用的诱人特征。

将重点放在产品独一无二的特征上。

全方位阐释这些特征可能会占用大量篇幅，而且有些读者也不愿读长篇大论。不过那些愿意读的更有可能会给出积极的回复。一封销售信是否有效，是看它能产生多少销量，而不是有多少读者。

提及产品价格　如果价格是你的卖点，那么在信的前半部分就应该提到它，而且之后要不断地强调。不过大多数情况下，价格都不是卖点，因此应该放到不突出的位置。这种情况下，你就可以把价格摆在文章后半部分，即当你把拥有该产品能得到的所有好处差不多说完之后再提它。想要淡化价格，你可以把它放在一个既长且复杂的句子里，或者是一个复句里面，也可以把它和读者获得的好处放在一起。例如下面这句：

不要把价格摆在突出位置。

> 下次老板让您把季度销售预算重新修改一下——而且还是在周五下午，就会觉得花 250 美元买我们的电子表格软件是多么值得了。

有时候分割总价也是不错的方法——比如，你可以对读者说订阅一份杂志每个月才花不到 1 美元的钱，而不是说每年要花 50 美元。或者将产品价格和

第 7 章　说服性信息　239

另一个读者熟悉之物品的价格相比——"差不多只是一份晨报或者一杯咖啡的价钱。"

提及附件 有些情况下，产品或服务的某些特征是在销售信附件的小册子中才能得到最好说明的，因此你应该向读者提示附件的内容。不过提示时不要全盘托出，你可以提示某一个具体的内容，这样可以提高读者阅读附件的可能性。

不要	该产品还有个宣传小册子。
应该	本款瓷器知更鸟的颜色细微之处可参见附件小册子的第2页，上面有和实物同等大小的照片。
不要	已随信附寄了订货单供您方便使用。
应该	您今天就可以用附送的订货单订货了，三周内您就能在家欣赏有着和博物馆陈列品一样品质的雕塑了。

激励采取行动

虽然在信的开头你就应该把目的说清楚，不过你可以在信的后半部分提出具体的要求——当你已经勾起读者的兴趣和购买欲之后。这时，你再说出想要读者采取什么具体的行动。

如果你想让读者及时购买推销的产品，那么你一定要提供方便快捷的销售渠道，比如提供免费订购热线、随信附寄订货单或者可以接收信用卡等方式。对于那些价格昂贵的产品，要读者看完一封推销信就购买几乎是不可能的。基本上没人在读过一封推销汽车的信后就立马打电话订购一辆新车的。

至于这些价格高的产品，你的目的是让读者向购买的方向前进一小步——想咨询更多的信息，或者去经销商那儿看下样品，抑或要求销售人员回个电话。同样，这时你也应该提供简单快捷的方式来让读者满意。

在鼓励读者消费时，要给予适当的刺激，比如前一百个回电或者有购买意向的顾客能够得到一份礼

奥伯问答

亲爱的奥伯博士：

在您讨论使用反问句的那一节，您用了下面的例子：

| 不要 | 你知道哈特福德社区基金已经75岁多了吗？ |
| 应该 | 马龙·白兰度和哈特福德社区基金有什么共同之处呢？ |

嗯，这句话是说这两者都已经过世了吗？白兰度可是在2004年6月2日去世的。这个例子好像没有达到它真正的目的。

——吉姆

亲爱的吉姆：

你眼睛可真尖——不过我也不弱（笑）。第六版的《商务沟通》已经把该句改为"保罗·纽曼和哈特福德社区基金有什么共同之处呢？"希望纽曼先生长命百岁。（纽曼于2008年9月26日去世了——译者注）。

——斯科特

给作者写信，邮箱为askober@comcast.net。

品，那些在节前或者在三天促销期间购买的人也会有礼品。不过一定要让刺激措施轻柔一些。在这个节骨眼上，任何存在硬性销售成分的策略都可能会激起读者的反感。

　　在要求读者采取行动时要显得自信，不要使用犹豫不决的语言，比如"如果您想省钱的话"，或者"我觉得您同意这款产品的确能够节约您的时间。"在你要求读者拿出钱来的时候，一定要在同一句里提到给读者带来的好处。

　　不　要　　赶紧的！赶紧的！赶紧的！这样低的价格只限几天。
　　不　要　　如果您觉得这款冰激凌机器能让您度过一个愉快的夏天，您大

✓ 检查表 9　　　　　　　　　　　　　　　销售信

准备工作
- ☑ 尽可能多地了解产品、竞争者以及目标客户。
- ☑ 选择中心销售主题——产品最独一无二的特质。

抓住读者注意力
- ☑ 开篇要简洁、有趣，还要有原创性。不要把推销意图说得太明显，也不要误导读者，更不要跑题。
- ☑ 使用以下几种开篇：反问句、引人思考的句子、非同寻常的事实、社会热点、逸闻趣事、激将法，或其他能引人注意的方法。
- ☑ 在开头就要介绍中心销售主题（至少要引入）。
- ☑ 如果你回复读者的咨询，要先感谢读者的询问，之后再介绍中心销售主题。

创造兴趣并激发欲望
- ☑ 在引起读者注意力后要自然地过渡到产品介绍上去。
- ☑ 阐释而不是说明产品的特征。要向读者说明他们可以从每个不同的特点上得到什么好处。让读者勾勒出拥有、使用和享受产品的画面。
- ☑ 多使用行为动词，语言要积极客观。用大量可信的证据支撑自己提出的购买要求——比如具体的事例和数字、独立机构的产品评论报告和名人推荐等等。
- ☑ 淡化价格（除非价格是中心销售主题）。把总价分割成小块，或者是放入一个长句，或者把价格与读者好处摆在一起。

激励采取行动
- ☑ 提供简单快捷的购买渠道。
- ☑ 自信地提出要求，而不是显得唯唯诺诺，比如"如果您愿意的话"，或者"我觉得您会同意这个的。"
- ☑ 用合适的手段刺激消费（但不要硬性推销）。
- ☑ 信的末尾再次提及给读者带来的好处。

范例 11

销售信

开篇用了反问句。

把安全保障需求作为中心销售主题。

在读者好处方面提供确凿具体的证据。

在大多数句子里强调顾客而非产品本身。

淡化价格，将其放在一句也提及了读者好处的句子里。

提供简单快捷的购买渠道，文章结尾仍然不忘提及读者好处。

2455 Paces Ferry Road, N.W. • Atlanta, GA 30339-4024
(770) 433-8211

❶

❷ 亲爱的房主：

您把自己的房子看作是投资品还是您自己的城堡呢？它是一种抵消税款的工具，还是一个温暖的避风港呢？

我们大多数人都把家当做安全的避风港，一个不受别人侵扰的地方。因此，当看到政府去年公布的入室抢劫犯罪率数据（高达5.3%）时，我们肯定会为自己和家人的安全感到担忧。那么我们该如何保护自己呢？

现在，这里有一款使用简单、质量可靠的警报器，它的保护范围扩大到了 2,500 平方英尺。只要将 Safescan 家庭报警系统接好电源再锁上门，您就可以高枕无忧了。您有 30 秒的时间离开房门，在回家时有 15 秒的时间关掉报警器。

❸ 您是否在担心家里的狗狗会不小心触动报警器？那不是问题，因为 Safescan 报警器已经屏蔽了诸如婴儿的哭声、车辆声和雨声之类的日常声响。但是像玻璃被打碎，或者木块被折断等充满危险的声响则会惊动警报器。它 105 分贝的嗓门肯定会引起邻居的注意，即使最有胆量的贼也会被吓走的。

要是有一个聪明的贼把家里的电源都切掉，或者是把报警器的电源拔掉该怎么办呢？这一点您也不用担心！因为 Safescan 用的是电池，根本不用担心电源被切断这个问题，而且电池是自动充电的。这款报警器最好的一点就是安装起来非常简单。它的重量只有 4 磅，您只要把它钉在墙上，接上电源就可以了。没有比这更快的了。最终，您有一个值得信赖的 259 美元的警报器了。除此之外，您还享有 1 年的保修期，10 天之内包退换的服务，确保您完全满意。

去年，美国一共发生了 320 万次入室抢劫案，但是现在您可以高枕无忧了。您可以在离家最近的家得宝商店订购 Safescan 家庭警报系统。几分钟后，Safescan 就能保护您的家庭，给您一个舒心的环境。

您诚挚地，

杰弗里·帕雷

杰弗里·帕雷
全国销售经理

语法和结构说明

❶ 一般来说，正式的销售信中要省掉日期和地址，也没有主题行。
❷ 亲爱的房主：注意通用称呼。
❸ 婴儿的哭声、车辆声和：注意用顿号连接连续的事物（英语中用逗号）。

可电话订购我们的产品。

应该 想要在不久后的国庆节期间使用您的瞬时牌冰激凌机器吗？只要今天拨打我们的免费订购热线即可。

在信的附言中也可以加入重要的营销策略。一些市场调查发现附言是推销信中被人们读得最多的部分。你可以根据需要设计附言的长短，不过一定要在上面写上新鲜又有趣的内容。

附言：如果您在 5 月 1 日前去看产品展出专场，那您就可以免费获得一盒激光打印机专用的透明邮寄标签纸（零售价 21.95 美元）——来试试我们顶点公司出品的新演示软件 Up Front 吧。

这些撰写有效销售信的指导原则在检查表 9 中总结了，并在第 242 页的范例 11 中展示。和往常一样，对信息有效性的检验在于它是否达到了目标。运用你现有的一切资料（特别是进行受众分析）帮助你的信件达成它的目标。

3P 行动：
一封销售信

■ 问题
■ 过程
■ 成果

■ 问题

你是 Hammacher Schlemmer 公司（美国一家享有美誉的零售商，专卖创意商品）的营销经理。最近公司要求你独家代理一款数码录音机语音笔记本（Voice Note），它可以让你随时给自己录音，而不用把脑子里想到的东西潦草地记在纸上。

这个录音机的规格为 2.5×1×0.5 英寸，重 3 盎司，材质是硬质塑料，产地为日本。它的单条录音信息时间最长为 3 分钟，收听时间可达四个半小时。该机器有一个锁定键，防止洗掉之前录过的信息。回放完某一段录音后，语音笔记本会自动重置，准备下一次录音。只要按下录音键，语音笔记本就开始录音了。这款录音机附送两节七号电池，有三个月保修期，一个月免费包退换的服务。

为了实地测试这款产品，你决定尝试直邮推销的方式，目标客户是纽约的商务人士，纽约也是你们零售店的所在地。你买了一份寄信地址，上面印有曼哈顿俱乐部 800 名会员的名字和地址。（曼哈顿俱乐部是城中著名娱乐场所，为商务人士提供午餐、饭后娱乐、健身和社交等服务。）俱乐部每年的会费是 3000 美元，提供壁球和网球场地，有室内游泳池和健身房。你决定给这 800 名会员寄一封套用信函，以 29.95 美元的价格推销语音笔记本。你在信中要写上免费订购电话（800-421-9002）。顾客可通过电话订购，用信用卡付费，也可以在曼哈顿的零售店购买该产品。

■ 过程

1. 描述你的受众。
   - 商务人士
   - 很活跃（喜欢运动和锻炼身体）
   - 高消费（能承受每年 3000 美元的会费）
   - 可能工作繁忙，应酬颇多。

2. 你的中心销售主题是什么？

语音笔记本的独特之处在于轻便/便于携带。

3. 吸引人的开头要写得有创意而又有趣、简洁，同时要以读者为中心，与产品紧密相关，而且要尽量引到中心销售主题上去。

您开车回家遇上交通堵塞，这时您正好灵机一动，突然想到了怎么解决工作上的某个棘手问题。可当您 30 分钟后到家时，已经想不起这个解决方法是什么了。

4. 快速提及你想要讨论的产品特征，再把每个特征融入给读者带来的好处中。

产品规格为 2.5×1×0.5 英寸，重 3 盎司：比一个微型卡式录音机还要轻便，能轻松装入衬衫口袋或钱包里，无论在哪儿都能使用。

录音 3 分钟长的信息——最长使用时间可达四个半小时：有足够的空间录制备忘录音，同时还有 30 种不同的录音提醒模式。

按下录音键即可录音，还有锁定键防止录过头：即使在开车时也能使用，也没有太多按键，方便快捷。

用两节七号电池（附送）：真正的轻便。

5. 写提及价格的句子。（由于价格不是主要卖点，因此应该淡化。）

语音笔记本的价格是 29.95 美元，比厚重的微型卡式录音机更便宜，也更好用，尤其是当您处在繁忙时刻。

6. 你希望读者采取什么行动？

购买语音笔记本。

7. 你如何动员读者采取行动？

提供快捷简单的购买渠道；提供保修包换的服务；强调买得越早，就能越早享受使用产品带来的乐趣。

■ 成果

Hammacher Schlemmer
Offering the Best, the Only and the Unexpected since 1848

亲爱的俱乐部会员：

您驱车离开曼哈顿俱乐部，路上却遇上塞车，而这时您灵机一动，突然想到了怎么解决工作上的某个棘手问题。可当您到家时，已经想不起这个主意了。

下次，带上语音笔记本吧！这个只有 3 盎司重的数码录音机可以让您即使在忙得不可开交时也能为自己录下备忘。现在，您可以在灵机一动时快速"记下"自己的灵感了。众所周知，灵感总是在意想不到的时候出现！

语音笔记本录音机比微型卡式录音机更小（2.5×1×0.5 英寸），它能轻松装入您的衬衣口袋或是钱包里。而且，这款录音机没有多得数不清的按键，只要按下录音键您就能录音了。同时还有一个锁定键防止您录过头而洗掉以前的录音。

语音笔记本可以容纳 90 条录音，每一条的时间长达 3 分钟——这些录音可以是提醒自己的要做事项，比如"打电话给安，问一下西部公司合同的事"，或是"买进 200 股 SRP 公司的股票"，甚至可以是"下午五点半去足球场接简"。回放完某一段录音后，声音笔记本会自动重置，准备下一次录音。

为了实现真正的轻便，语音笔记本使用的是两节七号电池（附送）。我们同时提供终生免费维修的服务以满足您的需求。

语音笔记本的价格是 29.95 美元，比厚重的微型卡式录音机更便宜，也更好用，尤其是当您处在繁忙时刻。若您想用信用卡订购，欢迎拨打我们的免费热线 800-421-9002。您也可以在我们的零售店感受实物，地址是东区 57 号街 147 号。

下次您想在回家时捎上一盒牛奶，就可以用语音笔记本提醒自己了，它能保证您不会空手而归。

诚挚地，

Richard E. Lee

理查德·E·李
市场营销经理

9307 N. Milwaukee Avenue • Niles, IL 60714 • Phone (847) 581-8600 • Fax (847) 581-8616
www.hammacher.com

现在将 3P 付诸实践。见第 247 页的 3P 练习。

登陆学生网站（网址：college.hmco.com/pic/oberOBC7e），以获取更多资料，帮助你更好地了解课程内容和未来职业规划。

总　结

如果你的信是写给上司的，要用开门见山的写作风格，在第一段简单地提一下你的理据。其他大部分说服性信息都比较适合用间接写作风格。首先可以利用一个切题、简洁而有趣的开头来吸引读者的注意力。　　沟通目标 1

在推销想法的说服性请求里，你应该把大量的篇幅用来讨论这个想法的优点，同时也要向读者展示你的提议是如何满足他们的某些要求的。提供的论据应该准确、切题、完整而又有代表性。应该提到会遇到的难处，但要把这些难处降到最低。

这样的请求首先需要一个吸引人眼球的开篇，一开始就强调读者在帮你之后能够得到什么好处。在提出要求之前，你至少要提到某一个好处，说明别人帮忙可以得到什么回馈。全篇口吻要积极，同时要让读者清晰明白地了解怎么帮你。　　沟通目标 2

劝说性索赔函一般采用间接组织方式，需要一个吸引人眼球的开篇。全文口吻要冷静客观，还要有礼貌，不要显得怒气冲冲，也不要夸大其词。要详细描述问题所在，然后提供客观的证据来让收信人同意你的索赔要求。　　沟通目标 3

销售信中，一开头就介绍中心销售主题，其后的文字都要围绕它展开。信的大部分内容是向读者展示拥有某款产品会如何给他（她）带来各种好处。如果价格不是中心销售主题的话，就要淡化价格。　　沟通目标 4

关键术语

你现在应该能够用自己的话定义下列术语，并分别举例：

中心销售主题（central selling theme）　　反问句（rhetorical question）
派生利益（derived benefit）

付诸实践

1. **回到美国运通公司**　肯·切诺特是一个诚实守信的人，他不喜欢阿谀奉承，也不喜欢夸夸其谈、矫情做作。当肯·切诺特想要说服某个潜在的生意伙伴时，他的语气会客观有理、亲切自然。他不会忽视困难之处和可能的反对意见。相反，他会坦诚而真挚地讨论这些难处，之后给出有说服力的证据，证明自己的商业提议为什么能够带来好处。

   问　题
   假如你是某个地方性商业银行的实习生，你所在的银行和美国运通公司是合作伙伴。你所在的区域有一位零售商大客户不愿意接受美国运通卡，转

3P 实践

想要了解更多，参见第 244 页的 3P 模型。

第 7 章　说服性信息　247

而通过你所在的银行和另一个信用卡公司合作。而你却想要说服这个大客户接受美国运通卡。

过　程

（1）选择你所在区域的某个零售商作为你的客户。
（2）你应该在信中采用直接或者间接的组织方式？为什么？
（3）信的主要内容是什么？
（4）开篇要写得吸引人，同时要切题，并要包含你的要求。
（5）你想让读者采取什么行动？
（6）结尾部分要动员读者采取你想要的行动。

成　果

运用本章开头介绍中的信息，结合你在本章中学到的知识写一封劝说信，目的在于让零售商同意在其商店内用美国运通卡结账。

沟通目标1

2. **一条说服性信息——推销一个想法**　你现在是米德兰医疗器械公司的一名销售代表，叫 O.B. 普雷斯利。和其他 38 名销售代表一样，你每周有三四天在外奔波，把公司的产品推销给各地的大小医院和私人诊所。三年前，米德兰公司给你们每人配备了一台重 8 磅的便携式电脑。这台电脑为你减轻了不少负担，特别是在填写电话报告方面。每天晚上你都会在旅馆房间里将这些报告输入电脑，内容包括顾客基本资料、他们是否用过你公司的产品，以及他们希望产品有什么改进等等。之后你就会把这些表格同订单一起用公司的内部网络提交给公司上层。

有一天你灵机一动，想到如果把沉重的便携式电脑换成一个有内置打印机的笔记本电脑，你的工作效率肯定会提高。因为如果顾客想要新产品的详细信息，你就可以从公司的主机里找到相关信息再立刻用新电脑为顾客打印出来。你确定这样可以让你卖掉更多产品。

你心目中的这款笔记本电脑是佳能公司出品的，配备了奔腾处理器，有内置的无线网和喷墨打印机。整台电脑重 7.7 磅，价格是 1,899 美元，内存为 256MB，硬盘容量为 10G。唯一的问题是你不知道如何处置手中的这台旧电脑。你知道人们不太喜欢用过的二手电脑，特别是使用时间长达三年，重量又高达 8 磅的大个头。不过你仍然认为佳能笔记本电脑是一个值得购买的设备。你现在要做的就是写一份备忘录给公司的全国销售经理查尔斯·J·雷丁，说服他接受你的想法。

过　程

（1）描述你的读者。
（2）你应该采用直接或者间接的组织方式？为什么？

（3）写备忘录的开篇句。

（4）列出你的主要论点——把读者好处融入每个论点之中。

（5）能阻挡你达到目标的困难有哪些？

（6）写一句话，提到这个难处（但要淡化它）。

（7）把备忘录的最后一段写下来，里面要陈述（或者重申）你的要求。要让读者能容易地实施你的目标行为。提出要求时要充满自信，结尾时的口吻应该充满期待。

成　果

起草、修改、调整格式和校对你的备忘录，最后检查一遍之后连同你"过程"中问题的答案一起交给导师。

练　习

1. **金子有时也不会发光**　过去几年，你所在的工会和阿拉斯加州费尔班克斯市的弗里蒙特炼金厂就员工的奖金问题达成了一项协议。这项协议规定年终奖的多少和员工的表现挂钩，同时还要看公司的效益。

   作为工会代表，你最终让该公司签署了协议。开始时，这个奖励计划非常成功。数据显示有些员工年终可以拿到5,000美元的奖金。他们的生产效率也有了很大提高，每个人都对这个计划赞不绝口。

   但在今年下半年，生产量的提高使得金价一落千丈。虽然奖励计划看上去是个好点子，但现在需要重新修改。你知道工人们都盼望着拿年终奖，但是你想让他们投票废除这个奖励计划。今年拿不到年终奖确实令人郁闷，但是工人们需要的是一个能让他们真正得到持续回报的奖励计划。

   给工人们写一封信，说服他们投票废除之前的奖励计划。投票时间定在周二（20××年9月1日）晚上六点到八点，地点是工会大厅。

2. **注意文明用语！**　只有你在说脏话，还是大家都在说——甚至在工作的地方也能听见脏话？虽然你不是过分传统的人，但是作为DVD店的经理，你仍然希望为顾客营造一个亲切友好的购物环境，同时也让员工在店里（也是为了他们自己）保持一个积极向上的形象。给你的店员们写一个备忘录，让他们注意自己的语言。

3. **推销一个想法——宽敞的试衣间**　你的名字叫罗伯特·基尔克兰，是诺思通公司（一家总部设于西雅图的服装公司）的采购经理。

   你的公司决定在时尚广场（该广场是城北的一家高档商场）开一家分店。这个商场收取的租金很贵，几乎比其他地方贵50%，因此诺思通公司希望好好利用店里的每一个角落。

你认为，想要在这个商场里有竞争优势除了投入高成本以外，还要给顾客提供优质的服务。你已经提供了包退换的服务，也为了满足不同顾客的需求给店里进了丰富的货源，还聘请了一个竖琴表演者，从上午十一点到下午两点在商场大厅里弹琴。但你觉得这些不够，还需要在店里配备一间非常宽敞的试衣间——大到能够容纳一席舒适的沙发、一个挂衣架和三面可以调试的镜子。你想让顾客舒舒服服地挑选衣服。

每间更衣室需要扩大 20 平方英尺，增加的面积费用和装修费用加起来一共 18,500 美元，每个月又多增加 255 美元的房租。将你的想法写成备忘录给你的老板，同时也是执行副总裁的丽贝卡·查维斯看。

4. **提议实习生项目**　你所教的建筑管理系学生毕业在即，纷纷加入了找工作的大军。看着他们忙得焦头烂额，你决定伸出援助之手。你知道其他学校都会给快毕业的学生介绍实习，而且你也认为学生去实习能够让他们得到宝贵的工作经验，为以后找到心仪的工作做准备。

你同时也认为学生在课堂上学到的新知识可以给业内的一些建筑公司带去新鲜的血液，而学生们也会从实习中领略工作的个中滋味。你的经验告诉自己：如果学生在某个公司实习，公司也愿意花时间来栽培他（她）的话，那么今后他（她）被这家公司录用的几率就会提高。

你现在做的就是向当地的建筑公司提议让你的学生去实习三个月（带薪）。前两周的时间让学生对公司运作有个大概的了解，后十周里学生会接受部门培训，在实习期间学生的工资是正式员工的一半。

现在，以密西西比州某学校就业指导中心主任的身份给克里奥·S·约翰逊——强氏建筑公司总裁——写一封信（地址是密西西比州斯塔克维尔市杰克大道 980 号，邮编 39759），说服他让你的一名学生去他的公司做三个月的实习生。

5. **推销一个想法——间接组织方式**　参见"付诸实践"练习 2。假如你（O.B. 普雷斯利）是公司新招入的员工，还没有赢得全国销售经理的信任。而且，你知道雷丁不是特别热衷于技术革新。这样一来，你决定用间接组织方式说服你的上司。把这个备忘录写下来。

6. **常规请求——帮助一个朋友**　你是蒙特里制造公司（位于路易斯安那州珍珠河）的厂长，你的工厂生产汽车球轴承，目前厂里有 125 名员工。不幸的是，其中一名叫弗朗西斯·贝努瓦的员工被诊断患了肺癌。

弗朗西斯已经因病停工两周多，将能用上的病假都用光了。医生认为他可能在未来的三个多月还是不能来上班。弗朗西斯在厂里人缘很好，因此你想动员员工们为弗朗西斯捐献病假，每个人可以最多捐五个病假。这次捐献不是强制性的，但是每个有病假的人应该至少捐献几个小时。

给弗朗西斯捐病假需要员工在人力资源管理部门填一个表格,月末之前需提交好让厂里统计数据。如果员工们捐献的病假时间还没有被弗朗西斯使用,这些时间将会返还给他们。

写一份备忘录,张贴在休息室,鼓励员工们给弗朗西斯捐献病假。

7. **说服性请求——躲过数码产品禁令** 你所在学院的院长近日读到了一则新闻,里面报道了学生如何利用呼机、手机和掌上电脑在课堂测验上作弊。该报道称在最近的调查中显示:三分之一的学生曾在考试中作弊,一半的学生曾抄过作业。看完报道后,院长决定禁止学生在课堂上携带任何电子设备。

不巧的是,你的姐姐快要生双胞胎宝宝了,而你曾请求辅导员通融一下,允许你在未来三周里带上手机,这样一来你就能按时赶回家看你姐姐了。不过辅导员告诉你这样做需要得到院长的同意。现在你要做的就是给院长写一封请求信,要求通融一下。你应该用直接或者间接的组织方式呢?你怎么为自己的请求说理呢?你能想到的困难在哪里——你又怎么解决这些困难呢?根据你在本章学过的知识给院长写一封信(可以自行补充详细的背景信息)。

8. **请求帮助——明星捐款** 你看完奥斯卡获奖影片《落基山探险》后走出电影院,突然想到了一个好主意。身为野外环境保护基金会的执行主管,你最近正忙着为最新的慈善抽奖活动寻找一个与众不同的头等奖奖品。你在想是不是可以说服罗伯特·福德——电影的男主角——把电影里的道具(比如一件演出服)捐献出来。野外环境保护基金会为了保护全世界的森林而设,是一个有着 800 名员工的非营利组织。这些美丽的森林曾在福德最新的电影中出现过。你的任务就是给福德写一封信,请求得到他的帮助。他的地址是加利福利亚州洛杉矶市北佛蒙特大道 590 号世纪工作室,邮编是 90004。

9. **请求帮助——实地考察** 你叫戴维·皮尔森,是"杰克和吉尔幼儿园"的负责人。在接下来的几周里,你会给孩子们介绍食物和营养的知识。最后,你想通过实地考察的方式结束这个单元的课程。具体方案是让孩子们去最近的沙拉天堂自助餐馆就餐,他们需要自己去厨房取食材,在餐馆中人气颇高的沙拉台上自己拌沙拉。当然了,每个家庭都会为自己的孩子付午餐钱。事实上,为了让这次餐馆之行更简便,你会事先收齐钱,在餐馆一次性付清。

即便沙拉店的服务员会帮助这 23 个三至五岁的孩子,你还是会请几个家长和你一起来照看这些孩子。你可以在 10 月 10 日到 14 日的任意一天去餐馆。在信里说明孩子们的午餐时间是中午十一点到十二点半。写信给沙拉天堂的经理唐娜·乔·鲁斯,地址是马里兰州威斯敏斯特市格兰福路 28 号,邮编是 21157。

沟通目标2

10. **大会发言人**　你最近忙着准备公司年会。你在加州大学洛杉矶分校的同窗好友维吉尼亚·杰克森是一个颇负盛名的励志演说家。你想邀请她在年会上作一次演讲。年会将于20××年10月22日（周五）在加州棕榈泉召开。你不能给她2,000美元的演讲费，但是你可以给她报销机票和住宿费。

　　虽然你们俩在上学期间关系很好，但是你们已经几年没见过面了。上次你和她打电话时，她曾经透露想和你以及几个好友聚一下。你可以安排她周四飞来棕榈泉，周日早上再飞回去。她的演讲时间则定在周五上午10点到11点。你们几个同学的聚会则安排在周四和周六。

　　给维吉尼亚写一封信，邀请她来加州参加同学聚会以及在你公司的年会上发表演讲。地址是北卡罗来纳州萨克萨帕霍市湖畔大道1250号，邮编是27340。

11. **写一封说服性索赔信——杜鹃花**　你叫薇拉·马尔科姆，是阿肯色州公共服务公司的设备经理。你正忙着为公司新建成的水力发电站准备完工庆典。你决定用水电站旁边的观景台来搭建舞台，装饰则是在2月3日从杰克逊和帕金斯苗圃公司（地址是俄勒冈州梅福德市玫瑰巷1号，邮编97501）订的十盆杜鹃花，每盆价值27.5美元（还有10.5美元的运费）。该公司工作人员向你保证花会在庆典当天开放（买了之后的三天），若不开就会把钱退还给你。

　　花儿送来了，它们看上去状态颇好，可是却马上就要凋谢了（大概几个小时后）——这当然行不通了。最后，你决定把花种在土里做景观植物。可是你又不得不多掏腰包再从当地的花店里购买新的杜鹃花，价格则比之前贵。

　　事实上，你最后花了436美元买花——比杰克逊和帕金斯苗圃公司贵了150.50美元。你觉得该公司的工作人员应该为你的损失负责。写一封索赔信给杰克逊和帕金斯苗圃公司，要求他们赔偿你公司150.50美元的损失。

12. **写一封说服性索赔信——开裂的西装**　3月15日，你心急火燎地坐着出租车从拉瓜迪亚机场赶到了万豪酒店赴约，差一点就迟到了。但当你坐在会议室里时，你却猛然发现自己价值450美元的西装裤子破了个洞，这个洞是出租车座位上突出的弹簧划破的。第二天，裁缝跟你说没办法补好这个破洞，可以说这条裤子已经报废了。

　　由于你的西装已经穿了一年，你也不指望出租车公司赔你450美元了，但是你觉得赔200美元还是合情合理的。从发票上你看到自己当时乘坐的车是属于帝国出租车公司的（地址是纽约市西77号街，邮编是10024）。鉴于这封索赔信是关于个人的，你可以用普通的纸写信，同时要记得使用自己的个人地址。

13. **写一封说服性索赔信——豪华 SUV**　你三个月前从霍华德·威廉姆斯先生——大威利汽车公司的老总那儿买了一辆运动型多用途汽车（SUV），想着周末可以开车去郊外钓鱼和扎营。你花了 10,500 美元买了这辆两岁的二手车，并花 1,000 美元从威廉姆斯先生那购买了一份 12 个月、12,000 英里的保修服务。

　　你买这辆车时，它的里程数显示为 38,645 英里；现在数字显示为 40,012 英里，也就是说你开了还不到 1,500 英里。可是最近三个月里，这辆车已经维修过两次了。第一次是你刚上路时就觉得有问题，只好把它拖回城里。后来发现是变速器出了毛病。到目前为止，威廉姆斯先生已经支付了 50 美元的拖车费和 587.5 美元的维修费，但是你已经对这辆车连续不休地出毛病感到厌烦。

　　虽然保修范围不包括换一个新的变速器，但是你想让威廉姆斯先生为你支付换零件的费用。而且你恰好有个朋友愿意以 850 美元的低价给你换新的零件——其他店都是 1,800 美元的价格。倘若威廉姆斯先生答应了你的要求，你就不用每个月都往维修店里跑了，他也可以保住自己在这一行的信誉。

　　这个提议同时也为威廉姆斯先生省了一笔钱，因为如果他不答应换，很可能今后还要支付更多的维修费（肯定会超过 1,000 美元）。而你的朋友已经答应会为新的变速器免费担保 1 年，这样威廉姆斯先生今后就再也不用为你的车付维修费了。

　　给大威利汽车公司的威廉姆斯先生写一封信，说服他给你支付变速器的 850 美元费用。他的地址是：俄克拉荷马州劳顿市主教路 385 号，邮编是 73510。

14. **撰写说服性请求——看台上的粉丝**　假如你是普罗沃天使青年棒球队的票务经理，正忙着为球队的小型赛事寻找赞助商。你还想让球队的粉丝们也来观看比赛，同时也想吸引年轻人对棒球这项运动的兴趣。

沟通目标 3

　　你正在筹划的一个募捐项目是让当地的商业机构购买球票，然后将其捐赠给贫困儿童。这个慈善计划卖出了 100 张票，一共 500 美元，而出钱的商业机构得到的回报就是可以在天使队某一次比赛时得到免费宣传——商量好的时间是第七局开始之后。那些得到票的孩子们也会被放映到大屏幕中，而且还可以和查理狗——天使队的吉祥物——进行亲密接触。

　　这次活动不仅能让孩子们和粉丝们开心，也能让得到免费宣传的商业机构满意。给阿尔雷德运动品牌的老总约翰·N·阿尔雷德写一封信，邀请他为你的活动提供赞助。他的地址是犹他州希伯市北湖畔小溪路 4215 号，邮编是 84032。

15. **写一封销售信——从有机面包中赚钱** 陶德有机面包房是一家采用各种有机材料生产面包的作坊，他们的面包各种各样，包括全麦面包、八珍面包、葵花籽面包等等。你是这家公司的营销顾问。陶德·列拉斯是公司的创始人兼老板，他的老本行是模特，后来跟着一个面包大师学会了烤面包，开了陶德有机面包房。

虽然他那些新鲜的有机面包比同等商品贵大概30%左右，但是他的生意却日益兴隆。你觉得陶德的店之所以受欢迎，是因为顾客和零售店老板们都被漂亮的包装和精心的宣传吸引住了。宣传照的主角就是非常上相的陶德，以及他可爱的小女儿。

列拉斯最开始把产品放在健康食品零售店里卖，之后他的产品逐渐上了野燕麦超市和其他大型健康食品超市的货架。现在，面包房正在扩大经营规模，准备向大型超市和各个美食特色店进军。你之前已经做了很多市场调查，认为在汀恩和德鲁卡会卖得很好，这是一家经营高档商店、咖啡馆的美食零售商。

列拉斯让你代表他给汀恩和德鲁卡的总裁约翰·B·理查德写一封信（地址是纽约市百老汇560号，邮编是10012）。你的中心销售主题会是什么？在这封可能收不到回复的信里，你会加入什么吸引人的成分呢？你会强调产品的什么特质以及读者好处？你怎么动员读者采取行动？利用你在本章学到的知识写一封销售信，其中可以加上任何你需要的细节。

16. **工作团队沟通——推出新零食** 假如你叫何塞·马西亚斯，是克里斯比快餐食品公司的营销副总裁，你的公司是东北部一家中型零食生产商。你们正在推出一款新零食。你知道，零食行业竞争非常激烈，最好的胜出办法就是把新产品——克里斯比玉米豆——引进百货商店进行商品展示，突出其好吃又健康的特点。

你的公司以生产健康零食闻名，而且这款新零食肯定能够大卖。但是许多零售店却将展品的位置让给了业内的大型食品生产商们。而你方愿意出的条件是提供可观的结算折扣（五折），对方则需要在11月让出商店里的最佳位置来给你们做宣传。

答应这个条件的零售商能够以1.25美元的价格购买每袋26盎司重的玉米豆——只有普通零售价的一半。包装袋上的建议零售价是3.99美元，因此这些商店可以赚取百分之二百的利润。除此之外，你还计划给这款产品推出大量的宣传，这也会让销售额直线攀升。

给阿伦食品零售连锁店的公司采购贝蒂·伊格尔斯顿女士写一封信，说服她答应在11月为你们的产品让出展品位置。阿伦食品公司总部的地址是西弗吉尼亚州埃文代尔市鹤溪路4815号，邮编是24811。

17. **套用信函——慈善义卖**　七叶树面包篮是一个为饥饿的人提供食物的慈善机构。作为该机构的主管，你正在筹备一个新的慈善项目。你计划销售节日贺卡来为感恩节大餐筹集费用。今年，有超过 400 个需要帮助的人（包括单身和家庭）想要吃上这次感恩节大餐。一个来自俄亥俄州的艺术家精心绘制了这些贺卡。贺卡以盒的形式出售，一盒十张，里面还有绿色的信封。购买贺卡的消费者可以享受免税的优惠。一盒贺卡的钱就能够在感恩节喂饱一个四口之家。

你的任务是写一封套用信函，说服人们购买你的贺卡。价格是每盒 12 美元，再加上 1 美元的邮费。订单已附在信内，读者可用里面的信封寄回。

18. **撰写征求销售信——房地产**　你是全国房屋销售公司在当地分公司的一名房地产经纪人，一天你收到来自伊迪丝·威利斯女士的一封信（她的地址是俄亥俄州齐尼亚市山峦大道 667 号，邮编是 45385），内容如下：

我是一名带着两个孩子的单身母亲，现在刚搬到城里。我想购买一套带有三间卧室的公寓房，要求周边环境比较好，价格在 10 万美元到 12.5 万美元之间。我现在能够承担的首付额是 2.5 万美元。如果您有合适的房子，麻烦给我回信。

虽然你所在的小城房子比较紧张，但是你手边确实有一套合适的房子。这套房子有三个卧室，还有一个完好的地下室，同时配有空调（这一点很重要），房龄为四年。旁边是城中最好的小学，唯一不好的一点就是旁边的那栋公寓看上去更为光鲜亮丽。房价为 11.99 万美元。

给威利斯女士寄一张照片和一张房屋情况表。你写信的目的是让她给你回电并预约看房，号码是 602-555-3459。她回电之后你就可以带她看房，同时你也可以给她推荐手边其他的房产。

19. **推销一项服务——小生意**　你在准备律师资格考试时决定一边复习一边做小生意。你目前在亚特兰大市内提供点歌服务。你一次收费 150 美元，会登门为客人送上一张贺卡，然后顾客点什么歌你就要唱什么歌（你可以拒绝唱下流歌曲）——歌词可以是原来的，也可以是顾客自己编的。你一般出现在生日宴会、结婚纪念日、毕业典礼、宣传派对等特殊场合，服务的同时要为所在的公司（祝福之音）打响牌子。

你现在的任务是随机给亚特兰大市市民们寄一封套用信函来推销自己的服务。信的目的是说服读者打电话点歌（电话是 404-555-9831）。点歌时需先付现金（无信用卡服务），同时要提前 7 天通知你。

20. **推销一项产品——工作靴**　现在，你要以工业制鞋有限公司销售经理的身　　　沟通目标 4

份写一封套用信函，向147号建筑队的3,000名工人推销你公司生产的达勒姆牌工作靴。这些员工大部分在休斯顿的高楼大厦作业。

达勒姆牌工作靴长8英寸，防水隔热，材质是油鞣牛皮。它经过测试，质量比美国国家标准学会（ANSI）规定的安全标准更好。此款鞋的后跟由全橡胶制成，可以抵抗用力的踩踏，而鞋两侧的钢结构可以给使用者的脚提供更安全舒适的保护。鞋的尺码齐全，颜色为黑棕两色，价格是79美元，加上4.5美元的运费。此价格一个月内都不会下调或上涨，且有一年的无条件保修。

为信的开头选择一个合适的称呼，省略日期和地址。你写信的目的是让读者购买这种鞋，购买方式可以是填好附送的订货单，也可以是拨打免费订购电话（800-555-2993）。

持续案例 7

Urban Systems

谁知道人们心中藏着什么鬼？

人事部经理珍·泰特和办公信息系统主管埃里克·福克斯，以及行政副总裁戴安娜·科尔曼在一起讨论公司应不应该监视员工的电子邮件和上网。

珍说道："我觉得这完全就是侵犯员工隐私，我希望我们最好停手。"

埃里克辩驳道："员工合同上写得清清楚楚，我们有权利这么做，所以他们根本不应该对此有任何怨言。"

"但有多少人记得签过这样的协议呢？我就不记得了。那下一步呢？是不是要监听电话？在我们登录邮箱之前邮件就被人看过了，你以为是在真人秀吗？我们真的有必要这样紧盯着员工吗？这样的话公司里还谈什么信任和忠诚？"

"但是不这样做我们怎么确信员工没有把商业秘密或者其他知识产权之类的机密信息泄露出去呢？"埃里克说。"除此之外，要是发现员工在下载一些工作时不应该下载的东西怎么办，比如色情片或者有种族偏见的笑话？这样的话公司是有责任的。再说了，下载歌曲视频都是要占带宽的。"

"那这样的监视设备要花掉公司多少钱？"珍问道："又怎么来实施监控呢？有监控软件？还是有人专门坐在那儿读别人的邮件？谁来应聘这样枯燥乏味的工作啊？"

埃里克已准备接话了，可是戴安娜把他打住了："你们两个都有点走极端。先做点实地调查，然后下周之前给我写一封备忘录说明你们的立场。然后我再决定。"

批判性思考

1. 假定你是埃里克。给戴安娜写一封备忘录，说服她：（1）站在你的立场上，坚决支持公司有权利监视员工的邮件和上网内容；（2）让每个员工都在同意书上签字，表明他们已经知晓了公司的这项政策。你知道珍会和你针锋相对——她认为公司不应该像"间谍"一样监视员工，把珍的论据考虑一下，在信里面批驳她的观点。
2. 现在假设你是珍。给戴安娜写一封信，信中要反对埃里克的做法。努力想想他会有什么观点，然后在信中批驳他。

8 坏消息信息

沟通目标

学完本章后，你应该能够：

1. 计划坏消息信息；
2. 撰写否定一个想法的信息；
3. 撰写拒绝一次帮助的信息；
4. 撰写拒绝一项索赔的信息；
5. 撰写一个坏消息通知。

圈内人视角：
楝树公司

很少会有公司对它们的客户说，有时它们比竞争对手要价更高。但是楝树公司（Chinaberry, Inc.），一家国际目录销售公司，就是这样做的——而且虽然它这么告诉顾客，但是它的销售额却增长了。

楝树公司通过目录和网站销售书籍和产品。它的目录包括为儿童和家庭精心挑选的500多本书和物品，还带有员工的详细介绍和个人评论。

珍妮特·凯利是销售部的助理主管，她说过去的问题是，顾客往往在目录上看到产品后，在诸如亚马逊这样的大型零售商那儿购买，它们的价格往往比楝树公司这样小一些的零售商低。"人们在我们的目录上发现珍宝，但是在大型零售商那里购买，因为它们的价格更便宜些，这很让人沮丧。"

"如果他们继续只把我们当做是一种资源的话,他们最终会失去我们。"

珍妮特·凯利
栋树公司销售部助理主管
(加利福尼亚州斯普林瓦利)

"当很多顾客说依赖我们为他们的家庭进行精心挑选时,我们觉得有必要告诉他们,如果他们继续只把我们当做是一种资源的话,他们最终会失去我们。这种情况对我们一点好处也没有。与我们的顾客沟通,使他们做出有意识的购买决定一直是我们的首要目标。"所以信息开始出现在公司的目录中,解释为什么价格有时候会比大型零售商高,并且希望顾客能从栋树公司而不是从其他地方购买。

顾客是如何反应的呢?"大多数人感谢我们——不是因为他们很开心多付了钱给我们,而是因为他们了解了其中的原因。"凯利说现在栋树公司的销售比以往任何时候都要好。

8.1 为坏消息信息做计划

沟通目标 1

在生命中的某个时刻，或许我们都做过坏消息的发送者和接收者。很多人发现他们很难接受坏消息，但同时，他们发现传达坏消息也很困难。因此，就像说服性信息那样，坏消息信息也需要谨慎的计划。安德鲁·格罗夫是英特尔公司的创立者，他说，"消息越坏，传达这个消息就要越努力。"

你写信息的方式并不会改变你要传达的信息内容，但是这可能决定你的读者认为你的决定是合理的——或者是疯狂的。正如第 7 章指出的那样，每一封信都可以认为是一封说服性信函。这对包含坏消息的信件来说尤其如此，因为你必须说服读者你的决定是明智的。

你的目标是传达坏消息并留住读者的好感。

你写坏消息信息的目的有两个：首先，说"不"或者传达坏消息；其次，留住读者的好感。要实现这些目标，你必须礼貌、清楚以及完整地传达你的信息。你也必须让读者知道，你已经很认真地考虑了他们的请求，但是为了公平起见，以及维护良好的商业运营，你不得不拒绝他们的请求。

有的时候打个电话或者私人拜访比写信息更能达到目的（一些具体的例子见沟通快照 8，"计划坏消息信息"）。

当读者个人不会对结果失望时，打电话往往是合适的。当你给下属或者其他人传达会带来巨大影响的负面信息时，往往需要私人拜访。不过在大多数情况下，写信是最合适的，因为这能让你更加仔细地控制措辞、顺序以及提出想法的节奏。另外，书面信息能够永久记录沟通的内容。

有趣的是，根据《信息系统研究期刊》上的一个研究，通过电子邮件而不是通过私人拜访或者电话传达坏消息能够更加准确和完整地传达信息。

作者将此归结为"沉默效应"——也就是说，因为传达坏消息很困难，信息传达者往往拖延、扭曲或者不完整地传达所需的信息。由于电子邮件的匿名性，信息传递者在通过电子邮件传达不受欢迎的信息时更乐意提供信息。

沟通快照 8

计划坏消息信息

传达坏消息的偏好方式

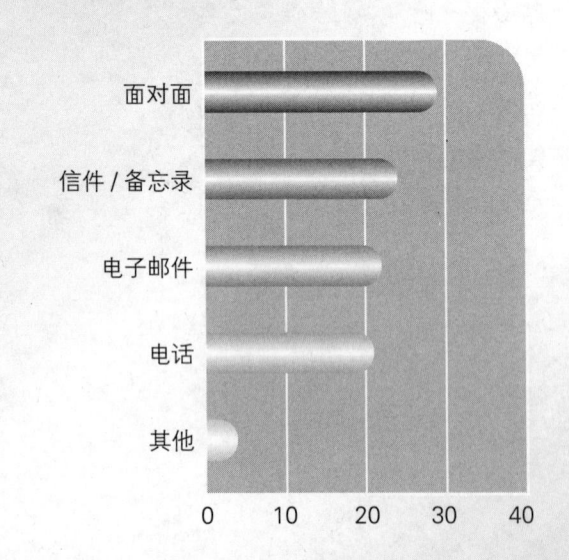

方式	百分比
面对面	~30
信件/备忘录	~22
电子邮件	~25
电话	~20
其他	~3

来源：*Communications of the ACM*, 2005.

根据读者组织信息

读者的需求、期望和个性——以及作

者和读者的关系——在很大程度上决定坏消息信息的内容及布局。因此你需要把自己放在读者的位置。

拒绝一个请求时，需要查看发信人的原信息来决定是使用直接还是间接的方式。如果原信息是以直接风格写的，那么发信人可能认为这是常规请求，你就可以用直接风格回复。

如果原信息是用间接风格写的，发信人可能认为这是一个说服性请求，那么你就应该考虑用间接风格回复（但是，写给上级的信一般是用直接风格，无论读者认为是常规请求还是说服性请求）。

例如，一封告诉员工公司餐厅会关闭一天来安装新设备的电子邮件就可以直接写一两段话；而告诉员工公司餐厅将会永久关闭，员工现在要出去吃午餐（并且付更高的价格）的电子邮件中就需要作出更多解释，而且要用间接风格写。

直接方式——立刻说出坏消息 正如第 6 章提到的那样，很多请求都是常规请求；写信者只想要肯定或否定回答，并且希望是直接的方式。类似地，如果一个坏消息的宣布不会给读者带来情绪上的影响，你应该用直接的方式。

直接写坏消息的方式基本上和第 6 章讨论的写常规信息的方式一样：首先呈现主要思想（即坏消息）。使用直接的方式时，要使读者接受你的决定，在第一段说出坏消息的同时，给出简短的解释。

在与上级沟通坏消息时选择直接方式。

| 不 要 | 原定于 8 月 3 日在河滨公园举办的公司年度野餐取消。 |
| 应 该 | 河滨公园正进行改建，可能会给公司员工及其家属带来安全上的隐患，因此原定于 8 月 3 日在河滨公园举办的公司年度野餐取消。 |

通常，在传达信息时，要尽可能地用积极的语言陈述，并保持坦诚。

不 要	我们部门的合规报告将推迟到下个月。（过于直接）
不 要	我很高兴地通知大家，我们部门的合规报告将于 3 月 15 日提交。（过于积极）
应 该	由于需要额外的时间解决巴吞鲁日提炼厂的问题，我们部门合规报告的提交日期将由 3 月 1 日推迟到 3 月 15 日。

接下来是必要的解释以及友善的结语。在以下情况中，应该使用直接的组织方式：

- 坏消息是一件微不足道的小事，并且可以认为是常规事情。如果不会影响读者的情绪，这个决定也不会引起他们太大的失望，那么就使用直接的方式。

通常直接、坦率地说出坏消息是最好的策略。很多观察者认为，如果玛莎·斯图尔特坦白承认她与股票经纪人彼得·巴卡诺维奇通电话的细节，那么她的公司——玛莎·斯图尔特生活全媒体公司——就不会成为头条并遭受巨大的损失。

- 读者更喜欢直接的方式。上司通常希望来自员工的所有信息都是以直接的方式写的。
- 读者预料得到否定的回复。例如，求职者知道，一般说来，如果他们接到电话，表示会被录用；如果收到信件，就是被拒绝了。因此，一旦收到雇主的信件，申请者就会预料一个否定的回答。在这种情况下，否定不可避免的事只会造成敌意，并且使作者看起来不那么直率。
- 写信人想要强调负面消息。例如，假设你已经拒绝了一次请求，读者又写了一次，在这种情况下，就需要一个强有力的否定回答。

直接信息不一定比间接信息短。

以直接方式写的信息未必就比间接方式的信息短。两种信息都包括同样的基本信息，只是顺序不同而已。例如，城市营销俱乐部的项目组长写信邀请你在3月8日会议的午宴上演讲，但是由于你已经答应别人了，你必须拒绝。如果你和读者的关系亲密的话，你可以选择直接的方式，如下所示：

　　3月8日的时候我在墨西哥。要不是这样的话，我很乐意在城市营销俱乐部上发言。你也知道，汉多夫工业在诺加莱斯开了一家经销店。3月7—14日，我将在那里面试一些营销代表并安排销售区域。

　　不过，如果你夏季的时候还需要发言者的话，可以找我。目前为止，我在6—8月的行程安排不那么密集。

　　作为城市营销俱乐部的一名长期会员，我每个月都从午宴发言者那里学到很多东西。送上我的祝福，罗杰，祝你一切顺利。

现在假设是同一种情况，只是你不了解读者。这一次，你可以选择间接的方式，如下所示：

> 作为城市营销俱乐部的一名长期会员，我每个月都能从午宴发言者那里学到很多东西。尤其是莫尼卡·富特关于国际市场缺陷的演讲，生动有趣，令我收获颇多。
>
> 你可能在报纸上看到过，汉多夫工业在墨西哥的诺加莱斯开了一家经销店。3月7—14日，我将在那里面试一些营销代表并安排销售区域。因此，你需要另选他人作为3月8日会议的演讲者。
>
> 如果你在夏季的时候还需要发言者的话，可以找我。目前为止，我6—8月的行程安排不那么密集。

直接方式写的信息往往比间接方式写的信息要短，就是因为前者常常用于更简单的情况，不需要什么解释以及背景信息。

间接方式——缓冲坏消息 因为很多时候，传达坏消息所面临的情形与先前的情况并不相同，你会想要用间接的方式——尤其是要把坏消息传达给

- 下属。
- 客户。
- 更喜欢间接方式的读者。
- 你不了解的读者。

> 复杂的情形一般要用间接组织方式，比简单情形需要更多解释。

用间接方式写信的话，你要首先给出理由，然后再说出坏消息。这种方式强调理由，而不是坏消息本身。

例如，一个下属在收到你的信息时，希望得到一个肯定的回答。第一句话就指出坏消息，就显得太唐突了，而且在读者看到原因前，可能都会觉得你的决定很不合理。

在这种情况下，你应该以中性且相关的表述开始，这能帮助建立或者加强读者与作者之间的关系。这种表现方式就充当读者和接下来要说的坏消息之间的**缓冲**。（但是，你不能以愚弄读者的方式来缓冲这种坏消息，见第264页问题聚焦15，"15分钟能至少为你节省15%"。）

> 缓冲会减轻坏消息的影响。

能够缓冲坏消息的有效开头具备以下特征：

1. 它是中性的。作为一个有用的缓冲，开头一定不能马上就传达坏消息。另一方面，不传达坏消息，暗示着请求将被允许，因此会让读者承受巨大的失望。

   非中性的　　由于我们不提供我们微波炉的店内展示品，所以诸如帕克兄弟这样的商店能从中受益。

缓冲应该中性、相关、支持性、有趣和简短。

相关的缓冲提供了转向解释原因的平稳过渡。

| 误导性的 | 贵店庆祝十周年的特卖会能给我们促销自己的产品提供一个很好的机会。 |

2. 它是相关的。开头太偏离主题会使读者认为这封信并不是回复他/她的请求的。另外，一个不相关的开场白看起来似乎是在逃避问题。这让人听起来感觉虚假甚至是自私的。为了显示相关性并使开头个人化，第一句话可以提到读者信中的内容。一个相关的开头能顺利地过渡到接下来所要解释的原因。

| 非相关的 | 我们新的公寓型微波炉能使年轻夫妇、退休者以及学生享受微波炉的便捷。 |

3. 它是支持性的。开头的目的是为了在读者和作者之间建立一致性。如果开头是有争议性的，或者说似乎是在训斥读者，那么它就无法达到目的。

| 非支持性的 | 你必须意识到要给你们这样的周年特卖会提供店内展示品是非常昂贵的。 |

4. 它是有趣的。虽然当作缓冲的开头并不能替代引人注意的理由，但是他们要足够有趣，这样才能让读者继续读下去。因此，不要给出显而易见的信息。

| 显而易见的 | 我们已经收到了你的来信，信中希望我们为你们即将到来的十周年特卖会提供店内展示品。 |

5. 最后，它是简短的。如果读者要看很久才能知道信息的主要内容，就会失去耐心。

问题聚焦 15　　　　　　　　　　　　　　　　　　　　　　伦理

15 分钟能至少为你节省 15%

如果上面的标题看起来熟悉的话，要归功于 GEICO，一家汽车保险公司。它的吉祥物——壁虎出现在很多广告中。以下是一则典型 GEICO 广告：

一个律师在监狱里用手机打电话，旁边坐着一个穿橙色连衣裤的犯人。律师在电话里说，"好消息，那太棒了"，然后向犯人竖起了大拇指。挂断电话后，他告诉犯人，"我有一个好消息。"犯人问道，"我要出狱啦？"律师答道，"不是，但是我把汽车保险转为 GEICO 后，省了一大笔钱。"在广告的末尾，旁白说，"15 分钟能至少为你的汽车保险节省 15%。"

批判性思考

▶ 你认为这则广告有什么道德上的寓意吗？有的话，是什么？在坏消息信件中缓冲坏消息的主意怎么样？

| 过于冗长的 | 你也许还记得，我们这么多年一直为我们的微波炉提供店内展示品。我们很乐意这么做，因为我们觉得顾客需要看到我们新的褐色着色剂产生的非凡效果，这使得放入微波炉后的食物看起来就像是从一个普通的炉子里出来一样。五年前，我们停止这么做是因为……

假设一家电器店老板写信给他的一个供应商，要求供应商展示公司的产品（即使这违反了该公司的政策）。假设这个供应商出于商业原因，不得不拒绝这个请求。因为我们是写信给一个很好的客户，所以我们决定采用间接的方式。我们可以利用以下几种缓冲作为信息的开头。

缓冲类型	事 例
赞同	我们都认可像你们这样的大型周年特卖会将带来促销的可能性。
感激	感谢您告知我们你们成功地销售了我们的微波炉（不过，不要感谢读者你要拒绝的事；这种表示听起来虚假。）
赞扬	祝贺您为格林维尔社区服务了十年。
事实	去年举行周年特卖会的经销商中，四分之三报告说我们的家用产品年销售增加了6%。
一般原则	我们相信给我们的经销商提供大量帮助，有助于促销我们的产品。
好消息	我们会大力宣传我们要进行八折销售，这将增加您2月份周年特卖会上的销量。
理解	我想向您表示我们非常愿意帮助贵店在周年特卖会上取得成功。

有道德的沟通者利用缓冲的目的是以一种客观的方式，真诚地帮助读者接受令人沮丧的消息，而不是借此来操控或者混淆读者。

为你的决定寻找正当理由

也许你是通过分析所有相关信息作出负面决定的。无论你是以直接还是间接的方式开始，你都需要解释你的分析使读者相信你的决定是合理的。信息的主要部分就要关注在理由上面而不是坏消息本身。

对于常规坏信息（即那些用直接的方式写的），实事求是地将原因简单说明。但是，用间接方式写信息时，则要更加小心——因为风险往往更大。

从一开始的缓冲就要准备一个平稳过渡，并且真实地、令人信服地叙述原因。如果可能的话，解释这些理由如何给读者带来好处，或者至少，使除了自己组织以外的人受益。因此：

重点是拒绝的原因而不是拒绝本身。

第8章 坏消息信息 265

- 拒绝交换磨损了的衣服也许能使你向顾客提供质量更好的商品。
- 提高产品的价格也许会使你转向利用无污染能源进行产品生产。
- 拒绝提供公司文件的副本也许能保护顾客交易的保密性。

说明读者利益能让你的决定听起来不那么自私。然而，有些时候，同意请求并不是最符合公司利益的。在这种情况下，不要"制造"读者利益；相反地，只要给一些你所能给出的简短解释，无须多说：

> 由于这个数据对我们的竞争者具有重要的战略意义，我们将此视为机密信息。不过，关于我们整个行业的类似信息，收录在《美国制造业年度普查》里。这些统计在大部分公共场合以及大学图书馆和网络都可以得到。

告诉读者你的决定是一种商业决定，而非个人决定。让读者感觉到你认真对待他的请求，不要以公司的政策为借口。如果这个政策很明智，肯定是基于很好的理由；那么，解释这个政策的理由。

不要	根据公司政策，我们不能为您的十周年特卖提供店内展示品。
应该	根据三年前对我们经销商的一份调查，他们认为空间被店内展示品占用了，而且导致的交通问题不值得对此作出努力；他们还担心要承担允许让人在他们店里煮食的法律责任。

证明你的决定的合理理由应该占整个信息的主要部分，不过要简洁，否则你的读者可能会不耐烦。不要过度阐述一个理由，也不要提供过多背景。如果你有多个理由拒绝一个请求，将最有说服力的放在首位——这样它们才能引起最多的重视。

不要提及任何没有说服力的理由。如果读者认为自己完全能够反驳你的其中一个理由，你就可能给读者带来虚幻的期待，并将招致一些不必要的通信。

说出坏消息

坏消息通常是通过直接方式的书面信息传达的。即使在间接方式的书面信息中，如果你在解释理由方面已经令人信服了，那么提到坏消息时，不会让人惊讶，作出的决定听起来也具有逻辑性和合理性——让人觉得

奥伯问答

亲爱的奥伯博士：

我现在在罗克维尔监狱中自学大学课程。不过我有一个问题想请教您，就是键盘上的反斜线键上面的那个符号是什么意思？因为我无法上网查询，希望您能够给予帮助。

——玛丽莲

亲爱的玛丽莲：

虽然之前没有读者提出这样的问题，不过我还是很乐意回答。反斜线键上面的那个符号是竖线符号。该符号常用于计算机编程，也用于数学和逻辑推理。

——斯科特

给作者写信，邮箱为askober@comcast.net。

在这种情况下，这确实是所能作出的唯一具有逻辑性和合理性的决定了。

要保持住读者的好感，用积极或者中性的语言说出坏消息，强调你所能做的事，而不是你不能做的事。例如，不要用"不能"、"无法"、"不可能"、"不幸的是"、"抱歉"以及"必须拒绝"这样的话语。将坏消息置于一段话的中间，并且在同一句话中（或者在紧接下来的一句话中）说明理由：

> 考虑到经销商的顾虑，我们取消了店内展示，并且现在只在平面媒体上做广告。这样做使得我们开始在每一个主要的星期日报纸上做两个版面的宣传，包括您当地的报纸。

在使用间接的方式时，用客观的表达方式说出坏消息，避免使用"你"和"你的"。这样做的目的是为了使读者与坏消息保持距离，不会让读者觉得是个人受到了拒绝。不要使用"但是"和"然而"来引出坏消息，因为大部分的读者不会记得"但是"前面的内容——只记得"但是"之后的内容。

不要为自己的决定道歉。你可以合理地假设，假如读者面临同样的选择，手上是同样的信息，他们也会作出类似的决定。没有理由为一个合理的商业决定道歉。

在一些情况下，可以以暗示的方式拒绝，这样就不需要直接拒绝。但是不要回避。如果你认为正面的拒绝会引起误会，那么就直接说明。但是，即使在这些情况下，你也要客观地表达，并且要包含读者利益。

坏消息在说出前读者应该能够猜到。

你不必为作出合理的商业决定而道歉。

以愉快的话语结尾

任何拒绝，即使处理得再巧妙，都会有消极的意义。因此，你需要以更加愉快的话语结束你的信息。避免使用以下表达：

要避免的问题	例 子
道歉	再次抱歉，我们还是不能答应这个请求。
预见问题	如果您遇到任何问题的话，请直接写信给我。
引来不必要的沟通	如果您有任何问题的话，请告诉我。
再一次提及坏消息	虽然我们无法提供店内展示品，但是我们真诚地希望您能在十周年特卖上取得成功。
重复陈词滥调	如果以后需要我们帮忙的话，请随时联系我们。
揭露疑问	我相信您现在能够理解为什么我们作出这个决定。
听起来自私	不要忘了在您的周年特卖会上为"金色"微波炉大力宣传。

不要在结尾提到坏消息。

利用以下技巧，使你的结尾原创、友好和积极。不要再一次提及坏消息。

技　巧	例　子
美好祝愿	祝愿您的十周年特卖获得成功。我们和帕克兄弟有着十年的合作史，希望将来能够继续为你们服务。
反提议	为了扩大您的十周年特卖会的宣传，我们很乐意在2月8日《格林维尔通讯》广告上增加2乘以6英寸的特别通知。您只要在1月26日前将照片发给我们即可。
其他渠道的帮助	南卡罗莱纳的一位经销商在他的微波炉销售期间，从利用店内展示品转而利用不停播放录影。他使用了十分钟的电影《晚餐二十分钟吃披萨》（可以花45美元从微波炉研究机构得到），顾客反响热烈。
转售或者巧妙的促销	可以保证我们在一月份介绍的新型"金色"迷你微波炉会在您的周年特卖上吸引大量的顾客。

要使信息听起来真诚又有帮助，信息的结尾要是原创的。如果你提供反建议或者其他渠道的帮助，那么你要提供所有必要的信息。如果你在信中提到促销，促销方法要巧妙，并且要针对读者。

以积极、交好和有用的话结尾。

总之，读者从你那得到的最后消息必须是积极、友好以及有帮助性的。第269页的检查表10总结了写坏消息信件的准则。

"我们公司在上个季度亏损了900万美元。你的工作是使这看起来对我们来说是发生的最好的事情。"

8.2 坏消息答复

无论信息写得多么有说服力，由于读者不了解情况，可能需要作出否定的答复。你组织的利益（以及你自己的）可能就依赖于你写信的技巧——拒绝读者的请求但仍然留住他的好感。

否定一个想法

写一个拒绝别人的想法或建议的坏消息非常具有挑战性。要站在提出建议者的角度考虑。很可能他花了大量工夫来想这个主意，研究它的可行性，也许还做了些研究，当然还写了一封说服性的原创信息。

沟通目标2

✓ 检查表 10　　　　　　　　　　　　　　　　坏消息信息

如何开头

- ☑ 直接的方式——当坏消息微不足道、读者喜欢直接的方式（如你的上司）、读者预料得到否定答复或者作者想要强调坏消息时，用直接的写作方式。在第一段说出坏消息的同时，简短地解释。
- ☑ 间接的方式——写信给下属、客户、喜欢间接方式的读者或者你不了解的读者时，使用间接的方式写信息。信息的开头要有缓冲，遵循以下原则：
  - 写信的目的是要与读者达成共识。
  - 开头要是中性、相关、支持性、有趣和简短的。
  - 考虑表示赞同、感激、赞扬、提出事实或一般原则、传递好消息或表示理解。
  - 在缓冲和理由之间要有平稳的过渡。

为你的决定寻找正当理由

- ☑ 可能的话，说出那些使他人而不是使自己受益的原因。
- ☑ 以积极的语言阐述理由。
- ☑ 不要依赖于"公司政策"，而是解释政策后面的原因。
- ☑ 间接阐述理由，避免使读者厌烦。不要过多阐述。
- ☑ 首先说明最主要的理由，不要提出没有说服力的理由。

说出坏消息

- ☑ 如果选择间接方式的话，将坏消息放在一段话的中间，还要说明原因。
- ☑ 使坏消息成为给出的原因的合理结果。
- ☑ 用积极、客观的语言表述坏消息，不要使用诸如"不能"和"你们"这样的词语。
- ☑ 不要道歉。
- ☑ 明确提出拒绝——如果适合的话，可以暗示；否则的话，直接说明。

以积极的话语结尾

- ☑ 你的末尾要是原创、友好、远离坏消息和积极的。
- ☑ 可以表达你的祝愿、提供反提议、建议其他渠道的帮助、转售或者巧妙地促销。
- ☐ 不要预见问题、道歉、招致不必要的沟通、提及坏消息、重复陈词滥调、解释疑问或者听起来自私。

例如，想想第7章的范例8中的那个说服性信息（见第230页）。在信息中，詹森·彼得森试图说服埃利奥特·兰伯恩让最近的停车场只停福特汽车。彼得森当然以为自己的想法具有优点。他让员工清点停车场内的非福特车，估算作出改变要花的成本，并且联系工会代表以获得工会的认同。最后，他将所有的信息写成一个有效的信息。

在投入了大量的时间和精力后，彼得森很可能强烈感觉他的建议是有效的，并且兰伯恩很可能会批准。如果——或者说在这个案例中——他的建议被拒绝，彼得森就会感到惊讶和失望。

因为兰伯恩是彼得森的上司，所以，他实际上能够以直接方式写信给彼得森，"我已经考虑过你的建议了，不过我必须否决这个建议。"但是因为彼得森很聪明，也具有进取心，兰伯恩不想挫败他的积极性。就像所有坏消息的答复一样，在这个案例中，兰伯恩有两个主要目标，一是拒绝建议，而是保住彼得森的好感。

要实现这两个目标，兰伯恩要做一些思想工作。他必须跟彼得森说明拒绝的理由，而这些理由是彼得森没有意识到的。他也必须表现出他已经认真地考虑过彼得森的建议，并且这个拒绝是基于商业考虑，而非出于个人原因。

考虑到彼得森在这个项目上投入的大量精力，兰伯恩以间接的方式回复最为有效。这种方式能让兰伯恩逐渐说服彼得森，让他认同自己的建议不是最符合公司利益的。

兰伯恩拒绝彼得森建议的信件如第272页范例12所示。虽然我们称之为坏消息信息，但实际上，它也是说服性信息。就像所有的坏消息一样，该备忘录试图说服读者，作者的观点是合理的。

拒绝一次帮助

沟通目标3

人们经常无意识地请求帮助或者给予帮助。在公司里提供日常帮助体现了一种合作的精神和广泛存在的互惠精神——我们意识到我们今天帮助的人在下个礼拜就可能变成帮助我们的人。但是，有的时候，出于商业或个人的原因，我们不能帮助别人，必须拒绝一次邀请或者帮助的请求。

拒绝帮助的信息类型依赖于特定环境。有时，某人请求帮一个"大忙"——可能需要大量的时间或资源。在这种情况下，这个人就可能写一封考虑周全、合理的信来说服你，让你提供帮助。如果你不得不拒绝这样一个大请求，你应该根据之前给出的指导准则予以间接拒绝。

不过，大多数要求提供帮助的请求都是常规性的，那么应该用常规答复回复一个常规性的请求——也就是说，用直接方式答复。一个同事希望你代表她去参加一个会议或者一个商业协会邀请你去午餐，在这些情况下，即使你拒绝了，他们也不会太失望。写信的人或许在写请求的时候就没有花太多的精力；

他想从你这得到的只是肯定或者否定的答案。

在这种情况下,你在第一段就要提出拒绝,不过不要唐突冷漠。你要表现出礼貌,这要求你在某种程度缓冲坏消息,并且至少为你的拒绝给出简短合理的解释。虽然拒绝本身可能不会失去读者的好感,但是写得不好的信却会!第273页范例13中的电子邮件用直接的方式拒绝了在公司委员会任职的请求。

> 拒绝常规请求的时候,在第一段就提出拒绝。

假设想了一会后,彼得·盖茨决定他最好还是以间接的方式写邮件(范例13),在拒绝前写明原因。他开头的缓冲可能如下:

> 和你一样,我相信我们的执行官驻扎计划对犹他州以及参与的执行官都是有益的。

拒绝一项索赔

拒绝一个索赔要求时,往往都是使用间接的方式,因为在这种情况下,读者(一个不满意的顾客)的情绪会受到影响。顾客已经对产品不能达到自己的期望感到失望了。

> 沟通目标 4

如果你马上就拒绝这个要求,你就可能失去顾客的好感。同时,正如前面提到的,每一个不满意的顾客都会将这次糟糕的经历告诉周围的九到十个人,然后这些人又会告诉另外的四到五个人。显然,你想要避免这种情况带来的不良影响。

在拒绝时,语气必须要显示出你对顾客的尊重和考虑——即使顾客是错的。要使读者不受到拒绝的影响,开头要用缓冲,使用之前提到过的技巧(例如,表示理解):

> 像您这样经常旅行的乘客需要经得起使用的箱子——在正常使用下能够使用多年的箱子。

当你解释拒绝要求的原因时,不要指责读者或者对读者说教。但同时,如果顾客是错的,不要表现出自己为这一问题负责。用客观、中性的语言解释为什么拒绝这一要求。

> 用客观、中性的语言解释拒绝的原因。

不 要 您的箱子把手掉落的原因是因为您装了过多的东西。箱子上的标签明确表示这个箱子只用来装不超过40磅的衣物。但是,我们的技术人员发现您在箱子里至少放了65磅的物件。

应 该 在收到您的箱子后,我们将其送交到了检验部门。我们的技术人员在皮革上发现了拉伸的痕迹,以及一根磨损了的尼龙线。他们认为这些磨损是由于箱子里装载了超过40磅的物件,箱子上的标签明确表示装载不超过40磅。这样的使用不在我们所说的"正常使用"的范围内。

第 8 章 坏消息信息 271

范例 12

坏消息回复——否定一个想法

该备忘录回应了范例 8（见 230 页）中的说服性请求。

标题使用中性的语言。

以支持性缓冲开始；第二句平稳地向解释原因过渡。

开始讨论原因。

在该段最后一句拒绝，使用的是积极和客观的语言。

以展望、非该话题的话语结尾。

NEWTON Electrical Systems

1034 York Road
Baltimore, MD 21204
Phone: 301.555.1086
Fax: 301.555.3926
www.nes.com

Serving the automotive industry for more than 50 years

备忘给：詹森·J·彼得森，营销总监
来　自：埃利奥特·兰伯恩，副总裁
日　期：20xx 年 4 月 15 日
主　题：停车场建议

　　在你 4 月 3 日的备忘录中，启发了我考虑员工们的停车习惯。我原先并不知道我们的员工开的汽车种类有这么多。

　　外国制造的汽车日益受欢迎，使得管理层意识到我们要利用这个市场。威瑞德总裁下达了一项任务，研究如何将公司的电子系统推向亚洲的汽车制造商，包括福特公司。

　　我们成功进军国际市场意味着我们员工开的外国制造的汽车会由纽顿提供零部件，因此，继续让这些车停在我们所有的停车场对公司有利。

❶　你的信让我想到，詹森，我们可能错失向各公司总部参观的人推销产品的机会。请你想一个能够显示我们员工支持公司所销售产品的有意识的行动。希望在 5 月 3 日，我能收到关于你的想法的备
❷　忘录，这样我就可以将这个计划包含在明年的营销活动中。

语法和结构说明

❶ 想到，詹森，我们：称呼语（詹森）名词前后用逗号。
❷ 明年的（year's）：（在英语中）用单引号加 s 来形成单数名词（year）的所有格。

范例 13

坏消息答复——拒绝一次帮助

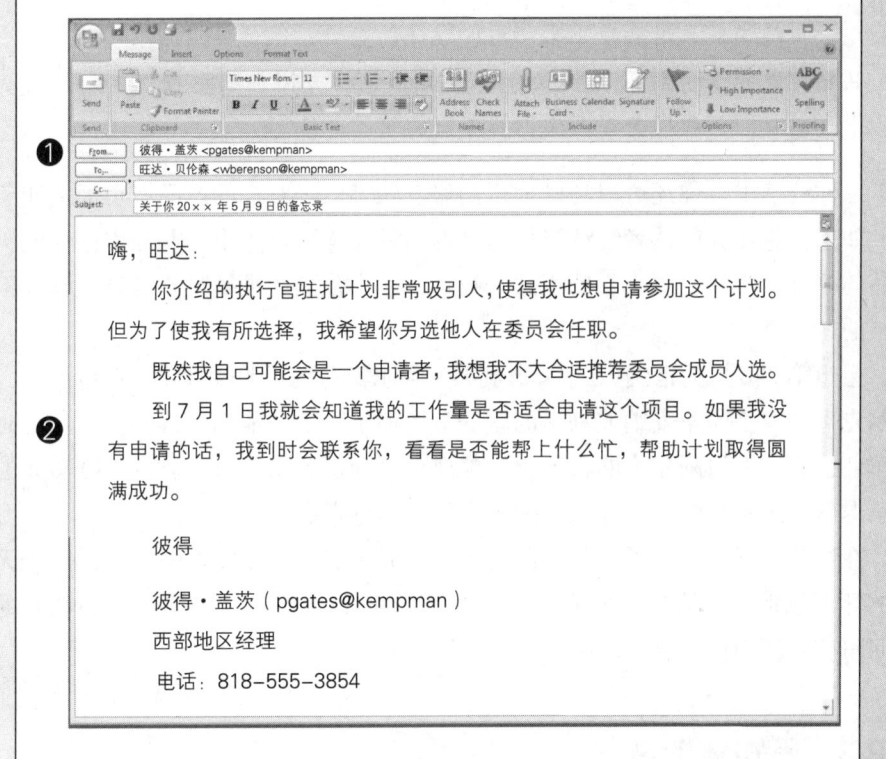

发件人： 彼得·盖茨 <pgates@kempman>
收件人： 旺达·贝伦森 <wberenson@kempman>
主题： 关于你20××年5月9日的备忘录

嗨，旺达：

你介绍的执行官驻扎计划非常吸引人，使得我也想申请参加这个计划。但为了使我有所选择，我希望你另选他人在委员会任职。

既然我自己可能会是一个申请者，我想我不大合适推荐委员会成员人选。

到7月1日我就会知道我的工作量是否适合申请这个项目。如果我没有申请的话，我到时会联系你，看看是否能帮上什么忙，帮助计划取得圆满成功。

彼得

彼得·盖茨（pgates@kempman）
西部地区经理
电话：818-555-3854

---

❶ 给出原因，后面跟着拒绝。

❷ 提供更多细节。

以帮助的语气结尾。

语法和结构说明

❶ 绝大多数电子邮件软件会自动插入发件人：最上面一栏。
❷ 7月1日：不完整的日期后不要用逗号。

注意在第二个例子中，在说出坏消息时，完全不用第二人称代词"您"。通过使用第三人称代词，这个例子避免直接指责用户不恰当使用产品。实际的拒绝在最后一句话中，使用了中性的语言。

和其他坏消息信息一样，以友好、展望的话结尾。如果你能作出让步，就会消除拒绝带来的痛苦，并让顾客感觉你是合理的。同时，这也帮助顾客留住了面子。不过要注意，你的让步不要让人觉得你要负责。作出让步要么在信的结尾前，要么就是结尾的一部分。

> 作出让步，不管多小，都有助于留住读者的好感。

> 虽然我们只退换在正常使用时毁坏的箱子，但是我们的维修部可以更换受损的把手。我们将收取 38.5 美元，包括寄回去的运费。如果您将费用寄给我们，我们会在四周内将修好的箱子寄给您。

在你的信中，你还可以巧妙地再销售。顾客已经对你的产品有负面的印象了。如果你想让你的读者继续当你的顾客，首先你可以重申一些吸引他们购买产品的好处。不过，要小心使用这个技巧，一个强烈的推销可能会惹恼已经不高兴的客户。

想想第 236 页的范例 10 中，奥利弗·阿尔宾写的说服性请求。在范例中，阿尔先生一家去印第安纳波利斯的航班被取消了，于是他们不得不开六个小时的车前往，这使得阿尔宾非常恼火。他要求对他那五张不可退款的 980 美元的机票退款。进一步的调查发现，阿尔宾先生不够直率。

在这些情况下，公司该如何回复阿尔宾先生呢？第 275 页图 8-1 是一个无效的坏消息信息，第 276 页范例 14 对图 8-1 进行了修改，显示了之前谈到的如何写有效坏消息信息的准则。

8.3 通知坏消息

沟通目标 5

前一部分，我们讨论了写负面回复的策略。但是往往我们要呈现的坏消息包含了一种新的情况；也就是说，它并没有回答另一个信息。并且这些消息的读者往往是非常广泛的，例如，当你宣布价格上涨或者新的法律法规时。这样的通知要么是内部的（对员工宣布），要么是外部的（告知顾客、新闻媒体以及股东，等等）。

与其他的坏消息信息一样，你必须决定使用直接或者间接的写信方式。你要考虑到坏消息对接收者以及你与接收者关系的影响。

关于正常运作的坏消息

假设管理层决定某款帐篷的价格需要上调 10%，你需要将上调的价格告知你的订单部门，你的批发商，最后，告知一个重要的零售客户。

要将价格变化告知订单部门（非常常见），你很可能用直接的方式写一封如下的信件或者电子邮件：

坏消息通知不是对请求的回复。

从3月1日起，我们的帐篷（货号R-885）价格从148.99美元上调至164.99美元，提高10%。无论什么时候运货，邮戳在3月1日之前的订单按之前的价格收费。

新的价格会显示在我们的春季目录里，通知也会马上发给我们的批发商。如果你收到的订单的邮戳是在3月1日之后，但是显示的是原来的价格，请在运货前告知批发商。

这条信息表示，价格上涨对订单部门没有太大的负面影响。因此，用直接的方式告知这条信息——在第一句话中——接着是详细信息。因为收到信函的人，就个人而言，不会对这条消息感到失望，所以你不需要解释价格上涨的原因。

如果读者不会感到失望，直接提出坏消息。

但是，你也需要通知你的批发商价格上涨了。他们会如何反应？他们个人也许不会失望，因为价格上涨就商业而言是常见的，因此并不让人惊讶；因此，可以用直接的方式组织信息。但是，批发商确实可以选择去哪儿买帐篷重新销

20××年6月27日

奥利弗·J·阿尔宾先生
汤普森街518号
密歇根州萨基诺市，邮编48607

亲爱的阿尔宾先生

　　主题：拒绝您20××年6月18日的索赔

使用了负面主题。

　　虽然我们很抱歉北方航空给您带来的不便，但是恐怕我们无法退还您的钱。请让我解释原因。

以道歉开始，首先给出坏消息，使用了个人化语言。

　　由于天气原因，原定于晚上8点起飞的126次航班于晚上7点的时候取消了。如果您和您的家人按照要求在登机区等待的话，您就可以预定3321次航班了，这个航班只比您预定的航班晚75分钟到达印第安纳波利斯。根据公司政策，我们不能因为恶劣天气向取消的航班退还机票费用。

指责的语气；以政策为依据却不解释政策的原因。

　　虽然很抱歉这一次我们不能退还您的钱，阿尔宾先生，我希望如果以后您的旅行目的地是北方航空服务的200个城市之一，您会选择我们。如果有任何问题，请联系我们。

再次道歉（因此强调了负面信息），在推销中显得不真诚，并以陈词滥调结尾。

　　诚挚地

　　Madelyn Masarani

　　梅德林·马萨拉尼
　　服务代表

图8-1
一个无效的坏消息信息

第8章 坏消息信息　275

范例 14

坏消息答复——拒绝一次索赔

这封信是对第 236 页范例 10 中说服性索赔的回复。

使用了中性主题。

以赞同和相关性的话语开篇。

开始解释；以客观的语言拒绝。

以帮助的话结尾；假设读者会继续选择北方航空。

NORTHERN AIRLINES

20×× 年 6 月 27 日

奥利弗·J·阿尔宾先生
汤普森街 518 号
密歇根州萨基诺市，邮编 48607

❶ 亲爱的阿尔宾先生

　　主题：关于 126 次航班的进一步信息

　　如果我们的顾客在长途旅行时，不得不开车而不是乘坐北方航空，我们并没有赚钱。当这种事情发生时，我们就要找出原因。

　　由于天气原因，原定于晚上 8 点起飞的 126 次航班不得不取消了。我们要求客户留在登机区。那些这样做的旅客重新预定了 3321 次航班，这趟航班于晚上 9:15 分起飞，只比原先的航班迟了 75 分钟。在这种情况下，我们能够拒绝对任何不可退款的机票退款。

　　因为您经常乘坐飞机，我已经让我的部门将您列入我们的邮寄名单，这样您可以免费获得我们的航班时刻表。信封内有目前的航班时刻表。从现在起，您能够准确知道每一个北方航空的航班起飞和降落时间了。

　　诚挚地
　　Madelyn Masarani
　　梅德林·马萨拉尼
　　服务代表

❷　附件

BOX 6001, DENVER, CO 80240 • (303) 555-3990 • FAX (303) 555-3992

语法和结构说明

❶ 使用开放式标点符号时称呼和信尾问候语后不加标点。
❷ 标示附件，提醒收信者查看附件中的资料。

276　商务沟通

售，因此，你必须为价格上涨提供正当的理由。

> 由于南非原材料产地的持续罢工，我们不得不在其他地方以更高的价格购买用于生产帐篷的铬。因此，从3月1日起，我们生产的帐篷（货号R-885）价格将从148.99美元上调至164.99美元。
>
> 尽管如此，出于友好，我们对邮戳在3月1日以前的订单以原先的价格收费。您可以写信或者打我们的免费热线（800-555-9843）进行订货。

可能需要先提出原因——即使是直接写作的方式。

注意该坏消息是如何减轻影响的：（1）首先陈述理由——一个显然在你控制之外的理由；（2）在3月1日前，以原先的价格出售你的产品；（3）在最后一段重售。

最后，关于价格上涨，你需要写第三封邮件。在过去的两年里，你与背包和露营协会有一份独家营销协议。它在每一期《行业新闻》（该协会的季度杂志）上都会推销你的帐篷，你不需要任何花费，只需要以批发价148.99美元卖给它的会员（不是零售价格，零售价会高出30%）。

背包和露营协会选择你的帐篷的原因是由于它良好的质量以及诱人的价格。你想要确保价格上涨不会影响到你们之间的关系，因此，你需要用间接的方式写信。在信中，你要强调价格上涨的原因，而不是结果。

> 您在每一期《行业新闻》上都重点介绍了我们的帐篷。我们的帐篷受到欢迎的部分原因是因为我们只使用铬材料作为骨架。虽然重量相同，但是铬的硬度是铝的两倍。
>
> 由于南非原材料产地的持续罢工，我们面临两种选择，要么转而使用铝材料，要么以更高的价格在别处购买所需的铬材料。为保证质量，我们选择继续使用铬材料。这个决定使得我们的帐篷（货号R-885）的价格从148.99美元上调至164.99美元。
>
> 在春季发行的《行业新闻》上应将我们帐篷的价格改为新价格。由于春季刊物往往在二月份的最后一个礼拜发行，任何邮戳在3月1日前的订单按照原先的价格收费，即148.99美元。
>
> 我们很荣幸能为背包和露营协会的成员服务，祝愿您的组织在新的一年里一如既往地给美国的背包客和露营者提供这样有价值的服务。

还有一种情况需要用间接的表达方式，即公司的政策变化会对员工产生负面影响。保住员工的好感和保住顾客的好感一样重要。员工对于一项新政策的接受，不仅依赖于实行政策的原因，还依赖于这些原因是如何表述的。第279页的范例15就是这样的例子。

如果要让读者信服你的决定的合理性，使用间接方式。

在处理与读者个人利益相关的问题时，不要急于说出你的决定。要提供必要的解释，让读者相信你并不是匆忙作出决定的，你已经考虑到所有选择，并

彻底解释你的决定的原因。

第8章 坏消息信息 277

当宝洁公司的总裁雷富礼在 2005 年用 570 亿美元收购吉列公司时，媒体对此并不看好。宝洁公司不得不花费巨大精力处理很多负面报道。今天，宝洁公司的产品涵盖面大，从宠物食物到拖把等，公司正欣欣向荣。

且将读者的利益考虑在内。

注意范例 15 中语言的使用。当提到保险项目不变时（第三段），大量使用你和你们。当提到废除一项项目时（第四段），使用了客观的语言。这样做的目的是将读者与好消息联系起来，与坏消息分开。这样巧妙地使用语言并不会操控读者；而是利用良好的人际关系使读者理解并认可作者的立场。

关于公司的坏消息

如果你的公司正面临一些严重的问题，你的员工、顾客以及股东应该从你这儿得到消息——而不是从报纸或者小道消息得知。对于一些引起广泛关注的极其严重的问题（例如，产品召回、营业亏损或者法律问题），公司的公关部门就需要发布信息。（也有可能不发布——见第 280 页的问题聚焦 16，"斯特恩跳槽到天狼星"。）

显示该情形引起了公司高层的关注。

通常情况下，某种类型的沟通是必要的。例如，召回产品时，必须通知产品的拥有者；如果即将发生的罢工会影响送货日期，必须通知顾客；如果工厂倒闭或者进行裁员，必须通知员工。为了显示这些情况得到了公司高层的关注，往往由高层官员发出这类信息。

如果你所写的情况具有新闻价值，要考虑到信息会传到记者手里。因此，不仅要确保整封信的语调是适当的，同时也要保证在脱离语境的情况下，信中的每一句话都不会被误解。

在你的信息中，要小心措词。总体说来，避免使用具有负面意义的词，强

范例 15

一般坏消息通知

发给：布罗克巴斯特公司所有员工
来自：玛丽·路易斯·利特尔，副总裁
日期：20xx 年 7 月 8 日
❶ 回复：保险范围的变化

❷   感谢大家的努力，总裁亚当斯会通知销售额截止到 6 月 30 日为止增长了 13%。七个部门中，有六个达到或者超过了他们今年的份额，很好地展现了布罗克巴斯特的精神。

  虽然我们的销售额增长了 13%，但是我们的支出也增长了很多。额外福利，尤其是保险，是最大的因素。去年，医疗保险费用增长了 23%，在过去的三年里增加了 58%。

  为了继续给公司员工及其家属提供所需的保险，也为了控制成本，我们分析了每一种福利的使用和成本。去年，有 89% 的员工使用了健康保险。显然，这个福利对你们很重要，因此对我们也很重要。并且，虽然只有 6% 的员工用了医疗保险，但是让员工不用付高昂的医疗费用也是我们关心的头等大事。

  另一方面，只有 9% 的员工用了牙科保险，而牙科保险占了保险费的 19%。我们相信这部分资金能够更好地用来给所有员工支付日益攀升的医疗费用。因此，从 1 月 1 日起，保险项目只包含健康保险和主要的医疗保险。在 12 月 31 日前，所有的牙科保险费用均可报销。

❸   7 月 28 日下午 2 点到 3 点，福利办公室会召开公开论坛，征集你们对员工福利各个方面的意见。你们的参与能让我们更好地为员工及家属提供服务。

使用了中性主题。

以赞扬开始。

平稳地转向解释；使用数据增加可信度。

以全体员工的整体福利作为读者利益；在坏消息前先说好消息。

暗示公平性需要改变；将坏消息放在长段的中间来淡化它。

以讨论一个不同但相关的话题结尾。

语法和结构说明
❶ 在备忘录的抬头，你可能会用"回复"来代替"主题"。
❷ 总裁亚当斯（President Adams）：（英语中）名字前的头衔首字母大写。
❸ 下午 3 点（3 p.m.）：用数字表示时间；使用小写缩写 p.m.，中间不要空格。

问题聚焦 16　　　　　　　　　　　　　　　　　　　　技术

斯特恩跳槽到天狼星

假如你是一家广播公司的行政总裁，而公司里全美最好的电台主持人转向了数字卫星广播，你将如何向外界宣布这个消息？这就是霍华德·斯特恩，也以 Shock Jock 闻名（Shock Jock 在美国俚语中指故意以夸张、粗俗的语言使听众惊奇的广播节目主持人），他刚和天狼星卫星广播公司签订了五年5亿美元的合约。

你可以像无限广播公司那样（现在称为哥伦比亚广播公司），简单地忽略这条新闻。根据它的官方网站（www.cbsradio.com），从2004年10月合约签订，到2005年12月斯特恩离开广播电台期间（他2006年1月在天狼星开始新节目），无限广播公司发布了53份新闻稿。而在这53份新闻稿中，只有一份提到了霍华德·斯特恩，而且还是在斯特恩离开一年后播报的。

据估计，斯特恩约有1,200万听众，并且他的早晨播报每年能带来1.75亿美元的收入。这个节目已经开办20年了。这位自称的"媒体之王"在2005年《福布斯》公布的100位最有影响的名人里位居第27位，与2004年相比，下降了四位。

美国联邦通讯委员会认为斯特恩不着边际的评论散布粗鄙的言论，违反了规定。他已经总共被罚了250万美元。斯特恩并没有作出道歉。

2005年12月，他在纽约对几千人说："我们违反了广播和人类的每一条规则，我感到很自豪。"像它的竞争对手XM卫星广播公司一样，天狼星不受美国联邦通讯委员会的管辖。目前，它向用户每月收取13美元的费用。

无限广播公司的总裁乔尔·霍兰德对这个改变持积极态度，他认为一些不喜欢斯特恩的广告商——例如美国运通和梅赛德斯－奔驰公司——可能会和无限广播公司的新脱口秀节目合作。

批判性思考

▶ 假如在斯特恩跳槽时，你是无限广播公司的总裁，那么，你会如何宣布这一消息呢？

调那些积极意义的词。有效的沟通策略能够帮助你控制信息中的重要部分、次要部分以及语调。否则的话，一些新闻报道就有可能对你的信息断章取义。例如，以下某个公司总裁信中的一句话，就被新闻报道误解了：

总裁的原话　　　和这个地区的其他公司不同，我们坚决不允许在居民区进行挖掘。事实上，我们所有的挖掘地点都至少离铺平的道路2英里远，并且会用10英尺的指示牌明显标记。因为这些地点比较偏远，所以我们公司不需要在这些地点围上护栏。

个人资料（请务必完整填写并回传）

姓名 _____ □先生/□女士

Email _____ 生日_____年___月___日

固定电话 _____-_____ 手机 _____

单位 _____ 职业 _____

地址 _____

_____

QQ/MSN _____ 邮编 _____

读者调查表

您从哪本书得到这张卡片的? _____

您从哪里购得本书的? _____

您的阅读方向? _____

_____

_____

您还希望我们出版或引进哪类书? _____

_____

_____

您的意见或建议? _____

_____

_____

如何加入后浪读书俱乐部?

① 拨打热线010-64072833-824，向客服人员登记您的信息。

② 发短信至13911401220，我们将回电登记您的信息。

③ 将此信息登记表传真至：010-64018116

④ 登陆网站：www.hinabook.com，点击右上角"注册"，填写会员信息登记表。

⑤ 邮寄至：北京市东城区朝阳门内大街137号 世界图书出版公司北京公司 后浪出版咨询（北京）有限责任公司 邮编：100010

欢迎加入后浪读书俱乐部 www.hinabook.com

- 加入我们,可以得到定期的新书信息、电子读书报、活动信息、后浪小礼物、购书优惠券、作者签名书籍和海报、毛边书等等。

- 俱乐部将从每月新增会员中抽取 3 名赠送当月最新出版的书籍一本。

- 会员书评投稿如获纸媒发表将有机会获得后浪新书 1 本。

- 欢迎登陆 http://www.hinabook.com 和 www.pmovie.com 了解更多活动信息。

*本活动最终解释权归后浪出版咨询(北京)有限责任公司所有

新闻报道　　虽然其他挖掘公司在他们的挖掘地点围起 8 英尺高的护栏，欧文斯－俄亥俄公司的总裁罗伯特·利奇在昨天写给股东的信中说道，"我们公司不需要在这些地点围上护栏。"

总裁的声明中最后一句话如果使用更加积极、客观的语气表达，沟通会更加有效。

表达方式要避免让人误解。

　　在这些偏远的地点不需要围上护栏，事实上，围上护栏反而会带来安全隐患。例如……

如果读者已经从其他渠道得_____式。为了体现你的坦诚和乐于助人，你要迅_____的信息帮助读者了解情况。例如：

　　当你今天早上走进这座_____晚这里发生了盗窃。这封信一方面是让_____是要简单说明为了保证员工在夜晚工作

如果读者是第一次听到该消_____开头要有缓冲，强调这种情况最为积极的方_____止这类事故的发生所要采取的措施）。

　　我们数据录入和物业部_____出了重要贡献，他们的安全和健康对我_____和你们讨论一下我们将要采取的一些措

范例 16 是一封信，提醒顾_____。在信中，通过显示对游行者的尊重态度和_____出坏消息时不至于引起过多紧张。并且，每_____，这本身就让人放心。

范例 16 还显示了写坏消息_____得不为你个人并不赞同的观点辩解。你的反_____不明智），或者是哲理性的（我们不应该销售_____显然比沟通还要深远。如果你的观点和公_____你可能需要跳槽到一家与你的观点更为一致的_____你就要对公司的任何法律或者道德上的决定进行无条件辩解。

作为管理团队的一员，你有时候需要支持你个人并不同意的决定。

第 8 章　坏消息信息　281

范例 16

坏消息通知——私人信件

来自总裁的私人信件引起了必要关注。

以促销作为开头缓冲。

以合理和公允的方式展示公司好的一面。

客观和不带情绪地对待游行消息（坏消息）。

以再次促销和读者利益结尾。

PACIFIC LABORATORIES　　A LIFE–LABS COMPANY

❶ 20××年11月8日

米歇尔·洛夫蒂斯女士
企划部
Crosslanes 药店
乐纯大道 1842 号
加利福尼亚州埃尔托罗市，邮编 92630

亲爱的洛夫蒂斯女士：

　　12月5日下午3点，太平洋实验室将在公园酒店发布在控制生育方面的重要进展，这将为 Crosslanes 药店提供巨大的商机。我很高兴届时您能参加。

　　和其他的科学突破一样，我们的新产品引起了媒体的广泛关注。已经有12家报纸和电视台希望报道这个事件。我们欢迎媒体的报道❷并且相信这样能够使消费者放心购买。

　　所以在那天，我们不会在公园酒店外采取任何措施阻止任何的游行。可能一些团体会进行游行抗议，分发传单。只要他们采取和平的方式，他们完全可以这么做。我们也有权利举办会议，不受任❸何干扰，到时现场会有很多工作人员确保一切顺利地运行。我们希望您能带邀请函原件（或者这封信）来确定身份。

　　我们期待展示我们的员工五年研究的成果。这个产品安全可靠、价格合理，相信会在您的药店里大卖的。

　　　　　　　　　　　真诚地，

　　　　　　　　　　　Stephen Lynch
　　　　　　　　　　　斯蒂芬·林奇，总裁

924 Ninth Street, Santa Monica, CA 90403 • (415) 555-2389

语法和结构说明

❶ 在使用改进风格的信件中，日期和信尾从中间点开始。
❷ 报道并且：在连接词（并且）前不要插入逗号，因为后面不是独立从句。
❸ 顺利地运行：用副词而不是形容词来修饰动词。

3P 行动：
一则坏消息信息

■ 问题

■ 过程

■ 成果

■ 问题

你是通用磨坊的一名设施经理。你的公司刚在一个 5 英亩的场地上建造了新的行政大楼，你已经将另外 4 英亩的土地布置好了，有人行道、喷泉和池塘，供员工在午餐、工作前后欣赏。你的这个像校园的地点就坐落在城市的边缘。

琼·布拉德利是你们市的市长，她正进行重新竞选。她写信给你，希望在 7 月 7 日晚上 8 点到 12 点期间，在你的场所举行竞选募集。预计有 150 个重要贡献者参加。她的连任委员会会负责所有的餐饮、安全以及清洁。

出于各种原因，你不想参与这件事。写信给市长并拒绝她的请求。

■ 过程

1. 描述你的主要读者。
   - 非常重要的人物（不想得罪她）
   - 政治意见和我相反
   - 她有输掉这次竞选的可能性（不想表现出支持一个输家）

2. 描述你的次要读者。
   - 有 150 个重要的贡献者（对于我的拒绝他们会有怎样的反应）
   - 其他的候选人（不想得罪任何可能成为下任市长的人）

3. 头脑风暴：列出所有你能想到的拒绝理由。然后，在你想出几个理由后，判断哪一个是最有效的，在那个理由下面划线。
   - 这个城市的其他地方更适合举办这件事
   - 要对其他候选人提供同样的帮助
   - <u>可能危害到草坪、植物以及动物</u>
   - 公司政策规定仅限内部使用

4. 撰写作为缓冲的开头——中性、相关性、支持性、有趣以及简洁。
   感谢您对我们场地的评价。我们的员工已经创造了一种适合在中西部不常见到的动植物生存的环境。

5. 现在提出拒绝。写出你的拒绝——要用积极、服从、非自私的语言。

为了保护这个脆弱的环境，我们规定这些场地仅供公司员工使用。

6. 信的结尾要是原创的、友好的、积极的，并且不要提及拒绝。建议信的结尾可以包括祝愿、反建议、其他渠道的帮助或者巧妙的再销售。

我向您推荐位于拉皮尔大街明尼苏达企业的场地。这些场地带有明尼苏达图案，由我们场地的设计者拉里·米勒设计。

■ 成果

General Mills
General Offices

Post Office Box 1113
Minneapolis, Minnesota 55440

20××年5月20日

尊敬的琼·布拉德利
克拉克菲尔德市市长
明尼苏达州克拉克菲尔德市，邮编56223

亲爱的布拉德利市长：

感谢您对我们场地的评价。我们的员工已经创造了一种适合在中西部不常见到的动植物生存的环境。

例如，在付出大量的努力后，我们最终成功吸引一家蓝知更鸟在此栖息。此刻，母鸟正在孵蛋，我们公司的员工每天都会对她进行观察。

同样，我们还成功种植了很多漂亮但很敏感的花草。为了保护这个脆弱的环境，我们规定这些场地仅供公司员工使用，其中的很多人付出了大量的时间和精力保护这个场地。

我向您推荐位于拉皮尔大街明尼苏达企业的场地。这些场地带有明尼苏达图案，由我们场地的设计者拉里·米勒设计。那里举办了很多公众活动，并且没有对环境造成破坏。您可联系他们的主管苏珊·西伯特（电话为555-9832）讨论场地事宜。

诚挚地，

J.W. Hudson

J.W. 哈德森
设施经理

现在将 3P 付诸实践。见第 285 页的 3P 练习。

登陆学生网站（网址：college.hmco.com/pic/oberOBC7e），以获取更多资料，帮助你更好地了解课程内容和未来职业规划。

总　结

在写坏消息信息的时候，你的目标是传达坏消息的同时，又保住读者的好感。当你写信给上司，或者坏消息只是一件微不足道的事，又或者你想要强调坏消息时，建议使用直接的方式。在使用直接的方式时，第一段用积极的语言说出坏消息，在之前或之后用简短的缓冲或者理由说明这个决定。接着作出解释，最后用友好、积极的方式结尾。

沟通目标 1

写给下属、顾客或者你不了解的人时，一般说来，你应该使用间接的方式。这种方式以缓冲开头——中性或者相关的陈述帮助建立或者加强读者与作者之间的关系。接着对坏消息作出解释或说明理由。理由应该具有逻辑性，并且可能的话，表明对读者有好处。说出坏消息时，应该用积极、客观的语言；没有必要道歉。结尾应该是友好、积极的，并且不要再提及坏消息。

拒绝一个人的想法，尤其需要技巧，因为提出这个想法的人很可能非常相信它的优点。你的信中要大量陈述拒绝的理由，而这些理由是读者本身没有意识到的。要表现出你已经非常仔细地考虑了这个提议，拒绝这个提议是出于商业原因，而不是个人或者信仰的原因。

沟通目标 2

大多数寻求帮助的请求是常规性的，因此应该以常规方式回答，也就是说，用直接的方式回答。在第一段给出你的拒绝，但是不要唐突冷漠。用简短、合理的理由说明拒绝的原因。

沟通目标 3

在拒绝一个索赔请求时，使用间接的方式。你拒绝的语气必须表现出对顾客的尊重和考虑，即使顾客是错误的。解释拒绝请求的原因时，不要指责读者，或者对读者说教。结尾要友好。

沟通目标 4

坏消息可能是针对内部宣布的（对员工宣布），也可能是针对外部宣布的（对公司外面的人宣布）。如果坏消息对读者不会产生太大的影响，那么就用直接的方式；如果读者个人会受到这一宣布的影响，就使用间接的方式。使用缓冲开头，强调情况存在积极方面（也就是说，你正采取的解决这种问题的措施）。

沟通目标 5

关键术语

你现在应该能够用自己的话定义下面的术语并举例：

缓冲（buffer）

付诸实践　　　　　　　　　　　　　　　　　　　　　　　　3P 实践

1. **回到栋树公司**　自 1983 年成立以来，对顾客诚实一直是栋树公司的理念，

第 8 章　坏消息信息　285

想要了解更多，参见第283页的3P模型。

当时在每一个订单中，公司总裁都寄给客户一封手写信。与客户沟通并且使他们有意识地作出购买决定一直是楝树公司从事商业活动的方式之一。对客户的坦诚使得公司将坏消息告知客户时，将消极影响减到最小。

问 题

目前，超过350万客户每年会收到三次楝树公司的儿童和家庭用品目录。假设目录印刷费和邮递费上涨，公司不得不考虑提高商品的价格，但是，公司已经决定通过减少收到目录的客户的数量来节约成本。从下一期目录开始，只有那些在一年内订过货的顾客才能收到每年的三次目录；其他客户只能收到在十二月送出的假期目录。订货的顾客会自动收到接下来的三期目录。作为楝树公司目录的文案人员，你的工作是在下一期目录的专栏中将这个新政策传达给客户。

过 程

（1）描述你的读者（提示：你可以进入楝树公司网站 http://www.chinaberry.com 获得更多关于顾客统计的信息。点击 Dear Friends 和 Musings 会出现目录上的写作风格的范例。）
（2）你是用直接还是间接的方式组织你的信息？为什么？
（3）用缓冲开头，记得保住客户的好感。
（4）在解释作出这个决定的原因时，你会说出哪些理由？
（5）写信息结尾，使用积极、支持性的语调。

成 果

利用你掌握的写坏消息信息的知识，为楝树公司的目录写该专栏。

沟通目标 1

2. 一封索赔拒绝信

问 题

你收到了来自约翰的索赔信。约翰两年前从你这儿买了修整草地的割草机（型号为306-B）。他第三次写信来要求你免费修理他那台486美元的割草机，因为自动推进装置在使用15个月后就坏了。你已经礼貌地回了两封理赔信，信中写明拒绝的原因是因为306-B只有一年的保修期，而约翰的割草机已经过了这个保修期。你不想表现得无礼，但是你希望他不要就这件已经定了的事再写信给你。写封信给他。

过 程

（1）你写信的目的是什么？
（2）描述你的读者。
（3）你应该用直接还是间接的方式？为什么？

（4）写下第一句话。要坚定、有条理——但要礼貌和尊重。记住，你要保住顾客的好感。

（5）你会花多大的气力说明你拒绝请求的理由？为什么？

（6）写下信中的最后一句话。还是要坚定、有条理、礼貌和尊重。

成　果

起草、修改、编排以及校对信件。然后将你对问题的回答以及修改后的信件一起提交给指导老师。

练　习

1. **拒绝一个想法——扩大试衣间**　你是丽贝卡·查维斯（见第 7 章的练习 3），罗伯特在信中提出扩大你在时尚广场新开店铺的试衣间，你很欣赏他的建议。罗伯特一直都很为顾客着想，你想把他的这种品质灌输给所有员工。

   在和设施规划师一起检查了新店铺后，你发现时尚广场只有一小块地方给你的店铺。因此，试衣间不能占太大的空间。

   写一封备忘录给罗伯特，将这信息告诉他，也许他会建议其他方式来提高对顾客的服务。

2. **拒绝业务——酒店预订**　你是戴托纳 100 酒店的经理。戴托纳 100 酒店是一家商务酒店，位于佛罗里达的戴托纳，有 100 间客房。你收到了来自鲍尔州立大学 AKPsi 社团的预订，为它的成员在春假预订 24 间标间（4月6—13日）。他们提出如果有需要的话会付 1,000 美元的押金。

   作为 AKPsi 的前任成员，你知道这些成员是负责任的学生，不会制造任何问题。你也意识到这些学生毕业工作后，就是你潜在的顾客。但是由于之前不好的经历，你现在对接受学生团体的预订有严格的要求。写信给 APKsi 的财务主管，告诉他这个信息。

3. **拒绝一个请求——没有比赛意愿**　你是西部州立大学女子运动队的负责人。宝拉·埃尔南德斯是 15 年前你在大学里的一个泛泛之交，现在是杰克森维尔州立大学女子运动队的助理。她写信给你，询问是否愿意在杰克森维尔州立大学和西部州立大学之间举行女子系列篮球赛。

   她还说明年她们愿意在你的主场打篮球，并且在后年愿意当东道主。去年，杰克森维尔州立大学从两年制的初级大学运动项目跳到了四年制的 NCAA 项目。由于跳到了 NCAA，杰克森维尔州立大学在参加季后赛前必须有六年的观察期。

   因此，在观察期里与杰克森维尔州立大学比赛的话实际上会影响你们队取得季后赛资格的机会。你愿意在他们结束观察的时候与他们比赛，或者你愿意明年在自己的场地上与他们进行友谊赛。

写信给埃尔南德斯，告诉她你这个时候不想与他们进行比赛。

4. **否定一个想法——不用排长队** Cedar Point 是俄亥俄州桑达斯基的一个大型游乐园，你刚晋升为管理人员。Cedar Point 以过山车和其他刺激的游乐设施而闻名。每一次过山车能供很多游客玩，因此排队等候的队伍不会太长。

即使这样，在暑假和周末的时候，排队等待坐过山车的游客还是很多。事实上，当《华尔街日报》的记者在游乐园对等候时间取样时，他们就排了一小时的队伍。形成强烈对比的是，这些记者在纽约布鲁克林的一个过时的公园里，在天黑后更长的队伍里等待过山车只等了十一分钟左右。

你的老板，Cedar Point 的运营总监，要求所有的员工想点主意使游客排队不用那么累。一个员工建议手推婴儿车的父母可以排在队伍的前面，认为这样可以减少孩子的哭闹声。

你认为其他游客肯定会讨厌这种主意；你也不相信这个对排队时间会带来巨大影响。得到上司的批准后，你决定拒绝这个主意。那么在写这个坏消息信函的时候，你的目标是什么？你会以什么方式写？利用掌握的知识，写这条备忘录（自己添加所需细节）。

沟通目标2

5. **拒绝一个申请——不是养牛的好时机** 28岁的辛迪·法里斯是一个房地产代理。她和丈夫在蒙大拿州的比尤特外买了一个50英亩的小农场。她在这个地区长大，想要自己养些牛。

昨天，她向美国西部银行申请贷款购买25头牛犊。她希望饲养牛犊，然后把它们卖了，赚取利润。辛迪有饲养这些牛犊的场地，她弹性的日程表使她有时间喂养和照顾这些牛犊。她的信用很好，没有不良记录。但是她没有养牛的经验。

养牛业特别难进入，这个地区的大部分农场主都饲养着几百到几千头牛。由于最近这个地区干旱，农场主们不得不以非常高的价格从外面的供应商买进大部分饲料。除了饲料的高价格，现在农场主通过卖牛只能赚取很少的利润。由于养牛业的不景气，很多农场主都放弃了养牛。

对于一个没什么养牛经验的人来说，现在进入养牛市场并不是一个好时机。写信给辛迪，拒绝她的申请。她可以在其他投资领域进行申请。

6. **拒绝一次帮助——实地考察** 你是唐纳·乔·鲁斯，收到了来自戴维·皮尔森的信（见第7章练习9）。当然，午餐时间是你最忙的时候，这个时候，没人有时间（或者说耐性）提供厨房参观和帮助23个年轻人做沙拉。不过也许他们能在上午或者下午期间过来参观，吃点零食。写信给皮尔森，拒绝他的请求。

7. **拒绝一次邀请——晚餐** 你是公司的采购经理。你从公司的一个主要供应商芭芭拉·索雷尔那收到一封邮件。她在10月13日的时候会在镇上,想邀请你那天晚上一起出去吃饭。但是你10月14日一大早就要坐飞机去堪萨斯,在13日晚上需要整理行李,做最后的准备。写信给索雷尔女士（bsorrels@aol.com）,拒绝她的邀请。

8. **拒绝一次帮助——暑期实习** 你是科拉工厂——密西西比州比洛克希的一家小生产商——的运营副总裁。安德烈亚·马兹博士,是你在当地商会的一个同事。她写信给你,问你的公司能否给她的儿子彼得提供暑期实习机会。彼得是大二学生,兴趣是制造业。科拉工厂不接受暑期临时工,而且目前也没有实习项目。另外,工厂每年7月都会关闭2个星期来休假。

   写信给马兹博士,告诉她这个消息。也许她的儿子暑假期间能够通过其他方式在制造业实习。

9. **拒绝一次邀请——公共演讲** 你是《自身免疫性疾病月刊》的编辑塔尼亚·博莱特。你刚收到了来自梅·里昂的邀请信,请你在年度会议上做主讲人（见第232页范例9）。过去,你常接受这样的邀请。但是,你的医药专刊正被特里同医学研究组收购,所以目前你要遵守新的约定:在收购结束前,你不能在公共场合演讲。因为你不确定最后日期,你拒绝了十月前的所有演讲。写信告诉里昂。

10. **没有魔术表演** 今天你收到了一直期待的一封信。信是奥莉维亚·弗朗西斯寄来的,她是你在俄亥俄州斯托本维尔的一位好朋友。奥莉维亚是NHP的主席。NHP是帮助一家在斯托本维尔附近的儿童医院募捐的非营利机构。

    因为你是一个全国有名的魔术师,以及出于你和奥莉维亚的友谊,你几年来都受邀去这个机构的年度会议上表演魔术。这个魔术表演能够给医院募集到大笔钱款,你很乐意做这么有意义的事,同时还帮助了你的好朋友。

    但是今年,你已经和家人有约了,因此不得不拒绝这次邀请。写一封信给奥莉维亚告知她这个坏消息。但是,你知道有一个朋友可能愿意表演喜剧。

11. **拒绝一次索赔——杜鹃花** 你是杰克逊和帕金斯苗圃公司的客户服务代表,收到了来自薇拉·马尔科姆的信件（见第7章练习11）。杰克逊和帕金斯苗圃公司花费大笔的钱,以最好质量的专利储存供应品,用泥炭藓块包装每一个订单。

    但是,任何苗圃公司都无法保证植物在到达目的地时受到精心照料。在这件事中,你的任务就是清楚说明马尔科姆女士没有及时报告问题。如

沟通目标3

果她及时告知你的话，你很乐意退回她的钱，但是显然杜鹃花现在在它们种植的地方生长茂盛，你认为自己没有进一步的责任。在信中告诉马尔科姆女士。

沟通目标4

12. **拒绝一次索赔——没有退款** 你是平装书邮寄公司的售后代表。罗伯托·委拉斯科斯是你的一个客户，他写信给你，要你收回他三个月前买的一本书。问题不在书本身，他读了这本书，感觉不错，问题在于这本书的价格。他抱怨这本书的页数太少了（162页），不值10.95美元。委拉斯科斯想要回他的钱，他还想要公司支付书本的运费。

这是五个月内委拉斯科斯第四次退书了。每一次他总有不同的抱怨——有一次他不喜欢封面插图，另一次他觉得书中语言令人不快——你之前都同意给他退款了。但是这一次，你相信他只是读了这本书，然后编一个理由，不想为书付款。

这次你决定不给他退钱了（书的页数和价格在运输前已经告知委拉斯科斯了）。你还决定取消他的会员资格。写信告诉他你的决定。

13. **坏消息通知——从免费到收费** 卡马特的电子商务部门蓝光网想了一个很好的主意推广它的购物网址：对卡马特的客户提供网络服务。但是，在吸引了700万用户后，公司认为提供完全免费、没有限制的网络接入服务的费用太昂贵了；首先，公司施行了双层计划，每个月提供12小时的免费上网，或者支付8.95美元上网100小时。几个月内，这家公司——在压力下提高了效率，开始盈利——决定取消所有的免费服务。在新的计划下，那些在9月1前注册了网络服务的客户在前三个月只要支付打折后的价格6.95美元，之后的每个月支付8.95美元。

你作为蓝光网的客户服务主管，你要告知所有网络客户这个变化。你是使用直接还是间接的方式？在这种情况下，什么样的缓冲最有效？你怎么为公司的这个变化找到适当的理由？你如何用积极的方式写信的结尾？根据掌握的知识，起草这个邮件通知。

14. **坏消息通知——搬到达拉斯——感恩节不再提供帮助** 你是位于路易斯安那州巴吞鲁日的一家小金融机构奇多公司的老板。在过去的12年里，你的一些员工自愿为巴吞鲁日的圣·本尼迪克特收容所准备和提供感恩节晚餐。你为100到150个人支付火鸡、火腿以及其他配料的费用；你的员工在他们的家中煮好食物，在当地的教堂服务。该晚餐深受收容所的感激，这个地区贫穷和无家可归的人都期盼着这次晚餐。但是，你要在十月初的时候关闭在巴吞鲁日的办公室，迁往达拉斯；因此，在巴吞鲁日，不再有公司的员工为他们准备晚饭。你和收容所有着良好的合作关系，你计划在达拉斯继续这个传统。虽然你无法准备和提供晚餐，但是你愿意向收容所捐赠 250 美元来买这些食物。写信给帕斯特·沙利文·德马科，告诉他这个坏消息。

15. **坏消息通知——产品召回**　你收到了两份关于你生产的"十针"便携式缝纫机的报告。报告指出用户在使用这个缝纫机时，缝衣针掉了出来，伤到了用户。一个用户是缝纫有衬里的牛仔布，另一个用户是缝纫窗帘布料——这两种情况下都不应该使用这个小型机器缝纫这些布料。幸运的是，两个人伤得都不严重。虽然你的公司不必对此负责，你还是决定召回所有的缝纫机安装更坚固的缝纫针。

　　买家在哪家商店购买，就应该在哪家退货。这些商店已经收到通知，准备了大量用来替换的缝纫针。在替换缝纫针的时候，顾客可以在一旁等待。另外，顾客可以以预付的方式将缝纫机寄给你。除了运费，顾客不需要支付其他任何费用。

　　写一个准备寄给 1,750 个缝纫机买家的套用信函。如果用户对这次的召回有任何疑问的话，他们可以打你的免费电话（800-555-9821）。

16. **坏消息通知——不续约**　假设你是北方广场的租赁经理吉恩·哈利。你决定不和 T-shirt Plus 商店续约，这是一家在商场出口处的小型 T 恤商店。过去的 13 个月里，这家商店的员工曾三次在关门后忘了关闭热传递机器。每一次烟雾都启动了商场的烟雾报警系统，在午夜的时候引来消防队。虽然没有造成任何损失，但是你的保险代理警告如果继续出现这种情况的话，就要提高商场的保险费率。

　　五年前和这家商店签订的租赁条约明确提出任何一方都有权决定是否续约，只要提前 90 天书面通知对方。你要在这周写这封信，合理地通知这件事。写信告诉该商店经理亨利·柯蒂斯。

17. **坏消息通知——额外福利**　三年前你把公司迁到达拉斯的新地址时，你和通用自助车库签订协议，要求对方给公司所有 11 级以上的员工免费提供停车场所。你的理由是这些管理人员工作时间长，为他们提供方便、免费的停车场所是给他们的一种合理额外福利。

　　你刚收到通用自助车库的通知，即合同三个月到期后，每月的停车费用会增加 15%。考虑到经济状况以及公司日益减少的利润，你觉得你非但不能承受这增加的 15%，而且你必须要中止提供免费的停车场。

　　因此，从 1 月 1 日开始，所有的员工都必须自己寻找停车场所，并自己掏钱。公司继续鼓励共同搭车；接待员还会复印一些城市公交车时刻表——公交站离公司有一个街区。给这些管理人员写一封信，告知他们这个消息。

18. **坏消息通知——疯牛病——没有牛肉**　你是芝加哥肉类工厂的代表。作为肉类包装工厂，你向整个中西部的批发商提供肉类。密歇根的一家客户每周都要订100公斤牛肉。正常情况下，满足这个订单不成问题；但是，由于疯牛病引发的恐慌导致新的限制，你不得不改变你的加工程序。从3月1日开始，你的工厂要关闭两周来升级设备，从而采用新的加工程序。这家客户在过去的20年里都是从你这里进货的。你想要保住这个客户，但是在3月1—14日期间，你都无法完成牛肉订单，但是你能完成猪肉订单。写信给这家客户的总裁，告诉他这个坏消息，但是又要保住和他的业务。自行添加所需的其他细节。

19. **坏消息通知——没有聚会**　没有人会比山区摇滚公司的总裁埃德加·敦克尔克更喜欢聚会了。在早些时候，这个公司的节日聚会就因为丰富的食物以及出众的娱乐节目（邀请著名歌星）而出名。员工精心准备了一些表演，并且为丰厚的奖品竞争，奖品包括彩色电视机和录音机。但是现在，公司的销售下跌。事实上，敦克尔克最近从350名员工中裁减了150名，这是公司有史以来裁员最多的一次。

    因为裁减了这么多的员工，其中还包括十年前帮忙创立公司的一些人，总裁认为举办一个奢侈的聚会不合时宜。因此，他取消了传统的节日聚会。作为人事部副经理，你必须写一封备忘录，告诉员工这个消息。

> 沟通目标 5

20. **工作团队沟通——经济增长缓慢——没有奖金**　你是位于印第安纳州加里市的一家生产健身器材厂家 Muscles Galore 的经理。工厂已经运营了七年了。在过去的这几年，你的员工效率很高，销售也很好，因此，在过去的五年里，公司总是能够给所有员工很多假期奖金（通常多于1,000美元）。

    但是今年，由于经济增长缓慢，你不能再提供假期奖金了。虽然工人的效率很高，但是健身器材销售与去年相比下降了15%。你预计经济正在回暖，明年销售应该能够增长20%。如果你的预计是对的话，明年你能够再提供奖金。

    写一封备忘录向员工告知这个坏消息。自行添加任何所需信息。

持续案例 8

不要说我们没有警告过你

戴安娜·科尔曼是行政副总裁，要求珍和埃里克就监控员工的邮件和网络的使用提出意见。她收到了来自他们的信（见第257页的持续案例7）。科尔曼考虑了很久这件事，甚至还和马克、托马斯以及戴维商量过。

她认为埃里克的观点更令人信服。她担心如果员工在工作的时候散播从网上下载的一些不良资料的话，公司要承担法律责任。但是令她最为担心的是，在休息时间，如果员工网上冲浪的话会影响他们的工作效率。所以她决定制定这个新政策。

现在她需要写备忘录给珍和埃里克，告诉他们她的决定。当然，埃里克会很高兴，而珍则会极度失望——不仅仅因为她觉得自己的观点是对的，还因为被上司拒绝令她觉得受到威胁。珍几个月前才刚被提拔到现在这个职位，对自己的能力还不太自信。

戴安娜也需要将政策写备忘录告知所有员工，并且让每个员工在备忘录复件上签字后放入他们的人事档案里。虽然一些员工会感到沮丧，但是戴安娜相信她的决定是合理的，并且是最符合公司利益的。

批判性思考

写需要的备忘录给埃里克，接受他的提议；给珍，拒绝她的提议；给员工，通知这个新政策。

9 规划报告和管理数据

沟通目标

学完本章后，你应该能够：

1. 评估已有数据的质量；
2. 收集和评估网上的数据；
3. 设计调查问卷和附函；
4. 设计表格和图表；
5. 为报告的读者解读数据。

圈内人视角：
摇滚名人堂和博物馆

一个只有少量研究预算的非营利博物馆如何收集和分析每年近50万游客的数据？托德是摇滚名人堂和博物馆市场公关部主管，负责公司的营销、广告、公关以及网站维护。他需要了解公众对博物馆的态度，从而决定如何最有效地分配它的资源。

在写报告时，托德常常利用图表来帮助读者了解数据的重要性。"我用柱形图表示年龄或者基本的人口统计信息，"他解释道，"当我想要表现某种趋势

"我用柱形图表示年龄或者基本的人口统计信息，当我想要表现某种趋势或者一段时间内的数据变化，我就用线形图。"

托德·梅斯克
摇滚名人堂和博物馆市场公关部主管
（俄亥俄州克利夫兰）

或者一段时间内的数据变化，我就用线形图。通常，我会用饼形图表示我们游客的来源。"

通过研究，他发现95%以上的游客是从外地来的，其中10%的游客是从其他国家来的。多亏了这些发现，博物馆现在投入更多的资源吸引那些对埃里克·克莱普顿的吉他以及其他摇滚乐器感兴趣而又不是来自克利兰夫的潜在游客。

9.1 谁读报告和写报告？

考虑以下大型企业甚至是跨国公司的管理层以及人力资源部门的日常信息需要：

- 总部的销售经理通过现场代表提供的信息安排销售计划。
- 副总裁要求下属收集和分析所需的信息来作出经营决策。
- 人力资源主管依赖公司的司法人员解读政府对完成合规报告的要求。
- 经理为公司准备提案竞标政府项目。
- 管理者通知所有下属有关聘用临时人员的新公司政策。

> 不同报告帮助经理们解决不同问题。

这些常见情形说明了为什么各种各样的报告如今已成为现代公司管理信息系统的基本组成部分。由于受到地理、时间以及专业技术的限制，公司经理往往依赖他人提供所需的信息、分析以及建议来作出决策和解决问题。在公司内部，有上司写给员工的报告，有员工写给上司的报告，还有员工写给员工的报告。因此，读报告和写报告几乎成为每个经理职责中的典型部分。

在任何公司，一旦出现罕见问题或者机遇都需要及时报告。在很多情况下，需要收集和分析信息，并提出建议。这些所谓的情况报告或许对报告撰写人来说是最有挑战性的。范例17就是关于情况报告的一个例子。在后面的篇章中提出的指导原则对情况报告尤其适用，因为很多决定就是围绕那些独一无二的项目作出的。

因为涉及独特的事件，作者没有先前的报告可以作为指导；他们必须决定使用哪种类型的信息、需要多少信息以及如何最好地组织和呈现这些发现。

在本书中，我们将商业报告定义为有条理地、客观地展示信息，帮助制订决策和解决问题。注意我们定义的不同方面：

- 报告必须是有条理的，这样读者能够迅速定位所需信息。
- 报告必须是客观的，因为读者会利用这份报告作出影响公司发展和福利的决策（当然也会影响报告撰写者本人）。
- 报告必须呈现信息——事实和数据。虽然在得出结论和提出建议时，需要有主观的评价，但是这些评价必须合乎道德，并且要完全基于报告中呈现的信息。
- 最后，报告必须有助于制订决策和解决问题。商业报告要有实用性，而这在科学和学术报告中有时并不需要。商业报告必须提供管理人员以及其他人员所需信息以便他们作出决策和解决问题。报告撰写人在写报告的过程中必须始终牢记这一点。

范例 17

情况报告

该情况报告以个人文稿形式呈现。

报告在一开始引入话题并对报告信息来源进行讨论。本报告采用间接方式，直到最后才提出建议。

信息结构是根据用来解决问题的标准组织的。

引用文献时采用"作者加日期"格式。

根据正文中的调查结果提出建议。

在孟菲斯实行混合用途开发的可行性

戴维·M·比尔

混合用途开发是一项综合了零售、办公、餐饮、宾馆、娱乐或其他功能联合体的房地产项目。通过二手数据分析和对当地七个房地产商和银行家的访谈，了解在孟菲斯实行混合用途开发的可行性。

低土地价格和人口密度降低潜力

在房地产开发中，土地价格是一个重要的经济因素。高昂的价格迫使开发商将开发的土地多功能化。只有当高昂的土地价格使投资变得合理时，昂贵的混合用途开发才有经济意义。但是，与美国其他主要城市相比，孟菲斯的土地价格相对低廉。通过对比休斯敦的商业街和孟菲斯的伍尔夫商业街，可以得知土地的价格对开发密度有着重要影响。商业街每英亩土地价格为 85,000 美元；六年之后，伍尔夫商业街每英亩土地仅为 10,000 美元。（Rogers，1999, p.148）

成功的混合用途开发往往坐落在高密度的城市中心。但是，孟菲斯市场是一个低密度的环境。孟菲斯约有 67% 的住宅是独户住宅，相对较少的商业建筑超过六层楼。（"Inside Memphis"，2006）

资金筹集困难

采访的几个当地银行家不愿意参与新型大规模商业开发。相反，他们只愿意赞助他们有经验的项目。一位银行家说，"银行只有在最后贷款时才是成功的"（Weiss，2008）。银行家们认为混合用途开发的经济风险超过了它的回报。他们认为不利因素有开发成本高、复杂并且缺乏专业技术（Allen，2008）。

达文波特应该推迟混合用途开发项目

考虑到孟菲斯相对低廉的土地价格和低密度人口以及难以获得资金赞助，达文波特开发公司现在不应该在孟菲斯开发混合用途项目。但是，因为东南部发展非常迅速，我们应该在三年内对孟菲斯市场进行重新评估。

语法和结构说明

报告内容的副标题要前后保持一致；关于副标题没有什么标准的格式规定（只要前后保持一致即可）。这篇报告采用的是"谈话式"副标题格式，标题既点明主题也给出了每部分的主要结论。

9.2 可以使用哪些信息？

沟通目标 1

决定要回答什么问题来解决报告中的问题。

在收集任何信息前，你必须了解报告的目的和分析报告的读者。然后你必须决定需要什么信息来解决这个问题。

有时你所需的信息已经在你的大脑里或者你手边的文件里，有时它则在其他人的文件里，还有的时候，完全没有可用的信息，得由你自己收集。

收集收据从**分解**你的问题开始——也就是说，把你的问题分解成几个部分，这样你就知道需要收集什么数据。最简单的方式就是想象你能解决这个问题前，需要回答什么问题。这些问题的答案最终会为你要解决的整个问题提供答案，并且这些答案可以最终成为你报告的主要部分。

如同公司其他的费用一样，做研究、撰写报告也是一项开支。因此，在保证所需数据的完整性和准确性时，你所采用的数据收集方法应该是最省时和最省钱的。数据收集有一个平衡点。你不会想把价值100美元的答案提供给价值5美元的问题，也不会想要把价值5美元的答案提供给价值100美元的问题。

常用的数据类型

两种主要的数据类型分别是二手数据和原始数据。**二手数据**是其他人为了其他目的而收集的；它可以是已经公布的，也可以是未公布的。公布的数据包括广泛传播的资料，包括以下几个方面：

- 互联网和其他网络资源
- 期刊、杂志以及报纸新闻（注：期刊是专业协会或者大学定期发布的学术刊物；杂志是营利机构定期发布的商业刊物。虽然这种区分有时对评估二手资源有所帮助，但是在本章，这两个术语交替使用，用来指代任何定期出版的刊物）。这些文章可以出现在纸质印刷品上，也可以通过电子数据库进行检索。
- 书籍
- 宣传册
- 技术报告

未公布的二手数据包括没有广泛传播的资料，包括以下几个方面：

- 公司记录（例如财务记录、员工数据以及先前的通信和报告）
- 法律文件（例如法院记录和规制听证会记录）
- 个人记录（例如日记、收据和支票簿记录）
- 医疗记录

原始数据由研究者收集，用来解决手边的特定问题。因为是你亲自收集数据，所以你能更好地控制数据的准确性、完整性、客观性以及相关性。主要有三种方法收集原始数据：调查（问卷调查、访谈和电话问询）、观察和实验。

虽然二手数据和原始数据对商业报告来说都是重要的来源，但是我们在收集数据时往往先查看已有的数据。不是所有的报告都要求收集新的数据（原始数据），但是如果报告中没有包括二手数据的话，会比较奇怪。

几乎所有报告都用二手数据。

了解这个主题已经有些什么研究，以及哪些方面还有待研究，有利于提高撰写报告的效率，因为这样报告撰写人能够集中精力研究新信息，而不是对现有信息的重复发现。

同样，研究二手数据能够提供额外信息，建议主要研究方法以及帮助设计问卷调查——也就是说，二手数据能为主要研究提供参考。因此，我们在讨论数据收集时，首先应该关注二手资源。

二手数据不比原始数据好或者差，两者只是不一样而已。对你的特定目的来说，数据的来源没有数据的质量和相关性重要。使用二手数据的主要好处就是比较经济：使用二手数据相对收集原始数据而言，成本低、耗时少。

二手数据的不足之处在于它的数量和质量。在判定数据的适用性前，不可轻易使用数据。

评价二手数据

根据定义，二手数据是为了某种目的而不是为了你的报告需要而收集的。因此，二手数据中的目录、采样人群以及报告分析可能对你并不适用。当你准备在自己的报告中使用二手数据时，问问自己以下几个问题。

这份研究的目的是什么？ 如果这份研究的目的是为了找出某一问题的答案，那么它的结果比那些只是为了证明某种观点的研究更具准确性和客观性。想对问题进行诚实解答的人更可能仔细选择样本，提出明确、公正的问题并且客观地分析数据。

如果二手数据的研究者对研究结果有既得利益，那么你就要谨慎了。例如，同样是对塞恩汽车优点的研究，你会更愿意相信《消费者报告》的研究而不是丰田汽车公司的研究。

避免在报告中使用片面数据。

数据是如何收集的？ 数据收集的步骤是否恰当？虽然你可能不是一个有经验的研究者，但在看二手资料的时候你可能会留意某些标准研究步骤。例如，你的常识告诉你，假如你要研究公司里所有员工对某一提议的反应，你不会从刚聘用的员工那里收集数据。

同样地，如果一份调查问卷是面向所有工人，但只收到了 10% 的回复，你也不能认为这些少数人的观点能够代表所有工人的观点。

数据是如何分析的？ 稍后我们会看到，不同类型的数据会用不同的分析

第 9 章 规划报告和管理数据 299

在与贾森·法维尼签约之前,纽约喷气机队对其相对价值做了一番调查。该队的工资帽分析家制订了几张表格,列出 15 到 10 位可比球员的合同,然后比较球员之间的工资与表现。

通常,二手数据越一致,数据就越可信。

方法。有时,对某个问题只有少数的答复,或者问题本身就带有歧义,这些都使我们无法得出有效的结论。

在一些情况下,即使该分析对原始的研究是适宜的,但也未必适用于你的特定目的。例如,假设你对青少年的反应感兴趣,并且手头唯一的二手数据归到了"小于 21 岁"的类别下。你无法知道这个反应主要是来自那些小于 13 岁,还是在 13～19 岁之间(你的目标人群),又或者是那些大于 19 岁的青少年。

这个数据与其他研究是否一致? 如果几个独立的来源中得到的基本结论是一致的,那么这个数据会更加可信。另一方面,如果对某一主题的四个研究的结论都是一致的,而第五个研究的结论恰好相反,那么你在使用第五个研究结论前,就要对它进行仔细审查。

不要因为你是在已出版的刊物或者网络上看到这些数据,就轻易地认为它们是正确的。因为你的报告的读者是根据你的数据做出决定的,注意你使用的数据的准确性。

这些数据收集多久了? 过去收集的数据可能对过去适用,但对今天却不适用。公司去年关于工作满意度的调查数据可能是正确的,但是如果现在你的公司和另一家公司合并了,把总部迁走了,或者说工人罢工了,那么关于工作满意度的调查和现在的情况就没有多大关系了。另一方面,一些收集到的数据在几年后还可能是准确的。例如,对美国劳工运动的起源的全面研究近乎永久有效。

你的数据必须通过这五个考验,无论数据是来源于公司记录还是互联网。数据只要不能通过其中一个考验,就不应该在你的报告中使用。最后,如果你决定使用这些数据,要对数据进行特别认真的检查,也许还要在报告中作出特别说明。

9.3 收集和评价互联网数据

沟通目标 2

如你所知,互联网是一个巨大的信息系统,将世界上的数百万台电脑连接起来,使得人们得以交换各种信息,进行商业交易,例如网上银行和购物。你们中的一些人甚至是通过互联网远程学习这门课程（或者其他课程）。

你需要收集的很多信息（但不是所有的）可以直接通过互联网获得。这里，你主要有两方面的任务：首先，找出所需数据；其次，评估数据，确定是否能够将其用于你的报告中。

在互联网上搜索

网络索引是由计算机生成的巨大数据库，包含几百万的网页以及新闻信息。输入关键词，你能检索到包含搜索词的一系列网页。这些网页是由"网络爬虫"（也称为机器人或者蜘蛛）和软件程序创建的。

一旦你执行查询，搜索网站就会以页面的形式显示包含超链接网址的结果。如今，最受欢迎的"网络爬虫"是谷歌搜索引擎（见下面的问题聚焦17，"无所不能的小小搜索引擎"）。

花点时间学习布尔逻辑，这会节省你的时间并提高搜索效率。

问题聚焦 17 　　　　　　　　　　　　　　科技

无所不能的小小搜索引擎

谷歌于1998年由两位研究生创立，现在能够链接到60亿的网页（估计现有100亿网页）。这些网页上的每一个字被索引和存放在全球超过25万台便宜、无名的电脑上。

谷歌能够在一秒内显示几千个（或几十万个）搜索结果。谷歌搜索曾发生一些有趣的故事：

欧雷是一位17岁的洛杉矶男孩，当他把自己的名字输入谷歌时，发现自己的名字在加拿大失踪小孩的列表上。他将这件事告诉了老师，在调查之后，联邦署逮捕了他的母亲吉泽尔·玛丽，加拿大当局以拐骗儿童罪将其审判。

罗伯特·麦克劳克林的圣地亚哥商店被偷了5把电吉他。他在谷歌的图片库上搜索吉他照片用在悬赏海报上，但却意外地发现了被偷的电吉他。"这个窃贼正在现场拍卖它们，"他说道，"在过去，我的报告只会淹没在成堆的文书中，但是多亏了谷歌，警察上周帮我找回了4把电吉他。"

一个纽约女性在谷歌上输入男朋友的姓名，意外地发现了他正是警察通缉的诈骗犯。这个男人很快就在长岛的苹果蜜饭店被警察逮捕了。

一个遭绑架的加拿大记者被绑架者释放了，因为他说服了他们自己并非是中央情报局特工，只是一个记者。绑架者通过谷歌搜索，发现了他的网站以及他的出版商的网站，证实他只是一个记者。

很多人通过谷歌搜索自己，看看能找到多少搜索结果。"镇上的小伙子在电话上说，'我肯定我的搜索结果比你多，"本·西尔弗曼说道，他是好莱坞制作人。"这已经成为荒谬的权力游戏。"

另外，在谷歌上搜索"谷歌"，你能够得到4320万条搜索结果。

批判性思考

▶ 在网络上搜索你的名字，然后看看每一个搜索结果。有什么意外发现吗？你知道你的名字是怎么出现在网络上的吗？

网络搜索的成功性很大程度上依赖于输入的关键字（或者搜索词）。要记住，计算机的搜索非常忠实；它只会搜索到与输入的关键字完全一样的网页。如果你输入一个单词的复数形式，很多搜索索引无法找到包含这个单词形容词形式的内容。有的索引有"舍位"的功能，比如说输入一个单词的词根，它的名词、形容词等形式全都能搜索到。这样你就能找到你需要的资源。

人们最常犯的错误之一就是在搜索的时候，输入的关键词太少，或者输入错误的关键词（太多的搜索结果和太少的搜索结果一样没有多大帮助）。一般说来，至少确定三到四个关键词。

大多数索引允许在关键词中使用布尔逻辑检索。布尔逻辑检索包括四个基本的逻辑算符——与（AND）、或（OR）、非（NOT）和接近（NEAR）。这四种逻辑运算增加或者减少搜索结果，如下所示：

- "与"识别同时包含检索词 A 和检索词 B 的信息；"与"减少搜索结果。（大多数搜索引擎，例如谷歌，将多个检索项搜索默认为每一个检索项由"与"连接；也就是说，搜索结果只显示同时包含两个检索项的页面。因此，搜索"约翰·肯尼迪与赫鲁晓夫"和"约翰·肯尼迪""赫鲁晓夫"的搜索结果是一致的。）
- "或"识别包括检索词 A 或检索词 B 的信息；"或"增加搜索结果。
- "非"识别含有检索词 A 而不含检索词 B 的信息；"非"减少了搜索结果。
- "接近"识别一定距离内的两个检索词的信息；"接近"减少搜索结果。

在词组前后加引号，要求搜索结果要和词组完全一致。像代数运算一样，括号里的运算会先被执行，并且大多数搜索引擎从左到右读取命令。因此，搜索"重金属"会将那些只有金属和铁矿的网站去除，同样，搜索"金属"非"重金属"只会发现那些包含金属和铁矿的网站。

评估网络资源

任何能够上网的人可以将任何资料放到网上去。没有法律、法规或者说网络政策要求放在网上的信息必须是真实、客观、智慧或政治上正确的（没有中央当局管理网络）。《信息科学摘要》的主编唐纳德·霍金斯认为：

> 信息并不会仅仅因为它的格式（印刷的或者是电子的）而获得或者失去它的可信度。但是，由于网络的变化性和流动性，同时还缺少审核过程，所以一个人在评估从网络得知的信息时必须要比评估学术期刊上的信息更为谨慎。

或者，用南加利福尼亚大学教授罗伯特·奈尔斯的话说：

在没有问清一些问题前，你不会轻易地买下车子或者房子。所以也不要轻易地接受别人的数据。

网络上的信息质量参差不齐。政府或者教育机构网站（一般说来，这些网址末尾是".gov"或".edu"）上的信息大多数情况下是比较全面、准确和最新的。商业机构的一些网页（一般情况下，这些网址的末尾是".com"）同样质量也很高，只要你能够意识到这些网页背后的利润诱因。

一份研究显示，40%的网络用户并不知道公司网站和个人网站之间的区别。另一份研究表示人们往往通过网站本身的外观和专业性来判断网络数据的质量。

在评估个人主页和宣传机构的数据时尤其要注意数据的准确性、公平性以及全面性（见沟通快照9，看看最受欢迎的互联网搜索网站）。

关于评估二手数据，除了之前提到过的准则，第304页的检查表11也专门列出了评估网络资源质量的准则）。

> **沟通快照 9**
>
> **在网上收集数据**
>
> 搜索网站的受欢迎程度
>
> - 谷歌
> - 雅虎
> - MSN- 微软
> - 美国在线
> - Ask Jeeves
> - 其他
>
> 0　10　20　30　40
>
> 来源：*ComScore Networks*, 2005.

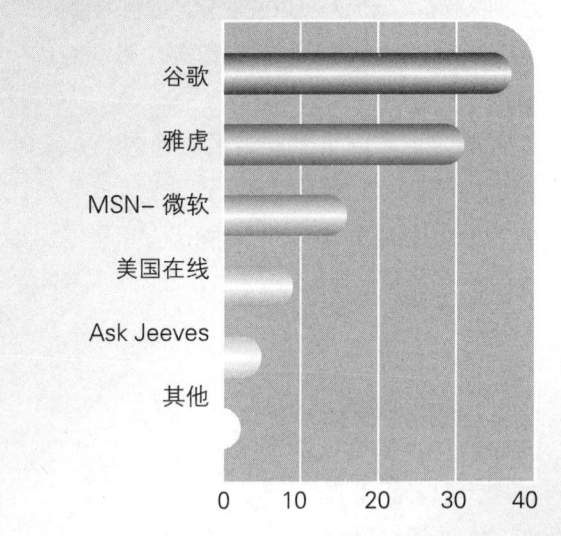

9.4 通过问卷调查收集资料

尽管尽了最大的努力，但你有时还是会发现没有足够的二手数据来解决自己的问题。在这种情况下，你就需要收集原始资料了。

调查是通过问卷调查、电话或邮件询问以及访谈的方式获得信息的一种收集数据的方法。**问卷调查**（问卷调查假定研究者已经确定所要问的问题。这些问题被打印在问卷上，编制成书面的问题表格，交由调查对象填写，然后收回整理分析，从而得出结论）在商业研究中最经常用到。研究者能够以经济的方式从一大块地理区域获得代表样本。毕竟，在整个国家邮寄调查问卷并不会比在整个街道邮寄调查问卷来得贵。

同时，问卷调查的匿名性也增加了一些回答的可信度。如果不知道调查对象的身份，调查者在回答个人和经济方面的问题时可能会更加诚实。而且，采访者也无法左右结果。最后，调查对象能在时间方便的时候回答，这一点电话或者访谈研究不一定能做到。

> 沟通目标 3
>
> 不要混淆"调查"和"问卷调查"：你通过"问卷调查"来实施"调查"。

> **检查表 11 评估网络资源的质量**
>
> **准则一：权威性**
> - ☑ 是否清楚谁发起的网页以及发起者的目的？
> - ☑ 是否清楚谁写的材料以及作者有什么资格写这个主题？
> - ☑ 是否能够核实网页发起者的合法性，也就是说，是否有留下联系电话或地址？
> - ☑ 如果材料受到著作权的保护，是否给出版权所有者的名字？
>
> **准则二：准确性**
> - ☑ 这些信息是否标出来源以便核实？
> - ☑ 发起者是否提供外部资源的链接，能够证实发起者的主张？
> - ☑ 信息是否没有语法、拼写以及其他排字错误？（这些错误不仅表明缺乏质量控制，而且会产生信息的不准确性。）
> - ☑ 图表里的统计数据是否标示明确，容易看懂？
> - ☑ 有人监督信息的准确性吗？
>
> **准则三：客观性**
> - ☑ 网页上的任何信息是否都是发起者努力阐述明白的？
> - ☑ 信息内容是否与广告推销等界限分明？
> - ☑ 发起者的论点是否论据充足？
>
> **准则四：时效性**
> - ☑ 网页上是否有日期显示这些网页是在何时写的，何时发布到网上的，以及最后一次修改是在什么时候？
> - ☑ 是否有其他证据显示这个资料保持了时效性？
> - ☑ 如果材料是以图表的形成呈现的，是否说清楚数据是如何收集的？
> - ☑ 是否有证据显示网页已经完成，而不是正在设计中？

调查的主要缺陷是回复率低。

　　邮寄问卷的一个很大缺陷是回复率低，并且那些回答的人有可能并不能代表这一群体。事实上，大量研究表明，回答者往往教育程度更高，社会地位更高、更聪明、社会认可需要更高，比那些没有回答的人更懂得社交。因此，应该只在某些情况下邮寄问卷：

- 能够简单迅速地得到所需信息。问卷调查大多数应该为是非问句、选择题或者一两句话的填空回答。人们往往不想完成那些需要冗长答复的调查问卷。
- 调查对象是同一类人。要保证得到高回复率，你的研究必须使受访者感兴趣，并且应该使用他们能够理解的语言。很难设计一份能让不同兴趣、不同教育程度和不同社会地位的人都能够清楚理解的调查问卷。
- 有足够的时间。调查问卷从寄出到得到回复的时间通常需要三到四周的时间——包括对没有回复者的跟进（当然电子问卷调查所需要的时间更短）。另一方面，电话调查往往能够在一天之内完成。

设计问卷调查

因为调查对象的时间非常宝贵，所以确定你问的每一个问题都是必要的——能够帮助你解决问题，并且你不能从其他途径获得这种信息（例如图书馆或者网上研究）。下面的检查表 12 给出了设计问卷调查的建议。一些更为重要的观点会在后面进行讨论。

问题不能含有指向"正确"回答的线索。

基于无效数据所做的决定带来的影响小至在班级考试中不及格，大到危害公司的财务发展能力。你要对你在信件和报告里所用的数据负责。不要只是因为你是在网上看到的，就把它当作事实来看待。批判性地看待你的来源，将检查表 11——"评估网络资源的质量"所列出的问题作为指导方针。

不要相信你读到的一切。

✓ 检查表 12　　　　　　　　　　　　　　　　　　　　　问卷调查

内　容

- ☑ 不要提出能从其他地方获知的问题。
- ☑ 有目的地提出每一个问题。确保所有问题能够直接帮助你解决问题。不要提出不重要的问题或者仅仅是"有趣"的问题。
- ☑ 措词要准确，确保问题不被误解。使用简单清楚的语言，对调查对象不清楚或者被你作为特殊用法的术语进行解释。
- ☑ 问题的语言要中立，并且每个问题只能包含一个主题。问题不能包含多方面。
- ☑ 保证每个问题的选项涵盖所有方面，但各个选项的内容不能重叠。
- ☑ 问到敏感问题时要尤其注意，例如年龄、薪水、道德等。对这些问题使用更宽的分类（而不是狭窄、具体的分类）。
- ☑ 对一小部分人先行试验，确保所有的问题都是有效的。

布　局

- ☑ 用某种逻辑顺序排列问题。将涉及同一个话题的问题归到一组。如果你的问卷调查比较长，将它分为几个部分。
- ☑ 将每一个问题的选项用某种逻辑顺序排列——例如数字、时间和字母顺序。
- ☑ 给调查问卷起一个描述性的题目，提供所有必要说明，并在调查问卷上附上你的名字和地址。

格　式

- ☑ 使用易于回答的格式。有选项的问题是最容易回答的。只有非常有必要时，才使用自由回答的问题。
- ☑ 要使调查对象更加愿意合作，并认真对待问卷调查，确保你的调查问卷有专业的外观。
  - 使用简单、有吸引力的格式，留下足够的空间。
  - 确保调查问卷没有语法、拼写以及文体错误。
  - 使用高质量的打印机，打印高质量的副本。

你使用的语言必须明确、简洁并且易于理解，这样问卷调查才能得出有效、可靠的数据。同时，每一个数据都必须是中立的（客观的），考虑以下问题：

> **不要** 你认为我们公司应该建立一个幼儿中心为公司员工的子女提供福利吗？
> ____ 是
> ____ 否

这个问题的措辞倾向于赞同，因此左右了回答。如果想得到有效回答，需要一个更加中立的问题。

> **应该** 你最喜欢以下哪种额外福利？
> ____ 牙科保险计划
> ____ 幼儿中心
> ____ 每年三天私人假期
> ____ 其他（请具体说明：_____）

注意这个修改后的问题。首先，它比原来的问题更加中立了：没有显而易见的"正确"答案。其次，以字母顺序排列选项（英文）。要避免左右反馈的可能，以某种逻辑顺序安排选项——字母、数字、时间之类的顺序。

最后，注意到还增加了"其他"这一栏；它总是出现在最后，并且要写上"请具体说明"。假设大部分员工想要的额外福利是希望公司增加养老金。如果没有"其他"这一栏的话，研究者就不会了解到这个重要的信息。如有必要，通过包含"其他"这一栏，保证你的范围是全面的（也就是说它们应该包括所有可能的选择）。

同时确保每一个问题只包含一个想法，注意以下问题：

一次只问一个问题。

> **不要** 公司应该将更少的钱花在广告上，更多的钱花在研发上。
> ____ 同意
> ____ 不同意

如果反馈者认为公司应该花更多（或者更少）的钱在广告和研发上呢？他/她又该如何回答？解决方法是将每一个想法单独放在一个问题中。

最后，保证你的各个选项都是排他的——也就是说没有重叠。

> **不要** 你认为员工离职率高的主要原因是什么？
> ____ 缺少空调
> ____ 财务方案缺乏竞争力
> ____ 额外福利不好
> ____ 工作环境不好

_____ 管理不善

这里的问题在于"缺少空调"和"工作环境不好"重叠了,"财务方案缺乏竞争力"和"额外福利不好"重叠了。并且这四个都可能和"管理不善"重叠了。这么混乱的分类会完全迷惑调查对象,也就得不出真实的调查结果。

要意识到调查对象可能不想回答某些敏感问题(包括年龄、薪水、道德之类的)。更糟的是,他们可能故意作出不真实的回答。必须收集这些数据时,要让调查对象明白问卷调查完全是匿名的(通过在附函突出显示)。

在回答这类问题时,如果使用大概范围,调查对象会显得更愿意合作。通过大概范围得到准确的估计比得到不正确的精确数字更好。

不 要	你的税前年收入是多少? _____ 美元
应 该	请在最符合你年薪状况的前面打个钩: _____ 25,000 美元以下 _____ 25,001 ~ 40,000 美元 _____ 40,001 ~ 70,000 美元 _____ 70,001 美元以上

注意在第三栏中使用数字"40,001",避免与第二栏的"40,000"重叠;每一栏都必须是互不重叠的。

即使是有经验的研究者也无法发现自己问卷调查中存在的问题。时间允许的话,先将起草的问卷调查让一小部分潜在调查对象回答,然后作出必要的修改。至少,让你的同事批判性地看待你的问卷调查。范例18(第310页)中的问卷调查列出了各种问题的类型,还有明确的说明和有效的格式。

奥伯问答

亲爱的奥伯博士:
  我们是大都会社区学院的学生。我们觉得您的书有极大的价值,可以作为学术、私人和专业写作的参考资料。但是,我们对您的著作的价格望而却步。我们知道并不是由您来决定价格的,而且您作为一名教授,曾经也是一名学生,所以您应该能够理解大学生的经济负担。所以我们希望您能够监督一下书本的定价过程。可以的话,希望您能和我们说一下定价的标准。
  我们知道您的时间十分宝贵,希望您能够抽空了解这件事,非常感谢。

——周四夜校商务写作班

亲爱的同学们:
  去年我的三个儿子都上了大学,所以我非常清楚课本的高价格。你们或许知道,课本的价格是由许多因素决定的:

- 价格包含教材的写作、编辑、印刷和营销。
- 类似教材的价格:出版商的定价不能显然高于其竞争对手,否则可能失去顾客。
- 旧书市场。进行旧书买卖时,出版商不能从中获利,因此他们只能出版新书来获利。
- 教材的价格在校园书店中有所提高。书店往往会在出版商要价的基础上增加30%来出售新书。

我对一些主要教材出版商都有所了解,他们现在都在寻找最优的定价。

——斯科特

给作者写信,邮箱地址为 askober@comcast.net。

人们更愿意简单地在大范围的数字前打钩,而不是写下准确的数字。

写附函

除非你决定亲自散发调查问卷（这种情况下，你能够亲自解释调查问卷的目的和过程），那么你就要将如范例 19（第 311 页）所示的附函包括在你的问卷调查上。附函应该写成常规的说服性信件（见第 7 章）。你的工作是要说服读者完成这份问卷调查是值得的。

9.5 设计表格

[沟通目标 4]

在写报告的某个阶段，你已经收集到了足够的二手数据和原始数据来解决你的问题（当然，在数据分析和报告写作的过程中，你可能会发现需要另外的信息）。

表格通常是呈现数字数据最有效的方式。

这个时候你的任务是将原始数据转化为信息——有意义的事实、数据和结论，帮助你的读者作出决策。原始数据可以是笔记、期刊文章、完成的问卷调查、访谈的录音以及网络和电脑打印出来的材料等。除了用叙述形式表达你的发现，你也可以准备一些视觉教具——表格、图形、图片或者其他图表材料——来帮助读者理解并抓住他们的兴趣。

分析和解读将数据转化为信息。

数据分析不是一口气就能完成的。你对数据越熟悉，研究越认真，你越会看到不一样的方面。数据分析往往是报告中最耗时间、也是最需要技巧的。你越能给读者展现你所收集和呈现的数据的意义，对你的报告越有利。

表格是将数据以行和列的形式有序排列（见第 312 页范例 20）。它代表了数据分析的最基本形式，能清晰简明地展现所需表达的东西。表格能够更有效地呈现大量数据，比叙述形式更能吸引读者，比图形提供的信息更多，虽然视觉上没么大的冲击。因为表格是将信息有序地排列成行和列的形式，因此能够简单利用表格进行对比。但是，图形形式更能呈现趋势的变化。

图 9-1 是一份电脑打印问卷调查上的一个态度量表（问题 9），以及相对应的回复表。顶点公司是一家消费品生产商，总部位于爱荷华州德梅因，它正考虑开发新产品，想要在作出决定前，了解当地的意见。

首先考虑图 9-1 中上方的电脑打印资料以及每一栏的意义。

- 标值签：显示问卷调查上的五个选项。
- 数值：显示用来区别五个选项的代码。
- 频率：显示调查对象选择每一个选项的数量。
- 百分比：显示每一个回答的百分比。基于所有的调查对象（274 人），包括那些没有在某些选项上作出选择的人。
- 有效百分比：显示每一个回答的百分比。基于回答这个问题的所有人数（271 人）。

- 累计百分比：显示累计的百分比——也就是说，该回答的总数加上在这之上的那些回复（例如，79.7%的回复者赞同或者强烈赞同这一说法）。

研究者必须决定"百分比"还是"有效百分比"更合适分析。在大多数情况下，研究者更倾向于选择"有效百分比"，因为它忽略了空白回复。图9-1的表4就是这样。

你的读者必须能够理解独立背景下的表格，而不需要了解表格周围的上下文。因此，至少说来，每一个表格都应该包含表格数、描叙性但简洁的题目、栏标题和正文（每个栏标题下的内容）。如果你需要脚注来说明表格里的每一个内容，脚注应该紧跟在表格的下方，而不是在这一页的末尾。同样，如果表格是基于二手数据的话，应该在表格下方写上数据来源，给出适合的引用。表格中可以使用常用的缩写和记号。

电脑打印资料

问题9 "顶点公司是我们社区的资产"

标值签	数值	频率	百分比	有效百分比	累计百分比
强烈同意	1	41	15.0	15.1	15.1
同意	2	175	63.8	64.6	79.7
没有意见	3	34	12.4	12.6	92.3
不同意	4	15	5.5	5.5	97.8
强烈不同意	5	6	2.2	2.2	100.0
		3	1.1	缺失	
总数		274	100.0	100.0	100.0
有效数	271	缺失数：3			

对应的报告表格

表4 对"顶点公司是我们社区的资产"这一表述的看法

回复	人数	百分比
强烈同意	41	15
同意	175	65
没有意见	34	13
不同意	15	5
强烈不同意	6	2
总数	271	100

图9-1
从电脑打印资料到报告表格

范例 18

调查问卷

使用描述性的问卷标题并给出明确的填写说明。

问题 1—3 采用核对式回答。

问题 4 采用条件型（分流式）答案。

以合乎逻辑的方式排列答案选项（英文中此处以字母顺序排列）。

问题 7 采用态度分级式回答，包含肯定和否定回答。

对填写者表示谢意，并提供问卷接收人的姓名和地址。

---

❶ **PCC 学生电脑使用情况**

这个调查是班级研究项目的一部分。如果你是 PCC 的一个全日制大三或大四学生，请完成这份调查问卷。

❷ 1. 年级：   2. 性别：   3. 年龄：
     ___ 大三   ___ 女性   ___ 20 岁及以下
     ___ 大四   ___ 男性   ___ 21 ~ 24 岁
                                                ___ 25 岁及以上

4. 上学期你在 PCC 的电脑实验室用过电脑吗？
    _____ 用过   （请继续第 5 题）
    _____ 没有   （请忽略以下问题，将调查问卷寄至沃尔德大厦 105 室，马特·琼斯收）

5. 校园内哪个电脑实验室对完成你的电脑任务最为方便？请对以下实验室排序，1 代表最方便，3 代表最不方便。
    _____ 商务实验室
    _____ 宿舍实验室
    _____ 图书馆实验室

6. 请在上学期在大学实验室使用的电脑软件类型下打钩。
    _____ 会计 / 金融   _____ 网络
    _____ 数据库   _____ 编程
    _____ 教育   _____ 电子表格
    _____ 电子邮件   _____ 文字处理
    _____ 图表 / 演示   _____ 其他（请具体说明 _____）

7. 请对以下观点表达你的看法：同意，没有意见或者不同意。

                                                    同意 没有意见 不同意

a. 我受到了足够电脑和软件使用的训练。   ___   ___   ___
b. 我要等很长时间才能使用电脑实验室中的
    电脑。   ___   ___   ___
c. PCC 的电脑实验室是现代化的。   ___   ___   ___
d. 实验室职员不太愿意帮助人。   ___   ___   ___
e. 大多数老师对要求学习的软件提供大量的
    指导。   ___   ___   ___

感谢您的帮助。请将调查问卷寄至沃尔德大厦 105 室，马特·琼斯收。

语法和结构说明

❶ 用粗体或大号字体凸显问卷的总标题和副标题。

❷ 如果空间有限的话，可以在一行里分列多个较短问题（如问题 1—3）。

PEACE COMMUNITY COLLEGE

P.O.BOX 0049 FAIRBANKS, ALASKA 99701

20×× 年 2 月 8 日

❶ 亲爱的同学：

"哦，不——不要再布置电脑项目了！"

当老师在第一节课布置课堂任务时，你是否也有同样的感受？或者，有时候你是否会想，"为什么老师要让我们手工完成这个项目，
❷ 用电脑不是更简单吗？"

无论你是怎么想的，现在你有一个机会跟 PCC 管理层就学生使用电脑和软件提出自己的想法。这个研究项目是商务沟通课的班级项目，这个结果会与学术计算副主席单如龙博士分享。

如果你是全日制大三或大四学生，请花五分钟时间完成这个调查问卷，然后在 2 月 19 日前将调查问卷寄回。你将为自己和同学提供很大的帮助。

真诚地，

Matt Jones

马特·琼斯，项目主管
沃尔德大厦 105 室

附件

范例 19

问卷调查附函

该附函与范例 18 中的问卷调查是一起的。

开始时用简短的话语吸引注意力。

内容顺利过渡到此函的目的。

说明填写问卷的原因。

让读者觉得此次问卷填写并不复杂。

语法和结构说明

❶ 亲爱的同学：对于并非针对某个人的信函而言，要使用一般性称谓。
❷ 简单吗？：如果引用的是完整的问句，问号放在引号内。

范例 20

表 格

利用表格可以清晰简洁地呈现大量数据。

表格数字和标题
副标题（选择性）
栏标题

主体

信息来源（选择性）
脚注（选择性）

过去三年里的销售主力。如表 4 所示，中部地区 2009 年依然是公司销售的重点区域。

❶

❷ **表 4　再生纸产品**
截至 2009 年 9 月 20 日的销量

❸
地区	年销售额[*]		百分比变化	是否达标
	2009	2008		
❹
东北部	20	17	15	否
东南部	183	285	−56	否
中部	2,076	1,986	4	是
西部	984	759	23	是
总数	3,263	3,047	7	否

数据来源：*Insurance Leaders DataQuest*, National Insurance Institute, New York, 2009, p.663.
[*] 销售额以千美元计。

　　九月期间除了东南部之外，其他所有地区的销售额都有所增长。据区域经理旺达·桑切斯所说，该地区过去一年销售低迷的主要原因在于当地经济的不景气……

语法和结构说明

❶ 将表格放在与表格相关的第一段文字之后。表格和文字上下之间留一两行空白。
❷ 没有标准的表格格式规定；表格的目的在于可读性和连贯性。
❸ 表格内标题在各栏内保持水平对齐。
❹ 文字性栏目左边对齐，栏内数字右边对齐。

交叉分类表分析

在一些情况下，如图 9-1 所示的那种简单表格就足以实现读者的目的了。但是，大多数情况下，这样简单的表格并不能呈现数据所能表达的所有信息。在**交叉分类表**中，通过将两条或以上的数据一起分析，大多数的数据能够被进一步分析。

> 交叉分类表分析使你同时看两组或多组数据。

图 9-2 的数据不仅能够反映出总的回复（包括数量和百分比），还能反映出根据婚姻状况、性别和年龄等分组回复的百分比。简单看一下表格，我们会发现似乎婚姻状况对观点的影响并不大。但是，男性和女性的回答却差异明显：男性对公司的想法比女性积极得多。

如果图 9-2 中的表格是报告中为数不多的表格之一，那么就让它保持原样。但是，假设"顶点公司是我们社区的资产"这一表述只是众多内容中的一个，每一个内容都有一个类似的表格。对读者来说，要研究十几个类似的表格太多了，在这种情况下，你应该考虑简化这个表格。

> 有时候需要压缩表格数据以更容易和快速地解读。

有很多方式可以简化表格。但是，当你简化表格时（也就是说，当你合并行或列，或者只是删除数据时）你一开始就应该认识到，你的表格会丢失一些信息。目的是舍小我完成大我。你对读者和他们需求的了解有助于你决定要呈现多少细节。

考虑到这点，就出现了图 9-3 中的简化表格。两个积极的回答（"强烈同意"和"同意"）被归到了"同意"这一栏，两个消极的回答也是如此。合并不仅简化了表格，也避免产生某些误读。

例如，以图 9-2 中的原始表格为例，判断以下表述是否正确：

> 低于一半的女性同意顶点公司对社区来说是一种资产。

技术上来说，这种表述是正确的，因为同意的人只占了 46.3%，少于一半。

图 9-2
交叉分类表分析

表4 对"顶点公司是我们社区的资产"这一表述的看法										
	总数		婚姻状况		性别		年龄			
	总数	百分比	已婚	未婚	男性	女性	21岁以下	21~35	36~50	50岁以上
强烈同意	41	15.1%	14.0%	17.6%	15.7%	10.4%	21.7%	8.4%	12.0%	28.4%
同意	175	64.6%	67.5%	58.8%	67.6%	46.3%	47.8%	65.1%	69.1%	61.0%
没有意见	34	12.6%	11.2%	15.4%	11.4%	20.9%	17.5%	13.0%	14.3%	9.2%
不同意	15	5.5%	5.1%	5.5%	4.0%	13.4%	13.0%	8.4%	4.0%	0.7%
强烈不同意	6	2.2%	2.2%	2.7%	1.3%	9.0%	0.0%	5.1%	0.6%	0.7%
总数	271	100.0%	100.0%	100.0%	100.0%	100.0%	100.0%	100.0%	100.0%	100.0%

图 9-3
简化的表格

表 4　对"顶点公司是我们社区的资产"这一表述的看法
（271 人；所有数字都是百分数）

	婚姻状况			性别		年龄		
	总数	已婚	未婚	男性	女性	21 岁以下	21~50	50 岁以上
同意	80	82	77	83	57	69	77	90
没有意见	12	11	15	12	21	18	14	9
不同意	8	7	8	5	22	13	9	1
总数	100	100	100	100	100	100	100	100

但是，这个表述造成了一种错误的印象，因为多于一半的女性（57%——包括那些"同意"的和"强烈同意"的）认为顶点公司对社区来说是一种资产。这种结论在图 9-3 中明确显示。

同时还要注意，两个中心年龄组（"21~35 岁"和"36~50 岁"）并到了一个年龄组（"21~50 岁"）。因为公司的产品主要是面向这一人群的，公司想要对比这一重要人群的回答与相对不那么重要的其他人群的回答。

数据多不总是比数据少好。

还有两种变化可以简化表格。首先，只显示百分比，这样就不需要在每一个数字后都标出百分比（感兴趣的读者可以自己算出原始数据，因为样本规模在表格的副标题中反映出来了）。其次，每一个百分比都四舍五入成整数——在大多数商业报告中总的百分比是 100% 时，推荐使用。

在舍去数字时，遵守以下做法：

如果小数正好是 0.5，四舍五入到最接近的偶数。

- 小数小于 0.5 的，舍去；小数大于 0.5 的，向前进一位。
- 奇数的小数正好是 0.5 的，向前进一位；偶数的小数正好是 0.5 的，舍去。
- 如果你的表格显示总的百分比，而你四舍五入后，总的百分比不等于 100（例如 99% 或 101%），你有两种选择，要么显示实际的总和，要么就重新调整其中的一个数字（对整个数字产生最小变化的）来凑成一个总数为 100 的百分比。

简化的表 4 中删除了十列中的两列，五行中的两行——在单独数据显示方面，减少了 49%。当把减少的部分乘以报告中类似表格的数字时，实际效果就相当大了。

安排表格中的数据

之前我们已经提到过，你的问卷调查里的选项应该以某种逻辑顺序排列，大多数情况是以数字或者字母的方式排列，避免对结果产生影响。但是，如果你将手头的数据按照从大到小的顺序重新排列的话，这对读者非常有帮助。

图 9–4

安排表格中的数据

调查中的回复：
6. 在未来的三年里，你希望雇用哪种类型的文员？（查看所有回复。）
211   簿记员和会计员
31   电脑操作人员
30   数据录入员
24   档案管理者
247   一般办公室文员
78   前台接待员
323   秘书 / 行政助理
7   统计员
107   打字员

对应的报告表格：

表 2　公司计划招收的文员类型

类型	百分比[*]
秘书 / 行政助理	99
一般办公室文员	76
簿记员和会计员	65
打字员	33
前台接待员	24
其他	28

* 因为是多选，所以总数大于 100%。

例如，在图 9–4 中，排列顺序由原先的以字母方式排列重新用降序排列。另外还要注意四个小类别已经合并为一个其他类别，并且这个类别总是放在最后，无论它有多大。最后，注意表格脚注的位置和格式，脚注可用来说明情况。

9.6　制作图表

利用精心设计的图表和曲线图（技术上说，曲线图是在图表纸上表现出来的，但是这两个术语可交替使用）能够帮助读者理解，强调某些数据，吸引读者的兴趣，节约时间和空间，因为读者能够在一大堆数据中马上理解其包含的重要意义。

由于视觉上的冲击，图形比表格或陈述性文本更能引起人们的重视。因此，在展示非常重要的信息、而且这些信息只有通过视觉才能最好呈现时，你要考虑使用图形。同时，要注意，你的报告中包含的图表越多，每一张图表的影响就会变小。

保持图表简单。要能够让人马上理解。

设计图表的关键原则是图表要简单。试图将过多信息放入一张图表只会使读者迷惑，并降低图表本身的影响。精心设计的图表只有一种解释，而这种解释马上就能让人明白；读者不用花大量的时间研究图表或者查阅上下文。

不论图表是什么类型，把图表都统称为图解，用连续的数字给他们编号，与表格数字区别开来。虽然表格标题在顶部，不过图表标题既可以在顶部，也可以在底部。单独使用的图表往往在顶部。文本之前或者之后的图表以及包含说明性段落的图表的标题往往在底部。和表格一样，你可以使用常用的缩写。

现在，很多电脑软件程序能够将电子数据表上的数据或者键盘上输入的数据自动生成某种表格。这类表格的出现和使用能够满足你随心所欲改变或者设计表格。

商业报告中表格的主要类型包括线形图、柱形图以及饼形图。

线形图

线形图是由一些等距的横线和竖线组成的。竖线代表数值；横线代表时间。线形图能够很好地表示一段时间内的变化，强调数据的运动——也就是趋势。

使用线形图来强调趋势。

横轴和纵轴上的每一段都应该是等距的，并且要清楚地表示出来。无论数据多大，纵轴都要从零开始。在一些情况下，需要有间断。时间轴上的波动表示时间的变化；横轴上的距离表示数量。

柱形图

柱形图是用水平或垂直柱形表示数值的图表。柱形图是最有用、最简单和

"应低碳饮食人士的要求，我的圆饼图变成了排骨图。"

最受欢迎的图解工具之一。柱形图尤其适用于比较规模或者大小，无论是在特定时间里还是在一段时间里。柱形的宽度应该相同，用长度的变化来表示每一个数值变化。一般说来，柱形之间的距离差不多等于柱形本身宽度的一半。

使用柱形图来比较数据。

柱形可以组合起来对比一段时间内的几个变量，或者显示几个变量的组成部分。和表格一样，柱形应该以某种逻辑顺序排列。如果空间够的话，可以包含每一个柱形的真实数据帮助读者更快地理解。

饼形图

饼形图是将区域分为几个组成部分的圆形图案。它将组成整体的各个部分进行比较。利用一些软件绘图程序，可以将饼形图的某一部分拿出，做特别强调。

使用饼形图来确定组成部分。

虽然饼形图非常受欢迎，图表专家对它们的评价却不是太高，原因在于饼形图不够精确，并且区分的类别有限，也不容易对比几个饼形图的组成数值。但是，当饼形图只包括三至五项成分时，能很好地显示各组成部分是如何组合成整体的。如果只有两个组成部分的话，往往不需要图表；超过五个组成部分的话，在视觉上不大容易看出每一个部分的数值。

通常在12点钟的位置"切割"这块饼，并且用某种逻辑顺序顺时针移动。在使用饼状图时，其他类别放在最后，无论大小如何。说明要么直接放在每一部分里面，与部分相对应，要么放在图例里。

饼形图也通常包括每一部分代表的百分比或者其他数值，通过描影、交叉影线、不同颜色等方式来区分每一部分。

三维的图案虽然能够引起别人的注意，但是却很难看懂，因为这些图形往往用来表示只有二维的数据（水平的和垂直的），第三维（深度）并没有意义。同样，三维饼形图在观看者看来不是垂直地，而是倾斜地，由于视觉的关系，这会误导读者——最远的那一块比它们实际看上去的要小。

这样的图表能够很好地引起注意，留下一个大概的印象，但是却不能很有效地传达商业沟通所需的精确含义。最近的一项实验发现，二维的图表相对于三维的图表来说，能够更加迅速、准确地传达信息。

在报告中，除了表格和图表，还有其他的视觉教具，包括照片、图像、模型以及实物等。第320页的问题聚焦18，"美洲的出生证明"给出了一些关于地图的背景知识，地图也是常用的视觉教具。

第321页的检查表13总结了在制作表格和图表时要考虑的最为重要的因素。

保持谨慎

正如视觉教具本身的名字暗示的那样，图表只是为陈述报告以及解释提供帮助——而不是起替代作用。不要仅仅因为想要你的报告看起来"漂亮点"而使用视觉教具。

第9章 规划报告和管理数据 317

范例 21

图　表

语法和结构说明

❶ 从原点开始画纵轴，清楚地标注趋势线。

❷ 所有柱形宽度相等；用不同的柱长或柱高表示不同的数值。

❸ 在 12 点钟的位置"切割"这块饼并且用某种逻辑顺序顺时针移动。

来源："A Nation Online: How Americans Are Expanding Their Use of the Internet," National Telecommunications and Information Administration, February 2002, retrieved from http://www.ntia.doc.gov/ntiahome/dn/anationonline2.pdf/（December 21, 2007）.

1. 线形图

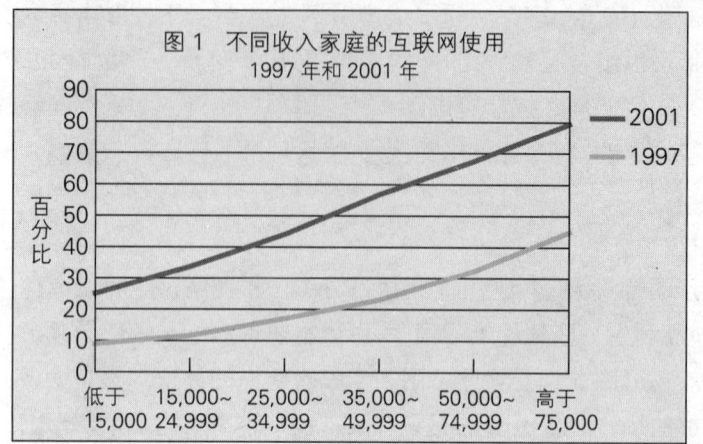

❶

图 1　不同收入家庭的互联网使用
1997 年和 2001 年

百分比

低于 15,000 / 15,000~24,999 / 25,000~34,999 / 35,000~49,999 / 50,000~74,999 / 高于 75,000

2001
1997

2. 柱形图

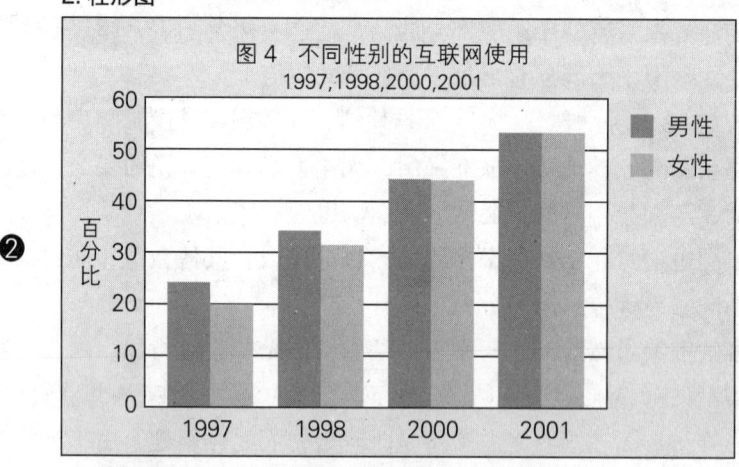

❷

图 4　不同性别的互联网使用
1997, 1998, 2000, 2001

百分比

1997　1998　2000　2001

男性
女性

3. 饼形图

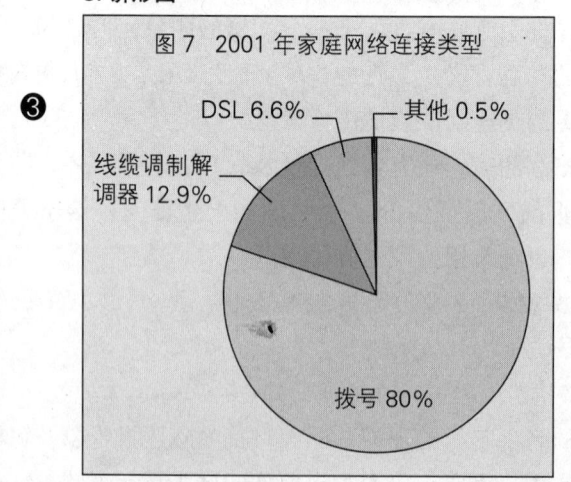

❸

图 7　2001 年家庭网络连接类型

DSL 6.6%
其他 0.5%
线缆调制解调器 12.9%
拨号 80%

318　商务沟通

最近的研究表明，需要对财务数据彻底分析时，数据的形式（表格和图形对比）对制定的决策的质量影响非常小；两种形式一样有效。相对基于图表的数据作出的决策，经理似乎对那些基于表格的数据作出的决策更为自信，但是如果两种形式都用上的话，经理则最为自信。

研究表明图表工具应该作为文本和表格展示的附属。虽然大部分数据用表格表示更为有效，但是有能力的商务沟通者会用图表来吸引读者对特殊发现的注意。同样的数据不应该同时用表格和图形表示。

在《数量型信息的视觉展示》中，爱德华·塔夫特提到要警惕垃圾图表——那些使读者关注图表本身而不是图表内容的图表。由于可以轻松得到图表和便捷使用计算机，要预防你的报告过于视觉化。不要使用太多、太大、太华丽或者太复杂的图表。

> 不要过多使用视觉教具，它们会减损信息。

如果图表没有马上给人带来印象或者人们对图表的理解并不一致，那么图表就会丧失它的有效性。就像报告的其他部分一样，视觉教具必须能够直接帮助你更有效地说出你的想法。不要有垃圾图表；要尽力去表达——而不是去想给人留下深刻印象。

9.7 解读数据

在分析数据时，你应该首先确定这些数据是否真的能解决你的问题。如果你的数据是毫无相关的、不完整的或者是不准确的，那么就没有必要准备表格及其他的视觉教具。为了帮你对自己的数据进行初步估计，出于方便，我们假设你只收集了三条信息——二手资料中的一段话、你画的图表以及计算机打印资料，分别标上发现 A、发现 B、发现 C（见第 322 页的图 9-5）。现在，根据下面列出的过程，你要开始分析这些数据了。

> 沟通目标 5

1. 孤立地看每一条数据（步骤 1）。如果发现 A 是你收集到的唯一数据，就解决问题而言，这意味着什么呢？如果有结论可得出的话，你能从这一个数据中得出什么结论呢？对发现 B 和发现 C 采用同样的步骤，单独检查每一个数据，不考虑其他数据。
2. 将每一个数据与其他数据结合起来（步骤 2）。例如，单独看发现 A 可能会得出一个结论，但是将它与发现 B 和发现 C 结合起来时，可能就得到不一样的结论了。

    换句话说，将发现 B 和发现 C 添加到你的数据中是否会加强你最初的结论呢？如果是的话，你可以用更加肯定的语气得出你的结论。或者它是否削弱了你最初的结论呢？如果是这样的话，你可能在写结论的时候就不会那么肯定，甚至完全不想得出结论。
3. 综合你收集到的所有信息（步骤 3）。当你将所有的事实以及它们之间

问题聚焦 18　　　　　　　　　　　　　　　　　　　　跨文化

美洲的出生证明

当然，一些图表比其他图表重要。2001年的时候，美国国会图书馆花了1,000万美元购买瓦尔德泽米勒世界地图。这份地图由德国牧师及制图师马丁·瓦尔德泽米勒于1507年制成。这份地图是国会图书馆花费最大的一次购买，这个地图的重要性在于，它第一次：

- 使用"美洲"这个名字
- 画出了北美大陆和南美大陆
- 显示了世界是圆的
- 划分出了太平洋

虽然1492年，哥伦布第一个发现了美洲，但是当时他将美洲误认为是亚洲。意大利探险家亚美利果·韦斯普西几年后到达美洲，认为这是一个全新的大陆。

因为是第一个画出南美和北美的人，所以瓦尔德泽米勒可以任意对这两个大陆命名。因为他是使用亚美利果的笔记制作地图的，所以他将大陆命名为"美洲"用来纪念亚美利果。在对地图的简介中，瓦尔德泽米勒写道，"我认为将它叫为'美洲'是非常合理的，用来纪念亚美利果这个伟大的人物。"

这张地图长约8英尺，高约4英尺，是当时最大的地图。地图于1507年出版，比巴尔博亚早六年发现太平洋，比麦哲伦早15年。

因为这地图是第一个将新大陆命名为"美洲"的，所以它被称为美洲的出生证明。

批判性思考

▶ 假设你是第一个绘制南北美洲的制图师，你会将地图用亚美利果·韦斯普西或者麦哲伦的名字命名吗？为什么？

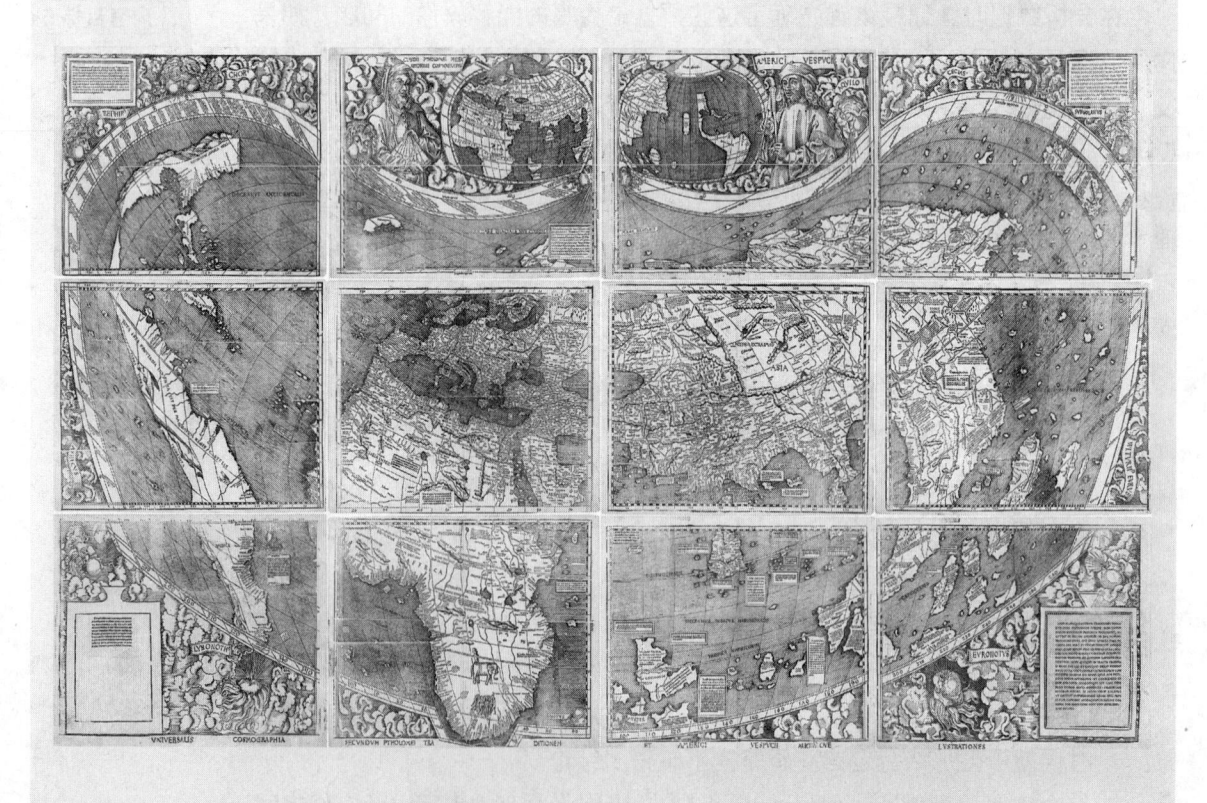

检查表 13　　　　　　　　　　　　　　　　视觉教具

表　格

- ☑ 利用表格在较小的空间里展示大量数据，得以容易地对数据进行比较。
- ☑ 用连续数字对表格进行编号，使用简洁但是描述性的表格标题和每一栏的标题。
- ☑ 确保表格本身是易于理解的——读者不需要看相关叙述。
- ☑ 用某种逻辑顺序排列行（往往是降序）。
- ☑ 将不太重要的小类别并到"其他"栏里，并将"其他"栏放到最后。
- ☑ 利用交叉分类表分析对比不同的分组。
- ☑ 只使用必要的信息。
- ☑ 需要的话，使用易于理解的缩写或符号。
- ☑ 确保每一方面都清楚地表达。

图　表

- ☑ 只有在图表能够帮助读者更好地理解数据的时候，才使用图表——不要仅仅是为了让报告"看起来好看"。
- ☑ 将所有的图表都标为"图"，然后用连续的数字表示（与表格数字分开）。
- ☑ 图表要简单。图表要能吸引读者对图表中数据的注意，而不是被图表本身吸引。
- ☑ 最好使用二维图表；只有在引起兴趣比展示精确性更重要的时候才使用三维图表。
- ☑ 使用最合适的图表达成自己的目标。商业图表中最常用的类型是线形图、柱形图和饼形图。

线形图

利用线形图表示一段时间内数据的变化，强调数据的运动，也就是趋势。

- ☑ 利用纵轴表示表示数量，横轴表示时间。
- ☑ 两条数轴应用同等距离清楚标出。
- ☑ 纵轴以零开始；如有需要，用斜线（//）表示间隔。
- ☑ 如果线形图上不只一个变量，要标明清楚。

柱形图

用柱形图比较特定时间或者一段时间里的规模或者大小。

- ☑ 所有的柱形宽度相等，利用长度的不同表示不同的数值。
- ☑ 以逻辑顺序排列柱形，清楚标出。

饼形图

利用饼形图对比构成一个整体的各个部分。

- ☑ 在12点钟的方向切割饼形图，以逻辑顺序顺时针移动。
- ☑ 标出饼形图上的每个部分，标注它的数值，清楚区分各个部分。

的关系综合考虑时，它们意味着什么？例如，如果发现 A、B、C 都指向同一个方向，你也许能够找出一种趋势。

更为重要的是，你必须考虑所有的数据加起来是否能够为你的问题提供一个准确而且完整的答案。如果答案是肯定的，那么你就可以着手准备详细的分析和报告来帮助读者理解你的发现。如果答案是否定的，那么你就要重新开始这个研究过程了。

确定每个发现本身、与其他单个发现结合以及与其他所有发现结合时的意义。

图 9-5
解读数据的三个步骤

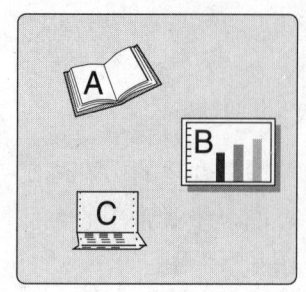

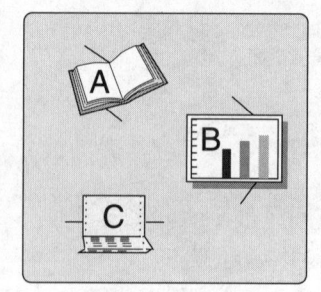

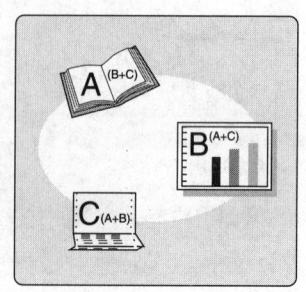

步骤1：孤立　　　　步骤2：相互结合　　　　步骤3：综合

理解数据

作为一个报告撰写者，你不能仅仅展示原始数据而不做任何解释。表格和图表里的数据是用来解决问题的，报告撰写者必须在数据和问题的解决之间建立联系。在报告中，你不需要将表格和图表中的数据都作解释，这样会使读者厌烦，并且是对读者智商的侮辱。但是你必须知道数据的重要意义是什么，然后将它们告诉读者。

你希望得到哪些重要信息？最重要的发现往往是对问题的完全解答（而不是交叉分类表中的分组回答）。得到最多回答的问题所属的类别往往是最重要的。所以要先讨论这个问题和这个类别。我们不妨看看之前图 9-3 中关于顶点公司的表格和这里的图 9-6。

在表 4 中，最主要的发现是：五分之四的调查对象认为顶点公司是他们社区的资产。注意，要是你给出表中的具体数字（这里是 80%），在陈述的时候，可以使用不那么精确的语言——这个例子中的"五分之四"，或者其他例子中的"四分之一"、"大多数"之类的。这样能使你避免太快呈现事实和数字。控制你分析的速度，因为数据呈现得太快或者数据太多的话，读者将无法理解数据。

一旦你已经讨论了总体发现，那么就有必要讨论交叉分类表数据。要注意以下任何一个特征：

- 趋势
- 出乎意料的发现
- 加强或者与其他数据矛盾的数据。
- 极端数值
- 引起问题的数据

如果这些特征很重要的话，就讨论它们。在我们的例子中，婚姻状况对回答的影响不大，所以你不用对此讨论。但是，你需要讨论男性和女性回答的巨大差异。如果可能的话，展示数据或者就出现这些差异的原因得出有效的结论。

最后，指出与年龄明显相关的趋势：调查对象的年龄越大，答案越正面。

不要只是展示表格和数字。要解释它们的重要意义。

至少要讨论总体目的和任何重要的交叉发现。

图 9-6
简化的表格

表 4　对"顶点公司是我们社区的资产"这一表述的看法
（271 人；所有数字都是百分数）

	总数	婚姻状况		性别		年龄		
		已婚	未婚	男	女	21 岁以下	21–50	50 岁以上
同意	80	82	77	83	57	69	77	90
没有意见	12	11	15	12	21	18	14	9
不同意	8	7	8	5	22	13	9	1
总数	100	100	100	100	100	100	100	100

如果这非常重要的话，你可以将这个趋势用图表展示以获得更多的视觉效果。

有时候，你会想要加入一些描述性的统计数据（例如平均值、中位数、变化幅度、标准差）；有时候，你的数据的性质则要求进行显著性检验——看看是否在你的样本数据里找到的差异存在于大众中。

到目前为止，你对自己所写主题的了解很可能比读者知道得要多。那么你要帮助读者指出你的数据中重要的涵义、发现以及数据之间的关系。帮助读者得到和你一样的结论。

每个地方的企业都必须在调查研究的基础之上生成报告并据此作出决策。距离威斯康星州麦迪逊市西北部 90 英里的 Cistercian Abbey of Our Lady of Spring Bank 修道院里的修道士经营一家名叫 LaserMonks.com 的网站，该网站销售打折打印机墨盒。他们把网站盈利用来维持修道院的正常运转。根据他们对市场调查的分析结果，公司计划开始向顾客提供全套办公室用品。

第 9 章 规划报告和管理数据 323

道德维度

参与报告的每一个人，都有责任以合乎道德的方式行事。

每一个人在收集、分析、报告和传播数据时，都有权利和义务。例如，研究者（1）有权期望他的调查对象作出真实回答；（2）有义务不欺骗调查对象。同样，资助这项研究的机构（1）有权期望研究者提供真实有效的信息；（2）有义务不滥用这些数据。

新兴的科学技术无疑会带来更大的道德困境。如果你的研究和相对应的报告是为了帮助解决问题和制订决策，所有参与方都必须使用常识、公正的判断、善意以及道德的心态使项目顺利完成。

3P 行动：调查问卷

■ 问题
■ 过程
■ 成果

■ 问题

假设你是玛莎·哈尔彭，多希尼水仓库的经理助理。乔·考克斯是老板，他要你调查进入水疗供应品市场的可行性。为了了解市场对水疗供应品是否有足够大的需求，你决定向潜在的顾客寄一份简短的问卷调查。

■ 过程

1. 问卷调查的目的是什么？

   了解是否有足够的潜在客户使我们进入水疗供应品市场是有利可图的。

2. 你的调查对象是谁？

   理论上我的受试对象是圣安东尼奥地区所有的水疗所有者。但是，由于我们主要的业务仍然是水池供应，所以我推测我的大部分水疗业务会来自我现在的客户。

   因此，我的研究的真正受试人数是我邮寄列表上的 1,500 名左右的客户。我不需要联系每一个客户，只需要一个代表性样本。我会让数据库程序为每隔五个客户生成一个地址标签。

3. 你需要从这些顾客得到什么信息？

   （1）他们是否拥有水疗设施或者说未来准备买一个？
   （2）他们一般会在哪里购买水疗供应品？
   （3）他们每一年花在水疗供应品上的钱有多少？
   （4）他们对自己的供应商是否满意？
   （5）他们转而向我们购买供应品的可能性多大？
   （6）这个地区有多少水疗供应品公司？

4. 是否所有这些信息都是必要的？是否其中的某些信息能通过其他途径获得？

   我能通过二手数据或者当地商会，确定水疗供应品公司的数量以及他们的生意数量，因此我不需要将问题 3（6）包含在我的调查里。其他所有信息都是需要的，而且不能从其他途径获得。

5. 这些问题是否涉及一些敏感信息，或者说是否难以回答？

　　没有。关于花在购买水疗供应品上的金额这个问题依靠人们的记忆，因为大多数人一年只买四五次水疗供应品。不过，调查对象应该能提供一个相对准确的估计。

6. 问题 3 中的各项，是否要遵循一定的逻辑顺序？

　　关于是否拥有水疗设施这个问题必须放在第一位。因为调查对象如果没有水疗设施的话，就无法回答其他问题。结合其他问题，我想逻辑顺序应该是（1）、（3）、（2）、（4）、（5）。

7. 调查问卷是否需要附函？

　　是的。因为调查问卷是邮寄给调查对象的，而不是亲自分发的。我会用文字处理程序生成一个个人化的信件寄给每一个选中的顾客。

■ 成果

附　函

Doheny's Water WAREHOUSE

20×× 年 2 月 22 日

弗雷德里克·J·迪尔先生
安德森路 1876 号
威斯康星州基诺沙市，邮编 53144

亲爱的迪尔先生：

　　我们整个冬天都很想念您！

　　虽然您在夏天的时候经常光顾多希尼购买水池用品，但是我们很遗憾不能在其他季节为您提供服务。因此，我们准备在产品中增加水疗供应品。

　　希望您能帮助我们完成随附的调查问卷，并将它寄回给我们。

　　感谢您和我们分享意见，我们期待三月份的水池产品特卖会上与您相见。

真诚地，

Martha Halpern

玛莎·哈尔彭
经理助理

附件

Discount Swimming Pool Supplies
6950 51st St, Kenosha, WI 53144 · Orders 1-866-Dohenys · www.WaterWarehouse.com

■ 成果

调查问卷

Doheny's Water WAREHOUSE

1. 您现在拥有水疗设施吗?
   ___ 是
   ___ 否

2. 想想您在去年购买了几次水疗供应品和每次的平均花费,您估计去年在水疗供应品上一共花费了多少(包括所有购买类型——化学药剂、附属设备、装饰品和其他)。
   ___ 少于 100 美元
   ___ 100 ~ 300 美元
   ___ 301 ~ 500 美元
   ___ 多于 500 美元

3. 您的大部分水疗供应品是在哪里购买的?(只选一个)
   ___ 在一般的卖场(如卡马特、西尔斯等)
   ___ 在水池或水疗供应品店
   ___ 邮购公司
   ___ 其他(请具体说明 _____)

4. 您在购买水疗供应品时,对以下因素的满意程度如何?

因素	非常满意	一般	非常不满意
顾客服务	___	___	___
操作时间	___	___	___
商店位置	___	___	___
价格	___	___	___
产品质量	___	___	___
产品数量	___	___	___

5. 如果一个原先只销售水池供应品的公司准备销售水疗供应品,假设产品的质量、数量以及价格和它的水池供应品相近,您在那儿购买水疗供应品的可能性多大?
   ___ 很可能
   ___ 有可能
   ___ 不知道
   ___ 不太可能
   ___ 非常不可能

   感谢您的配合。请将填好的调查问卷装在信封里寄给玛莎·哈尔彭。

现在将 3P 付诸实践。见第 329 页的 3P 练习。

登陆学生网站(网址:college.hmco.com/pic/oberOBC7e),以获取更多资料,帮助你更好地了解课程内容和未来职业规划。

总　结

沟通目标 1　　二手数据是他人出于自己特定的目的而收集的。因此，想要在自己的研究中利用二手数据的研究者必须首先评估数据是为了什么而收集的，收集的方式是什么，数据是怎样分析的，该数据与其他研究的数据是否一致以及这个数据收集多久了。

沟通目标 2　　使用逻辑搜索器（例如"与"、"或"、"非"以及"接近"）和短语使你的网络搜索成功率更高。由于网络上信息的质量参差不齐，在决定使用某信息之前，你应该对信息认真评估。评估所有信息都应该从以下几个方面考虑：信息作者的权威性、赞助的机构、内容的准确性、客观性和时效性。

沟通目标 3　　原始资料是通过各种调查方法获得的，主要是问卷调查、电话问询和访谈。当所需信息能够简单、迅速地获得时，通过邮寄调查问卷来获得原始数据是一种经济且便捷的方式。要注意问卷中所有的问题都必须是必要的、表述清楚的、完整的和公正的。问题和选项必须以逻辑顺序排列，说明必须明确，整体的格式应该是吸引人的、有效的。附函应该是一封说服性的信件，解释为什么回答这份调查符合读者的利益。

沟通目标 4　　数据通过仔细分析转化为信息，在报告中以陈述的方式和通过视觉教具来阐述。你根据数据制作出来的表格应该本身就能被人理解，而不需要参考上下文。你往往需要在一张表格中分析两个领域以上的数据来获知它们之间的关系。表格中只要包含必要的数据就可以了，尽量使表格简洁。

使用精心设计的线形图、柱形图和饼形图能够帮助读者理解数据，强调某些数据，引起读者的兴趣以及节省时间和空间。不要使用太多、太大、太华丽或者太复杂的图形。

沟通目标 5　　用逻辑顺序对数据进行排列，往往是降序。不要在你的陈述中分析表格里的每一个数据，而是解释表格中的一些重要信息，指出主要的发现、趋势以及矛盾之类的。不要误传你的信息。一位有能力的商业信息报告者也是一位有道德的商业信息报告者。

关键术语

你现在应该能够用自己的话定义下列术语，并分别举例：

柱形图（bar chart）
交叉分类表（cross-tabulation）
分解（factoring）
线形图（line chart）
饼形图（pie chart）

原始数据（primary data）
问卷调查（questionnaire）
二手数据（secondary data）
调查（survey）
表格（table）

付诸实践

3P 实践

要了解更多信息，参见第 325 页的 3P 模型。

1. **回到摇滚名人堂和博物馆** 托德和研究者经常收集和分析信息来帮助制订决策，从而为博物馆的参观者提供服务。托德通过私人访谈和互动电子调查问卷大概了解参观者，了解他们的需求和评估他们对博物馆的满意度。然后托德在报告中用图表呈现这些结果来帮助管理层抓住这些数据的重要性。

   问 题

   假设托德要你设计一份互动电子调查问卷来收集与周末相比，博物馆平时的参观者数量。你会研究当地参观者和外地参观者的比例，他们的年龄、性别、家庭状况、家庭收入以及最受欢迎的陈列品和节目。这个结果能够使管理层区分周末参观者和平日参观者的主要区别，从而用来制订适宜的营销活动、展示和项目。

   过 程

   （1）想出所有可能的问题。每一个问题会挖掘出怎样独特的信息？博物馆管理层知道每一个问题的答案后能做些什么？

   （2）选择最适宜的问题，以逻辑顺序排列。

   （3）修改每一个问题的措词使其明了。是否每一个问题都是客观的？是否每一个问题只处理一个主题？

   （4）考虑如何编排每个问题以方便调查对象作答。哪些问题应该是开放式的，哪些应该是封闭式的？

   （5）你是否应该修改或者去除某些问题，或者改变一些格式来加快调查的速度和鼓励更多的调查对象参与。

   成 果

   利用数据收集和分析的知识，准备、编排和校对一份合适的问卷调查。将你的问卷调查和过程中问题的回答提交给你的导师。

2. **调查问卷**

   问 题

   你是学校商业研究所的主管，学校商学院的院长要求你调查在过去的五年里雇用你们商学院毕业生的国内公司。调查的目的是想了解你们学校的商学院毕业生是否具有优秀的沟通能力。

   过 程

   （1）思考 10 分钟。列出你可能会问这些公司的所有问题，暂时不用考虑问题的措词和排序。

   （2）检查你的问题。是否所有问题都是必要的？是否其中的一些信息能够从其他地方获得？

（3）修改你的问题，确保它们表述清楚而且是客观的。

（4）用某种逻辑顺序排列问题。

（5）可能的话，用选项的形式编排每一个问题，将答案以某种逻辑顺序排列。

（6）这些问题是否涉及敏感信息，或者难以回答？如果是，你将如何处理这些问题？

（7）在你的问卷调查中，除了问题本身，还应该包括哪些信息？

（8）你需要增加一个附函吗？

成　果

起草、修改、编排和校对你的问卷调查。将你的问卷调查和对上面问题的回答提交给你的导师。

练　习

[沟通目标1]

1. **评估二手数据——看到数据的背后**　假设你在来自纽约的美国资深参议员查尔斯·舒默的办公室当暑期实习生。你正在为一份报告收集高中和大学的毕业率，这份报告建议给那些继续去大学深造的高中生增加联邦资助贷款。不过，你不确定你能为这个建议给出什么有力的例子。

   你在研究的过程中，在《纽约时报》上读到了托马斯·莫腾松的一篇研究中学后教育机会的文章。文章指出，纽约的大学升学率在全美第二高（次于马萨诸塞州，那里的大学升学率是最高的）。文章还指出，纽约的公立高中毕业率是美国最低的地区之一。事实上，在纽约的公立学校只有61%的九年级毕业生，而美国平均高中毕业率为67.8%。

   回过头评估这个二手数据。关于这个研究和结果，你会问些什么问题？根据你在这篇文章读到的统计，你会得到什么结论？这个研究能否支持你的建议？写一封简短的信给资深参议员告诉他你对这份研究的想法，以及你认为如何在你的报告中对此讨论。

2. **有问题的网络资源**　选择一个与商业相关的话题。利用四个基本搜索器——"与"、"或"、"非"和"接近"在网上搜索话题。找出一些关于这个话题的错误信息。复印这个有问题的信息，并且讨论为什么你认为这个信息是不可靠的。

3. **网络资源的质量**　选择两个网络资源，并且利用四个准则——权威性、准确性、客观性和时效性（来自于第304页的检查表11）——对这两个资源进行评价。将这些资源的副本和对它们质量的简单总结提交给你的导师。

4. **定位具体信息** 你要调查在北卡罗来纳州格林维尔市开一家冷冻酸奶店的可行性。利用最新的资料，回答以下问题。每一个来源要标明出处。

   （1）去年 TCBY 这家冷冻酸奶特许店的总销售额是多少？
   （2）格林维尔的人口是多少？年龄在 18 到 24 岁的人口占多少百分比？
   （3）格林维尔的人均收入是多少？
   （4）TCBY 总裁的名字和地址是什么？
   （5）格林维尔的气候怎样？
   （6）东卡罗来纳大学招收了多少学生？
   （7）全国范围内冷冻酸奶店的市场前景如何？
   （8）你所能找到的关于这个主题最新的期刊或者报纸新闻是什么？

5. **看不见的网** 储存在网络上的很多信息不能通过正常的搜索引擎识别。原因是这样的信息是储存在不能直接获取的数据库里，或者是以网络搜索器不能直接搜索到的格式储存的（例如 PDF 格式的文件）。 〖沟通目标2〗

   利用你最喜欢的搜索引擎，搜索"看不见的网"（不要忘记引号），然后研究你得到的资料。通过你的研究，你能用什么方式获得这个"看不见"的信息？找出一些方法并分析它们的有效性。想一个你不能利用传统搜索引擎找出的研究难题，然后一步一步地解释你是如何利用你发现的一些战略得到这些信息的。把你的发现写成一两页纸的报告。

6. **全面但不重复** 你计划开一家冰激凌店。你想要你的顾客有多种口味可以选择，所以你要问一些潜在的顾客，了解他们喜欢的冰激凌口味。

   （1）写一个能够包含冰激凌所有口味的问题。你还想知道人们愿意花多少钱付一杯冰激凌或两杯冰激凌。
   （2）准备一个能够覆盖顾客分别愿意为一杯冰激凌和两杯冰激凌付钱范围的问题，确保问题是全面的，但又不重复。
   （3）最后，你想知道，你们店里能提供什么新奇的冰激凌。写一个能够收集到这个信息的问题。这个问题应该是全面的，并且要遵循一定的逻辑顺序。

   确定每一个问题的选项都是以适宜的顺序排列的。

7. **团队交流——问卷调查** 假设你要写一份报告，关于在你的镇上开一家冷冻酸奶店的可行性。因为你们机构的学生团体会是冷冻酸奶店潜在的主要客源，你决定调查这些学生来获得相关数据。四五个人组成一组，设计一份两页的问卷调查，包括附函，将样本寄给这些学生。

   确保问卷调查的内容和外观遵守本章节提到的指导方针。在一小群学生样本中先行测试问卷调查和附函，然后作出必要的修改，将它提交给你的导师。

8. **在线调查**　通过使你的问卷调查能够在线阅读和完成，可以节约你的时间和邮寄费用。找一个免费的在线调查网址（例如 http:freeonlinesurveys.com），并重新编排你在练习 7 设计的问卷调查用以网上提交。你的导师或许会要求你把这个网上问卷调查发给选中的学生。

沟通目标 3

9. **海鲜餐馆调查**　假设你是皮德蒙特海鲜餐馆连锁的营销副总裁，你正考虑在科罗拉多的科林斯开一家新餐馆。你目前在周围的几个州有 15 家分店，去年你在丹佛开了一家分店。丹佛的这家分店非常成功，因此，你想在其他合适的地区开分店。

要判断是否适合在科林斯开一家海鲜餐馆，你想让当地人做一份简短的调查问卷。你的餐馆的特色是海产品新鲜且种类齐全。你的餐馆服务周到，宾至如归。价格从 7.99 美元的儿童套餐到 19.99 美元的最高级海鲜。午餐或晚餐的平均费用是 14.5 美元。

找一个搭档，制作一份针对当地人的调查问卷。你的调查问卷要有标题和简短的介绍。然后问六到十个措词清晰、公正的适宜问题。用逻辑顺序排列这些问题并确保选项是全面且没有重叠的。将调查问卷提交给你的导师评估。

10. **海鲜餐馆附函**　为练习 9 中的调查问卷写一个附函。信中应该鼓励读者完成调查问卷，并且迅速用信件的方式寄回。如果真的要开餐馆的话，附函也应该为建立潜在的客户关系奠定一定的基础。如果需求足够多的话，马上就会在皮德蒙特开一家海鲜餐馆了。

11. **你的 M&M 是什么颜色？**　根据玛氏公司，每包 M&M 糖果都应该包含第 334 页图 9-8 所示的各颜色百分比。买五小包 M&M 糖果，然后根据颜色将其分类。将你现在出现的颜色百分比与 M&M 标准相比。建立一个图表显示这个对比。

沟通目标 4

12. **建立表格**　明年百老汇制作公司会将总部从曼哈顿迁往斯坦福的一座大楼，这座大楼的第一层是三市银行。三市银行想吸引百老汇制作公司的员工成为它的客户，并且还做了一次调查来了解他们的银行习惯。第 333 页图 9-7 的调查问卷上的手写数据显示了做每一道选择题的调查对象人数。

（1）需要用一张表格展示问题 1 中的信息吗？

（2）在这个问卷调查中，交叉分类表能否帮助读者理解数据？请解释。

（3）创建一个表格，以逻辑、有帮助性和高效的方式呈现调查问卷中的信息。给表格一个合适的名称，在最终报告中编排。

13. **创建图表**　见练习 12。你决定用图表而不是表格来表示调查问卷中问题 4 的数据。

图 9-7
调查结果

百老汇制作公司调查

1. 你是否在三市银行有账户？
   __58__ 是
   __170__ 否

2. 你在以下哪些机构有账户？（多选）
   __210__ 商业银行
   __52__ 员工信用合作社
   __75__ 储蓄和贷款协会
   __6__ 其他（请具体指出：_____）
   __18__ 没有

3. 从方便性考虑的话，你在选择主要银行时，希望银行坐落在哪里？
   __70__ 离家近的
   __102__ 离办公室近的
   __12__ 离商场近的
   __31__ 上下班的路上
   __13__ 其他（请具体说明：_____）

4. 你觉得银行的哪些服务比较重要？

	非常重要	有些重要	不重要
信用卡	88	132	8
支票保付	74	32	122
方便的自动取款机	143	56	29
免下车服务	148	47	33
免费检查	219	9	0
账户透支	20	187	21
个人银行	40	32	156
电汇	6	20	202
信托部门	3	45	170

5. 如果你在过去的三年里换了银行，主要原因是什么？
   __33__ 住宅迁移
   __4__ 银行迁移
   __18__ 对银行服务不满意
   __7__ 其他（请具体说明：_____）

感谢您的配合。请将此问卷装入信封中并寄给三市银行的客服部，康涅狄格州斯坦福市 1086 信箱，邮编 06902。

（1）你能否用线形图表示数据？可以或不可以的理由是什么？如果可以的话，创建一个线形图，并标出横轴和纵轴。

（2）你能否用柱形图表示数据？可以或不可以的理由是什么？如果可以的话，创建一个柱形图，以逻辑顺序排列柱形，清晰地标出每一条柱形以及纵轴。

图 9-8
M&M 糖果的颜色

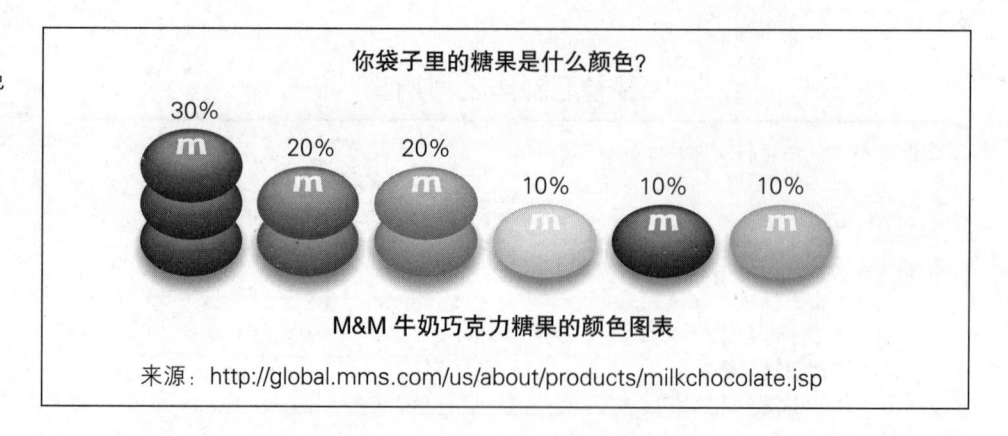

> 你袋子里的糖果是什么颜色？
>
> 30%　20%　20%　10%　10%　10%
>
> M&M 牛奶巧克力糖果的颜色图表
>
> 来源：http://global.mms.com/us/about/products/milkchocolate.jsp

（3）你能否用饼形图表示数据？可以或不可以的理由是什么？如果可以的话，创建一个饼形图，标出每一部分，并相互区分边界。

14. **哪一种视觉最好**　根据以下情形，选择最合适的视觉教具展示数据，并解释为什么认为它是最好的选择。

（1）表示公司的每日销售额。

（2）表示在一年内，你在四种固定花费上的支出比例。

（3）表示人们对于经济的看法的六个调查问题的结果。

（4）表示第一季度部门 A、B、C 的净销售额。

（5）表示公司在全球的办公处。

（6）表示各地区的总销售额以及与上年相比的增加或减少百分比。

（7）表示全国范围内各选定城市的年均降雨量。

15. **创建图表**　见练习 12。你想创建一个视觉教具强调过去三年里更换银行的调查对象的比例。利用图 9-7 显示的调查结果，计算出百分比。想想哪一种表格能最有效地传递这个信息。利用合适的数值和标签创建表格。

16. **商业文章中的视觉教具**　从报纸或杂志上的商业文章中找出至少三个视觉教具。保留每一个视觉教具以及附带信息的副本。根据本章提到的原则评价每一个教具。它们的优缺点各是什么？如果需要修改的话，应该怎样修改能够更利于读者的理解？提交每篇文章的副本以及你对教具有效性的评价给你的老师。

17. **歪曲数据——利用数据**　政客、商人等喜欢引用数据来支持自己的观点。找三条关于某人利用数据来支持特定目的的新闻报告。然后找一个客观的来源，既不肯定，也不否定这些数据。写一封信给导师，告诉他你的发现。信中还要包括原始文章的副本以及支持你的观点的数据。

18. **歪曲数据——解读表格**　以下句子是对第 323 页图 9-6 中的表格进行解读。

分析每一句话，判断它们是否准确地代表了表格中的数据：

（1）男性和女性都相信顶点公司对社区来说是一种资产。

（2）超过五分之一的女性（22%）没有作出回答。

（3）年龄和代沟导致不同的信念。

（4）50岁以上的已婚男性的观点最积极。

（5）不赞成的女性比不赞成的男性多，因为大部分在顶点公司工作的是男性。

（6）女性调查对象倾向于不赞同这一表述。

（7）五分之四的居民认为顶点公司是社区的一种资产，顶点公司应该对此感到骄傲。

（8）13%的年轻居民对顶点公司是社区的资产持怀疑态度。

（9）相较已婚居民，更多单身的人对这个问题不关注或者说没有意见。

（10）总的来说，居民认为，公司的8%对社区来说并非一种资产。

19. **解读数据** 用一两句话解读图9-7中5个问题的数据。假设你需要将问卷调查中的重要信息用一段话表示，不超过一百个字。写这个总结段落。

20. **理解数据** 作为一个婚姻咨询师，你收集到了以下数据： ⟨沟通目标5⟩

- 过去十年内，女性首次结婚的平均年龄增加了1.5岁。
- 过去十年内，男性首次结婚的平均年龄增加了2.5岁。
- 过去十年内，人们首次结婚的数量下降了13%。
- 过去十年内，离婚数量增加了22%。
- 过去十年内，不止离过一次婚的人数增加了26%。
- 过去十年内，年龄在20～50岁之间的工作女性增加了12%。
- 过去十年内，年龄在20～50岁之间的工作男性减少了8%。
- 过去十年内，已婚夫妻的债务增加了31%以上（打破记录）。

有这么多的数据，它们到底有什么意义？五六个人一组，讨论以下问题的答案：从数据中能得到哪些趋势？这些趋势意味着什么？这些数据是如何相互联系的？一种因素会导致另一种因素的产生吗？如果是的话，是哪些因素？在得出结论前，还需要其他什么信息？哪一种视觉教具最能展现过去十年的变化？

持续案例 9

你把谁称为老人？

保罗·俞是销售管理总监，他正与阿伦·麦卡恩通话。阿伦没能成功申请佛罗里达的营销工作。阿伦显然很难过——不仅因为他没有得到工作，还因为区域销售经理诺曼·阿尔斯特对待他的方式，阿尔斯特本来可能成为他的直接上级。

"诺曼和我通电话时，他说我的履历看起来非常棒，然后要我去面试，"麦卡恩说道。"诺曼顶多30岁（我52岁），在面试中，诺曼问我，对于为比自己年轻得多的人工作心理有什么感受。

我听到这个问题时很惊讶，然后告诉他这个对我来说不是问题。我现在发现这个工作又重新做广告宣传了，还没有招到人。城市系统公司是怎么了？难道你们不愿意聘用一个老员工吗？"

保罗向麦卡恩保证说，城市系统公司并不是这样。他说他自己已经64岁了，仍然很强壮，并且接下来的几年里也不会考虑退休。他告诉麦卡恩，他会调查这件事，然后再和他联系。

保罗又仔细考虑了这个问题。他想起和他同样年纪，在另一个部门工作的同事曾经提到，她觉得相比以前，她没有被委以同样具有挑战性和长期的任务，而且最近她也没有被要求参加任何培训。发生了什么变化？公司是不是在无意中歧视老年人呢（因为那些员工年纪更大点，就对他们有偏见，歧视他们）？

保罗认为帕特·罗宾斯可以好好研究这个方面。帕特是最近刚分配给他的一个暑期实习生，密歇根大学市场营销专业的一个大三学生。保罗要求帕特深入研究这个问题，做一次调查来获得城市系统公司的员工对工作的老年人的看法和了解。

例如，这些员工是否认为随着年龄的增长，智力会下降？年纪大的司机比年纪轻的更容易出车祸？随着年龄的增长，五官感知能力下降？年纪大的人更容易自杀？员工的看法与现实是否一致？这些年轻工人的看法与老年人相比有何区别？无疑，帕特还要研究其他方面。

如果城市系统公司确实出现了问题，保罗会和人力资源部一起培训员工来改变这种情况。

批判性思考

1. 假设你是帕特，指出报告要解决的问题，然后将问题分解成几个部分。
2. 在这个例子中，道德和法律的意义各是什么？

3. 搜索合适的资源，找出关于这个话题的五篇期刊文章和五种网络资源。复印或者下载每一篇文章并保存。利用本章的标准评价每一篇文章；用一段话总结每一篇文章，然后对这些文章作出注释。
4. 利用你在期刊或者网络上看的材料，按照保罗的要求制作一份面向员工的问卷调查，自行添加你认为有用的信息。在问卷调查的顶部写一段简短的介绍代替附函，解释研究的目的，给出所需说明。

10 撰写报告

沟通目标

学完本章后，你应该能够：

1. 选择合适的报告结构和组织方式；
2. 起草报告正文和补充页；
3. 运用有效的写作风格；
4. 适当地引用他人的成果；
5. 修改、编排和校对报告。

圈内人视角：
宝洁公司

如果你在家中使用的一些产品具有你期望的功能，那么琳达·吉拉德撰写报告的技巧很可能发挥了作用。作为宝洁公司研发中心的高级化学工程师，吉拉德把顾客的需求转换成可行的技术模型，这些模型是用来设计家用消费品的。"我最近的报告总结了客户对一个产品的反馈，目的是了解行情以及对产品的技术参数提出建议。"

在短短的一个月里，吉拉德就写了四五份简短而又正式的报告。另外，她每年还撰写三四份长达100页的详尽报告。吉拉德的报告是为了提供信息，分析数据并且提出建议。她说："我的读者希望看到我对某一具体项目的深刻理

"我非常依赖表格来传达
我的调查结果和结论。"

琳达·吉拉德
宝洁公司高级化学工程师
（俄亥俄州辛辛那提市）

解，还有详尽的计划和解决问题所需时间以保证项目的顺利进行。"虽然她的工作主要是对产品的设计提出建议来更好地满足消费者的需求，但是吉拉德的报告中都有专门的纯信息部分，例如描述顾客对产品的反映。

吉拉德用大量的数据分析来支撑她的建议。她解释道："我非常依赖表格来传达我的调查结果和结论，因为这些表格可以迅速地作出对比，并且不需要冗长的解释。"在对产品进行技术描述的长篇报告中，尤其要注意标明出处。"在研发中心，我们在写报告时，通常都会把出处以参考文献的形式放在正文中（或者附件中）。"

10.1 计划

在学习商务沟通的过程中，我们已经了解到，写作过程包括计划、起草、修改、排版以及校对。报告的撰写也要遵循这一过程。

虽然在收集数据之前，我们就需要计划报告，但是写报告的过程仍然需要计划。在写报告之前和写报告时，你需要决定报告的结构、内容的组织以及标题的构架。

决定报告结构

[沟通目标 1]

报告的结构和诸如报告的复杂度、正式度以及长度等方面依赖于报告的读者以及所要解决问题的性质。报告最常见的三种格式是手稿、备忘录以及书信格式。

大多数报告编排成手稿、备忘录或书信格式。

手稿是三种格式中最为正式也最为常见的一种，以叙述风格编排，用标题和副标题区分不同的部分。如果报告所要阐述的问题很复杂且有重大的后果，那么报告往往采用手稿的格式，用正式的风格书写。

正式的写作文体避免使用"我"和"你"等第一和第二人称。另外，报告越正式，越需要包含更多的补充部分（例如目录、执行摘要和附录），因而报告也就越长。

备忘录和书信报告包括标准的通信部分（例如，收信人和寄信人的姓名）。它们的书写格式不那么正式，标题和副标题可有可无。下面，我们来比较一下范例 22 中非正式、简单而又简短的备忘录与第 342 页的范例 23 中正式、复杂而又冗长的手稿报告。

为了使你的报告看起来结构合理，内容统一，要事先考虑报告的复杂度、正式度、长度以及格式。"正确"的选择依赖于读者的需求。

奥伯问答

亲爱的奥伯博士：

您知道我去哪里可以找到详尽的俚语、套话和流行语词汇表吗？我的学生似乎很难辨别和去除这些词汇。

——沙林恩

亲爱的沙林恩：

下面是你可以去查阅的网站，都很不错：

俚语：http://www.manythings.org/slang/
流行语：http://www.buzzwhack.com/index.html
套话：http://www.clichesite.com/index.asp

——斯科特

给作者写信，邮箱为 askober@comcast.net。

组织报告

雕刻家雕刻人物的时候，不一定从头开始，然后一步步地雕刻到脚。相反，他可能首先雕刻一部分躯干，然后是一部分头，接着是另一部分躯干。同样，电影导演可能不是按照叙述的顺序拍摄电影。不过最后，两者的创作都用某种方式结合起来，展现出一致性、有序性、逻辑性和美观性。

范例 22

非正式备忘录报告

Weight Watchers International, Inc.　　　　FAX 516 390−1445
175 Crossways Park West
Woodbury, New York 11797−2055
516 390−1400

备忘给：营销经理
发件人：销售助理芭芭拉·诺瓦克
日　　期：20×× 年 8 月 9 日
主　　题：黄页广告

　　我建议我们继续在黄页购买四分之一页面的广告。这是因为黄页广告比其他任何形式的广告更能引起人们的注意，也增加了我们的纯利润。

建立先行测验

　　3 月 1 日的时候，您要求我对黄页广告的有效性进行为期三个月的测试。我在黄页上购买了四分之一页面的广告。这个黄页在 6 月 2—6 日之间分发。六个星期后，我们向所有打电话和走进来的客户了解他们是如何得知我们公司的。

　　同时，我还将此与其他每一个来源进行比较。我们无法得知准确的售前售后数据，因为每一个时期都有不同的因素对此产生影响（例如，季节或者其他的促销活动）。

积极的结果

　　我的分析显示，在 6 月 2—6 日之后，38% 的客户是从黄页上得知我们的公司。接下来是他人推荐和回头客，占了 26%。

我们应继续做广告

　　在黄页上做广告，每个月花费 358 美元，每一个美元的花费带来了 3.77 美元的销售收入和 0.983 美元的产品利润。因此，我们非常有必要继续在黄页上做广告。我很乐意继续与您详细讨论这个研究的结果，如有必要，我将提供相关数据。

备忘录的结构表明，读者是公司内部的同事。

采用直接风格：建议和结论在前，而支持性信息在其后。

使用非正式语言；大量使用第一人称和第二人称代词，如我、我们和您。

用谈话式副标题强调直接的计划。

不含详细的统计数据信息，但如果需要也可提供。

范例 23

手稿式报告

此处展示的是一份正式手稿报告的第一页。

报告组织结构是间接的：结论和建议在支持性数据之后才出现。

采用正式语言；避免使用第一和第二人称代词。

采用视觉教具（如表格和图表）和在正式报告通常采用的多层次标题。

慧俪轻体国际公司黄页广告的有效性

芭芭拉·诺瓦克，销售助理

根据贝尔山黄页，在上面做广告一般占了一家公司 55% 的总销售额。因此，营销总监海拉姆·库珀要求开展一项三个月的测试，研究慧俪轻体国际在黄页上做广告的有效性。这份报告描述了收集数据的过程和得到的结果。根据这个数据，建议应该继续在黄页上做广告。

公司在贝尔山黄页上购买了四分之一页面的广告。这个黄页在 6 月 2—6 日之间分发。六个星期后，我们向所有的客户了解他们是如何得知我们公司的。

这个研究的不足之处在于，我们无法得知准确的售前售后数据，因为每一个时期都有不同的因素对此产生影响（例如，季节或者其他促销活动）。

调查结果

就这项研究所作的报告介绍了三个方面：客户得知慧俪轻体国际的信息来源、产生的新业务量和黄页广告的成本—收益对比。

信息来源

如表 1 所示，在测试期间，38% 的客户从黄页上得知慧俪轻体国际。接下来依次是他人推荐以及回头客，占了 26%。

类似地，在分析和收集数据时，你也可以按照某种方式组织数据。不过，由于你需要把分析的结果在报告中连贯地呈现出来，因此，你可能需要新的组织形式。将你从研究中所获知的信息都考虑在内。

要使你的报告看起来统一、有序、有逻辑性，甚至还要美观，就要为你的调查结果（你所收集和分析的数据）选择一个组织基础和拟定一个大纲。你需要决定用什么顺序提出你的问题，什么时候给出你的全面**结论**（对简介部分提到的问题的解答）和建议。

如第 344 页的图 10-1 那样，组织你的调查结果的四个最基本要素是时间、地点、重要性以及标准。当然，还有其他数据组织形式；例如，你可以由已知到未知，或者从简单到复杂。报告的目的、问题的本质以及你对读者的了解都有助于你选择最有用的报告组织框架。（见第 345 页的沟通快照 10，了解大部分经理在读报告时希望看到哪些方面。）

> 大多数报告按照时间、地点、重要性和准则来组织。

时间　在议程、会议记录、项目、现状报告以及类似的报告中，可以使用时间顺序撰写报告。按照事件发生的顺序，或者按照事件应该或将会发生的顺序撰写报告，是组织信息性报告的有效方式——这些报告的目的只是为了传达信息。

> 只有在让读者了解事件顺序很重要的时候才按照时间来组织报告。

尽管时间顺序实用、简洁，但是不能过多使用。因为事件是一件接着一件发生的，时间顺序可能是记录数据的最佳方式，但却并不是向读者呈现数据的最有效方式。例如，你在写一份在四个大学招聘的进度报告。每一天，你都要为三个职务面试应聘者。以下第一条信息按照时间顺序，它让读者读起来很费力，而第二条则节省了读者很多时间。

不要　星期一上午，我面试了一个预算分析应聘者和两个初级会计师应聘者。然后在下午，我面试了两个资产经理应聘者和一个预算分析应聘者。最后，在周二，我面试了一个预算分析应聘者和两个初级会计师应聘者。

应该　在周一和周二，我面试了三个预算分析应聘者、四个初级会计师应聘者以及两个资产经理应聘者。

极其详细的描述并非总是传递信息的最有效方式。有时候，这反而会让读者读起来费力。只有在让读者了解事件顺序很重要的时候才按照时间来组织信息。

地点　和时间顺序那样，往往在简单的信息报告中，才使用地点来组织报告。按照主题的地理或物理位置（例如，描述办公室的布局）进行讨论也许是展示数据最有效的方式。

但是，你仍然要保证这样的编排方式能够帮助读者最有效地了解信息，而

图 10–1
组织数据

主题	基础	格式	标题
A. 东方电气：案例研究 　1. 公司的创立：2002 　2. 迅速扩张：2002—2008 　3. 整个产业发展减缓：2006 　4. 紧缩：2004—2008 　5. 恢复盈利：2004	时间	名词短语	一般型
B. 整修需要 　1. 扩展收发室 　2. 现代化接待处 　3. 在 C 仓库安装加湿系统 　4. 重铺北停车场	地点	分词短语	一般型
C. 自动化项目的进展 　1. 预算的转化 　2. 进度加快了一个月 　3. 增加了分办事处 　4. 升级了软件程序	重要性	部分陈述	谈话型
D. 评估通讯主管职位的应聘者 　1. 舍西克的专业训练水平更高 　2. 詹森有更多相关工作经验 　3. 詹森的文案工作更有效	标准	陈述	谈话型
E. 制订工作场所艾滋病政策 　1. 公司的法律和社会职责是什么？ 　2. 其他公司制定了什么政策？ 　3. 我们需要制定什么政策来解决艾滋病员工的需求？ 　4. 我们需要制定什么政策来解决未感染艾滋病员工的担忧？ 　5. 这些政策该如何执行？	标准	问题	一般型

不仅仅是你报告数据的最简单方式。撰写报告要以读者的需要为基础，而不是建立在方便报告撰写人的基础上。

重要性　对于事务繁多的读者而言，最有效的编排方式也许是按照重要性递减的方式讨论问题，即最重要的问题首先讨论。这样，读者能够首先获得主要信息，然后根据自己的需求略读不那么重要的信息。这种编排方式常见于报纸。在报纸中，最重要的信息在首段就会提出。

对于一些报告，特别是推荐报告，编排方式正好相反，是根据信息重要性递增的方式编排的。如果你已经分析了四个选择，并且想推荐第四个选择，你可以逐个呈现前三个选择（首先是最不可行的解决办法），并且说明它们为什么不可行，然后在最后，你再提出最可行的方案，这样能使你的建议给读者留下最深刻的印象，因为这是他们最后读到的信息。

如果你使用这种方法，你要确保自己能够有力地说明其他选择均不可行，只有这样才能让读者认同你的建议是最有逻辑的。

标准 大多数分析性和建议性报告主要是为了分析数据，得出结论，然后给出建议；对这些报告而言，最有逻辑的安排是按照标准来组织数据。一个重要的步骤是，对于你所要解决的问题的原因或者解决方案提出假设。在这个过程，你需要将问题分解成几个小问题，这些小问题，或者说是标准，也就成了组织报告的基础。

例如，在图 10-1 的例子 D 中，展示的三个因素——专业训练、工作经验和文案工作——是你评判每个应聘者的基础。因此，它们也是展示数据的基础。

通过对标准的关注，你可以帮助读者得出和你一样的结论。如果读者起先对你的建议并不赞同，那么通过标准来组织报告则是一个非常有效的方式。

例如，你正为一个新设施评估三个可能的安置地点，那么，不要把这三个地点的位置作为报告的标题。这样的编排方式是强调地点本身而不是你评估这些地点的标准，而你正是依靠这些标准提出你的建议的。

> **沟通快照 10**
>
> **计划报告写作**
> 经理希望在报告中看到的信息
>
> [条形图：结论和建议、问题陈述、使用的方法、结果、详细数据，横轴 0–100]
>
> 来源：*Automotive Manufacturing and Production*, 2001.

> 大多数分析性和建议性报告按照标准来组织最合逻辑的。

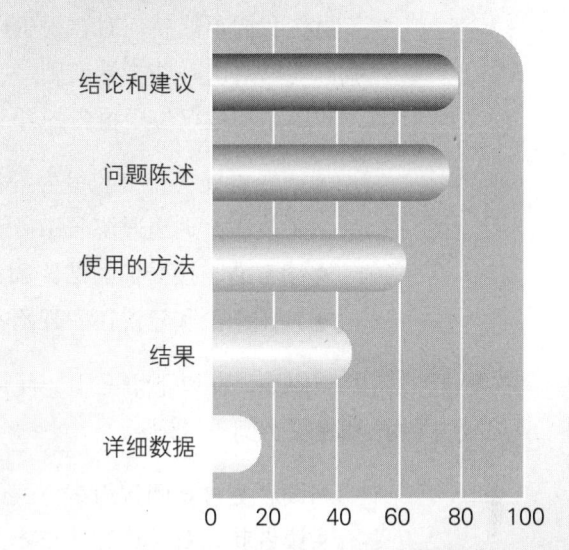

相反，你要使用标准作为标题。同样，不要使用"优点"和"缺点"作为标题。通过让读者和你关注同样的方面（即标准）来让读者与你保持一致。

在实际中，你也许会把以上这些编排方式结合起来。例如，你可以按照标准编排一级标题，但是你的二级标题可以按照从易到难的顺序。又或者你可以按照标准编排一级标题，不过按照它们的重要性来展示这些标准。

有能力的沟通者会尽量选择最有利于读者理解的方式来组织报告。

给出结论和建议 一旦你决定如何组织你的研究发现，你必须决定何时给出结论以及何时提出从这些调查结果中得到的建议。发现、结论和建议之间的区别如下所示：

> 一般来说，大多数商业报告选择直接组织方式（结论和建议在前）。

发 现	电脑显示器有时会变得一片空白。
结 论	电脑坏了。
建 议	我们必须在 5 月 3 日开始核算工资前把电脑修好。
发 现	在过去的五年里，我们的斯泰茨维尔分店有四年是亏本的。
结 论	我们的斯泰茨维尔分店并不盈利。

第 *10* 章 撰写报告 345

> **建 议**　我们应该关闭斯泰茨维尔分店。

结论回答了在引言部分提出的研究问题。

学术报告和很多商业报告往往将研究的结论和建议放在报告的末尾，因为只有展示并分析数据后，才能得出合理的结论；同样，只有得出结论后才能提出建议。

虽然我们不能就何时在报告中使用直接或间接组织方式给出统一标准，但是我们能够给出一些指导准则。一般说来，在以下情况中最好使用直接组织方式（即结论和建议位于报告的开头）：

- 读者更喜欢直接的报告（尤其是在给上司准备一份商业报告的情况下，见第 345 页沟通快照 10）。
- 读者易于接受你的结论和建议。
- 如果结论和建议在一开始就给出，读者能够更有效地评估报告中的信息。

类似地，在以下情况中，使用间接组织方式（即首先给出证据，然后是结论和建议）则更合适：

- 读者更喜欢间接组织方式的报告。
- 读者起先对结论和建议不感兴趣或者有抵触。
- 话题很复杂，因此需要在读者理解并接受建议前给出详细的解释和讨论。

拉里·佩吉（左）和谢尔盖·布林 1999 年创立搜索公司谷歌。如今该公司每年的利润大约有 40 亿美元，占到网络搜索领域 37% 的份额。然而，据这两位亿万富翁讲，他们最初的商业计划只不过是在白板上的一些涂鸦而已。

这两种情况并非总是二选一。你并不一定要把所有的结论或者建议都放在开头或者结尾，你可以把它们分开，放在报告的合适部分。同样，即使你使用间接的方式撰写报告，你也可以让读者在读报告前，通过摘要或者附函了解结论或者建议。

列出报告提纲

虽然我们还未使用"列提纲"这个术语，但是，我们谈到组织报告的时候，实际上我们谈的就是列提纲。例如，在写报告前，你将问题陈述分解成几个小问题，这样，你的问题陈述和小问题就是暂定提纲的初稿。

很多撰写商业报告的人发现撰写一个正式的大纲是非常有用的。一个正式的大纲能够在视觉上给人一种有序的感觉，能够清楚地显示哪些要点需要提到，以什么顺序提及，并且它们与报告的余下部分有什么联系。

> 提纲提供了报告结构的简洁视觉图像。

列提纲的目的是让报告撰写者能够有逻辑、高效地组织自己的报告。把这个提纲当作是草稿，在你撰写报告的时候可以对此进行修改。

报告的标题也应该是提纲的标题。注意标题的字体和阿拉伯数字的使用。第 348 页的范例 24 展示的是正式报告的提纲。

在撰写正式提纲的过程中，你要为标题组织语言，决定需要多少标题。标题能够引起读者的注意，使你的报告统一和连贯，所以要谨慎拟定标题。在写报告的终稿时，根据需要修改标题。

> 使用描述性和平行标题以统一和连贯。

谈话性标题和一般性标题　谈话性标题不仅能够显示这部分的话题，而且还有主要结论。例如，第 344 页的图 10-1 中的例子 C 就使用了谈话性标题，不仅表明报告的第一部分是关于预算的转化，还指出转化是根据预算进行的。

谈话性标题往往出现在报纸和杂志上，不过，它对商业报告也非常有用，因为它们可以作为对整个报告的概述或执行摘要。在需要直接方式组织报告时，这种标题尤其有用——读者只要简单地浏览报告的标题（或者目录），就可以对报告的主题以及每个主题的结论有大概的了解。

另一方面，**一般性标题**，只显示了这部分的主题，没有给出结论。大多数正式的报告和以间接方式写的报告都会选择一般性标题，就像图 10-1 中的例子 A、B 的标题以及范例 24 中的所有标题。

平行　如图 10-1 所示，选择在报告中使用什么类型的形式时，你有很大的灵活性。名词短语或许是最常见的标题形式，不过你也可以选择分词短语、部分陈述（缺少谓语——常见于报纸标题）、陈述或者问题作为标题。当然，还有其他的标题形式。

无论你选择哪一种形式的标题，每一级标题应该保持一致。如果第一级标题是名词短语，那么所有的一级标题都应该是名词短语；如果第一级标题是谈

范例 24

报告的提纲

用报告的暂定标题作为大纲标题。

根据标准组织调查结果。

每一级标题下至少包含两个分标题。

使用一般性而不是谈话性标题。

采用平行结构（主标题和次级标题都使用名词短语）。

员工对梅奥纪念医院福利计划的评估

洛雷塔·J·圣托里尼

❶ 一、引言
    1. 目的和范围
    2. 步骤

二、调查结果
❷ 1. 对福利的认识
    1.1 对福利的熟悉度
    1.2 当前的沟通方式
        1.2.1 正式渠道
        1.2.2 非正式渠道
    1.3 喜欢的沟通方式
    2. 对当前福利的看法
    2.1 福利的重要性
    2.2 对福利的满意度
    3. 对其他福利的渴望

三、总结、结论和建议
    1. 总结问题和步骤
    2. 总结调查结果
    3. 结论和建议

附录
❸ 1. 附函
    2. 调查问卷

语法和结构说明
❶ 用汉字数字表示各部分的序号。
❷ 二级标题用较细的字体。
❸ 用阿拉伯数字标记每项附录内容。

话性标题的话，其他标题应该也是这样。当你从一级标题跳到下一级标题时，你可以采用另一种形式的标题。但是，同一级标题必须是平行的。

标题的长度和数量　对大多数标题来说，四到八个字的长度就足够了。标题太长的话，就会丧失一些有效性；标题越短，越能引起注意。但是标题太短的话，也无效，因为它们没有表达足够的意义。

同样，标题的数量要适当。标题数量太多的话，会削弱报告的整体性——它们把报告分成太多部分了，使其看起来更像是一个大纲而不是一个经过周密思考的报告。但是标题数量太少的话，读者就要一页接一页不停地看，无法停下来，重新集中精神到话题上。总之，单倍行距的每一页纸或者双倍行距的每两页纸中至少要有一个标题或者视觉教具。要让你的报告看起来吸引人。

> 使用标题来划分长篇报告和重新集中读者的注意力。

平衡　在每一部分内部和各部分之间都要保持一种平衡。如果一份报告中，某一部分包括五个小部分（八个二级标题），而剩下的部分却没有，这会显得很奇怪。同样，如果一个部分用五页纸表述，而另一部分只用一页纸表述，这也会显得奇怪。另外，还要保证最重要的想法出现在一级标题中。例如，如果你正讨论一个主题的四个标准，所有的标准都应该在同一级标题上——可能都在一级标题上。

当你把一个部分分成几个小部分时，它至少要包括两个小部分。逻辑上来说，当你进行划分时，你不能在一个部分里只包含一个二级标题。这部分应该被分为更多的几个小部分。

10.2　起　草

虽然撰写报告是长期而又复杂的过程的最后一步，但是你的报告是唯一能显示你付出的努力的证据。你工作的成功与否完全依赖于这个实物证据。认真仔细地撰写报告，把数据中包含的所有重要意义都提到，帮助读者作出决定，解决问题。

> 沟通目标2
>
> 最终产品——书面报告——是显示你付出的努力的唯一证据。

第4章所讲的关于写作过程的知识可以直接应用于报告写作——选择一个有效率的工作环境；写草稿的时候要不停地想，不用担心风格、正确性以及格式；然后修改内容、风格以及正确性。但是写报告时还需要考虑其他方面。

起草正文

报告正文包括：引言；调查结果；总结、结论和建议。正如之前提到的那样，结论可以在开头出现，也可以在末尾出现。每一部分，在长篇报告中可能是单独的章节，或者是短篇报告中的一个主要部分。

引言　引言是为后面的调查结果奠定基础的。这一部分要涉及以下信息：

第 *10* 章　撰写报告　349

"你需要你写一本解读那本手册的指南,手册是为了阐述一本小册子,小册子是为了明确一份文字资料,文字资料是为了解释那份备忘录。"

引言呈现了读者理解报告结果需要的背景信息。

- 问题产生的背景
- 研究的必要性
- 报告的权威性
- 提出假设或者陈述问题和次要问题
- 目的和范围(如有需要,包括定义术语)
- 收集和分析数据的步骤

在引言部分出现的主题和细节数量取决于报告的复杂度和读者的需求。例如,如果步骤很复杂的话,你就可以把它们放在独立的部分,作为一级标题。第352页的范例25是正式报告中引言部分的一个例子。

不要只是展示调查结果;为读者分析和解读它们。

调查结果 研究的调查结果代表了报告的主要贡献,是报告最主要的组成部分。对你收集到的任何相关原始或二手数据进行讨论和分析。用前面讨论过的组织方式之一来安排这部分报告(例如,根据时间、地点、重要性,或者更为常见的是,根据标准)。用客观的语言,清晰、简洁、准确地表达信息。

许多报告利用表格和图表的形式(例如柱形图、线形图或者饼形图)传达大量的信息。通过这种方式展现的信息应该是不需要加以说明的,也就是说,读者不需要看报告也能理解。

但是,报告中必须提到所有表格和图形,并作出解释,这样,报告本身也是不需要加以说明的。报告中所有的引用都应该用数字标号(例如,"如表4所示")——不要用短语表示,例如"如下面所示",因为表格或图表可能会出现在下一页的开头。

从展示中总结重要信息(见第353页范例26)。给读者提供足够的信息

350 商务沟通

来帮助读者理解表格或图表，但是不要重复全部信息。用陈述的方式讨论信息能够强调信息，所以只需讨论那些值得强调的信息。

在报告中首次提到表格或图表时，表格或图表应紧跟其后（当然，如果包含的是补充性信息的话，你可以将它置于附录而不是放在报告的正文）。不要将一张表格或图表分开放在两页纸上。如果没有足够的空间放入表格或图表，就在页末继续阐述，然后将表格或者图表放在下一页的顶部。

对于所有原始数据和二手数据，指出以下几个重要特征：

- 重要项目
- 意义
- 趋势
- 矛盾之处
- 意外的发现
- 相同点和不同点

利用强调、从属、概述、总结和过渡使报告读起来清晰流畅。不要过快列出事实和数字，以免读者被数据弄晕了。当你组织、展现和讨论信息的时候，最重要的是要牢记读者的需求。

总结、结论和建议　一个只有一两页纸的报告可能只需要一句或一段总结的话。但是，长篇或者复杂的报告则需要更为全面的总结。简单地回顾问题和解决问题的方法，以及概述主要发现。

> 调查结果导向结论；结论导向建议。

在陈述结论和提出建议前重复关键信息和论点能够使得这些结论和建议看起来更合理。在总结的时候，为了避免单调，应使用与之前不一样的措词。

如果你的报告只是对展示的信息进行分析，而没有提出建议，那么把报告的最后一部分称为"总结"或者"总结与结论"更为恰当。如果你的报告包括结论和建议，那么确保你的结论可以从调查结果中直接获得，且建议可以从结论中直接获得。

提供大量证据支持你的结论和建议，如范例27中报告的结尾部分。

总之，你要用完整的结束语结束你的报告，并且这些结束语能让人觉得报告结束了，不要让你的读者觉得下面还有几页纸要看。

> 在报告的最后加上完整的结束语。

起草补充部分

报告的长度、正式程度、复杂度以及读者的需求会影响报告正文前后被分为几个部分。可以利用以下几个组成部分帮你达到你的报告目标。

标题页　标题页通常是给那些用手稿（与书信或者便函不同）格式写的报告。它显示了报告的名称、读者和作者的名字（或许还包括头衔及单位）以及

范例 25

报告的引言

援引数据、直接引用他人话语或者转述。

明确该报告的授权方。

用疑问句引出所研究问题。

指出解决该问题首先要回答的小问题。

明确界定此次研究，如有必要还要定义某些词汇。

就解决问题的过程展开简明、充分的讨论。

圆满地结束该部分。

---

❶ <center>引 言</center>

无论是营利还是非营利机构，员工的福利成为员工工资中越来越重要的组成部分。根据美国商会最近的一份研究显示，员工福利占了公司薪资成本的37%。因此，我们需要谨慎地监督和评估组织的福利计划。

为了保证梅奥纪念医院的福利计划能够尽可能地有效运行，人力资源部主管大卫·里金斯于2008年2月15日授权了这份报告。

目的和范围

这项研究中会探讨以下问题：梅奥纪念医院的员工如何看待他们的员工福利？要回答这个问题，首先需要解决以下几个小问题：

❷ 1. 员工对福利计划了解多少？
2. 员工对现有福利有何看法？
3. 员工还希望增加哪些福利？

这项研究只是想了解员工喜欢哪些福利。他们所喜欢的福利是否在经济上具有可行性不在这项研究的范围之内。在这项研究中，员工福利指的是员工拿到的除了自己薪水以外的奖金。

步 骤

❸ 工资表中有2,489名员工，我们抽取了10%的样本，也就是250名员工。3月3日，我们给每一位选中的员工发去附函和调查问卷，如附录1所示。共有206名员工完成问卷调查，回收率为82%。

除了调查问卷的数据，我们还对三位经理进行了个人访谈。报告分析了通过调查和访谈得到的原始数据，并将其与二手数据中的调查结果进行比较，从而了解员工对梅奥纪念医院的福利计划的看法。

语法和结构说明

❶ 一级标题用大号字体居中放置。二级标题用小号字体居左放置。
❷ 在单倍行距的报告中，如果每个问题只占一行，则它们之间用单倍行距。否则，单个问题之内用单倍行距，问题之间用双倍行距。
❸ 使用"百分之"或"%"要全文一致。但无论如何，所有数字都要是准确的百分数。

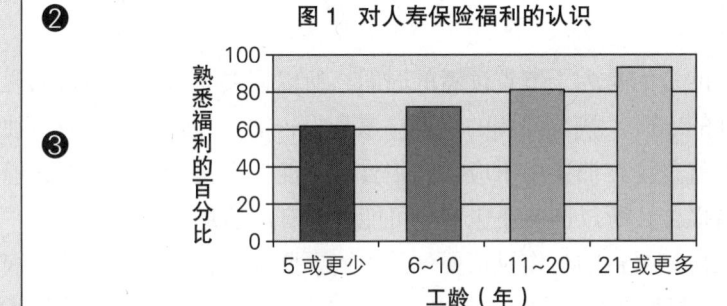

范例 26

报告的调查结果

9

最近的研究表明，员工对福利的满意度与其对福利的认识有直接关系。因此，梅奥纪念医院的员工被要求评估他们对每一种福利的了解程度。如表 2 所示，大部分员工认为自己得到了足够的福利。

❶ 表格和图表用数字标号。

表 2　对福利计划的熟悉程度

福利	熟悉程度（%）				
	熟悉	不熟悉	不确定	无作答	总数
病假	94	4	1	1	100
假期	94	4	1	1	100
带薪休假	92	4	3	1	100
医疗保险	90	7	2	0	100
人寿保险	84	10	5	1	100
退休保险	84	11	4	1	100
长期残疾保险	55	33	12	1	100
汽车保险	36	57	6	15	100

除了长期残疾保险，至少五分之四的员工对主要的福利比较熟悉，只有半数多一点的人对长期残疾保险比较熟悉。员工之所以对汽车保险的熟悉程度比较低（36%），可能是由于在这个调查开始前六个月，医院才开始汽车保险的福利。

只讨论表格中最重要的数据。

总的说来，员工对福利的熟悉程度与他们在梅奥纪念医院的工龄无关。无论他们的工龄长短，大部分员工对大多数福利比较熟悉。不过，如图 1 所示，唯一的例外是人寿保险福利。员工在梅奥纪念医院工作的时间越长，他或她对人寿保险知道得就越多。

参考表格和图表时使用从属子句（"如图 1 所示"）。

❷
❸
图 1　对人寿保险福利的认识

（柱状图：熟悉福利的百分比 vs 工龄（年）
5 或更少：约 62
6~10：约 72
11~20：约 82
21 或更多：约 94）

语法和结构说明

❶ 表格和图表放在对其进行介绍的文字段落的下面。
❷ 图表用"图"表示，其序号与表格的标号无关。
❸ 如果示意图在前一页无法全部显示，在前一页继续正文，而将图放到下一页。

报告送交读者的日期。当然作者还可以把其他信息包含在报告中。另外，标题页的信息要吸引人。

传送函 正式报告和所有不是亲自递交读者的报告都应该附带**传送函**。正如它的名字暗示的那样，传送函将报告传达给读者。如果读者不是组织内部成员，你可以用传送信；如果读者是组织内部成员，通常情况下用传送便函。无论报告是正式的还是非正式的，要用聊天式的、个人的语气写传送函。

> 用直接组织方式写传送便函或传送信。

因为完成报告是一个好消息（无论报告中包含的是好消息还是坏消息），所以使用直接的组织方式。一开头就传达这份报告。简要介绍所需的背景知识，也许还要概述报告的结论和建议（除非你想先让读者阅读支持结论和建议的证据）。

包含任何有助于读者理解、欣赏和利用报告中呈现的信息的其他信息。在报告末尾表达你的善意，例如感谢能够得到这个机会做这份报告，愿意再进一步讨论报告，或者在未来愿意提供帮助。第356页的范例28是一个传送便函的样本。

信件或者便函可以和报告一起传送，或者作为报告的一部分。在后者的情况中，信件或便函紧跟标题页，但是置于执行摘要或者目录之前。

执行摘要 **执行摘要**也称为摘要或梗概，是对报告正文的浓缩（包括引言、调查结果以及结论或建议）。虽然一些读者可能只是简单地浏览下报告，但是大部分会仔细阅读执行摘要。

和传送函一样，执行摘要也是可要可不要的。在以下几种情况中，摘要尤其适用：读者希望有结论和建议、报告太长或者你知道你的读者希望首先看到这样的信息。

因为执行摘要的目的是为了节省读者的时间，所以摘要要短——通常来说不要超过报告长度的10%。摘要强调的内容应该和报告本身一致，并且应该独立于报告之外，也就是说在摘要中不应提到报告。可能一个读者读了摘要，但是没有机会看整篇报告，所以摘要要包含尽可能多的有用信息。

摘要的写作风格和报告的写作风格要一致。摘要要置于目录前。（关于摘要的一个极端例子，见第357页的问题聚焦19，"在50字以内将它说出来"。）

目录 目录对那些有很多标题和次级标题的长篇报告十分有益。目录标题使用的词应该和报告正文的标题使用的词完全一致。通常说来，目录中只包含两到三级标题——即使报告正文中包括更多级的标题。

页码指明每部分的标题出现在哪一页，即使该部分包含很多页。显然，只有报告完成后，目录才能完成。

附录 附录包含补充性信息或文件，在报告中可要可不要。例如，附录中

❶ 总结、结论和建议

在全国范围内，员工福利占了全部工薪成本的三分之一以上。因此，仅基于成本考虑，我们需要谨慎地监督和评估组织的福利计划。

这项研究的目的是为了了解梅奥纪念医院 2,500 名员工对员工福利计划的看法。这个调查要了解员工对福利计划的了解程度，对提供的福利的看法以及他们喜欢的福利。对 206 名员工的调查和与三名经理的访谈为此项研究提供了原始数据。

❷ 调查结果显示梅奥纪念医院的员工几乎对所有福利都非常了解，除了长期残疾保险和汽车保险；不过，大部分人更喜欢个人化的福利说明而不是现在的小册子来说明福利计划。他们认为带薪休假是最为重要的福利，而汽车保险是最不重要的。大多数人对所有的福利都非常满意，虽然退休保险产生了很多的不满。大部分员工需要的唯一额外福利是对未使用的病假的补偿。

以下建议是基于这些结论得出的：

1. 了解为每一个员工制定个人化福利说明的可能性。
2. 在一年内重新评估汽车保险，了解员工对这个保险的了解程度以及对它的渴望。考虑用补偿未使用的病假来代替汽车保险福利。
3. 在梅奥纪念医院对退休保险进行后续研究，比较它们与其他类似机构相比具有多大的竞争力。

这些建议和研究发现有利于医院的管理层确保福利计划能够吸引和留住高质量的员工并满足这些他们的需求。

范例 27

报告的总结、结论和建议

开门见山地总结研究目的。

总结遇到的问题和解决问题的过程。

总结研究发现。

根据研究发现和结论给出建议。

给出恰当的结束语。

语法和结构说明

❶ 如果标题很长，在合适的地方分成两行，中间不必空行。第二行应比第一行短。

❷ 在总结调查的发现的时候用现在时态。

范例 28

传送便函

由于读者是内部人员，所以采用便函格式。

便函的日期与报告标题页的日期是一样的。

传送函采用直接组织风格——无论报告是直接还是间接组织方式。

备忘给：人力资源部主管大卫·里金斯
发件人：人力资源部助理主管洛雷塔·圣托里尼
日　期：20×× 年 3 月 30 日
主　题：梅奥纪念医院的员工对员工福利计划的评价

　　以下是您在 2 月 15 日要求的关于员工福利的报告。

❶　　报告显示，员工对我们提供的大部分福利感到熟悉并非常重视。在报告的末尾，我就发布年度个人福利说明、决定汽车保险福利的用处、对未使用的病假提供补偿的可行性以及我们的退休计划的竞争力提出了几条建议。

❷　　我非常喜欢这项任务，大卫，并且在分析过程中学到了很多东西，这将对我在接下来的劳资谈判中有非常大的帮助。如果您对这个报告有任何疑问，请马上联系我。

❸　　附件

语法和结构说明

❶ ……的用处、……的可行性、……的竞争力：一系列事项要使用并行格式。
❷ 这项任务，大卫，：插入名词时用逗号。
❸ 便函最后用术语"附件"（Attachment），而不是"装入物"（Enclosure）。

可以包括用来收集数据的调查问卷副本以及附函、补充表格以及电脑打印资料，这些可能会帮助读者理解，但是还不足以包括在报告的正文部分。用序号分别标示每个附录——例如，"附录1：问卷调查"和"附录2：附函"。在报告的正文中，提到附录中出现的任何信息时，用序号表示。

附录中可能包含重要性不足以进入报告主体的补充性资料。

参考文献 参考文献表包括在报告中引用的任何一项二手资料的完整记录。不同的学科对引用这些参考的格式有不同要求；无论你选择哪一种格式，前后要一致，并且要包含足够多的信息，这样读者想要这个资料的话，可以轻易找到。

能够显示报告撰写者的学术性的一个重要方面就是参考文献表的准确性——包括内容和格式——所以要仔细检查报告中的这个部分。参考文献表是报告中的最后部分。

问题聚焦 19　　　　　　　　　　　　　　　　　科技

在50字以内将它说出来

很多学生无法使课堂报告满足最少的页数要求。而迈克·圣坦格罗则面对相反的问题——将故事精简成50字左右。

圣坦格罗每天负责35个左右的故事，在福克斯新闻网位于纽约市美洲大道的总部大楼外面的新闻显示屏上展示。这个新闻显示屏，或者圣坦格罗所称的"大拉链"，163英尺长、28英寸高。每个故事要精简到过路人只要走过一个街区，就能读完整个故事。

"这是福克斯的脸面，"他说，"我们提供新闻，我们会直接告诉你，但我们会让它更耀眼。"他给每个故事起一个俏皮的谈话式标题，例如：

"燃气没了"——关于埃克森美孚CEO退休的故事。

"一脚踢到黄铜"——关于解雇四星级陆军上将的故事。

"道琼斯指数颓而不败"——关于股票市场下挫的故事。

一次，当抗议者在福克斯大楼外反对伊拉克战争时，圣坦格罗这样写道："抗议战争者今天试演……欢迎光临！"

圣坦格罗是唯一在新闻显示屏上发故事的人——没有人能对他的作品进行改动。他能够决定写什么故事，以及何时写这些故事。他在福克斯大楼17层的一个角落隔间工作。他曾经是一名新闻记者，因报告T.W.A.800航班失事获得过普利策奖。

圣坦格罗说过，"任何故事都能被写成三行。"

批判性思考

▶ 如果要你用三行文字写自己的自传，你将如何写？

10.3 培养有效的写作风格

沟通目标 3

你可以通过留意自己的写作风格，提高报告的有效性。

语　调

无论你的报告结构是怎样的，报告的写作风格通常比非正式信函更加客观和正式。不要使用口语表达，避免幽默语气、主观、偏见或夸张。

不　要　公司通过新的 MRP 项目中了一大笔钱。
应　该　新的 MRP 项目在第一年为公司节省了 125,000 美元。
不　要　他声明他有一半的项目包括品牌宣传。
应　该　他表示他有一半的项目包括品牌宣传。

代　词

第一人称和第二人称在大多数商业报告中都可以使用。

对大多数商业报告来说，使用第一人称和第二人称不仅是可接受的，而且还很有利于达到有效的写作风格。但是，正式语言关注的是传递的信息而非作者；因此，用正式风格写的报告应该使用第三人称代词，避免使用我、我们和你们。

你可以通过修改句子避免使用"作者"这一蹩脚的表述。在大多数情况下，显然作者就是进行交流的人。

非正式：我建议取消该项目。
蹩脚的：作者建议取消该项目。
正式的：该项目应被取消。

在正式报告中，通常用被动语态来避免使用第一人称，但是这么做的话会削弱影响。所以，要修改句子以避免被动语态的不恰当使用。

非正式：我面试了简·史密斯。
被动语态：简·史密斯被面试了。
正式的：在一次面试中，简·史密斯表示……

当指向一个不确定的人时，你也要避免使用"他"作为一般代词。第 5 章讨论了避免使用歧视性语言的多种方式。

动词时态

动词时态应反映读者的（而不是作者的）时限。

正确使用动词时态（过去时、现在时和将来时）。使用的动词时态要符合读者读报告的时间，而不是作者写报告的时间。用过去时表示研究过程以及其他完成的研究的调查结果，但是用现在时表示从这些研究中得出的结论。

可能的话，用更强的现在时表示你的研究得出的数据。这么做是表示我们认为我们的报告在未来仍然是有效的；因此，可以使用现在时（如果我们不敢肯定我们的调查结果在未来的有效性，我们就不应该在研究中使用它们）。

| 不 要 | 这些发现将在报告的后面谈到。 |
| 应 该 | 这些发现在报告的后面谈到。（或者：这些发现在报告的前面已经谈到过了。） |

| 不 要 | 四分之三的经理曾相信质量圈是有效的。 |
| 应 该 | 四分之三的经理相信质量圈是有效的。 |

过程： 近500人回答了这份调查。
发现： 只有11%的经理接受过新流程的特别训练。（这件事发生在过去。）
结论： 大多数经理没有接受新流程的特别训练。

强调和从属

极少可能所有数据都得到同一个结论。你更可能得到多种数据，因此必须对每一点的相对优点进行评价。要使你的报告达到目标，读者对每一点的认识必须和你的认识一致。

至少，你的读者必须认识到你对每一点的重视。因此，在讨论你的调查结果时，你应该利用第5章学到的强调和从属技巧。

首先，确定用来阐述每一个主题的篇幅能够反映该主题的重要性；其次，认真定位你的主要思想；最后，用语言直接说明哪些是重要的，哪些是不那么重要的，这样可以帮助你保证读者分析数据时，能够和你达成共识。

通过强调和从属，让读者了解你认为什么是最重要的，什么是最不重要的——但是不要误导读者。如果数据能够得出一个肯定明确的结论，那么就要利用各种方式使你的结论肯定明确。但是如果数据只能得到尝试性的结论，那么就不要得出结论。

合理使用强调和从属——不要给读者施压。

连 贯

写长篇文档——尤其是当文档的每一部分是单独起草、然后把它们放在一起时——的困难之一在于要使完成的文档读起来通顺连贯，就像一部完整的作品而不是拼拼凑凑得来的。对于团队合作完成的报告来说，这个问题更大（见第2章中第42—44页的"团队写作"）。

报告中实现连贯的有效方法是不时地使用概述、总结和过渡。在每一个大部分的开头，概述这个部分讨论的内容。在每一个大部分的结论部分，总结讨论过的内容，然后自然过渡到下一个话题。对于篇幅长的部分来说，概述、总结和过渡本身就可以独立成段；对于简短的部分来说，一句话就足够了。

用概述、总结和过渡来保持连贯和整体性。

注意下面的例子中，概述、总结和过渡是如何体现在报告的开头和结尾的：

培训系统用户

这个培训项目可以通过用户的看法和与系统本身的成本相关的培训成本的形式来评估……（在这个概述之后，接下来的几段讨论了用户的看法和培训项目的成本。）

虽然大多数用户觉得自己擅长使用这个系统，培训使总系统成本比专家建议的还低了20%。低水平的培训可能会影响MRP系统产生的数据的准确性。（第一句话总结这一部分；第二句话过渡到下一部分。）

不要依赖你的标题结构获得连贯性。你的报告即使没有标题，读起来也应该通顺连贯。不要在随后的陈述里完全重复标题，也不要将标题作为陈述的一部分。

不 要	**这两个部门应该合并**。因为它们提供的服务重复了。
不 要	**这两个部门应该合并**。这两个部门应该合并。因为它们提供的服务重复了。
应 该	**这两个部门应该合并**。合并这两个部门能够消除重复的服务。

在把一个主题分解成几个分主题前，要先介绍这个主题。因此，不能一个标题接着另一个标题，而中间没有任何表述（除了在报告的标题或者副标题之后紧接着"引言"）。在你真正划分主题前，要告知读者你将如何划分该主题。

10.4 标明出处

沟通目标 4

如果你的报告中引用了别人的思想，不要简单地重复作者的每一句话。你要解决的问题和作者讨论的问题很少情况下是完全一致的。通常你需要从多种来源中获取各种信息，然后将它们整合成有利于你的目的的文本。

不要过多直接引用。

释义是用自己的语言对一篇文章进行总结和重述；而**直接引用**是包含其他作者的原话。只有在引用定义或表述非常准确、清楚的文本时，才使用直接引用（要用引号）。

当提到二手数据时，大部分情况下用释义。释义不仅仅是将词语重新排列，或者省略一两个词语。它需要你理解作者的思想，然后用自己的语言重述。

标明出处是在文本或者参考文献中指出信息是来自他人的句子或思想。当然，你也可以使用别人的句子和思想，只要使用的时候恰当说明就可以了。事实上，对很多商业报告来说，这样的二手信息可能是你使用的唯一数据。但是，在你引用、释义或者总结别人的研究时，你必须要恰当地标明出处。

剽窃指的是在使用别人的句子和想法时，没有给出恰当的出处。作品被认

360 商务沟通

问题聚焦 20　　　　　　　　　　　　　　　　　　　　　　　伦理

这只是粘贴

在这个网络和在线教育盛行的时代，剽窃在学术出版中引起了越来越多的关注。

例如，贝克大学研究生学习中心的院长麦克·赫伯林在2002年春季发行的《远程学习管理在线期刊》上发表了一篇名为"维护在线教育中的学术一致性"的文章。

佛罗里达大西洋大学的研究生林赛·哈姆林和同学校的副教授威廉·莱恩在2003年5月发行的《教学大纲》上发表了一篇名为"探究虚拟课堂的剽窃行为"的文章。

问题是，《教学大纲》上的这篇文章剽窃了《在线期刊》关于剽窃的文章。事实上，有一大半的段落几乎完全是从原文章里原封不动地抄袭过来的。例如：

> 《在线期刊》：讽刺的是，实际上在线剽窃变得越来越难，而发现剽窃变得越来越容易。

> 《教学大纲》：但是，在虚拟的课堂中，学生越来越难以剽窃，而教师越来越容易发现剽窃。

赫伯林联系了《教学大纲》编辑部和这两个作者。第一作者哈姆林给他发了电子邮件表示歉意说，"我真的没有意识到我的用词和您的用词如此贴近。"

随后，《教学大纲》将赫伯林的文章列入了参考文献中，但是在文章中并没有作出任何改动。合著者莱恩说道，"大家都小题大做了。"

具有讽刺意味的是，《高等教育年鉴》报道了两个帮助教授检查剽窃的在线网址——PlagiServe.com 和 EduTie.com——它们"似乎与将期末论文卖给学生的网站有关系"。

批判性思考

▶ 哈姆林说她无意中使用了和赫伯林一样的措词。你认为这是真话吗？说明你的理由。

为是作者的合法财产；非法利用这种财产则犯了盗窃罪，因此，要受到严厉的惩罚。

在学校里，这种惩罚的范围可以从考试不及格到开除学籍；在工作中，对剽窃的惩罚范围从失去信用到失去工作（见问题聚焦20，"这只是粘贴"，讨论了文章的剽窃）。

什么需要标明出处

除了稍后提到的，报告中所有来自二手资源的材料都必须标明出处；也就是说，要有足够关于原始资料的信息，方便需要的读者找到这个原始资料。如果二手资料是出版了的（例如一篇期刊文章），则应该在参考文献中标明。如果资料还未发表，可以以陈述的方式给出，而不需要正式引用，如下所示：

> 根据董事会政策91-18b，C-3级以上的所有职位空缺在做广告时，都应该提前两周在内部发布。

> 来自其他地方的资料要标明出处，除非这些资料是常识或能轻易证实。

承包商在 2003 年 5 月 23 日的信中指出，"我们同意对蓝图 3884 进行修改，将东南入口从 10 英尺拓宽到 12 英尺 6 英寸，额外收取 273.50 美元。"

有时候，用陈述形式就能给出足够的信息，因此即使是从已发表的资源中引用也不用太正式。当在报告中只有一两个出处时，这种格式最适用。

威德马克讨论了 2002 年 5 月 4 日发表在《华尔街日报》上的名为"我们又这么做了"的文章（A12 版）。

一个研究在被引用一次后，在同一页或者接下来的几页再谈到这个研究时，如果不会产生歧义的话，就不需要再给出引用。如果隔了几页或者会产生歧义的话，应该再给出引用。

什么不需要标明出处

在以下两种情况中不需要标明出处：一种是对你的读者而言是常识信息；另一种是能够被轻易证实的事实。

戴尔公司是生产微型计算机的大生产商。
股票市场 11 月 8 日在 10,506 点关闭。

但是诸如"戴尔公司的销售量不尽如人意"和"去年只销售了 4,000 台戴尔电脑"这样的陈述需要标明出处。如果不确定你是否需要标明出处，就指出是引用的。

标明出处的方式

在报告中，引用别人的观点、信息以及他人在报告中的引用时，主要有三种方式，分别是尾注、脚注以及作者－日期参考。

报告的性质和读者的需要决定使用的引用方法。无论你选择哪一种方法，确保引用准确、完整、格式一致，并且参考文献的格式和引用格式要一致。

1. 尾注。尾注格式在文本中用上标数字表示引用二手资料，然后在报告末尾将引用的资料按数字排列。尾注在整篇报告中以连续数字排序。一些读者更喜欢尾注，因为尾注没有脚注那么杂乱，而且容易操作。

在过去，如果在一篇很长或者复杂的报告中使用尾注会显得有点冒险，因为在修改报告的时候，可能会产生错误。每一次对报告进行修改，如插入、删除或者移动文本时，报告中后面的尾注以及报告末尾的列表都要重新编号。

不过现在，文字处理器带有尾注功能，能够自动给尾注编号或者跟踪尾注。但还是有一些读者喜欢其他的格式，因为尾注无法在报告中体现来源的任何信息。

2. **脚注**：一直以来，脚注都是引用资料的传统方法，尤其是在学术报告中。参考文献式的脚注在引用出现的那一页纸的底部提供完整的参考信息，因此，感兴趣的读者在查找文献时不用特意翻到报告的末尾。今天的文字处理器能够轻而易举地做出脚注——能够自动准确地将每一个注释编号并定位。不过一些读者认为，脚注会分散他们的注意力。

3. **作者–日期格式**：一些商业报告的读者更喜欢作者–日期式的引用格式，认为它是尾注（在文本中完全没有提供参考信息）和脚注（在报告中提到所有参考信息）之间的合理妥协。

> 很多商业报告的使用者偏爱作者–日期格式。

在作者–日期格式中，报告撰写者在文本中将所引用的作者姓氏和出版的年份放入括号内。完整的信息出现在报告末尾的参考文献部分。

省略引起的曲解

给读者留下错误的印象是不道德的，即使你所作的报告是真实的。"省略"（omission）的后果可能和"承诺"（commission）一样严重。当脱离语境进行引用，省略掉一些相关的背景知识或者只包括一些最极端或者最有趣的数据时，省略就会带来曲解。

> 不要脱离语境引用。

例如，在大量引用 15 年前的一份报告时，如果没有事先向读者证明这些发现仍然有效的话，这种引用是不适宜的。同样，如果只是引用一份报告中的发现，而没有讨论四个类似的研究中得到的截然相反的结论，这样做也是不适宜的。

要特别注意对访谈的引用或者释义的准确性。提供足够的信息确保篇章反映出了受访者的意图。以下是可能导致曲解的例子：

原话：	"我认为保时捷 Boxster 对不需要担心汽油费用的任何人来说是很棒的车。"
曲解：	约翰逊说保时捷 Boxster "是很棒的车"。
更糟的曲解：	约翰逊说保时捷 Boxster 是"对任何人来说都是很棒的车"。

10.5 精炼你的草稿

一旦你起草完了报告的第一稿，把它搁在一旁，放上几天。这么做的原因是你会以全新的角度看草稿，或许还能找到一种更有效的方式将你的想法传达给读者。不要试图一次就把所有问题纠正过来。相反，把这个过程分为三步——首先修改内容，然后修改风格，最后修改正确性。

> 沟通目标 5

修 改

首先修改内容，要确保：

- 每一个观点都有足够的信息来支撑。
- 没有包括任何无关的信息（无论这信息看起来多有趣，或者你多努力才收集到这信息）。
- 所有的信息都是准确的。
- 信息是以有效、有逻辑的顺序呈现的。

当你审视内容时，要时刻牢记报告的目的以及读者的需要。一旦你对报告的内容满意了，接下来就修改报告的风格（参见第 169 页的检查表 5）。确保写作明确，并且你的报告使用了简单、有力以及简洁的语言。看看自己是否使用了多样的句子类型，是否正确使用了主动语态和被动语态。你的释义是否连贯统一，长度是否合理？整体的基调是否是自信的、有礼貌的、真诚的以及客观的？

最后，确保你的草稿使用了非歧视性的语言，强调和从属适宜。

确保了草稿的内容和风格后，再检查一遍报告的正确性。这一步称为编辑，

凯文·科黑是 OneUnited 银行的主席，该银行是美国最大的黑人所有的银行。图中，科黑站在银行新建的价值 3.7 亿美元的办公大楼前。据科黑讲，银行一系列成功收购的秘诀在于他们对每家收购的公司的运行数据进行彻底而公正的分析。

修改任何语法、拼写、标点符号以及用词错误。不要因为错误的语言使用，使读者对你的报告产生质疑。可能的话，请一位同事帮忙看看你的草稿，检查可能遗漏的任何错误。

编　排

报告的格式（页边距、行距等）在一定程度上是由报告的长度、复杂度以及组织或者读者偏好的格式决定的。

一致性和可读性是有效格式的特点。例如，要保证所有一级标题的格式是一致的，如果不是一致的，读者就无法判断哪个标题是大标题，哪个标题是小标题。

无论使用哪一种格式，确保读者能够一眼明白哪些是主要标题，哪些是次要标题。你可以运用不同的字体、字号、样式（例如加粗或者斜体）以及下划线等区别各类标题。

如果组织或者读者有偏好的格式，那么就使用这种格式。没有的话，就按照报告格式的编排准则来进行编排。

> 采用连贯、合逻辑的格式，牢记读者的需要。

校　对

第一印象很重要。即使在开始读报告的第一行字之前，读者就已形成了对报告——以及对你的第一印象。要使报告给读者留下好的印象，就要确保报告看起来很专业。

在做了所有修改、完成编排后，要对每一页进行最后的校对。注意不要出现排字错误，留意报告的外观。看看自己是否按页码排列报告，并且将它整洁地装订好？如果你提交的是影印本，是否每一页都是可辨认的，亮度是否一致？每一页是否都是平整的？

确保在移动段落时，你没有不小心删除一两行，或者重复某一段。做完所有这些后，使用拼写核对器。（但是要注意，如果一个词语使用错误，但是拼写没有错的话，核对器不会发现。）

如果你有语法软件程序，那么就用它评估你的报告。语法检查器会检查过去时的使用、句子的长度、词语的误用、标点符号（例如，括号少了一边）以及可读性。你要使用一切可用的办法确保你的报告反映出最高水平的学术性、批判性的思考以及你的认真谨慎。

总之，要使报告的每一页都显示出你的创作自豪感。外观和细节很重要。检查你的整个报告，保证它能满足检查表14中的每一个问题。

> 不要因为没有仔细校对而失去你的公信力。

检查表 14　　审查你的报告草稿

引　言
- ☑ 报告标题是准确、描述性和真实的吗？
- ☑ 研究的问题或者目的表述清楚了吗？
- ☑ 研究的范围明确吗？
- ☑ 所有术语或者术语的特殊用法都有明确的定义吗？
- ☑ 步骤介绍详细吗？
- ☑ 有疑问的做法提供了合理的理由吗？

调查结果
- ☑ 数据分析得完整、准确和恰当吗？
- ☑ 分析没有偏见和表述错误吗？
- ☑ 报告是解读（讨论数据的重要性和意义）而不仅仅是陈列数据吗？
- ☑ 所有计算都是正确的吗？
- ☑ 报告中的所有数据都是相关的吗？
- ☑ 视觉教具是正确、必要、清晰的吗？标记是否恰当？

总结、结论和建议
- ☑ 总结中的用词与先前的用语不一样吗？
- ☑ 结论有大量可信的证据支撑吗？
- ☑ 结论对引言部分中提出的问题作出解答了吗？
- ☑ 建议是在结论的基础上合理得出的吗？
- ☑ 报告的结尾让人感觉报告结束了，并且传达出这项研究很重要的信息了吗？

补充页
- ☑ 执行摘要简短、描述性，并且和报告本身平衡吗？
- ☑ 目录准确吗？标注的页码和用词与报告正文的标题一致吗？
- ☑ 附录在报告的正文中提到了吗？
- ☑ 参考文献准确、完整、格式正确吗？

撰写风格和格式
- ☑ 整个报告都将读者的需要考虑在内了吗？
- ☑ 报告的组织合理吗？
- ☑ 标题是描述性的、平行的、并且数量适宜吗？
- ☑ 强调和从属的使用有效吗？
- ☑ 每一个主要部分都包含一个概述、总结和过渡了吗？
- ☑ 整篇文章的时态都使用正确了吗？
- ☑ 报告的正式程度适宜吗？
- ☑ 所有的二手信息都做适当的标注了吗？
- ☑ 报告的每一个必要部分都包括在内了吗？格式正确吗？
- ☑ 报告的长度适宜吗？
- ☑ 段落的长度适宜吗？
- ☑ 报告遵循了文件的设计准则以提高报告的有效性吗？
- ☑ 报告没有拼写、语法和标点错误？
- ☑ 报告是否给人良好的第一印象，反映出你的认真谨慎和学术性？

3P 行动：
报告中的一部分

■ 问题
■ 过程
■ 成果

■ 问题

假设你是一家软件开发公司的一名经理，为微软和麦金塔发行通信软件。这两种计算机加起来占了商业市场 90% 的份额。2008 年的时候，你被要求调查使用通信软件的用户——和你在 2003 年做的调查类似。

你用和 2003 年的调查中一样的问卷调查和步骤进行这项调查。现在你已经收集到了数据，还有 2003 年收集到的数据作为对比，并且已经建立了几个粗略的表格，其中一个表格如图 10-2 所示。你准备在最终报告中放入这个表格并且分析它的内容。

1. 表格格式

■ 过程

（1）检查你建立的表格的格式——行和列的编排。你是否要作出一些修改？

首先，年份（2003 年和 2008 年）要对调。新的数据比旧的数据重要，所以把新的数据放在首位会起强调作用。

图 10-2
起草表格

问题：你是通过何种途径获得上一个软件程序的？	2003						2008					
	总数		微软		麦金塔		总数		微软		麦金塔	
来源	N	%	N	%	N	%	N	%	N	%	N	%
在线（O）	28	21.2	24	26.1	4	10.0	60	41.1	25	30.9	35	53.9
邮购公司（M）	3	2.3	2	2.2	1	2.5	4	2.7	2	2.5	2	3.1
零售店（R）	70	53.0	46	50.0	24	60.0	63	43.2	44	54.3	19	29.2
软件出版者（S）	9	6.8	4	4.3	5	12.5	10	6.8	4	4.9	6	9.2
盗版（U）	21	15.9	15	16.3	6	15.0	6	4.1	3	3.7	3	4.6
其他（O）	1	0.8	1	1.1	0	0.0	3	2.1	3	3.7	0	0.0
总数	132	100.0	92	100.0	40	100.0	146	100.0	81	100.0	65	100.0

其次，表格的列需要重新安排。它们现在是按字母的顺序排列，但是根据第一列——2008年这一总列，它要以降序排列。这样做会把最重要的信息放在表格的首位。

表格的变化见图10-3。

（2）假设你的最终报告中包含很多表格，你是否能够在不失去准确性和细节的情况下，精简表格中的信息？

虽然调查对象的数量很重要，但是报告的读者会对百分比更加感兴趣。因此，在每一列中，我只会给出调查对象的总数，将数据放在每一列标题的下方。

同样，我看到无论是在2003年还是2008年，很少人是从邮购公司获得软件的，因此我会把这一类别合并在"其他"里。

表格的变化见图10-3。

2. 解读表格

（1）研究图10-3中的表格。如果你只能写一句关于这个表格的话，你会写什么？

零售店和在线公司是获得软件的重要来源，它们占了所有来源的五分之四以上。

（2）在你的陈述中，你还会讨论关于2008年的其他什么数据？

微软和麦金塔的用户通过不同方式获得它们的软件：大多数微软用户通过零售店获得软件，而大部分麦金塔用户是通过在线公司获得的。

（3）在对比2008年和2003年的数据时，你应该指出哪些信息？

从2003年到2008年，零售店的市场份额下降了近20%，但是在线公司的市场份额几乎翻倍了，增加了95%。

同样，盗版软件的使用看起来减少了（虽然实际数据可能比报告中的数据高）。

图10-3
起草报告表格

来源	2008			2003		
	总数 (N=146)	微软 (N=81)	麦金塔 (N=65)	总数 (N=132)	微软 (N=92)	麦金塔 (N=40)
零售店	43	54	29	53	50	60
在线	41	31	54	21	26	10
软件出版者	7	5	9	7	4	13
盗版	4	3	5	16	17	15
其他	5	7	3	3	3	2
总数	100	100	100	100	100	100

3. 撰写报告

（1）为这一部分报告写一个谈话性标题和一般性标题。你会使用哪一个标题？

谈话性标题：网上订货正在赶超零售销售

一般性标题：软件购买的来源

因为我对报告的读者和他们的喜好不了解，所以我作出保守的选择，使用一般性标题。

（2）为这一部分写一个有效的中心句（概述）。

调查对象就他们最近一次购买软件程序的来源作出回答。

（3）你把表格放在这一部分的什么位置？

在首次提到表格的段落的后面。

（4）在这一部分，你会使用什么时态？

调查过程用过去时，调查结果用现在时。

（5）假设下一部分讨论软件的成本，为报告的这一部分写一句有效的总结/过渡句。

在线交易的增加可能的一个原因是自2003年以来通信软件成本降低。

■ 成果

软件购买的来源

调查对象就他们最近一次购买软件程序的来源作出回答。如表8所示，零售店和在线公司是用户获得软件程序的两大重要来源，占了所有来源的五分之四以上。微软和麦金塔的用户通过不同方式获得它们的软件：大多数微软用户通过零售店获得软件，而大部分麦金塔用户是通过在线公司获得的。

表 8　最近一次购买软件程序的来源（百分比）

来源	2008 总数 (n=146)	2008 微软 (n=81)	2008 麦金塔 (n=65)	2003 总数 (n=132)	2003 微软 (n=92)	2003 麦金塔 (n=40)
零售店	43	54	29	53	50	60
在线	41	31	54	21	26	10
软件出版者	7	5	9	7	4	13
盗版	4	3	5	16	17	15
其他	5	7	3	3	3	2
总数	100	100	100	100	100	100

自2003年以来，零售店已经不那么受欢迎了（降低了10%），而在线来源变得越来越受欢迎（上升了20%）。同样，盗版软件的使用似乎也减少了（虽然实际数据可能比报告中的数据高）。

在线交易的增加可能的一个原因是自2003年以来通信软件成本降低。

现在将3P付诸实践。见第371页的3P练习。

登陆学生网站（网址：college.hmco.com/pic/oberOBC7e）以获取更多资料，帮助你更好地了解课程内容和未来职业规划。

总　结

沟通目标 1　　最常见的报告格式是手稿(在正式报告中)和信件/便函(在非正式报告中)。最常用的方式是按照时间、地点、重要性和标准组织调查结果。除非读者喜欢间接的组织方式，结论不易被读者所接受或者话题很复杂，否则结论应该放在报告的开头。要仔细撰写报告的标题——根据类型、并列、长度以及数量。

沟通目标 2　　报告的正文部分包括引言、调查结果（报告的主要部分），如果有需要的话，要包括总结、结论和建议。长篇正式报告可能需要诸如标题页、执行摘要、目录、附录以及参考文献等附加部分。

沟通目标 3　　使用客观的写作风格、恰当的代词和正确的动词时态来反映读者的时限，而不是作者的时限。利用强调和从属技巧帮助读者了解你认为重要的方面；并用概述、总结和过渡句保持报告的连贯性。

沟通目标 4　　谨慎使用直接引用；提到二手数据时，大部分的引用需要释义。在引用、释义或者总结他人的观点时，都需要用尾注、脚注或者作者－日期的方式标明出处。不要在报告中省略重要的、相关的信息。

沟通目标 5　　完成报告的第一稿之后，隔一段时间再进行修改。修改报告主要有三个步骤：首先修改内容，其次是风格，最后是正确性。文章的格式能够提升报告的外观和可读性，而且应该基于组织和读者的喜好。除非有特别说明，一般是按照普遍接受的关于页边空白、报告标题和页码的格式要求。使用简单连贯设计风格，好好利用空白部分。完成所有的修改和格式编排后，对每一页进行最后的校对。确定最终稿能够很好地反映出学术性、批判性思考和创作自豪感。

关键术语

用你自己的话定义下面的术语，并分别举例：

结论（conclusions）　　　　　　　释义（paraphrase）
直接引用（direct quotation）　　　 剽窃（plagiarism）
文献（documentation）　　　　　 谈话性标题（talking heading）
执行摘要（executive summary）　　传送函（transmittal document）
一般性标题（generic heading）

付诸实践

1. 回到宝洁公司 琳达·吉拉德大部分的报告都是进行展示、分析数据和提出建议。她的报告中一般都会对如何改进产品来更好地满足顾客的需要提出建议。在起草报告前,吉拉德会先分析她的读者,选择一个合适的报告结构,然后以逻辑顺序排列她的要点。吉拉德尤其依赖表格来表达她的研究发现和结论。在向管理层提交报告前,吉拉德会非常认真地进行校对,修改报告中的每一个问题。

3P 实践

要了解更多信息参见第 367 页的 3P 模型。

问 题

作为吉拉德手下的一名初级员工,你正在分析宝洁公司的一种叫"闪亮"牙膏的新产品的消费者数据。以下是收集的一些原始消费者信息:

- 在美国以下三个城市中的每一个对一千名成人消费者进行产品测试,分别是伊利诺伊州的皮奥里亚、爱达荷州的博伊西和缅因州的莱温斯顿。所有受试者在一个月内每天使用该产品两次。
- 测试结束后,78% 的受试者认为他们的牙齿看起来更白了;剩下的受试者则认为没什么变化。皮奥里亚的受试者中认为牙齿变白的比例比其他两个城市的受试者高了 5 个百分点。不过,所有受试者中的大部分人认为,该产品"多粒"或者"多沙"。
- 在所有受试者中,55% 认为该牙膏"很好"或"好",35% 认为"一般",剩下的受试者则认为"不好"。博伊西的受试者对牙膏的评价最高,而莱温斯顿的受试者中只有 43% 喜欢该产品。那些不喜欢牙膏味道的人主要认为,牙膏的味道"太重"、"过于清凉"、"呛得流泪"或"余味很糟"。有意思的是,闪亮牙膏是一种无香型的牙膏。
- 为了强调牙膏能够使牙齿美白,闪亮牙膏略带银色。只有 10% 的消费者喜欢这种颜色;年轻人、受过大学教育的受试者比较青睐这种颜色。
- 那些认为该产品能使牙齿美白的受试者比那些认为该牙膏没有任何作用的人平均每支愿意多付 75 美分。
- 在所有受试者中,25% 表示他们"很有可能"会转而使用闪亮牙膏;35% 认为他们"有可能"会使用该产品;剩下的则认为他们不会使用该牙膏。那些表示不会使用闪亮牙膏的人中,60% 表示是由于闪亮牙膏的质感,30% 表示是由于它的味道,其余的人则表示是因为其颜色。

根据以上信息,向宝洁公司的管理层撰写一篇总结消费者反馈的正式报告。在报告中,你要至少提出一点建议来帮助解决问题从而使得产品更受欢迎。

过　程

（1）报告的目的是什么？

（2）描述你的读者。

（3）在报告中你会使用哪些数据？

（4）你是使用谈话性标题还是一般性标题？为什么？

（5）你是否会使用传送函？如果是，你会使用信件还是便函？解释你的选择。

成　果

利用你对报告的认识，研究并撰写一份手稿格式的正式报告。

2. 报告部分

问　题

回顾第9章的练习12（第332页）。你已经建立自己的报告表格，并分析了数据。现在你准备撰写报告的这一部分。

过　程

（1）为报告拟定一个谈话性标题和一个一般性标题。你会使用哪一个？

（2）为这一部分拟定有效的主题句。

（3）拟定一句包含你的建议的句子。

（4）假设报告接下来的部分讨论更换银行的原因，为这个部分拟定一个有效的总结句或者过渡句。

成　果

撰写报告的这一部分（一到三段）。把表格放在合适的位置。将这一部分的报告和你对过程中问题的回答提交给你的导师。

练　习

沟通目标 1

1. **组织报告——列出提纲**　通过本章提到的列提纲方法，利用标题和副标题给本章列一个提纲。

2. **简短的便函报告——调查结果、结论和建议**　福利事业机构正关注美国日益增长的单亲家庭数量。它对此做了一项研究，有以下几个发现：

（1）在过去的20年里，美国的离婚率翻了一倍。

（2）在过去的20年里，妇女结婚的平均年龄从20岁提高到23岁。

（3）在过去的20年里，结婚人口的数量仅上升了5%。

（4）在过去的20年里，做全职工作的已婚妇女数量上升了60%。

（5）在过去的20年里，美国夫妻的消费信贷上升了150%。

两三个人组成一组，通过以上这些发现得出结论，并且根据研究，为福利事业机构提出建议，该做什么或者不该做什么。

将你的结论和建议在班上分享。他们的意见和建议是否与你的相同？抑或不同？如果需要额外信息的话，什么信息有帮助？结论和建议之间的差别是什么？

3. **简短的便函报告——新的分析**　假设 Excelsior 公司的总裁读了你的报告（见练习7），他想要你从一种不同的角度分析你认为是潜在购买者的25家公司：根据这些公司所处的国家对它们分类。把这些数据制成表格，并且根据你的发现，就地理位置的影响得出结论。给总裁写一个简短的便函报告；包含你的表格和结论。

4. **简短的正式报告——利用原始数据和二手数据**　北极星是一家生产消费品的企业，年销售额为 8.472 亿美元。它的六种消费品（肥皂、除臭剂、氨水、红番椒、火腿罐头以及冷冻蔬菜）占消费者市场 4.5% 的份额。

假如你是产品经理，在今年的 7 月 8 日，销售经理保罗·盖茨菲尔德要求你研究北极星产品进入非商标产品市场的可行性。非商标产品指的是那些没有商标的产品，但是有一个通用的标签，例如"纸巾"。

非商标产品通常不做广告；它们没有那么多的包装和加工过程，价格也比那些有商标的产品低廉；它们不仅和私人品牌（那些只在个体连锁商店供应的品牌，如 A&P 和克罗格）竞争，还和全国名牌竞争（那些在全国各大商店都可买到，并且在全国做广告的产品）。目前，北极星只生产全国品牌。

保罗特别指出，不需要探究北极星是否具有必需的生产能力。他只需要你提供关于基本市场的最新信息，并且调查客户对北极星生产的非商标产品的接受度。他对你的研究结果非常感兴趣。

八月份，你在加利福尼亚州、田纳西州和亚利桑那州通过电子邮件调查了 1,500 名消费者，这三个州是公司最大的市场。你收到了 832 个消费者的反馈；这些反馈是为他们及其中 237 个最大的消费者（即那些声称他们负责家庭用品的大部分购买的人）服务的。以下是调查的问题和反馈：

上个月你是否购买了非商标食品（如罐装水果或蔬菜）？

所有的消费者：36% 选是，64% 选否
最大的消费者：29% 选是，71% 选否

这是你首次购买非商标食品吗？

所有的消费者：18% 选是，82% 选否
最大的消费者：20% 选是，80% 选否

上个月你是否购买了非食物类非商标产品（例如纸巾或肥皂）？

所有的消费者：60% 选是，40% 选否
最大的消费者：59% 选是，41% 选否

这是你首次购买非食品类非商标产品吗？

所有的消费者：5% 选是，95% 选否
最大的消费者：7% 选是，93% 选否

如果通过购买非商标产品而不是全国品牌能够节省 30% 的钱，你是否会购买以下非商标产品？

肥皂：43% 选是，57% 选否，所有人都用过此产品
除臭剂：31% 选是，67% 选否，2% 的人没有用过此产品
氨水：80% 选是，10% 选否，10% 的人没有用过此产品
红番椒：34% 选是，52% 选否，14% 的人没有用过此产品
火腿罐头：19% 选是，44% 选否，37% 的人没有用过此产品
冷冻蔬菜：54% 选是，30% 选否，16% 的人没有用过此产品

你也要求当地的北极星销售代表在八月份的时候在这三个州里的每一个州随机挑选 20 家连锁超市。通过个人观察得知，其中 39 家超市摆放非商标产品，这 39 家超市中有 37 家摆放至少 100 种非商标货物，有 15 家有独立的非商标产品专区。在 60 家超市中除了 3 家之外，其余的所有超市都有北极星生产的六种产品。

为了收集数据，你还从以下的二手资料获得信息：

1. 《哈蒙德市场报告》，2006，1027~1030 页：这份年度指数列出了 2,000 多种消费品的信息。北极星生产的产品所占的市场份额如下所示：

	2003	2006	2009
非商标品牌	1.5%	2.6%	7.3%
私人品牌	31.6%	30.7%	27.8%
全国品牌	66.9%	66.7%	64.9%

2. H.R. 诺兰：《无名品牌：地位上升》，载《超市管理》，2008（4），31~37 页。

（1）一般说来，非商标产品比全国品牌的产品价格低了 30%~50%。（31 页）

（2）消费者希望能够在肥皂条上节省 36% 的钱，在除臭剂上节省 40% 的钱，这促使他们转而使用非商标产品。（32 页）

（3）客户对非商标产品的认识自 1978 年以来提高了三倍。（33 页）

（4）"成为无名商店的最简单方法就是忽视非商标产品。"（直接引自 33 页）

（5）许多领先的产品生产商被迫生产低利润的非商标产品，要么是因为市

场发展得很庞大，以致忽视了非商标产品，要么就是非商标产品开始有了自己的品牌，产生了巨大的闲置能力。（35页）

3. 爱德华·劳赫和帕梅拉·麦克利里：《全国品牌在未来将只扮演小角色》，载《杂货业务》，2007（3），118~120页

（1）食品连锁店的管理人员中，80%的人认为，今年它们的成本将比价格上涨得更快。（118页）

（2）全国的连锁店中，在其中的84%可以购买到非商标产品，占了约4%的商店空间。（118页）

（3）"超市的主管意识到，在未来给品牌产品分配的空间将减少，而分配给非商标产品和私人品牌的空间将变大。许多专家预测，超市最后最多在一系列产品中放上一两个顶级品牌产品加上一个私人品牌和非商标产品。"（直接引自119页）

（4）现在，37%的杂货店已经从纸袋转而使用成本较低的塑料袋来包装客户购买的产品，即使塑料袋是不可降解的。（119页）

（5）1977年时，非商标产品几乎还未出现，而现在它们已经占了2,750亿美元杂货市场中的7%。很多观察员预测，这个比例在未来的五年内会上升到25%。（120页）

分析这些数据，准备任何可能有所帮助的视觉教具，然后给盖茨菲尔德写一份正式报告。包含所有你认为有用的附加报告页面。

5. **附加部分——全球化** 假设你是Excelsior公司的营销副总裁（见练习3）。你写给公司总裁维克托·特里林翰的报告中，需要补充一些部分。

（1）假设报告明天就要上交了，准备一个标题页。

（2）利用你在练习3中分析的数据，得出结论并给出建议。然后为这个报告写一个传送函。其中简短地包含你的结论和建议。

（3）决定是否需要附录；如果需要的话，注明附录应该包含什么。

6. **二手数据——国际竞争** Excelsior公司的总裁维克托·特里林翰关注雀巢的国际行动。雀巢和Excelsior公司在美国市场竞争，是Excelsior公司在国际市场上的一个强劲对手。在网上搜索二手资料来解答维克托提出的问题。

（1）雀巢在多少国家销售它的产品，请列出这些国家。

（2）雀巢在美国本土之外的国家中的销售占它总销售的什么比例？

（3）在过去的一年里，雀巢在美国推出了多少主要的新产品？

使用谈话式标题，以手稿的格式写一篇非正式报告来展示你的发现。准备视觉教具来为问题（1）和（2）提供答案。在报告中包含使用的二手数据参考文献列表。然后起草一份递交给维克托的传送便函（假设报告在下周一上交）。

沟通目标 2

7. 报告部分——利用二手数据 假设你是 Excelsior 公司的营销副总裁。Excelsior 公司是一家坐落在北卡罗来纳州阿什伯勒的一家小生产商。你的公司能够生产诸如牙膏、塑料食品包装和地板蜡这样的消费品，但是，你们还能够生产多种不同类型、价格低廉的小型产品。公司的总裁要求你就 Excelsior 公司进入国际市场的可行性准备一份详细的报告。

你考虑的战略之一是成为一家大型跨国企业的供应商。作为研究的一部分，你在全球最大的 100 家上市公司收集数据（参见《华尔街日报》全球最大的 100 家上市公司排名）。你首先关注的是那些有最大销售额的非银行机构，其次，你关注它们去年销售额的百分比变化。

（你对市场价值和利润数据不感兴趣，因为它们容易受到市场环境的影响，而这些市场环境与你的报告目的没有关系；你对银行、抵押贷款公司、控股公司不感兴趣，因为他们不会购买你的产品。）

写出报告中呈现和讨论这个数据的部分。其中包括 25 家符合你的标准的最大公司（就销售额来说）。讨论关于这些大公司、它们的起源地、与去年相比的销售额变化和类似因素的数据。用恰当的格式编排报告（从报告的第 5 页开始），给报告的这一部分拟定一个合适的标题、一个主题句、一个总结和对下一部分的过渡，下一部分将讨论这些大公司销售的主要产品。

沟通目标 3

8. 团队交流——长篇正式报告需要额外的研究 假设你的团队有四个人，杰斐逊工业公司的执行副总裁吉姆·米勒要求你们写一份关于杰斐逊工业在俄亥俄州阿克伦城建立冷冻酸奶店的可行性报告。假设需要将你的团队搜集到的早期数据做进一步的分析，那么就需要雇用一个专业的风险咨询顾问团队来进行深入的纯经济研究。然后，你的任务就是建议这样昂贵的跟踪调查是否是有必要的。假设杰斐逊有足够的资金来进行这种调查。

你可以马上想出几个你想要了解的方面：冷冻酸奶店的一般市场前景、阿克伦城（阿克伦大学所在地）的人口组成、当地的经济气候、行业的特许机会等等。毫无疑问，在你思考这个问题的时候，还会出现其他的话题（或者标准）。

进行团队合作，共同完成整个研究过程——研究计划、收集数据、组织和分析数据以及撰写报告。（注意：如果你通过完成第 9 章的练习 4 和练习 7 收集了数据，如有必要，将这些数据包含在你的研究中。）

用正式的语言撰写报告的主体部分，根据要求组织研究，在报告的末尾给出结论和建议。报告要包括标题页、传送函（写给吉姆·米勒）、执行摘要、目录和参考文献（用作者–日期的方式标注）。

无论你的团队决定如何分工，每一个人都要审查和评论最终报告的草稿。如果不同的成员撰写不同部分，如有必要，进行编辑以使得报告流畅连贯。

9. 撰写报告——按时返回 宝洁公司长久以来因其产品开发能力而知名。假设你最近受雇于宝洁公司的公关部门来管理一个新的、不同寻常的产品的开发：一本关于宝洁公司产品开发历史的书。公司计划将这本书用于培训。你相信让更多人看到这本书可以提高公司的名誉，并且不会泄漏公司的机密。你知道你需要专业的帮助来研究这本书——以你的文档和与现有或之前的员工交流获得的信息为基础——然后撰写报告。

做过一些研究后，你发现你可以从一些专门研究公司历史的四家公司中选择：马萨诸塞州剑桥的温斯普罗集团、马里兰州罗克韦尔的历史协会、弗吉尼亚州尚蒂利的历史工厂和马里兰州哥伦比亚的商业历史集团。在你的老板同意这项耗资巨大的工程前，你需要准备一个简短的报告，关于每一家公司提供的服务、它们的客户，以及你对哪一家公司最符合宝洁的要求的建议。

你将如何开展更多的研究？提出建议前，你需要知道哪些信息？报告的目的是什么？描述你的读者。你的报告会包含哪些数据？利用撰写报告的知识，为报告起草引言。

10. **原始数据——职业选择**　研究你感兴趣的一个职位。了解这个工作的前景、现有的雇用水平、工资趋势、一般职责、工作条件、教育和经验要求等等。如有可能，采访这个职位的人以获得第一印象。然后在报告中撰写你的发现，上交给你的导师。报告至少要包括五个二手数据来源，至少一个表格或其他视觉教具。

11. **原始数据——跨文化维度**　网络和电视如何精确地扮演文化、种族和少数民族的成员？在黄金时段他们是如何被扮演的（晚上八点到十一点）？他们扮演的是何种角色？他们与非少数民族角色之间的关系是什么？假设你是全国少数民族联盟公关部的经理助理，你对这类问题很感兴趣。

    就这个话题找出至少三篇期刊，然后对少数民族一词作出定义。在黄金时段，随意挑出10档电视节目来观看，记录这些节目中少数民族的角色，制成表格。作为研究的一部分，比较少数民族成员的比例与他们在黄金时段出现的比例。用你得到的原始数据和二手数据撰写报告。使用客观的语言，给出足够的数据来支持你所得出的结论和给出的建议。

12. **原始数据——学生生活安排**　达琳·安德森是一个房地产开发商以及安德森协会的主席。公司在距学校两个街区外有一块地。安德森正研究在此建造大型学生公寓的可行性。即使城市规划委员会认为学生公寓已经很多了，安德森认为如果她能够解决现有公寓中的某些问题，就能获得成功。假设你是她的行政助理，她要求你对学生进行调查，了解他们对校外生活的意见。

    她尤其希望你能够依次列出学生公寓最重要的属性。对学生来说，价格、地理位置（到校园的便利性、购物和公共交通等）、空间和格局、家具（配备的和未配备的）、社交活动、停车和宠物政策等的重要性如何？

另外，建筑师的方案中有如下选项：私人酒店式房间（有睡觉、坐的地方和私人浴室，但是没有厨房）；私人单间公寓；一个卧室，两个人住的公寓；四个卧室，四个人住的公寓。根据学生现有的经济水平，其中哪一种会最受他们的欢迎？他们是否有更喜欢的其他选择？

设计一份调查问卷，给一部分学生回答。然后分析数据，为安德森撰写一份报告。

13. **二手数据——键盘输入技术** 假设你是一家位于西雅图的航空公司的培训主管。你的上司查尔斯·昂德伍德是人事部经理。他担忧公司 2,000 名左右的白领员工虽然每天使用电脑数小时，但是仍然有很多人不知道怎么使用键盘。他认为使用单指找键打字法效率低下，而且在输入数据的时候，更有可能出现错误，因此也就降低了可靠性。

他要求你推荐一款软件程序，教用户如何打字。他尤其希望这个程序能够与 IBM 兼容，适合成人使用，能够自己学成而不需要人指导。

评估三至五款满足这些条件的键盘软件程序，然后写一份报告推荐最能满足昂德伍德要求的一款软件。为你的选择说明理由。

练习 9—15 要根据导师（读者）对报告的长度、格式、正式度、组成部分等的偏好来做。

14. **二手数据——女性管理者** 使用恰当的商业指南（出版物或网络上的），找出纽约证券交易所上市公司中的三位女性主席或者首席执行官。提供关于她们背景的一些信息。她们是通过何种方式获得这个职位的：晋升、创业、继承家族产业或者其他方式？

分析这三位女性的效力。她们的公司与同一行业的其他公司相比，盈利能力如何？当她们担任现在这个职位时，公司是盈利得更多还是更少了？最后，分析有关她们管理风格的数据——即她们如何看待自己的角色、与员工的关系、面临过什么问题，等等。

通过对以上三位女性的研究，你能否得到什么有效的结论？撰写一份报告，客观地呈现和分析你所收集到的数据。

沟通目标 4

15. **尾注使用** 假设你正在撰写报告，并且已经使用了以下二手数据来源。

约翰·里彻写的名为"大利润崩溃"的文章，发表在 20×× 年 4 月 2 日的《每周体育》上，第 45—48 页。

引用斯科特·泰勒的一篇名为"冬季奥运会——繁荣还是衰退"的文章中的话，发表于《盐湖先锋》，20×× 年 4 月 17 日，A2 版。

詹姆斯·迈克尔斯写的名为《如何在服务业取胜》的书中第 233 页的数据——由在纽约的爱美登出版社出版。

20×× 年 3 月 31 日对温克尔·托斯的访谈，托斯是犹他大学的经济学教授。

利用这些信息来源，为你的报告准备参考文献。

16. **其他报告题目** 按照你的导师（读者）的偏好，决定报告的长度、格式、正式度、报告的组成部分等。

- 某行业的网站网页比较
- 某公司的衣着政策
- 某公司或大学的复印政策
- 某公司或大学的年龄歧视
- 某公司或大学购买和租赁计算机之间的比较
- 某公司或大学控制不断上升的医疗成本
- 在某公司发展多样化培训项目
- 为某公司撰写道德政策声明
- 为派遣到某国的新管理人员发展针对性项目
- 某公司或大学使用药物的情况
- 鼓励某公司或大学发展公共交通
- 在某公司制定资源回收政策
- 为某公司评估公司慈善赠与
- 在某公司或大学扩建停车场
- 在某公司或大学雇用残疾人
- 加拿大和美国之间的语言差异
- 某行业对儿童的营销
- 某公司对员工的电子邮件和电话进行监控
- 某国的非言语沟通
- 为某联盟的年度例会推荐场所
- 将某产品销往某国
- 某公司或大学的性骚扰
- 在某城市建立某种业务
- 在某公司建立员工通讯
- 在某公司或大学建立儿童看护中心
- 在某公司或大学制定健康方案
- 在某公司进行远程办公
- 为某公司提供办公用品的最好网络来源
- 对某公司来说最好的船运服务（例如，USPS、FedEx、UPS）
- 某大学商业专业的学生商业实习的有效性
- 某大学网络课程和校园课程有效性的对比
- 某大学出国留学计划的有效性
- 美国残疾人法案对某行业的影响

- 对某公司的经理的出差来说最合适的手提电脑
- 某市的商业社区对 MBA 学位价值的观点
- 女性管理者在某公司的角色
- 某公司或大学对弹性时间制的使用
- 某公司或某行业使用的非法移民劳动力
- 写给某报纸的编辑的信中提到的话题
- 某公司的年度报告倾向于使用的目录和外观
- 某公司使用的语音识别软件

持续案例 10

为旧问题撰写报告

回顾第 9 章末的持续案例。在这个案例中,保罗要求帕特·罗宾斯准备一份关于城市系统公司老年人歧视问题的报告。

把你在第 9 章设计的调查问卷分发给你所在部门或其他办公室的至少 40 位员工。为了使任务圆满完成,假设你收到的反馈都是来自城市系统公司的员工。认真分析调查问卷中的数据,将你的发现与早期收集到的二手数据做对比。创建能够有利于读者理解的表格和图示。

批判性思考

1. 思考从问卷调查中得到的发现和你阅读过的二手资源,这些信息对你的问题意味着什么?
2. 对每一个子问题,你能得出什么结论?在这些独立结论的基础上,你能得到什么统一结论?根据独立的结论和统一的结论,你会提出什么合理的建议?
3. 以手稿的形式给保罗准备一份推荐报告。报告的主体使用正式的语言,根据规范组织研究,在报告的末尾给出结论并提出建议。报告要包含标题页、传送便函、执行摘要、目录、摘要、附录(调查问卷的复印件以及其他有用、但并非必要的数据)和参考文献(使用作者-日期的引用方式)。

11 如何作口头报告

沟通目标

学完本章后，你应该能够：

1. 策划并组织一次报告；
2. 策划团队和视频报告；
3. 学会有效地使用辅助工具；
4. 练习并作一次报告。

圈内人视角：
佐治亚州西班牙裔商会

萨拉·冈萨雷斯（Sara González）作报告时，一般先从回顾过去开始，最后以展望未来结束。冈萨雷斯是佐治亚州西班牙裔商会的主席兼CEO。该商会的总部设在亚特兰大，是一个支持和促进佐治亚州西班牙裔商业团体发展的非营利组织。

冈萨雷斯每年都会收到很多让她向各种听众发表演讲的邀请，演讲内容一般是关于商会的背景、成就和目标。"我比较偏爱互动式的演讲，而不是照着演讲稿一句一句地读，而且我重视听众提出的问题。我喜欢问题，也总是鼓励

"我重视听众提出的
问题。"

萨拉·冈萨雷斯
佐治亚州西班牙裔商会主席兼CEO
（佐治亚州亚特兰大）

大家提问。如果碰巧我回答不上来，我会说不知道，但是我会去找到答案。"

在收到提问者的名片，或者记下他们的姓名和电话后，她会立刻赶回办公室研究问题的答案，找到之后马上打给提问者。

商会每个月都会举办一个题为"如何自主创业"的报告会，其中一些参会人员已经有自己的企业了。冈萨雷斯会邀请这些企业家在未来的报告会上演讲，目的是鼓励后来的听众，激发他们的热情。"我想找一些成功人士，"她说道，"还有比这些人更好的例子吗？"

11.1 商业报告的用处

任何想要从事销售、培训或者教育行业的人要准备好每周作许多口头报告，听众会是顾客、员工或者学生。不过，你可能没有意识到，涉足商界的几乎每一个人每年至少会作一次大型的和许多小型的报告，对象包括顾客、上司、下属、或者同事——更不用提那些家长会、业主会、公益会等等了。

> 几乎每个涉足商界的人都会时不时地作报告。

低效的报告会带来巨额的损失。现在许多经理人挣着六位数的薪水，一次讨论问题不完整和低效的报告是对时间和金钱的浪费。销售额会因此下降，关键的信息没有得到交流，培训项目会葬送，政策没能得到实施，以及利润下滑。

毫无疑问，技术革新让商业口头报告改头换面——举例来说，以前需要人们面对面地作报告，现在通过视频、交互电视，或者互联网就可以进行。不过，那些善于沟通的能人们明白：传统口头报告中所使用的语言和非语言技巧依然会在现代的商业机构中发挥它们的关键作用。

11.2 策划一次报告

沟通目标 1

当被分配作一次商业报告的任务时，你的直觉可能是马上坐在桌边（或电脑边）开始埋头写作。不要这样做。与书面交流一样，写作之前有几个重要的步骤。这些步骤包括确定报告的目的、分析听众以及选择报告的形式。

除了帮助你弄清楚应该在报告中加入什么东西以外，提前准备还能为你提供关于报告场合的正式程度的重要信息。报告越正式，你准备的时间就要越多。一般来说，复杂的"高风险"主题或者提议要求比较正式的报告——包括准备妥当的视听设备、经过仔细琢磨的策划书，以及大量的调查。

同样，听众越多，或者听众对你的想法的反对意见越大，报告就应该越正式。多数情况下，一个要讲多次的报告比只讲一次的报告要更正式，复杂主题的报告也是一样。最后一点，如果听众来自五湖四海，那么你需要把他们的需求和期望考虑进去，而且报告也应该更加正式。

报告的目的

将报告的目的牢记在心，这样能够帮助你决定在报告中包含和省略掉什么信息，呈现信息的顺序，以及强调哪几点和淡化哪几点。

大多数商业报告的目的为以下四种之一：

- 报告：将某个项目或事件的最新进展告知听众。
- 解释：详细解释如何实施某项计划，或者如何操作某个新设备。
- 劝说：说服听众购买某物或者接受你报告中的某个观点。
- 激励：鼓励听众采取某种行动。

举例来说，假如你被要求作一次简短的口头报告，内容是关于弗里蒙特制造厂的无故旷工问题。如果你的听众是管理委员会，你的目的就是把调查结果报告给他们。你应该运用合乎逻辑的组织方式，先讨论旷工对生产力的影响，再谈谈产生旷工的原因，最后给出可能的解决方案。

但是，如果你是向工会人员作报告的话，你的目的可能是激励他们不要再旷工了。你可能会简短地讨论问题的严重程度，主要任务是展示员工如何最终从更少旷工中受益，最后介绍一个月度表彰计划。

报告结束后，你的目的提供了一个评判标准——唯一重要的标准——通过它来评判你的报告是否成功。换句话说，管理委员会是否理解了你的调查结果？工会成员们是否受激励减少旷工？不管你讲得多么好或者是糟糕，也不管你的视觉辅助工具多么让人印象深刻或者没什么效果，重要的问题是你是否达到了自己的目标。

受众分析

你需要了解观众的一些人口统计特征，如体型、年龄层次以及他们在组织中的职位等；你还要判断观众对你所谈话题的认识水平，以及他们的心理需求（价值观、人生观和信仰）。这些因素会给你报告的诸多方面提供许多有用的线索，比如报告的总体内容、语调和所举例子的种类，还有听众会提出什么类型的问题，以及你怎么来回答这些问题。

<u>分析听众的人口统计特征、知识层次以及心理需求。</u>

分析听众的原则与我们之前讨论的如何写商务信、备忘录和报告的原则是一样的。要把你所讲内容对听众的影响和他们信任你的程度考虑在内。关键是要把自己放在听众的角度去思考：他们会提出什么问题？他们又会有怎样的反应？这种以听众为主的态度不仅在书面报告中适用，在口头报告中也同样有效。

听众越多，你的报告就应该越显正式。在给一大群人作报告时，你应该把声音放大一些，语速放慢，同时要使用更明确的手势和更大的视觉辅助工具。一般来说，你应该在报告结束时才让听众提问。不过，如果你的听众人数不是很多，在提问环节你就可以更灵活一些，语调和手势也应该和正常谈话时差不多。除此之外，在面对一小群听众时，视觉辅助工具的选择种类会更多一些。

<u>听众多的场合需要更正式的报告。</u>

如果听众不熟悉你谈论的话题，你就需要使用清晰又简单易懂的语言，还要运用更多的视觉辅助工具和例子。如果听众对你的话题比较熟悉，则你的速度可以放快一些。不过，假如你的听众里既有内行也有外行的话，你可以选择分别对他们作一次报告——每一次都要适合听众的知识层次。

如果听众之间的理解差异不是太大，你应该找出这群人中的关键人物——通常，但不总是，这个人是在场职位最高的人——然后，你应该专门为此人介绍一定的必要细节以真正明白你在讲什么。只要和你的目的有关，你就应该多花时间来专门研究这个人的需求、目的和兴趣所在。

"了解你的听众。"萨拉·莫尔顿（Sara Moulton）建议道。她是美食频道一档名为《萨拉的秘密》（Sara's Secret）的节目主持人。"如果我在慈善宴会上演讲，我可能会聊到各种各样的鱼子酱，但如果是在一次乡村集市上发表演讲，我多半会提到怎么烘烤可口的夹心派。"

通过举例和引用专家的话来提高可信度。

听众的心理需求也会影响你的报告方式。举例来说，如果你认为听众会抱有敌意——不管是针对你本人还是对你所讲的内容——那你就要更加卖力地推销自己和自己的提议了。如果以前演讲只要一两个例子，那现在就要给出四五个。除此之外，你也可以引用其他专家的话来提高自己的可信度。

在之前谈到的旷工问题上，第一批听众是管理委员会的成员。这些人位高权重，他们可能会想听非常正式的报告。虽然他们可能不太熟悉具体问题，但是他们很熟悉整个组织，也会非常关心这个问题带来的严重后果。

现在，来看看第二批听众，工会成员之间的差异性可能比管理委员会更大。因此，你必须要让报告中所使用的语言和例子适合各种各样的人（他们的知识、兴趣和态度不同）。此外，你的报告风格可能会更偏向于对话式，也不会那么正式。图11-1展示的是给两类听众准备的不同幻灯片。

在确定了你的听众后，你接着要做的是在作报告前认识关键的人物，这将对你的报告产生一定的帮助，特别是要认识那些关键决策者。这些会面会让他们对你产生一定的好感，或者至少让你发现可能的反对意见来源。提前了解这些人所关心的事情可以让你在报告中引入相关的信息来应对难题。

报告方式

在准备阶段的某个时候，你就必须决定选择哪一种报告方式——就是说，你是要把整个演讲都背下来，朗读，还是拿着提示条演讲？你的选择是依据这

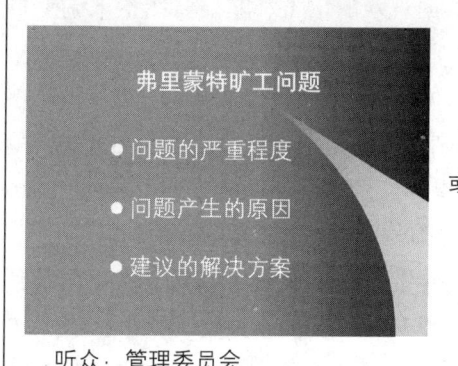

图 11-1
听众和目标决定报告内容

弗里蒙特旷工问题		弗里蒙特旷工问题
● 问题的严重程度 ● 问题产生的原因 ● 建议的解决方案	或者	● 我们目前到了什么状况？ ● 全勤 = 全职 ● 最后的赢家是……
听众：管理委员会 目的：报告		听众：工会成员 目的：激励

些情况而定的：你的报告有多长？内容有多复杂？报告的正式程度如何？以及，你自己最喜欢什么方式（或者将各种方式结合起来）？

背诵　如果你的报告比较短小而又很重要，你可以使用背诵的方式，否则这种方法是很冒险的，而且也浪费时间。你很难保证自己不会忘记下一句是什么（如果你很紧张，这是非常有可能发生的），从而影响整个报告的质量。除此之外，背给观众听的报告总会显得有几分呆板，而且你不能在适当的时候调整内容来满足观众的需求。不过，你可以把开头和结尾部分背下来，在讲到很重要的内容时背一段名言，或者一个幽默的故事来为自己的报告增色。

> 背诵或照着读式的演讲只能在不寻常的情形下使用。

照着读　照本宣科的方式在学术演讲和科技报告中是很常见的，教授或者研究人员会被邀请在学术会议上阅读自己的论文。将报告的内容写下来，然后照着准备好的文章一句一句地读，这种方式在以下几种情况下比较有用：所讲的主题非常复杂，或者是技术类话题；所讲主题有争议性时（比如，向媒体发布声明）；或者要在短时间内呈现很多内容时。

不过，最好不要在商务报告中使用这种方式，因为这样的话主讲人的眼睛总是盯在纸上，和观众的互动不够，同时也会显得不够自然和灵活。毕竟，如果你一句一句地照着读的话，还不如把你的文章复印几份发给听众，让他们自己有空了再读呢。

拿着提示条演讲　到目前为止，最常用也最有效的商务报告方式就是拿着事先准备好的提示条演讲了（比如提纲）。这些提示条包含关键词（而不是一整句），这让你在讲话时自然流畅地娓娓道来，而不是死记硬背。

虽然你可能会偶尔卡住，不知道下一个词说什么，但是这种方式所带来的自然亲切，以及和观众之间的融洽氛围都是其他两种方式无法达到的。提示条能让你覆盖所有要讲的内容，还能让你以一个有逻辑的顺序讲下来。与此同时，

> 在背诵、照着读和拿着提示条演讲这三种普遍方法中，最后一种在商务报告中是最常见的。

这种方式能让你在讲的时候充分灵活，根据观众的语言和非语言线索来调整自己的演讲，与他们积极互动。

提示条的具体内容和格式都不重要，你可以选择最适合自己的。有些人喜欢在一整张纸上写个正式提纲，而另一些人则喜欢把提示写在小卡片上。有些人爱用完整的句子，有些人则偏爱小短语。如果你愿意，也可以记录一些对自己的小提示，比如在哪里停顿，哪句话应该着重强调，什么时候切换幻灯片，等等。

不管你是用整张纸还是用小卡片，一定要记得标页码（以免纸张不慎落到地上打乱了顺序）。为了方便翻页，你可以只写纸张或卡片的一面，而且不要把它们钉在一起。用电脑打印下来比手写的更好，大字体比小字体更容易看清楚。在用英语写时，记得该小写的时候小写，该大写的大写，不要全部用大写，因为如果所有字母都是一般大小，看的时候就容易犯糊涂。

当然，你可以把上面讲的方法结合起来满足自己的需求。一些人，特别是那些很少作报告的人，喜欢把整个报告的内容都写下来，不断重复练习直到背下来为止，只有这样他们才能在报告时做到最好。而且背下来之后他们才能和观众时刻保持眼神交流。有一些人则会在提示条上插入指示，如自己什么时候停顿、什么时候微笑、什么时候做手势、什么时候放视频、什么时候放慢速度，等等。

一些演讲者喜欢先练习再写提纲，他们会先把自己要说的内容写成文，再进行大量的练习。只有完全熟悉了自己所讲的内容后，他们才能把这些内容精简为一个提纲，最后根据提纲演讲。不过大多数有经验的人都会直接从报告提示条入手。不管你使用哪种方式，你都要记住：成功作报告的关键就是练习，练习，再练习。

11.3 组织报告结构

对多数报告来说，最好的开始方式就是简单地坐下来思考：写下你能想到的在报告中讲到的每一点。不要担心顺序或者是格式——只要写下来就行了。在接下来的几天里，你要随身带着纸笔，这样才能随时把想到的都记下来——比如在开会时、吃饭时、上下班时、或者晚上在家时，你都可能会有好想法。

然后，你要把写下来的东西归为三类：开头、主体和结尾。当你开始分析和组织材料时，你可能会发现需要新的信息。这时你可能需要从文档中搜寻资料、咨询同事、去公司或附近的图书馆搜索你需要的信息，你也可以去互联网上找数据。

开 头

> 开头应该介绍报告的主题，说明报告目的并概述报告。

开头的目的意在勾起读者的兴趣，而且报告最开始的一分半钟是非常关键的。在这一分半钟里，观众会观察主讲人身上的每一个细节——你的衣着、姿势、面目表情和声音，还有你所说的内容——都会展示在观众眼中，而他们也会通过这些观察来初步评判你这个人和你所讲的话题。

因此，你一开始就要营造融洽的气氛，与观众建立良好的关系——不仅是报告持续的时间，而且也要为长期考虑。如果你的报告是提出某项提议，那么你不仅仅要在报告时吸引观众的注意力，而且还要在后来得到他们的支持，争取他们的合作以实施自己的计划。由于开头的重要性，因此许多专业人士会把整个开头写出来一遍一遍地练习，直到烂熟于心为止。

至于哪种开头最有效果，这取决于你的话题、你对观众的熟悉程度，还有他们对你的印象。（例如，见问题聚焦21，"绕着大毛球前进"，展现了讲

问题聚焦 21　　　　　　　　　　　　　　　　　　　　　跨文化

绕着大毛球前进

当戈登·麦肯齐（Gordon MacKenzie）面对一群不同文化背景的观众时，他会用讲故事的方式来跨越不同文化之间的差异。"讲故事这个技巧很重要，"他说道，"当你提到的概念和原则有着普世价值时，讲故事是最好不过的方式了。"

三十年来，麦肯齐先生一直在霍尔马克卡片公司（Hallmark Cards）担任设计师和总监。退休之后，他做了一名励志演说家——最常讲的主题是如何保持组织内的创造性。

对麦肯齐先生来说，一个公司毛团就是由一系列规则、程序和行政制度组合而成的，它会扼杀人们的原创性和想象力。这个毛团也是一种行为模式，它以惊人的速度将人们推向平庸的深渊。在麦肯齐先生的书《绕着大毛球前进：公司愚人的从容生存法则》（*Orbiting the Giant Hairball: A Corporate Fool's Guide to Surviving with Grace*）中，他提出这个毛球就像一颗行星一样，有引力将员工吸引并紧贴过来。

而活下来的秘诀，他说道，就在于紧挨在这个毛球周围（就是说，清楚并遵守各种规章制度），但是千万不能被它吞进腹内——换句话说，你应该绕着毛球前进。

"绕着毛球前进是在有创意的同时还能为自己的行为负责，"麦肯齐先生说，"你要能越过公司的集体心态去积极地探索和实践，越过那些'统一的模板、模式或者标准'，但同时不能和公司的使命感脱节。"

麦肯齐通过讲故事来阐述自己的观点。举例来说，他讲到自己在和一年级学生交流时，问他们中有多少人觉得自己很有创意。几乎所有的人都举了手。当他和三年级学生交流时，只有一部分人举起了手；而到了六年级时，几乎没有人举手了。"要和周围的人保持一致"的想法把绝大多数的人都压弯了腰。

虽然大家都知道故事是要有些点缀才能称其为故事的，但是麦肯齐认为最有说服力的故事是那些有着真人真事背景的。"对一个真正会讲故事之人来说，讲故事的力量来源于我们的生活方式，"他说道。

批判性思考

▶ 从你周围的真人真事中选取一个例子编成故事在课堂上讲给大家听。

故事作为开头的技巧。）

举例来说，假如你要作项目的工作进度报告，而且之前已经作过一次类似的报告了，这时你就可以马上亮出主要的报告内容（比如，项目正在如期进行，一切顺利），然后直接进入你的评论。不过，如果你是向上司们报告一项新提议的话，你首先就要介绍主题，并提供相关的背景知识。

如果大多数听众都不认识你，你就要用一个有创意的开头来吸引他们的注意力。下面几种开头都是商务报告中比较有用的方法，选取的例子是向工会成员报告旷工问题：

> 有效的开头包括引用名人名言、提问题、做假设、讲故事、提供令人吃惊的事实，或是运用视觉教具。

- 引用名人名言："喜剧演员伍迪·艾伦（Woody Allen）曾说，在这个行业里，有百分之九十的时候就是要演员露个面。"
- 提问题："如果我们在接下来的半年内将旷工率减少一半，你觉得这对我们每个人的年终奖来说意味着什么？"
- 做假设："假如你在今早准备出门上班做一整天的工作，你儿子突然跑过来跟你说他太累不想去上学了，原因是他昨天熬夜看了一晚上的摔跤比赛，你的反应会是什么？"
- 加入适当的逸闻趣事、玩笑或者亲身经历："乔治是我的一个朋友，他最近换了份工作，前几天他正好碰到前老板，于是就问她找了谁来填补自己的空当。'乔治，'他的前老板说道，'你走时根本就没有留下什么空当！'也许乔治没有留下任何空当的原因是……"
- 提供令人吃惊的事实："在接下来的24小时里，美国的工业会因旷工问题遭到1.36亿美元的损失。"
- 运用有趣的道具或者视觉教具：（拿出一个别针）"你们觉得这个别针究竟会花掉我们公司多少钱？"

不要道歉，也不要找借口（比如，"如果能再多点时间准备的话"或者"我真的不是演讲的料"）。因为观众有可能会赞同你的借口！至少你会让他们兴趣全无，从而在众人面前降低自己的可信度。

报告的开头应该先概述主要内容，引向主体部分："今天，我主要讲四点。第一，……"你要让观众知道报告的大概内容。举例来说，假如你在讨论某个工厂因为经济困难而倒闭这个问题的利弊时，首先要跟观众讲明自己的分析不涉及任何政治或者人际关系方面。如果你不在一开始就为自己所讲的话划清界限，那可能会引起观众提出不必要的麻烦问题，也会引起别人无谓的猜测。

> 让观众明白你对他们有什么预期。

在大多数商务报告上，你都要让观众明白你对他们有什么预期。你是简单地给他们提供信息呢？还是期待他们对你的话有所反应？你是想要得到他们的支持、帮助和资源，还是其他什么东西呢？一定要让观众明确自己该做什么，这样他们才能好好地考虑你的观点。

主　体

主体部分包含你真正想要传递的内容。在这个部分你要把开头介绍的几个点展开，还要提供一定的背景信息和具体的论据及例子，同时，还要给出所讲话题包含的意义和结果，以及其他所需的信息。

选择合乎逻辑的顺序　正如你在写信件或报告时一样，在作口头报告时，一定要选择能达到自己目标和观众预期的组织结构。最常用的组织结构如下：

- 标准式：轮流介绍每项标准，向观众展示每项选择是如何满足这些标准的（通常用于展示提议）。
- 直接顺序：先给出主要的结论，接着给出支撑结论的具体论据（通常用于展示常规信息）。
- 间接顺序：先给出原因，再给出主要的结论（通常用于劝说性报告）。
- 时间顺序：根据时间先后顺序组织论点（通常用于进度报告或者关于某个具体事件的报告）。
- 起因／影响／解决：先给出某个问题的来源和结果，再提出解决方案。
- 重要程度排序：把所有的论点按照重要程度排序，再把每个论点转化为问题，最后提供各个问题的答案（该种方式一般都能让观众跟得上你的思维）。
- 逐个击破式：把所有可能的选项都呈现出来，再逐个击破，留下一个——即你推荐的选择。

> 根据主题和观众预期，有逻辑地组织报告的主体部分。

不管用哪种组织结构，你一定要确保观众在一开始就明白你大概要讲些什么，同时还能跟上你的节奏。在书面报告中，诸如标题之类的指示语会告诉读者整个报告的大体机构。而在口头报告中，你就必须频繁地提醒观众，通过自然清晰的过渡来弥补没有指示语的缺陷，告诉观众你讲到哪里了。在报告中要一步一个脚印，这样观众才不会迷失。

建立自己的可信度　你要让听众相信你已经仔细收集并分析了大量的数据，也要让他们觉得你的论点是有道理的。你可以通过提供有说服力的证据来支撑自己的观点，如提供数据、亲身经历、事例和专家支持等。使用客观的语言；让数据——而不是夸张或情绪——来说服听众。在如何写劝说性信件和报告时提到的原则也同样适用于口头报告。

千万不要在报告中没完没了地提供数据和例子，不然观众会眼花缭乱。不管数据是否和你的话题相关，如果观众没办法消化所有的数据，再有力的证据也是白搭。更有效的策略是把详细数据打印在纸上分发给观众，以便他们在报告结束之后再去消化。

处理负面信息　如果你收集和分析的所有数据都能支持你的观点，这未免

> 不要忽视负面信息。

第 *11* 章　如何作口头报告　391

显得有些不太正常。（如果是这样的话，那根本不需要说服观众了。）负面信息一旦出现，可能会削弱你的观点，那你该如何处理这些信息呢？你可不能只是置之不理。这样做肯定会给观众提供质疑你的大好机会，从而彻底打乱你的阵脚。

你要考虑自己对数据的分析。你可以提醒观众：尽管存在负面信息，但是自己的提议还是有价值的。这样一来，你的策略就是把所有重要的信息都呈现出来——优势和短处——然后通过分析和讨论，证明自己的观点仍然是可行的，尽管有着各种各样的艰难险阻。运用在第5章提到的强调和淡化技巧来让观众明白：哪几点是你认为重要的，而哪几点又是次要的。

你应该讨论主要的负面信息，不过你完全可以安心地省略掉那些次要的信息。但是，如果观众在你总结时提出关于次要负面信息的问题，你应该准备好逐个回答。

结　尾

> 结尾应强劲有力、积极可行，给观众留下清晰明了的答案。

报告的结尾部分是你能否达到自己目标的最后一搏，因此不要让它付诸东流。一个没有有力结尾的报告会显得毫无力量，就像一个没有笑点的笑话一样。

在结尾部分，你应该总结报告中提到的几个主要论点，特别是当报告时间很长时。即使所有的观众都能轻易跟上你的报告节奏，但你也不能确保他们能够全盘记住。让观众明白你所说内容的意义何在。然后得出结论、提出建议，或者为观众勾勒下一步他们应该做什么，给他们留下清晰明了的答案。

要让结尾强劲有力，在开头部分使用的技巧也同样可行。你可以讲个故事，也可以亲自呼吁，或者提出某个挑战。不过，不要用引用别人的言论来结束，因为这样不会让结尾显得高潮迭起。而且，你想让听众记住的是自己的观点，而不是别人的观点。除此之外，也不要淡淡地抛出诸如"我今天要说的就是这些"或者"现在时间所剩无几了"等言论，这样只会削弱报告的力量。

当你有了多次作报告的经验后，你就能够比较准确地判断应该如何合理安排在每个论点上所花的时间了。但是在你还是初出茅庐的新手时，你应该用秒表来不断练习。如果需要的话，你甚至可以把时间安排记在提示条中的重要位置，提醒自己应该在何时讲到什么内容。千万不可因为时间没有掌握好而半路丢掉重要的部分，或者急匆匆地奔向结论。

由于观众对最近听到的东西记得最牢，所以你要把结尾看作报告最重要的部分之一。你应该让结尾强劲有力而又积极可行。同时，你也要明白没有人会因为你快了一两分钟结束而埋怨你。正如国际演讲会（Toastmasters International，训练会员演讲技巧与领导能力的非营利组织——译者注）的标语所讲："起立、开讲、结束、坐下。"报告讲完了，你的任务也就完成了。

在商务报告中使用幽默

记忆研究显示,当某个观点以幽默的方式呈现给观众时,他们不仅能够记得更多的细节,记忆时间也会更长。

我们大多数人都无法成为大卫·莱特曼(美国著名脱口秀节目主持人,以搞笑闻名——译者注),即使想成为他,也没那个天赋。如果你知道自己不能很好地驾驭幽默,那千万不要在众目睽睽之下耍弄你不擅长的技巧,不然你自己和观众都会受罪。不过,倘若你觉得自己能将幽默用得恰到好处,那么使用幽默确实能够为你的演讲增添亮色。

> 若你能驾驭幽默,而场合也合适,那你可放心使用幽默。

笑话、双关、讽刺以及好笑的亲身经历都是使用幽默的几种常见例子,它们都能将主讲人和听众维系起来,特别是最后一个。幽默可以用于报告的任何一个部分——用在开头可以吸引观众注意,用在主体部分可以勾起观众的兴趣,用在结尾则可以水到渠成地引出观点。不过当然了,如果你讲的主题很严肃或者其结果对观众不利的话,就应该避免使用幽默了。

在报告中出现的有趣故事应该适合观众,同时还要契合当时的场合。千万不要讲低俗笑话或者开涉及性别歧视的玩笑,不要使用会冒犯他人的语言,也不要在报告中孤立某个民族、种族或者宗教团体,更不要用方言或者外国口音讲故事。这些伎俩通常很丢份。最好的幽默故事都是把矛头指向自己的,因为这些故事会让人们觉得你懂得自嘲,很有趣味。

> 将一个有趣的故事改造成与你所讲话题直接相关。

在讲一个好笑的故事之前,你自己一定要先搞懂它,同时还要真的觉得这个故事有笑点。然后将其改造成符合自己的讲话风格,也能衬托当时的场景。讲笑话时不要这样开头:"我那天听到个关于……的笑话……"

幽默有很大成分是由惊喜构成的,所以在讲笑话之前不要给观众任何暗示。如果你给了,那他们就会有听笑话的心理准备,到头来也许会觉得你讲的笑话一点也不好笑。但是,如果观众听到半截才发现你讲的是个笑话,那么你成功的几率就会大大增加。

讲笑话时自己可千万不能笑。脸上带着微笑足矣。讲完笑话后,你可以安静地等着观众的笑声(期待会有)渐渐平息下来,之后再继续下去,把笑话和主题联系起来。

不管你是不是讲笑话的专家,切记不要频繁使用幽默。它只是一种达到目标的手段——它终究不是目标。作完报告后,难道你只想给观众留下一个好玩的印象吗?当然不是,你希望他们记住:你今天所讲的一切都很重要,也合情合理。

11.4 策划团队和视频报告

如果你是典型的商业人士,那大多数商业报告都由你一人独自承担——在

> 沟通目标2

众目睽睽之下。不过，有时候你是团队报告会中的一员，而有时你又会被要求准备一次视频报告（而不是在现场面对一群观众）。

团队报告

团队报告是交流一些复杂项目的常用策略。举例来说，如果要给管理层作公司营销策划报告会，或者要给出五年计划的进度报告时，仅凭一己之力是根本无法胜任的，因为你没有足够的时间和资历来准备一个大规模的报告。因此，这种情况下大家通力合作才能取得最好的效果。

不管是书面的还是口头的，团队报告不仅要求成员们悉心准备，紧密合作，还要求他们以成熟与和睦的心态对待彼此。如果是由你来负责协调团队工作，那么你一定要给组员们充足的准备时间，还要根据每个人的优点来合理分配任务。

> 根据每个人的优点和喜好来安排团队报告会中的任务。

分配任务的主要标准就是哪种划分能够最高效地完成报告任务。你要深入了解每个组员的优点。有些人善于收集和分析材料，有些人也许更善于摆弄视频设备，其他一些人也许更适合作报告。

是否有组员善于讲故事或者和陌生人沟通？如果有的话，那他（她）应该为报告做开场白。或者你也可以选择一个"外交官"似的人来掌控问答环节。

不是每个组员都需要在报告的各个阶段付出同样多的时间和精力，他们有各自负责的部分。作为协调人员，你应该一视同仁，在报告进行之日，不管站到讲台上的人是哪些，你应该对每一个人的努力都给予肯定。

团队领导者的职责　每个团队都需要一个领导者——能够对项目承担主要责任的人。团队领导者应该具备良好的组织能力，了解报告的主题，同时还需得到其他团队成员的喜爱和尊敬。

有效率的团队领导者会带领全队人员制订一份连贯自然的报告策划书和准备一个可行的时间安排表。在所有队员都明确和支持报告的基本框架之前，不要盲目地分派任务。事实上，过早分配任务是团队报告中存在的一个普遍问题。

团队领导者应该给每个队员一份书面任务表，告诉他们自己分内的事，如报告内容由谁负责、视频设备和分发给观众的材料由谁负责、时间安排和排练事宜谁来负责，等等。先设定最后日期，安排时间要从报告日往前排——而不是从前到后。

统一连贯　正如每个人有自己不同的写作风格一样，每个人也有不同的演讲风格。你必须确保整个报告的风格统一和连贯——就是说，整个报告听上去就像是由一个人单独准备和呈现的。因此，团队成员在准备之时就应该统一好各种相关因素，诸如最合适的演讲语调、格式、结构、幻灯片的风格、演讲着装和回答问题的方式等，这样整个报告才会自然地从一个话题过渡到下一个话题，从一个组员过渡到下一个组员。

在幻灯片方面，团队各成员应该使用一个统一的模板（要么来自软件包，要么由组员创建），这样整个报告才会在外观上保持一致。这些模板会规定使用的背景、颜色、标题样式、字体样式和大小这些因素。

同样，必须有人监督队员在语言使用上的一致——包括幻灯片里的和材料上的。你们在称呼人的时候是用姓呢，用名呢，或者是姓加上头衔呢？你们在称呼幻灯片时是说图表、幻灯片、投影仪、图片，或是另外的说法？如果要使用人们不熟悉的术语，一定要确保第一个提到该词的人（而且只有这个人）先给它定义。

奥伯问答

亲爱的奥伯博士：

有一份课程作业，我需要回答下面两个问题：

- 有效报告中的基本三段式结构是什么？每个部分的目的何在？
- 在准备和进行报告时，演讲者的道德责任体现在哪些方面？

我周五就要交作业了，所以希望您快点儿回复。

——伊芙琳

亲爱的伊芙琳：

我增加本栏目一开始就向老师们保证绝不会私下帮学生做作业，所以恐怕这次你只好自己完成了。不过，我会给你指出本章讨论这些话题的部分，你可以自己寻找答案。感谢你写信给我。

——斯科特

给作者写信，邮箱为 askober@comcast.net。

练习团队报告 在正式的报告开始之前，非常有必要做一次完整的彩排——地点在作报告的那个房间，而且需用上所有的视觉辅助工具（幻灯片、分发的材料等）。如果可能的话，把全部彩排过程录下来，以便之后全队可以分析改进。记得不要把练习的时间安排到最后，这样才有时间做出改动——要是对报告做出了改动，可以再把改过后的流程再走一遍。

在评价某个同事的表现时要讲究一定的策略，还要表现得恳切和善意。同样，你也要虚心接受别人的指正。若想整个报告获得成功，每个人都是必不可少的环节。成功之后的奖励当然也需大家一起分享。

如果说盲目划分职责是团队报告最常见的问题的话，那么没有计划和安排队员的介绍和过渡就是第二大问题了。是让第一个讲话者在一开始就介绍全队成员，还是每个人单独介绍自己呢？

如果有人在你演讲的时候提问，而你又知道同事会在后面的环节回答这个问题，那你不要抢掉同事的风头。你可以回答："这个问题艾丽丝等会儿会讲到的。"如果有观众向整个小组提问，那领队应该指定某个组员回答。如果你要说的不是特别重要的话，最好不要对组员的回答进行补充。

最后，在小组报告时，要把自己想象为置身于舞台之上——不管谁在上面作报告。如果你站在旁边，也要挺胸抬头，把目光朝向自己的同事（即使你听这段话已经不下十次了），还要注意观察下面观众的反应，看看他们脸上是否出现困惑、无聊或是失望等表情。

视频报告

现在，越来越多的企业开始采用视频报告的方式，这类报告可以通过摄像机、光盘或者网络放映出来，比较便捷。举例来说，公司的总裁可能会为新员工培训课录制一段欢迎辞。而人事专家（personnel specialist）可能会录制一段演讲，讨论员工的福利问题。

同样，市场营销经理也会为重要的客户录制新产品推介说明，还会把这段录像发给国内的新闻媒体。事实上，任何可以多次使用的报告或者展示都可以通过视频录制的方式来呈现。

之前我们讨论的大多数报告技巧都可以应用于视频报告。除此之外，还需注意自己在镜头前的表现，因为长时间盯着摄像头会使自己浑身不自在。唯一的办法就是不断练习了。幸好我们现在有使用方便的家用摄像机，在家或者办公室就可以轻松练习。

> 视频报告通常需要更多的练习。

在录制视频报告时，最好穿蓝色的衣服：一件淡蓝色的衬衫配蓝色夹克或便装是比较理想的装扮。不要穿戴颜色对比很强烈的衣服和领带。男士和女士都应该稍微化妆以遮盖汗水或者肤色。录制开始后，不要弯腰驼背，在说话时眼睛要尽可能长时间地注视镜头。

眼睛要保持聚焦于以下任意一个地方——要么一直盯着摄像头，要么就看着自己的笔记。不要偏离镜头，因为在镜头面前，你的一举一动都会被放大，所以你一定要尽量保持一个姿势不动。而且，要坐在某个事先规定的范围之内（这个由进行录制的人员决定），不能偏离。

> 要么一直盯着摄像头，要么就看着自己的笔记。

可能的话，尽量把给观众展示的材料用彩色打印出来，而不要用投影仪或者是电脑展示，因为摄像头直接拍摄图片效果会好得多。行距至少要一英寸，背景最好选择淡蓝色或者柔和的颜色而不是白色。把材料放在一起，这样镜头就不会过多的伸缩从而分散观众的注意力。

视频报告的广泛运用同样也意味着你可能会被领导叫去负责视频设备的调试，在这方面你要做的工作主要是：

- 控制屋内的噪音大小。即使空调的声音有时也很恼人。同样，还要确保会议室的灯光亮度合适，不过也不用搞得像舞台一样绚丽多彩。
- 提前检查摄像机电池是否够用，最好有一块备用电池。
- 为了保持镜头稳定，记得用三脚架。如果你没有三脚架，可以选择用身体当支架支撑着摄像机。
- 尽可能不要让摄像机移动，但是也不要一动不动。移动时要轻缓自然，而不是快速突兀。
- 尽可能把演讲者框在或者是"堵"在摄像头前（比如可以只包括上半身）；不要把镜头弄得太宽，以免包含过多不相关的内容。比较好的做法是在演讲者周围留一英寸宽的空白。如果演讲者要移动的话，要事先规定好他（她）移动的范围，之后再让演讲者在划好的范围之内移动，避免让摄像机跟着演讲者跑。

- 在考虑视频效果时要从观众的角度来考虑，而不是以摄像师的角度（就是从观看的角度，而不是拍摄的角度）。一般来说，你不可能把录下来的所有材料都用上，可以把这些材料剪辑组织成一个有效果的报告。

当代的商界人士不但要懂电脑，还应该懂得如何录制视频。如果你对视频录制的程序不熟悉的话，可以拜访当地的视频剪辑工作室，观察别人是怎么做的，在观察时注意整个流程，以及大家是如何合作的。

11.5 商务报告的视觉辅助工具

现代人已经对轰炸人类各种感官的多媒体设备习以为常。他们还经常觉得任何正式的报告都要伴随一些视觉元素，不管这些元素是一块白板、投影仪、幻灯片、电影、视频，还是真实的模型。

沟通目标3

相对来说，视觉辅助工具的准备比较简单，而且还能帮助观众理解整个报告的内容，特别是当这个报告包括复杂的材料或者数据时。宾夕法尼亚大学的一项调查显示：成功使用视觉辅助工具的演讲者说服了 67% 的观众，而相比之下，没有使用工具的演讲者则只说服了 50%。除此之外，那些有辅助工具的会议比没有工具的会议花的时间更少，大概要少 28%。

使用视觉辅助工具来增加观众的兴趣，帮助他们理解，也让你的故事更精彩。

明尼苏达大学也做过类似的调查，发现图画可以让演讲者的说服力提高 43%。人们认为那些使用辅助工具的演讲者比没有使用的人显得更专业，准备得更充分，也更加有趣。（至于哪种工具最宜于观众理解，参见沟通快照 11。）

今天，用电子设备进行的报告会或者展示会一般都有视觉辅助工具。这些工具包括幻灯片或者视频，从电脑直接接到投影仪上，再从投影仪投射到屏幕上，因此人们不用像以前一样自己手写玻璃片了。

电子设备辅助的报告能让你轻而易举地加入多媒体效果——如果你觉得这样做能让你的故事更有说服力，大可尝试各种有趣的工具。比如，你可以播放一小段视频，或者给文字设置动画，也可以增加背景音效。电子版的报告或演示比传统的更加灵活方便，但是它也同样需要有高级投影仪的帮助才能取得最好的效果。

当你用电子设备作报告时，可以参考以下几点：

- 仔细检查幻灯片颜色。颜色搭配是很重要的（比如，与你公司商标的颜色是否相符），你要注意电脑上的颜色和屏幕中的颜色是否一致。

沟通快照 11

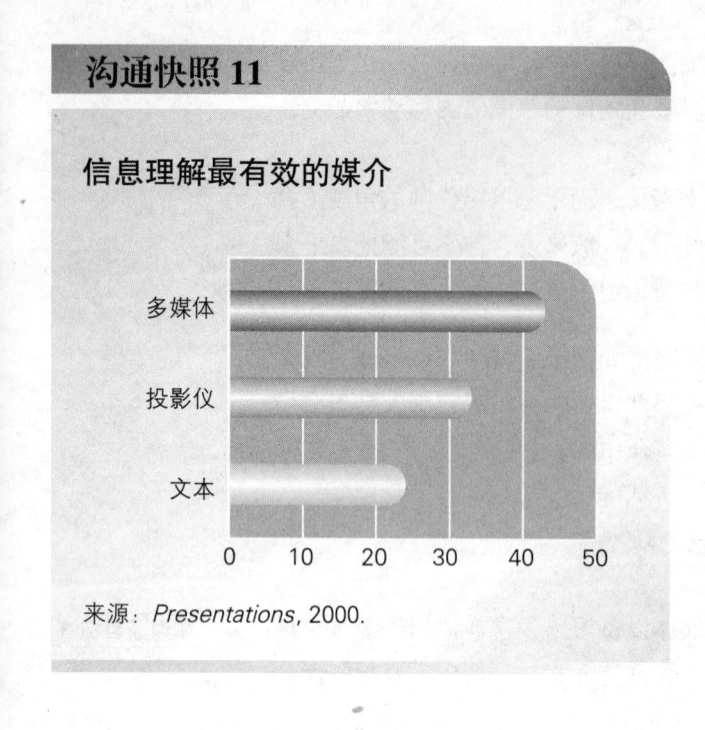

信息理解最有效的媒介

媒介	数值
多媒体	~42
投影仪	~33
文本	~23

来源：Presentations, 2000.

- 不要做太花哨的特效。太过夸张的过渡和突兀的过渡都不合适，很容易分散观众的注意力。不过，可以考虑使用矩形遮挡某些关键点，这样可以让观众集中注意力。如果不是特别必要的话，不用加声音特效。
- 暂停电脑里所有屏保程序，也不要让其自动关机，因为没有人愿意在讲到一半时出现不相干的画面，更不想出现黑屏。
- 让任何地方的观众都能看到你，也要提高音量让大家都能听得见你在讲什么。可以站在观众左侧——不要站在灯光打不到的地方，尽量离开电脑——必要的话可以用无线鼠标。要确保即使屏幕很暗，自己也能被观众看见。

视觉辅助工具的准备

不要过多使用视觉辅助工具。

视觉辅助工具可不是多多益善。新手有时会觉得这些工具非用不可，而且会大量使用，殊不知这样的滥用会把观众的注意力引到工具上，而非自己身上。只有当你觉得工具能够帮助观众理解某个重要观点时你才应该使用它们，在不需要时就立即将之去除。一两个切题的工具比大量无关的花哨玩意儿好得多——不管这些玩意儿有多么吸引人。

人们常犯的错误之一就是喜欢直接把报告、统计资料或者期刊上的表格或图画复制打印出来，再用投影仪投射在屏幕上。但是，直接打印出来的图画通常涵盖了太多的信息，在用于报告时无法发挥它应有的作用，与其说是帮助你陈述报告，倒不如说是阻碍了你成功的步伐。

保持视觉辅助工具的简单明快。

一般来说，在一张幻灯片里，一行最好不要超过十个字，不要多于六行或者七行，数据不要超过三栏（把你的幻灯片想成是高速公路上的广告牌，而不是备忘录）。用英语时，不要全部用大写字母，要大小兼顾，字体不要太花哨，而且要记得在每张幻灯片里留有足够的边栏。倘若各个分点之间没什么关系，就用着重号排列；若彼此有关，就用数字序号排列。

事先确定幻灯片使用的色系，并让所有的视觉辅助工具都与其保持一致，就是说，每一张幻灯片的背景颜色都需一样。给观众分发的材料需用白底黑字，幻灯片可以用黑底白字。

如果你把幻灯片弄得太过复杂，那么观众很快就会应接不暇，他们的注意力会很快转到花哨的技术上，而不是你讲的内容上。商务活动中一贯不变的追

"现场管弦乐队、服装、布景、烟火、变戏法、大象、摇滚乐队？你就不能老老实实地像别人一样使用幻灯片吗？"

求是表达观点——而不是显摆自己。就这些工具来说，浓缩便是精华。耶鲁大学教授爱德华·塔夫特（Edward R. Tufte）在他的一本名为《演示文稿软件是邪恶的》（*PowerPoint Is Evil*）的书中这样写道："演示文稿软件主导了整个讲演，打乱了内容的流畅，并让其显得微不足道。"职业演说者、教育专家琼·德兹（Joan Detz）也持同样的观点，她在自己名为《如何写作和演讲》（*How to Write and Give a Speech*）的书中写道：

只在必要时才使用视觉辅助工具，且要让之简单、易懂且品质上乘。

> 一次成功的演讲与高超的技术水平无关。我见过的最大的误区就是对技术的滥用。大多数时候，视觉辅助工具只是为了让那些没听明白的人能够更好地理解。在报告中，观众更容易盯着屏幕，而不是盯着你。

确保视觉辅助工具可读性的唯一正确方法就是在房间的最后一排测试观看。如果你没办法提前测试的话，请阅读图 11-2 的指南。

视觉辅助工具的品质高低向你的观众传递着一个信息，即你自身能力的大小和对观众的尊重程度。正如你不想观众因为花哨的幻灯片而眼花缭乱，你也同样不希望观众因它们的粗劣而无精打采。如果这些视觉辅助工具不好懂或者没有足够的吸引力，那就最好不要使用。

使用视觉辅助工具

如果在报告时使用不当，或者设备在中途运转不灵的话，再好的辅助工具也是无济于事。流畅地使用设备不是与生俱来的天赋，需要你持续不断地练习，同时还要对观众的需求了如指掌，特别是在使用幻灯片和投影仪的时候。一定

练习流畅又高效地使用视觉辅助工具。

第 *11* 章 如何作口头报告 399

图 11-2

你需要多大的屏幕？

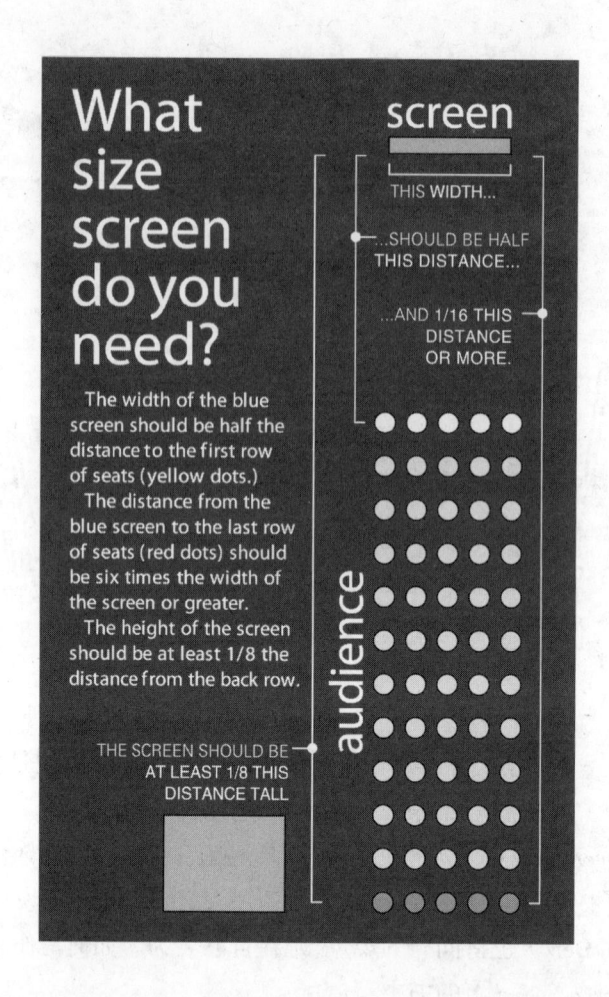

要确保每个座位上的观众都能看到屏幕，而且要确认你站的地方和投影仪都不会挡住观众的视线（见第 401 页的图 11-3）。

要确保你的设备处于良好的工作状态，而且还要准备一套备用的，因为一旦设备崩溃你必须要迅速启用备用设施，让报告继续下去。在报告开始之前，要及时调整投影仪，让屏幕中的影像清晰可读，即使最后一排的观众也能看得清楚。不过，不要把图像放得过大，演讲者才应该是舞台的主角。

使用的图片应该非正即方。可以把屏幕上端稍微掰向投影仪的方向，避免出现梯形失真（keystoning effect）的情况（就是图像上上面比下面宽）。

在用幻灯片进行展示时，用空白不透明的幻灯片或一般标题幻灯片作为最后一张，这样观众才不会被突如其来的明亮光线吓一跳。同时记得不要在屏幕前面走来走去，因为这样会挡住观众的视线。

在练习时，你可以学着站在屏幕旁边，面向观众，脚朝向他们。若之后你需要指向屏幕上的某项内容时，可以用手指、指物棒或者笔来代劳。（许多人觉得激光笔容易使人分心。）转身时腰部以上往后转，脚要保持向着观众。这样做会让你时刻与观众保持眼神交流，也能更好地控制全局。

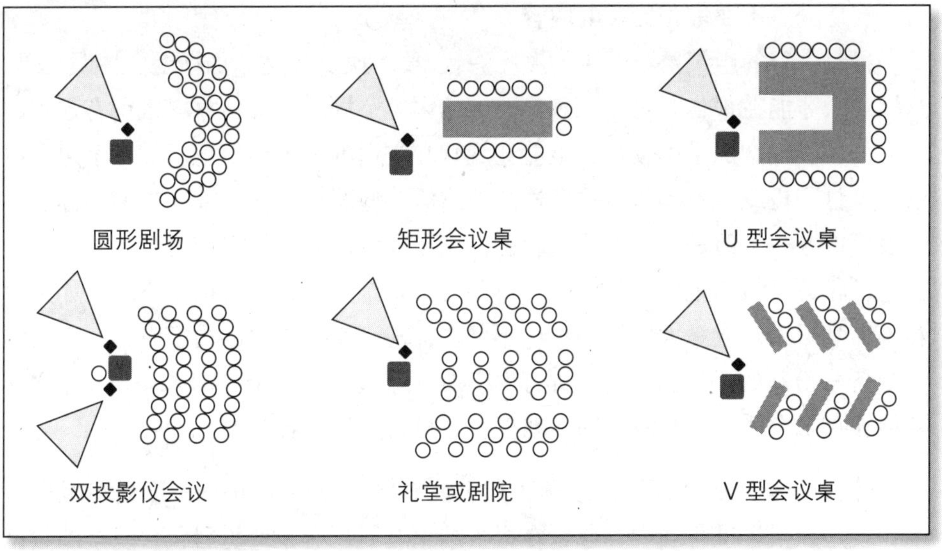

图 11-3
正确摆放投影仪的位置

圆形剧场　　矩形会议桌　　U 型会议桌

双投影仪会议　　礼堂或剧院　　V 型会议桌

给观众分发的材料

给观众分发的材料包括打印出来的笔记、表格或者图画，它们是帮助观众跟上报告思路的有力工具。大多数商务报告都有它们的身影，因为即使报告结束很久，观众还能通过这些材料回忆起你所讲的内容，甚至还能从中得到新的信息。

另外，这些材料还能永久保存你所讲的主要内容，不失为一份永久档案。而且有了它们，观众也可以不用边听边做笔记了。当你在报告中呈现复杂的信息（诸如详细的数据表）时，给观众分发材料是最有用的，因为如果仅仅把数据投放在屏幕上，观众可能没有足够的时间去理解。

材料应该包含什么　当然了，这些材料应该是你报告中重要内容的小结。不过，一个常规做法是不要把所有的内容都展示在里面。能用注解的方式表明你在幻灯片中提到什么内容会是更不错的选择。应包含在内的内容还有那些不适合在屏幕上展示的信息——诸如许多细节信息、背景数据、小结、更完整的图表或者是其他信息的来源。一定要让材料中的内容简洁

给观众分发的材料是你所讲内容的补充，给观众留下做笔记的空间，这也是一份你所作报告的永久档案。

在放幻灯片时，记得不要在屏幕前走来走去。同时，也不要在上面放太多的文字。本图中，安东尼·菲利普·贝克在佛罗里达州总统选举选票结果陈述会上就犯了这些大忌。

第 *11* 章　如何作口头报告　401

有序和切题。不要堆积无关的内容。

材料内容的组织要与报告的顺序一致。要不厌其烦地添加标题和标明页码,这样观众才能在报告时轻易找到你要讲的内容。同时,要给材料纸留有足够的空白——不仅增加了可读性,也能让观众在空白的地方做笔记。如果手边有高清彩色打印机或者复印机,可以适当地增添一些彩色——比如在封面、标题、图表等地方——但是正文不要用彩色,正文应该是白底黑字。

影印的材料一定要清晰明白,不要打出来是歪的,或者模糊不清。如果材料不够吸引人,或是太模糊根本读不下去,甚至有不重要的内容时,一定要重新准备一份新的。还有一点就是字体一定要合适——至少为12磅——这样观众能够在视频播放时黑漆漆的房间里看清材料上的内容。

> 材料的内容和目的决定分发时间。

什么时候分发材料 你必须决定分发材料的最佳时间——不是在报告之前,就是在报告进行当中,或者在报告结束之后。有一些材料包含复杂的数据或者海量的信息,在报告开始之前,观众可以把它当作理解内容的一个总体框架(比如,一个复杂的提议)。这样的话,在观众到达会议室之前你就应该把材料分发出去。

你可以通过附函、备忘录或者电子邮件的方式告诉观众你分发这些材料的目的,同时请求他们在参加报告会之前阅读这些材料。显然,你必须要在后面确保自己在报告时讲的内容不会只是简单地重复材料上提到的东西。

如果你要在报告过程中提到材料里的内容,那你应该在开始报告之前发放它们。确保观众在报告开始之前有足够的时间来看你发下去的材料,这样在你讲的时候他们就可以撇下手里的材料,把注意力集中在你身上了。许多观众喜欢在听报告时手边有一份材料,这样便于做笔记。在这种情况下,你所讲的内容就会得到三次强化——第一次是在你讲的时候;第二次是在观众看材料的时候;第三次就是他们做笔记的时候。

最后,若你的材料只是你所讲内容的一个总结,那你可以在报告结束之后及时分发它们——这样你才能让观众在听报告时聚精会神。不过,事先要提醒观众你会发材料,避免他们白费力气地做笔记。

你作的报告也许只有一次,但是你分发的材料却是永恒的记录,是观众见证和检验你以及你所在公司的标准,因此要记得给观众留下好印象。

11.6 练习并作一次报告

> 沟通目标 4

现在你的准备工作已经差不多了,在你真正作报告之前,一定要先练习。

练习作报告

口头报告时使用的语言一定要简洁。由于听众只有短暂的一次机会去理解听到的信息，因此简短的句子和词汇应该用在口头报告中，书面报告里则可以用相对长一些的句子或者复杂一些的词语。既然演讲者都很难顺畅地说出复杂的长句和词语，那听众在听的时候就更无法轻松地理解了。一个阅读起来很容易的长句在大声说出来的时候，可能会让演讲者上气不接下气。

> 要做到用词到位、语音恰当、姿势和手势也恰如其分。

所以不要受长句的蛊惑。应该选用简短的句子，同时讲话风格应该偏向口语化。你也可以自由地使用缩写，但是记住不要使用自己读起来很拗口的词。

为了让观众跟上你讲演的步伐，要经常使用提示、小结、过渡和重复。那些给布道者的建议也适用于商界人士："提示他们你将说到的内容，然后告诉他们这些内容，最后总结一下这些内容。"

不管你随身带的是完整的演说词还是笔记或提纲，在开始练习时你一定要尽可能贴近地模拟会议室的情形。练习时要站着，笔记放在和讲台一样的高度上，而且还要练习使用视觉辅助工具。

最好把你练习的过程录下来，这样你能够检查自己还有什么需要改进的地方，比如语音质量、手势和报告的内容。如果你没有录制的条件，可以用全身镜和录音机来代替。镜子可以帮你纠正自己的站姿、面部表情和手势。

记住，观众对你的信任度，有55%来自你的身体语言，38%来自你的语音质量，只有7%来自你使用的字眼。因此在练习时一定要反复检查录音，听听自己的音质如何（尤其是速度和音调），停顿是否到位，词汇和短语意群是否断得合理，还有发音是否清晰。

在练习重要的报告时，至少要安排三次全程彩排。第一次应该注意连贯性（你说的每一句话是不是有道理？）和时间。每一次彩排时都应该把提纲中每一部分使用的时间记录下来。如果时间不够的话，宁愿舍掉其中一点，也要有足够的时间来总结和提出结论，以免落入虎头蛇尾之嫌。

练习环节一定要尽早安排，这样的话一旦你发现报告有瑕疵，就有足够的时间进行修改。最开始不要大改，要一步一步地来。第一次彩排应该尽量不对外公开，或者只找你比较要好的同事来给你提出意见。当你练得自己比较满意的时候，再进行第二次彩排。

一定要非常熟悉自己要讲的内容，这样的话一两句话或者一个图表就能提醒你下一句应该讲什么。应该多练习几次最重要的几个部分（引言、主要内容的小结和结论部分）。

要用谈话的口吻来演讲，但是语速要比正常讲话稍微慢一点。为了提高观众的兴趣和符合报告时的氛围，你可以适当调整音量和说话的速度，但是在讲到重要或复杂的内容时一定要放慢速度，总结时则可以稍微快一点。在强调重点时，要有规律地停顿几下。同时，还要注意发音，发音要清晰正确，不可以含含糊糊，也不能随意省掉音节，要多练习几次读起来拗口的名字。

> 用谈话的口吻演讲——但是语速要稍微放慢一点。

为了提高观众的兴趣，也为了强调你所讲的内容，你可以偶尔添加手和手臂的动作，但是只能在恰当的时候使用，同时还要看起来自然。如果你平常谈话时不怎么运用手势，那你在演讲时做各种手势很可能会显得不自然。一般来说，单手动作比双手动作更有效，也不容易让观众分心。

> 如果你习惯用手势，在报告时可以适当地使用。

要避免让人生厌和分心的小动作，比如摆弄口袋里丁当作响的硬币，不停地咳嗽或者清喉咙，大幅度地挥手，紧紧地抓住讲台，紧张地走来走去，摆弄首饰、笔或者回形针，或者在演讲时夹杂着诸如"嗯"、"啊"、"你知道"之类的废话。

演讲时要找一个固定的地方站着，用英语陈述时可以考虑房间左侧的位置（即观众视线的左侧），因为英语是从左往右读的。位置固定了之后，观众就会把视线朝向左边演讲者站的地方，在阅读大屏幕时稍微把目光向右转，之后再移回左边去看演讲者。大多数报告中，你都应该站在距离观众 45 度角的地方。

要练习不时地微笑，还要自然地昂首挺胸，身体保持平衡。手自然地放在讲台上，或者垂在身侧，或者放在任何一个不会打扰观众视线的位置。你的声音和举止展示出来的应该是专业、热情和自信的形象。

作报告

你的衣着也是给观众传递的信息之一，所以一定要穿着得体——既舒适也要不失商务范儿。不同的衣着给我们不同的能量，既然你能感受到，观众也当然可以。因此在穿衣时要参考下面的几点：

> 穿着舒适就好——但要稍微比观众考究一些。

- 比观众穿得稍微考究一些就行了，他们会接受你的重视的。
- 鞋的颜色要与裤子或裙子的边缘同色，或者可以深一点。
- 作报告时要穿长袖。因为长袖让你显得更有权威，也更专业，同时还显示你尊重观众。短袖则看起来随便。
- 男士的领带一定要放在皮带扣的中间位置，如果穿夹克的话要把衣服扣上。
- 记住，讲台越高，女士的裙子会显得越短。女士身高不同，适合她们的裙子长短就不同，中等或偏矮的女士适合穿刚好到膝盖的裙子，高一点的女士则可以穿过膝的裙子。

如果你要在晚宴后作报告，不要吃得太多，也不要吃味道过重的调料、甜点和喝含有酒精的饮料。当别人介绍到你时，可以先深呼吸几次来理清思绪，再昂首自信地走到讲台，花点时间调整自己，整理笔记，慢慢地望向四周，和几个观众进行眼神交流，然后再清晰大声地开始你的演讲。

> 大多数商务报告都无需使用麦克风。

在大多数场合，你都不需要用麦克风，因为观众不会超过 150 人——即 10 排或者 12 排左右，你的声音应该可以传这么远。不用麦克风的话你可以自由走动而不用担心音响会出什么问题,也不用费心去调节音量大小。如果你需要用麦克风,一定要事先测试一下其是否好用,还要确定麦克风的位置和高度。一般来说,麦克风应该离你的嘴唇4到6英寸的距离。

你应该把所讲的内容烂熟于心,这样你才能轻易和观众建立眼神交流,而且还要把坐在每个角落的观众都融入你的报告当中。看着观众时要锁定某一个人,眼神交流要保持至少三秒钟——或者当你已经理清好某个思绪后再转向另一个观众。

万一你的笔记或者稿子乱作一团,这时一定要放轻松,让自己有足够的时间来重新组织思路。如果你的大脑的确是一片空白,不要停下来不说话——即使重复你刚才讲的也没有关系。观众可能会认为你是为了强调某一点而故意重复,而重复时花的时间则可能会唤醒你的记忆。如果这还不管用的话,那就跳过这一段,开始陈述报告的下一部分,等你想起来再回到你忘掉的部分。

关于怯场 美国作家马克·吐温曾经说道:"世界上有两种演讲者——一种是那些紧张的,另一种是那些装作不紧张的。"对有些人来说,作报告总是伴随着以下几种症状:

- 呼吸短促
- 感觉头晕恶心("像热锅上的蚂蚁一样")
- 手脚发抖,手心出汗
- 心跳剧烈
- 语速过快,音调偏高

如果你经历过上述症状,没关系,你并不是一个人。对大多数美国人来说,上台作演讲排在害怕之事的第一位。在一项3,000名受访者的全国问卷调查中,42%的人承认自己平生最害怕的事莫过于在众人面前发表演讲——他们对其的恐惧程度甚至超过了癌症或者心脏病。幸运的是,行为矫正专家研究发现,就大多数患有焦虑症的人来说,在公共场合发表演讲的恐惧是最容易克服的。

别人让你作报告是觉得你说的内容值得倾听,这一点你自己一定要认清,而且也应该感到骄傲。除非你是特别有才华的演说家,或者是很糟糕的演说者,一般情况之下观众记住的是你讲的内容,而不是你怎么讲的。而且我们中的大多数人都介于这两种极端之间。

减少紧张的最佳方法就是做好充分的准备工作。对一个容易紧张的演讲者来说,怎么准备都不过分。你对报告内容越熟悉,练习的次数越多,你站在观众面前越能集中精力作好报告。你可以试着把报告的前几句背下来,这样你就可以更自信地顺利通过最开始的关键时刻(这时是最紧张的时刻)。

练习在大脑中想象演讲的场景。在你实际开始报告之前,坐在一个舒服的地方,闭上眼睛,想象自己在作报告。想象自己很自信,声音大而清晰,口气

要避免紧张情绪,你首先要不断地练习,然后要有积极的心态,报告时将目光聚集于友善的观众。

在作报告时要"感觉紧张",纽约 Congregation Rodeph Sholom 教堂的祭司马修·格维尔茨建议道。"你不感到七上八下的时候就是你该停止公共演说的时候。紧张就是在公共场合演说的动力。"

HERE HE COMES!
MATTHEW GEWIRTZ
SAYS: DON'T HIDE
BEHIND A PODIUM.

让人放心。你可以多想象几次这样的场景,相信你会如愿实现的。

在开始报告之前,可以适当散步来放松身心。在候场时,把手臂轻轻放在身侧,慢慢地晃动手腕,同时深呼吸几次。当你开始讲话时,在观众席中寻找几张看上去友善的脸,在最初的几分钟内把目光投向他们。

当然了,有一些紧张感是好的。这会让你的肾上腺素上升,从而让你的演讲更有力量。如果你在开始陈述时感到特别紧张,不要说这些话:"我今天早上特别紧张,手都在发抖。"也许观众根本就不会注意到你的手。但是一旦你说了这句话,他们的注意力就会立刻转移到你的手上去了,从而产生不必要的分心,也降低了你在他们心目中的可信度。

国际演讲会的主页是 http://www.toastmasters.org。

最后,那些害怕在公开场合发表演说的商务人士应该考虑修一门公共演说课程,或者是参加国际演讲会的培训,后者是全世界历史最悠久、也是最大的非营利教育机构。协会的主要目的就是提高会员的演讲技巧。成员们每周或者每月聚会一次,内容就是要求会员作一次事先准备好的演讲,还会互相评价,进行即兴演说,培养倾听技巧,组织会议,以及学习议事程序。

问答环节 口头报告的一个好处就是可以和观众进行实质的交流。问答环节是商务报告的一个重要组成部分,一定要好好的准备(见第 407 页的问题聚焦 22,"质问者的否决权",讨论自由言论和观众反应的问题)。

一般情况下,你应该在报告开头说明自己在讲完后乐于回答观众的提问。讲完后再回答问题可以让你在中途不被人打扰,这样你的思路就不会被掐断。

还有一个好处就是你不会把过多时间花在问答环节，你就有时间说完自己准备好的内容。而且，很可能观众提出的问题在后面的部分会自然地迎刃而解。

在某些特定场合，你可以不把问答环节放在最后，比如当你讲的内容太过复杂，观众不提问就不能跟上你的思路时。或者是在报告会不是那么正式（而且通常是小型的），观众可以在任何时候提出问题和给出评论时。

提前准备某些可能的问题的答案。

在为报告做准备工作时，事先想想观众会提出什么问题。最好列个问题清单，再一个一个回答。如果有必要的话，在思考答案的时候可以做一下笔记。如果你的问题清单非常长，那你应该考虑修改报告，把一些问题的答案糅合在报告当中。

一定要对观众提出的问题洗耳恭听，如果有必要的话可以自己重复一遍问题，这样做可以让在场的观众都听见问题的内容，回答的时候眼睛要看着观

问题聚焦 22　　　　　　　　　　　　　　　　　　　　　伦理

质问者的否决权

谢天谢地吧。当你在课堂上作报告时，很少会受到同班同学的质问。同样地，工作场合中的大多数报告也不会遭到观众的围攻。因为我们太讲礼貌了。

不过那些想要在一大群人面前谈论某个争议性话题（比如堕胎、学生祷告或者种族）的公共演说者就不那么走运了。许多时候他们都会被观众打断或者喝倒彩，有时甚至会被不明物体袭击——所有这一切行径都掩盖在自由言论的面具之下。

有时候，观众的这些行为让演讲者根本无法继续下去。而且，有时甚至会升级到暴力事件。

由于担心出现这种情况，许多大学采取了这样的政策：如果某个社团要让成员发表争议性言论，就要向学校支付额外的安保费以确保在场人员的安全。

但是所有的法院都一致反对这样的政策。其中一个著名的案例发生在20世纪70年代晚期，地点位于芝加哥郊区一个名为斯科基的小镇。弗兰克·科林是美国新纳粹国家社会党的领导者，他想在当地的某个公园里举办一次游行示威，不过该镇政府要求他先支付35万美元的保金。

美国公民自由联盟（The American Civil Liberties Union）作为科林的辩护方，把此案一直上诉到最高法院。后来，法院判定要求35万美元保金违背了科林受宪法保障的自由发表言论的权利。

像这样的案例就包含着一个名为"质问者的否决权"的概念，这个概念是被法院否定的。政府不能因为某个游行或者抗议可能会引发暴力行为而对其压制或制止。相反，相关部门还要在允许的同时为人民确保一个安全稳定的环境。

法院宣称：如果不这样做的话，喜欢煽动是非的人就会被赋予一定的否决权去抵制任何有争议性的演说或者是行为；换句话说，只要有人不爱听某些公共演说，就会威胁政府自己要去捣乱，甚至生事，目的就是让这些演说受到政府的审查，造成破坏。

批判性思考

▶ 对质问者否决权的禁止只限于政府机构。你觉得商业机构能够禁止人们发表自由言论吗？为什么？

众——不要只是面向提问的人。要礼貌地对待每一个提出问题的人。如果提问者有明显敌意的话,要镇定而有礼貌,还要做到就事论事。

如果你不知道某个问题的答案,就直接说你不知道,但是一定要保证在某

✓ 检查表 15　　　　　　　　　　　　　　　　　　口头报告过程

策　划

- ☑ 判断口头报告是否比书面报告更有效。
- ☑ 确定自己的目标:你想从观众中得到什么反应?
- ☑ 从人口统计特征、知识层次以及心理需求等方面来分析观众。
- ☑ 选择合适的报告方式。

组　织

- ☑ 坐下来思考。写下你认为可以包含在报告内的每个点。
- ☑ 将笔记分为开头、主体和结尾几个部分。如有必要,可以收集额外的数据资料。
- ☑ 撰写有力的报告开头,在其中介绍自己的主题,概述你要讲到的几点,并且告知观众你希望他们听完报告后采取什么行动。
- ☑ 在主体部分,全面展开论点,给出背景数据、证据,以及例子。
  - 有逻辑地组织论点。
  - 为了保持自己的可信度,要谈到主要的反面观点,并且准备好讨论次要的反面意见。
  - 一步一步地呈现数据和事实,不要操之过急。
- ☑ 结尾应强劲有力、积极可行。要总结报告的主要论点,给出自己的结论,并提出自己的见解和建议,讨论下一步需要做的事

情,或者使用其他有逻辑性的结尾。
- ☑ 只有在恰当的场合和你能驾驭的时候才使用幽默。
- ☑ 确保视觉辅助工具确实有用,简单易懂,而且还要质量上乘。
- ☑ 确保分发给观众的材料包含实用且新鲜的信息,并且有趣味而不乏可读性。

练　习

- ☑ 进行大量的排练,尽量模拟报告的环境,并使用视觉辅助工具。
- ☑ 使用简单的语言和短句,不时提示观众下面要讲的东西,注重总结、过渡和重复。
- ☑ 保持昂首挺胸的站姿,说话声音洪亮清晰,富有激情而不乏亲和力。速度和音调没有一成不变。
- ☑ 发音准确,手势得体。

报　告

- ☑ 穿着恰当——材质舒适,商务而稳重。
- ☑ 如有必要,使用麦克风,但要发挥其应有的作用。
- ☑ 通过大量的练习避免紧张,在作报告时有积极的心态,把目光聚焦在友善的观众脸上。
- ☑ 提前准备某些可能的问题的答案。仔细聆听观众的提问,在回答时面向全体观众。

个期限内给出答案。然后把问题记下来（同时还要记下提问者的姓名）来提醒自己。不要把问题推给其他的观众，以免引起不必要的尴尬。

如果到了问答环节场上一片鸦雀无声，也许有两个原因：要么就是你做得特别好，观众都懂了；要么就是没人愿意做第一个吃螃蟹的人。如果你觉得是后者，那你可以先自问自答来打破场上的沉默，比如你可以说："观众经常问我的一个问题是……"或者你可以提前跟主持人说好，如果没有观众提问，就让他（她）第一个提问。

11.7 报告后的活动

报告结束之后，你应该回到办公室回想一下自己的表现，可以参照检查表15中的几个方面来评估自己，从中汲取经验教训。哪些地方做得好？哪些地方做得不好？仔细分析你演讲过程的方方面面——从最开始的准备工作到实际作报告的结束。不管你的报告多么好多么成功，都要有更上一层楼的决心。

3P 行动：
商务报告

■ 问题
■ 过程
■ 成果

■ **问题**

你是旧金山的一家大型进出口公司刘易斯 & 史密斯公司的信息专家，名叫马特·克罗默。你的公司出版三种主要对外刊物——一份顾客通讯季刊、一份商品名录半年刊和一份年度报告。目前这三种刊物都是外包给一家印刷公司来制作。不过，公司上层最近决定把一些业务转为内部印刷。

你的上司让你做一次市场调查，目的在于了解用哪种方式来出版这些刊物更合适：是使用文字处理软件还是桌面出版软件（desktop publishing software）。考虑到这些刊物的重要性，上司要求你作一次 20 分钟的正式报告，说明你的调查发现，并向公司的管理层推荐你认为最合适的选择。

■ **过程**

1. 报告的目标是什么？

   展示调查结果，推荐一款软件，并且说服听众我的选择是正确的。

2. 描述你的听众

   管理层是由五位经理组成的（包括我的上司），他们的上级则是公司的副总裁。我事先已经和他们都打过照面了，但是除了我的上司，我对其他四位经理都不甚了解。

   这五位经理要做的事就是最终决定选用那款软件。一旦作出决定，实际使用软件的人员就会选择购买哪个品牌的软件。五位经理中其中四位偶尔使用文字处理软件。他们都听过桌面出版软件，但是从来没有使用过。

3. 哪种报告方式最合适？

   这场报告演示只是针对一小群人的常规商务演示，所以我决定根据提示条来演讲，并用幻灯片作为呈现工具。由于我只有 20 分钟的时间，因此我会把问答环节放在最后——这样才能有足够的时间全面介绍所有信息。

4. 你为报告收集了哪些数据？

   我已经研究过每种刊物的排版要求，也分析了最受欢迎的文字处理软件

（Microsoft Word）和桌面出版软件（Adobe PageMaker）。而且，我还向一家公司的同行了解过相关情况，这家公司最近刚采用了内部出版程序。

在考虑了成本、操作难易程度和软件功能几个方面后，我会推荐采用文字处理软件来出版公司的三种刊物。

5. 你会如何组织数据？

首先，我会提供背景信息。然后，我会按照每种软件的优缺点来组织调查出的数据。不过，我觉得按照先提出标准的方法来组织数据会更有效；就是说，我会按照成本、使用难易程度和软件功能几个方面来展示每个软件。

6. 为报告的开头部分列出有效的提纲。

（1）导言："自由出版"（电脑软件现在赋予了我们以更低的成本和更大的灵活性来出版我们自己刊物的自由。）
（2）目标：建议使用文字处理软件还是桌面出版软件。
（3）组织：按照不同标准来组织结构（成本、操作难易程度和软件特征）
（4）听众的职责：作出最终决定。

7. 你会如何应对负面信息？

虽然我推荐使用文字处理软件，但是桌面出版软件有更多特色功能。不过我会向观众显示：（1）我们无需使用这些特色功能；（2）这些功能会让员工更难掌握软件。

8. 你会使用何种视觉辅助工具？

我会使用幻灯片（电子设备）
（1）开头两张——一是概述内容，二是展示我们的三种出版物。
（2）中间用两张——比较两种软件的成本和功能。
（3）结尾用两张——说明自己推荐使用哪种软件，以及下一步应该做什么。

■ 成果

报告笔记

开头部分提供确定的信息，以免有所遗漏或者后面再次提到。

开场要吸引注意力，逐字逐句地写好以减轻一开始的紧张情绪。在开头部分提出目标，概述报告内容，并说明听众的职责。

提醒观众问答环节的时间、不要中途打断，以及没有必要做笔记。

标明幻灯片内容，方便查找。

选择桌面出版软件

向管理层作的报告

马克·克罗默，20xx 年 10 月 3 日

Ⅰ. 开头

A. 今天，我想和你们谈谈自由出版这个话题——特别是我们最近要转向内部出版的决定。虽然我们的出版物不可能完全"自由"，但是桌面出版会让我们的工作更加灵活——而且成本更低。

B. 目标：建议使用文字处理软件还是桌面出版软件来出版公司的三种刊物：通讯、目录和年度报告。

幻灯片 1——自由出版

    C. 概述：
       1. 背景信息
       2. 决策标准
          a. 成本
          b. 操作难易程度
          c. 软件功能
       3. 我的建议
    D. 观众要做什么：作出最终决定
       不用决定使用哪种品牌的软件
    E. 最后会回答问题
       会分发材料

Ⅱ. 主体

幻灯片 2——出版物

    A. 背景信息：

语法和结构说明

    提纲中要注意大小写。要么写在卡片上，要么写在一整张纸上。各部分之间要留有足够的空白，这样你能够快速找到自己讲到哪儿了。

2

1. 三种主要对外刊物，都有战略性市场价值：

　　a. 通讯（展示样刊）：论坛杂志

　　——每个季度印 2,000 册

　　——一共 8 页，白底黑字，刊头为棕色

　　——包含照片和素描

　　b. 商品名录（展示样刊）：

　　——每半年印 4,000 册

　　——36 到 44 页

　　——内文为单色（黑色），封面为四色

　　C. 年度报告（展示样刊）：

　　——每年印 1,500 册

　　——24 到 28 页

　　——内文为灰底蓝字，封面为四色

2. 这三种刊物都由美达林印刷公司印刷

3. 调查过程：

　　a. 分析每种刊物的排版要求。

　　b. 分析 Microsoft Word 和 Adobe PageMaker 的功能——前者是我们目前在用的软件，后者则是口碑最好的桌面出版软件。

　　c. 和皇冠布希公司的宝拉·赫宁谈过，她所在的公司去年开始采用桌面排版软件内部出版。

B. 标准：

幻灯片 3——成本比较

1. 成本：

　　a. 两个软件都要求：

　　　（1）平板扫描仪和安装软件：375 美元

　　　（2）数码相机：475 美元

　　b. Microsoft Word：175 美元——但是我们已经购买了

　　c. Adobe PageMaker：495 美元——需要购买

　　d. 结论：PageMaker 要多花 495 美元

提示自己要拿出刊物。

讨论调查的过程来建立可信度。

按照用来作决策的标准来组织报告的主体部分。

语法和结构说明

　　你不用把报告的笔记用并行格式写下来，除了你没人会看。有些部分你需要写完整的句子，以免中途忘掉，其他部分写上重要的词语或缩写就可以了。

把每个产品的优缺点都展示出来，并讨论每项功能的重要性和作用。

2. 操作难易程度：
   a. Microsoft Word：
     （1）员工都知道如何使用
     （2）可以用半天时间来教员工们使用高级功能——500美元开支
   b. Adobe PageMaker：
     （1）高级功能太多，很难上手
     （2）操作不频繁，容易遗忘
     （3）需要两天的教授时间——2,000美元开支
   c. 结论：Microsoft Word的培训开支少要1,500美元

幻灯片4——功能比较

在每个重点下划线以便查找。必要时可列表。

3. 功能：
   a. 随意调整字体   两者都有
   b. 工具栏丰富   两者都有
   c. 可以随意制图   PageMaker选择更多
   d. 分色   PageMaker支持，Word没有
   f. 修改方便   两者都有，Word更方便

Ⅲ. 结尾部分

幻灯片5——推荐建议

将最终的推荐和理由放在一张幻灯片中——这是为了强调。

A. 推荐建议：Microsoft Word
  1. 更便宜（节省2,000美元）
  2. 更容易使用/更少的培训
  3. 拥有我们需要的所有软件功能

幻灯片6——日程安排

B. 日程安排：
  今天   决定使用什么软件
  十一月   购买和安装软件（如果选择PageMaker的话）
  十二月   员工培训
  一月   开始内部出版三种刊物

4

C. 结论：
　　采用桌面出版是我们公司的一个崭新篇章，它不仅使我们更好地控制出版物，也能以较少的成本出版。除此之外，桌面出版还会给我们带来更多出版机遇，帮助我们更好地完成公司使命。

分发材料——选择桌面出版软件

Ⅳ．问答环节

笔记（作报告时在此记录）

> 在结尾提出自己的推荐建议，同时做好下一步的安排。以自信和期待的口吻结束。

> 报告结束时，你要安排一个问答环节。

> 留一些空白，在问答环节做笔记。

语法和结构说明
　　结论用双倍行距，因为你需要作出修改。（你肯定会在作报告之前插入最后的改动。）

■ 成果

幻灯片

纸质文件可以通过扫描放入电脑中，并且可以任意调整大小和位置。

使用演示软件可以轻松地绘制图表。

在报告中，每个要点和段落都要单独播放——为了强调。

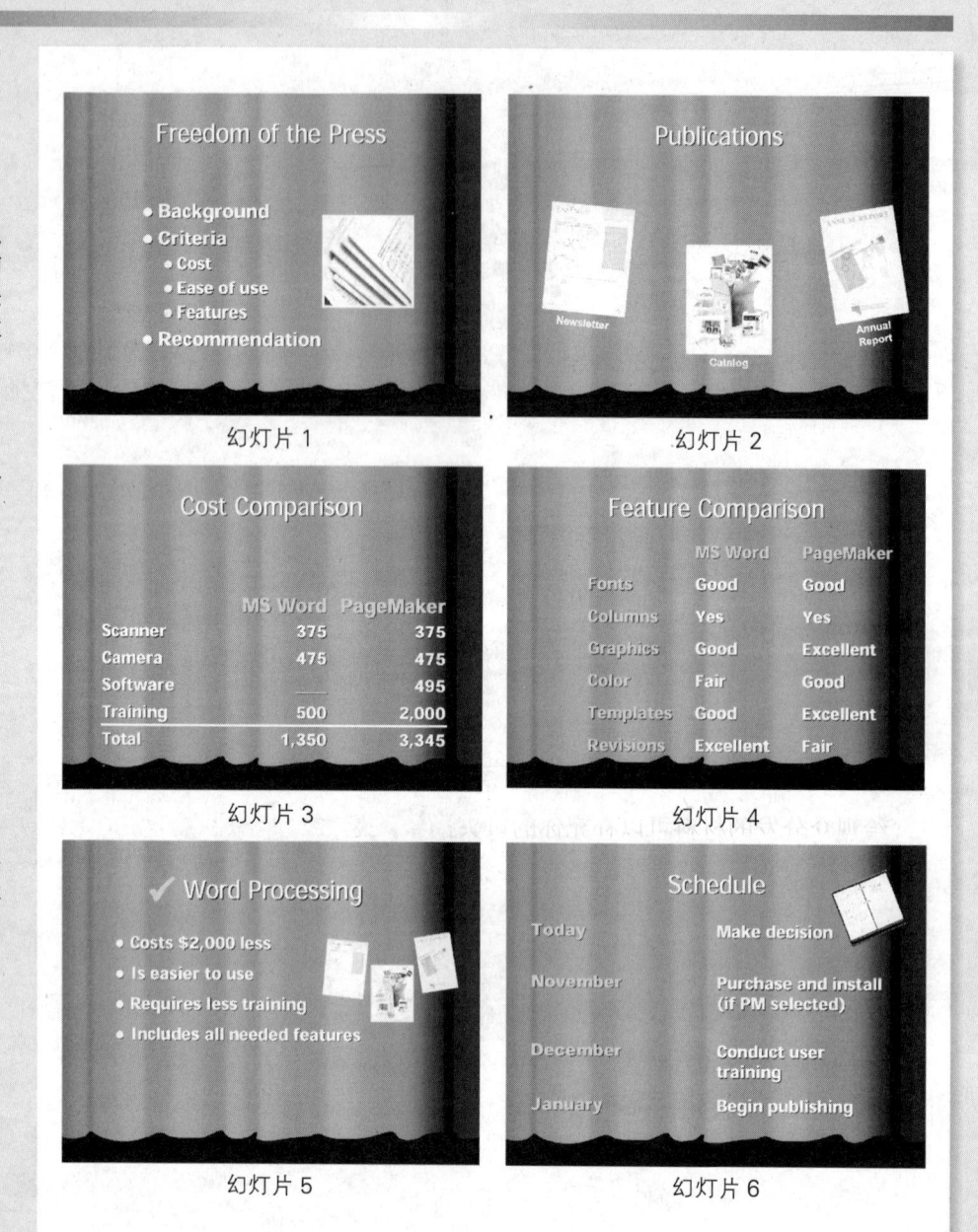

幻灯片 1

Freedom of the Press
- Background
- Criteria
  - Cost
  - Ease of use
  - Features
- Recommendation

幻灯片 2

Publications
- Newsletter
- Catalog
- Annual Report

幻灯片 3

Cost Comparison

	MS Word	PageMaker
Scanner	375	375
Camera	475	475
Software		495
Training	500	2,000
Total	1,350	3,345

幻灯片 4

Feature Comparison

	MS Word	PageMaker
Fonts	Good	Good
Columns	Yes	Yes
Graphics	Good	Excellent
Color	Fair	Good
Templates	Good	Excellent
Revisions	Excellent	Fair

幻灯片 5

✓ Word Processing
- Costs $2,000 less
- Is easier to use
- Requires less training
- Includes all needed features

幻灯片 6

Schedule

Today	Make decision
November	Purchase and install (if PM selected)
December	Conduct user training
January	Begin publishing

语法和结构说明

上述幻灯片使用了微软 PowerPoint 软件里的模板，字体和字号，以及摆放位置都是预设好的。记住不要在一张幻灯片里放入太多内容。

现在将 3P 付诸实践。见第 417 页的 3P 练习。

登陆学生网站（网址：college.hmco.com/pic/oberOBC7e），以获取更多资料，帮助你更好地了解课程内容和未来职业规划。

总　结

策划商业报告首先需要决定报告的目的，接着分析听众，并选择合适的报告方式。要组织好一次报告，你必须有一个有力的开篇，有条理地展开论述，最后以自信的口吻结束，一定要显得有底气。

在开头就要抓住观众的兴趣，在现场营造融洽的氛围。在主体部分，报告顺序要清晰有逻辑，还要有效地应对负面信息。在结尾处，总结你的主要论点，并且列出下一步要做的事情。在报告中的任何部分，如果合适的话，你可以添加幽默桥段来活跃气氛。

在作团队报告时，要留有足够的时间来做准备，按照每个人的长处来分配任务，并且排练多次以保证团队的一致和统一。在作视频报告时，记得穿正装，眼睛直视摄像头，不要做夸张的动作，身体移动要保持在摄像范围之内。

大多数商业报告中都会用到视觉辅助工具，特别是电子设备辅助的报告，通常有连接到电脑的投影仪来展示幻灯片或视频。不管采用何种方式，你的幻灯片都需要紧扣主题、简单、易读，同时还要保证很高的质量。

给观众分发的材料可以补充你的口头报告，还能给观众提供做笔记的纸张，而这些材料则会成为你所作报告的永久记录。分发材料的时间也有讲究：如果观众需要在报告前了解一下背景信息，你需要在开始之前就发下去。如果你会在报告中提到材料中的内容，则可以在作报告时发放。倘若材料的内容仅仅是你所作报告的小结，则可以报告之后再发下去。

如果有必要，你应该反复地练习。说话时要有自信，但是把语速放得比平时稍慢一点。练习时手势要做到位，但是不要过于夸张以免分散观众的注意力。

在你正式作报告的那一天，一定要穿着得体，演讲要明确和自信，并和观众保持眼神交流。如果你怯场的话，有一节专门讲这一点，你可以参考。作报告之前要想好观众可能会问到的问题，做好应对准备。

沟通目标 1

沟通目标 2

沟通目标 3

沟通目标 4

付诸实践

回到佐治亚州西班牙裔商会　当萨拉·冈萨雷斯计划给当地观众作报告时，她会首先决定报告的目的，分析观众的需求，最后想好他们可能会提出的问题。在报告定稿之前，她会搜集最新的数据来支持自己的主要观点。

问　题

假如你是佐治亚州西班牙裔商会的助理总监，你的工作是向各个行业

3P 实践

要了解更多，参见第 410 页的 3P 模型。

组织和公司企业推广商会。全国女性企业主协会邀请你去作一个报告，谈谈商会的主要使命和取得的成就。你认为这些女性企业主是本州西班牙裔新企业主们的好榜样。这是你第一次在该团体面前发表演讲，你的演讲时间只有10分钟。

过　程

（1）报告的目的是什么？
（2）描述你的观众？
（3）观众对你所作报告的主题有多少了解？
（4）你如何在开头抓住观众的注意力？撰写开头的草稿。
（5）你会在报告中讲到什么观点，以什么顺序来安排？你又如何把这些观点同观众的利益联系在一起？
（6）撰写结尾部分，总结你的观点，强化报告的目的。

成　果

结合在本章中学到的关于口头报告的知识，为这次报告准备一个完整的大纲。

练 习

1. **商业报告角色扮演**　按照自己选定的题目，准备一张数据表和一次两分钟的报告（使用提示卡）。找六到七个同学，组成贵宾席的客人。在开始之前，随机给他们分配以下角色：主持人、贵宾（有专业头衔）、演讲嘉宾。剩下的同学则扮演观众。

　　被选作主持人的同学应该立刻阅读数据表和贵宾的头衔以及他们的名字。接着，主持人需要把贵宾们引到他们各自的位置上。待他们坐定之后，主持人就开始向观众一一介绍贵宾——包括演讲者。然后，演讲者就要开始他（她）两分钟的报告了。报告完之后，主持人应该对演讲者致词感谢。

　　接下来，观众中的一员会获选某一奖项，如年度最佳员工。他（她）会受邀到讲台上去领奖，并且发表简短的获奖感言（即兴）。同学们的角色可以互换，谁都可以做主持人、贵宾、作报告者以及获奖的人。每个人都需要提交为报告做的笔记，不管最终是否由他（她）作报告。

2. **报告笔记**　任意选择一个话题，准备一个三分钟的口头报告。首先，写出完整的报告内容。其次，选择其中的某些片段，用作报告时的笔记。然后将这些笔记整合起来，列一个报告提纲。把这三个不同的版本交给导师。

3. **自我展示**　一个公司的成功，很大程度上在于它推销自己的产品或服务的能力。作为平克斯顿公司新的销售助理,你被派去与其他新销售助理一起工作提高你的销售技巧。你要准备一个三分钟的口头报告,把自己作为一个产品推销给一群买家。买家由班里的同学来扮演。你们可以组成五到六个人的小组,每个人都有三分钟的时间来向其他组员推销自己。

其他当观众的组员会有一个评估表,里面有八项指标:(1)有力的开头;(2)吸引买家的能力;(3)合理的眼神交流;(4)报告的逻辑性;(5)语音质量;(6)对自身能力的评定;(7)买家的激励程度;(8)对报告的整体印象。每个指标的等级分别是差、一般、好和优秀。

为了更好地准备报告,你可以参照下面的步骤:

(1) 列出你的至少三项技能和/或才能(比如,弹吉他、打网球、在10秒内倒背出字母表等等)。

(2) 将你的技能和才能与卖家的利益相结合。

(3) 列一个你要展现的技能和才能的提纲,以及这些如何吸引你的买家。

4. **向国际听众作报告** 本田汽车公司的西海岸部门经理与你所在的商学院接触,看看将其30名日本籍经理送到商学院参加为期三个月的集中培训课程的可行性,内容是书面和口头商务沟通。该课程的目的是让这些日籍经理学会更好地与他们的美国同行打交道。

作为商学院的副院长,你要在四名日籍高管面前作一次六到八分钟的报告,他们将决定是否给这个项目提供资金。你报告的目的就是说服他们选择你的学院。

由于观众来自不同的国家,所以你要注意言辞表达,同时,由于报告涉及一定的风险,因此你决定把报告的内容全部写下来(大约1,000字)。

5. **报告研究数据** 回顾我们在第10章讲过的分析性或者推荐性质的报告。假如你有15分钟的时间来作一次报告,内容是向管理委员会呈现书面报告中的重要信息——他们没有时间阅读你的书面报告。写下报告笔记,可以用整张纸,或者是提示卡。

6. **策划一次报告** 你在最后一刻决定申请攻读你所在大学的公共管理研究生。虽然你的平均绩点有3.4(满分4分),但你的申请却被拒了,因为你没有参加GMAT考试,而这是必须参加的。

不过,研究生委员会还是给了你一次机会,你有10分钟的时间来说服这些人,让他们为你破个例,暂时搁置这项要求,并准许你进入下学期的研究生班,在这期间你会参加GMAT考试。研究生委员会由公共管理项目主管、两位高级教授(其中一位是你的商务沟通教授)组成。

(1) 你的报告目的是什么?

(2) 你对观众的了解有多少?或者你对他们有哪些推测,可以帮助你作更有效的报告？

(3) 哪些事情会影响你报告的时间？

(4) 你应该采用哪种报告方式？

沟通目标 1

7. **开头**　本章列举了六类很好的口头报告开头——名人引言、提问、假设场景、讲故事、摆出令人吃惊的事实或者使用视觉辅助工具。选择这些方法中的两种，为你的口头报告准备两种有力的开头。策划你的报告，首先描述报告目的；其次，分析观众，弄清楚他们的人口特征、知识水平、心理需求等方面；第三，为口头报告准备两种吸引人的开头，并解释为何选择这些方式。

8. **团队报告**　四五个同学分成一组。导师会将你们分配到下面话题的正方和反方，你们需要就这些话题进行辩论：

- 药物检验应该适用于所有员工。
- 工作场合一律禁止抽烟——包括大厦外面。
- 雇主应该给所有员工灵活的工作时间。
- 雇主应该为员工未到上学年龄的孩子提供安顿设施。
- 经常与公众打交道的员工应该穿公司制服。
- 雇主应该有权不理睬反歧视规定，直接雇用最符合公司需求的人才。

假如你所在的员工团队被要求向管理层作一次报告，内容是对上述某个话题的看法，而管理层则会根据你们的表现作出最终决定。报告的流程如下：

(1) 双方（从正方开始）各有 8 分钟的陈述时间。

(2) 双方各有 3 分钟的商议时间。

(3) 双方（从反方开始）各有 2 分钟的辩论时间——驳斥对方的论点，并且回答对方的提问。

(4) 双方（从正方开始）各作 1 分钟的总结陈词。

(5) 管理层（班上的其他同学）会进行不记名投票，决定哪方的报告更有效。

你需要收集并组织你认为对己方有用的数据，再按照每个人的优缺点分配辩手角色，最后准备辩论词。（提示：收集正反两方的论据会有所帮助，这样能够在驳斥对方时胸有成竹，因为辩论环节是即兴的。）

9. **视频报告**　丹妮尔·凯泽是中密歇根大学的研究生，她做了一项名为"欢喜山学校学生身体素质水平与全国平均水平的比较"的研究。下面的内容是她研究报告的一部分（重印经研究者许可）。学校让她向全体教师作一次为时 15 分钟的报告，展示她的研究成果。因为她那天有其他安排，她决定用摄像机把报告录下来。

第三章 总结、结论和建议

最近的研究显示我国大部分儿童身体不达标。一项研究表明 1/3 的青少年不经常做有氧运动。鉴于过去的研究表明我国学校的孩子身体素质不佳，本研究的目的在于把欢喜山学校的学生们（三年级到六年级）的身体状况与全国平均作比较。比较的测试工具是"全美与健康、体育、娱乐和舞蹈相关的健康测验"。该测验由四个部分组成，每一个部分都是本研究要探索的问题。

在下面的研究结果中，得分越高，代表身体素质越好；得分越低，代表身体素质越差。

长跑是测试学生们的心肺功能和耐力。在该测试中，学生们被要求以最快的速度跑完一英里。如果学生实在跑不动了可以走路，但目标是在尽可能短的时间里跑完全程。

男生们的分数普遍比女生高，这表明前者的身体状况相对较好。最不达标的年龄组是 11 岁的孩子，他们在两个小测试中的成绩都不够理想。70% 的男同学和 87% 的女同学的得分在标准分之下。总体来说，欢喜山学校学生们的身体素质状况不及全国平均水平。

第二项测试是皮下脂肪，主要是衡量学生们的脂肪水平。测试选取了学生们的两个点（三头肌处和肩胛骨下缘），因为这两点比较好操作，而且也能比较准确地指示整个身体的脂肪含量。

大多数学生都不达标。事实上，3/4 的孩子的脂肪含量超出了平均水平。最少的一组是 11 岁的男孩和女孩。总体来看，男生的脂肪水平比女生高。

第三项测试是修改过的仰卧起坐测试，目的是测量学生们腹部肌肉的力量和耐力。学生在进行测试时，平躺在地上，双腿弯曲，脚面着地，离臀部 12 英寸至 18 英寸的距离。

8 岁和 9 岁的学生得分最高——特别是 8 岁的男生和 9 岁的女生。就性别来看，55% 的男孩和 45% 的女生在平均水平以上。学生们在这项测试上做得最好，但尽管如此，仍然有一半的学生达不到国家平均水平。

最后一项测试是柔韧度测试，用来测试后背和大腿后侧肌肉的柔韧度。要求学生平坐在地上，双腿往前伸直，之后把掌心向下，尽量用手掌触到脚尖。

女生的分数高于男生。低年级的孩子在柔韧度上更胜一筹。80% 的 8 岁女生和 86% 的 9 岁女生得分最高。总体来说，68% 的女生在平均水平之上，相比之下，男生达标的只有 27%。欢喜山学校的女生在柔韧度测试上得分高于平均水平，而男生则非常低。

为了回答之前提出的研究问题，本文把四项测试综合起来进行了分析。整体来看，欢喜山学校的学生们在长跑测试和皮下脂肪测试中均低于全国平均水平。孩子们在仰卧起坐测试中的表现相对较好，但仍有一半的学生不达标。男生的柔韧度测试结果远远不如平均水平，但是有 68% 的女生在平均水平之上。

总体来看，欢喜山学校学生们的身体素质水平达不到"全美与健康、体育、娱乐和舞蹈相关的健康测验"的平均水平。

那些在任何一项测试中都不达标的学生应该努力加强锻炼，提高自己的身体素质——可以通过咨询、个人常规锻炼和在校锻炼这几个方法来改善。

总的来说，欢喜山学校的学生们身体状况不够理想，在平均水平以下。学生们应该把锻炼身体放在首位，这样会有助于减少受伤或者生病的几率，同时还能提高身体素质。

（1）简要描述你准备在视频报告时穿什么衣服。
（2）描述报告的观众，特别是他们对你的话题的知识水平和兴趣。
（3）描述你要使用的视觉辅助工具（比如海报、幻灯片或是投影仪），解释你使用这些工具的原因。
（4）为这个 15 分钟的报告做好笔记提示。记得详述报告的开头和结尾。

沟通目标 2

10. **国际报告** 三四个同学组成一组，准备并向班级作一次报告。小组里的每个同学都要参与其中。整个报告的时间至少为 9 分钟，但最多不要超过 12 分钟，每个同学的时间要平均分配。

台下的观众扮演来自某个国家的有钱人，作报告者要说服这些观众投资某个新产品，该产品会在他们的国家销售。产品和国家由同学们自行选出。

作报告者应该事先做准备，安排好时间，并且决定呈现报告的方式（事先当然也要分析观众的喜好和需求）。在准备报告时，要收集必要的数据。报告中要用到视觉辅助工具——如果可能的话，使用观众的母语来演讲。事先进行排练——用摄像机录下全程作为大家排练的证据。最后在作真实报告的时候也要录下来，以便报告之后大家评估。

在作完报告之后，小组成员必须把自己的笔记给导师过目。除此之外，同学们还应该详细阐述他们在跨越文化差异方面做了哪些努力。

11. **怯场** 三四个同学组成一组，准备作一次关于如何克服怯场的报告，报告中要使用幻灯片，数量不少于三张。作报告的地方最好是只容纳十人左右的小会议室。使用互联网和其他各种资源，以及课本上的知识来准备幻灯片。记住幻灯片的背景色彩不要太花哨，特效要简洁大方。作完报告后把幻灯片交给老师评判。

12. **评价视觉辅助工具** 参加一次商务会议、市议会会议、学生会会议、主管报告会等有机会聆听口头报告的场合。

评价这些报告中使用的视觉辅助工具。如果有的话，使用了哪些工具？它们的作用大吗？如果是你作报告的话，你会对这些工具有哪些方面的改进？作报告者是想给观众留下深刻的印象还是表达自己的想法？给导师写一页备忘录，内容为你评估的结果，以及其他和作报告的方式有关的方面。

13. **策划视觉元素**　你是给一项内部调查课程讲授有效广告技巧的培训者，受训者是你的墨西哥快餐店连锁的特许经营业主们。课程要求你作一个为期30分钟的报告，内容是如何撰写有效的商业销售信。你决定以本书第7章讲到的内容（从第234页开始）为基础作报告。给报告准备四到六张幻灯片。观众是班上的25个同学。将复印的幻灯片给导师过目。

14. **报告的印刷材料**　给为期一天的研讨会准备要发给公司代理的材料（见练习16）。材料应该展现有助于作好一次报告的诀窍。

15. **策划分发给观众的材料**　回顾练习13，你准备好了如何撰写有效商业销售信的幻灯片。运用在本章中学到的技巧，准备一份分发给观众的材料，其中不仅要强调报告的重点，还要提供有用的额外信息。

16. **视觉辅助工具**　你是一家中型公司的所有者。公司里有25名代理，他们常年在外奔波，向小团体（十到二十个人左右）作关于退休计划的报告。许多代理的报告不够理想。你认为他们需要提高口头报告的技巧，因为他们的报告显得有点沉闷。　【沟通目标3】

　　代理们一直是自己准备视觉辅助工具——大多数是活动白板和幻灯片。不用说，这些工具不够专业；用它们与其说是助阵，倒不如说是砸场。因此你决定开一次为期一天的研讨会，专门跟代理们讨论他们的口头报告技巧。

　　你想讨论的其中一项内容就是视觉辅助工具的使用。使用一种或多种视觉辅助工具，向他们展示选择视觉辅助工具的标准。作报告的地点可以选择一个可以容纳25人的教室。

17. **提供反馈**　使用导师提供的报告反馈表：
　　（1）自我评估在全班面前作的口头报告。
　　（2）评估其他同学的表现。
　　（3）由老师指定一个同学，你来评估他（她）的表现。

18. **视频报告**　在这个练习中，导师会安排一个同学和你搭档，还会告诉你哪里可以借到摄像机（可能是学校里的视听中心）。回顾练习9里关于小孩身体健康的报告，你为该作业准备了报告笔记。现在，完成以下几个任务：
　　（1）学习使用视听设备，准备一次要录制的报告。
　　（2）反复练习，其中至少一次是在录制地点。
　　（3）让同伴把你穿正装作报告的场景全程录下来（视频要交给老师）。
　　（4）观看录下来的报告，修改你认为不好的地方，再在没有录制的情况下练习一遍，之后让同伴把最终的报告版本录下来。

（5）与同伴交换角色，他（她）来作报告，你来当摄像师。

（6）把包括你练习和最终版本的录像带交给老师，要加上你的自我评估和同伴对你表现的评价。

19. **回答问题——招聘员工** 你是人力资源部的新主管，肯·施瓦茨让你为他的前进头饰公司招募更多的生产工人。公司位于马萨诸塞州新贝德福德市，是一家为高尔夫球场、各种比赛以及旅游地生产帽子和护目镜的公司。创始人兼CEO施瓦茨已经将公司变成了美国发展速度最快的小公司之一。

短短几年间，公司就由最初的起步发展到了如今有1,800万美元年收入的企业。但是，招募生产工人却成为了一个难题。"我们是一家高科技公司，可是年轻人似乎都不想当生产工人，"施瓦茨告诉你，"他们总是把我们和那些老旧的纺织厂一概而论。"

于是你决定在下一届南马萨诸塞州招聘会上作一次关于前进头饰公司的演讲，这个招聘会将吸引1000名高中毕业生前来找工作。你有5分钟的演说时间和5分钟的问答时间。想想你会被问到哪些问题。至少列出六个问题。运用互联网或其他资源来查找有关该公司的资料，找到这些问题的答案。如果你没办法找到某些信息，看看前进头饰公司里谁可以帮你。

20. **回答问题** 准备一次三分钟的报告，列出提纲，内容可以是本书任一章的任一部分。在作报告之前，想想自己会被问到哪些问题，把这些问题一一列出来并写上自己的回答。接着四五个同学组成一组，轮流作报告。

在每次报告结束之后，小组成员都要就报告主题进行提问。演讲者有没有预料到这些问题？如果预先想到了，那他（她）有没有提供令人满意的回答？如果没有的话，那他（她）是如何处理这些问题的？

给老师提交一份书面材料，内容包括你的提纲、你预想的一系列问题、你对这些问题的回答、同学们提出的实际问题（如果和你预想的不一样的话），以及你对这些问题的回答。并给老师提交简短的自我评估，评价自己的表现，以及今后要作出的改进。

[沟通目标4]

21. **报告研究数据** 回顾你在第10章练习3—7准备的分析性和推荐性报告，以及你在本章练习5中为15分钟的口头报告准备的报告笔记。

（1）准备要在报告中用到的四到六张幻灯片。

（2）反复练习多次——至少在真正作报告的教室练习一次。

（3）在班上作报告。

导师可能会让同学们评价你的表现，评价标准是内容的有效性、视觉辅助工具的使用以及作报告的方式。

持续案例 11

报告以往的信息

回顾第 9 章和第 10 章末尾的持续案例。你还记得,一位求职者抱怨自己因年龄问题而被拒之门外。于是保罗·俞让帕特·罗宾斯写一份关于城市系统公司年龄歧视问题的报告。

假如你是帕特,你现在要作一次 20 分钟的报告,呈现你的调查结果,观众是管理委员会,由戴维·卡普兰和其他三位副总裁组成。这是你在高层面前展示自己的第一次机会,而你作报告的主题也是你近几个月随着调查的深入而投入很多个人感情的问题。

批判性思考

1. 分析你的观众。具体来说,你掌握的关于这些高层们的哪些信息(或你可以了解到的)会影响到你的报告?
2. 你对这个话题的个人感情会如何影响你的报告(从积极和消极两方面来看)?
3. 使用整张白纸或者提示卡来写报告笔记。
4. 为报告制作六到八张幻灯片。
5. 安排一次报告练习的完整拍摄。根据本章讲述的指南来评估自己在录像中的表现。准备一份备忘录,评论自己的表现。将备忘录和录像带交给导师。
6. 五个同学组成一组,轮流在其余四个同学面前作报告。发表演说的同学在作完报告后要进行问答环节。当你做观众时,要向演说者提出问题;而当你作报告时,则要准备回答其余同学提出的任何问题。向导师提交一份备忘录,评论每个作报告者的表现。

12 就业沟通

沟通目标

学完本章后，你应该能够：

1. 撰写和编排一份简历；
2. 撰写一封求职信；
3. 在求职面试中举止得体；
4. 完成求职面试后的各项沟通任务；
5. 在工作场所践行商务礼仪。

圈内人视角：
斯蒂芬-布拉德福德猎头公司

埃丽卡·温斯坦是斯蒂芬-布拉德福德猎头公司的总裁和联合创始人，该公司是一家与企业合作并为后者招募销售、营销和商务拓展精英的公司。斯蒂芬-布拉德福德猎头公司客户名单上的《财富》500强企业客户看重的是温斯坦的能力，她为这些企业找到的候选者不仅在工作上有所长，而且也适合该公司的文化。在她的领导之下，斯蒂芬-布拉德福德公司近几年一直在克雷恩纽约最大的猎头公司排行榜上榜上有名。她是营销和推广会议的活跃发言人，也是推广营销协会（PMA）全国委员会的一员。

温斯坦建议求职者按时间顺序填写个人简历，这样简历对于读者来说简单易懂，还可以让其对求职者的职业经历有清晰的了解。简历内容除了求职者的职责之外，还应强调他们所取得的成就。她还建议求职者在简历里简单介绍他

"运用你的简历让别人不费劲儿地选中你。"

埃丽卡·温斯坦
斯蒂芬－布拉德福德猎头公司
总裁和联合创始人
（纽约州纽约市）

们目前就职公司的情况，如果简历中不那么明了的话。温斯坦说："通常你不会有机会到现场亲自说明和解释你的简历内容。那就运用你的简历让别人不费劲儿地选中你。"

温斯坦还告诫求职者在求职面试中注意自己的身体语言："即便你说的内容准确无误，但你的肢体语言可能会传递错误的信息。"面试开始时一次坚定有力的握手传达了求职者的自信。乱翻文件或者轻敲钢笔显示的是紧张情绪和缺乏自信；而懒散地坐在椅子上或是靠着椅背则暗示求职者的冷漠。温斯坦强烈建议求职者坐在面试官正对面的位子上并保持良好的眼神交流。

"一定要记得微笑，"她说，"亲切的态度至关重要。记住，如果他们邀请你去面试的话，这就说明他们已经相信你具备了相应的能力，那么他们现在真正要决定的就是他们是否愿意与你每天一起共事。"

12.1 准备简历

沟通目标1

简历通常是求职者为了找工作而准备的对自己个人经历和资质的简要记录。简历的重点应该放在未来而不是过去；你必须向人展示你的教育和工作经验对未来工作——特别是你正在申请的这份工作——的积极作用。

沟通技巧在求职中具有重大作用。

从一开始，你就要对简历的目的有个实际的认识。很少有人仅仅因为他们的简历就被雇用。（然而，许多人被用人单位拒绝的原因在于他们简历的内容蹩脚或者格式不当。）相反，求职者被雇用通常是由于他们在一轮或者多轮面试中的良好表现。

简历的目的是为你赢得面试的机会——而不是得到工作。

因此，简历的目的是为你赢得面试的机会，而面试的目的是得到工作。然而要记得，简历和所附求职信（自荐信）在使你从最初众多求职者中脱颖而出并成功跻身受邀参加面试的少数潜在受聘者之列的过程中至关重要。

简历长度

当你考虑简历被接收的情形时，对于简历长度的决定就变得容易多了：招聘人员进行筛选时花费在每份简历上的时间不超过35秒钟，他们把应聘同一职位的求职者从数百名减少至一个可控数目，并对这些人进行更详细具体的研究。你能指望招聘人员在不到一分钟的时间里读到多少信息呢？如果根本没人去看你的资质的话，那么无论你多么有能力胜任这份工作也无济于事。

对于初级职位，大多数招聘者喜欢一页纸的简历。

那么多长才是过长了呢？对招聘和人力资源主管的调查一直显示：对于新近毕业的大学生通常寻求的初级职位而言，绝大多数经理喜欢一页纸的简历，而对于特殊情况或高级职位而言，则更喜欢两页纸的简历。不管是否如此，请记下这句关于职业的古老箴言："简历越厚，求职者越惹人厌。"

在一项对美国大型公司200名主管的调查中显示，求职者所犯的最大错误就是简历里囊括了太多信息。他们将简历中出现的严重错误排列如下（占整体百分比）：

过长	32%
排字或者语法错误	25%
没有工作职能描述	18%
外观不专业	15%
未写个人成就	10%
	100%

一份一页纸的简历和一份通过缩小字号和减小行间距将两页纸压缩成一页纸的简历是不一样的。你的简历必须引人注目、清晰易懂。明智地判断该写进简历的内容来缩短简历的长度，然后用简明的语言将重要内容表达出来。

然而从另一方面来讲，简历也不要太短。写不满一页纸的简历会让你的潜在雇主觉得你的个人信息乏善可陈。据调查显示，一页纸对85%的简历来说是最理想的长度，而这也是你应该追求的长度。

简历格式

虽然简历内容显然比简历格式更重要，但请记住，第一印象可能会产生持久的影响。正如前面说过的那样，一份简历在初步筛选时受关注的时间只有半分钟，这半分钟的时间正是第一印象产生的时间。因此，你要在开始写简历之前就考虑到格式问题，因为你关于格式的决定会影响你描述个人资质和背景的可用篇幅。

> 使用清晰、简单的设计，留有大量空白。

选择一种简单、易识别的字体，尽量抵挡住"特效"的诱惑，不要因为你的电脑有制作特效的功能就选择用特效。一两种不同字号的字体对一份简历来说就应该绰绰有余了。选一种简单的格式，留有大量空白，段落较短，并且组织结构有逻辑性。通过选用不同字号和字体、缩进、着重号等方法来标明主次内容。文字处理软件的内置简历模板会是你撰写简历的良好开端。

用标准尺寸的纸张（A4纸）来编排你的简历，这样便于整理存档。不要用色彩鲜艳的纸张：虽然引人注目，但或许是不愉快的那种。深颜色的纸张复印效果不好，而你想让自己简历的复印件（不论是由你还是你未来的雇主复印）也显得很专业。选用洁白或者接近白色（奶油色或象牙色）的优质纸张——至少是120克的书写纸。

> 简历要用浅色、高品质的纸张来打印。

除非你要申请的是一个需要创意的职位（譬如广告的文案撰稿人）而且你很清楚简历的目标读者是谁，否则你的简历的编排不要太有艺术性和独创性。如果你所申请的是典型的商业职位，那你简历的整体外观就应该给人一种专业、保守的感觉——这样的外观会增加你的可信度。不要在你简历的读者见到你之前就吓跑他们。

最后一点，你的简历和求职信必须百分之百正确无误——无论是内容、拼写、语法，还是格式。百分之九十九的准确性在找工作时是不够的。对大型公司高管的一项调查显示，他们中有80%的人曾经仅仅因为求职者简历中的语法、拼写和标点符号错误而决定不给他们面试的机会。一名求职者写道："教育：高级会计诅咒"（把"课程"[course]写成"诅咒"[curse]），而另一名求职者写道："我专注细节完美；我保证自己一丝不苟。"（把短语"一丝不苟"[dot the i's and cross the t's]写成[cross the i's and dot the t's]。千万要仔细。你从一开始就要向人展示，你是那种因工作而自豪的人。

简历内容

也许幸运的是，世界上并没有所谓的标准简历一说；每份简历都是独特的，

第*12*章 就业沟通 429

"我在电脑上键入的简历。拼写检查不小心把'中部州立大专'改成了'哈佛'。"

就像简历要表现的个人一样。然而简历却有一些标准的组成部分——招聘人员希望看到这些部分并需要据此作出有效的判断。例如，一项对152家《财富》500强企业人事部门所做的调查显示，其中超过90%的人想在一份简历里看到以下信息：

- 名字、家庭地址、电子邮件地址、电话号码（或许家庭电话和手机号码都要有）
- 求职目标
- 大学专业、学位、大学名称和毕业时间
- 曾做过的工作、受雇公司（但不是详细的邮寄地址或主管的名字）、受雇时间和工作职责
- 特殊才干和技能

包含招聘者想看到的信息；排除他们不想看到的信息。

类似地，简历上不想被看到的各项内容（被90%受调查者归为不重要内容）主要涉及可能会引起歧视的信息：宗教、种族、年龄、性别、照片和婚姻状况。另外，大多数雇主认为高中时期参加的活动不应写进大学毕业生的简历里。

下面我们根据各部分内容通常在新近（或者即将）毕业的大学生简历中出现的先后顺序，讨论简历的各个标准部分和选择性部分。

身份信息 如果招聘人员不能方便地联系你安排面试的话，那么即使你给他/她留下的印象再深刻也没用；因此关键是要填上你的姓名和详细的通讯地址（包括电话号码和电子邮件地址）。

在突出的位置展示姓名、家庭和电子邮件地址，以及电话号码。

你的姓名应该作为简历的第一项放在简历的顶端位置，要引人注目。选择你平时签名的常用形式（比如首字母大写或者小写）。要写上你的全名，不要

写昵称，也不要在名字前加上"先生"或"女士"之类的个人化称谓。

没必要把"简历"几个字写在简历的顶端位置（就像一封商务信函的顶端没必要标上"信函"两字一样）。简历文件的目的对招聘人员来说显而易见。而且，你可以把自己的名字作为简历的主标题——这样你的名字就会给招聘人员留下深刻的印象。

如果你不久之后将更改通信住址（譬如将学校地址改为家庭住址），那么就把两个地址都填上，再注上每个地址的使用日期。因为你可能错过某个电话，所以要确保你电话的留言功能管用。重要的是时刻和外界保持联系畅通。

求职目标 求职目标是对专业领域和职业兴趣所作的简短概述。大多数招聘人员希望在简历上看到这一块，这样他们就可以知道自己公司哪个职位比较适合你。不要让雇主去猜测你的职业目标。（见问题聚焦23，"你想成为什么人？"，看看有哪些工作是你以前从未想过的。）

另外一点，不要把简历最上端求职目标的突出位置浪费掉，写一些表达无力、太过笼统的目标，就像下面这样：

> 如果你有特定需求，要写上求职目标。

| 不 要 | "一份既有挑战性又提供成长机会的职位"
"一家积极进取的公司里的富有挑战性的职位"
"一个让我运用自己学识和经验承担责任并提供承担更多职责的机会的职位"

这些目标的问题不在于它们没有价值；它们是非常有价值的。而这也是所有人——也许也包括招聘人员——都想要的那类职位。问题在于这些含糊、浮夸的求职目标会让招聘人员难以找到一个适合你的职位。这些内容只会浪费你简历的宝贵空间。

能对你产生帮助的求职目标必须足够个人化——无论是对你个人还是对你应聘的职位而言。而且，求职目标还要具体到让你未来的雇主觉得你对他们有用，但也不能太过具体而让你与许多类似岗位无缘。下面所列的求职目标符合这样的要求：

| 应 该 | "亚特兰大市营销或广告类为期一学期的带薪实习职位"
"一家中型制造公司的个人销售岗位"
"一个能让我在美国之外的地区发挥会计专业知识和西班牙语言技能的工作机会"
"一个要求具备娴熟沟通、管理和计算机技能的公共关系职位"

注意到没有，你在看完这些求职目标后对各个求职者有了一点了解，而这是看完前面那些笼统的求职目标后所没有的感受。如果你的目标过于宽泛，无法确定一个具体的目标职位，那就得考虑要么把求职目标这项在简历里省略掉，

第*12*章 就业沟通 431

问题聚焦 23　　　　　　　　　　　　　　　　　　　　跨文化

你想成为什么人？

不要以为所有的工作都会出现在媒体的分类广告上——或者是在美国劳工部发布的《职业前景手册》上。下面的例子确有其人——以及他们所从事的工作。

辛迪·皮娜是美国马萨诸塞州海恩尼斯市科德角土豆片厂的土豆片检查员。她的工作是寻找煎过头或粘在一起的土豆片。

艾伦·斯柔特是一名脚模特，她一小时的出场费高达300美元。她睡觉的时候给双脚擦上护肤品并用塑胶袋包起来。

弗兰克·布雷斯特德的工作是为华盛顿特区史密森自然历史博物馆的恐龙模型打扫灰尘。

乔治·范·霍恩是美国佛罗里达州奥兰多市附近蟒蛇馆的一名蛇毒提取员。他提取的毒液被大学和医药公司用于研究（见照片）。

安妮特·克斯洛特是一位义眼技师——她的工作是给义眼的人造眼球上色，给眼睛不幸在事故中损毁的人或患了恶性肿瘤的病人使用。而真人的眼睛每只都是与众不同的。

詹姆斯·米恩斯是美国田纳西州孟菲斯市皮博迪酒店的训鸭员，他每天两次赶着五只鸭子来往于酒店大堂中央的喷泉池。

詹妮弗·凯利是一名掷刀师助理，她的工作是为世界知名掷刀大师拉里·西斯维斯基做活靶子。

何塞·维拉尔是纽约市斯特赖特薄饼厂的一名薄饼碾碎员。他的职责是把发酵不好的面包片从新出炉的面包里挑出来、碾碎并分装。

路易斯·耶尔尼克是纽约市卡耐基音乐厅专门为钢琴家们翻乐谱的翻页员。

菲尔·普理查德是斯坦利杯（北美国家冰球联盟的最高奖项）的看护者。这个奖杯通常放置在加拿大多伦多市的冰球名人堂里，而普理查德则是其四处展出时的陪护员。在航空旅行中这个奖杯拥有自己的座位。

罗克珊·李格伦是美国堪萨斯州托皮卡市希尔宠物食品公司的一名专业的嗅狗员。她的工作是闻狗的呼吸味以测定狗粮在抗菌斑方面的作用大小。

还有，萨尔·施利兹一位保险箱解密高手。他运用自己的手指和耳朵为那些忘记密码的物主打开保险箱。当然，这种行为是完全合法的。

批判性思考

▶ 你所听说过的各种工作里，哪一种工作是最不同寻常的？描述这种工作的职责和能力要求。

要么就准备几份简历并在每份简历里列出不同的求职目标和求职重点。

你应该知道，现在越来越多的大型企业已经开始将收到的简历扫描进公司的计算机系统，然后利用关键字在计算机简历数据库里寻找合适的人选。因此一定要把你想申请的职位名称和其他相关信息写进你的简历。（本章后面还会讨论电子简历。）

教育背景 除非你工作经验丰富、工作水平较高，而且这些和你现在的求职目标密切相关，否则教育背景或许是比工作经验更有说服力的工作资质，因此教育背景一栏应该写在简历的靠前位置。

大多数大学生应在工作经验前面列出教育背景。

列出你的学位名称、就读大学名称，如果有必要的话写上学校地址，还有你的专业和辅修专业名称（如果有用的话）和预计毕业日期（某年某月）。

如果你成绩的平均绩点与你的竞争对手相比有优势（通常，如果满分为4.0的话，至少要超过3.0），那就填上你的平均绩点。如果你获得过优秀学生奖学金或者通过兼职、节俭或奖学金为自己支付大部分大学费用的话，在简历中提到。除非你修过的课程让你具备了特别适合所申请职位的经验，否则在简历里不要大段列出大学所学课程的名称。

工作经历 大部分大学毕业生至少有一定的工作经历——例如，兼职或者暑期工作。因此，大多数学生还是有一些有益于未来职位的工作经验的。

工作经历——任何工作经历——都是求职的加分因素。这让你的未来老板觉得，你已经在满足上司要求、遵从指导要求、与人合作完成工作任务和从事有报酬的工作等方面有了一定的经验。倘若你的工作经历正好与你现在的求职目标直接相关，那么你还要考虑将其放在教育背景一项的前面，这样会在简历里得到进一步强调。

关于工作经历的格式问题，要么按时间来组织，要么按功能来组织。

- 时间：如果选择按时间来组织，那你就按日期填写工作经历，先描述离现在最近的工作，由近及远。如果你的工作经历时间连续性非常好，而且你大多数工作经历和现在的求职目标有关，那么这种格式是最合适不过的。（第见434页的范例29）。大约95%的简历是按时间顺序填写的，先填最近的信息，然后再往后推移。

- 功能：如果选择按功能来组织，那你就按从事过的职能类别（例如管理或预算）或者由工作发展而来的技能类别（例如人际关系或沟通能力）来填写工作经历。然后，在每个条目下举出具体的例子（例证），如第435页的范例30所示。如果你转换了行业、换一份与此前完全不同的工作或长期离岗之后又重拾工作岗位的话，那么功能式简历最适合，因为这种格式强调的是你所具备的技能，而不是你的职业经历，你可以让人知道这些技能也打通了你从事其他工作的资格。

第 *12* 章 就业沟通 433

范例 29

按时间来组织的简历

提供具体有效的求职目标。

工作经历置于教育背景前面，因为求职者觉得那使她更具资格。

使用动词如"协助"和"指导"；用非完整句来强调动词和节约空间。

提供额外信息来增加她的可信度。

省略了推荐者的名字和地址。

西 70 街 225 号
纽约州纽约市，邮编：10023
电话：212–555–3821
电子邮件：agomez@nyu.edu

❶ 奥丽莉亚·戈麦斯

❷ 求职目标	会计师事务所的初级会计职位
❸ 工作经历	2008 年夏	会计实习生：普华永道会计师事务所，纽约市 • 协助准备企业所得税申报表 • 参与客户会谈 • 在公司税务图书馆指导研究并撰写研究报告
❹	2004 年 11 月 – 2007 年 8 月	工资专员：纽约市 • 行政管理部的行政事务职位 • 在 DEC 1034 小型计算机和个人电脑上使用工资软件 • 审查所有加班工资单 • 开发了两种申请独立承包商资格的新表格，现在在全市范围内使用 • 在行政管理部劳资委员会作为 28 人代表之一 • 因全力攻读大学学位而离岗
教育背景	2002 年 1 月 至今	在纽约大学攻读 5 年制工商管理学位（会计专业） • 将于 2009 年 6 月毕业 • 2002 年至 2006 年间在全职工作之余兼读课程 • 通过节俭、工作和助学贷款支付全部大学费用 • 计划于 2010 年 5 月参加美国注册会计师考试
个人资料	• 在纽约大学协助创立少数族裔商科学生协会并担任项目总监两年 • 在加勒比海地区各地出差 • 会计协会成员 • 愿意搬迁
推荐信	如有需要，可以提供

语法和结构说明

❶ 姓名的字号要大些，起突出作用。
❷ 用横线和竖线把标题信息和简历正文划分开来。
❸ 主要部分标题在字体和字号上要一致。
❹ 为了便于阅读，左边的日期标题放在一栏。注意，可能会用到字母缩写（英语）。

范例 30

按功能来组织的简历

雷蒙德·J·阿诺德

❶ **求职目标**

在劳资关系、管理和沟通技能方面要求良好能力的大型跨国公司劳资关系职位

个人能力

劳资关系

❷
- 主修劳资关系；辅修心理学
- 隶属国际办公室人员工会 463 区成员
- 曾任温莱特银行第二班工作团队队长

管理

- 全日制学习的同时每周工作 30 个小时，培养了时间管理能力
- 在温莱特银行任职 3 年间曾晋升两次
- 在处理他人金融事务的过程中学会了谨慎；对所有交易保密

❸ **沟通**

- 为阿尔法·卡帕·普西商业联谊会设计网页
- 参加高年级副主席的竞选活动，多次发表竞选演说和即席演讲
- 选修报告写作和商业研究课程
- 擅长 Microsoft Office 2007 和网络调查。

❹ **教育背景**

2009 年 6 月获得波士顿大学学士学位
主修：劳资关系；辅修：心理学

工作经历

2006 年至今　马萨诸塞州波士顿市温莱特银行任银行柜员
2004 年夏　　内布拉斯加州诺福克市 JC 彭尼百货店售货员

推荐信

可向职业信息中心索取
马萨诸塞州波士顿市波士顿大学，邮编：02215；电话：617-555-2000

波士顿大学特纳大楼 15 号，邮编：02215·电话：617-555-9833·电子邮件：rjarn@bu.edu

在求职目标中提出三个技能领域，在后面给每项列出实例。

使列出的每项与想要的工作直接相关。

提供具体证据以支持每项技能。

将工作经历、教育背景和课外活动编入个人能力中。

避免重复之前说过的职责。

语法和结构说明

❶ 主标题写在简历左边并进行缩排，留出更多空白。（该简历采用的是微软 Word 的"优雅"风格的简历模板。）
❷ 用着重号来强调个人才能；星号也能起到同样的作用。
❸ 各项内容之间是平行关系。
❹ 各部分之间留出的空距比各部分内部空距要大（以清楚地区分各部分）。

不管使用哪种组织形式，都要提供完整的工作经历信息。

在实际应用中，这两种形式并不是彼此不相容的；你可以把两者合并起来加以运用。无论你最终选择哪一种格式，要记得前面所提到的调查中有超过90%的雇主希望在简历上看到曾从事工作、受雇公司、受雇时间和工作职责等信息。

展示你的工作经历如何使你具备做好所申请工作的能力。

不要忘记，你描述工作经历的目的在于向未来老板展示，你所掌握的经验会有利于他/她公司的发展。不管你之前从事的是什么工作，你都从中培养了某些品质或者具备了某些经验，而这些在新的职位中都派得上用场。在对申请职位的职责进行研究的基础上，要突出那些对不同工作通用的技能。

如果事实如此，在简历中填上你已经具备的如下特点，越多越好：

- 能很好地与他人协同工作
- 沟通能力好
- 工作能力和良好的判断能力
- 创新能力
- 较高的计算机操作水平
- 可靠、值得信赖
- 工作热情
- 诚实、品德好
- 责任感强

使用具体、导向成就的词来描述你的经历。

没有必要使用完整句。用动词来开始描述，描述现在的工作职责时使用现在时态，而描述以前的工作职责或成就时使用过去时态。如下所示的实词会使你的工作经历活泼生动：

完成	控制	增加	主持
实现	协作	创立	生产
执行	创造	采访	购买
分析	委托	引进	推荐
运用	设计	调查	报告
批准	决定	领导	调查
安排	开发	保持	修订
授权	判定	管理	筛选
预定	指挥	销售	确保
建立	编辑	修正	简化
改变	设立	激励	出售
沟通	评估	商讨	监督
达到	预测	操作	训练
设想	出产	组织	转换

推断	引导	审查	更新
实施	处理	计划	撰写
构建	雇用	准备	
签约	实行	提出	

要避免使用诸如试图、努力、希望和尝试这样的弱动词，也不要使用有性别歧视的词汇，比如"劳动力"（manpower）和"主席"（chairman）。可能的话，列出具体成就、具体数字或金额，这样可以提高你的可信度。特别要列出那些与你申请职位直接相关的成就。以下是一些例子：

> 强调与你申请的职位直接相关的成就。

不要 我负责很大的销售区域。
应该 管理6个郡的销售工作；在第一年提高了13%的销售额。

不要 我在一间出纳办公室任职员。
应该 保持每天现金出纳平衡；是唯一受委托负责夜间现金存款的兼职员工。

不要 在本地一间酒吧当保镖。
应该 在尼克侧门沙龙酒吧负责维持秩序；真切地认识到解决问题时妥协和谈判的重要性。

不要 在艺术长廊当志愿者。
应该 一年销售总价值超过1,000美元的有偿舞蹈门票；在三年的会员主席任期内采用"一对一"会员制，会员数量逐年上升。

如最后一例所示，如果你工作经验很少或是没有实际的工作经验，那就展示你参加专业、社会或民间组织的经历，这些经历中培养的技能在职场也是通用的。例如，志愿者的工作可以让你在时间管理、团队合作、理财、演说、责任承担等方面培养有价值的能力。另外，多数学校提供实习机会，学生可以在密切监督之下修得学分的同时做一些临时性工作。

> 工作经历不必局限于有偿职位。

有人说，填写简历时是一个人最接近完美的时候，因此简历也被叫做"没有负债的资产负债表"。雇主允许你在简历中把你最好的一面展现出来——也就是说，你可以突出自己的优点，尽量减少自己的缺点。然而，你绝对不能撒谎，也不能说自己做过实际没有做过的事。一通简单的电话就可以核实你简历上的内容。不要冒聘前毁掉自己信誉的风险，也不要冒聘后因伪造资质被发现而遭开除的风险。

> 简历的所有方面都要合乎道德。

其他相关信息 如果你具备有竞争优势的特殊才能（譬如掌握一门外语或者能制作网页），那就将其在简历上列出来。虽然雇主认为现今的大学毕业生有文字处理的能力，但你也应该列上自己掌握的其他特别软件的运用技能。

填上所有和你申请的工作有关的荣誉和认证证书。你是与商业有关的机构的会员，那这就是你热衷于此类职业的证明，所以简历空间允许的话也要将这些内容列出。同样，参与志愿性质、民间性质和其他课外活动说明你是个全面发展的人，而且也反映了你的价值观和信念。

简历上不要填写有可能引起歧视诉讼的内容——比如说有关年龄、性别、种族、宗教、残障、婚姻状况等诸如此类的信息。求职文件中不要贴上个人照片。有些雇主希望求职者填上社会安全号码以便查证后者的大学或从军信息。如果你曾从军的话，那就写上你的社会安全号码。如果你的名字会让人误会你非本国公民，而恰恰公民身份对你申请的工作来说很重要，那或许你要明确表明你的本国公民身份。

> 如果空间允许，写上能证明你胜任所申请种类的职位的信息。

其他的选择性信息包括爱好和个人兴趣、旅行经历、出差意向和健康状况。（然而，因为不大可能有人会在简历上填"健康状况——差"，所以健康说明也许是没有意义的。）如果这些选填项和你申请的工作直接相关而且简历上空间足够的话，那就填上，但如果你需要空间填写更重要的信息，也可以省略。

> 推荐者的名字通常不在简历中写出。

推荐信 推荐信是推荐人就求职者胜任某工作的能力问题向未来雇主提供的信息。一般来说，简历上没必要填写推荐人的姓名和通讯地址。而是在简历上申明可以索要推荐信。这种做法能保证雇主在联系推荐人之前首先跟你联系。但是如果你简历的读者可能认识推荐人，又另当别论；这种情况下就列出推荐人的名字。

推荐信应该是职业能力上的推荐，而非人格上的担保。最好的推荐人就是雇主，特别是你现在的雇主。和你有着紧密、良好关系的大学教授也是有价值的推荐人。请求别人给你写推荐信时，你要准备签署一份弃权声明书，声明自己放弃索阅推荐信的权利或者你将来不会声称是该推荐信妨碍了你被聘用。许多公司现在因为受指控的风险而不愿批准经理们开推荐信。

研究范例 29 和 30 的两份简历。注意不同的格式可用于表现同样的内容。像前面说过的那样，没有标准的简历格式。运用这些简历和其他能找到的简历（大学职业中心办公室、求职书籍或者网络上能找到），启发你编排自己简历的创意。

还要注意，工作经历的表达也能采用不同的组织格式。范例 29 的简历是按时间来组织的（先列最近的工作经历），而范例 30 的简历则是按功能来组织的，强调的不是参加过的工作，而是所学到的技能。注意工作描述和个人能力是如何支持求职者具备胜任所申请工作的资质的。还要注意使用简洁、具体的用语，以及总体语气中不动声色的自信。

电子简历

电子简历是为了方便管理而储存在计算机数据库里的简历，用于对求职者进行初步筛选。这些电子简历的获得渠道多样。求职者可能把简历的复印件邮寄或者传真给公司，然后这些简历被扫描进一个数据库；求职者可能在线填写（键入）一份简历表并提交；他们也可能以电子邮件信息的形式把简历发送出去；或者通过电子布告栏系统、网络论坛或万维网个人主页的形式把个人简历发布到网上。

电子简历具有很多优点——对招聘者还是求职者而言都是如此：

- 求职者的简历可能被大量用人单位看到。
- 求职者自己没有意识到的职位可能向自己伸出橄榄枝。
- 用来进行初步筛选的电脑是不会歧视谁的。
- 用人单位省却了人工筛选和确认简历收到之苦。
- 可以进行快速的集中搜索。
- 在简历被系统删除之前（通常是 6 个月内），简历信息随时可见。

> 提交电子简历让更多的招聘者和职位注意到你。

在需要招人时，用人单位就在电脑里输入一些关键词和短语。然后电脑会查找整个数据库并把关键词匹配最多的求职者列出来。一个人根据名单对选出来的简历进行研究，以决定请哪些人来参加面试。（到目前为止，电子工具改变的只是筛选办法，选择过程还是一样。人们还是由人来雇用的。）

在你的简历中嵌入适当的关键词，这对有效利用自动简历系统是很重要的一点。关键词是用人单位招聘时所搜索的描述性词汇。用人单位认为这些词和短语是他们要在特定职位求职者身上寻找的特质的最佳总结，譬如大学学位、外语能力、工作头衔、特定工作技能、软件运用能力，或者求职者曾工作的竞争单位名称。关键词的例子如人力资源经理、休斯飞机公司、Windows Vista 操作系统、团队合作，或 ISO 9000 认证，等等。

> 在电子简历中使用合适的关键词很重要。

电子简历会在由人阅读之前经电脑拣选。OCR 识别软件为电子邮件创建一个 ASCII 码（文本）文件，然后人工智能软件阅读"文本"并提取你的重要信息。因此，你遇到的第一关就是通过电脑拣选。

因为你根本不知道自己的简历是被如何处理的，所以你应该准备两份简历——一份为电脑拣选而准备，一份为人工挑选而准备。在邮寄简历时，你要把两份都寄出去，并在附信中提到有两份简历。

以你的标准简历为出发点，对其进行修改，确保简历"有利于计算机拣选"，从而提高你简历先被电脑选出并有机会被进一步人工阅读的几率。

1. 选用"名词"而不是"动词"（使用者很少用动词进行搜索）。使用具体词汇，避免模糊不清的描绘用语。简历里采用行业特定的描述性名词，这些词精确描绘了你的技能，也是同行常用和一般所搜索的。（浏览其他的网上简历、报纸广告和行业出版物，看看里面都使用什么词汇。）

> 选用名词来描述你的工作经历。

2. 把关键词放进适当的语境中，使之贯穿整个简历。（人们认为这种策略比将关键词在简历开始就列出来要更圆滑和复杂。)

3. 描述个人能力时使用不同的词汇，但不要过多使用一些重点词汇。在大多数搜索中，每个词算作一个，而不管出现的次数如何。

4. 因为简历在普通的 ASCII 码文本中看起来都平淡无奇，丧失了一切格式特色，所以你可以考虑在简历下面加上这么一句："如果需要，可以为您提供一份美观、格式完整的书面简历。"

这些指导原则在第 441 页的范例 31 中有所展示——范例 29 中标准简历的电子版。有经验的求职者可能会将两个简历版本都发给未来雇主。如果用 ASCII 码文本编排电子简历，求职者可以以电子邮件信息的形式发送其电子简历，确保简历内容被以编排好的格式阅读。

一种设计美观的电子简历是 HTML（或 XML）在线简历，可以在网上的个人主页上浏览。

很多在线服务提供商，以免费或非常低的费用支持个人主页的运行。（寻找免费网络空间的运行网站，请访问 http://freewebspace.net.）

HTML 简历具有以下优点：

- 潜在雇主可以随时看到你的简历。举例来说，假如你正和一位潜在雇主联系，而他/她对你的个人资历很有兴趣。你只要把你的简历网址告诉他/她，对方就可以马上去看你的简历。

- 你可以在简历中加入完成的工作样本的超链接。例如，不是只在简历中说你有丰富的报告撰写经验或者你的电脑技术一流，而是在简历里添加你完成的具体文件的链接。

> HTML 简历巧妙地传达了你网络技能的信息。

- 你还可以突出你的创造力，因为网络语言给人提供了很多格式选项，帮你把页面做得非常吸引人（你的 HTML 简历也是你计算机能力的证明）。

注意观察第 444 页和第 445 页的范例 32 所示在线简历的精美外观和众多链接。要特别注意阅读简历两边的注释文字和简历下方的结构说明。

因为简历写的是关于你个人的信息，它或许是你撰写的最个人化的商业文件。运用你所知的一切最成功的表达技巧来完成简历，从而确保以最有效的方式来表达自己。

在简历的内容和结构让你满意之后，不仅要自己对整个简历进行认真校对，还要另外请几个人帮你校对一下。然后用白色或近白色的优质纸（A4 纸）将简历打印出来，然后把注意力转移到求职信的写作上。

第 443 页的检查表 16 对简历写作的指导原则进行了总结。

范例 31

电子简历

```
              PERSONAL DATA
                    * Helped start the Minority Business Student
                      Association at New York University and served as
                      program director for two years
                    * Have traveled extensively throughout South America
                    * Am a member of the Accounting Society
                    * Am willing to relocate

              REFERENCES
                    Available upon request

              NOTE
                    An attractive and fully formatted hard-copy version of
                    this resume is available upon request.
```

长度超过一页（电子简历中可行）。

包含可提供格式完整的简历的说明。

```
        AURELIA GOMEZ

            225 West 70 Street
            New York, NY 10023
            Phone: 212-555-3821
            E-mail: agomez@nyu.edu

        OBJECTIVE
            Entry-level staff accounting position with a public
            accounting firm

        EXPERIENCE
            Summer 2008
            Accounting Intern: PricewaterhouseCoopers, NYC
            * Assisted in preparing corporate tax returns
            * Attended meetings with clients
            * Conducted research in corporate tax library and
              wrote research reports

            Nov. 2004-Aug. 2007
            Payroll Specialist: City of New York
            * Full-time civil service position in the Department
              of Administration
            * Proficiency in payroll and other accounting software
              on DEC 1034 minicomputer and on personal computers
            * Representative for a 28-person work unit on the
              department's management-labor committee
            * Reason for leaving job: To pursue college degree
              full-time

        EDUCATION
            Jan. 2002-Present
            Pursuing a 5-year bachelor of business administration
            degree (major in accounting) from NYU
            * Will graduate June 2009
            * Attended part-time from 2002 until 2006 while
              holding down a full-time job
            * Have financed 100% of all college expenses through
              savings, work, and student loans
            * Plan to sit for the CPA exam in May 2010
```

姓名放在顶部，接着是地址（电子邮件地址和家庭地址）。

强调：可以的话，使用名词关键词。

语法和结构说明

该简历只使用了 ASCII 码字符；文本里所有字体都是一样大小，也没有特殊格式；没有线条、栏目、表格或诸如此类。垂直间距（回车键）和水平间距（空格键）表示各部分之间的关系。条目的格式采用星号而不是着重号。

第 12 章 就业沟通 441

12.2 求职信写作

沟通目标 2

对校园招聘来说，一份简历大体上就可以让你得到面试的机会。但你可能不会想把求职范围局限在那些进行校园招聘的用人单位。校园招聘人员一般代表的是大型企业和当地用人单位。因此，如果你希望在稍小型的企业或者异地工作的话，那你就要在联系这些单位时用到求职信。

求职信常常是你与潜在雇主的首次接触，可以运用它突出你胜任某份特定工作。

求职信向潜在雇主表达了你对其单位某职位的兴趣和胜任此工作的能力。求职信也叫自荐信，因为它介绍（或提及）了你简历中的各个要点，而这些要点都是求职信里应该包含的内容。

应征求职信是对招聘广告上用人单位空缺职位的回应，而**自请求职信**（也叫投石问路信）的发送对象则是未发布招聘广告的单位。

大多数求职者在申请多个工作职位时使用的是同一份简历，然后再利用求职信将自己在申请职位上的个人能力进行个性化突出。

因为求职信是用人单位和你初次接触时所看到的信息，所以其重要性不容小觑。要保证求职信格式恰当，外观精美，而且没有任何排字、拼写和语法错误。不要忘了在求职信上签上你的名字并附上你的一份简历（或者有格式的和纯文本的两个版本都要）。

自荐信就是你自己的销售信——你要把你的个人能力推销给未来的雇主。所以你应该运用前面所学到的劝说技巧：举出具体例证、强调对方利益、避免浮夸，并且表现出你对个人能力的谦虚和信心。

求职信的长度不应超过一页纸。让我们看看一封典型求职信的各个组成部分吧。第446页的范例33是一封应征求职信，是范例29中简历的附件。（第464页的3P行动成果展示的是自请求职信。）

地址和称谓

求职信的寄出对象应该是某个人，而不应该是某机构或某部门。要知道，在信件寄到正确的人手里之前，经手的人越多，坏事的可能性就越大。理想的情况下，求职信的寄出对象应该是那个将对你进行面试并且可能在你受聘后成为你顶头上司的人。

如果你对潜在雇主了解不多，不知道那个合适的人的名字（决策者），那你可能是准备工作没有做到家。如果有必要的话，给该组织打电话以确认你知道的名字和其职位正确无误——包括名字的正确拼法在内。在求职信的称谓部分，要在此人的姓前面用礼貌称谓（比如先生或女士）。

有些招聘广告是盲目广告；这些广告不写招聘公司的名称，只提供信箱号码，通常是由刊登广告的报纸或杂志代为转交的。如果是这样的话，你（还有别的应聘者）别无他法，只有把求职信寄给该报纸，采用诸如"亲爱的人

检查表 16　　　　　　　　　　　　　　　　　简历

长度和格式

- ☑ 申请初级职位时多数选用一页纸简历（不要长也不要短）。
- ☑ 使用简单格式，留出较多空白，文本内容划分小段。用字号、缩进、着重号、粗体等表示各项之间主次关系。
- ☑ 用标准尺寸（A4纸）、白色或接近白色（奶油色或象牙色）的优质纸张打印简历。
- ☑ 要保证简历终稿看起来专业、美观而且稳重，并保证百分之百正确无误。

内容

- ☑ 在简历的顶端写上你的全名，不要加个人称谓（省略"简历"二字），接下来是通讯地址、电话号码和电子邮件地址。
- ☑ 用一句话写出你的求职目标，要具体到让用人单位觉得有用，但又不能太过具体以致被排除在类似职位之外。
- ☑ 确定你的教育背景或者工作经历是你更有力的个人资质，并将其列出来。在教育背景一栏，列出你的学位名称、毕业学校名称和地址、主修专业和辅修专业以及预计的毕业时间（某年某月）。如果你在校成绩优异的话，就列出平均绩点和所获各项荣誉。如果一些大学课程对你申请的职位来说稀松平常的话，那就不必列出。
- ☑ 工作经历一项，在格式的选择上有按时间安排（先列最近工作）和按功能安排（列出掌握的个人能力和技能）两种。不管哪种格式，都要强调那些对所申新职位来说合用的职责和技能。使用短语和行为动词，并举出所取得成就的具体例证。
- ☑ 在简历上填写有利于你在竞争中胜出的附加信息（譬如特殊技能、参加的专业组织以及愿意出差和异地工作的意向）。不要填写诸如年龄、性别、种族、身体残障和婚姻状况等私人信息。
- ☑ 声明如有需要，可以提供推荐信。
- ☑ 整篇简历都要突出你的优点和弱化你的缺点，但是一定要诚实。

电子简历

- ☑ 一般来说，在描述个人资质和工作经历时要使用名词，而不是动词。让关键词贯穿整个简历——不要在简历一开始就一股脑地列出来。
- ☑ 将电子简历以 ASCII 码文本的形式保存起来。
- ☑ 每行不超过 35 个字——如果需要的话，人工按回车键。
- ☑ 在文本简历的最后申明，如果需要，可以提供格式完整的简历版本。
- ☑ 用 A4 纸大小的普通光滑白纸将简历打印出来（单面打），邮寄时不要折叠，也不要装订。
- ☑ 对于 HTML 简历，要采用一种美观、开放式的设计风格，并在简历上创建工作样本的链接。

范例 32

在线简历

在顶部提供恰当的身份信息。

允许阅读者以不同的格式浏览、下载和打印简历。

提供简洁的页面导航。

链接她的成绩报告单,供浏览修习的课程和评分。

包含多个下划线链接,可浏览真实文件的副本。

Anna M. Swaggert

103 W. Dayton Street, West Alexandria, OH 45381

937-555-4362
anna_swaggert@yahoo.com

❶ [MS Word Version]　　[Scannable Plain-Text Version]　　[PDF Version]

▶ Education
▶ Experience
▶ Certifications
▶ Computer Skills
▶ References
▶ Contact me

OBJECTIVE
To apply my community health, organizational, and communication skills to help people improve their health and lifestyles.

EDUCATION
Bachelor of Science Degree, Ohio University, Athens, OH, Jun 09
- Major: Community Health
- GPA: 3.8 in major on 4.0 scale [Transcript]

❷

EXPERIENCE
Volunteer Instructor, American Red Cross, Eaton, OH, Jul 07-Present
- Taught First Aid and CPR
- Exposed to individual learning styles

Assistant Pool Manager, Village of West Alexandria, OH, Jul 08-Aug 08
- Assisted the manager with everyday duties of running a community swimming pool
- Applied first-aid skills as needed

Intern, Health Center, Indiana University East, Richmond, IN, May 08-Jun 08
❸
- Developed and presented PowerPoint health programs
- Produced resource folders to be used as supplemental materials in existing programs

---

语法和结构说明

❶ 使用颜色,但要运用恰当;确保你的网页页面给人以专业的印象。
❷ 不要在你的个人网页上放自己的照片。
❸ 页面内容不要标下划线。下划线用来表示链接。

Anna M. Swaggert ∑937-555-4362 ∑anna_swaggert@yahoo.com

Page 2 of 2

❹
- Assisted in conducting corporate health appraisals

Nursing Assistant, Hudson Center, Ohio University, Athens, OH, Mar 07–Aug 07
- Assisted physicians and nurses in performing medical exams and charting
- Wrote Procedures Handbook for the staff

CERTIFICATIONS
- First Aid and CPR Instructor
- Professional Rescuer Instructor

COMPUTER SKILLS
- Microsoft Word, PowerPoint, and Excel (Ver. 2007)
- Microsoft Publisher
- Print Shop
- All aspects of Internet research

❺
REFERENCES
Available on request

CONTACT ME
Please contact me by e-mail at anna_swaggert@yahoo.com or by phone at 937-555-4362.

Created on April 3, 2009
Last updated on April 21, 2009

Return to Top • Education • Experience
Certifications • Computer Skills • References

链接展示她报告写作技能的样本。

提供证书文件副本的链接。

显示信息的发布时间。

重复导航链接。

语法和结构说明

❹ 用谷歌或其他搜索引擎在网上搜索"简历 + HTML"。你会搜到许多HTML简历。如果看到自己喜欢的，可以把它下载下来，进行调整以适合自己的要求。

❺ 留较多空白，突出各部分标题。

第 *12* 章　就业沟通　445

范例 33

求职信

本范例是一封应征求职信，它是范例 29 中简历的附件。

开头表明所求职位和广告来源。

强调一项她与其他求职者不同的技能。

将她的工作经历与招聘者的需求联系在一起。

提供电话号码（可放在信件主体或地址区域）。

20×× 年 3 月 13 日

戴维·诺曼先生
罗斯·拉塞尔 & 韦斯顿公司
第五大道 452 号
纽约州纽约市，邮编：10018

❶ 亲爱的诺曼先生：

　　主题：EDP 专员职位（参见 No.103-G）

❷ 　　我在会计和工资发放方面积累了丰富的工作经验，而且我拥有会计专业学位，这些是我胜任贵公司 3 月 9 日在《纽约时报》刊登的招聘广告上 EDP 专员一职的充分条件。

❸ 　　我在纽约大学攻读会计专业时除了参加会计和管理信息系统方面的必修课之外，还选修了 EDP 审查和控制课程。通过这门课的学习，我在应用程序、软件、系统和服务中心档案等方面得到了锻炼，这些能使我迅速成为贵公司 EDP 团队卓有成效的一员。

　　除了大学阶段的锻炼，我还在一家大型会计师事务所实习过一段时间。此外，我曾在纽约市政部门作为一名工资专员工作过两年半，使我对非营利机构的运作和需要有了直接的认识。这些经历将有利于我在贵公司与政府部门的咨询业务上作出贡献。

❹ 　　在您看完我附上的简历后，我将很感激与您讨论为何我相信自己具备为贵公司和客户服务的才能和性格。每天下午 3 点之后您可以电话联系我。

　　　　　　　　　　　　真诚地，
　　　　　　　　　　　　Aurelia Gomez

❺ 　　　　　　　　　　奥丽莉亚·戈麦斯
　　　　　　　　　　　西 70 街 225 号
　　　　　　　　　　　纽约州纽约市，邮编：10023
　　　　　　　　　　　电话：212-555-3821
　　　　　　　　　　　电子邮件：agomez@nyu.edu

附件

语法和结构说明

❶ 这封求职信采用了修改的段落风格和标准标点符号。（称呼后面加冒号，结尾问候语后用逗号）。

❷ 《纽约时报》（*New York Times*）：书刊名要用斜体（英语中）。

❸ 会计和管理信息系统：大学课程名称不用首字母大写（英语中），除非它们含有专有名词（英语中）和课程代号。

❹ 简历（résumé）：这个词写成不带重音符号的 resume 也是可以的。

❺ 将作者的姓名和通讯地址一起写在信件的下面，方便读者回信。

力资源部经理"之类的通称。在求职信中留出主题行，明确标出此信的主要目的。

开　头

应征求职信的第一段是相当直接的。因为既然用人单位公布了空缺职位，那就表示它急于收到求职信，因此采用直接组织结构：先说明（或者暗示）你写求职信的理由，再确定你要申请的具体职位名称，然后指出你是如何看到招聘信息的。

<small>撰写应征求职信，应采用直接组织结构。</small>

在求职信一开始你就要把话锋集中在该职位和该公司上。对那些普遍被认为有些保守的职位来说（譬如财务、会计和银行），第一段要节制谨慎。而对那些需要创造性的工作来说（譬如销售、广告和公共关系），第一段可能要发挥些想象力。下面是两个例子：

保守型：

> 贵公司的舰队街分公司经理亚当·斯托克尔先生建议我呈上我的个人资料，应聘贵公司上周在《印第安纳波利斯商业》杂志上广告招聘的助理信贷员一职。

创意型：

> 如果说质量是福特汽车公司的首要工作，那么其次就是将此信息有效传达给公众。我的新闻学位和在肯特泽尔代理公司的工作经历使我有能力助您一臂之力，实现这一目标。随信附上的简历对我的个人能力有进一步描述，我可以胜任贵公司在《汽车时代》六月刊上招聘的广告策划一职。

对自请求职信而言，首先要做的就是吸引读者的注意。吸引注意力最管用的方法是谈论应聘的公司，而不是说你自己。一个有效的策略是让人知道，你对该公司有所了解——公司最近的项目、成果和人事变动等此类信息，然后表明你会如何有助于公司发展。

<small>撰写自请求职信，则采用间接组织结构。</small>

> 现在拉塞尔工业公司已把业务拓展到中美洲地区，那么贵公司会聘用一名能说流利的西班牙语并且了解该地区文化的营销专业毕业生吗？

求职信的开头应该简短有趣，并且一切以读者为考量。开头不要用诸如"我要申请……"或者 "请把这封信作为我对……的申请书"之类的老套话。要保持一定的正式感。不要称呼求职信读者的名，也不要试着扮可爱。抓人眼球的小把戏会让读者觉得求职者可能是简历太差劲，所以在试图分散注意力。

<small>开头要简短、原创、有趣，以读者为考量。</small>

主　体

用一两段篇幅突出你工作能力的强项，然后展示你的能力会如何有益于

第 *12* 章　就业沟通　447

> 不要重复简历中的所有信息。

用人单位的发展。展示——而不要讲；也就是说，用具体可信的例子来支持你的观点，措词要和简历有所区别。讲一个你自己的趣事（"比如说，我最近……"）。你的表述应该表现你的谦逊和自信，而不是硬性向人推销。句首不要用过多的"我"。

不 要	我是一个办事效率很高的管理人。
应 该	管理 5 名职员的经历让我知道……
不 要	我是个一丝不苟的人。
应 该	在我担任学生秘书的两年中，我打字的信件、备忘录和报告从未因排字错误退还过。
不 要	我上过商务沟通课程。
应 该	我在商务沟通课程上学到的沟通策略能帮我在阿勒格尼工业公司的客户服务代表职位上更好地处理顾客问题。

向读者提到求职信附件里有你的简历。简历要比这句提醒重要，所以要强调简历的内容。

不 要	我随信附上简历，供您浏览。
应 该	如我在所附简历中详细说明，我在档案管理方面的丰富经验让我可以帮您"掌控这片文件丛林"，正如您分类广告里所说的那样。

结　尾

> 礼貌地请求面试。

很少有机会是不请自来的，所以在求职信的结尾要向对方提出面试的请求。在面试的时间和地点上要表现出灵活性。记得在最后一段或者姓名和地址后面，留下你的电话号码和电子邮件地址。

在您看完我的个人资料之后，如果能告知何时与您就我应聘康乃迪克能源和照明公司工作职位一事做进一步讨论，那就太感激了。今年 12 月 16 日至明年 1 月 4 日之间我会在哈特福特地区，如果您方便的话，我可以随时去贵公司。

或者

我下周会致电您的办公室，看我们能否在您方便时安排一次会面，与您讨论我应聘贵公司财务分析师一职的资质问题。

使用标准的恭维性结尾（如"真诚地"），留下足够的签名空间，然后写上你的姓名、地址、电话号码和电子邮件地址。尽管你可能会同时寄出很多求职信，但对每一封信都要认真，你不会知道哪封信会让你得到面试机会。用蓝

448　商务沟通

> **检查表 17**   **求职信**
>
> - ☑ 利用求职信向人展示，你简历上所列的个人能力如何使你胜任你所申请的某项工作。
> - ☑ 如果可能的话，将求职信寄给用人单位那个可能面试你的人。
> - ☑ 在应征广告招聘的职位时，先说明（或者暗示）你写求职信的理由，再确定你要申请的具体职位，然后指出你是如何看到招聘信息的。
> - ☑ 写自请求职信时，首先展示你对该公司的熟悉并能对其作出独特贡献来吸引读者的注意力。
> - ☑ 用一两段篇幅来突出你工作能力的强项，并将其与你申请职位的要求直接联系。向读者提到求职信附有简历。
> - ☑ 把你的求职信当作劝说性推销信：给出具体例证、强调对方利益、避免浮夸，并对自己表现出信心。
> - ☑ 在结尾处巧妙地请求面试机会。
> - ☑ 求职信通篇要持正式感。不要可爱、做作。
> - ☑ 保证完成的求职信给人以专业、美观和谨慎的印象，而且要保证百分之百正确无误。

色或黑色墨水笔签字，将信件与简历仔细折叠在一起，然后寄出。

检查表 17 中总结了撰写求职信的指导原则。

12.3 准备面试

95% 的用人单位在给求职者工作机会之前都要求进行一轮或多轮面试，所以全国每年面试的总数高达 1.5 亿次。用人单位安排面试的目的在于证实求职者简历上的信息、讨论简历上出现的问题以及观察求职者与本单位是否合适。（据估计，90% 的不成功面试是因为性格冲突或矛盾——而不是求职者能力不足。）而求职者可以通过面试对应聘单位的重要情况有所了解，然后判断其个性是否与该单位的文化相契合。

沟通目标 3

你可以把求职面试当作一场销售演示会。一名优秀的销售代表不会在充分了解产品之前贸然敲开一位潜在客户的办公室，同样，你也不应冒失行事。你既是产品，也是产品推销员，所以你要做好准备功课——不仅对自己，也对潜在的客户。

研究用人单位

在撰写完简历和求职信之后，你对自身的准备工作也做得差不多了。你此时应该会对自身和职业的期许有个合理而准确的认识。现在是时候把注意力集中到用人单位了。

尽可能多地了解该组织的信息——你未来可能的雇主。

尽你所能了解一切与用人单位有关的信息。对用人单位做细致深入的研究，运用你在第9章学到的研究方法。了解该公司的产品和服务、公司历史、主管姓名、媒体对该公司的报道、公司最近的股票动向、公司的财务状况，以及公司的组织架构，等等。

把你了解到的关于该公司的情况与公司的竞争对手以及整个行业的大体情况作对照。通过把该公司的情况放在更广阔的整个行业来考量，你在面试中讨论问题就能更有见地，而不是临时抓来一堆数据胡乱拼凑。

避免"炫耀"你对该组织的了解。

你对该公司的了解是一种资源，可以帮你在面试过程中更好地理解和更熟练地讨论问题。如果应聘者突然来上一句："我看到贵公司的股票上星期涨了5.5个点。"这不会给面试官留下深刻的印象。然而，如果面试官对公司最近宣布的新生产线作了一番评价，那么作为对面试官的回应，或许你这样回答比较恰当："这一定是上周贵公司股票突涨的原因了。"

总之，你要在自然而然间把你知道的信息融入谈话中。即便面试时没有机会谈到你搜集到的信息，但如果你有幸得到这次工作机会，这些信息本身就可以在你做取舍时提供更全面的视野。

练习面试问题

练习你对典型面试问题的回应。

下面是一般工作面试中经常问到的问题。这些问题可以为面试官提供一些关于求职者的重要信息，如资质、个性、仪态和沟通能力。面试官感兴趣的不仅是你回答的内容，还有你如何对这些问题反应以及你如何表达自己的思想和观点。

在去面试之前，你要把自己对以下问题的回答口述一遍，并用录音机录下来。然后你扮演面试官的角色，把录音回放一遍。每个问题的回答的可接受性和恰当性如何呢？

- 介绍一下你自己。
- 你会怎样描述自己呢？
- 告诉我一些关于你的简历上没有的信息。
- 你引以为傲的是什么？
- 你为什么愿意来我们公司工作？
- 我们为什么要聘用你？
- 你长远的职业目标是什么？
- 你最喜欢哪种类型的工作？最不喜欢的呢？
- 哪些成就给了你最大的满足感？
- 如果重新来过，过去有什么是你想改变的？
- 在你的大学课程里，你最喜欢的和最不喜欢的有哪些？
- 具体地说，你所受的教育或工作经历是如何与这份工作相关的？

这些问题是相当直截了当的，如果你练习过，应该不难回答。然而，面试官常常会提出更难的问题——这些问题看起来并没有"正确"答案。有时他们甚至会通过提出尖锐问题、打断讲话或假装怀疑的方式来营造一种紧张的氛围，以此衡量你在压力环境下的行为表现。应对这种情形的方法就是脑子里始终想着你想得到的这份工作，然后组织问题的答案——不管问题是什么——这样才能突出你胜任这份工作的能力。你不必面试官问什么都照着原问题回答。你可以要求面试官说具体点或者将问题换种方式再说一遍。这样不仅可以为回答问题指明方向，而且让你有更多时间组织答案。

准备自己的问题

在面试过程中，面试官可能会问许多与公司或你应聘的职位有关的问题。然而，面试是一场双向谈话，所以你在适当的时机向对方提出一些相关问题也是合乎情理的，因此你应该事先把问题准备好。

在你决定是否接受工作邀请时，下面的问题会为你提供有效信息：

- 您能描述一下这个职位的日常工作内容吗？
- 职员是如何评价和晋升的？
- 公司提供哪些培训机会？
- 公司对新进职员有什么期望？
- 公司未来的计划是什么？
- 我的直属上司是谁？我有下属吗？
- 这个职位有哪些提升机会？

这些问题中的每一个都能让你获得对作决定有用的信息，还向面试官传达了一条积极的无声信息，让其知道你对这个职位感兴趣，把它当成你的长期事业。但是你问的问题不要太多，否则就混淆了面试官和求职者的角色，也不要给面试官难堪。

> 确保你问的相关问题都在面试中得到了回答。

最后，在初次面试时不要问工资和福利方面的问题。在你让该公司确信你是它想要的人后，你有大把的时间来问这些。而且，你应该提前知道的是，你所申请的职位的市场价值。查找分类广告、学校就业中心收集的报告，以及图书馆和网络资源，了解该职位合理的工资数字。

> 不要显得过于关注工资。

成功着装

给面试官留下良好的第一印象非常重要，这一点怎么强调都不为过。一项研究发现，在面试的前5分钟内给面试官留下良好印象的应聘者里有75%收到了工作邀请，而在前5分钟给面试官留下坏印象的应聘者里只有10%收到工作邀请。

> 为面试准备剪裁得体、干净、稳重的着装。

麻省理工学院在春季学期开始之前的周五举办"魅力学校"活动。每年吸引了一千名学生参加。图中，学生们在学习正确地打领结。

要给人留下好印象，最有效的方法就是特别注意你的着装、修饰和举手投足。要穿得既凸显你的仪表，又符合办公室规范。求职面试不是时尚秀场。你想让面试官记住的是你所说的话，而不是你穿的衣服。尽管不同的职位、不同的公司、不同的行业和不同的地方对此规范不一，但大体上讲应聘者面试的着装还是偏向于剪裁得体、干净并且稳重。

就大多数面试而言，男士应该穿蓝色或灰色西装配以白色或浅蓝衬衫，领带要精致，袜子选深色，鞋子选黑色。女士应该穿蓝色或灰色女式套装，裙子要浅色，鞋跟高度适中。

不要佩戴过分花哨或者让人分神的珠宝首饰，不要喷气味浓重的香水或须后水，头发也不要太过修饰。但仪容必须让人无可挑剔，衣服要整洁、没有褶皱，鞋子要擦亮，牙齿要刷，头发梳整齐。照这样做吧；你被录用后有的是机会展现你的个人风格。

12.4 面试时举止得体

仔细观察面试单位的组织环境，谨慎礼貌地对待你遇见的每个人，包括接待员和面试助理。行为举止要正式。在被带进面试房间时，称呼面试官的名字并向其打招呼，握手要坚定有力，彼此要有直接眼神交流，要记得微笑。

在面试一开始时，称呼面试官为"先生"或"女士"，只有对方特别提出要你直接用名字称呼时，你才能这么做。如果对方没有立即请你坐下，你要先等面试官落座，然后你才能自己坐下。你坐着的时候，双脚要稳稳放在前面地板上，身体稍往前倾，并且和面试官保持良好的眼神交流。面试中不要记笔记，除非是某个特定的名字、日期或电话号码。

要知道，面试房间内有些地方是你的禁区——特别是面试官的办公桌和办公桌后面的区域。不要把你的双手、钱包或便签纸放到这张桌子上，也不要在房间里乱转。要对面试官所说的一切表现出兴趣；不要把注意力过于集中在组织问题的答案，以免听不清问题的最后部分。回答问题时要积极、自信和直接。要认识到面试官期待的答案不仅仅是简单的"是"或"否"。

面试过程中要控制自己的紧张情绪，就像你作口头报告时那样；也就是说要反复练习，直到你有足够的信心去应对面试官抛出的任何问题。很多大学的就业中心会组织模拟面试活动，为未来的面试做准备。如果你所在的大学不组织这样的活动，那你可以请一位老师或者同学来面试你。要就常见的面试问题进行大量的练习。

你在面试过程中的态度始终要保持自信、礼貌（见问题聚焦24，"'我曾经是个男人'"，看看在面试中不该说的话和不该有的行为）。

你在面试中要扮演恰当的角色。不要给人一种"请我是你们的荣幸"的感觉。面试官可不一定同意。同样地，你也没有必要奉承或卑躬屈膝。你是在申请——而不是乞求——一个职位。如果合作融洽，你和用人单位都会从中获益。最后一点，不要试图掌握面试的主动权。你要让面试官主持一切，在问题的选择、何时转到新话题的讨论，以及何时结束面试这些事上让他/她决定。

对你被问及的每个问题，都要尽量如实回答。专心想着你要申请的职位以及怎样向面试官展示你胜任此工作的能力。不要对自己的能力言过其实，否则你得到的工作可能是你无力胜任的。然而，如果面试官没有谈到你自认为擅长的技能，那么你可以在适当的时候主动提出并在回答面试官的问题时穿插这些信息。

如果面试官问到你期望的薪水是多少，尽量不要给出一个具体的数字，要向对方表明你期待的薪水只要与其他能力和经验类似的同事差不多即可。但如

奥伯问答

亲爱的奥伯博士：

我有个问题要向您请教，是关于我的一次面试经历。如果面试官脸上有块可怕的疤痕的话，您会把目光放在哪里呢？我想让面试官知道，我注意力集中但不是盯着疤痕看。

——金

亲爱的金：

许多年以前，我曾和一位严重毁容的同事在同一间办公室工作，所以我一开始也担心会让这位同事误以为我老盯着他看。你可能会惊讶地发现接受一个人的外貌是那么快——就像你很快就能接受其他人的个人特征、装饰风格或者比较特别的言行一样。而且你也可以肯定，其他人也会经常遇到这种情况，他们也可能适应了你身上一些起初让人不舒服的东西。

通常情况下，每次几秒钟的眼神接触表示你有兴趣、在倾听或者赞同对方的观点。超过几秒钟的话会显得是盯着看；而时间太短则显得你在躲着别人。

——斯科特

给作者写信，邮箱为 askober@comcast.net。

在面试时保持自信、礼貌和谨慎的态度。

充分准备是控制紧张的最好方式。

果不得已的话，也要做好给出期待薪水的准备，最好用较大的区间表示。

在讨论薪水时，要就在你看来该职位和职责的价值来谈，不要说你认为自己价值如何。如果面试没有涉及薪水问题的话，你就耐心等待。在被告知薪水怎样之前，很少有收到录用通知的。

你参加的可能会是小组面试，有几个人同时对你进行面试。如果可能的话，事先调查有关面试的情况，了解每位面试官的姓名、职位和级别。回答问题时，要对着所有面试官，而不仅仅是只对着提出该问题的面试官或者在座职位最高的面试官。

也有可能你要参加多轮面试——一天参加多次面试，或者，如果你在首轮面试中通过的话，几天之后还有几轮更激烈的面试安排。注意从前面的面试中

问题聚焦 24　　　　　　　　　　　　　　　　　　　伦理

"我曾经是个男人"

你在求职过程中要诚实，而且你的行为应该符合道德规范。然而，也存在坦率过度的问题。下面是一些求职者实际行为和话语的例子，其信息来源不一。

求职者的行为：
- 他说如果被录用的话，他会把公司标志纹在他的小臂上，以显示他对公司的忠诚。
- 她要求看我的简历，看看我是否有资格评价她。
- 当我问到他的兴趣爱好时，应聘者从座位上站起来开始跳踢踏舞。
- 她拿出相机给我照了一张相，说自己收集每一位面试过她的人的照片。
- 我在接电话时，他拿出一本《阁楼》成人杂志，翻看里面的照片。
- 他在面试时用汽车钥匙掏耳朵。
- 他要我和他扳手腕。
- 面试时，她说她没吃午饭，然后开始吃汉堡和薯条。
- 一名谢顶的应聘者出去了一下，几分钟后戴着一顶假发回到了办公室。
- 他带着一只大狗来参加面试。
- 他拒绝坐下，坚持站着接受面试。
- 他全身展开趴到地板上填写申请表。

求职者的话语：
- "我十几岁时是惹了不少祸，但我已经很久没有偷过东西了。"
- "我的腿毛很多。"
- "公司董事会成员都是什么星座的？"
- "如果我大部分时间都在生气，这成问题吗？"
- "公司会帮我把我收藏的石头从加利福尼亚运到马里兰吗？"
- "我对火特别着迷。"
- "你必须原谅我，我今天没穿紧身衣。"
- "我刚从戒毒所出来。我觉得我这次肯定能戒毒成功。"
- "私藏武器违反公司规定吗？"
- "我最大的优点是什么？我能一口吃一根香蕉。"
- "我曾经是个男人。"

批判性思考

▶ 上面所列的行为和话语有可能在某些情况下是恰当的吗？解释一下。

454　商务沟通

吸取经验以便在后面的面试中用到；回答不同的面试官提出的相同问题时，答案要保持一致。而且面试官常常会在几轮面试结束后一起讨论对你本人和你回答的问题的看法。

12.5 面试后的沟通

面试结束之后，立即对你的表现做一下自我评估，试着回忆起面试中的每个问题，然后评价你自己的回答。如果你对自己对某个问题的回答不满意，那就花些时间组织一个更好的答案。你也许会在将来的面试中被问到类似的问题。

沟通目标 4

还要对你的简历做一次重新评估。面试中被问到的某些问题是不是显示了你简历上某些内容不清楚？是否需要对简历的某项内容进行修改或者添加或删除一些信息呢？

再看看是否可以在面试经验的基础上改进求职信。你在求职信里提到的那些个人能力是面试官最看重的吗？你谈到的工作能力是从公司受益的角度出发的吗？你有没有举出具体的例证来支持你的观点呢？

你还应该花点时间给面试官写封感谢信或者电子邮件，既显示你的礼貌，也重申你对所申请职位的兴趣。面试官可能在面试开始前、进行时和结束后在你身上花费了不少时间，所以你应该从你的角度对其工作表示感谢。

对招聘经理的一项调查显示，他们中有 15% 的人不会录用面试后没有寄感谢信的应聘者，有 35% 的人则表示仍然会考虑该求职者，但录取他/她的可能性会降低。

然而要知道你的感谢信对录用决定起作用与否并不确定。很多面试官都是在面试当天就决定录用一名应聘者或者让其进入下一轮面试，甚至是面试过程中就做了决定。因此你的感谢信可能会在面试官做了决定之后才收到。一封感谢信的真正目的在于表达对面试官礼貌待己的真心感激；你不是为了加分而写。而且，不要在感谢信里再次推销自己。你在简历、求职信和面试中已经说得很清楚了。感谢信的语气可以类似于范例 34 中的例子。

面试后立即发一封简短的感谢信。

感谢信的篇幅应该简短，打字或者手写。可以把它看作一种常规信息，其风格应该直截了当。以表达对给予此次面试机会的感谢来开头；然后提到一些面试的细节或是从中获得的领悟。结尾的语气要充满希望和期待。

如果在聘用决定最后期限之前你还没有收到面试官的消息，那就给面试官打电话或发电子邮件了解情况。如果此时还没有决定，那你对此事的咨询会让面试官对你的名字和你对该职位的兴趣印象深刻。如果面试官已经录用了其他人，你也需要知道情况以便可以继续找别的工作。第 456 页的检查表 18 总结了面试过程的步骤。

第 12 章 就业沟通 455

12.6 商务礼仪

[沟通目标 5]

了解在你的组织中什么行为是合适的。

商务礼仪是指商务环境中礼貌和得体的行为。它指出在何种场合下何种行为是得体的;因此,商务礼仪关注的是人与人之间的互动——而非毫无意义的仪式而已。

每家公司都有各自在着装、称呼上司和守时等方面的规定。而且,每个国家和每种文化都有自己的规则。一般来说,这些规则不是书面的,你必须在日常生活中通过观察将其掌握。那些遵循正确商务礼仪的管理者显得更自信,而且担当重任的机会更多;你的事业发展得越好,这些礼仪就变得越重要。(见第459页沟通快照12,看看我们是如何评价我们自己和其他人的举止的。)

商务礼仪和社交礼仪在很多方面有所不同。如果一位主管在绩效评估时将自己的成绩一一向上司汇报,那他/她是聪明的;但如果在社交活动上这么做的话,那他/她就是蠢笨的。你必须敏锐地知道在特定场合什么样的行为是恰当的。

好举止就是好商机;因为这传达了关于你个人的正面信息。关于礼仪,马克·吐温曾如此说道:"坚持做正确的事:你会让一些人满意,让其他人吃惊。"

会面与问候

关于做介绍要记住的重要一点就是介绍双方。重要的是你避免了两个人自

✓ 检查表 18　　　　　　　　　　　　　　　求职面试

面试准备
- ☑ 在去面试之前,了解与该公司有关的一切信息。
- ☑ 练习回答常见面试问题,并且自己准备问题。
- ☑ 选择合适的面试服装。
- ☑ 通过充分准备、装备精良和准时前往来控制紧张情绪。

面试中举止得体
- ☑ 在面试过程中,注意你的身体语言所传达给对方的无声讯息。
- ☑ 全面和准确地回答所有面试问题,尽量把你的能力和该职位的具体要求联系起来。
- ☑ 不管是一个或多个面试官,你可能被评估的内容有教育背景和工作经历、心理素质、举止和个人特质,以及仪表。

面试后沟通
- ☑ 面试一结束,对自己的面试表现、简历和求职信进行评价。
- ☑ 给面试官发封感谢信或电子邮件。

范例 34

面试后的信

20×× 年 4 月 15 日

戴维·诺曼先生
❶ 罗斯·拉塞尔 & 韦斯顿公司
第五大道 452 号
纽约州纽约市，邮编：10018

❷ 亲爱的诺曼先生：

　　感谢您给了我昨天参加 EDP 专员职位面试的机会。我非常高兴能见到您和阿琳·沃辛顿，也对我申请的职位以及罗斯·罗素 & 韦斯顿公司有了更多的了解。

　　我特别感激昨天下午参加公司长远规划会议的机会，了解到贵公司欲加强与非营利机构加强咨询合作的计划。我在市政部门工作的经历使我相信，这些非营利机构将从贵公司的专业服务中大大受益。

❸ 　　再一次，感谢您昨天抽出时间与我会面。期待您的消息。

真诚地，
Aurelia Gomez

奥蕾莉娅·戈麦斯
西 70 街 225 号
纽约州纽约市，邮编：10023
电话：212-555-3821
电子邮件：agomez@nyu.edu

对面试官的称呼与面试时一致。

开门见山，真诚地表示感激。

提到一件具体事情，与写作者的背景关联。

以自信、前瞻的口吻结束。

语法和结构说明
❶ 只有公司自己在名称里使用 "和"（&）时，你才能用。
❷ 即使称呼语中用读者的名字也要用冒号（不用逗号）。
❸ 再一次，：在引入性表达后加逗号。

第 *12* 章　就业沟通　457

伊利诺伊州皮奥里亚的一家保险公司 RLI 公司，稳重行业中的一家保守公司，迈出了大胆的一步，它超越了休闲星期五，允许员工在夏季穿短裤。图中，行政副总裁迈克·奎恩（右）在向公关经理加里·怀特（左）介绍情况。

我介绍的尴尬，与此相比，你所采用的方式就显得次要了。

介绍的基本规则是将职位较低的人引介给职位较高的人，无论他们的年龄或性别怎样："总裁先生，这位是我的新助理。"如果你要介绍认识的两个人级别一样，就先向年长者、客人或（传统上讲）女士介绍。

介绍的方式可能是这样的："海伦，我来向你介绍一下，这位是卡尔·拜勒姆。卡尔刚来我们公司任初级客户经理。卡尔，这位是海伦·史密斯，我们的副总裁。"而在社交场所，你可以简单地说："罗莎，这位是基恩·斯托弗。基恩，这位是罗莎·班尼特。"对别人介绍恰当的回答是："你好吗，基恩？"不管被介绍认识的两个人性别如何，两者都可以主动跟对方握手，表示对对方的欢迎。

为了更好地记住对方的名字，在你们握手时要特意称呼他/她的名字。谈话时多次用到一个人的名字会让你更牢地记住这个名字。如果你记不住某人的名字，在对方向你走近时，你只要伸出手并说出自己的名字即可。通常对方会和你握手并说出他/她的名字。

你向一位很久之前有过一面之缘的人打招呼时，除非对方立刻认出了你，否则你要先做一下自我介绍，然后说些信息来帮他/她回忆一下。例如，"你好，维斯先生，我是艾琳·瓦格纳。我们上个月在格拉曼的聚会上见过。"

如今，美国大多数商业人士都有名片，虽说交换名片的规则在美国并没有其他国家那么严格。在商务场所，你应该在会面结束时递上你的名片———一种表示有意继续发展关系的方式。不能在用餐时递上名片（要等到用餐结束后），也不要在社交场合给人你的名片。

用 餐

你为商务餐选择的餐馆是你和公司形象的反映。要选择一家食物品质上乘、服务质量可靠的餐馆。一般来说，你请的客人越重要，餐馆就要越高档。如果餐馆领班（服务生领班）请你和客人落座，客人应该先于你就坐。如果是你们自己找位子的话，你要走在前面找一张合适的餐桌。让客人坐在较好的位子上，可以透过窗口看到外面的风景；如果你们桌子靠墙的话，则让客人坐在面朝餐厅的位子上。

如果想让一次商务餐成功而愉悦，下面是一些小技巧：

- 在主人打开餐巾并放在腿上之前，客人不能抢先这么做。在主人开始吃第一口食物之后，客人才能吃。
- 如果你是主人的话，合上你那份菜单并将其放在桌子上，这是向服务员示意你们准备好点菜了。服务员在附近时，向他/她说声"劳驾"来引起其注意，或眼神示意服务员来餐桌这边，或者请离你较近的服务员把你们的服务员叫过来。主人点的菜一般最后才上。
- 如果你用餐半途离席的话，把你的餐巾放在座椅上。在用餐结束后，把餐巾打开放在餐桌上。
- 使用银质餐具时，从最外边的餐具开始用。如图12-1所示，你的杯子放在餐具的右上角。传食物或调味料要从左向右传，调料要先让别人享用。

沟通快照 12

良好举止

认为自己举止优秀的人

认为大多数美国人举止不佳的人

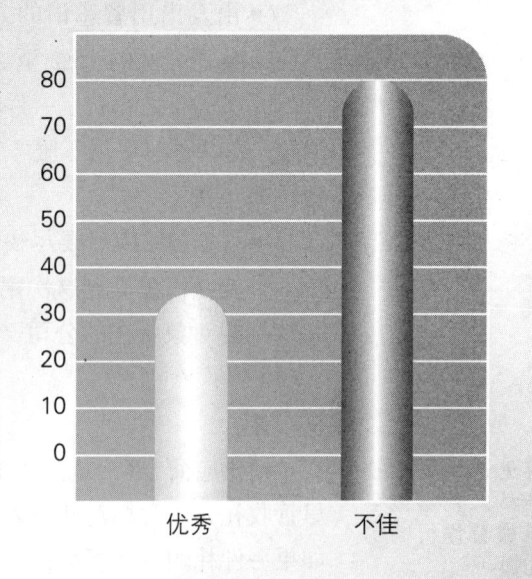

来源：ORC International, 2004.

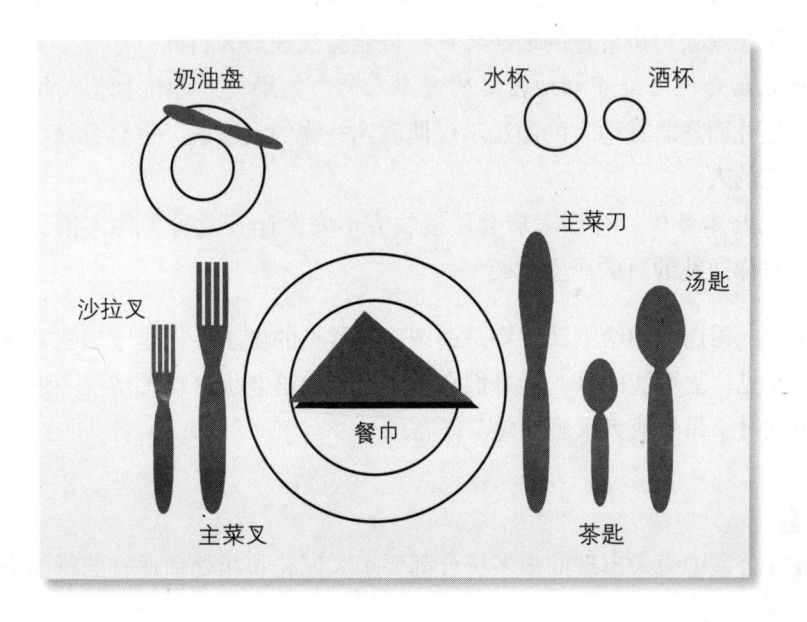

图 12-1
餐桌设置

使用银质餐具时，从最外面的餐具开始用。记住：杯子放右边；调料从左往右传。

- 用餐时不要把手肘搁在餐桌上，在换盘的间隙则可以。
- 把餐刀放在餐盘边缘，餐刀不用时刀口对着你。向服务员表示你盘子里食物用完时，将刀叉放在盘子上。
- 喝汤时用汤匙由后往前将汤舀起，汤匙底部靠近下唇将汤送入口中。在尝食物味道之前不要加盐；如果别人请你递盐或胡椒粉，把两者都递过去。
- 由发出用餐邀请的人买单。在美国大部分地区，标准服务小费通常是食物金额的15%至20%以及酒类消费的10%。给餐馆衣帽寄放处管理员的合适小费是一件衣服0.50~0.75美元，餐馆较高级的话一件是1美元。如果你享受泊车服务的话，要在车被开到餐馆门口时给泊车员1~2美元的小费。
- 商务餐结束后要尽快给对方发一封感谢信。一定不能象征性地敷衍了事，要在信里提到这次用餐的特别之处，例如餐馆装饰、食物、服务、你用餐对象所在的公司，或者你对餐间商务话题的满意。

送 礼

避免送太贵或掺杂私人色彩或可能被看作行贿的礼物。

给供应商、客户或员工送礼是很多公司惯常的做法，特别是12月份的假期。尽管收礼方通常都对此深表感谢，但是你也要在送礼对象和礼品选择方面用心。如果一件礼物符合下面四个标准的话，大多数人会认为礼物选对了。

- 它是没有掺杂私人色彩的礼物。办公室用得着的或者和工作有关的物品几乎都是恰当的送礼选择。
- 送礼的目的是感谢对方过去的帮助。礼物要用来感谢某人过去的帮助、业务或表现——并不是要求对方将来承担什么义务。如果送礼给一个从未在本公司购订过的潜在客户，可能会被理解为行贿。
- 礼物是送给处于相似情况的每个人的。如果彼此职位相似，给一个人送礼而忽略其他人的做法不仅使收到礼物的人尴尬，也会惹恼那些被忽视的人。
- 礼物不奢侈。礼物太贵会使接收方不安，让其觉得欠你人情，进而会对你送礼的目的产生质疑。

在恰当的场合送恰当的礼物。

尽管上司送礼物给下属特别是助理，是常见的做法，但是下属送礼给上司则不太常见。更可能的是，同事们合送一份礼物给老板，这种情况下选择的礼物也不能过于昂贵或者太私人化。

办公室

在办公室中每天出现的很多场合都要求大家礼貌相处。适宜的行为举止总是依据那句黄金法则："像你自己希望被对待的那样对待别人。"

> 在工作中与人交往要遵循黄金法则。

工作隔间礼貌 据估计，现在有 4,000 万人在隔间工作。因为隔间的隐私性很差，所以隔间礼貌就尤为重要。遵循下列原则：

- 进入他人工作隔间之前一定要敲门或者征得对方许可，不要未经同意溜达到人不在的隔间。
- 不要大声对隔壁隔间的人讲话。如果走过去不方便的话，可以打电话。
- 不要在无人看管时把贵重物品放在隔间内。
- 讲电话或者与来访者交谈时声音不要过大，也不要用气味浓烈的香水或古龙水。
- 最后一点，尊重隔间主人的隐私权，不要盯着他/她的电脑屏幕或偷听别人的私人谈话。

喝咖啡 如果有容器盛放人们的咖啡钱，那你每次喝咖啡时都要付钱；不要强迫别人请你喝咖啡。而且，如果是由团队负责煮咖啡和清洗咖啡壶的话，你要完成自己的轮值任务。虽然在大多数公司允许员工在工作时喝咖啡或者其他饮料，但有些公司有不成文的规定，禁止员工在工作时吃喝。不论如何，不要在和别人面谈或者通电话时吃东西。

使用复印机或传真机 你在使用复印机或传真机进行大量作业时，工作量较少的人走过来要用机器的话，那就让别人先用。而且在工作完成后一定要把纸装满，使用后还要把复印机计数器复位归零。（下一个使用者本来想复印一张纸，结果却要等上复印 100 张的时间，还要自己付钱，而这是你忘记把计数器归零的结果，对此他/她可不会乐意。）

3P 行动：求职信

- ■ 问题
- ■ 过程
- ■ 成果

■ 问题

你是雷·阿诺德，波士顿大学劳资关系专业大四学生。你分析了自己的兴趣爱好、优缺点以及喜欢的生活方式，确定将来想去加利福尼亚州南部找一家大型跨国公司的一份劳资关系方面的工作。由于你就读的大学位于美国东部，所以你决定不把找工作局限在校园招聘上。

通过研究你了解到，美国国务院最近和精密系统公司（PSI）签订了一份价值2300万美元的合同，内容是为实现美国政府驻欧洲各地机构之间的快速和安全通信开发一个高级计算机化信息系统。PSI公司总部设在洛杉矶，公司将在墨西哥的华雷斯市新建一家自动化工厂，为新系统进行电子元件组装。

你决定写信给PSI公司，看看该公司是否有空缺职位需要像你这样条件的人。当然你会在求职信上附上你的简历（简历见范例30）。把你的求职信寄给PSI公司的人力资源部副主管菲利斯·莫里森女士。地址是洛杉矶市18734号邮政信箱，邮编为90018。

■ 过程

1. 这封信是应征求职信还是自请（投石问路）求职信呢？

   自请求职信——因为我不清楚PSI公司是不是有空缺职位。

2. 撰写求职信第一段，引起对方注意并将你的能力与PSI公司的需要联系起来。确保第一段就把你来信的目的说清楚。

   PSI公司最近提交给国务院的提案显示，贵公司会为华雷斯项目增加3,000名新员工。既然有这么多的人员增加，那么贵公司的人力资源部门有没有可以提供给一名主修劳资关系、辅修心理学的大学毕业生的职位空缺呢？

3. 将你的教育背景与PSI公司的可能要求做个对比。你有哪些条件可以帮你从竞争中脱颖而出？

   - 一名劳资关系专业学生辅修心理学，这是有些不同寻常的。

- 我的主修专业和辅修专业所开设的都是标准课程。所以在此没有必要将课程一一列出。

4. 将你的工作经历与PSI公司的可能要求做个对比。你求职信里要突出简历上的哪些个人条件？

    - 作为一名柜员所培养的人际关系能力在劳动管理方面是很重要的资产。
    - 通过工作和课外活动培养的书面和口头沟通技能让我有能力和广泛分布的员工进行有效沟通。

5. 求职信中还应该提到哪些其他个人条件？

    我有劳资关系专业学位，而且还是工会会员，这些会帮助我从管理层和劳工双方的角度来看待问题。

6. 用一句话提出面试的请求。

    我希望将来可以在人力资源管理方面以高效、人道的方式为PSI公司效劳，期盼有机会去洛杉矶与您面谈。

■ 成果

这封自请求职信是与第 435 页的范例 30 一起的。

① 特纳大楼 15 号
波士顿大学
波士顿市，邮编：02215
20×× 年 2 月 7 日

菲利斯·莫里森女士
人力资源部副主管
精密系统公司
18734 号邮政信箱
洛杉矶市，邮编：90018

② 亲爱的莫里森女士：

PSI 公司最近提交给国务院的提案显示，贵公司会为华雷斯项目增加 3000 名新员工。既然有这么多的人员增加，那么贵公司的人力资源部门有没有可以
③ 提供给一名主修劳资关系、辅修心理学的大学毕业生的空缺职位呢？

我对商业和文科课程的学习，能使我从管理学和行为学的角度来处理问题。另外，我的劳资关系学位与我作为工会会员的经历，能够帮助我从管理层和劳工的角度来看待问题。

④ 我曾在一个学生协会担任过一学期的网络管理员，在此期间，我们网站被学术协会评价为"原创、全面以及令人耳目一新的文字风格和格式。"我做柜员工作时，成功处理了客户的账户透支、银行电脑错误和存款记录延迟等问题，这些经历不仅教会了我积极聆听的重要性，还让我积累了解释和辩护公司立场的经验。如我在所附简历中说的那样，这些沟通和人际关系能力使我能够与 PSI 公司里各个级别的员工以及在广泛分布的职员进行有效的沟通。

我希望将来可以在人力资源管理方面以高效、人道的方式为 PSI 公司效劳，期盼有机会去洛杉矶与您面谈。我会在 2 月 21 日打电话到您办公室，或者您也可以在下午 2 点之后随时打电话给我，电话号码是 617-555-9833。

真诚地，

Raymond J. Arnold

雷蒙德·J·阿诺德

附件

引起对方注意的开头，将作者的技能与公司的需要相联系。

展示作者的独特技能会如何使公司受益。

提供具体例证支持他的诉求：展示而不是陈述。

让读者选择致电求职者或者求职者致电她。

语法和结构说明

❶ 在私人商业信函中，作者的回信地址可以放在日期的上面（如本例所示）或结尾处的寄信人名字下面。
❷ 这封信采用了齐头式风格，每一行都从左侧起行，用的是开放式标点，称谓语和结尾敬语后不加标点。
❸ 主修劳资关系：大学主修和辅修专业名称首字母不大写（英语中）。
❹ 风格和格式。"：句号放在引号里面。

现在将 3P 付诸实践。见第 466 页的 3P 练习。

464 商务沟通

登陆学生网站（网址：college.hmco.com/pic/oberOBC7e），以获取更多资料，帮助你更好地了解课程内容和未来职业规划。

总　结

简历的目的在于使你获得面试机会。尽量写一份一页纸的简历，在电脑上以简单、易读的风格编排，并用激光打印机打印。简历内容要包含你的姓名、通讯地址、电话号码、电子邮件地址、求职目标、教育和工作经历信息以及特别的才干和技能。那些有利于你从其他求职者中胜出的其他信息也要写进简历。填写工作经历时，按照时间或者功能来组织，强调那些对你申请的工作有用的能力和经历。

考虑制作一份电子版的简历，用来发送电子邮件或者进行电脑筛选。该版本应该是纯文本，没有特殊化的格式，并用标准大小的白纸打印出来（单面打），邮寄时不要折叠或装订。

沟通目标 1

你申请多个职位时通常会使用同一份简历，但在求职信里谈到的教育和工作经历要使你特别适合正申请的职位。如果可能的话，把求职信寄给那个将来面试你的人。

写应征求职信时，开头就要说明你写此信的目的，明确你要申请的职位，并告诉对方你是如何了解到该职位空缺的。写自请求职信时，首先要引起对方的注意。然后在求职信主体强调你的一两项最强个人能力并将其与申请职位的招聘条件联系起来。在求职信的结尾处礼貌地请求面试机会。

沟通目标 2

如果你的求职努力成功了，你会被邀请参加面试。为了在找工作的面试环节胜出，你要为面试做充分的准备，并且在面试过程中举止得体。准备一些你要问面试官的问题。

沟通目标 3

面试结束后，评价自己的面试表现，争取在下次面试中表现更好。还要对你的简历和求职信做一次重新评估，如有必要，就做些修改。最后，花点时间写封感谢信，表达面试官对自己礼貌相待的感激。

沟通目标 4

商务礼仪是帮助人们在商务场合行为得体的指南。要在商场如鱼得水，需要学会做介绍、举办商务餐、恰当地送礼以及在办公室维持良好工作关系。好举止就是好商机。

沟通目标 5

关键术语

你应该能够用自己的话定义下列术语，并分别举例：

求职信（application letter）　　　　简历（résumé）
商务礼仪（business etiquette）　　　应征求职信（solicited application letter）

电子简历（electronic résumé）　　自请求职信（unsolicited application letter）
推荐信（reference）

3P 实践

更多信息，见第 462 页的 3P 模型。

付诸实践

1. **回到斯蒂芬 – 布拉德福德猎头公司**　除了帮助求职者准备有效的简历之外，埃丽卡·温斯坦还力劝求职者在面试中注意自己的肢体语言。即使是准备充分的应聘者也会因为一次"笨拙"的握手或一个厌倦的表情而毁掉一场面试。她希望应聘者在面试中微笑、保持眼神交流，避免显得紧张的举止，不要冷漠或者自信不足。

问 题

假设你得到了去一家顶尖公司面试的机会。你研究了这家公司，对面试常见问题做了练习，并且为面试这个重要日子选择好了衣服。但是你想确保自己不会在面试中出现不恰当的举止。在准备过程中，你想要：（1）找出要避免的肢体语言错误；（2）对传达给听众的非语言信息有更深的理解。这些研究可以帮你给面试官留下稳重、专业的印象。

成 果

（1）使用网上搜索引擎找到至少三篇关于求职面试肢体语言的文章。把每篇文章的链接保存起来。随时记下求职者在面试中最常犯的肢体语言错误。

（2）找一位搭档，与你进行 5~10 分钟的面试模拟角色扮演。你扮演求职者，你的搭档扮演面试官。让你的搭档用下面的检查表对你的肢体语言和沟通风格进行评估。

	非语言沟通			
	好	一般	差	评价
眼神交流				
面部表情				
过度不安				
姿势				
自然手势				
音量				
语速				
语调				
语法				
自信				
真诚				
热情				

（3）根据你的研究和你在模拟面试中的表现，你觉得自己的非语言沟通技能和你所学习的关于面试肢体语言的知识是否一致？你的长处是什么？又有哪些地方需要改进？

成　果

根据你的发现列出一份一页纸的求职面试注意事项。

2. 撰写一份简历——让别人了解你

问　题

假设你刚开始毕业前的最后一学期。运用你在教育、工作经历等方面的实际数据（包括所有你毕业时能确定的数据），准备一份有效的简历。

沟通目标 1

过　程

（1）简历顶端的姓名你会如何写——比如说首字母要不要大写？（记得在姓名前不要加个人化称谓。）

（2）你的邮寄地址是什么？如果你会在找工作期间更换地址，那么两个地址都写，并附上每个地址的使用日期。

（3）你的电话号码是什么？你通常什么时候能接电话？你的电子邮件地址是什么？

（4）你想找哪种类型的职位？准备一个有效的一句话求职目标——既不能太笼统，也不要太具体。

（5）你的学位名称是什么？你的毕业学校名称？学校的地址？你的主修专业和辅修专业？你预计毕业的时间（某年某月）？

（6）你所有科目和你专业课的平均绩点分别是多少？你可以把哪个较高的绩点当作自己的优势？

（7）你大学期间有没有获得过什么学术荣誉，比如获得奖学金或评为优秀学生？如果有的话，列出来。

（8）你上过对你申请的职位特别有用的选修课程吗（那些竞争同一职位的应聘者可能没有上过的课）？如果有的话，列出来。

（9）把你大学期间做过的工作以倒时顺序（先写最近的工作）列出来：职位名称、机构名称、地点（城市和州）、起止时间，以及是全职或兼职。描述每份工作的具体职责并着重强调那些对你此次求职目标有关的职责。使用短句，描述每种职责或任务时第一个词要选用第 436 页所示的行为动词，而且可能的话，举出你所取得成绩的具体例证。

（10）你的教育背景或者工作经历可能会给招聘人员留下深刻的印象吗？

（11）哪些其他信息可以写在简历里，譬如特别技能、参加的专业组织、担任过的职位，或者异地工作或出差的意向？

（12）你的推荐信在你学校的就业办公室有存档吗？如果有的话，在简历上写上办公室的名称、通讯地址和电话号码。（如果没有，在简历底部写一句"如有需要，可以提供"这样的话。）

成　果

运用前面的信息，写出简历初稿，进行修改和格式调整，并校对。然后准备一份电子简历以备电脑扫描之用。将你的简历和你对过程中提到问题的回答交给你的导师。

练　习

1. **推荐人名单**　强身健身器材公司安排你去参加一个初级职位的面试。作为面试过程的一部分，他们要求你带一份推荐人名单。准备一份推荐人清单，上面至少要有四个可以推荐你被聘用的人，写上他们的姓名、职称、通讯地址、电子邮件地址和电话号码。这应该是一份真实的推荐人名单（确有其人），是要在面试后留给面试官的。假设你的导师就是面试官。把推荐人清单交给他/她评价。

2. **求职目标**　三或四个人一组，想出 20 到 25 个小组成员可能会考虑的工作。从这些工作中选出四个，给每个工作写一个合适的求职目标。然后将你写的求职目标与小组其他成员写的对比。你写的求职目标是否清楚地表达了你的职业目标？你的求职目标是不是个人化的？评价小组其他成员写的求职目标。他们的求职目标与你的相比怎么样？向你的导师提交一份一页纸的备忘录，列出你所选的四个工作、每个工作的求职目标以及你对这些目标与小组其他成员的比较的看法。简要描述你的求职目标是如何表明你的职业目标的。在备忘录的最后，对你在这次活动中的收获做个总结性陈述。

3. **工作团队沟通——模拟面试**　这个项目运用了练习 6 里收集的部分材料。每六个学生分为一组。抽签决定哪三个人做面试官，哪三个人做应聘者。两组人现在都有事情要做。面试官这组必须在一起商量他们的面试方法（每个应聘者有 10 到 12 分钟的面试时间）；而应聘者这组则必须各自为面试做准备。

　　面试将在全班面前进行，每个参与者都要衣着得体。在选定的某天，三名面试官作为一组将对这三个应聘者轮流面试（一个应聘者面试时其他两人要待在其他房间）。鉴于每场面试的时间有限，所以应聘者没有自己提问的时间，除非是为了弄清楚面试官问题的意思。

　　每轮面试结束后，全班同学投票选出最有效的面试官和应聘者。

沟通目标 3

4. **面试评估**　你在得克萨斯州普莱诺市的一家园艺公司常青公司工作。公司让你和两名人力资源部门的其他同事为招聘新职员制订一份面试评定表。根据你在面试技巧方面的知识，制作一份可以用来评价应聘者面试技巧的表格。

5. **研究用人单位**　参见练习7。假设菲利普·莫里斯邀请你去参加管理培训生职位的面试。在去面试前研究该公司的情况。将你的发现结果写成一份双倍行距的两页纸报告。当然，你应该把注意力集中在那些可能对你面试有帮助的信息。在你研究该公司的时候，你可能会发现一些问题，而这些问题是你想在面试时问面试官的。把这些问题列出来并作为附录放在报告的后面。

6. **求职信——寻找春季实习机会**　你还有一学期就毕业了，现在你正在寻找可以在2月到5月之间的兼职实习机会。你在杜肯大学的一个朋友向你提起，卡耐基学习机构全年招聘实习生。通过研究，你发现卡耐基学习机构主要为小学、初中和高中的学生开发数学软件。实习生参与产品开发和很多其他项目。虽然你的专业不是数学或教育，但你朋友说该公司对那些愿意尝试新项目和完成其他任务的实习生很有兴趣，这些任务是公司的正式员工没有时间去做的。

　　你决定申请在卡耐基学习机构实习的机会。浏览该公司的网站 http://www.carnegielearning.com，在上面了解公司产品和它的招聘要求。然后起草一份求职信，在信中强调你的能力并请公司考虑给你实习的机会。尽可能根据你自己真实的教育背景和工作能力来完成这封求职信，但一定要突出你对卡耐基学习机构的事业和产品的兴趣。

7. **求职信计划**　这个计划的内容是写一封应征求职信和一封自请求职信。每封信都要选用合适的格式和纸张。每封信都附上一份你的简历。将每封信的信纸折叠好，放进地址书写无误的信封里交给你的指导老师（不要忘记在求职信上签名）。 〔沟通目标2〕

　　（1）找一家潜在的大型用人单位——该单位尚没有你所在领域的空缺职位。利用一份你前面准备好的简历，写一封自请求职信。

　　（2）由于各种原因，你还没有找到与你大学专业直接相关的职位。在这种情况下，向用人单位展示你的资质（不管这些资质是什么）满足其要求就显得特别重要。运用你的背景信息，申请上周日刊登在《纽约时报》上的招聘广告，内容如下：

　　　　　　管理培训生职位。菲利普·莫里斯公司正在寻找新近毕业的大学生加入公司的管理培训生项目，以在这样多样化经营的公司里铺一条鼓舞人心的职业之路。起薪和待遇不菲，工作条件良好，而且公司关注你的发展。（回信请寄385-G邮箱，由本报代为转交。）

沟通目标 4

8. **感谢信——迈向聘用之路**　当你的朋友们都在参加投资银行和大公司面试时，你决定选一个不同的职业路径：零售业。你最近从赞恩自行车店买了一辆 Trek 山地车，赞恩自行车店是位于美国康涅狄格州纽黑文市附近的一家大型自行车零售商。该店的多选择、知识丰富的销售人员，以及客户服务文化给你留下了深刻印象。顾客们可以在店里免费调试或修理自行车，而且那里的车子保证是最低价位。赞恩还把自行车卖给用自行车奖励员工的杰出销售表现和其他成绩的企业，而且这方面的生意非常好。这说明除了零售之外，还有其他商机。赞恩另一个魅力之处在于公司的创始人克里斯·赞恩让他的手下员工负责日常经营，这就意味着，经理们有责任和权力按照自己觉得合适的方式行事。

你把自己的自请求职信和简历寄给了该店的人力资源部主管，请求得到管理培训生的职位。在与该店两位人力资源专家进行初次面试之后，你被邀请回去参加第二次面试。这次你直接见到了克里斯·赞恩，聆听了他对该店未来的展望和对新经理们的期望。你一回到家就打开电脑，写一封简短但专业的感谢信。你应该在这封感谢信里说些什么？你是应该寄打印的信，还是发封电子邮件呢？你这封感谢信应该写给人力资源部主管吗，尽管你在第二次面试中并没有见到他？运用你学到的求职沟通知识，起草一封感谢信（如有需要，可以编一些合理的细节）。

9. **很高兴见到你**　假设你是城市系统公司的马克·卡普兰（参考第 32 页的第 1 章附录）。你在等索尼娅·穆尼奥斯女士和她的私人助理冈纳·伯恩斯先生前来参加上午 10 点钟的商务会谈，她是来自亚特兰大市的一位重要潜在客户。你之前与他们两人见过一面。在这一天，为下面的人做介绍：

（1）索尼娅·穆尼奥斯和艾米·斯特茨基
（2）艾米·斯特茨基和冈纳·伯恩斯
（3）冈纳·伯恩斯和戴安娜·科尔曼
（4）冈纳·伯恩斯和戴维·卡普兰

沟通目标 5

10. **运用商务礼仪**　假设你是你所在学院的院长。想出三个适合在 12 月假期里送礼物的人和三个不适合送礼物的人。确定这几个人，他们的职位是什么，并给出送或不送礼物的理由。对于那三个你要送礼物的人，建议一个合适的礼物和推荐的价格范围。

持续案例 12

再见大本

戴维·卡普兰在读一封来自本杰明·F·德瓦尔（认识他的人都叫他"大本"——包括他的妈妈）的电子邮件。大本去年在做戴维的实习生，而且戴维也答应帮他准备简历，因为大本大学快毕业了。下面是大本的电子邮件：

您好，卡普兰先生：

您让我把能想到的关于自己的一切都写下来，这样您就能帮我准备简历了。是这样的：

我是埃默里大学的大四学生，在校的平均绩点是 2.6（3.0 标准）。我 24 岁，单身，喜欢旅行和高尔夫球。

我从 2005 年 8 月起住在佐治亚州亚特兰大市力驱街 10386 号 3-G 公寓（邮编：30314；电话：404-555-8468）。我与戴特里夫·莫德林和凯西·特纳一起住在该公寓，我们之间的关系很不错。当然，我和我的狗阿斯塔也处得不错，它是我两年前在动物收容所领养的一只杂种狗。我的专业是管理信息系统，在 2007 年 5 月 12 日获得工商管理学士学位之后，我计划暂时搬回家和我妈妈（特丽莎·摩尔）一起住，地址是佐治亚州道格拉斯维尔市罗基霍克路 3442 号，邮编是 30135。每个人都可以通过我的手机（770-555-7256）或电子邮箱 bigben@comtel.com 联系到我。

我喜欢在道格拉斯维尔度过的那些夏天。那是我出生和长大的地方。我 2001 年从中心高中毕业，平均绩点为 3.2（4.0 标准）。我在那里担任过高年级的财务干事，2001 年获得了全州高尔夫球奖。由于 2003 年的一次高尔夫球车倒车事故，我现在走路腿明显有点跛，有残疾证和大学停车许可证。我在 2000 年晋升为鹰级童子军。

我在教会很活跃。我现在担任教会科学派学生会主席。高中毕业后我去了肯尼亚，接受为期两年的教会任务。为了完成这项使命，我学会了读、写和说一口流利的斯瓦希里语，并且在那里还学会了适应不同文化的人们。

如您所知，去年秋天我参加了城市系统公司的全职带薪实习。尽管我的头衔只是"实习生"，但我主要负责为公司建立 Novell 计算机网络。我还为 64 位联网用户设计了一个创新培训项目；不幸的是，公司管理部门最后决定将培训外包。

除了这次实习之外，我唯一的一次工作经历是在亚特兰大市的里奇百货商店当售货员。我大二和大三的暑假在那里当全职售货员，学期中就在那里兼职。在里奇百货商店，我在男装部做一般的销售工作，帮男士挑选衣服和配饰、量衣服的尺寸以备修改以及在顾客试衣后将衣服挂回原处。虽然我不是很喜欢这份工作（不过我喜欢20%的员工购衣折扣），但我曾两次因为突出表现被评为"月度最佳售货员"。作为管理信息系统专业的学生，我当然对商务计算的各方面都很熟悉——包括信息系统管理，硬件设计、故障检查和维护，计算机网路的建立和运行，以及软件设计、操作和问题解决。我对所有的微软软件应用都很精通，而且我打算大学毕业后的头一年工作期间参加微软认证系统工程师考试。

除此之外，我还选修了三门商务沟通方面的课程（商务沟通基础、报告写作和组织沟通）；然而，我并不十分喜欢这些课程，每门课成绩都得了个C$^-$。 我还是管理信息系统协会的会员，表现积极，大四期间还担任过项目主席。这个职位让我和亚特兰大地区众多的电脑从业人员建立了联系，我曾请他们中的一些人到协会作过报告。

现在我大四了，要开始找工作。我希望毕业后找到一个管理信息系统管理培训生的工作，最好是在亚特兰大市，至少是在美国东南部地区。当然，我愿意考虑所有的工作邀请。

不管怎么样，卡普兰先生，下面是我的问题：

1. 我应该提到我高中时的成就吗（比如高年级财务干事、全州高尔夫球奖和鹰级童子军）？
2. 我应该提到我在教会科学派学生会里很积极，而且参加了在肯尼亚的教会任务吗？
3. 我应该提到自己因为高尔夫球车意外而现在明显跛脚，并且需要用电梯的情况吗？
4. 尽管我不想公开我在大学同性恋/双性恋联盟所做的大量工作，但我也不想最终去一家恐惧同性恋的公司工作。（我可以上网了解大公司的情况，但我如何更多地了解可能去应聘的小型公司的情况呢？）
5. 我应该把自己介绍为"大本"，还是用我简历上的名字呢？
6. 我应该在简历里提到我的兼职销售工作吗，尽管我不喜欢它？
7. 我应该提到我选修的三门商务沟通课程吗，虽然每门都得了C$^-$？
8. 我应该在简历或求职信上间接暗示我是非洲裔美国人吗？（因为别人曾告诉我，我"听着"不像非洲裔美国人，不管这是什么意思，我应该等到面试时让人大吃一惊吗？）

9. 还有哪些信息是我应该写进简历或应该删除的？

感谢您所有的帮助！

大本（bigben@comtel.com）

批判性思考

1. 回答上面的 9 个问题，并给出每个答案的理由。
2. 根据你对上面问题的回答，为大本准备一份传统简历，选用的格式和纸张都要恰当。

重要词汇

A

Abstract word 抽象词 表示一种想法或感受的词，与具体对象相反。

Active voice 主动语态 主语实施行为用动词表示的句型。

Adjustment letter 理赔信 针对客户的索赔信，告知客户要采取的行动的信件。

Agenda 议程 要在会议中讨论的议题列表，并标明每项议题的负责人。

Application letter 求职信 求职者写给未来雇主的信件，在信中表明自己对对方机构该职位的兴趣以及个人任职资格；也叫附函。

Audience 受众 与你正在进行沟通的一个人或多人。

Audience analysis 受众分析 对沟通对象需求、兴趣和个性的判定。

B

Bar chart 柱形图 用水平和垂直柱形表示数值的图表。

Brainstorming 头脑风暴 在构思信息时将想法、事实、线索和其他任何可能有帮助的东西草记下来。

Buffer 缓冲语 中立或支持性的陈词，旨在削弱负面消息的影响。

Business etiquette 商务礼仪 商务场合中礼貌和恰当的行为。

C

Central selling theme 中心销售主题 在销售信一开头就介绍并通篇强调的主要读者利益。

Claim letter 索赔信 买方写给卖方，就卖方所出售的产品或服务寻求某种行为或者纠正某个问题。

Cliché 套话 由于使用过多而变得让人厌烦的表达。

Communication 沟通 发出信息和接收信息的过程。

Complex sentence 复杂句 包含一个独立从句和至少一个从属从句的句子。

Compound sentence 复合句 包含两个或更多独立从句的句子。

Conclusions 结论 对报告引言部分提出的研究问题的回答。

Concrete word 具体词 表示感官可以感知的对象的词。

Connotation 内涵 与某个词相联的主观或情感上的感受。

Cross-tabulation 交叉分类表 将两种或两种以上的数据放在一起分析的过程。

D

Dangling expression 悬垂表达　句子中与其他成分在逻辑上不相关的某个成分。

Denotation 外延　一个词的字面和词典意思。

Derived benefit 派生利益　潜在客户通过使用某种产品或服务所能获得的好处。

Direct organizational plan 直接组织方案　在句子中首先表明信息的主要目的，进而给出必要解释的结构。

Direct quotation 直接引用　引用他人的确切话语。

Documentation 文献　对自己使用他人的话语或观点给予说明。

Drafting 起草　撰写信息的最初版本。

E

Editing 编辑　确保文稿内容符合语言规范的修订阶段。

Electronic résumé 电子简历　存储在计算机数据库里的个人简历，便于管理并对求职者进行初步筛选。

E-mail 电子邮件　通过常由电缆、电话线或卫星连接的计算机网络系统传送的电子信息。

Ethics 伦理　行为规则。

Ethnocentrism 民族优越感　认为自己所属的文化群体比其他群体优越的观念。

Euphemism 委婉语　将可能冒犯人或让人不悦的词汇用不带冒犯性的表达形式代替。

Executive summary 执行摘要　报告主要内容的浓缩版；也称摘要或大纲。

F

Factoring 分解　将问题细分成不同组成部分，凸显数据搜集需要。

Feedback 反馈　信息接收方对信息的反应或回应。

Filter 过滤　一个人根据个人知识、经验和视角感知外在刺激因素的心理过程。

Form letter 套用信函　措词标准并发送给不同对象的信件。

Formal communication network 正式沟通网络　通过下行、上行、水平和交叉路径传递规定信息。

Free writing 自由写作　连续不断地写作5至10分钟，稍后才修订所得到的大量资料。

G

Generic heading 一般性标题　在报告标题中只给出某部分的主题但并不给出结论。

Goodwill message 友好信息　完全出于友善和礼貌而发送的信息。

Groupthink 群体思维　由于过分强调群体凝聚力而产生的沟通障碍，会压制思想和制约信息的自由流通。

I

Indirect organizational plan 间接组织方案　在句子中首先给出理由或推理，再阐明主要观点。

Informal communication network 非正式沟通网络　在组织内通过非正式渠道进行的信息传输；也称作"小道消息"。

J

Jargon 行话　特定人群内部使用的专门词汇。

L

Letter 信件 邮寄给组织外人员的书面信息。

Line chart 线形图 网状图表,纵轴表示数值,而横轴表示时间。

M

Mechanics 技术性 只以书面形式出现的沟通因素,包括拼写、标点符号、缩写词、大写、数字表达和词语拆分。

Medium 媒介 信息的传输形式,比如备忘录或者电话。

Memorandum 备忘录 交给组织内部人员的书面信息。

Message 讯息 沟通的信息(口头的或非口头的)。

Mind mapping 思维导图 在一页纸的中间先写出讯息要实现的目的,将其用笔圈起来,再在周围写出该目的可能包含的要点,在要点之间或者要点与目的之间连线,从而汇集有关讯息内容的想法,也称聚集法。

Minutes 会议记录 会议议项的正式记录,总结讨论的内容和所作决议。

N

Noise 噪音 在沟通过程中分散人注意力的环境或者竞争性因素。

Nondiscriminatory language 非歧视性语言 平等对待每个人的语言,对任何群体不做毫无理由的假设。

Nonverbal message 非语言信息 非书面和非言语的表示,包括面部表情、手势、语音品质,诸如此类。

O

Organization 结构 一则信息里话题的排列顺序。

P

Parallelism 平行 运用相似的语法结构来表达相似的观点。

Paraphrase 释义 用自己的话对一段文章进行概括或复述。

Parliamentary procedure 议事程序 有助于在会议过程中进行有效商业交易的书面规定。

Passive voice 被动语态 在句子中主语承受动词所表达的动作。

Pie chart 饼形图 组成部分被划分成锲形的圆形图。

Plagiarism 剽窃 使用他人的话语或观点而不加说明。

Platitude 陈词滥调 陈腐、平淡无奇的叙述。

Primary data 原始数据 研究者为了解决自己的特定问题而搜集的数据。

Q

Questionnaire 问卷调查 以书面问题形式出现,旨在向调查对象获取信息的一种方法。

R

Receiver benefits 接收者利益 读者因答应作者请求或接受作者决定而得到的好处。

Redundancy 冗余 对已表达或宣布观点的不必要重复。

Reference　推荐人　就求职者对某工作的合适性同意向潜在雇主提供信息的人。

Report　报告　对信息清晰而客观的描述，有助于作决定和解决问题。

Resale　重售　让客户对已购商品或售货公司重建信心的信息。

Résumé　简历　对某人个人经历和资质的简要记录，通常用于求职。

Revising　修订　对初稿的内容和风格进行修改以提高其有效性的过程。

Rhetorical question　反问句　完全是出于启发读者的目的而提出的问题，并不期待得到明确回答。

S

Secondary data　二手数据　某人为了其他目的而搜集的数据；可能是出版物或非出版物。

Simple question　简单句　含有一个独立从句的句子。

Slang　俚语　与特定人群有关的表达，通常持续时间并不长。

Solicited application letter　应征求职信　应征所广告的某个职位空缺的求职信。

Stimulus　刺激　在一个人心中激起沟通需求的事件。

Style　风格　表达观点的方式（而非其实质内容）。

Survey　调查　通过问卷调查、电话问询或采访形式搜集信息的方法。

T

Table　表格　将数据用列和行的形式进行有序排列。

Talking heading　谈话式标题　一种报告标题，不仅给出报告部分的主题，还给出主要结论。

Team　团队　为了共同的目标而彼此依赖的一群人。

Tone　语气　作者对读者和文章主题的态度。

Transmittal document　传送函　将最终报告内容传达给读者的信件或备忘录。

U

Unsolicited application letter　自请求职信　写给并没有公布职位空缺的组织的求职信，也称投石问路信。

V

Verbal message　语言信息　包含口头语言或书面语言的信息。

W

Website　网站　发布在万维网上的一页或多页信息，通过互联网可以查询得到（网站的主要页面称为它的"主页"）。

Writer's block　写作瓶颈　作者无法将注意力集中于写作过程，以至写不出文稿。

Y

"You" attitude　对方立场　一种观点，强调读者想知道的内容以及信息对读者的影响。

出版后记

中国传统文化重视书面沟通而轻视口头沟通，因为书面沟通有充足的时间来准备，可以"三思而后言"，而口头沟通则难免说错话。在当代激烈竞争的商务环境中，情况则不一样，二者在商业活动中同样重要，毕竟在书面报告中写错字和在通话时称呼错误都可能会带来严重的后果。商业全球化使得人们要与世界各地不同文化的人沟通，互联网技术的发展带来的信息流通使沟通的频率大大加快，电子邮件也成为最常用的沟通方式之一。这些变化要求学生在步入职场之前，掌握充分的商务沟通技能，应对工作中的沟通需要。基于这样的原因，我们选择出版这本介绍当代商务沟通实务的优秀教科书。

让学生在进入真实的商务世界之前做好充分准备就是这本《商务沟通》的宗旨。对于写作这本教科书的目的，作者在书中的开篇说道：给学生提供可靠、实用的商业沟通指导，并展示一个易于理解、生动有趣的真实商务世界。这部商务沟通教材之所以能够长盛不衰，发展到今天的第七版，成为美国最受欢迎的商务沟通教材之一，与作者的写作目的密不可分。从第一版的18章，到本版的12章，结构不断精简，作者还对内容作了大量修订，是其注重实用性与目标导向的真实体现。

在结构上，本版分为五个部分，每一部分都是针对商务环境中的实际沟通需求来安排，而且每一章的组织也自成一体，解决特定的沟通问题。第一部分是商务沟通基础，介绍商务沟通的当代议题和人际沟通；第二部分讲述商务写作技能的培养，即商务写作的步骤和作品的修改；第三部分考察商务通信，包括常规信息、说服性信息和坏消息信息的处理；第四部分是报告写作，从规划报告，到准备和管理数据，再到撰写报告；第五部分则介绍口头沟通和就业沟通，包括工作中经常遇到的口头报告，求职中要面临的简历写作、求职信写作、面试和商务礼仪等。

在内容上，本书融合了作者二十多年的商务沟通教学经验，选取的视角与一般教科书不同，每一章的内容都是从实践出发，以介绍该章的沟通目标开篇。正文不仅介绍理论和概念，而且一切知识旨在应用于真实商务场合，例如，如何撰写不同类型的商务文书、如何回复客户的索赔信、如何应对负面新闻、如何准备视频报告和作口头报告等。本书创造性地提出了解决商务沟通问题的3P模型，即问题、过程和成果，帮助读者分析某种商务情形，确定要采取的具体沟通策略和步骤，并运用最有效的沟通方式应对这种情形。除了大量的真实商业文本范例，章末的练习，以及贯穿全书的持续案例，则帮助读者掌握各种商务沟通技巧的实际运用。

　　最后,感谢译者钱峰先生精心细致的翻译,使本书能够最大程度地忠实于原著。作者常说:学生通过沟通来学习商务沟通,而不仅仅是阅读关于商务沟通的书籍。虽然本书提供了大量的机会应用所学的知识,但只有真正在求职、在工作、在日常生活中运用这些知识,才能将商务沟通内化为自己的优势技能。我们将继续编辑出版经济管理类的优秀著作,敬请读者关注并提出宝贵的意见和建议。

服务热线:133-6631-2326　139-1140-1220
服务信箱:reader@hinabook.com

后浪出版咨询(北京)有限责任公司
2012 年 5 月

图书在版编目（CIP）数据

商务沟通/（美）奥伯著；钱峰译.——北京：世界图书出版公司北京公司，2011
（大学堂）
书名原文：Business Communication, 7e
ISBN 978-7-5100-3934-8
Ⅰ.①商… Ⅱ.①奥…②钱… Ⅲ.①商业管理—公共关系学 Ⅳ.①F715
中国版本图书馆 CIP 数据核字（2011）第 180656 号

Scot Ober
Business Communication, 7e
ISBN: 978-1-4390-3569-6
Copyright © 2009 South-Western, Cengage Learning.
Original edition published by Cengage Learning. All Rights reserved.
本书原版由圣智学习出版公司出版。版权所有，盗印必究。

Beijing World Publishing Corporation is authorized by Cengage Learning to publish and distribute exclusively this simplified Chinese edition. This edition is authorized for sale in the People's Republic of China only (excluding Hong Kong SAR, Macao SAR and Taiwan). Unauthorized export of this edition is a violation of the Copyright Act. No part of this publication may be reproduced or distributed by any means, or stored in a database or retrieval system, without the prior written permission of the publisher.

本书中文简体字翻译版由圣智学习出版公司授权世界图书出版公司独家出版发行。此版本仅限在中华人民共和国境内（不包括中国香港、澳门特别行政区及中国台湾）销售。未经授权的本书出口将被视为违反版权法的行为。未经出版者预先书面许可，不得以任何方式复制或发行本书的任何部分。

Cengage Learning Asia Pte. Ltd.
5 Shenton Way, #01-01 UIC Building, Singapore 068808
本书封面贴有 Cengage Learning 防伪标签，无标签者不得销售。

北京市版权局著作权合同登记号 图字 01-2010-1233

商务沟通（第7版）

著　者：	（美）斯科特·奥伯（Scot Ober）	译　者：	钱锋	丛书名：	大学堂	筹划出版：	银杏树下
出版统筹：	吴兴元	责任编辑：	徐樟	营销推广：	ONEBOOK	装帧制造：	墨白空间

出　　版：世界图书出版公司北京公司
出 版 人：张跃明
发　　行：世界图书出版公司北京公司（北京朝内大街137号 邮编100010）
销　　售：各地新华书店
印　　刷：北京正合鼎业印刷技术有限公司 （北京大兴市黄村镇太福庄东口 邮编102612）
（如存在文字不清、漏印、缺页、倒页、脱页等印装质量问题，请与承印厂联系调换。联系电话：010-61252412-8021）

开　　本：787×1092 毫米 1/16
印　　张：31.5　插页 4
字　　数：689 千
版　　次：2012 年 7 月第 1 版
印　　次：2012 年 7 月第 1 次印刷

读者服务：reader@hinabook.com　　139-1140-1220
投稿服务：onebook@hinabook.com　　133-6631-2326
购书服务：buy@hinabook.com　　133-6657-3072
网上订购：www.hinabook.com　　（后浪官网）

ISBN 978-7-5100-3934-8 / C·178　　　　　　　　　　　　　　　　　定　价：68.00 元

后浪出版咨询（北京）有限公司常年法律顾问：北京大成律师事务所　周天晖 copyright@hinabook.com

版权所有　翻印必究